基层检察工作发展探索

一位市级检察长的履职感悟

陈绍纯 著

JICENG JIANCHA GONGZUO
FAZHAN TANSUO
YIWEI SHIJI JIANCHAZHANG DE LVZHI GANWU

中国检察出版社

图书在版编目（CIP）数据

基层检察工作发展探索：一位市级检察长的履职感悟 / 陈绍纯著 . -- 北京：中国检察出版社，2022.12
ISBN 978-7-5102-2789-9

Ⅰ . ①基… Ⅱ . ①陈… Ⅲ . ①检察机关—基层组织—工作—研究—中国 Ⅳ . ① D926.32

中国版本图书馆 CIP 数据核字 (2022) 第 163576 号

基层检察工作发展探索——一位市级检察长的履职感悟

陈绍纯　著

责任编辑：杜英琴
技术编辑：王英英
封面设计：龙　惠

出版发行：中国检察出版社
社　　址：北京市石景山区香山南路 109 号（100144）
网　　址：中国检察出版社（www. zgjccbs. com）
编辑电话：（010）86423703
发行电话：（010）86423726　86423727　86423728
　　　　　（010）86423730　86423732
经　　销：新华书店
印　　刷：北京联兴盛业印刷股份有限公司
开　　本：787 mm×1092 mm　16 开
印　　张：43.25
字　　数：576 千字
版　　次：2022 年 12 月第一版　　2022 年 12 月第一次印刷
书　　号：ISBN 978 - 7 - 5102 - 2789 - 9
定　　价：150.00 元

陈绍纯同志简历

　　陈绍纯，男，汉族，1957 年 4 月出生，湖南华容县人，1975 年 10 月加入中国共产党，曾在华容县宋市公社麦地大队先后担任政治辅导员、民兵营长、党支部副书记、书记，1977 年 8 月参加工作，大学本科文化。2005 年 11 月至 2007 年 12 月任湖南省岳阳市人民检察院代理检察长、检察长、检委会委员、检察员、中共岳阳市人民检察院党组书记。2006 年 9 月当选为中共岳阳市第五届委员会委员。2007 年 12 月至 2016 年 10 月任中共长沙市人民检察院党组书记，2008 年 1 月至 2017 年 3 月任长沙市人民检察院检察长、检察委员会委员、检察员。2009 年 6 月任二级高级检察官。兼任中共长沙市委政法委副书记。2011 年 9 月当选为中共长沙市第十二届委员会委员。2008 年 11 月，被最高人民检察院授予"检察荣誉勋章"。2017 年 6 月退休。2018 年 11 月，被最高人民检察院授予"检察荣誉章"并颁发证书。2021 年 5 月 15 日，当选为湖南省法学会第二届法治反腐研究会副会长。

1977.08—1977.11	华容县宋市公社党委秘书
1977.11—1978.06	中共岳阳地委驻荣家湾区委工作队队员
1978.06—1978.10	中共岳阳地委驻毛田区委工作队队部资料员
1978.10—1984.02	湖南省人民检察院岳阳分院（曾简称"岳阳地区人民检察院"）书记员、助理检察员、办公室综合信息专干
1984.02—1988.11	湖南省人民检察院岳阳分院、湖南省岳阳市（岳阳地区、岳阳市合并为地级市）人民检察院检察员、办公室副主任（其间：1984.08—1986.07 参加中共岳阳地委党校党政专业大专班学习，获党政专业大专学历）
1988.11—1992.11	岳阳市人民检察院正科级检察员、办公室副主任、副处级检察员（其间：1988.10—1990.04 参加湖南省广播电视大学法律专业大专班自学、考试并获法律专业大专学历）

1992.11—1994.11 ······ 岳阳市人民检察院副处级检察员、检察委员会委员、办公室主任

1994.11—1995.04 ······ 岳阳市人民检察院党组成员、纪检组长、检察委员会委员

1995.04—1999.09 ······ 岳阳市人民检察院党组成员、副检察长兼纪检组长、监察室主任；岳阳市人民检察院党组成员、副检察长（其间：1995.09 月当选为中共岳阳市第三届纪律检查委员会委员；1996.06 参加湘潭大学法律专业自考并获法律专业本科学历）

1999.09—2005.11 ······ 岳阳市人民检察院副检察长、党组副书记、常务副检察长（2000.12 正处级）（其间：2001.01—2002.08 在湖南省人民检察院挂职担任办公室主任；2004.03—2004.07 参加中共湖南省委党校中青年干部培训班第 27 期学习）

2005.11—2005.12 ······ 岳阳市人民检察院代理检察长、党组副书记

2006.01—2006.03 ······ 岳阳市人民检察院检察长、党组副书记

2006.04—2007.12 ······ 岳阳市人民检察院检察长、党组书记（其间：2006.09 当选为中共岳阳市第五届委员会委员；2006.03—2006.05 参加中共湖南省委党校厅级领导干部进修班学习；2007.05—2007.07 参加中共湖南省委党校第 44 期厅级领导干部进修班学习）

2007.12—2008.01 ······ 长沙市人民检察院党组书记

2008.01—2009.01 ······ 长沙市人民检察院党组书记、检察长

2009.01—2016.10 ······ 长沙市人民检察院党组书记、检察长，兼任中共长沙市委政法委副书记（其间：2011.09 当选为中共长沙市第十二届委员会委员；2015.05—2015.07 参加中共湖南省委党校第 75 期厅级领导干部进修班学习）

2016.10—2017.03 ······ 长沙市人民检察院检察长

2017.06— ······ 退休

前　言

　　《基层检察工作发展探索——一位市级检察长的履职感悟》是按专题真实记录陈绍纯同志自 2006 年初至 2017 年初在担任湖南省岳阳市人民检察院检察长和湖南省长沙市人民检察院检察长历时 11 年履职过程与主要情况的有关报告、讲话、汇报和文章摘编。

　　所选文稿的基本观点未做改动，只对文字做了一些删改处理。由于时间跨度较大，文中一些表述前后可能不完全一致，在材料的使用上也难免有些交叉重复。

　　由于编者水平有限，加之文稿摘编是一个较为特殊的体例，可能会有某些不妥或未尽合理之处，敬请读者批评指正。

编　者

2022 年 10 月

目　录
CONTENTS

第一章

基层检察工作发展思路

第一节　谋划思路[1]

一、精心谋划检察工作发展的新思路

今天我们在这里召开长沙市检察院机关 2007 年度工作总结表彰暨 2008 年工作动员大会。刚才，市院机关 22 个部门的主要负责同志宣读并递交了本部门 2008 年度工作和党风廉政建设责任状。宣读和递交责任状的过程，就是向党组、向全体干警公开承诺、切实履职、自加压力、争先创优的过程，是明确各部门一年的新思路、新目标、新举措的过程，也将是一个转化为开拓进取、奋力争先、实现新发展的过程。可以看出，各部门在新的一年，有新的精神风貌，有清晰的工作思路，有积极向上、切实可行、令人鼓舞的奋斗目标，有敢于争先进、争优秀、争第一的信心和斗志，有新的有效的举措。可以预料，2008 年市院机关各部门的工作在同志们的忠诚履职、齐心奋战下，一定会有新的起色、一定会取得新的成效、一定会实现预定的目标！

---

① 本节系作者 2008 年 2 月 20 日在长沙市人民检察院机关 2008 年工作动员大会上的讲话摘录，收入本书时略作删改。

　　2008 年开启的五年是第十二个五年计划的五年，是贯彻落实党的十七大精神的五年，是我市为率先基本全面实现小康社会目标而努力奋斗的五年，也是全市两级检察长本届选举任职的五年。抓好这五年的全市检察工作，意义十分重大。今年，既是贯彻党的十七大精神的第一年、检察机关恢复重建三十周年，又是我市为率先基本实现全面小康社会目标而奋斗的开局之年、全市两级检察长本届选举任职的第一年。做好今年的检察工作将直接影响今后几年全市检察工作发展的进程，意义同样十分重大。来到长沙任职的两个多月时间里，我深感长沙的经济社会科学发展、蓬勃发展、率先发展，蒸蒸日上、势不可当；深感市委、市人大、市政府、市政协对全市检察工作的高度重视、亲切关怀、大力支持，并寄予的厚望；深感人大代表、政协委员和人民群众对检察机关的信任与新的期待；深感全市两级检察机关领导班子、中层骨干和广大检察人员对检察事业的热爱与追求、对未来检察工作发展的信心与决心、对推进检察事业不断向前发展的智慧和力量。在这样的形势和条件下，市院党组深感使命神圣，任务艰巨，责任重大。同时，我们对进一步推进长沙检察工作、进一步发展长沙检察事业充满信心和决心。因为任何事物都是不断向前变化发展的，检察事业同样也不例外。最近，也就是春节前后，市院党组围绕未来五年和2008 年的全市检察工作，怎样在以往取得优良成效的基础上进一步发展，进行了认真的座谈、调研和思考。春节前，我们先后召开了院党组会、院务会、党组理论学习中心组学习会、干警大会，认真传达学习，讨论和领会了全国、省、市政法工作会议，全国、全省检察长工作会议和中央、省委、市委经济工作会议，市人大、政协"两会"等重要会议的主要精神，目的是把思想统一到中央、最高检、省委、市委、省检察院和市人大有关重大决策和部署上来；我们还召开了今后五年和 2008 年长沙市检察工作发展务虚会，听取了 12 位院领导和各部门主要负责同志的意见和建议；我们还到各基层检察院听取了本单位对 2008 年检察工作初步设想的汇报；春节过后，市院党组已集中两天半时间分别听取了市院反贪污贿赂局、反渎职侵权局、侦查监督处、公诉一处、公诉二处、控告申诉检察处、检务督察处七个部门对2008年工作打算的汇报，还将用两至三天的时间听取其他部门对今年工作打算的汇报；我们还征求了省检察院领导及有关部门负责同志和市里有关领导及有关部门负责同志对检察工作发展的意见和建议，征求了本院有些同志对检察工作如何发展的意见和建议，我们还将通过多种途径继续倾听各方面的意见，倾听同志们的意见，精心谋划，尽快研究制定好未来五年检察工作发展的新思路和2008年全市检察工作的意见。

二、精心确定全市检察工作新发展的总体思路

未来五年长沙检察工作怎样发展，思路是最重要的。因为思路决定出路，思路决定部署，思路决定言论和行动，思路决定成效与成功。思路必须符合上级检察机关的决策和部署，但不是照搬上级的部署、安排和要求；思路必须符合检察工作发展的内在规律；思路也必须符合我们长沙检察工作的实际。思路应当具有科学性、先进性、创新性和可行性。不久前，市委常委会在研究全市政法工作时强调政法各部门的工作发展要有新思路。怎样制定一个好的思路，我们考虑：这个思路怎样提，是提开创检察工作新局面？还是提实现检察工作跨越式发展？还是提实现检察工作的创新发展？院党组研究认为，未来五年，长沙检察工作的发展，可以提实现长沙检察工作的新发展，总体思路，可用一句话概括，就是长沙市检察工作新发展的总体思路。这个思路既包含有新变化、新进展的内涵，又留有一定的余地。检察工作新发展的总体思路可包括：发展目标、发展理念、发展战略、发展重点、发展关键、发展路径、发展保障等。这些问题科学地定下来了，未来五年和2008年的检察工作就好抓了；按照这个思路去抓、去实施，检察工作肯定会见实效、肯定会有起色、肯定会有新的发展。

三、确定一个积极向上而又切实可行、催人奋进的检察工作新发展目标

发展的总体目标可以确定为：把长沙两级检察机关建设成为忠诚、公正、高效、清廉、文明、人民满意的检察机关，实现全市检察工作的新发展。发展的具体目标有三个标志：一是工作比上年有新进展，新进展包括全方位的新进展、量和质的新进展、创造性工作的新进展。二是在省检察院和最高检有位置，即在省内率先、全国争先。三是在中部地区省会城市领先，在全国省会城市有一定或较大的影响。所谓有一定影响应当体现在要有实实在在的业绩和成效、要有令人信服的经验、要有深化发展的后劲。

四、确立正确的检察工作新发展理念

理念指导乃至支配着我们的办案、执法行为和实践，指导乃至支配着我们履行法律监督职能的全过程。所以理念十分重要。检察工作的发展思路，特别是作为省会城市的长沙检察机关科学发展、率先发展的思路，应当确立正确、明确的发展理念。我们认为至少应当牢牢树立和把握以下几个理念：服务党和国家工作大局的理念；立检为公、执法为民的理念；司法公正、司法效率、司法文明的理念；科学发展、统筹兼顾、全面协调、可持续发展的理念等。这些理念明确了，大家的思想通了，我们许多与之有关的决策、部署、安排和要求，大家会在言论和行动上保持一致，就能提高执行力、增强决策的实效，就能有效地推进有关工作、有关建设乃至推进整个检察事业。

五、确定科学的检察工作新发展战略

发展战略非常重要，尤其是长沙作为省会城市，应当有自己的发展战略。党组认为：发展战略可以考虑以下几个战略：一是公正立检战略。检察机关最本质的属性应当是讲公正，确保司法公正，维护公

平正义。所以公正立检战略应当摆在首位。二是业务建检战略。因为检察机关的中心工作是开展各项检察业务，检察机关的法律监督职能只有通过办案和业务工作才能得到全面履行和实现。只有以业务工作为中心，只有抓好检察业务工作，检察工作才能落到实处，才能不断深化前进，才具有不竭的活力和强大生命力。三是人才强检战略。发展的关键在人，在人才的引进、培养、使用和管理。四是科技兴检战略。现代科学装备和技术的运用是检察工作创新发展、深化发展的重要力量。五是机制活检战略。这也是检察事业深化、创新发展的动力，是营造和谐有序、充满活力的检察机关工作环境的重要之举。五大战略，看起来是虚的，实际上这五大战略是引领我们去谋求、去实现新发展的重要战略之举！今后新发展的决策、决定、办法、意见、部署安排和要求，可以说都来源于对这五大发展战略的实施。科学的发展战略，必将是管用的，必将达到事半功倍的成效。过去长沙在这些方面做了许多工作，我们要提炼升华，概括为发展战略，作为引领、指导我们实现新发展的重要法宝。

六、确立检察工作新发展重点

检察机关、检察工作发展的过程就是履行检察职能的过程。检察工作发展得好与不好，就是履行检察职能好与不好。检察事业、检察工作发展的重点就是履行检察职能的重点。大家知道，检察职能的重点还是三大职能。所以，检察工作的重点还是要坚持这三大重点，这就是我们未来五年检察工作新发展的重点。未来五年和 2008 年我们要采取有力措施，加大工作力度，突出查办和预防职务犯罪；突出加强审查批捕、审查起诉；突出强化诉讼监督这三项重点工作。这是应当明确的。这三个方面的工作，既然是发展的重点，就应该采取更加有力、有效的措施，突出这些重点，加强这些重点。当然，其他方面的工作也是重要的，也是应当加强的，这就是统筹兼顾、科学发展的问题。

七、确定检察工作新发展关键

关键是什么？关键是人，不是物；关键是人，不是钱。上述几方面的实施和实现，归结到一点，关键取决于领导班子和队伍建设，取决于我们全体班子成员、中层骨干，取决于全市800多名检察干警。所以未来五年和2008年怎样切实加强这两大建设？要有科学、管用的措施，特别是在从严治长、从严治警、从优待检这三个方面要进一步动脑筋、下功夫、见实效。

八、制定检察工作新发展路径

路径就是通过什么样的举措、途径和方法来推动、来促进、来落实上述的发展关键、发展重点、发展战略、发展理念、发展目标。如果没有这个科学、正确的路径就等于只有总体要求，能否达到目标很难预料，即使达到了也可能是自发的而不是自觉的、是偶然的而不是必然的、是暂时的而不会是持久的。这个发展路径应当是战略之举，而不是细枝末节；应当是科学的，而不是随意的；应当是行得通的、对全局管用的，而不是脱离实际没有实践价值的高谈阔论。新发展路径包括"六化"：一是业务一体化。首先是侦查一体化，还有其他部门的业务一体化。业务一体化不是各个部门职能的一体化，而是上下业务部门的业务工作一体化。这有利于整合资源，形成合力，攻坚克难，实现新进展、新突破。这是成功之举。二是执法规范化。业务、办案、执法也好，公正也好，执法为民也好，服务大局也好，如果我们的办案、执法质量得不到保证，实体和程序出了问题，都会有损于执法效果、执法形象，有损于检察工作的实绩和成效，影响和阻碍检察工作的新发展。所以执法规范化要持之以恒地抓下去。三是检务信息化。科技兴检。优质高效、争先创优、改革创新、素质提升，潜力在科技，尤其是省会城市更应带头实现。要增大科技投入，配置必要的现代科技办案装备和设备，使干警运用信息技术办公、办案的能力和水平得以提升，使信息的管理和利用真正成为推动检察工作新发展的重要力量。四是管理科学化。包括人事管理、业务管理、行政管理，即管人、管案、管事。管理科学化可以概括为"三个转变"，即由经验型管理向制度化管理转变、由粗放型管理向精细化管理转变、由静态型管理向动态型管理转变。五是保障现代化。这是这次全国、全省检察长工作会议上提出来的新任务，我们应当积极贯彻落实。六是机关文明化。大力开展争创文明机关、文明处室、文明家庭、文明检察官、文明单位活动，大力营造学习型、和谐型检察机关。以上"六化"，就是我们未来五年的发展路径。执行了、落实了，就一定会管用、就一定会取得实效。

九、毫不动摇地做到"三个始终坚持"

"三个始终坚持"，即毫不动摇地始终坚持服从党的领导，始终坚持服从上级检察机关领导和指导，始终坚持自觉接受人大及其常委会的监督和政协的民主监督。同时，要始终坚持有效协调各方，主动争取有关部门的大力支持，进一步改善检察机关执法和工作环境。这是实现全市检察工作新发展的根本保证和必要条件。

以上九个问题，基本上构成了未来五年和2008年长沙市检察工作新发展总体思路的基本框架和主要内容。今天讲这些，目的就在于统一大家的认识，统一大家的思想。过去长沙市检察工作取得了优异的成效，大家有目共睹。当然也还有一些薄弱环节，特别是有的重点工作还没有跨入全省先进行列。

未来五年和2008年长沙检察工作的新发展是在高起点上的新发展。今后长沙检察工作新发展的重点主要是在提升软实力、增强软实力、发展软实力上下功夫、见实效、上台阶。可以说，"软实力"是今后长沙检察工作新发展的潜力之所在、希望之所在、发展后劲之所在。通过最近几年的努力，"硬件"已经抓上来了，今后就是要注重完善好、管理好、使用好。未来五年检察工作的新发展，重点不是抓"硬件"，而是抓"软件"、抓"软实力",而且这是最具有生命力的,当然也是最需要花气力、下功夫才能抓好的,也是最难见成效的。但再难也要迎难而上,攻坚克难。要举全院之力狠抓软实力。这就要求我们要聚精会神抓业务、抓办案、抓工作,聚精会神抓班子、抓队伍,聚精会神抓"六化"进程的有效推进、深入推进。这样持之以恒、一年一年地抓下去,长沙检察工作新发展的目标就一定能实现。

第二节　制定思路[①]

一、检察工作新发展的总体思路

2008 年开启的未来五年,是贯彻落实党的十七大精神,实施第十一个五年规划的五年,是我市为率先基本实现全面小康目标而奋斗的五年。抓好这五年的工作,意义十分重大。未来五年和 2008 年全市检察工作既拥有难得的发展机遇,也面临着新的挑战。面对新的形势、任务和要求,全市检察机关一定要紧密结合工作实际,深入学习贯彻党的十七大精神,振奋精神,坚定信心,把握机遇,真抓实干,乘势而上,实现全市检察工作的新发展。新发展的总体目标是把长沙市两级检察机关建设成为忠诚、公正、高效、廉洁、文明、人民满意的检察机关。具体目标为:工作比上年有新进展;在省检察院和最高人民检察院有位置,即在省内率先、全国争先;在中部地区省会城市领先,在全国省会城市有一定影响。为实现上述目标,未来五年和 2008 年全市检察工作总的思路是:以深入贯彻落实科学发展观为统领,牢固树立社会主义法治理念,大力实施发展战略,切实履行检察职能,以公

---

　　① 本节系作者 2008 年 2 月 26 日在长沙市检察工作会议上所作的《把握机遇,真抓实干,乘势而上,为实现全市检察工作的新发展而努力奋斗》工作报告摘录,收入本书时略作删改。

正执法为核心，以业务工作为中心，以查办和预防职务犯罪、加强审查批捕和审查起诉、强化诉讼监督工作为重点，以领导班子和队伍建设为关键，以业务一体化、执法规范化、检务信息化、管理科学化、保障现代化和机关文明化为路径，全面加强检察工作和自身建设，实现全市检察工作的新发展，为我市率先基本实现全面小康目标，建设繁荣、创新、文明、和谐长沙提供有力的司法保障，做出新的更大的贡献。

二、坚持与时俱进，用正确的理念指导检察工作新发展

做好未来五年和今年的检察工作，最重要的是要深入贯彻党中央的重大决策部署，进一步领会、把握和坚持社会主义法治理念。为此，要牢固树立以下四种理念：

（一）"服务大局"理念

要以大局为重，自觉把各项检察工作融入党委、政府工作大局之中去思考、谋划和部署。要增强服务意识，加大服务力度，改进服务方法，提高服务水平，增强服务实效。要充分运用检察职能，重点服务于科学发展，服务于构建和谐社会。要按照市委的指示和要求，更加主动、有效地服务于推进新型工业化，服务于"两型"社会建设综合配套改革试验，服务于新农村建设，服务于非公有制经济的发展，服务于"平安长沙"建设和社会治安综合治理。通过依法办案，最大限度地挽回经济损失，最大限度地维护市场主体正常的生产经营活动，最大限度地维护社会主义市场经济秩序，最大限度地保护和促进经济社会发展环境的优化，达到检察执法的法律效果和社会效果的有机统一，为长沙经济社会又好又快、率先发展、率先基本实现全面小康提供和谐稳定的社会环境和公正高效的法治环境。

（二）"立检为公、执法为民"理念

要从人民群众的新要求、新期待出发，不断改进检察工作，把实现好、维护好、发展好最广大人民的根本利益作为检察工作的根本立足

点、出发点和归宿，通过切实履行法律监督职责，促进解决人民群众最关心、最直接、最现实的利益问题，维护公平正义，维护公民、法人特别是弱势群体的合法权益，维护人民的利益，使工作成效更多地体现在改善民生、维护民生、保障民生上。

（三）"司法公正、司法效率、司法文明"理念

努力做到打击犯罪与保障人权并重、执行实体法与执行程序法并重，追求执法公正与提高办案效率并重、加强监督制约与加强协作配合并重，切实做到有罪追究、无罪保护、严格依法、客观公正，努力捍卫和促进国家宪法和法律的统一正确实施。

（四）"以人为本，统筹兼顾，全面协调，可持续发展"理念

正确处理检察工作的全局与局部、重点与一般、当前与长远、办案数量与质量、业务工作与队伍建设、硬件与"软实力"、市院建设与基层院建设、检察机关内部环境与外部环境等辩证关系，推动检察事业健康、全面、协调、持续发展。这既是对过去工作实践经验的概括和总结，也是对检察工作、检察事业发展规律性认识的进一步深化。全市检察机关一定要科学判断、准确把握当前和今后一个时期检察工作面临的新形势，与时俱进，用科学发展观统领检察工作，用社会主义法治理念指导检察工作，站在新的历史起点上，切实抓好和推进各项检察工作，以更好地履行国家法律监督职能。

三、实施"五项战略"，引领检察工作新发展

（一）公正立检战略

司法公正是人类普遍认同的最基本的执法准则，公正是检察工作之魂。全市检察机关必须把维护公平正义贯穿检察工作的始终，把公正作为立检之本，既要打击犯罪，又要保障人权；既要维护和促进实体公正，又要维护和促进程序公正；既要确保自身公正执法，又要切实履行法律监督职能，强化诉讼监督，依法纠正司法不公、执法不严的案件和问题。

（二）业务建检战略

业务工作是全部检察工作的中心。以业务工作为中心是最高人民检察院确定的工作方针。以业务工作为中心是检察机关履行法定职能的基本途径，离开办案，离开检察业务工作，宪法赋予检察机关的国家法律监督职能将无法履行和实现。以业务工作为中心是检察事业不断发展的必然要求。检察事业要实现发展，各项检察业务工作就必须科学、全面、深入、持续地开展。只有这样，检察工作才能不断前进，才具有活力和生命力，检察事业才会长盛不衰。因此，全市检察机关和全体检察干警要自觉坚持以业务为中心，潜心钻研业务，聚精会神抓业务，积极投身于业务工作，热忱为业务工作服务，大力推进各项检察业务工作，把我市检察业务工作提高到一个新水平。

（三）人才强检战略

"国家兴盛，人才为本"，"人才资源是第一资源"。实施人才强检战略是实现检察事业新发展的关键之举。全市检察机关要加深对实施"人才强检"战略的认识，依靠人才强检，下大力气完善和落实公开招录检察人员、从基层院遴选业务骨干或大力引进高素质人才的有效机制；下大力气建立和落实培养"业务专家""业务能手""业务尖子"和其他专门人才、现代复合型人才的有效机制；下大力气建立和落实重才、育才、识才、用才，人人尊重人才、人人想成才、人才不断涌现不断成长的有效机制，把检察队伍造就成为一支高素质的、能征善战的职业化队伍。

（四）科技兴检战略

科学技术是第一生产力。检察事业的新发展也离不开现代科技装备的建设和运用。检察事业的开展、检察业务的管理、检察人才的培养都离不开现代科技。全市检察机关要充分认识现代科学技术装备和技术的运用是检察工作创新发展的重要力量。要以普及计算机技术为核心，以现代装备建设为重点，以提高检察人员应用现代科技水平为基础，尽快实现办公自动化、办案现代化和运用科技手段为办案提供各类技术支持，以强大的科技水平支持检察事业的新发展。

（五）机制活检战略

建立、完善和落实机制是检察事业深化发展的动力。科学的检察机制具有全局性、稳定性、可操作性、实效性，充满活力与生机。全市检察机关要把机制建设摆在更加突出的位置，重视机制、建立机制、完善机制、创新机制、落实机制，大力加强机制建设，以机制建设激活检察工作，推进检察工作发展。

四、突出"三个重点"，全面深入推进各项检察业务工作

检察机关的中心工作是开展各项法律监督业务。全市检察机关要认真领会和大力实施"公正立检"战略和"业务建检"战略，毫不动摇地以公正执法为核心、以业务工作为中心，毫不动摇地把心思和精力投入到抓检察业务工作上来，加大力度，突出重点，带动其他，提升水平，确保检察业务工作取得新的突破和实效。检察职能的重点就是检察工作的重点。根据最高检和省检察院的部署，结合长沙实际，我们要始终突出抓好以下三个方面的重点：

（一）突出查办和预防职务犯罪，依法惩治贪污贿赂和渎职侵权犯罪，努力推进反腐倡廉建设

全市检察机关要冷静分析反腐败斗争形势，看到当前产生腐败的因素仍然大量存在、职务犯罪在一些地方和系统、领域易发多发的客观趋势，认真总结坚持以往成功经验，看到存在的不足，按照上级有关部署和要求进一步突出办案重点，强化办案措施，加大办案力度，规范执法行为，提高办案水平，提升办案质量，务求查办和预防职务犯罪工作取得新进展。

一是狠抓办案重点。要集中力量，着力查办发生在领导机关和领导干部中贪污贿赂、失职渎职等犯罪案件，着力查办官商勾结、权钱交易和严重侵害群众利益的犯罪案件，着力查办与民生密切相关的行业和领域的职务犯罪案件；严肃查办重大安全生产事故、引发危害社

会稳定事件背后的职务犯罪案件和在社会保障、征地拆迁、食品卫生、房地产开发、医疗医药、城镇建设、教育、就业等领域发生的职务犯罪案件，依法查办国家机关工作人员利用职权实施的刑讯逼供、非法拘禁等侵犯公民人身权利、民主权利的犯罪案件；继续集中查办城镇建设领域商业贿赂犯罪案件；积极查办发生在基层、发生在群众身边、侵害群众切身利益和在新农村建设中发生的职务犯罪案件；深入查办司法人员和行政执法人员司法、执法不公、徇私枉法和为黑恶势力充当"保护伞"的职务犯罪案件。既要突出查办有影响、有震动的大案要案，也要注意查办发生在群众身边、影响恶劣的小案。全市两级检察院要在年内查处1—2件在当地有影响、有震动的职务犯罪大要案。为加大查办职务犯罪案件的力度，更好地规范执法行为，提升办案质量，市院拟每季度召开一次全市区、县（市）院检察长办案工作汇报讲评会，肯定成绩，找出差距，分析原因，研究采取新的措施，不断推进反贪、反渎工作的深入开展。

二是不断提高侦查和办案工作水平和质量。要按照省院最近在全省反贪工作会议上所提出的"三个更加注重"的要求，即"在继续加大办案力度的同时，更加注重规范文明执法、更加注重办案质量、更加注重办案的法律效果与社会效果的统一"，切实抓好侦查办案工作，力求提高侦查办案水平，创造办案执法新业绩。要继续坚持"系统抓，抓系统"的工作方法，深挖窝案串案。结合本地实际，选择一些职务犯罪易发多发、人民群众反映强烈的行业和系统，进行重点查处，突破和深挖一批有影响、有震动的案件。要加强信息情报工作，建立健全与纪检监察、行政执法部门的案件移送和工作联系制度，拓宽发现和获取职务犯罪线索的渠道。要规范初查工作，强化线索管理，加大初查力度，讲究初查策略，提高初查水平，提高案件线索初查率、成案率，提高案件的侦结率、起诉率，确保无无罪判决；多办优质案、多出精品案。要认真落实查办职务犯罪内外部监督制约的各项制度，严格执行职务犯罪案件"双报批、双报备"制度，使所办职务犯罪案件经得起历史的检验和各方面的监督。要高度重视科技手段在侦查工作中的运用，认真推行讯问职务犯罪嫌疑人全程录音录像工作。要强化办案安全防范工作，确保办案安全，坚决杜绝办案安全事故的发生。

三是讲究办案方式方法。要认真贯彻落实市委有关改善和优化经济发展环境方面的文件精神，坚持和完善检察机关以往服务党委政府工作大局、服务优化经济发展环境的有效做法。在办案过程中，要注意保护经济发展，慎重查办因法律与政策、罪与非罪难以把握的案件，依法积极保护优秀企业家和优秀技术人才，保护招商引资、引项目，保护市场主体的生产经营和健康发展；要注意保护发案单位正常的生产经营秩序和工作秩序，慎重使用查封、扣押、冻结等侦查措施，最大限度地减少对生产造成的影响，切实防止因执法方式方法不当造成负面影响或激发矛盾；慎重对待改革中出现的新情况和新问题，把单位、市场主体生产经营中的不规范行为与职务犯罪行为严格区别开来，把单位与市场主体中个人的职务犯罪与单位、市场主体的违规操作严格区别开来，把单位、市场主体的一般违法行为与职务犯罪严格区别开来。对罪与非罪界限不清、把握不准的，不轻易作犯罪处理；对犯罪情节轻微、有悔罪表现的，依法从宽处理；对有立功表现的，要兑现刑事政策，依法从轻、减轻或免除处罚；对经查确属错误诬告的，及时向有关单位反馈，澄清事实，挽回影响。努力营造有利于推进改革、创新和又好又快、率先发展的社会环境和法治环境。

四是切实做好职务犯罪预防工作。立足检察职能，进一步深化职务犯罪预防工作。要注重加强预防调查、犯罪分析、对策研究，注重专项预防、系统预防、社会预防，注重警示教育、预防宣传、防控治理，不断提高预防工作职能化、专业化、规范化水平，促进惩治和预防腐败体系建设，增强和扩大预防效果。

（二）突出加强审查批捕和审查起诉，依法严厉打击各种刑事犯罪，全力维护社会和谐稳定

针对当前刑事犯罪仍然突出，办案任务繁重，刑事诉讼要求提高

的新形势，全市检察机关要坚持"严打"方针不动摇，充分发挥批捕、起诉职能，依法及时、准确、有力地打击各类刑事犯罪，以维护社会和谐稳定。

一是把握打击重点。要坚决打击境内外敌对势力的分裂、渗透、颠覆活动，以切实维护国家安全；依法严厉打击严重暴力犯罪、严重影响群众安全感的多发性侵财犯罪、毒品犯罪和严重破坏社会主义市场经济秩序的犯罪，继续深入开展打黑除恶专项斗争，以切实维护社会治安大局稳定，保障人民群众生命财产安全；积极参加整顿规范市场经济秩序工作，重点打击偷税骗税、制假售假、商业欺诈等各类破坏社会主义市场经济秩序的犯罪，以营造合法经营、公平竞争、诚信有序的经济秩序；依法打击侵犯知识产权犯罪活动，以营造有利于自主创新的法治环境，推进创新型社会建设；坚决打击重大环境污染事故、非法采矿、盗伐滥伐林木等破坏自然资源的经济犯罪，以强化生态环境保护，促进资源节约型、环境友好型社会的建设；坚决打击各种影响农村社会稳定、侵害农民合法权益、危害农业生产的犯罪，以推进社会主义新农村建设。

二是切实贯彻宽严相济的刑事司法政策。宽严相济是党和国家在维护社会治安的长期实践中形成的重要刑事制度。在构建和谐社会中，这一政策更具有现实作用。全国政法工作会议和全国检察长会议对这个问题都给予了高度重视，进一步提出了明确要求。我们要深刻领会，认真贯彻落实。工作中，既要有力打击和震慑犯罪，该严则严；又要坚持区别对待，当宽则宽，最大限度减少社会对抗面。对未成年人犯罪、初犯、偶犯和轻微刑事犯罪案件，要充分体现依法从宽的一面，根据案件具体情况，可捕可不捕的不捕，可诉可不诉的不诉，依法应当起诉的也要主动向人民法院提出从轻处理的建议。

三是提高审查批捕和审查起诉工作质量。在审查逮捕、审查起诉工作中，要严把事实关、证据关、适用法律关和程序关，确保处理的每一起案件准确无误、程序合法、经得起历史的检验和监督。要加强对质量不高案件的剖析总结，对捕后作存疑不诉、绝对不诉、判无罪和经复议、复核改变原不捕、不诉决定的案件，要分析原因，总结教训，采取有效措施，切实加以改进。既要对重大案件适时介入、引导侦查，又要对普通案件实行繁简分流、快速处理，以提高办案效率，节约司法成本，确保办案效果。

四是切实抓好涉检上访工作。要把不出现、少出现新的涉检有理上访作为衡量检察机关执法工作水平和成效的重要尺度。进一步建立健全处理涉检信访问题的长效机制，依法及时办理各类控告申诉案件，妥善解决群众和当事人反映的问题，保护群众和当事人的合法权益，真正做到案结事了、息诉罢访，把影响稳定的因素解决在基层，解决在萌芽状态，最大限度地减少重复信访、越级上访，杜绝进京上访，杜绝因涉检问题而引起的群体性上访。要积极参加矛盾纠纷排查调处工作，建立、完善依法参与群体性事件处置预案，协同有关部门依法妥善处理群体性事件，努力化解矛盾纠纷，促进社会和谐稳定。

（三）突出强化诉讼监督，依法纠正执法不公、司法不公的案件和问题，努力维护公平正义和法律尊严

司法不公一直被人民群众所瞩目，也是影响社会和谐稳定的重要因素。全市检察机关要认真领会实施"公正立检"战略的重要意义和深刻内涵，切实履行宪法和法律赋予的职责，紧紧围绕人民群众十分关注的热点问题，强化诉讼监督，加大工作力度，提高监督水平，注意监督方法，增强监督实效，努力维护司法公正，以确保国家法律的统一正确实施。

在刑事诉讼监督中，要采取有效措施，加强刑事立案监督、侦查活动监督和刑事审判监督工作。刑事立案监督，既要注意依法监督纠正有案不立、有罪不究、以罚代刑等问题，又要坚决监督纠正滥用刑事追诉手段插手民事经济纠纷、违法立案等问题。刑事侦查活动监督，要注意发现漏罪漏犯，及时追捕追诉；同时，强化对刑事诉讼活动中严重违反程序、侵犯人权问题的监督，依法纠正刑讯逼供和滥用或随

意改变强制措施的现象。刑事审判监督，要注意运用刑事抗诉手段加强对量刑畸轻畸重、有罪判无罪等判决错误的案件，特别是因徇私枉法造成裁判不公案件的监督，正确把握刑事抗诉条件，提高提抗率和改判率，提升刑事抗诉案件质量，努力维护执法公正和司法公正。

在民事审判和行政诉讼监督中，要重点监督审判人员贪赃枉法、徇私舞弊导致错误裁判的案件，严重违反法定程序导致错误裁判的案件，因地方和部门保护主义导致错误裁判的案件；涉及劳动争议、保险纠纷、人身损害赔偿等民事审判和行政诉讼的错误裁判的案件。积极探索和开展法律文书的说理工作，促进申诉人服判息诉。注重办案质量，努力提高民事行政抗诉案件再审原判改变率和再审检察建议采纳率。

在刑罚执行监督和监管执法活动监督中，星城地区人民检察院要切实履行监所检察职能，突出查办监管场所职务犯罪案件；加大对违法减刑、假释、暂予监外执行（含保外就医）案件的监督和纠正力度，力求取得新的成效；继续巩固纠防超期羁押的成果，特别是对隐形、变相的超期羁押要及时发现和纠正，依法维护在押人员的合法权益。

五、抓好"两个关键"，切实加强领导班子和检察队伍建设

班子建设和队伍建设是做好全部检察工作、实现检察工作新发展的关键所在，必须始终将其作为长期的战略任务和基础性工作常抓不懈。

（一）坚持从严治长，提高领导班子的凝聚力、战斗力、创造力和公信力

检察机关领导班子是履行法律监督职责、开展好各项工作的指挥部，中层干部是贯彻执行检令、推动工作落实的具体组织者。没有坚强有力的领导集体，没有忠诚务实的中层干部队伍，不可能带出一流的检察队伍，也不可能创造出党委满意、上级检察机关满意、人民满意的工作业绩。因此，必须把领导班子建设作为队伍建设的重中之重来抓，把从严治长作为领导班子建设的关键来抓，全面加强对全市两

级检察院领导班子及其成员和全体中层骨干的管理和监督。

一是从高要求。全体班子成员和中层干部要注意加强自身建设，不断提高自身素质，提高科学决策的能力、法律监督的能力，总揽全局、协调各方的能力，解决自身问题、防止消极腐败的能力。要注重务实干事、开拓创新、敢抓敢管、团结协作、公道正派、清正廉洁、建功立业，努力做一名上级领导和领导机关满意放心、人民群众夸赞称道、同事部下敬佩信服的领导。

二是从严要求。要从领导班子"严"起，从"一把手""严"起。两级检察院领导班子成员和中层骨干特别是"一把手"一定要作出表率，带头勤奋学习，带头执行上级部署，带头办理大案要案，带头严格、公正、文明、规范执法，带头干出实绩，带头团结共事，带头廉洁自律，带头亲民为民；一定要严于律己，自觉"从我做起""从我做到"，公开承诺"首先对我监督"。只有这样，我们才能带出一个"钢班子"，带出一支"钢铁般"的队伍，才能履行好职责，树立起好的形象，才能不断增强领导班子的公信力和号召力。

三是从严管理、从严监督。两级检察院领导班子成员和中层骨干要认真落实最高检、省院的部署要求，进一步建立、完善和落实党风廉政建设责任制；完善重大事项报告及述职述廉制度；市院要协助地方党委及组织部门抓好对基层检察院领导班子的考核、考察和选配工作；要通过开展巡视、督查、诫勉谈话、参加党组民主生活会等活动，加强对基层院领导班子和成员的监督。通过努力，全市检察院两级领导班子要真正成为一个政治坚定、求真务实、开拓创新、勤政廉洁、团结协作的坚强领导集体。

（二）坚持从严治检，提高检察队伍的总体素质和职业化水平

一是注重加强思想政治建设。要加强对全体检察人员的思想政治教育、社会主义法治理念教育、职业道德教育、法制教育和正反两个方面典型的宣传教育，引导广大检察干警坚定理想信念和宗旨意识，树立正确的世界观、人生观、权力观和价值观；永远忠诚于党、忠诚

于人民、忠诚于法律、忠诚于检察事业。要按照市委的要求和市委政法委的部署，认真参与以"四为"教育（为谁执法、为谁服务、为谁解难、为谁办事）为主要内容的政治轮训和"百千万活动"，增强服务意识，强化群众观念，密切检民关系，提高服务大局、执法为民的实效。

二是注重加强能力建设。要下大力气抓好业务建设、抓好业务培训、抓好业务骨干和人才的培养。要严格执行检察官资格准入制度，公开招录一批高素质人才或从基层院遴选一批"业务尖子"；要加强业务培训，注重提升法律素养；要以执法办案第一线的检察官为重点，采取短期培训、出外学习考察、邀请专家讲座、现场观摩指导等多种形式，开展以提高业务技能为核心的分类培训；要广泛深入开展"岗位练兵""业务比武""办案竞赛""质量考评"等活动，在办案实践中提高检察人员的业务素质，提高法律监督能力，培养一批精通检察法律业务、胜任本职工作、创造一流业绩的"业务能手""业务尖子"和现代检察复合型人才；要实施专家型人才培养工程，积极推进法学硕士、博士等高层次人才的培养，造就一批在省内外颇有影响的"业务专家"和其他各类检察人才。

三是注重加强激励机制建设。市院决定在全市检察系统认真深入开展"三先十优"争创活动，即以先进检察院、先进领导班子、先进处（科）、局、室这三个方面为内容的先进集体争创活动；以优秀检察长、优秀院领导、优秀部门正职、优秀部门正职助手、优秀侦查员、优秀公诉人、优秀办案能手、优秀综合信息员、优秀法警、优秀检察干部这十个方面为内容的先进个人争创活动。认真开展评选部门业务标兵和工作标兵活动。要认真探索制定科学的争先创优考核考评办法和细则。通过科学的考核考评，更好地把先进典型和优秀分子评选出来；通过争先创优活动，更好地树立一批各类先进集体，树立一批优秀业务能手、优秀人才、优秀中层骨干、优秀班子成员；真正在全市检察系统形成一个树立先进、信服先进、学赶先进、争当先进的良好氛围，最大限度地激发检察干警的主动性、创造性，有力推动检察工作。同时，市院还决定在全市检察系统深入开展评选表彰查办贪污贿赂、渎职侵权等职务犯罪和办理刑事立案监督、追捕、追诉、刑事抗诉、刑罚执行监督、民事行政诉讼监督、刑事申诉赔偿、刑事技术等"十类优案"活动，以促进形成广大检察干警争先办案，奋力办大案、办要案、办优案的良好氛围，有力推进办案工作。

四是注重加强纪律作风建设。全面加强检察机关作风建设，大力改进学风、会风、执法作风和工作作风，倡导优良作风，逐步克服和纠正不良作风；切实抓好纪律建设，对检察队伍坚持严格教育、严格管理、严格监督，把"严"字贯穿队伍建设的始终。针对当前检察工作和检察队伍中人民群众十分关注和反映比较突出的问题，市院将向全体市人大代表作出"六个严禁"的承诺，即"严禁接受案件当事人及其亲友的请吃请玩和钱物；严禁泄露案情或为案件的事说情；严禁刑讯逼供；严禁对告诉求助群众采取冷漠、生硬、蛮横、推诿等官老爷态度；严禁参与经营娱乐场所或为非法经营活动提供保护；严禁参与赌博"。全体检察干警一定要严格履行落实这一承诺，自觉接受人大代表的监督和社会各界的监督。要严肃查处检察队伍中的违法违纪问题，发现一起，坚决查处一起，绝不姑息。

（三）坚持从优待警，激励检察干警爱岗敬业、忠诚履职

从优待警具有凝聚力量、稳定队伍、促进和谐的重要功能。全市两级检察机关要建设好、管理好、使用好优良的办案用房、技术用房和办公用房，优化干警的办案、工作环境和生活环境。要重视检察人员的职业保障，关心干警在侦查办案和执法活动中的人身安全，关心干警的身心健康，为广大干警特别是侦查办案和执法干警排忧解难；要继续关心干警的政治成长和进步，积极向党委及组织部门推荐优秀检察干部，商请党委组织部门优先解决检察人员的职级待遇问题；要真心诚意地为干警办实事、办好事，指导或帮助干警解决住房、配偶调动、子女就学就业等方面的实际困难，尽可能解除其后顾之忧，最大

限度地激发干警的工作积极性和创造性。

六、推进"六化"进程，促进全市检察工作新发展

为确保全市检察工作总体发展思路落到实处，在认真分析当前检察工作现状和所面临的形势的基础上，市院提出要采取有力措施，加大工作力度，大力推进业务一体化、执法规范化、检务信息化、管理科学化、保障现代化和机关文明化进程，以促进检察工作的新发展。

（一）推进业务一体化

推进业务一体化是检察业务工作乃至整个检察工作全面深入健康发展、持续发展、创新发展、科学发展的成功之路。所谓检察业务一体化，就是强化检察机关上下级之间的领导和上下级内设机构之间的业务指导，在反贪、反渎、诉讼监督等检察工作中，对重大案件、重大工作、重大事项、重大问题等，逐步探索建立以市院为主体，以县（市）区院为基础的业务工作一体化运行机制，以形成上下联动、协调一致、资源共享、优质高效的合力，推进检察业务乃至整个检察工作的深化和发展，确保检察职能更好地履行和发挥。因此，我们要大胆探索、积极推进检察业务一体化进程。

一是继续大力实行和完善全市检察机关职务犯罪侦查一体化。要切实加强侦查指挥中心，开展侦查一体化建设。对职务犯罪要案和重大复杂案件以及干扰阻力大的案件，要继续实行"四统一"，即统一案件线索的管理和初查；统一对侦查工作的组织指挥和指导；统一侦查人才和侦查技术装备的调配和使用；统一营造良好的执法环境。以综合开发利用侦查资源，加大办案力度，提高办案质量和效率，形成纵向指挥有力、横向协作紧密的全市一盘棋大格局，形成查办职务犯罪案件和反腐败的合力。市院反贪局、反渎局要发挥办案的龙头作用，带头和组织指导基层院查办有影响、有震动的要案、特大案。对跨区、县（市）区域的五类案件，必须实行一体化侦查，由市院指挥中心统一组织指挥。以强力推进反贪、反渎工作的深入开展，推动反腐倡廉

建设的深入进行。

二是积极探索试行全市检察机关审查批捕、审查起诉和出庭支持公诉工作一体化。为更好地履行刑事检察职责，全市检察机关要依据有关法律和要求，统一制定和执行审查批捕和审查起诉案件的证据标准，尽可能避免在办案中出现因对证据标准认定和把握不一而处理不当甚至处理错误等执法不严、执法不公的问题；统一调配使用优秀办案能手和优秀公诉人，对在全市有影响、有震动的严重刑事犯罪案件和职务犯罪要案以及其他重大复杂疑难犯罪案件，市院可统一调度、集中优势力量，办理审查逮捕、审查起诉和出庭支持公诉，提高办案质量和效率，提高办案执法水平；统一领导和指导审查批捕和审查起诉及出庭支持公诉工作，市院既要精心组织、协调，又要不断提高指挥水平，促进刑事检察工作总体水平提升，以加大打击严重刑事犯罪和职务犯罪的力度，形成惩治各类严重犯罪的合力。

三是积极探索试行诉讼监督工作一体化。对涉及诉讼监督的执法和司法不公的重特大案件和突出问题，全市检察机关实行统一管理，统一调配使用优秀办案能手、优秀公诉人，统一领导和指导诉讼监督工作，以加大诉讼监督工作的力度，形成维护执法和司法公正的合力。

四是积极探索试行其他检察业务工作一体化。以整合、共享办案资源，统一调配、使用办案力量，统一指挥和指导，加大工作力度，增强整体功能，办理重大案件，研究、处理、解决有关热点、难点等重大问题，深化检察业务，形成检察工作合力。

（二）推进执法规范化

规范执法行为是提高执法质量和促进执法、司法公正的重要保障，是公平和正义价值的具体体现。确保执法、司法公正必须从规范执法抓起。自 2003 年省院部署开展执法质量考评工作以来，全市检察干警的办案质量意识有了增强，执法质量总体有了大的提升，对此我们不应估计过高，不应盲目乐观和自信，要看到执法质量问题仍然存在，应当正视工作中存在的问题和差距。我们要毫不放松、持之以恒地抓紧抓实抓好执法质量。为此，我们要建立和完善统一、全面、科学、严密的业务部门的执法流程管理机制。使执法活动程序化、规范化、精细化、流程化。要建立完整的执法工作流程操作体系，使执法工作流程真正成为干警执法的"指南"和规范执法的"标尺"，以保障执法工作的依法规范运行。要建立和完善统一的业务部门执法质量标准体系。使之既具有合法性、科学性，又具有可操作性。各个业务部门要依据省院今年制定的执法质量考评办法和实施细则，精心制定本部门更加详尽的执法质量标准细则，同时制定本部门个案质量标准细则，使执法质量标准更加量化、细化、清晰化，更利于操作，以促进执法质量的全面、准确到位。要建立、完善并认真执行科学的检查、督察和考评机制。建立并严格执行执法质量检查制度，真正建立承办人自查—处（科）、局、室负责人复查—检务督察处和有关部门随机抽查的层层把关制度，做到每案必检、一案多检及一案一表（执法质量考评表）检查。建立并严格执行执法质量督查制度，定期和不定期地督查执法质量、有关制度的执行和落实情况，及时发现、纠正、整改存在的问题。建立并严格执行执法质量考评制度，做到科学考评、严格考评、公正考评、透明考评。以促进和推动执法质量的全面提升。要建立、完善并认真执行奖惩制度。将执法质量考核考评结果与评先、评优等直接挂钩。市院将在下半年内，在全市两级检察院组织评选执法质量"双十案"，即评选 10 件执法质量精品案和 10 件执法质量瑕疵案。以分明优劣，奖优罚劣，激励和鞭策干警提高执法质量。要建立、完善并严格执行执法质量领导责任制和责任追究制。对执法质量扣分多、影响全市检察机关执法质量考核评先的单位和部门，实行评先评优"一票否决制"，并予以通报批评。对因渎职、失职，造成执法质量问题突出且扣分最多的承办人、部门负责人和院领导，要严肃问责，视情追究其相应的责任。以强力推进执法规范化建设。

（三）推进检务信息化

要按照中发〔2005〕15 号文件的要求，积极向党委政府反映，争取把检察信息化建设纳入当地经济社会发展规划，所需经费列入财政预算。要注重建用并举，突出应用。在建设和应用中，全市两级院要按照最高检部署，重点抓好"一网"（即建成由各级检察机关专线网和计算机局域网组成的具有专线电话、电视会议、数据传输功能的检察综合信息网络）、"五库"（即职务犯罪数据库、诉讼监督数据库、队伍管理数据库、综合信息数据库和电子学习数据库）、"两类应用"（即检察专网和计算机数据应用）和"一个门户"（即建设检察机关互联网门户网站）的工作，简称"1521"工程。要管理、使用好现已开通的市院局域网和省、市、县三级专线网和侦查监控设施，尽快开通检察外网。要在全市检察系统掀起学习应用信息技术的热潮，提高信息技术的应用水平。市院和基层院在一两年内实现办公、办案信息化管理；市院和基层院检察干警达到国家计算机一级标准的均达到90%以上；具有计算机操作能力和水平的占90%，其中两级院领导班子和中层骨干以及45岁以下干警均要具有运用信息技术办公、办案的能力和水平，使信息化真正成为推动检察工作发展的重要力量。

（四）推进管理科学化

要认真领会和贯彻落实省院春节后在党组会议上提出的"全省检察机关要认真做好科学管理这篇文章"的重要指示精神，切实加强科学管理工作。要增强科学管理意识，运用现代管理理念、模式和方法，推进管理科学化。具体做到"三个转变"：一是要进一步实现由经验型管理向制度化管理转变。要着力研究、制定并认真执行事关检察事业新发展的重大系列制度，切实加强有关机制建设。机制建设要渗透到各项检察业务、检察工作和领导班子、队伍建设以及行政事务等诸方面的管理中去，真正做到用制度管人、管案、管事、管机关，真正做到管理制度化。二是要进一步实现由粗放型管理向精细化管理转变。"细节决定成败。"实践证明，任何一个系统、机关和部门，任何一项事业乃至每一项工作，管理绝对粗不得，粗放型的管理不是科学的管理。我们要抓好每一项检察业务，每一项检察工作都应当实施科学的精细化管理。只有抓住并做好每个细节，才能把事情办好，把案件办准办精，把工作落到实处，才能出业绩、出质量、出效率。因此，我们要大力倡导和发扬科学的认真、务实、严谨、细致的工作作风，求真务实，精于管理，敢于、善于管理，大力实施和指导科学的精细化管理，以推进检察工作的新发展。三是要进一步实现由静态型管理向动态化管理转变。动态化管理是科学的注重过程的管理。检察机关引入动态化管理模式，就是不仅要重视在年初制定科学的定性定量的目标，更要注重加强对实现目标情况进行全过程的督察和督导，这就要求我们要重视和加强动态化管理，重视和加强督察工作，以及时预防、发现、纠正执行目标过程中可能和开始出现的问题和偏差，最有效地推进工作的实施和目标的实现。市院将采取有效措施，切实加强这方面的管理。

检察管理包括检察人员管理、检察业务管理和检察行政管理。检察机关的科学化管理重点在"管好人""管好案""管好事"。"管好人"就是科学地协管或管理市、区（县）两级院领导班子、中层骨干、年轻干警和其他各类检察人员、检察人才。为此，要健全以检察人员的培养、教育、选拔、考评、使用、奖惩、管理为重点的政治工作机制，深化检察干部人事制度改革，认真执行有错无为问责制，强化对中层骨干的管理和监督，加强对后备干部、年轻干部、女干部的教育和培养，加强对业务骨干、业务"尖子"和现代复合型检察人才的培养和使用。"管好案"就是要科学地管理检察业务。为此，要建立和完善以检察委员会、检务督察为中心的业务管理机制，重点抓好制定科学合理的工作计划和目标，认真执行岗位目标责任制，建立完善和严格执行执法质量系列机制，完善并认真执行符合检察司法规律的检察业务绩效考评、督察督导和监督制约、责任追究等机制。"管好事"就是要科学地管理检察政务事务。为此，要建立以院务会为核心的政务事务管理机制，将规章制度、长效机制的制定、检察装备建设规划、检务保障等纳入政务事务管理机制之中，以民主化、规范化的管理，达到资源配置优化、办公程序井然、装备管理正规、工作运行高效的目标环境。通过科学管理，最大限度地调动检察人员的积极性，最大限度地提高办案和工作效率，促进检察工作发展。

（五）推进保障现代化

要认真实施《人民检察院 2008—2010 年科技装备发展规划纲要》，加大科技装备投入，既要抓好常规装备建设，又要加强高精尖装备建设，既要抓好普遍建设，又要加强重点建设，逐步建立种类齐全、布局合理、梯次分明、能够适应新时期检察工作需要的检察科技装备体系。要高标准全部完成"两房"建设任务，尚未按照最高检和省院要求完成"两房"建设任务的单位，要抓紧时间，加快工程进度，争取在 2008 年内全市检察机关"两房"建设工作全部达标完成。要积极争取当地党委、人大、政府及财政部门的支持，真正落实区、县（市）级人民检察院公用经费保障标准，努力争取更好的经费保障。要在完善硬件建设的同时，注重加强软件建设，以现代装备设施为平台，以现代科技手段和现代管理方法为依托，努力实现保障现代化，以保障机关各项工作高效运转，保障检察工作的顺利推进。

（六）推进机关文明化

实践证明检察机关大力推进机关文明化，有利于提升领导班子和检察队伍整体素质，有利于提升检察机关工作水平和工作质量，有利于提升检察机关的团体精神和整体形象。推进机关文明化，就要以美化办公、生活环境为基础，加强"两房"（办案用房、技术用房）建设和机关生态环境建设以及文化、卫生、体育等基础设施建设，做到办公环境和生活环境绿化、美化、亮化、净化；就要以加强领导班子和检察队伍建设为重点，坚持不懈地带好班子和队伍，努力建设一个凝聚力、战斗力、创造力、号召力更强的领导集体，打造一支政治上靠得住、工作上有本事、作风上过得硬、群众信得过的高素质专业化检察队伍；就要以提高检察干警文明素质为切入点，引导干警模范遵守检察官职业道德，模范遵守社会公德和家庭美德，积极参加社会公益活动，坚持健康文明的生活方式，营造平等、互助、和睦、幸福的家庭气氛，发扬党的优良传统，弘扬中华民族的传统美德；就要以发展检察文化为目标，深入开展争创"学习型检察院"、争当"学习型检察人员"活动，大力开展检察宣传活动，积极开展丰富多彩的业余文体娱乐活动，不断提高检察干警的思想政治修养、党性修养、能力素养和文化素养，提高检察机关的文化品位，激发干警的积极性、主动性和创造力，增强责任感、凝聚力和团队精神，进一步树立检察机关的良好形象；就要以争创文明单位活动为载体，按照党委、政府和上级检察机关的部署和要求，高度重视、扎实开展文明单位创建活动，加大创建力度，提高创建质量，推进创建进程，取得创建新成果。

七、坚持和服从党的领导，服从上级检察机关领导，自觉接受人大、政协监督，确保全市检察工作顺利开展

（一）始终坚持和服从党的领导

坚持和服从党的领导，是做好检察工作的根本政治保证，是检察机关必须始终坚持的重大政治原则。全市检察机关一定要进一步增强党的观念，讲政治、讲党性、讲大局，自觉把检察工作置于党的绝对领导之下，自觉把服从党的领导与依法公正独立行使检察权统一起来，把执行党的政策与执行法律统一起来，确保党的路线、方针、政策在检察机关得到贯彻实施。要坚持重大工作部署、重要改革措施、重大事项、重大案件特别是要案，及时向党委请示报告。对工作中的困难和问题，积极向党委反映，紧紧依靠党委领导开展检察工作，始终在党的领导下开展检察工作。

（二）始终坚持服从和接受上级检察院的领导和指导

根据宪法规定，上下级检察机关是领导与被领导的关系。认真执行上级检察院的工作部署、要求和决定、意见，既是一个严格执法的问题，又是一个政治态度、党性观念的问题。各区、县（市）院要自觉服从省院领导，主动争取省院各部门的指导，要在队伍建设、业务建

设和后勤保障建设等各个方面、各个环节严格执行上级检察院的各项规定，做到检令畅通，令行禁止。今年，市院将通过检务督察和对区、县（市）院的巡视制度，对各地贯彻执行上级院的工作部署、执法办案、班子、队伍建设以及党风廉政建设情况进行督促检查，发现问题及时纠正，确保全市检察工作运转有序、上下协调、顺利开展。

（三）始终坚持自觉接受人大及其常委会的监督和政协民主监督

接受人大及其常委会的监督，是检察机关必须遵循的宪法原则，也是检察工作健康发展的重要保障。要进一步增强自觉接受监督的意识，拓宽接受监督的渠道。坚持向人大及其常委会报告工作，认真落实人大的决议和要求。进一步开展人民监督员试点工作，加强对检察权的监督制约，促进严格、公正、文明、规范执法。要加强与人大代表、政协委员的联系，邀请人大代表、政协委员视察、评议检察工作，虚心听取批评、意见和建议。认真接受人大监督、政协民主监督和社会监督，加强和改进检察工作。

第三节　完善思路

一、肯定新发展的思路 ①

第一，肯定新发展的总体思路。全市检察工作新发展总体思路是经过了市委和省检察院主要领导和有关领导同意，也得到了全市两级院党组的认可，特别是通过三年的实践，证明新发展总体思路是比较科学的，是管用的。这一点大家基本上形成了共识。

---

① 本部分系作者 2011 年 2 月 12 日在 2011 年长沙检察工作新发展务虚会上的讲话摘录，收入本书时略作删改。

　　第二，继续认真实施新发展的总体思路。这个总体思路包括：一是发展目标，总体目标就是把全市两级检察机关建成忠诚、公正、清廉、文明、人民满意的检察机关；具体目标就是工作比上年有新进展，在最高检、省院有位置，在中部地区省会城市有一定的或较大的影响。二是发展理念，就是服务党和国家工作大局的理念；立检为公、执法为民的理念；司法公正、司法效率、司法文明的理念；科学发展、统筹兼顾、全面协调、可持续发展的理念等。三是发展战略，就是公正立检、业务建检、人才强检、科技兴检、机制活检战略。近几年，这几个方面有的抓得好一点，有的抓得弱一点，有的还没有完全铺开。公正立检战略，这几年抓得很紧；业务建检战略，这次会议有几位同志也谈到了，抓得很不错，就是要这样抓办案、抓执法、抓业务；人才强检战略，好的是引进了一批人才，不足的是怎样进一步培养、管理人才抓得还不够力度；科技兴检战略，也还是我们的薄弱环节，如果把这个抓上来，那案件质量、办案水平、办案数量有可能会不一样，有可能会更好；机制活检战略，机制是非常重要的，是带根本性的，是最管用的，还要下决心加大力度，取得成效。四是发展重点，就是查办和预防职务犯罪，审查逮捕审查起诉，诉讼监督工作。五是发展关键，就是领导班子和队伍建设。六是发展路径，就是实行"六化"，即："业务一体化"，做得好的是侦查一体化，民事行政检察部门、控告申诉检察部门和办公室、法律政策研究室、检务督察处等部门的业务一体化也在不断实施，通过整合基层院的力量，使办案与工作效率有提高，质量有提升，效果很好；没有做或没有坚持实施和推进"业务一体化"的单位或有关部门，其办案、业务和工作的效果、效率和成效往往就不尽如人意，就不太理想。"执法规范化"，这几年来这项工作虽然压力很大、要求很高，但我们采取了一系列措施，效果很不错。"检务信息化"，这方面的工作才刚起步，是目前检察工作的短腿和薄弱点。"管理科学化",主要是对人的管理、对案件的管理、对钱的管理、对事的管理等,这个有起色,但一刻都不能松懈。"保障现代化",这个做得比较好。"机关文明化",通过近年来采取的措施,效果很不错,2008 年、2009 年市院连续两年获得全市文明标兵单位,这个不容易!特别是今年奋力争创省级文明单位,成效非常明显。这"六化"都是为了更好地实现检察机关的"三大职能",是实现战略目标的具体措施。七是发展保障,就是坚持党委领导、省院的领导,接受大人监督和政协民主监督,接受人民群众的监督。

二、集思广益,务实求真 ①

长沙检察工作的开展与推进,要根据变化发展的新情况、新形势,通过全面、深入地调研,广泛听取意见,集中大家的智慧,不断完善工作思路;要通过不懈地努力,通过宣传、引导,把大家的思想和行动统一到中央、最高检和省、市委、省检察院的决策部署上来,统一到市院党组的工作思路上来。首先要重视思路。抓好工作,思路非常重要。思路决定出路,思路决定成就。工作需要思路,那种认为没有思路,照样可以抓班子、带队伍,照样可以抓工作的想法和做法是不科学的,是很难抓好工作、抓好班子、带好队伍的。同时,要明确和完善思路。不能把工作思路看成是一句口号。思路是有全面、深刻内涵的。四年来,我们根据最高检、省委、市委和省检察院的部署,结合长沙实际,提出了检察工作新发展的总体思路,有目标、有理念、有战略、有重点、有关键、有路径、有保障。新发展思路是集思广益的结果,是大家集体智慧的结晶,得到了市委、省院主要领导和有关领导的肯定,得到了大家的认同。新发展的总体目标是要把两级检察

---

① 本部分系作者 2012 年 2 月 2 日在长沙市人民检察院 2012 年检察工作新发展务虚会上的讲话摘录,收入本书时略作删改。

院建设成为忠诚、公正、高效、清廉、文明、人民满意的检察机关。具体目标：一是工作比上年有新进展；二是在最高检、省院有位置；三是在中部地区省会城市有一定或较大影响。不能把工作思路与贯彻落实党委、上级检察机关的决策、部署和有关精神对立起来、割裂开来。新发展的思路、根本内容是什么？就是发展的保障，就是始终坚持党的领导；始终坚持上级检察机关的领导；始终坚持自觉接受人大的监督和政协民主监督。新发展思路旨在把"上情"与"下情"有机地结合起来，坚决贯彻落实好中央、省、市委统一部署和精神；严格执行好最高检、省检察院的部署、决定和要求；自觉接受人大监督、政协民主监督。要完善新发展的思路。事物都是不断变化、发展的，新发展思路也应逐年完善、逐步完善、不断完善。事实上，这几年的检察实践中，新发展的思路每年都在完善，每年都根据中央、最高人民检察院和省委、省检察院、市委的部署和精神，根据长沙和长沙检察的实际，在不断地调整、充实、完善。如去年市院通过吸纳务虚会成果，研究制定的全市检察机关"应注重抓好的十二项工作"，就是根据上级的新精神和全市检察工作的实际情况提出的新要求，就是新发展思路的充实和完善。在这次务虚会上，大家献计献策，围绕怎样完善好思路，特别是重点围绕怎样更好地履行检察职能，贯彻中央和省、市委精神，贯彻最高检、省院的部署，不断抓好检察业务、检察工作，带好班子与队伍，抓好基层院建设等重大问题，提出了一些具有方向性、原则性、前瞻性的整体要求和有针对性、操作性、指导性、实效性的举措和方法，这对完善新发展的总体思路很有益处。

三、总揽全局，注重把握重要问题 ①

思路一定要清晰，主从一定要分清。只有把握住重要问题，才能

---

① 本部分系作者 2012 年 2 月 2 日在长沙市人民检察院 2012 年检察工作新发展务虚会上的讲话摘录，收入本书时略作删改。

坚定正确的前进方向；检察工作只有把握住重要问题，才能纲举目张、抓好重点、带动其他；只有把握并抓好了重要问题，才能取得最佳的效果和成效。为此，要注重把握好以下几个重要原则：

第一，履行好检察职能的原则。履行好检察职能，是检察机关的法定职责。我们从多年检察工作实践中，总结出履行检察职能要把握"六个字"的要求，就是"全面""正确""有效"。

第二，服务党委、政府工作大局的原则。服务党委、政府工作大局，这是必须坚持的原则。这里我们也总结出"六个字"的要求，就是"主动""扎实""有效"。

第三，以执法办案为中心的原则。对于检察机关来说，以什么为中心，就是以执法办案为中心。检察工作的中心就是执法办案。离开了执法办案，服务大局就无从谈起，检察职能也无从谈起。

第四，突出抓好重点的原则。要集中优势兵力，集中物力、财力，切实抓好重点，着力抓好薄弱点，注重抓好亮点，努力抓好人民群众反映的热点。

第五，开拓创新的原则。没有创新，就没有动力、没有活力，就没有新发展。要重视创新，要倡导创新，要推陈出新，要奖励创新，要宣传创新。近年来基层院的创新项目多一点，市院的创新少了些，大家要多动脑子、多下功夫、多出成果、力求实效。

第六，以人民满意为标准的原则。怎样来衡量人民群众对检察工作是否满意？我看有以下几个层次、几个侧面、几个途径，能体现出人民是否满意，这就是：人代会对检察院工作报告的电子表决通过率；省委综治委组织对政法工作（含检察工作）的民调测评；市统计局的有关民调；有关部门组织的部分党代表、人大代表、政协委员的满意度测评；人民监督员、民主监督员、检风检纪监督员的评价；诉讼参与人、当事人及其亲属、律师的看法与评价；其他接触检察人员的公民的评价等。

第七，以人为本的原则。以人为本是由检察机关的人民属性所决定的。

全市的检察工作，我们要总揽全局，就要把握好这七个原则问题。这七个重要问题把握住了，头脑就会更清醒，方向就会更明确，工作也就会抓得更对路一些、更实一些，效果和成效会更好一些。

四、扬长补短，深入推进新发展 [①]

要扬长补短，就要全面深入推进各项检察工作。从省检察院最近下发的《2011年1月至12月检察业务工作主要数据的通报》来看，全市检察工作有些方面还有一些差距，有的还存在一些薄弱点。大家要好好去查找、去研究、去解决。

要扬长补短，就要全面深入推进"六化"进程。"六化"是新发展的路径。落实"六化"对推进各项检察工作是非常有力的措施。一是推进业务一体化，这几年来这方面有进展，特别是侦查部门落实得更好一些，但有些部门还没有落实。二是推进执法规范化，从总体上看，这几年有效果，但还有不少问题，还有差距，还要采取措施毫不放松地抓。三是推进检务信息化，从总体上看虽有所推进，但情况不容乐观，特别是网上办案差距还较大。四是推进管理科学化，从总体上讲，这些年有进步，但还不尽如人意，要进一步分析研究，抓精细、抓到位。五是推进保障现代化，这方面有一定的进步，但与当今省会城市检察院的要求相比，还有差距。六是推进机关文明化，这个推进的很不错。这些年来，这方面的工作抓得很实、很有效果，大家是满意的，也享受到了共建省级文明单位的成果。

要扬长补短，就要全面深入推进领导班子和队伍建设。首先，要深入推进领导班子建设。要按照前不久出台的《长沙市人民检察院关于加强全市检察机关领导班子建设的意见》，抓好落实。领导班子要进一

---

① 本部分系作者2012年2月2日在长沙市人民检察院2012年检察工作新发展务虚会上的讲话摘录，收入本书时略作删改。

步提高"六力",每一位班子成员和中层骨干,在言、行、果上,在公、廉、威上,都要率先垂范,取得更好的成效。其次,要全面深入推进中层骨干班子建设。处(局)长们更要带好头。最后,要全面加强队伍建设,全面提升队伍整体素质,努力造就一支高素质的检察队伍。

五、完善检察工作新发展的总体思路 ①

未来五年,我市仍处于可以大有作为的重要战略机遇期。面对新形势、新任务、新要求,要做好未来五年的检察工作,首先应当确立一个清晰可行的工作思路。思路决定出路、决定成效。未来五年及 2013 年长沙检察机关要继续完善和大力实施全市检察工作新发展的总体思路,即全面贯彻落实党的十八大精神,坚持以科学发展观为指导,牢固树立和自觉践行正确的发展理念,大力实施公正立检、业务建检、人才强检、科技兴检、文化育检、机制活检战略,以查办和预防职务犯罪、审查逮捕和审查起诉、强化诉讼监督工作为重点,以切实加强领导班子和队伍建设为关键,以继续推进业务一体化、执法规范化、检务信息化、管理科学化、保障现代化和机关文明化为路径,以始终坚持和服从党的领导、服从上级检察机关的领导、自觉接受人大及其常委会的监督为保障,全面加强和改进检察工作,全面实现全市检察工作新发展,为把长沙市两级检察机关进一步建设成为忠诚、公正、高效、廉洁、文明、人民满意的检察机关,为服务长沙经济社会又好又快、率先发展,服务长沙率先建成"两型"城市和实现率先建成全面小康做出新的更大的贡献。具体而言,要努力做到"七个进一步"。

（一）进一步明确发展目标

新发展的总体目标是把长沙市两级检察机关进一步建设成为忠诚、公正、高效、廉洁、文明、人民满意的检察机关。忠诚是检察机关、检察人员必须具有的政治品格;公正是检察工作的价值追求;高效是

---

① 本部分系作者 2013 年 3 月 13 日在长沙市检察工作会议上的报告摘录,收入本书时略作删改。

优化司法资源配置的客观需要；廉洁是检察人员的职业本色；文明是提升检察亲和力和公信力的基础；人民满意是一切检察工作的出发点和归宿。发展的具体目标：一是工作比上年有新进展。包括全方位工作的新进展；量和质的新进展；创造性工作的新进展。二是在省院和最高检有位置。即在省内率先，在中部地区省会城市领先，在全国省会城市有一定或较大影响，在全国检察系统争先。三是人民群众满意度有提升。包括案件当事人、发案单位、人民群众和人大代表、政协委员等对检察机关、检察工作、检察队伍的满意度有提升。

（二）进一步树立和践行发展理念

牢固树立和自觉践行"六种理念"。一是服务大局的理念。自觉把检察工作摆到党和政府的工作大局中谋划和推进，不断增强服务意识，突出服务重点，改进服务方法，提升服务水平，增强服务实效。二是理性、平和、文明、规范执法的理念。树立正确的执法观，更新执法理念，改进执法方式，规范执法行为，加强执法管理，使人民群众通过检察机关的执法办案，既感受到法律的尊严、权威，又感受到检察机关和检察人员的关爱与温暖。三是数量、质量、效率、效果、安全相统一的理念。树立正确的业绩观，坚持以数量为基础、质量为生命线、效率为保障、效果为根本、安全为前提，做到五者协调统一、相辅相成，防止互相割裂、顾此失彼。四是统筹兼顾、全面协调可持续发展的理念。正确处理检察工作中的一系列重大关系，努力实现检察工作政治性、人民性和法律性的有机统一；检察工作服务科学发展与自身科学发展的有机统一；打击、预防、监督、教育、保护职能的有机统一；强化法律监督、强化自身监督、强化队伍建设的有机统一；法律效果、政治效果和社会效果的有机统一；继承、创新、发展的有机统一。五是诉讼民主、诉讼文明、诉讼公开和诉讼监督制约的理念。牢固树立人权意识、程序意识、证据意识、时效意识、监督意识。始终坚持惩治犯罪与保障人权并重，程序公正与实体公正并重，全面客观收集审查证据与坚决依法排除非法证据并重，司法公正与司法效率并重，强化法律监督与强化自身监督并重，严格公正廉洁执法与理性平和文明规范执法并重。六是以人为本的理念。一方面，深刻把握检察机关、检察工作的人民性，任何时候都要把人民放在心中最高位置，始终以人民满意为标准，确保检察工作符合人民的愿望和要求，维护和保障人民的根本权益；另一方面，充分尊重检察人员在履行检察职能中的主体地位和正确价值追求，把不断满足人的全面需求、促进人的全面发展，作为推动检察事业发展的力量源泉和不竭动力，以实现检察工作和检察人员的共同发展。

（三）进一步实施发展战略

大力实施"六大战略"。一是实施公正立检战略。公平正义是社会主义法治的价值追求，维护公平正义是检察工作的根本任务。要大力实施公正立检战略，既打击犯罪，又保障人权；既坚持实体公正，又坚持程序公正；既注重司法公正，又注重司法效率，切实作到有罪追究、无罪保护、严格依法、公正廉洁，努力让人民群众在每一个案件中都能感受到社会公平正义。二是实施业务建检战略。执法办案等业务工作是全部检察工作的中心，是检察机关履行法定职能的基本途径。要大力实施业务建检战略，高度重视业务，潜心钻研业务，大力推进业务，服务保障业务，以崇高的使命感、强烈的事业心和责任感，促进业务工作水平提高，确保检察职能的全面正确有效行使。三是实施人才强检战略。人才资源是第一资源，是检察事业长远发展的根本所在。要大力实施人才强检战略，坚持做好现有人才资源的培养和开发，激励检察人员不断完善、进步和发展；坚持健全完善人才引进、使用、管理和从优待检等有效机制，形成人才辈出、人尽其才、才尽其用的生动局面；加大对人才工作的投入力度，为人人竞相成才和充分施展才能创造良好条件和环境。四是实施科技兴检战略。科学技术是第一生产力，是提高检察机关法律监督能力的必由之路。要以加强信息化建设为核心，以科技装备建设为重点，以提高检察人员科技素能为基础，充分发挥科技手段在办公、办案中的作用，依靠强大的科技力量推动检察事业不断发展和壮大。五是实施文化育检战略。检察文化是检察人员的精神家园，是检察事业不断发展的力量源泉。要大力实施文化育检战略，深刻认识加强检察文化建设的重要性、必要性和紧迫性，不断深化对检察文化建设规律的研究和把握，以坚定法律信仰、弘扬法治精神、提升职业素质、促进公正廉洁为重点，大力开展形式多样、丰富多彩的文化活动，不断加强和改进检察文化建设，努力推进检察文化大发展大繁荣。六是实施机制活检战略。机制创新是检察改革的重要内容，是检察事业深化发展的动力。要大力实施机制活检战略，把机制建设摆在更加突出的位置，重视机制、建立机制、落实机制、完善机制、创新机制，大力加强机制建设，促进检察体制、机制和制度的整体推进，激发检察工作活力。

（四）进一步突出发展重点

突出"三项重点工作"。一是突出加强审查逮捕和审查起诉工作。依法严厉打击严重刑事犯罪。坚决打击境内外敌对势力策划实施的渗透颠覆破坏活动；严厉打击严重暴力犯罪、黑恶势力犯罪、多发性侵财犯罪和"黄赌毒"等犯罪；依法严厉打击危害食品药品安全等侵害民生犯罪。依法从宽处理轻微刑事犯罪。充分运用简易程序、刑事和解、量刑建议和不捕不诉等措施，减少社会对抗，维护社会稳定和谐。健全批捕起诉工作机制。建立繁简分流、专业分类的办案机制；完善批捕起诉案件质量效果保障机制；建立批捕、起诉阶段为盲、聋、哑、未成年人等犯罪嫌疑人提供法律援助机制；建立健全对羁押必要性进行定期审查机制；健全不起诉、撤回起诉、无罪案件的剖析和报告机制，以促进平安长沙建设。二是突出查办和预防职务犯罪工作。确立工作目标。进一步实现查办职务犯罪案件的数量与质量的统一；查办职务犯罪案件法律效果与社会效果的统一；惩治职务犯罪与保护经济社会发展的统一；依法行使侦查权与保障人权的统一；查办职务犯罪案件自觉接受党委领导与依法独立行使检察权的统一；惩治职务犯罪检察机关满意与人民满意的统一。突出办案重点。严肃查办发生在领导机关和领导干部中的、权力集中部门岗位的和损害民生民利、侵犯群众合法权益的职务犯罪案件；严肃查办破坏生态资源、重大责任事故、执法司法不公、群体性事件涉及的充当黑恶势力"保护伞"的职务犯罪案件等。加强反渎职侵权工作。深入推进反渎职侵权工作机制、制度、法制建设；坚持同步介入重大事故调查，推进专案调查工作制度化、规范化；推动建立查办重大复杂渎职侵权违法犯罪联席会议机制，及党员领导干部和国家机关工作人员非法干预案件工作情况沟通和处理机制。加强和改进办案工作。加强检察机关依法自行初查立案侦查职务犯罪工作力度；加强侦查情报、信息、指挥网络建设；严格规范讯问、询问活动，坚决杜绝刑讯逼供以及违法违规取证方式和手段；落实和完善讯（询）问全程同步录音录像制度；切实加强办案安全防范，杜绝办案安全事故。切实做好职务犯罪预防工作。健全职务犯罪侦防一体化机制，综合运用预防咨询、预防调查、预防检察建议等措施，开展个案预防、专项预防、系统预防；建立完善职务犯罪预防年度报告制度，为党委、政府提供决策参考；加强预防宣传和警示教育；加强职务犯罪记录和查询制度、职务犯罪预警等机制建设，提升预防职务犯罪科学化水平，以促进廉洁长沙建设。三是突出强化诉讼监督工作。一方面，要强化刑事诉讼监督。加强刑事立案监督，严格执行对不该立案而立案进行监督的条件、范围和程序，重点监督纠正违法动用刑事手段插手民事经济纠纷等突出问题；加强对监督立案案件的后续督促和催办，防止立而不侦、侦而不结；全面建立行政执法与刑事司法衔接机制，严肃查处徇私舞弊不移交刑事案件等犯罪。加强侦查活动监督，加大对侦查机关另案处理和遗漏移送批捕、起诉的监督力度；完善对侦查机关采取强制性侦查措施的监督机制。加强刑事审判活动监督，积极开展对适用简易程序案件审判活动的监督，以及二审书面审理、人民法院自行启动再审后改变原审判决案件的监督；深化量刑建议改革，规范量刑建议的范围、标准。强化刑罚执行和监管活动监督，建立刑罚变更执行同步监督制度，加强对减刑、假释案件开庭审理的监督；建立适应社区矫正特点的监督工作机制；完善重大监管事件应急处理和应对机制；加大查办刑罚执行和监管活动中的职务犯罪工作力度；依法开展指定居所监视居住执行监督、死刑执行临场监督、强制医疗执行监督等工作。另一方面，要强化民事行政诉讼监督。规范民事行政抗诉工作，强化同级检察机关的监督，充分发挥再审检察建议等方式的作用，全面构建以抗诉为中心的多元化监督格局；建立健全民事申诉案件检调对接机制，建立健全民事行政检察工作机制和方式；积极稳妥地开展法官违法行为调查和民事执行监督，完善和规范督促起诉、支持起诉工作，以促进法治长沙建设。

（五）进一步把握发展关键

把握"两个关键"，即切实加强领导班子建设和检察队伍建设，具体做到"六个加强"。加强党的建设。加强党的先进性、纯洁性建设。健全抓党建、带队伍、促业务工作制度，深化创先争优活动，提高党建科学化水平。加强党组建设。坚持民主集中制，健全党内民主决策机制，严格落实民主生活会、专题组织生活会等制度，切实发挥党组领导核心作用。高度重视机关党委、党支部建设。加强党支部特别是业务部门和办案一线党支部建设，发挥党支部战斗堡垒和党员先锋模范作用。完善和落实党建工作责任制。在党组织统一领导下，加强各部门协调配合，形成推进检察机关党建工作的合力。加强思想政治建设。重视加强思想理论建设、党性教育和职业道德建设，强化社会主义核心价值体系和社会主义法治理念教育，引导检察人员进一步增强政治坚定性，打牢高举旗帜、听党指挥、忠诚使命的思想基础。加强领导班子建设。坚持从严治长，努力提升全市检察机关领导班子及其成员的"六力"，切实做到"九个带头"。落实干部双重管理制度，加强和改进检察机关协管干部工作。严格领导班子选拔配备，按照德才兼备、以德为先的标准，选准配强领导班子成员特别是检察长。加强后备干部队伍建设，协助抓好后备干部和年轻干部、女干部、非党干部的选拔工作。加大领导干部挂职和交流任职工作力度。加强领导班子制度建设，完善和落实领导班子建设管理、责任、督查、监督和考核考评奖惩制度，提升领导班子工作绩效。加强检察队伍专业化建设。加强组织体系建设。健全组织机构管理制度，完善检察委员会工作机制，科学设置两级检察院内设机构，加强机构编制管理，注重内部挖潜，努力解决人少案多等突出问题。加强管理机制建设。健全检察队伍管理制度，完善检察人员分类管理制度，完善招录、遴选、培养和管理制度，探索建立与检察职业特点相适应的职业保障制度，不断加强检察队伍职业化管理。加强专业能力建设。建立符合检察人员培养规律的教育培训机制，以领导干部、业务一线和基层检察人员为重点，分层分类开展全员培训，以提升检察人员服务大局的能力、做好新形势下群众工作的能力、维护社会公平正义的能力、新媒体时代舆论引导的能力、科技信息化应用的能力和拒腐防变的能力。加强人才队伍建设，不断优化队伍结构，深入推进检察人才队伍专业化、职业化。加强检察文化建设。着力打造理念文化。用中国特色社会主义理论武装检察人员头脑，用民族精神和时代精神鼓舞斗志，充分发挥先进文化的引领功能。着力打造行为文化。大力倡导保持和弘扬"六种精神"，积极培育和宣传体现检察职业特点和时代精神的先进典型，充分发挥先进文化的激励功能。着力打造制度文化。健全完善执法办案、队伍建设、事务管理等各项制度，狠抓制度落实，充分发挥先进文化的规范功能。着力打造环境文化。加强检察文化阵地建设，丰富检察人员精神文化生活，倡导人文关怀，提升检察人员幸福指数，充分发挥先进文化的凝聚功能。加强纪律作风和党风廉政建设。坚持从严要求。要求检察人员严格执行上级领导机关和市检察院出台的有关纪律作风建设的各项规定。坚持从严教育。教育引导检察人员树立正确的世界观、人生观、价值观、荣辱观，大力倡导和自觉践行"六种作风"。坚持从严管理。制定、完善和落实检察人事、业务、事务以及廉政风险防控等各项管理机制。坚持从严监督。健全廉政风险防控机制建设，完善纪检监察、内部制约和检风检纪等监督措施，严格执行党风廉政建设责任制追究、有错与无为问责追究、院规纪律追究，坚决查处检察人员的违纪违法问题。

（六）进一步开辟发展路径

继续大力推进"六化"进程。一是继续推进业务一体化。强化检察机关上下级之间的领导和业务指导，形成上下联动、协调一致、资源共享、优质高效的合力。要继续实施职务犯罪侦查一体化。对职务犯罪要案和重大复杂案件以及干扰阻力大的案件，继续实行"四个统一"，形成纵向指挥有力、横向协作紧密的全市一盘棋大格局。要继续实施审查逮捕、审查起诉和出庭支持公诉工作一体化。统一调配使用检察业务骨干，对有影响、有震动的严重刑事犯罪案件和职务犯罪要案以及重大复杂疑难犯罪案件，集中优势力量进行办理。要继续积极探索和试行诉讼监督工作一体化。对涉及诉讼监督的执法、司法不公的重特大案件和突出问题，实行统一管理、统一调配和统一领导，以加大诉讼监督工作的力度。积极探索和试行其他检察业务工作一体化。整合办案资源，增强整体功能，办理重大案件，研究、处理、解决有关热点、难点等重大问题，形成检察工作合力。二是继续推进执法规范化。要主动应对实施修改后的《刑事诉讼法》《民事诉讼法》出现的新情况、新问题、新挑战，更加重视执法规范化工作，确保全面、正确实施修改后的"两法"。大力推进案件管理机制改革，努力形成统一受案、全程管理、动态监督、案后评查、综合考评相结合的案件管理新模式。全面推进网上办公、办案，深入推进执法规范化建设。完善、执行统一、全面、科学、严密的业务部门的执法流程管理机制。完善、执行执法流程操作体系，使之成为检察人员执法的"指南"和"标尺"。完善、执行执法质量标准体系，各业务部门都要依据省检察院当年制定的执法状况考评办法和实施细则，精心制定部门执法质量标准细则及个案质量标准细则，使执法质量标准更加量化、细化、清晰化。完善、执行检查、督察和考评机制，做到从下至上层层把关，及时发现、纠正、整改存在的问题，确保科学考评、严格考评、公正考评、透明考评。完善、执行奖惩制度，将执法状况考评结果与评先、评优、等级晋升等直接挂钩，激励和鞭策检察人员增强工作积极性。完善、执行执法质量领导责任制和责任追究制。三是继续推进检务信息化。认真落实最高检《"十二五"科技强检规划纲要》，加大建设、应用、管理工作力度。要加强基础网络平台建设。加快网络建设步伐，实现办公、办案场所网络的互联互通和全面覆盖，不断优化网络性能，提高网络质量，加强网络安全保密工作，为推进检察信息化提供基础保障。要加强电子检务平台建设。建成集检察业务基础信息、执法监督、侦查指挥、侦查情报信息、数据交换、检务公开等"六位一体"的电子检务大平台。加强信息资源共享机制建设，逐步建成检察数据中心，探索与其他部门的信息交换和共享。要加强科技强侦平台建设。加大侦查信息化、装备现代化推进力度，建立科技强侦体系，完善科技强侦运行模式。四是继续推进管理科学化。要全面实现由经验型管理向制度化管理转变。健全完善事关检察事业发展的重大系列制度，切实加强检察业务工作、领导班子和队伍建设以及检察事务管理等机制建设，真正用制度管人、管案、管事、管机关。要全面实现由粗放型管理向精细化管理转变。抓好每一项工作，抓好每一个细节，努力把案办准，把事办好，把工作落到实处。要敢于管理、精于管理、善于管理，推进各项工作提高质量、提升水平、提高效率。要全面实现由静态型管理向动态化管理转变。不仅重视科学定性定量目标的制定，更注重加强对实现目标全过程的检查、纠偏、完善和落实，及时预防、发现、纠正问题和偏差，有效推进工作实施和目标实现。五是继续推进保障现代化。认真落实《"十二五"时期检察计财装备工作发展规划》。要加大科技装备建设。重点抓好职务犯罪侦查、诉讼监督、控告申诉、检验鉴定、信息化、司法警察、综合保障等所需科技装备的配备工作，完善检察机关执法办案科技手段和设施体系，为全面提高检察工作科技含量提供物质保障。要加强经费保障力度。提高经费保障水平，推动建立公用经费正常增长机制，充分保证执法办案、科技装备建设、基础设施建设和教育培训所需经费。要加强预算、财务、国有资产、政府采购等各项管理。落实有关政策法规，强化管理措施，提高资金和资产使用效益，全面提升检务保障工作水平。六是继续推进机关文明化。要以机关安全文明管理为基础，健全完善机关管理制度，加强安全防范措施，加强机关生态环境建设以及文化、卫生、体育等基础设施建设，营造低碳环保舒适的工作生活环境。要以加强领导班子和检察队伍建设为重点，坚持不懈带好班子、抓好队伍，努力建设一个凝聚力、战斗力、创新力、执行力、公信力和"免疫力"更强的领导集体，打造一支高素质专业化的检察队伍。要以提高检察人员文明素质为切入点，引导检察人员模范遵守社会公德、职业道德和家庭美德，积极参加社会公益活动，坚持健康文明的生活方式。要以发展检察文化为目标，切实加强检察文化建设，不断提高检察人员政治、道德、专业和人文素养，激发检察人员的积极性、主动性和创造力，增强责任感、凝聚力和团队精神，树立良好形象。要以争创文明单位活动为载体，加大创建力度，提高创建质量，推进创建进程，努力推动文明创建工作向更高水平提升、向更高目标迈进。

（七）进一步依靠发展保障

要始终坚持和服从党的领导。要自觉把检察工作置于党的绝对领导之下，确保党的路线、方针、政策在检察机关得到不折不扣的贯彻实施。要坚持重大工作部署、重要改革措施、重大事项、重大案件特别是要案，及时向党委请示报告。对工作中的困难和问题，积极向党委反映，紧紧依靠党委领导开展检察工作。要始终坚持服从和接受上级检察院的领导。下级检察院要自觉服从上级检察院领导，主动争取上级院各内设部门的指导，严格执行上级检察院的各项规定，做到检令畅通、令行禁止。要始终坚持自觉接受人大及其常委会的监督、政协民主监督和社会各界监督。要自觉接受人大监督、政协民主监督，严格落实有关接受监督的规定。要主动接受人民监督员、民主监督员、检风检纪监督员的监督，创造条件让其履行职责。要加强与人大代表、政协委员的联系，虚心听取批评、意见和建议。要进一步增强自觉接受监督的意识，拓宽接受监督的渠道，广泛接受社会各界监督，以加强和改进检察工作。

六、把握检察工作新发展的整体形势 [①]

2008 年初，市检察院经过精心研究、集思广益，确立了长沙检察工作新发展的总体思路，距今已有七年多了，对这七年来的总体形势我有以下几个印象：

第一，检察职能履行得更好了。成立检察机关的目的是什么？建立检察机关的根本意义，我认为在于检察职能的履行。如果检察职能没有履行好、没有全面正确履行好，办案办公条件再好、检察人员待遇再高等，都是没有什么价值、没有什么意义的。这些年来，通过全市检察机关和全体检察人员的不懈努力，检察职能的履行，可以说更加全面、准确、有力、有效了，各项司法办案工作齐头并进、稳中有进甚至好中有进、优中有进，较好地实现了司法办案数量、质量、效率、效果和安全的有机统一，有效维护和保障了宪法和国家法律的统一正确实施。

第二，两级检察院领导班子包括内设机构班子建设、队伍建设和基层检察院建设更好了。在领导班子建设方面，我们明确提出了提高"六力"，通过不断加强对领导班子的教育、管理、考核和监督，通过落实"九个带头""从我做到""首先对我监督"，两级检察院领导班子包括内设机构班子的凝聚力、战斗力、创新力、执行力、公信力和"免疫力"逐年得到提升，两级院领导班子的形象可以说越来越好了。在检察队伍建设方面，市院党组高度重视检察队伍的专业化和职业化建设，投入的人力、物力、财力逐年增加，检察人员的知识、年龄、

[①] 本部分系作者 2015 年 1 月 8 日在 2015 年长沙检察工作新发展务虚会上的讲话摘录，收入本书时略作删改。

专业结构明显优化了，检察机关业务尖子、业务骨干和工作骨干乃至检察人才明显增多了，检察队伍的整体素质和能力水平也相应逐年提高。在基层检察院建设方面，通过推进基层检察院执法规范化、队伍专业化、管理科学化、保障现代化建设，基层检察院司法办案工作的实绩和实效从总体上看越来越突出了，基层检察院建设的总体水平在不断提升。

第三，全市检察工作的整体水平提升了。市人大常委会主任会议组成人员于2012年12月在本届换届选举前来我院视察工作时对前五年全市检察工作进行评价时称赞："全市检察工作整体水平有了明显提升。"这些年来，市检察院批捕、公诉、反贪、反渎、监所、民行、控申等业务部门、各综合部门和各基层检察院工作的水平都有不同程度的提升，这是大家有目共睹的，也是大家共同努力的结果。

第四，检察整体形象、检察满意度、检察公信力更好了。检察整体形象，无论是当面评价还是背后评议，老百姓对检察机关的反映和评价是不错的，检察机关的整体形象越来越好了。检察满意度，在市委、市政府组织的社会公众形象满意度测评中，我院每年位居市直政法机关前列，其中曾连续五年位居市直政法机关首位；在全省社会管理综合治理民意调查中，检察官形象得分在市直政法各单位中位居前列，多数排名第一；每年的市"两会"上，绝大多数市人大代表、政协委员对检察工作都表示满意，检察院工作报告通过市人大代表电子表决，其赞成率也是很高的，一般都在80%以上，最低的一年即2008年为79%，最高的一年即2012年达90.1%，2013年达87.9%，2014年达85.89%。检察公信力，通过不断加强和做好检察工作，大力推行检务公开，也在不断提升。但我们的工作还有一些差距，大家在看到成绩的同时，必须看到问题、看清不足，并剖析原因，采取对策，发扬成绩，补好短板，巩固成果，更好地实现新的发展。

七、理解、完善和实施检察工作新发展的总体思路 ①

市检察院党组高度重视思路的制定、完善和实施。之所以这么重视思路，正是因为"视野决定格局，思路决定出路"。

第一，正确理解思路。任长沙市院检察长这七年来，我最重视的就是工作思路。思路是客观存在的，最高人民检察院、省检察院每年的检察工作思路都是十分明确的，具有科学性和很强的指导性。市委的思路是十分清晰的，符合长沙实际，很管用、很科学。这就是市委提出的"率先建成'三市'、强力实施'三倍'、加快实现基本现代化、大步践行'六个走在前列'"的总体思路。同样，长沙市检察机关也有自身的工作思路。我们对这些年来确立、完善、实施的长沙检察工作新发展的总体思路是认可的、赞同的，对所取得的进步是充分肯定的、是满意的。

第二，逐年完善思路。思路不是一成不变的，这是辩证唯物论的观点。事物都在变化、发展之中。怎样按照上级的要求，结合本地的实际，履行好职能、抓好工作，需要逐年对思路进行"回头看"、进行研判、进行完善。这些年来我们最主要的就是通过召开新发展务虚会，通过市人代会、市政协会收集的意见建议，通过在更广泛层面征求社会各界意见建议等，来倾听各方面的意见，集中民智、集思广益，确定每年度应注重抓好的工作，以完善检察工作新发展的总体思路；然后紧抓不放、干在实处，确保抓出实效，走在前列。如 2012 年我们确立了要注重抓好的 13 项工作，2013 年确立了要注重抓好的 7 项工作，2014 年确立了要注重抓好的 11 项工作。盯紧抓实、有力推进，促进工作有序、有力、有效推进，有的取得了较大进展、有的取得了明显进步、有的有了新的起色。事实证明，这种做法是行之有效的。

---

① 本部分系作者 2015 年 1 月 28 日在 2015 年长沙检察工作新发展务虚会上的讲话摘录，收入本书时略作删改。

第三，大力实施思路。思路的生命力在于实施。好的思路一经达成共识、研究确定，就必须狠抓实施，就必须按照思路抓工作、开展工作、落实工作。如果确定了好的思路，又不认真按照思路去抓工作、开展工作，或者怠于抓实施、抓推进，这是对思路极不负责、对工作极不负责的表现，甚至是对检察工作、对检察事业极不负责、不忠诚的表现。实施检察工作新发展的总体思路，最重要的是要把握好、实施好、落实好市院研究确立的长沙检察工作新发展的目标、理念、战略、重点、关键、路径和保障，这样才能不断全面、正确履行好检察职能，做好检察工作，让党放心，让人民满意。

八、认清检察工作新要求 ①

2015年，全市检察工作面临以下几个方面的新要求：

一是反腐败有新要求。今年中纪委第五次全会对反腐败提出新的要求，前不久召开的全国检察长会议和全省检察长会议对查办和预防职务犯罪提出新要求，这次在市"两会"上市人大代表、政协委员对查办职务犯罪大要案也提出了新的要求。

二是诉讼监督有新要求。党的十八届四中全会首次在党中央全会上专门研究部署全面推进依法治国，《中共中央关于全面推进依法治国若干重大问题的决定》明确提出："加强对司法活动的监督，完善检察机关行使监督权的法律制度，加强对刑事诉讼、民事诉讼、行政诉讼的法律监督。"《决定》明确并首次指出："探索建立检察机关提起公益诉讼制度""检察机关在履行职责中发现行政机关违法行使职权或者不行使职权的行为，应该督促其纠正"。

三是司法办案质量有新要求。习近平总书记明确提出"要严防冤假错案"；"让人民群众在每一个司法案件中都感受到公平正义"；"正义

---

① 本部分系作者2015年2月28日在长沙市检察院机关内设部门主要负责人宣读并递交2015年工作和党风廉政建设责任状大会上的讲话摘录，收入本书时略作删改。

不仅要实现,而且应当以看得见的方式实现"。《决定》明确要求"坚持以事实为依据、以法律为准绳,健全事实认定符合客观真相、办案结果符合实体公正、办案过程符合程序公正的法律制度",同时要求实施办案质量终身负责制和错案责任倒查问责制。这对检察机关司法办案质量的要求与压力都是前所未有的。

四是司法办案激励机制有新要求。前不久召开的中央政法工作会议和全国检察长会议明确提出要建立科学的激励机制。如果没有科学的激励机制,司法办案工作将可能出现搞到哪里算哪里的现象。所以建立、健全科学的司法办案激励机制是有必要的。现在中央政法工作会议决定取消批捕率、起诉率、有罪判决率、结案率等考核指标,为我们开展有关司法办案工作减了压,同时这给我们如何建立、健全司法办案激励机制带来了难度、提出了新的要求。

九、准确理解和把握新发展目标 ①

在刚刚闭幕的长沙市第十四届人民代表大会第三次会议上,我们将"全面推进并努力实现全市检察工作的新发展"首次写入《长沙市人民检察院工作报告》中,并在市人代会上经过市人大代表电子表决获得通过。2015 年是长沙检察工作新发展总体思路实施的第八年,是全面推进并努力实现全市检察工作新发展的攻坚年。为有效实施新发展的总体思路,全面推进并实现新发展,就要进一步明确目标。

长沙检察工作新发展的总体目标是:把长沙市两级检察机关进一步建设成为忠诚、公正、高效、廉洁、文明、人民满意的检察机关。这个目标是 2008 年初提出来的。"人民满意",这是检察工作的落脚点和归宿。检察职能履行得怎么样,检察工作做得怎么样,归根结底要看"人民满意不满意"。

---

① 本部分系作者 2015 年 2 月 28 日在长沙市检察院机关内设部门主要负责人宣读并递交 2015 年工作和党风廉政建设责任状大会上的讲话摘录,收入本书时略作删改。

具体目标：一是工作比上年有新进展。"新进展"的内涵并不是指数量上的增加。有的年份、甚至有的时期，数量即使略有减少、稍有下降也是正常的。如全市反贪污贿赂工作，其主要办案数这些年在全省各市州检察院一直保持很高的基数、很高的起点，市院党组这几年没有对这项工作在数量上提出增加办案数量的要求，那种对反贪工作办案数量提出年年增加的要求是不切合实际的、不科学的。"工作比上年有新进展"的内涵，大家要准确理解好、把握好。这里的"新进展"既包括量的增加或量的正常减少，更包括质的提升，还包括新的起色、好的发展态势等。这都是"有新进展"的客观表现。市院和各基层院及各部门要根据本单位、本部门的实际情况来定。二是在省检察院和最高检有位置。作为省会城市所辖的市及所辖的县、区（市）检察院，各项检察工作走在全省检察系统的前列是理所应当的。所以，我们要求长沙检察工作要在省院和最高检有位置，即在全省检察系统走在前列、率先发展；在中部地区省会城市检察院领先，在全国省会城市检察院有一定或较大影响；在全国检察系统争先。三是人民群众满意度有提升。工作的出发点和落脚点并不在于争名次、得奖励、争名誉，而在于人民群众满意不满意。这几年来，长沙检察机关办理了很多案件，总体上人民是满意的。这说明我们在这个问题上把握得比较好。如果只讲、只图埋头办案、埋头工作，不讲政治方向、不讲服务大局、不讲司法为民、不讲司法办案方式与效果，那么司法办案乃至检察工作的效果肯定不会好，人民群众肯定不会满意。甚至这方面的案子办得越多，效果越差。

十、确定和做好应注重抓好的工作 ①

2015 年要抓的工作，根据大家所提意见、建议，归纳起来有以下

---

① 本部分系作者 2015 年 1 月 28 日在 2015 年长沙检察工作新发展务虚会上的讲话摘录，收入本书时略作删改。

几个方面：一是重视和加强服务大局的工作；二是加强司法办案工作；三是加强查办职务犯罪案件工作；四是加强诉讼监督工作；五是提升司法办案质量工作；六是加强预防职务犯罪工作；七是做好司法改革、检察改革工作；八是大力加强检务公开、检察宣传工作；九是加强检察信息化建设工作；十是加快推进侦查信息化、装备现代化和司法鉴定中心建设工作；十一是加强检察人才培养、教育培训工作；十二是加强纪律作风建设工作；十三是重视和加强涉检舆情预防、应对、处置工作；十四是加强检察机关、检察工作机制建设工作；十五是加强检察机关党的建设、党支部建设工作；十六是加强检察机关自身反腐败和党风廉政建设工作；十七是加强文明单位创建工作；十八是加强基层检察院建设工作。

　　上述列出的工作，哪些是 2015 年度应注重抓好的工作？我认为要注意把握以下几个方面：一是把握重点，因为重点事关全局，对全局有举足轻重的作用，关系全局成功与否；二是把握热点，因为热点事关人民群众，乃至社会关心关注的重要、重大问题；三是把握难点，因为难点事关探索改革、潜力挖掘、深化突破；四是把握薄弱点，因为薄弱点事关平衡发展、整体推进；五是把握亮点，因为亮点事关活力激发、推陈出新、开拓创新。把握好以上几点，我们就能把 2015 年度应注重抓好的工作准确地定好。确定年度应注重抓好的工作对有效抓好检察工作和队伍建设、基层院建设十分重要。这些年来，我们坚持这个行之有效的做法，收到了实效。如 2014 年度确定的应注重抓好的"十一项工作"，我在第四季度检察工作通报讲评会上作了讲评，从确定的应注重抓好的"十一项工作"来看，总体情况很好，其中有几项"非常好"，有几项"很好"，有几项"有进步、有成效"，有一项"比较被动"。这说明效果明显。我希望大家能够集思广益，把 2015 年度应注重抓好的几项或十几项工作尽快确定下来，然后抓紧部署、抓紧落实，务必取得新实效、新发展。

十一、敞开心扉，献计献策 ①

长沙市检察院机关召开的 2016 年长沙检察工作新发展务虚会，时间虽然只有一天半，但安排很紧、质量较高、效果很好。这次会议有院领导、检察委员会专职委员、检察长助理、星城地区检察院班子成员和各内设机构主要负责人、副县级干部、军转副团级干部、党支部书记等 57 位同志发言。大家集中精力、敞开心扉，紧紧围绕"长沙检察工作新发展"主题，对 2015 年全市检察工作的有效做法进行了简要总结回顾，对 2016 年全市检察工作的基本思路和主要任务、2016 年全市检察机关应注重抓好的工作及主要措施提出了意见建议。大家的发言从总体上看，有理论高度、深度，有对实践经验的概括，有对规律的认识，有对今后和未来检察工作的战略思考，发言质量普遍较高，具有很好的启示性、针对性和指导性。听了诸位同志的发言，我很受启发、很有收获。

务虚是针对决策环节而言，是决策前对决策的可行性、具体操作、突发情况预案等的分析研究过程，是对事物发展规律与走势进行高屋建瓴的宏观把握。科学的务虚有助于认清形势、把握趋势、少走弯路、顺势而进，提高效率，有效实现目标和目的。市检察院机关每年年底或者年初召开的长沙检察工作新发展务虚会，就是对长沙检察新发展从政治、思想、理论、业务等诸多重要方面进行讨论并形成统一认识。这是长沙检察从感性认识上升到理性认识的过程，是实践、认识、再实践、再认识的过程，是源于实践又高于实践的过程，也是理念创新、方向引领、认识升华的过程。其结果和目的就是更好地指导和促进工作，更好地实现长沙检察工作新发展，进而实现长沙检察工作可持续的科学发展。这次务虚会大家进行了认真的思考，发言质量较高，会

① 本部分系作者 2016 年 2 月 18 日在 2016 年长沙检察工作新发展务虚会上的讲话摘录，收入本书时略作删改。

议效果很好。主要体现在以下五个方面：

一是意见、建议立意更加高远。大家的发言从总体上来看，站位很高，许多同志都是站在把握好全市检察机关重点、热点、难点、薄弱点、亮点等工作的高度，站在全市检察工作全面深入健康发展的高度，站在全市检察工作、全市检察事业科学发展的高度谈体会、谈意见建议；谈的是带方向性、全局性、战略性和宏观的、重要的意见。所以，这次务虚会的质量比以往有一个较大的提升。

二是意见、建议的内容更加理性。务虚会上，大家对2015年全市检察工作的有效做法进行了简要回顾总结，对怎样抓好2016年全市检察工作提出了很好的意见建议，这就是一个从感性认识上升到理性认识的过程。做到"理性"很不容易，这是大家综合素能、综合素养有所提升的体现。提升"理性"认识，就必须对长沙检察工作新发展的总体思路把握准，要对全市检察工作实际情况把握准，要对检察工作目前面对的新形势、新任务、新考验、新挑战、新压力、新要求把握准，对检察工作、检察事业的发展规律认识和把握比较准；同时，自己观察问题、发现问题、综合分析问题、判断问题及准确表述其意见建议的能力与水平要有相应的提升。

三是意见、建议更加深准。这次务虚会上大家所谈的许多意见、建议，包括对2015年检察工作有效做法的肯定、存在的问题的分析和对2016年全市检察工作的基本思路、主要任务和应注重抓好的工作及主要措施的意见建议，讲得较准、有深度，符合全面推进并实现长沙检察工作新发展的实际。

四是意见、建议更加体现和谐。务虚会上，大家各抒己见、畅所欲言，真正做到了相互关心、相互交流、相互了解、相互提高、相互增进感情、增进友谊，其氛围很好，体现了合力与和谐，更加反映了长沙检察领导班子"六力"的提升，反映了长沙检察队伍更加心齐、气顺、劲足。

五是意见、建议更显活力。务虚会上，大家敞开心扉、献计谋策，对新一年长沙检察工作从理论与实践的结合上进行了交流研讨，谈体会、谈意见、谈建议，收到了集思广益、凝聚共识的效果，为全面推进并实现长沙检察工作新发展打下了思想基础。

可以说，大家在这次务虚会上所提的意见、建议，有不少迸发出思想的火花、有不少创新之举，这都是大家智慧的结晶。对这次务虚会上同志们提出的好的意见、建议，市院党组将认真吸收、精心研究、充分利用，用大家的智慧凝聚长沙检察工作新发展的力量，汇聚长沙检察工作新发展的合力，激发长沙检察工作新发展的活力，全面推进并实现新发展；当务之急就是要尽快完善长沙检察工作新发展的总体思路，尽快把这次务虚会的成果吸纳到即将召开的全市检察工作会议的报告中去，转化为 2016 年长沙检察工作的思路和决策部署；尽快制定 2016 年应注重抓好的几项工作；然后抓紧研究部署、抓紧实施推进、抓紧落到实处，务必取得新实效、全面实现新发展。

十二、必须坚持好的思路 ①

回顾过去的历程，我们深切地体会到，做好新时期长沙检察工作，必须坚持好的思路。思路非常重要，思路客观存在。思路好了、思路对路，并按照这个思路一年一年完善、一年一年毫不松劲地抓下去、抓到底、抓到位，就能出实绩、见实效。检察机关应当正确认识和把握检察事业科学发展的阶段性特征，以及事关全局乃至长远发展的重大问题；应当科学谋划和理性设计符合本地实际的检察工作发展思路。实践证明，市检察院通过集思广益、精心确立、逐年完善并大力实施的长沙检察工作新发展的总体思路，包括发展目标、发展理念、发展

---

① 本部分系作者 2016 年 3 月 9 日在长沙市检察工作会议上的讲话摘录，收入本书时略作删改。

战略、发展重点、发展关键、发展路径、发展保障等，是比较科学的、是符合长沙检察事业发展规律的、是切合长沙检察工作实际的、是行之有效的。确立、完善并强力实施好的思路，全市检察机关和全体检察人员就能更好地遵循规律、把握大势、胸怀目标、放眼全局、找准定位、形成共识、统一步调；就能有效推进检察工作全面、协调、可持续发展；就能促进检察事业不断取得新成效、实现新发展、谱写新篇章。

十三、更加注重把握新发展思路 ①

"全面实现长沙检察工作新发展"已经写入了在 2016 年 1 月 19 日举行的市人代会上所作的《长沙市人民检察院工作报告》中，并经长沙市第十四届人代会第四次会议通过形成决议。全市检察机关要深刻领会其内涵、把握其要领，抓好贯彻执行。

（一）明确和把握新发展的工作目标

全市检察工作新发展的总体目标是：把长沙市两级检察机关进一步建设成为忠诚、公正、高效、廉洁、文明、人民满意的检察机关。"忠诚"就是要保持忠诚的政治本色，做到忠于党、忠于国家、忠于人民、忠于法律；"公正"就是要恪守神圣职责，做到公正司法、维护社会公平正义；"高效"就是要提高效能，做到司法办案要依法缩短法定办案时限，工作要"马上就办"，落实要好中求快；"廉洁"就是要筑牢基本操守，做到清正廉明、无私奉献；"文明"就是要遵守职业礼仪，做到司法理念文明、司法行为文明、司法作风文明、司法语言文明；"人民满意"就是要践行宗旨意识，做到为民利民、亲民爱民、司法为民。

具体目标：一是工作比上年有新进展。"新进展"既包括量的增加或量的正常减少，更包括质的提升，还包括新的起色、好的发展态势

---

① 本部分系作者 2016 年 3 月 9 日在长沙市检察工作会议上的讲话摘录，收入本书时略作删改。

等，这都是"有新进展"的客观表现。二是在全省率先、在全国创优。即在全省检察系统走在前列，率先发展；在全国检察机关争创优秀项目、优秀品牌、精品力作或跨入先进行列；在中部地区省会城市检察院有一定或较大影响。三是人民群众满意度有提升。即人大代表、政协委员和社会各界人民群众包括案件当事人、发案单位对检察机关、检察工作、检察队伍的满意度有提升。

（二）明确和把握新发展的理念、战略、重点、关键、路径和保障

"新发展的理念"就是要牢固树立和自觉践行创新、协调、绿色、开放、共享的理念；服务经济社会发展大局的理念；理性、平和、文明、规范司法的理念；数量、质量、效率、效果、安全相统一的理念；统筹兼顾、破解难题、补齐短板、全面协调可持续发展的理念；司法民主、司法文明、司法公开和司法监督制约的理念；以人为本、厚爱干警的理念。"新发展的战略"就是要大力实施公正立检、业务建检、人才强检、科技兴检、文化育检、机制活检战略。"新发展的重点"就是要坚定不移地坚决惩治和有效预防职务犯罪，大力加强审查批捕、审查起诉工作，不断强化对诉讼活动的监督。"新发展的关键"就是要自觉践行"三严三实"，着力打造坚强的领导班子和过硬的检察队伍。"新发展的路径"就是要一以贯之地全面、深入推进业务一体化、司法规范化、检务信息化、管理科学化、保障现代化和机关文明化建设。"新发展的保障"就是要始终坚持党对检察工作的领导，坚持上级检察机关的领导，主动真诚接受人大及其常委会监督和政协民主监督以及社会各界的监督。

围绕上述思路，全面加强和改进检察工作，全面实现全市检察工作新发展。要明确和把握 2016 年度应注重抓好的工作。2016 年全市检察机关应注重抓好以下八个方面的工作，即着力抓好服务经济社会发展大局工作；着力抓好大力查办和有效预防职务犯罪案件工作；着力抓好诉讼活动监督工作；着力抓好司法体制改革试点和检察创新工

作；着力推进检察信息化建设；着力加强规范司法行为工作；着力加强检务公开和检察宣传工作；着力加强从严治检与从优待检工作。围绕年度应注重抓好的八项工作，全市检察机关要全面正确履行检察职能，紧密结合本地实际，齐心协力、精准用力、持续发力，抓好重点、补好短板、巩固特色、创造亮点，全面推动工作深入、健康发展，全面有力推进本地区及本部门工作取得新进展、实现新发展。

十四、新思路有序推进新发展 ①

长沙市检察院党组 2008 年和 2013 年先后制定和完善了长沙检察工作新发展的总体思路。

新发展的总体目标，即把长沙市两级检察机关进一步建设成为忠诚、公正、高效、廉洁、文明、人民满意的检察机关。新发展的具体目标：一是工作比上年有新进展。"新进展"既包括量的增加或量的正常减少，更包括质的提升，还包括新的起色、好的发展态势等。二是在全省率先、在全国创优。即在全省检察系统走在前列，率先发展；在全国检察机关争创优秀项目、优秀品牌、精品力作或跨入先进行列；在中部地区省会城市检察院有一定或较大影响。三是人民群众满意度有提升。即人大代表、政协委员和社会各界人民群众包括案件当事人、发案单位对检察机关、检察工作、检察队伍的满意度有提升。

新发展的理念，即牢固树立和自觉践行创新、协调、绿色、开放、共享的理念；服务经济社会发展大局的理念；理性、平和、文明、规范司法的理念；数量、质量、效率、效果、安全相统一的理念；统筹兼顾、破解难题、补齐短板、全面协调可持续发展的理念；司法民主、司法文明、司法公开和司法监督制约的理念；以人为本、厚爱干警的理念。

---

① 本部分系作者 2016 年 9 月 18 日向长沙市政协主席会议组成人员一行视察长沙市人民检察院时所作的检察工作情况报告摘录，收入本书时略作删改。

新发展的战略，即大力实施公正立检、业务建检、人才强检、科技兴检、文化育检、机制活检战略。

新发展的重点，即坚定不移地坚决惩治和有效预防职务犯罪，大力加强审查批捕、审查起诉工作，不断强化对诉讼活动的监督。

新发展的关键，即自觉践行"三严三实"，着力打造坚强的领导班子和过硬的检察队伍。

新发展的路径，即一以贯之地全面、深入推进业务一体化、司法规范化、检务信息化、管理科学化、保障现代化和机关文明化建设。

新发展的保障，即始终坚持党对检察工作的领导，坚持上级检察机关的领导，主动真诚接受人大及其常委会监督和政协民主监督以及社会各界的监督。

为认真实施制定和完善新发展总体思路，我们在集思广益、总结经验、找出短板、结合实际的基础上，对每年应注重抓好的工作进行了精心研究和具体部署。

2009 年，根据市委和省检察院的部署要求，结合过去一年的工作实际，对新发展的总体思路进行了完善，如在查办职务犯罪方面，鲜明地提出了不下办案指标、不定办案任务，坚决防止和改变简单地以办案数量甚至以立案数量论成败、排名次的做法，坚决防止和纠正为利益驱动而争办"油水案"的现象，确保职务犯罪侦查工作科学发展。在诉讼监督方面，对民事行政检察工作明确提出了要进一步扩大办案规模，进一步提升办案质量；对于其他诉讼监督工作，强调增强监督实效，进一步提高监督案件的起诉率、判决率或改判率。在执法办案工作方面，鲜明地提出了关于慎重办理人大代表、政协委员案件的"六条意见"，规范了人大代表、政协委员案件的办理以及检察机关与纪委的配合办案工作，得到了党委、人大、政府以及人大代表、政协委员的充分肯定和一致好评；鲜明地提出并狠抓了理性、平和、文明、规范执法，有力地减少和杜绝了不规范执法、不文明办案行为。在工作考核考评方面，鲜明地提出要按照市委绩效考核和省检察院基层院综合考核的要求，建立和完善对工作的评价机制。

2010 年，根据市委和省检察院的部署和要求，结合长沙检察工作实际，进一步完善了新发展的总体思路。一是在查办职务犯罪工作上，提出了"四提高一改进一加强"目标和要求，即"提高讯问犯罪嫌疑人、被告人及询问证人的水平，提高对讯问职务犯罪嫌疑人全程同步录音录像水平，提高全面收集、固定、运用证据的水平，提高保障律师依法执业的水平；改进检察机关与纪检监察机关配合办案的方式方法，规范调查、初查工作；加强检察机关自行初查工作"，有效提升了查办职务犯罪案件的水平、质量和效果。二是在服务基层方式创新上，经请示省院和市委主要领导同意，在全省率先推行检察联络室工作，在全市乡镇、街道设置检察联络室，择优选派检察人员担任专职检察联络员，从乡镇及村、街道及社区聘请兼职检察联络员，每月定期开展检察联络活动，搭建了检察机关主动联系群众，服务基层、服务发展、服务群众的平台。在落实宽严相济刑事政策上，建立和执行刑事和解与侦查机关侦查工作、人民调解工作、人民监督员工作、量刑建议工作、社区矫正工作、纪检监察工作"六对接"新机制，市检察院首次制定了《关于加强适用刑事和解办理刑事案件工作的意见》，运用刑事和解办理轻微刑事案件取得明显效果。

2011 年，根据市委和省检察院的有关部署和精神，结合长沙实际，又进一步完善了新发展的总体思路，经过广泛调查，召开务虚会献计献策，反复认真研究，市检察院检察委员会讨论决定，提出了要注重抓好的"十二项工作"，即注重抓好反渎职侵权犯罪工作；刑事立案、侦查活动的法律监督工作；执法、办案质量工作；网上办案、办公工作等。

2012 年，对新发展的总体思路进行了完善，提出加强和改进"十三项工作"，即继续着力加强和改进反渎职侵权犯罪工作、突出抓好案件管理中心工作、扎实做好新形势下的群众工作等。

2013 年换届后，提出进一步完善和实施新发展的总体思路，完善了新发展的具体目标：一是工作比上年有新进展。包括全方位的新进展；量和质的新进展；创造性工作的新进展。二是在省院和最高检有位置。即在省内率先，在全国争先。三是人民群众满意度有提升。包括案件当事人、发案单位、人民群众和人大代表、政协委员等对检察机关、检察工作、检察队伍的满意度有提升。完善了新发展的理念，包括服务大局的理念，理性、平和、文明、规范执法的理念，数量、质量、效率、效果、安全相统一的理念，统筹兼顾、全面协调可持续发展的理念，诉讼民主、诉讼文明、诉讼公开和诉讼监督制约的理念，以人为本的理念。完善了新发展的战略，增添了文化育检战略。完善了新发展的关键，要求切实做到"六个加强"，即加强党的建设、加强思想政治建设、加强领导班子建设、加强检察队伍专业化建设、加强检察文化建设、加强纪律作风和党风廉政建设。

2014 年，结合年度重点工作和检察工作"短板"，提出注重抓好的"十一项工作"，即深入开展党的群众路线教育实践活动、着力加强服务长沙"六个走在前列"工作、进一步加强审查逮捕工作等。

2015 年，结合全市检察机关重点、热点、难点、薄弱点等工作，提出注重抓好的"九项工作"，即着力加强服务长沙"六个走在前列"工作，进一步加强查办和预防职务犯罪工作，着力加强刑事检察工作，着力加强民事行政诉讼监督工作，着力加强规范司法行为工作，全面加强和深化检务公开工作，加快推进侦查信息化、装备现代化建设和司法鉴定实验室建设工作，着力加强从严治检、从优待检工作，进一步推进司法体制改革工作。

2016 年，结合服务发展大局面临的新任务，维护国家安全和社会稳定面临的新考验，推进反腐败斗争面临的新挑战，保障深化改革和推进自身改革面临的新压力，规范司法行为、提升司法公信力面临的新形势，提出 2016 年应注重抓好八个方面的工作，即着力抓好服务经济社会发展大局工作；着力抓好大力查办和有效预防职务犯罪案件工作；着力抓好诉讼活动监督工作；着力抓好司法体制改革试点和检察创新工作；着力推进检察信息化建设；着力加强规范司法行为工作；着力加强检务公开和检察宣传工作；着力加强从严治检与从优待检工作。

经过八九年的工作实践证明，上述新发展的总体思路是符合党中央的一系列决策、指示精神的，是符合最高人民检察院的总体部署的，是符合市委和省检察院的部署和要求的，也是符合长沙检察工作实际的，有效推动和促进了长沙检察工作的新发展，得到了最高人民检察院、省检察院和市委、市人大常委会、市政府、市政协和其主要领导、有关领导的肯定与好评，得到了全市两级检察院领导班子、中层骨干和广大检察人员的赞同与拥护。

第二章

基层检察工作发展理念

第一节　践行社会主义法治理念[①]

一、社会主义法治理念的内容

社会主义法治理念的提出，标志着我们党对建设中国特色社会主义法治国家的规律、中国共产党执政规律有了更加深刻的认识和把握，为我国建设社会主义法治国家进一步指明了方向。我们一定要认真学习、深刻领会、全面理解和牢固树立、自觉践行社会主义法治理念。

社会主义法治理念概括为依法治国、执法为民、公平正义、服务大局、党的领导五个方面的内容。依法治国是社会主义法治的核心内容，执法为民是社会主义法治的本质要求，公平正义是社会主义法治的价值追求，服务大局是社会主义法治的重要使命，党的领导是社会主义法治的根本保证。这五个方面相辅相成，体现了党的领导、人民当家作主和依法治国的有机统一。全市检察干警要全面理解和准确把握社

---

① 本节系作者 2006 年 6 月 9 日在岳阳市检察院机关社会主义法治理念和社会主义荣辱观教育活动培训班上的讲话摘录，收入本书时略作删改。

会主义法治理念的本质要求和深刻内涵，并自觉坚持用社会主义法治理念指导执法、司法工作实践。

二、牢固树立依法治国的理念

依法治国，是我们党总结执政经验教训作出的必须选择，是我们党治国理政方式的重大转变。坚持和实行依法治国，是发展社会主义市场经济的客观需要，也是国家长治久安的重要保障。依法治国，就是要把社会主义民主和社会主义法制紧密结合起来，实现民主的制度化、法律化，从而保障人民群众在党的领导下，依照宪法和法律的规定，管理国家事务，管理经济文化事业，保证国家各项工作都依法进行，其核心就是要以宪法和法律作为治理国家的最具权威的标准和价值取向。依法治国理念的基本内涵体现在以下三个方面：一是法律面前人人平等。公民的法律地位一律平等，任何组织和个人都没有超越宪法和法律的特权，任何组织和个人的违法行为都必须受到追究。二是树立和维护法律权威。没有法律权威就没有秩序。维护法律权威，必须确立法律是公民生活基本行为准则的观念，人人都要自觉把法律作为指导和规范自身社会活动的基本行为准则。维护法律权威，必须努力维护社会主义法制的统一和尊严，坚决反对从本部门、本地区利益出发破坏国家法制统一的行为。三是严格依法办事。这是依法治国的基本要求，也是法治区别于人治的重要标志。严格依法办事，就是要做到"有法可依、有法必依、执法必严、违法必究"。对于专门履行执法、司法职责的政法机关来说，严格依法办事就是要坚持做到职权由法定、有权必有责、用权受监督、违法受追究。通过广大干警公正执法，有效维护法律的尊严和权威。

建设法治国家是一个长期而艰苦的过程，需要全社会的共同努力。检察机关和广大检察干警作为国家专门的执法力量，更要严格要求、严格执行法律。每一个执法环节都必须符合法律的要求，每一个行为都不能超越法律的界限，一切违法行为都要毫无例外地受到法律的追究。

三、牢固树立执法为民的理念

坚持执法为民是坚持党的全心全意为人民服务宗旨的必然要求和体现，也是检察工作顺利开展的保证。每一名检察干警都必须牢记全心全意为人民服务的宗旨，把能不能坚持执法为民作为衡量自身政治上是不是合格的根本标准。在新的历史时期，要做好执法为民，必须做到以下三点：一是坚持一切为人民。人民是国家的主人，我们手中的一切权力都来自人民，必须运用人民赋予的权力为人民服务，决不能用来谋取个人或小团体的私利，不能只考虑自身的方便而漠视群众利益，更不能侵犯群众合法权益。二是坚持一切依靠人民。检察工作必须与群众路线相结合。检察机关和广大检察干警只有深深扎根于人民之中，同人民群众结合在一起，真正相信群众，依靠群众，才会有力量，有智慧，才能战胜困难，取得成功。没有人民群众的大力支持和积极参与，单靠增加人员编制和技术装备，是解决不了问题的，也不可能维护社会稳定和实现国家的长治久安。三是坚持以人为本，尊重和保障人权。我们要树立保护人权意识，努力提高执法水平，公正执法，文明执法，及时有效地处理有关案件和事件，切实维护广大人民群众的基本人权。

坚持执法为民，一定要落实到行动上。检察干警要践行执法为民，就是要把手中的权力行使好，把职责履行好，妥善处理好涉及人民群众最关心，最直接、最现实的利益问题，杜绝乱作为，防止不作为；就是要切实增强公仆意识，在管理中体现服务，在服务中强化管理，决不能高高在上耍特权、抖威风、对群众"冷横硬推""索拿卡要"。这里还需要指出的是，针对当前的执法现状，强调保障人权、热情服务是完全必要的，但要防止一种倾向掩盖另一种倾向。在实际工作中，我们既要强调人权保障职能，又要发挥专政职能；既要强调热情服务，又要加强社会管理；既要强调文明执法，又要坚持严格执法。只有这样，才能真正有利于维护人民群众的根本利益和长远利益，真正把执法为民落到实处。

四、牢固树立公平正义的理念

维护和实现社会公平和正义，涉及最广大人民的根本利益，是我们党坚持立党为公、执政为民的必然要求，也是我国社会主义制度的本质要求。我们树立公平正义的理念，必须坚持三条原则：一是必须坚持合法合理原则。法律是根据民主程序制定的，充分体现了人民的利益和意志，本身就蕴含着公平正义的精神，必须确保一切行为都符合法律规定。基于各地情况千差万别和适应社会发展的客观需要，法律赋予执法者一定的自由裁量权是必要的，但自由裁量权的行使必须符合法律授权的目的，案件与处理结果轻重幅度必须恰当，同样情形必须同样处理，否则就是滥用自由裁量权。二是必须坚持及时高效的原则。执法、司法实践深刻地告诫我们，一个旷日持久的官司，可以把一个家庭、一个企业、一个单位拖垮，即使最终赢了官司，但公平正义已大打折扣，这样的教训，必须牢牢记住，引以为诚。三是必须坚持程序公正的原则。要以让人们看得见的方式实现公正，要让裁判和决定的过程变为当事人感受民主、客观、公正的过程，以程序公正保障实体公正，增强对裁判或判决的认可度。

为了做到公平正义，当前要着力抓好两项工作。一是要认真贯彻以事实为根据、以法律为准绳的法律原则，严把证据关、法律关。我们在办理刑事案件中，一定要坚持基本事实清楚、基本证据确凿，不纠缠细枝末节，特别是在公诉环节上，既不能搞有罪推定，也不能简单地搬用"疑罪从无"，要在事实清楚、证据确凿上下功夫，在努力提高办案质量和效率上下功夫。二是要增强工作的透明度，认真落实检务公开的各项规定。把执法过程置于社会的监督之下，消除当事人和社会公众对执法不公的疑虑，以促进和彰显执法公正。

五、牢固树立服务大局的理念

服务大局，是社会主义法治的重要使命，也是检察部门充分发挥职能作用和检察干警有效履行职责的必然要求。检察工作做得好不好，检察干警工作成效大不大，最终要看维护改革发展稳定的成效。当前和今后一个时期，检察工作服务大局的目标任务，就是要紧紧围绕保障和促进中国特色社会主义事业，不断强化服务社会主义经济建设、政治建设、文化建设与和谐社会建设的措施，全面发挥维护国家安全、化解矛盾纠纷、打击预防犯罪、管理社会秩序、维护公平正义、服务改革发展的职能，为全面建设小康社会、建设富强民主文明的社会主义国家创造和谐稳定的社会环境和高效公正的法治环境。

树立服务大局的理念，长沙市检察机关必须正确处理四个关系：一是正确处理服务党和国家工作大局与服务地方党委、政府工作大局的关系；二是正确处理服务大局与严格依法履行职责的关系；三是正确处理服务大局与依法办案的关系；四是正确处理服务大局与提高检察队伍素质的关系。

六、牢固树立党的领导的理念

坚持党的领导是我国宪法确定的一项重要原则。历史充分证明：没有中国共产党，就没有社会主义新中国，没有共产党的领导，肯定天下大乱。我们的一切成就都是在党的领导下取得的，今后发展我们的事业也必须坚持党的领导。坚持党的领导与坚持社会主义法治在根本上是一致的。一方面，党的领导是建设社会主义法治国家的根本保证；另一方面，依法治国是党领导人民治理国家的基本方略。党既领导人民制定宪法和法律，也领导人民实施宪法和法律。因此，我们在实际工作中，要自觉地把坚持党的领导、巩固党的执政地位和维护社会主义法治统一起来，把贯彻落实党的路线方针政策和严格执法统一起来，把加强和改进党对政法工作的领导与保障司法机关依法独立行使职权统一起来。党对政法工作的领导主要是政治领导、思想领导和组织领导，主要任务是：领导和推动政法机关贯彻落实中央的大政方针；对政法工作作出全面部署，及时发现和解决政法工作中的突出问题；加强对维护国家安全和社会稳定工作的统筹协调；指导和推动政法机关依法打击犯罪，依法调节各种社会关系；强化对执法活动的监督；推进司法改革；加强政法队伍、政法领导班子建设；改善政法机关的执法环境和条件。加强和改进党对政法工作的领导，就是要坚持谋全局、把方向、抓大事，不断改进领导方式，支持政法机关依法独立负责地开展工作，不插手、不干预司法机关的正常司法活动，不代替司法机关对案件定性处理，不指派政法机关处理法定职责以外的事务。

检察干警必须切实增强党的观念，始终在政治上、思想上、行动上同党中央保持高度一致。这一点，在任何时候、任何情况下都决不能动摇。检察干警要增强党员意识，时刻意识到自己不仅是人民检察官，还要时刻牢记自己是一名共产党员；不仅要模范遵守法律，还要严格遵守党章，努力发挥先锋模范作用，体现和保持共产党员的先进性。市院机关的党组织要充分发挥核心领导作用，不折不扣、严格认真地贯彻党的路线方针政策，切实加强对执法活动的监督，确保党对政法工作的领导落到实处。

第二节　践行服务大局理念

一、服务大局要正确处理四个关系 [①]

检察机关是国家的法律监督机关，是上层建筑的重要组成部分。在

---

① 本部分系作者2006年12月13日在岳阳市政法系统领导干部研讨班上讲话摘录，此文先后刊载于中国社会科学院《今日中国论坛》和最高人民检察院《检察论坛》，并被评为全国第二届"国家高级检察官论坛"优秀论文，收入本书时略作删改。

社会主义现代化建设时期，人民检察院必须立足本职，胸怀全局，充分发挥法律监督的职能作用，努力在服务大局中有更大的作为。要把主动有效服务大局，作为检察工作的基本指导思想，作为检察机关的重大政治责任，作为检察干警的努力方向。

2006 年 4 月，党中央作出了开展社会主义法治理念教育的重大决策，明确提出服务大局是社会主义法治的重要使命。检察机关作为国家机器的重要组成部分和人民民主专政的工具，是社会稳定的重要力量和国家大局的有力支撑。检察工作的全部价值集中体现在维护改革、发展、稳定的大局上。离开这个大局，检察机关就失去了行使职能的价值。因此，检察机关必须更好地服务党和国家及党委、政府工作大局，推动发展，维护稳定，在促进社会主义现代化建设中发挥自己的职能作用。为此，必须正确处理以下四个关系：

（一）正确处理服务党和国家工作大局与服务地方党委政府工作大局的关系

中国地大物博，人口众多，经济、社会发展不平衡，各地在具体落实中央的重大决策时，不能机械照搬，必须依据中央决策，结合地方实际，因地制宜制定具有地方特色的实施意见和措施。这就要求检察机关在服务大局的过程中，正确认识与处理党和国家工作大局与地方党委政府工作大局的关系。党和国家工作大局是地方党委政府确定工作大局的根本依据，地方党委政府确定的工作大局是贯彻落实党和国家工作大局的具体内容。因此，检察工作服从服务于党和国家工作大局，首先要从自觉服从服务于地方党委政府的工作大局开始。

具体到我市，检察机关服务大局，就是要自觉服务于民本岳阳的执政和发展理念，服务于民本岳阳九项工程，服务于新型工业化，服务于"产业兴旺、城乡秀美、文化繁荣、民生殷实、社会和谐、走势强劲"的强市目标。这就是我市的大局。全市检察机关和全体检察人员都应当全面履行法定职能，切实履行各自职责，紧跟市委、市政府工作大局，紧紧围绕"民本岳阳"和谐崛起这个中心奋发有为，积极作为，力求在服务大局中有较大的作为。要做到这一点，就要增强理解力，全面理解和把握"民本岳阳"的发展理念、发展目标、发展路径、发展重点、发展载体等，并贯穿到检察工作的方方面面，变成工作的自觉行动，真正把大家的思想统一到服务市委市政府的工作大局上来，特别是统一到创建"平安岳阳""诚信岳阳"等工作上来；就要提高执行力，用民本岳阳的执政和发展理念指导推动自己的工作，充分履行法定职能，坚决落实市委工作方针和意图，圆满完成各项工作任务，取得实实在在的工作成绩，增强服务大局的实效；就要发挥创造力，坚定不移、不折不扣地贯彻实施民本岳阳理念及其重大决策，并结合检察工作实际，开动脑筋，大胆探索，创造性地开展工作，开拓性地服务和促进民本岳阳建设大局。

（二）正确处理服务大局与依法履行职责的关系

检察工作的根本任务就是保障社会主义经济建设、政治建设、文化建设与和谐社会建设，为全面建设小康社会，创造和谐稳定的社会环境和公正高效的法治环境。检察机关应当按照法律赋予的职能和职责，严格依法办案，公正文明执法，热情周到服务，不失职渎职，不滥用职权，不违法办案，不执法犯法，依法公正优质高效地做好各项工作，服务大局才能落到实处、见实效，党委政府才会满意，人民群众也才会满意。

一要注意防止和纠正单纯的业务观念。服务大局是检察工作的重大政治使命，是全体检察干警依法履行职责的目标要求。因此，既不能离开法定的职能去"服务"大局，又不能不顾大局去"发挥"职能。要坚决防止和克服那种认为执法工作与大局无关，或关系不大的单纯的办案和业务观点；坚决防止和纠正那种割裂检察工作与改革发展稳定的关系，脱离经济、政治、文化与和谐社会建设大局，孤立地抓办案、抓检察业务、抓检察工作的思想和行为；坚决防止和纠正那种单纯地就案件办案件，机械地就执法而执法，不注意办案执法的方式方法，只注重法律效果，不重视社会效果，造成执法办案有违服务初衷，导致"执一次法，伤一批人心；办一个案，倒一个企业"的不良社会后果。

二要注意防止和纠正单纯的服务观念。服务大局的重要手段和前提是依法正确履行职责，我们不能离开法定的职能去服务大局。一方面，要注意防止以服务大局为名，干超出本职工作的事，违法插手经济纠纷、立假案、乱罚没、搞假破产，甚至是滥用职权，以权谋私，恶意规避法律，牺牲法治权威，损害检察机关和队伍的形象，损害党和政府的威信，最终损害大局；另一方面，要善于通过汇报、提出建议等方式，使党委、政府在检察工作服务大局上的决策和指令与检察机关的职责要求相一致，确保正确服务大局而不影响和妨碍大局。

三要注意防止和纠正单纯的"服从"观念。服务大局就是要服务于党委、政府的工作大局，服从服务于党委政府工作部署和安排。有的直接关系到国家集体利益和人民生命财产安全的重大、紧急、危难的工作和事情，如防汛抢险，即使表面上看起来不属于检察机关法定职能职责，但是党委政府一旦作出决定，检察机关及检察干警就应当听从指挥，毫不犹豫、义无反顾地接受任务，并克服一切困难，出色地完成任务。但也要注意防止和克服在服务大局过程中，忽视检察工作和法治实践自身规律、原则，或者不敢理直气壮地依法履行职责，消极被动、无所作为；或者违背法律、违背法定职能职责乱作为，这些都将导致有法不依、执法不严、违法不究，最终都将有损依法履行职能，甚至妨碍和损害服务大局。

（三）正确处理服务大局与依法办案的关系

办案是检察机关最重要的职责。打击违法犯罪，调处社会矛盾，都是通过办案来实现的。依法多办案、办准案、办好案、办优案是检察机关服务大局的最基本的要求。检察机关要卓有成效地服务大局，就必须正确认识和处理好服务大局与依法办案的辩证关系，努力做到"五个统一"。

一是坚持办案数量与办案质量的统一。数量和质量始终是相互依存、相互促进的辩证统一。没有一定的数量，就没有基本的质量；没有质量的数量，本质上是没有意义的。检察工作，尤其是办案工作，也应当坚持办案数量与办案质量的辩证统一。既要讲办案数量，又要讲办案质量。只讲办案质量，办案数量太小，没有一定的办案规模，办案水平、质量、效果就无从体现；只讲办案数量，不讲办案质量，办案质量不优、不高、不好，办案数量越多，负面影响就会越大，案件也只能是越办越难，越办越糟。

二是坚持办案的法律效果与社会效果的统一。办案的法律效果与社会效果也是一个矛盾统一体。办案工作应当努力实现法律效果和社会效果的有机统一。首先，办案要确保质量。所办案件要符合有关法律及其司法解释的规定和要求，经得起时间的检验。同时在办案中，还必须讲究办案社会效果。要通过办案，真正实现打击违法犯罪、保护无辜群众、维护公平正义、伸张法制、惩戒震慑预防违法犯罪的目的；真正发挥服务大局、保护和实现群众合法权益、维护人民根本利益的作用。

三是坚持打击犯罪与保护经济发展的统一。打击刑事犯罪，有利于创建保障经济发展的和谐稳定的社会环境；打击职务犯罪，有利于创建促进经济发展的公正高效的法治环境。检察机关在办案中要坚持以"三个有利于"为根本标准，注意把握好法律政策界限，讲究办案方式方法，注意做好"四个保护"。其一，依法保护企业的正常生产经营。在办理企业案件时，要注意尽量不影响企业的正常经营活动，不轻易查封企业会计账册，不轻易冻结企业银行账户，不轻易拘捕企业在岗人员，不轻易搜查企业办公场所。其二，依法保护企业优秀人才。对涉嫌犯罪的企业主要领导、重要技术人才、重要供销人员，要注意选择查处时机，尽量不在工作的关键时候查处案件；要注意做好衔接工作，可以不采取强制措施的就不采取，确有必要的，要及时与主管部门通气，安排接替人员。其三，依法保护企业合法权益。要依法尽力为企业挽回因为犯罪行为造成的经济损失；自觉维护企业声誉，不用有损企业声誉的取证方式，不作有损企业声誉的负面报道；积极帮助企业依法经营、依法管理，促进企业的健康发展。其四，依法平等保护各类企业。不仅要依法保护中央、省属大型企业的生产经营和发展，还要注意依法保护民营企业等其他非公有制企业的正常生产经营和发展。

四是坚持自觉接受党对检察工作的领导与依法公正独立行使职权的统一。坚持党的领导和司法机关依法公正独立行使职权都是我国宪法规定的原则。在依法治国方略下，党的活动也必然严格按照宪法和法律进行。坚持党的领导与依法公正独立行使职权根本上是一致的。依法公正独立行使职权，就是要在办案中以事实为依据、以法律为准绳，公正、独立地履行宪法和法律赋予的职责，不受任何行政机关、社会团体和个人的干涉。检察工作同时要坚持党的领导，紧紧依靠党的领导，才能保证正确的政治方向，正确履行自己的职责。要注意正确认识和处理党委领导过问案件等问题。党委领导对检察机关办理的案件进行必要的过问，这是对检察工作的关心和重视。检察机关应认真如实汇报。有些案件，即使党委暂时没有过问，根据具体情况和有关案件实行党内报告制度的规定，也要及时主动报告，引起党委重视，争取党委支持。要认真听取党委领导的意见，正确领会意图。特别是一些事关稳定、发展大局的案件，更要在法律许可的范围内落实党委意见，以维护党的威信，维护法律的尊严。

五是坚持打击违法犯罪与预防违法犯罪的统一。治理违法犯罪，单纯靠打击不能完全解决问题，打击只可治标，预防才是治本之策。因此，要进一步转变习惯的重打击轻预防观念，真正坚持"打防结合，预防为主"的方针，积极开展违法犯罪预防工作，增强预防违法犯罪的实效。要运用科学的理论和方法，对过去、现在违法犯罪现象及其他相关情况进行调查、统计和分析，推断和测定未来一定时空范围内可能出现的违法犯罪现象的状况、结构、动态方面的趋势，主动采取预防措施；在违法犯罪发生过程中，要采取相应的预防措施制止违法犯罪向恶性化方向发展，最大限度地减少违法犯罪造成的损失；在违法犯罪发生后，针对违法犯罪表现出来的特征和诱发违法犯罪的原因，采取相应的预防措施，防止类似违法犯罪的再发生。因此，检察机关在办理各类案件中，既要重视打击违法犯罪，又要重视和加强预防违法犯罪工作，更好地促进社会稳定和谐。

（四）正确处理服务大局与提高检察队伍素质的关系

做好检察工作，关键在检察干警。随着国家法治建设逐步深入，人民的法治意识逐渐增强，对法治水平的要求逐步提高，检察队伍素质也必须不断提高。因此，必须进一步加强对检察干警的教育，努力提高整体素质和执法能力，这就要按照最高人民检察院的要求，着重在五个方面提高法律监督能力，即履行检察职能，打击预防刑事犯罪，维护社会稳定的能力；依法打击职务犯罪，促进廉政建设的能力；正确处理群众诉求，化解矛盾纠纷，促进社会和谐的能力；敢于监督，善于监督，规范监督，促进严格执法和公正司法的能力；强化自身监督和制约，严格、公正、文明执法的能力。这五种能力是从整体、综合方面来界定的，具体到检察人员，还要注重提高以下四种能力：

一是提高检察工作的业务能力。熟悉和精通业务是履行职责、公正执法、服务大局的基本前提。作为一名合格的检察干警，必须拥有扎实的法学基础和胜任本职工作的业务能力，这就要求检察干警要崇尚学习，勤奋学习，深入学习，持之以恒地学习；要熟悉有关法律知识，学懂钻通本职工作所必须掌握的基本法律及司法解释，了解相关知识，不断提升自己的业务水平；要注重理论联系实际，把所学的业务知识运用到本职工作和执法办案中去，把业务学习的成果变为执法办案的能力，变成服务大局的成果。

二是提高严格公正执法的能力。维护公平正义是检察机关的神圣职责，也是检察机关服务大局的重要体现。要提高严格公正规范执法的能力，就要做到严格依法办案，严格依法进行诉讼活动和执法活动，严格执行实体法和程序法，确保国家法律的统一正确实施；就要做到公正办案，公正执法，确保所办理的案件实现程序公正、实体公正及公正执法办案的核心价值；就要做到规范办案，规范执法，确保办案、执法活动符合有关法律及其司法解释的规定，符合上级检察机关的有关要求。

三是提高做好群众工作的能力。检察工作服务大局一定要牢固树立群众观点。要贯彻以人为本的执法理念。越是矛盾突出、问题复杂，越要耐心细致地做好群众工作。要尽量使用群众能够理解的语言，能够接受的方法，能够感知的深情，能够体察的意境，能够体味的实情，把联系群众、宣传群众、组织群众、服务群众、团结群众的工作做得更深、更细、更好，以实实在在的行动带领人民群众建设和谐社会，同时使人民群众在和谐社会建设中得到实实在在的利益。

四是提高化解社会矛盾处置复杂局面的能力。检察工作服务大局实际上就是解决社会问题和矛盾，不断协调、整合社会利益关系。随着改革发展的深入，社会多元化的发展，检察工作面对的社会矛盾、突发事件增多，处置的难度越来越大。这就要求检察干警学会综合运用政策、法律、经济、行政等手段和教育、协商、调解等方法，妥善处理人民内部矛盾，特别是要注重提高应对复杂局面、解决群体性突发事件的能力，提高运用市场经济手段解决矛盾的能力，达到有效化解社会矛盾，维护社会和谐稳定，有效服务大局的目的。

二、着力营造经济发展的"六个环境" ①

2010 年是实施"十一五"规划的最后一年，是夺取应对国际金融危机冲击全面胜利的关键之年。实现长沙经济社会又好又快、率先发展，需要一个优良的环境。环境是生产力、竞争力，环境体现形象、体现优势。这些年来特别是近几年来，市委、市政府十分重视抓优化经济

---

① 本部分系作者 2009 年 12 月 29 日在长沙市委常委扩大会议上的发言摘录，收入本书时略作删改。

环境，成效很好。明年，影响经济发展的因素仍然较多，如经济结构调整和经济发展方式转变的难度较大、投资质量有待优化、消费增长后劲不足、财政收支压力加大、区域竞争日益激烈等。但从某种意义上讲，影响经济发展的主要因素不是政策差异、时空距离，而是环境优劣。因此，2010 年全市检察机关要主动、有效地服务长沙经济平稳快速发展，就要坚持不懈地抓好服务优化经济环境。为此，我们要注重在以下几个方面下功夫、见成效：

（一）着力营造和谐稳定的社会环境

长沙经济的发展，社会和谐稳定是前提。2009 年，市委、市政府统一部署和市委政法委组织开展的"一打三整"专项行动，效果很好！明年，政法机关要确保国家安全和社会和谐稳定，按照全国政法工作会议要求，就要在依法打击犯罪的同时，重点抓好社会矛盾化解和社会管理创新工作。一方面，抓好社会矛盾化解，政法机关、检察机关责无旁贷。化解社会矛盾，首先就要抓源头。既要通过深化改革、科学发展的办法解决，也要用教育疏导、有的放矢的方法解决。化解社会矛盾，就要清理、消化积案。检察机关要从服务社会和谐稳定的大局出发，主动配合其他政法部门和信访部门，因案施策，多措并举，及时有效处理涉法涉诉信访案件，尽快清理、消化积案，真正做到案结事了、息诉罢访。化解社会矛盾，就要建机制。要坚持和完善人民调解、行政调解、司法调解三位一体的"大调解"工作体系，形成共同及时有效化解社会矛盾的机制。政法、检察机关要树立调解也是执法的观念，在法律许可的范围内，从政策机制上把调解优先原则贯穿于执法办案中，努力化解社会矛盾纠纷，促进社会和谐。化解社会矛盾，就要强基层。要及时总结推广一些地方的先进经验，整合政法、综治、维稳、信访等方面力量，形成综合治理、化解社会矛盾的大平台，做到"小事不出村，大事不出乡，矛盾不上交"。另一方面，抓好社会管理创新工作，政法、检察机关义不容辞。抓好社会管理创新，就要解决好流动人员服务管理问题。有效预防和减少流动人员违法现象，维护流动人口合法权益。抓好社会管理创新，就要解决好特殊人群帮教管理问题（如刑满释放、解除劳教人员安置帮教；违法犯罪青少年的教育挽救等）。抓好社会管理创新，就要解决好社会治安重点地区综合治理问题。抓好社会管理创新，就要解决好网络虚拟社会建设管理问题。要坚决依法打击利用网络实施的各种犯罪活动，维护网上秩序，净化网络环境。创新社会管理手段，是政法、检察机关面临的新挑战，当务之急就是要抓紧提高执法能力，提高社会管理水平，努力维护社会安定有序。

（二）着力营造公开公正的法制环境

受国际金融危机快速蔓延的影响，全市经济运行中出现的问题和困难势必转化为各类案件进入司法领域，如何妥善处理好这些案件，这将给政法机关带来新的挑战。只有认真研究这些新情况、新问题，把握好打击与保护、执法与服务的关系，深入推进执法公开，努力做到"阳光执法"，依法依政策妥善处理好各类案件，确保执法公开公正，维护公民的合法权益，才能最大限度地调动广大公民的积极性、创造性，保障和促进长沙经济社会又好又快、率先发展。

（三）着力营造安全规范的投资环境

内外投资是长沙经济发展的强大动力，投资不单单是要引进，更重要的是要留住，让其更好地发展，最终达到提高长沙本地经济和社会效益的目标。因此，营造安全规范的投资环境是一个必须加以重视、认真对待的重要问题。这就需要我们增强服务观念，提高服务效能；规范执法，合理收取各项费用，减轻企业压力；积极开展综合治理，解决企业实际困难。

（四）着力营造公平有序的市场环境

要严厉打击制假售假、虚假广告、商标侵权、仿冒欺诈、商业贿赂、传销和变相传销等违法行为，整顿和规范市场经济秩序。要继续开展好"食品安全建设年"活动，严格食品质量市场准入和经营者自律制度，切实保障食品市场消费安全。

（五）着力营造廉洁高效的政务环境

廉洁高效的政务环境是推动经济发展的必然需要。要毫不动摇地查办和预防职务犯罪，确保国家工作人员和国家机关工作人员的廉洁性；要提高和引导全体国家工作人员牢固树立"权力就是服务"的理念，在主动服务、高效服务、优质服务、廉洁服务上下功夫、求实效，让职能部门的权力更好地服务于企业发展、服务于经济发展。

（六）着力营造崇尚创业的人文环境

创业是民生之本、发展之基、小康之路。市委、市政府高瞻远瞩，求真务实，十分重视全面创业，于2008年9月16日下发了长发〔2008〕23号文件，制定了十个方面的意见，响亮地提出了要"努力把长沙打造成为中部地区乃至全国最适宜创业的现代都市"；市委办、市政府办专门制定了有关实施方案。经过一年多来的实践，成效显著。今年至明年，是全市推进创业富民活动的全面实施阶段（2011年1月至2012年12月是纵深推进阶段）。全市上下应进一步解放思想，全面落实市委、市政府制定的创业富民政策措施，围绕工作重点，破解热点、难点，继续大力鼓励百姓创家业、支持能人办企业、引导干部干事业，继续培育"崇尚创业、鼓励创新、宽容失败、自强不息"的创业文化，继续充分发挥工商联、妇联、工会、共青团等群团组织联系广泛的优势，组织一系列创业富民竞赛活动，引导社会各界、千军万马积极投身创业实践，在全市范围内进一步形成"以创业为本、以创业为荣、以创业为乐"和"想创业、敢创业、创大业"的浓厚氛围。

三、打击、预防、监督、保护，服务经济健康发展 [①]

2009年，全市检察机关在市委和省检察院的正确领导下，紧紧围绕促进长沙经济平稳快速发展这一目标，充分发挥打击、预防、监督

---

① 本部分系作者2009年12月29日在长沙市委常委扩大会议上的发言摘录，收入本书时略作删改。

和保护的职能作用，自觉服从、服务于党委政府工作大局，取得了一定成绩。主要体现在以下五个方面：

（一）通过打击减少经济发展障碍

针对长沙经济和社会事业快速发展，城市建设日新月异，各种社会矛盾错综复杂，维护社会稳定任务繁重的新形势，全市检察机关全力投入创建平安和谐模范城市、公众安全满意工程建设，加大打击各类犯罪力度，同时落实检察环节社会治安综合治理措施，取得了较好成效。一是严厉打击影响社会稳定的暴力犯罪和多发性犯罪。积极参与"一打三整"专项行动，加强与公安、法院的协调配合，批准逮捕了一批涉黑涉恶、涉枪涉爆、涉黄赌毒犯罪嫌疑人，对26起黑恶势力犯罪团伙案件挂牌督办，及时批捕、起诉了一起23人采用暴力等手段垄断湖南南美白虾市场的组织、领导、参加黑社会性质组织、故意伤害、寻衅滋事案，以及故意伤害案等案件，一批严重危害社会稳定的犯罪分子受到了法律制裁。二是严厉打击影响经济发展环境的犯罪。积极参与整顿和规范市场经济秩序专项工作，批捕、起诉了生产、销售伪劣商品犯罪、金融诈骗、危害税收征管、侵犯知识产权犯罪的嫌疑人、被告人。依法严厉打击侵犯企业财产、损害企业合法权益、危害企业生产经营的各类刑事犯罪，批捕、起诉了一批诈骗、职务侵占、挪用资金、破坏生产经营犯罪嫌疑人、被告人。三是严厉打击影响改革发展的职务犯罪。在人民群众反映强烈、影响长沙改革发展的重点部门、重点行业和重点领域，集中查办了一批有影响、有震动的职务犯罪案件。立案查办了一批发生在工程建设、征地拆迁、土地出让等领域的涉嫌商业贿赂、渎职犯罪案件，维护市场的诚信、公平与有序；立案查办了一批发生在国企改制中的涉嫌职务犯罪案件，保障国有资产安全；立案查办了危害能源资源和生态环境涉嫌渎职犯罪案件，促进能源资源保护和生态文明建设；立案查办了一批涉嫌职务犯罪的行政执法人员、司法工作人员，推进严格执法、公正司法；立案查办了一批发生在农村基础设施建设、支农惠农资金管理等领域和环节的涉农职务犯罪案件，保障社会主义新农村建设。通过依法打击各类犯罪，有力地为长沙经济建设扫除了障碍。

（二）通过监督维护市场主体合法权益

通过提出纠正违法意见、检察建议，提出或提起抗诉等手段，认真履行法律监督职能，有效地维护了国家、集体及案件当事人的合法权益。着力加强对侦查活动的监督。防止和纠正对涉企案件该立不立，非法插手经济纠纷不该立案而立案，对涉企案件违法冻结、查封、扣押款物、违法取证、滥用和随意变更强制措施等问题。着力加强对民事和行政诉讼的监督。按照市人大常委会的统一部署，认真开展"司法公正长沙行"活动，通过受理和审查不服法院民事、行政判决和裁定的申诉案件，共向市中级法院提出抗诉 19 件，向省检察院提请抗诉 17 件，分别增加了 26.7% 和 6.3%；法院经再审，依法改变原决定 8 件，增加了 33.3%；向法院提出再审检察建议 53 件，被采纳 37 件，分别增加了 2.5 倍和 1.3 倍。对 35 件损害国家、集体利益和案外人利益的民事行政案件，依法起诉或支持起诉。

（三）通过预防规范经济发展行为

围绕"拓宽预防领域，提升预防效果，服务区域经济"的工作思路，采取多项措施服务经济发展，使检察机关的预防职能优势转化为促进经济平稳较快发展的服务优势，最大限度地为长沙改革发展提供优质的预防服务和法律保障。围绕确保政府投资安全开展预防工作。重点围绕事关国计民生的重大项目建设以及职务犯罪案件多发行业和领域深入开展预防，共启动预防调查项目 11 个，及时发现犯罪、纠正违法、消除犯罪隐患 15 件次。围绕促进形成公平竞争、共同发展的市场环境开展预防。配合重点行业和领域实行"廉政准入"制度，完善和推进行贿犯罪档案查询，提供查询服务 280 余次；开展预防咨询和警示教育 120 余次。围绕完善社会管理开展预防。充分发挥检察机关在办案过程中掌握相关情况多、熟悉法律政策等资源优势，深刻剖析发案原因、特点和规律，针对经济社会发展中的一些盲点和薄弱环节，向党委、人大、政府及相关主管部门提交犯罪分析、预警预测报告和检察建议19份。市院与市国土局联合组织开展的惩防国土征地拆迁领域职务犯罪专项工作，取得了良好效果。

（四）通过保护扶持企业生产经营

在执法活动中，把保护、服务企业发展贯穿于依法办案、文明执法的全过程。切实做到五个"严格区分"，即严格区分经济纠纷与经济犯罪、改革探索中的失误与渎职犯罪、合法处理企业的收入与贪污受贿、资金合理流动与徇私舞弊造成国有资产流失、企业依法融资与非法吸收公众存款的界限，坚定不移地打击破坏者、支持改革者、保护创业者、宽容失误者、挽救失足者。在办理涉企案件时，自觉做到不着制服、不开警车、不鸣警笛；不随意冻结企业流动资金和银行账号；不随意查封、扣押企业财产和账册；不堵塞企业流通渠道；不因执法办案直接影响企业洽谈重大项目和开展生产经营活动；不随意拘押企业法定代表人和技术业务骨干；不泄露企业的商业秘密；不随意报道可能影响企业声誉、形象的案件，受到了企业的普遍好评。

（五）通过服务促进经济健康发展

紧紧围绕中央、省、市委应对国际金融危机冲击的决策部署，出台服务企业发展、服务长沙"两型社会"建设、服务农村改革发展、服务经济建设等工作意见，找准工作着力点，增强服务大局的科学性、针对性、主动性和实效性。自觉、主动从有利于服务经济发展，有利于促进企业发展的角度出发，改变原有的"坐堂办案"状况，加强与企业的经常性联系，通过定期走访、座谈等形式，积极提供法律方面的有效服务，力所能及地帮企业解决实际困难。市院扎实开展"两帮两促""两保两促"活动，积极帮助湖南亚华乳业有限公司和市容市貌整治及生态建设工程项目的负责单位解决生产、建设中的具体困难，赢得了联点企业和项目建设单位的好评。望城县检察院组建"服务基层工作队"，大力开展以"八个一"为内容的服务活动，解决群众困难，《检察日报》对此进行了专题报道。宁乡县检察院开展"百题千卷访百姓"活动，针对群众反映强烈的非法采沙毁坏农田等现象，联系有关职能部门开展整治，赢得群众好评。

四、服务长沙更好更快发展 [①]

实现长沙经济社会更好更快发展，是长沙今后一个时期的重大战略任务与战略目标。更好地服务于长沙更好更快发展，是全市检察机关服从、服务于市委、市政府工作大局的重大政治任务；是全面推进并实现全市检察工作新发展的客观需要；是考量、检验、识别检察干部特别是领导班子成员、中层骨干的能力水平乃至德才的途径所在。因此，全市两级检察机关和全体检察人员都必须把服务大局摆在检察工作的首位，真抓实干，更主动、更有效地服务于长沙更好更快发展。

（一）主动、有效服务项目建设，全力服务强力推进经济转型升级

要依法及时打击危害、损害和影响有关项目建设的各类刑事犯罪，特别是影响有关企业生产、经营、生活环境和企业周边治安环境的严重刑事犯罪，确保项目顺利引进、按时有序开工和正常生产、经营，确保以项目建设推动经济转型升级；要依法及时惩治危害、损害和影响有关项目建设的严重职务犯罪，确保项目建设优良的经济环境、廉洁高效的政务环境；要进一步改进执法办案方式方法，自觉做到"六不"，最大限度地减少因为执法不当造成的负面影响，保护企业的正常生产、经营，保护企业商业秘密，保护企业的"面子"和声誉，保护企业的形象；要依法妥善处理发生在项目建设中、有关企业中的各类案件，包括涉嫌职务犯罪案件、涉嫌刑事犯罪案件、民事行政案件，为项目建设，为企业正常生产、经营，为企业可持续发展提供有力有

---

① 本部分系作者 2013 年 5 月 28 日在长沙市检察机关中层骨干以上负责干部会议上的讲话摘录，收入本书时略作删改。

效的司法保障，以保障和促进长沙的经济转型升级。

（二）主动、有效服务综合整治，努力服务城市的规划、建设和管理

要依法坚决及时打击各类破坏、危害城乡结合部、交通肇事、非法经营，严重扰乱市场经济秩序、社会秩序，影响长沙城市形象、损害人民群众利益的各类刑事犯罪，确保省会城市长沙良好的社会治安秩序、生产工作生活秩序、市场经济秩序和社会秩序；要依法惩治发生在城市规划、建设和管理中的各类职务犯罪，特别是城市规划、建设中的职务犯罪案件；要自觉抓好本机关包括各区、县（市）检察院设立的乡镇、街道检察联络室和市检察院联系点包括联点的城乡接合部、联点的乡村和街道社区、联点的企业、联点的学校等地方或区域、地段的市容市貌整治、城乡接合部整治、道路交通秩序整治、非法营运整治等，以促进提升城市品质、建设精美长沙。

（三）主动、有效服务安全稳定，全力服务和促进社会和谐

要运用检察职能，大力推进平安长沙建设、法治长沙建设、和谐长沙建设，为把长沙打造成文明、祥和、安定的首善之区做出应有贡献；要依法严厉打击各类严重刑事犯罪，依法从宽处理轻微刑事犯罪，更好地履行打击、教育、预防、监督等职能作用，最大限度地取得良好的执法办案效果；要全面履行、运用检察职能，积极投入社会矛盾化解、社会管理创新工作，包括及时发现、有效应对涉检舆情等工作；要进一步重视和加强新形势下检察机关的群众工作，扎实做好"一包双联""一推行四公开"、检察联络室等工作，注重为群众办实事、解难事，以提升人民群众对检察机关、检察工作和检察人员的满意度。

（四）主动、有效服务改善民生，努力服务共建共享全面小康

要依法坚决打击制售假劣药品、食品等侵害民生的刑事犯罪及其监管领域的职务犯罪，依法保护人民群众生命安全和身心健康；要依法坚决打击破坏群众生产生活秩序的严重刑事犯罪，保障和服务群众安居乐业；要大力开展查办和预防发生在群众身边、损害群众利益的职

务犯罪专项行动，加大"打苍蝇"力度，依法维护群众合法权益，改善基层干群关系，促进基层社会稳定和谐；要着力打击发生在教育、医疗、分配、就业等民生领域的严重刑事犯罪和职务犯罪，提升社会保障水平，促进社会公共事业发展，以努力推动全面小康建设。

（五）主动、有效服务综合配套改革，努力服务加快"两型"社会建设

要依法打击破坏、危害"两型"产业发展的各类刑事犯罪，确保良好的社会治安环境；要依法惩治危害、损害"两型"产业发展的严重职务犯罪，维护廉洁、公正、高效的政务环境，维护国家机关正常管理秩序，维护国家机关工作人员和国家工作人员的廉洁性；要依法打击各类破坏、危害有关"两型"社会建设的改革特别是重点领域改革的犯罪行为，认真做到"五个严格区分"，坚定不移地支持改革者、保护创业者，保护改革的顺利推进；要注意保护"两型"社会建设中优秀人才特别是科技、生产、经营、管理等方面的尖端优秀人才；要切实服务生态文明建设，依法坚决打击破坏国土、矿产、水等重要资源和生态、环境的刑事犯罪活动，促进资源节约、保护良好生态环境，以促进美丽长沙建设。

五、注重服务发展大局 [①]

要注重服务发展大局，在保障全面建成小康上彰显新作为。为此，我们要进一步落实市检察院制定的《全市检察机关服务企业发展的意见》《全市检察机关进一步服务企业发展的意见》和《长沙市检察机关关于充分发挥检察职能服务长沙经济社会发展大局的意见》，力求取得新成效。

（一）在服务创新发展上有新作为

坚持把服务创新发展放在服务发展全局的核心位置，善于发挥法治

---

　　① 本部分系作者2016年3月9日在长沙市检察工作会议上的讲话摘录，收入本书时略作删改。

对创新的引领、保障作用，激发社会创造活力。围绕打造中部创新中心、建设智能制造强市、优化创新创业生态，深入开展打击侵犯知识产权和制售假冒伪劣商品犯罪工作，加大对反复侵权、恶意侵权的打击力度；严肃查办和预防重大科技项目实施、科研平台建设、高新技术企业扶植、自主创新示范区建设、科研资源管理分配等领域的职务犯罪；加强知识产权领域民事行政诉讼监督，依法保护创新驱动发展战略和大众创业、万众创新深入实施。

（二）在服务协调发展上有新作为

积极服务重大项目建设，重点围绕长沙地铁建设、城市道路快速化改造、湘江新区建设等重大项目，建立健全涉重大项目案件挂牌督办机制，依法严厉打击阻碍项目开工、强揽项目工程等犯罪活动，坚决查办发生在项目引进、审批、推进等环节侵犯投资者、经营者和管理者合法权益的职务犯罪，以服务项目支撑促进协调发展。积极保障城乡融合发展，依法严厉打击在棚户区、城中村和背街小巷改造过程中发生的犯罪；严肃查处城镇基本公共服务、户籍制度改革以及新型城镇和美丽乡村建设等领域中的职务犯罪，以促进城乡共同发展。认真研究如何在司法办案中正确把握和处理发展中的重大关系，重视推动和保障区域协调发展、城乡协调发展、物质文明精神文明协调发展。

（三）在服务绿色发展上有新作为

扎实开展破坏环境资源犯罪专项立案监督，重点打击造成重大环境污染特别是大气污染、水污染和土壤污染以及浪费资源等犯罪，严肃查办危害能源资源和生态环境特别是生态修复工程、防灾减灾体系建设背后的职务犯罪。加强对涉及节水、节地、节材和资源综合利用等民事行政案件的审判监督，探索通过提起公益诉讼、支持起诉、督促履职等方式，加强对各类公害污染案件的法律监督，以促进构建资源节约、环境友好的生产方式和消费模式。加强与环保、公安、法院等部门的沟通合作，深入推进"两法衔接"工作平台建设，以促进保护生态环境各项举措得到落实。

（四）在服务开放发展上有新作为

加大优化经济发展环境的工作力度，着力监督立案查处和监督纠正一批影响经济发展环境的案件；突出打击非法吸收公众存款、集资诈骗等涉众型经济犯罪；突出打击合同诈骗、职务侵占等扰乱市场秩序和妨碍公司企业管理秩序的犯罪，以促进构建公平有序的市场体系。积极参与互联网金融风险专项整治，正确区分金融创新与利用互联网金融平台进行非法集资等犯罪行为的界限，依法惩治金融诈骗、证券期货犯罪，以维护资本市场运营秩序。坚持平等保护，依法公正办理涉外案件，确保中外当事人诉讼地位和诉讼权利平等、法律适用和法律责任平等、法律保护和法律服务平等。

（五）在服务共享发展上有新作为

聚焦群众反映强烈的民生问题，坚决惩治发生在征地拆迁、教育就业、保障性安居工程、新农合及城镇居民医保、基本养老和社会救助、扶贫开发等领域的职务犯罪，扎实开展危害食品药品安全犯罪专项立案监督，以促进改善民生。聚焦弱势群体司法保护，严厉惩处严重侵害妇女儿童和残疾人、老年人等人身权力的强奸、拐卖、伤害、遗弃等犯罪行为，加大对拖欠工资、劳动争议、保险纠纷、人身损害赔偿等诉讼活动的监督，以维护弱势群体的合法权益。聚焦精准扶贫、精准脱贫，认真落实保障和服务扶贫开发工作的意见，健全完善扶贫工作规划，精心组织、扎实开展"一进二访""结对帮扶"等活动，加大检察环节司法救助力度，切实让人民群众共享发展成果。

（六）在改进服务方式方法上有新作为

面对经济下行压力加大、推进供给侧结构性改革的大环境，既要主动作为，全面履职，又要准确把握法律政策界限，改进办案方式方法，使检察工作在服务经济社会发展大局中彰显更大价值。在办理涉企案件时，要从有利于促进企业生存发展、有利于保障员工生计、有利于维护社会和谐稳定的高度，依法妥善处理因经济运行困难引发的各类案件，最大限度地化解矛盾纠纷，尽力避免和减少司法办案工作的负面影响，坚决做到"三个考虑到""八个不准""四个避免"和"三个严格区别""正确把握五个界限"，依法惩治犯罪者、支持改革者、保护创业者、挽救失足者。

六、更好地服务企业 ①

企业非常重要。在 2010 年，我们在长沙县听取了企业界的意见、建议，专门制定了有关文件，出台了检察机关服务企业的若干意见。这两年，按照这个文件，我们做了一些工作，取得了一些成效，也得到了企业界人士的肯定。今年，要进一步加强这项工作。这次座谈会的目的，就是要通过看、通过听，了解企业的情况，了解企业的困难，了解企业的需求，了解企业对检察工作的意见、建议，了解企业对检察机关的新要求、新期待。结合今天的调研，我谈三点感受：

（一）服务企业很重要，且越来越重要

企业在经济社会发展中具有举足轻重的作用。企业无论在增加社会财富、增加财政收入、扩大就业、改善民生等方面，还是在物质文明、精神文明、生态文明乃至政治文明方面，都发挥着十分重要的、不可缺少的作用。无论是三一重工，还是蓝思科技、广汽菲亚特，这些企业都很有实力，这些重点企业、高新企业，在国际国内影响很大、前景都很好，都已经或正在为长沙社会又快又好发展，乃至全省、全国的经济做出重大或突出的贡献。

同时也要看到，企业当前的发展难度越来越大。挑战越大，压力越大。今年中央经济工作会议提出了经济工作的总基调是稳中求进。可见今年全国面临的经济形势仍然很严峻，企业越来越难办，难就难在资金难保障、员工难招录、成本难降低、商品难销售、出口难增加、外部经济环境难优化等，特别是中小企业中困难更多、难度更大。今

---

① 本部分系作者 2012 年 4 月 17 日在长沙市检察院征求企业负责人意见座谈会上的讲话摘录，收入本书时略作删改。

天来的企业家都是全省、全国乃至全世界有名气的企业，都是顶呱呱的企业，你们在当前和今后的发展中都正在或将会遇到一些困难，那许多中小企业所面临的困难和艰难就更不言而喻了。

检察机关和检察人员应当增强尽心尽意为企业服好务的责任感，紧迫感。企业的作用这么大，面临的困难和挑战这么多，检察机关应该更加重视服务企业，应该有实实在在的行动。

（二）检察机关要更好地服务企业

一是通过履行检察职能服务企业。要通过打击各类犯罪，维护企业周边的正常社会治安秩序，维护好企业正常的生产、经营、管理秩序，维护企业知识产权，维护企业的合法权益。让企业满意，让企业有安全感、有公正感。

二是通过监督服务企业。通过监督法院，比如有的案子裁判不公，检察机关应依法进行监督；通过依法监督公安，比如有的刑事案件该立不立，不应当立案而又立案，这些都应依法监督纠正；通过依法监督行政执法部门、国家工作人员、国家机关工作人员，查办贪贿案件和侵权渎职案件等，都是检察机关履行法律监督职能的事情。

三是通过"服务"服务企业。首先可通过法律宣传服务企业。长沙县院印发的服务企业宣传法律的小册子大家都给予了肯定，反响很好。长沙县检察院可思考一下，如何再丰富内容、再完善它，以更好地适应、满足企业的法律需求。今后，全市检察系统可以借鉴。其次可通过法律培训服务企业。刚才有企业家提出培训先要从高管开始，今后我们可以进行这方面的法律培训活动。先培训高管，再扩大到其他中层骨干乃至生产、经营、管理人员。法律培训的面越广，效果会更好。最后可通过犯罪预防服务企业。如开展法律咨询等，都属于服务。这方面长沙县检察院做了一些工作，做得不错，很管用。要梳理总结一下，继续开展好这方面的服务活动。

四是通过保护服务企业。企业或者是企业管理者、企业人才出了问题，该保护的要依法保护。这并不是说企业家在法律面前就有什么特殊，法律面前是人人平等的，而是说在执法办案活动中，我们要注意严格区分、慎重对待，不能就案办案。之前在查办长沙县有的大型企业职务犯罪案件中，已经注意到了这一点，深受企业界的好评。这不是为了特殊照顾某个人，更不是姑息、放纵犯罪者，而是为了服务企业，为了企业的声誉，为了企业的正常生产与经营，为了企业的稳定和发展。

（三）从长计议，研究、探索、建立、完善检察机关服务企业的机制

在这方面，长沙县通过积极探索，初步建立了一些好的机制，可以再总结一下，将有效果的做法上升为经验、上升为制度。

一是要建立或完善有关联络企业方面的机制。长沙县检察院建立的企业联络员就很好。要服务企业，就要与企业加强联系、加强联络。只有多联络，才可能加深感情，才可能与企业心连心。当然，检察机关联络企业的制度要规范。

二是要建立或完善有关加强执法办案方面的机制。检察机关服务企业，根本途径还是通过执法办案来进行、实现，这是我们服务的重要途径。怎样在企业、为企业优先办案，准确办案，办准、办好、办优案件，办"三个效果"都好的案件、办精品案件，让企业放心、满意？长沙县院提出办理涉及企业有关刑事案件，批捕阶段依法要快、起诉阶段依法要准。检察机关可以进一步调研，建立和完善有关加强执法办案的好制度，通过为企业办好案件，维护企业周边社会治安秩序，维护企业正常的生产、经营和管理秩序，维护企业的合法权益。

三是要建立或完善有关加强预防犯罪方面的机制。这与惩治犯罪不同。预防犯罪方面的机制，意思是即使没有违法犯罪问题，也要抓好预防犯罪，以防患于未然。要积极预防、主动预防，通过预防，最大限度地把问题消除在萌芽状态。这样服务企业的工作就进了一层，这就是贴心贴意为企业着想，为企业服务。无论是法律宣传，还是法律学习培训等，目的都是为了预防企业的违法犯罪。

七、更准更实服务企业和经济发展 [①]

企业的发展是经济社会发展最强劲的引擎，在社会经济发展中举足轻重。检察机关作为国家法律监督机关，肩负着为经济建设保驾护航的重任，为企业的发展服务是检察机关义不容辞的重要使命。全市两级检察机关自觉接受人大监督和政协民主监督，就要根据人大代表、政协委员的意见、建议，在服务企业、服务经济发展上主动作为。

要特别注重进一步落实市检察院制定的《全市检察机关服务企业发展的意见》《全市检察机关进一步服务企业发展的意见》和即将出台的《长沙市检察机关关于充分发挥检察职能服务长沙经济社会发展大局的意见》。要特别注重主动、有效地服务优化经济发展环境，依法打击侵害企业合法权益、危害企业生产经营的犯罪活动；依法打击损害商业信誉、商品信誉的犯罪；严肃查办在项目审批、贷款发放、土地征用、工商管理、税收征管等环节利益职务便利向企业索贿受贿和滥用职权、玩忽职守、徇私舞弊造成企业重大损失、破产倒闭的职务犯罪；监督纠正执法司法机关非法插手企业经济纠纷、违法查封、扣押、冻结和划拨企业财产、滥收保证金、滥用强制措施等行为；加强对企业债务纠纷、公司清算、破产等民事案件审理和执行活动的法律监督，平等保护各方利益主体；加强刑事附带民事诉讼和追逃、追赃工作，最大限度挽回企业因犯罪遭受的经济损失。

要特别注重在办理涉企案件时，坚决做到"三个考虑到""八个不准""四个避免"和"三个严格区别""正确把握五个界限"。"三个考虑到"：办案前要考虑到运用何种方式不至于影响企业的形象声誉；办案中要考虑到使用何种手段才能维护企业的正常运行；办案后要考虑到如何使企业尽可能挽回损失、走出困境。"八个不准"：不准随意着制服、开

---

① 本部分系作者 2015 年 11 月 5 日在长沙市人民检察院邀请市人大代表、市政协委员出席"全面、深入接受监督的'四个主题'活动"座谈会上的讲话摘录，收入本书时略作删改。

警车、鸣警笛到企业办案；不准随意冻结企业流动资金和银行账号；不准随意查封、扣押企业财产和账册；不准随意堵塞企业各类流通渠道；不准因执法办案直接影响重大项目洽谈和企业重要生产经营活动；不准随意拘押企业法定代表人和技术业务、管理骨干；不准泄露企业的商业秘密；不准随意报道可能影响企业商誉、损害企业形象的案件。"四个避免"：避免影响企业资金流动；避免影响企业正常的生产经营活动；避免影响企业形象信誉；避免影响招商引资环境。"三个严格区别"：把企业经济活动中的不规范行为与犯罪行为严格区别开来；把企业中个人经济犯罪与企业违章操作严格区别开来；把企业的一般违法行为与单位犯罪严格区别开来。"正确把握五个界限"：正确把握合法的劳动、投资收入与贪污受贿、私分、挪用等违法犯罪所得的界限；正确区分改革探索中的失误与渎职犯罪的界限；正确把握经济纠纷、经济活动中的不正之风、违反财经纪律与职务犯罪的界限；正确把握科技人员以自己的专业知识提供咨询或以技术入股等形式从企业获取报酬的行为与利用审批权或本单位的技术成果向企业索贿受贿、侵犯知识产权、侵犯商业秘密等犯罪行为的界限；正确把握国有企业涉及的经济纠纷与侵占国有资产犯罪的界限，以最大限度地依法依政策保护企业的正常生产、经营，保护企业法人、人才和骨干的干事创业、创优创新的活力与激情，保护企业形象信誉，保护企业的不断健康发展，促进经济社会更好更快发展。

八、服务精准扶贫，造福困难群众 [①]

对市检察院、市信访局到山枣潭村开展"一进二访"活动、开展扶贫工作，我讲三点意见：

（一）明确精准扶贫的目标

习近平总书记和党中央对扶贫工作极为重视，作了科学而全面的部

---

① 本部分系作者 2015 年 10 月 20 日在长沙市人民检察院所在的扶贫村——浏阳市中和镇山枣潭村调研座谈会上的讲话摘录，收入本书时略作删改。

署，并提出了"精准扶贫"的明确要求。市委十二届十次全体（扩大）会议和会上印发的《关于大力推进精准扶贫的实施意见（2015—2017年）》均明确指出："确保 2015 年到 2017 年，每年减贫建档立卡贫困人口 5 万人以上，提前三年率先全省实现省定贫困村'摘帽'、建档立卡贫困户'清零'。"我们对山枣潭村精准扶贫的目标总的来讲就是坚决贯彻落实好习总书记和党中央有关精准扶贫的重要讲话精神，贯彻落实好市委的有关重要精神和有关《实施方案》要求，服务党和国家工作大局，服务市委、市政府工作大局、服务党委政府工作大局；同时，围绕精准扶贫目标，服务中和镇经济社会发展大局，把山枣潭村精准扶贫好。为此，我们驻村帮扶工作队要具体在以下六个方面下功夫：一是在心齐上下功夫。山枣潭村共有 2682 人，其中共产党员 61 人。大家要心往一处想、智往一处谋、劲往一处使，齐心协力，同甘共苦，共同努力脱贫致富。二是在志坚上下功夫。山枣潭村有 55 户贫困户，200 名贫困人口。要让村民特别是贫困户做到人穷志不短，意志一定要坚定，坚定生活信心、坚定理想信念，并为之而勤奋劳动、朝之努力奋斗。三是在劲足上下功夫。刚才中和镇党委书记充分肯定山枣潭村班子好、风气好、前景好。山枣潭村的村民要永远保持好的精气神，要坚持鼓干劲、鼓实劲，要为实现美好目标和前景有使不完的劲，要朝着美好目标卯足劲一代一代地干下去。这样就会大有可为，前景就会一片光明。四是在业旺上下功夫。只有产业对路、景气、兴旺、有活力，村里才有发展生机、才有发展后劲、才有发展生命力。刚才看了、听了，山枣潭村有一些好的产业，有好的种植业，如茶树、板栗、梨子；有好的养殖业，如土鸡、黑山羊；还有传统的手工业，如手工花炮业等。要很好地研究怎样利用、挖掘、优化、发展好村里的好产业；有钱可赚，利润、收入倍增的产业。产业好了、产业兴旺了，村里经济就会逐步发展，最终就可以脱贫。五是在家富上下功夫。这是所有村民的期盼。从总体上讲，每家每户都要争取富裕，年年上新的台阶。六是在村美上下功夫。村美是最高要求，包括物质文明和精神文明建设都有新的变化、新的成效。驻村帮扶工作队这三年要在"心齐、志坚、劲足、业旺、家富、村美"这十二个字上多动点脑子，多出点主意，多为山枣潭村做点有益的工作。

（二）明确精准扶贫的任务

要明确这三年我们为了达到精准扶贫这一目标具体做一些什么事、具体怎么做。一是要精心扶贫。要心系老百姓，特别是要心系贫困村的老百姓。如果扶贫不精心、"一进二访"不精心、不心系老百姓，工作只搞形式，摆花架子，图好看、图热闹一时，那就不可能搞好扶贫工作，扶贫工作也不可能达到目标，不可能完成任务。二是要尽力扶贫。山枣潭村是市检察院和市信访局的扶贫点，市检察院和市信访局要想方设法、尽心尽力为老百姓解决一些具体困难和问题。三是要重点扶贫。重点帮扶交通道路、三座桥梁等基础设施建设；重点帮扶茶树、梨子、板栗等种植业，土鸡、黑山羊等养殖业，花炮厂等传统手工业以及休闲农业等产业发展；重点帮扶教育事业，包括对草坪完小教学质量、教学水平的提升，教学硬件设施的添置和科学管理；重点帮扶贫困户和贫困人员，确定的这55户贫困户应是实实在在、村民公认的贫困户，市检察院每位副县级以上领导干部及每个内设机构都要负责帮扶好一户贫困户。四是精细扶贫。驻村帮扶工作队考虑问题要细、了解情况要细、帮扶工作要细，做到事事周到细致。办事细致，才能落到实处。工作细，才能抓实、抓深入、抓出成果、抓出成效。五是要有效扶贫。精准扶贫工作的落脚点要做到有效扶贫，要有实实在在的成效。要把山枣潭村真正建设成为富裕村、秀美村、文明村和幸福村。

（三）明确精准扶贫的保障及要求

主要是要加强对精准扶贫工作的组织领导和综合协调。一是市检察院和市信访局的党组以及驻村帮扶工作队要加强组织领导。要高度重视、关心和大力支持对山枣潭村的精准扶贫工作。二是要积极争取党委的重视。即积极争取长沙市委、浏阳市委以及中和镇党委三级党委的重视。三是主动争取政府及有关部门的支持。即主动争取长沙市政府及有关部门、浏阳市政府及有关部门和中和镇政府的支持。通过尽心尽力精准扶贫，真正服务于民、造福于民。

第三节　践行公正、理性、平和、文明、规范的执法司法理念

一、用正确的执法、司法理念指导检察工作 ①

理念的意义在于指导实践。转变执法理念，树立正确的执法理念，目的在于"应用"，在于落实到执法办案上来，落实到检察工作上来。要用正确的执法理念指导检察实践，指导执法办案，指导检察工作，不断增强转变执法理念的实效。

（一）用正确的执法理念指导检察机关执法办案工作乃至全部检察工作

执法办案是检察机关的主要工作、中心工作。转变执法理念的目的在于指导执法办案，转变执法理念的根本途径在于执法办案，检验执法理念转变成效的标准也在于执法办案。离开执法办案，执法理念就无从谈起。执法理念与执法办案两者相互联系、相互促进、相得益彰。用科学的执法理念指导执法办案，从本质上来讲，就是要全面、正确、有效履行法律监督职责。用正确的执法理念指导执法办案，首先就是要全面履行法律监督职责。所谓"全面"，就是要根据宪法、法律及有关法规对检察机关职责的规定和要求，全面地而不是单一、片面地履行法律监督职责。具体来讲，就是要全面履行审查批准逮捕和审查起诉职责；全面履行预防和查办职务犯罪职责；全面履行诉讼监督职责。

---

① 本部分系作者 2013 年 8 月 30 日在长沙市检察机关开展转变执法理念教育活动动员大会上的讲话摘录，收入本书时略作删改。

当前，特别要注意防止"重打击职务犯罪、轻预防职务犯罪""重刑事检察、轻民事检察""重审查批捕和审查起诉、轻诉讼监督"的倾向。检察机关只有将各项法定职责都履行了，才能说是履行了法定职责，完成了法定任务；只有各项检察工作都实现了新发展，才能说检察工作全面实现了新发展。只要是法定的职责，少了一项都不行。在这方面，我们不但理念要转变，实践更要深入，以有力推进各项检察工作全面、均衡发展。用正确的执法理念指导执法办案，就必须正确履行法律监督职责。所谓"正确"，就是要依法，就是不能出错误、出偏差。执法办案实践如果出现了冤假错案，还谈什么执法理念的科学性、正确性。办一个案子不出错容易，办一辈子案子不出错，那就很不容易，但又应当做到。作为一个执法者、一名检察官，应当将正确办案作为自己最基本的追求，作为自己执法生涯永恒的追求。办理一百个案件，九十九个案子办准了、办正确了，这还不行！只要办了一个冤假错案，整个执法办案效果就付诸东流。正确不仅是对法律负责，更是对人民负责，也是对自己负责。具体来讲，就是审查批捕、审查起诉要依法正确，防止捕后撤案、存疑不诉甚至作绝对不诉、被判无罪，防止诉后撤诉、被判无罪，防止捕后、诉后予以国家赔偿；就是查办职务犯罪要依法正确，防止立案后撤案、存疑不诉甚至作绝对不诉、被判无罪，防止出现安全事故；就是诉讼监督要依法正确，防止出现应该监督而不监督、不应该监督而予以监督等错误监督案件。概括来讲，就是不能出现冤假错案，这是检察机关执法办案的底线。当前，要特别注重严把审查逮捕、审查起诉关，筑牢防范冤假错案的质量防线，确保案件正确。要筑牢质量防线，确保案件正确，就要摒弃"以捕代侦""以捕维稳""一捕到底"和"以诉维稳""以诉论业绩"等惯性思维和错误做法；要筑牢质量防线，确保案件正确，就要着力发现并坚决排除非法证据；要筑牢质量防线，确保案件正确，就要坚守逮捕、起诉的法定标准。用正确的执法理念指导执法办案，就要有效履行法律监督职责。所谓"有效"，就是要追求执法办案法律效果、社会效果和政治效果的有机统一，努力实现三个效果的最大化、最优化。效果是落脚点，是检验执法理念是否转变、是否科学的标志。全面履行、正确履行，并不一定就是有效履行，有效履行是更高层次的要求。要确保执法办案的法律效果，这是基础，任何案件都要经得起法律的检验；要提升执法办案的社会效果，就是要通过执法办案化解社会矛盾，维护社会稳定，促进经济社会健康、持续、科学发展，保障社会公平正义；要追求执法办案的政治效果，就是要通过依法认真履行审查批准逮捕和审查起诉职责，着力提升维护和促进社会稳定和谐的实效；就是要通过依法认真履行查办和预防职务犯罪职责，着力提升维护和促进反腐倡廉建设的实效；就是要通过依法认真履行诉讼监督职责，着力提升维护和促进社会公平正义的实效。

（二）用正确的执法理念指导纠正过去特别是近几年来检察机关在执法办案中存在的各种问题

依据省检察院开展转变执法理念教育活动的总要求，结合长沙检察工作实际，全市检察机关要重点查摆纠正以下八个方面的突出问题：一是要着力查摆纠正坚持党的领导的理念不够强的问题。譬如学习贯彻落实党的会议精神和决定决议不够主动的问题；参与开展党委部署的活动不够积极的问题；落实党委的指示要求不够有力、有效的问题；向党委请示汇报不够及时的问题；将党委的领导与依法独立公正行使检察权加以对立的问题，等等。二是要着力查摆纠正服务大局的理念不够强的问题。譬如不注重依法优化经济发展环境、秩序的问题；不注重依法保护项目建设、企业生产经营的问题；不注重依法保护企业核心竞争力和企业良好社会形象的问题，等等。三是要着力查摆纠正执法为民的理念不够强的问题。譬如依法保障人民群众合法权益的力度不够大的问题；依法打击人民群众反映强烈的犯罪活动效果不够好的问题；依法处理人民群众信访不够及时的问题；对待人民群众态度冷漠、语言生硬、行为粗暴的问题，等等。四是要查摆纠正执法质量意识不够强的问题。譬如职务犯罪案件立案后撤案、存疑不起诉甚至绝对不起诉的问题；职务犯罪案件、经济犯罪案件不诉率有所上升的问题；审查逮捕案件批准逮捕后撤案、存疑不诉甚至绝对不起诉的问题；审查起诉案件提起公诉后又撤回起诉的问题；不起诉案件条件把握不严的问题；批准逮捕、提起公诉案件被判无罪的问题；对防范冤假错案认识不够深刻，措施不够有力，机制及制度不健全、不落实的问题，等等。五是要查摆纠正执法办案规范意识不够强的问题。譬如学习落实《检察机关执法工作基本规范》意识不够强的问题；办案人员执法言行不文明的问题；取证不规范的问题、法律文书填写不规范的问题；赃款赃物管理不规范的问题；请示报告不规范的问题，等等。六是要查摆纠正执法作风意识不够强的问题。譬如实干、苦干精神不够强的问题；攻坚克难、主动承办大要案的意识不够强的问题；特权思想、霸道作风仍然存在的问题；接受当事人请吃的问题；打听、传播办案消息的问题；乱用警车、警用标志的问题，等等。七是要着力查摆纠正自觉接受监督的意识不够强的问题。譬如依法自觉接受人大及其常委会监督、政协民主监督的意识不够强的问题；向人大及其常委会、政协报告、通报工作不够主动的问题；对人大、政协交办、批办、转办案件、事项办理不到位的问题；对人大代表、政协委员涉嫌犯罪案件没有严格依照有关法律、规定进行办理的问题；对人大代表、政协委员、社会各界对检察机关的意见建议和批评整改不力的问题；接受社会舆论监督特别是新闻媒体监督的意识不够强的问题，等等。八是要着力查摆纠正全面推进并实现检察工作新发展的意识不够强的问题。譬如对新发展总体思路认识不够、理解不够、实践不够的问题；重查办职务犯罪轻预防职务犯罪，预防职务犯罪工作相对落后的问题；反渎职侵权工作有待加强的问题；刑事诉讼监督力度不够大、效果不够好的问题；各项检察业务发展不平衡、存在薄弱环节、个别业务工作没有在全省率先发展乃至落后的问题，等等。这八个方面的问题，每个单位、每个部门、每个检察人员都要全面检查，深入剖析，理性反思，强化措施，切实整改，取得实效。

（三）用正确的执法理念指导建立和完善有关执法办案机制与制度

机制和制度是保障。根据省检察院的要求，结合长沙实际，要通过转变执法理念，用正确的执法理念指导建立健全和完善以下七个方面的规范性制度：一是要建立和完善执法办案作风、纪律方面的规范性制度，以促进检察人员严守法规纪律、树立优良作风、提升社会形象；二是要建立和完善执法办案能力方面的规范性制度，以提升检察人员执法办案能力、水平和综合素能；三是要建立和完善执法办案质量方面的规范性制度，以不断提升案件质量；四是要建立和完善防范冤假错案和办案责任追究方面的规范性制度，以严防冤假错案；五是要建立和完善执法规范化方面的规范性制度，以促进提升执法办案的规范化水平；六是要建立和完善案件集中管理和执法质量考评方面的规范化制度建设，以促进提升执法办案的管理水平，提升执法质量，改进执法状况；七是要建立和完善坚持党的领导、服务大局、执法为民、主动接受人大监督等方面的规范化制度建设，以全面推进并实现全市检察工作的新发展，确保检察事业沿着正确的方向不断向前推进、向前发展。

（四）用正确的执法理念指导进一步加强领导班子和检察队伍建设

要通过转变执法理念教育活动，打造一支长沙检察系统的文明之师。在领导班子和检察队伍建设上，同样要转变理念，不应拘泥于老的思维模式和理念来指导、衡量和评价我们的领导班子和检察人员，要将执法理念是否转变、是否正确、是否科学，作为衡量和评价领导班子建设和队伍建设的一个重要标准。检察人员执法理念落后的、没有转变的，甚至不科学、不正确的，往往都是素质不全面乃至素质不高、能力不突出、作风不优良、业绩效果不好、反映不良、形象欠佳的表现。看一个检察人员的"德"怎么样，应当看他"三种意识"强不强，即政治意识强不强、服从服务大局意识强不强、宗旨意识强不强。这三种意识强的检察人员，在某种意义上就说明他的"德"是好的、是信得过的。看一个检察人员的"能"怎么样，很重要的一个方面，应当看他"三种能力"强不强，即践行理性平和文明规范执法理念的能力强不强、践行实体公正与程序公正并重理念的意识强不强、践行尊重和保障人权理念的能力强不强。这三种能力强的检察人员，往往执法办案的能力和水平就会高一些，执法办案的质量和效果就会好一些；反之，其执法办案能力往往要弱一些，水平要低一些，效果要差一些。甚至这样的检察人员办案越多，可能问题会越多，效果会越差，不良反映会越大。看一个检察人员的"绩"怎么样，应当看他"三种业绩"好不好，即围绕中心服务大局的业绩好不好、数量质量效率效果安全相统一的业绩好不好、经得起时间检验和人民群众监督的业绩好不好。这三种业绩好的检察人员，干出的业绩往往是好的，是正确的；反之，其所取得的所谓"业绩"往往是不过硬的、不好的，甚至可能是虚假的、错误的、有害的。

（五）用正确的执法理念指导评价衡量检察工作

转变执法理念、树立正确的执法理念其根本目的在于指导检察实践，做好检察工作。检察工作优劣与否应当成为评价衡量是否转变执法理念、执法理念是否正确的一个主要标准。转变执法理念，做好检察工作，就要落实到"三个满意"上来，即党委满意、上级检察机关满意、人民群众满意。一是要落实到党委满意上来。要让党委满意，就要贯彻落实好党委的部署安排。当前和今后一个时期，就是要积极参与、有效服务、着力保障市委、市政府统一部署开展的全市"六个走在前列"大竞赛活动。"六个走在前列"大竞赛活动是全市当前和今后一个时期的重点工作。全市检察机关在服务长沙"六个走在前列"方面付出了辛劳、做出了贡献、取得了实效，党委就会满意，否则，就不会满意。为抓好这项工作，市检察院发了文件，开了专门会议，作了全面部署、具体安排，进行了督查和通报讲评，力度是比较大的，取得了初步效果，得到了市委主要领导的肯定。下一阶段，要进一步抓好落实、抓紧推进、抓出实效，力求取得实实在在的成效，努力做到让党委和政府满意。二是要落实到上级检察机关满意上来。要让上级检察机关满意，就要贯彻落实好上级检察机关的部署安排；就要依法履行好检察机关的法律监督职责，抓好执法办案工作；就要抓好领导班子建设、检察队伍建设、基层基础建设等各项检察工作。三是要落实到人民满意上来。让人民满意，就是要努力让当事人及其近亲属、诉讼代理人满意，让案件知情人及发案地周围群众满意，让人大代表、政协委员、社会各界满意；就要依法保护人民群众的合法权益不受非法侵害，或者是受到侵害后能得到有效救济；就要努力解决人民群众反映强烈的突出问题，譬如刑事犯罪的高发问题特别是严重影响群众安全感的以危险方法危害公共安全、故意杀人等严重犯罪问题，腐败问题特别是领导干部腐败问题，司法作风问题特别是特权思想、霸道作风、欺压百姓的问题，司法不公的问题特别是徇私枉法、枉法裁判、以钱买刑等问题；就要推进司法民主、主动接受监督。检察机关走群众路线，最重要的就是让人民群众参与检察工作。这就要求我们要深入推进司法民主、主动接受监督，全面贯彻落实人民监督员制度和民主监督员制度、检风检纪监督员制度，全面推进、深化检务公开制度，大力推行阳光检察，让检察权在阳光下运行，让社会各界广泛地、更好地参与检察工作、了解检察工作，从而理解、支持、赞同检察工作，以不断提升人民群众对检察机关、检察工作和检察人员的了解度、理解度、认可度、支持度、满意度。

二、实现"六个转变"[①]

正确、科学的执法理念，对提高执法水平和文明程度，改善检察机关执法状况，提升执法形象，起着先导性、基础性、决定性的影响和作用。检察机关要履行好法定职责，首先就要继续解放思想，破除那些不

---

① 本部分系作者 2008 年 11 月 20 日在长沙市政法系统领导干部研讨班上的讲话摘录，收入本书时略作删改。

适应经济社会形势发展、不符合人民期待和要求的执法观、司法观，树立正确的执法观、司法观。为此，检察机关应当做到以下六个转变：

（一）转变"重打击、轻保护"的观念，强化人权保护意识

坚决摒弃不文明执法、漠视当事人诉讼权利等与现代民主法制要求相悖的错误做法，自觉地把人权保护贯穿于执法活动的全过程，增强人权保障意识和能力。

（二）转变"重实体、轻程序"的观念，强化程序意识

程序承载着人民群众对于公正的一种期望。程序公正是实现社会公正的最大保证。程序体现着司法的人文关怀，有助于形成社会公众对法律的认同和信任。检察机关如果做到了程序公正，在程序方面必将得到公众的依赖，其法律决定也就获得了极大的权威。从某种意义上说，公正的程序对于稳定和谐秩序具有不可替代的作用。

（三）转变"机械执法、就案办案"观念，强化服务意识

牢牢把握"发展是硬道理，稳定是硬任务"的战略思想，着眼服务改革发展稳定大局，把打击犯罪、维护稳定、保护人民、服务发展、促进和谐作为检察机关服务党和国家中心工作的主要任务，切实做到办案、执法想着发展、促进和谐、为了人民，力求实现办案、执法法律效果、社会效果和政治效果的最佳统一。

（四）转变"先入为主""片面追诉"观念，强化公正意识

在行使检察权的过程中，必须站在客观公正的立场上，以强化法律监督、维护司法公正、维护社会和谐稳定为价值追求。公正意识意味着公正无私且不怀偏见，对各种不同的意见或观点给予同等的关注。检察机关不仅自己应在执法活动中坚持客观公正意识，而且要监督其他司法机关在诉讼活动中公正执法、文明办案，做国家法律的捍卫者和公平正义的守护人。

（五）转变"对犯罪分子惩处越重越好"的观念，强化宽严相济意识

认清在人类社会走向法治、文明的进程中，保障人权和化解社会

矛盾是其最重要的标志和价值首选。以人为本，关爱人性，利用宽缓刑事政策来感化人心，消除人与人之间、人与社会之间的对立、矛盾，达到劝善从良、共创美好未来的目的，已经成为全世界的共同心声和追求，也是和谐社会的要义。在检察机关的执法工作中，要强化宽严相济意识，把宽严相济刑事司法政策和刑事和解工作的基本原则、基本要求落实到检察司法活动中去。

（六）转变"司法神秘"观念，强化司法民主意识

坚决反对司法专制、特权思想、霸道作风。检察机关在执法过程中必须始终坚持亲民、助民、便民，讲究政策和策略，接待信访群众要热情、耐心，采用沟通、疏导、谅解、宽容等民主的、说服教育的方法解决问题，切实为人民排忧解难，化解矛盾，维护稳定，促进社会和谐。

三、树牢和践行"三种观念"①

（一）树牢和践行尊重与保障人权的观念

尊重与保障人权，是民主政治的基本要求，是社会政治文明的基本标志，是人权保护的应有之义。人权是人之为人都应该享有的权利，是现代社会的道德和法律对人的主体地位、尊严、自由和利益的最低限度的确认。人权之所以被确认为权利，不仅是因为保障人权是社会文明进步的标尺和动力，而且是因为人权经常面临着被侵犯、被否定的危险，需要社会道德的支持和国家强制力量的保护。尊重与保障人权，是宪法和法律规定的重要原则。尊重和保障人权是我国宪法确立的重要原则，也是"两法一规则"修改的法理思想的核心，集中反映了依法治国方略在具体法律实施中的精神和实质内涵。从某种程度上讲，现代法律就是保护人权的一种制度安排和强制力量。正是人权体

---

① 本部分系作者 2013 年 8 月 30 日在长沙市检察机关开展转变执法理念教育活动动员大会上的讲话摘录，收入本书时略作删改。

现了现代法律的精神，也正是人权保障奠定了现代法律的合理性基础。作为法律监督者，检察机关必须在依法履行法律规定的打击和惩治犯罪职责的同时，注重保护犯罪嫌疑人和被告人的应有人权及诉讼权利。尊重与保障人权，就要依法全面落实尊重和保障人权的规定。要依照宪法和法律的规定，按照最高检、省院部署要求和曹建明检察长有关保障人权的讲话的指示精神，高度重视、严格落实宪法和修改后的刑事诉讼法关于保障人权的一系列规定。一方面更加重视保护公民的人身权利、财产权利、民主权利和其他权利，重视被害人的人权保护，重视保障无罪的人不受刑事追究；另一方面更加重视尊重和保障犯罪嫌疑人、被告人依法享有的辩护权和其他诉讼权利，尊重和保障其健康权、财产权等基本人权，特别是着力防止刑讯逼供、暴力取证，着力防止违法限制涉案人员人身自由，着力防止涉案人员非正常死亡等办案安全事故，全面加强刑事诉讼中的人权保障。

（二）树牢和践行司法公正的观念

司法公正，是公平正义法治理念的重要内容。公平正义，是社会主义法治理念的基本价值取向，也是司法的永恒追求。要保障公平正义实现，其一，要确保一切行为符合法律规定。其二，要合理地行使自由裁量权，既要在同一案件中使案件性质与处理结果轻重幅度相当，也要使同类型案件做到同样情形同样处理，反对特权、禁止歧视。其三，及时高效。迟来的正义非正义。其四，程序公正。我们在执法办案过程中要牢固树立程序公正与实体公正并重的观念，转变重实体、轻程序的倾向，切实做到执法办案活动的程序公正、实体公正。司法公正是落实执法为民理念的必然要求。执法为民就是要把实现好、维护好、发展好最广大人民的根本利益，作为检察工作的根本出发点和落脚点，把人民群众的呼声作为第一信号，把人民群众的需要作为第一选择，把人民群众的满意作为第一标准。近些年来，随着人民群众法律意识、维权意识明显增强，对司法公正的要求越来越高。人民不仅要求公平正义能够实现，而且要求以看得见的方式来实现。

（三）树牢和践行理性平和文明规范的执法观念

检察机关既要严格公正廉洁执法，忠实履行法律赋予的各项职责，切实维护司法公正，维护社会主义法制统一、尊严、权威；又要坚持理性平和文明规范执法，坚持必要性和最低限度等原则，依法正确行使职权，切实做到以法为据、以理服人、以情待人，让人民群众真正感受到司法的人文关怀。坚持理性执法，就要遵循司法规律办案，树立正确的政绩观、业绩观，既狠抓办案、抓好办案，又不提违反司法规律的口号，不下办案指标，不定办案任务；坚持平和执法，就要保持平等谦和对待和处理人民群众的诉求，做到不冲动、不盲动，不主观臆断，不人为拔高，处理不偏不倚；坚持文明执法，就要改进执法办案方式方法，切实做到执法言行文明，注意司法人文关怀，使人民群众不仅感受到法律的尊严和权威，而且能感受到检察队伍的精良素质；坚持规范执法，就要依照修改后的刑法、刑事诉讼法及刑事诉讼规则等法律法规，完善执法管理，细化办案规程，完善业务流程，规范办案环节，力求使全部刑事诉讼活动都依法进行，使各项执法办案工作都有章可循。

全市检察机关及各部门与全体检察人员在树牢和自觉践行以上三个方面的执法理念的同时，要紧扣本部门检察工作实际，紧扣修改后"两法一规则"的实施对检察工作提出的新要求，着力在具体执法办案工作中，把握执法理念内涵，细化执法标准，规范执法行为，真正有效推进执法理念转变，取得转变执法理念的新进步、新成效。

查办职务犯罪工作方面，要实现或进一步实现"由供到证、以证印供的理念"向"以证促供、证供互动的理念"转变；由"打擦边球、变相逼供的理念"向"不得强迫犯罪嫌疑人自证其罪的理念"转变；由"单一收集犯罪证据的理念"向"全面收集罪与非罪证据的理念"转变。审查逮捕和审查起诉工作方面，要实现或进一步实现由"有罪推定的理念"向"无罪推定的理念"转变；由"疑罪从轻的理念"向"疑罪从无的理念"转变；由"偏重审查有罪、重罪证据，忽视审查无罪、罪轻证据的理念"向"全面审查证据、非法证据排除的理念"转变；由"构罪即捕、一捕到底的理念"向"逮捕必要性审查和继续羁押必要性审查的理念"转变；由"以维稳打击犯罪为由而违背法定批捕、起诉标准'带病批捕''带病起诉'的理念"向"严把逮捕、起诉关，确保逮捕、起诉质量，严防错误逮捕、起诉的理念"转变。诉讼监督方面的刑罚执行监督工作，要实现或进一步实现由"刑罚变更执行事后监督的理念"向"刑罚变更执行事前监督、同步监督的理念"转变；由"只监督羁押、关押合法性的理念"向"主动参与继续羁押、关押必要性审查的理念"转变。民事行政检察监督工作，要实现或进一步实现由"偏向性监督的理念"向"居中监督的理念"转变；由"单一监督、侧重抗诉的理念"向"多元化监督、抗诉息诉并重的理念"转变；由"侧重监督审判机关的理念"向"监督与支持审判机关并重的理念"转变。控告申诉检察工作，要实现或进一步实现"涉检信访被动接访、简单应付的理念"向"主动走访、案结事了人和的理念"转变。把转变执法理念、树立正确的执法理念贯穿到全部检察工作中来，渗透到各项检察业务工作中去。

四、强化"三种意识"，实现"三个转变"①

侦查监督部门（原审查批捕部门）要转变司法理念，就要牢牢把握侦查监督职能定位，强化"三种意识"，实现"三个转变"。

（一）强化监督意识，实现从"一体两翼"到"三项任务"并重的转变

牢固树立两项监督工作和审查逮捕工作并重的思想，顺应人民群众对严格执法、公正司法和公平正义的渴望和追求，增强责任感、使命感，以更多的投入、更大的勇气全面履行侦查监督环节的诉讼监督

---

① 本部分系作者2015年8月20日在长沙市检察机关第二次侦查监督工作会议上的讲话摘录，收入本书时略作删改。

职能。既要重视提高自身监督水平，下功夫解决不敢监督、不善监督，监督不到位、不规范等问题，又要重视部门间配合协作，形成监督合力，放大监督效应。

（二）强化人权保障意识，实现从"构罪即捕"到"少捕慎捕"的转变

准确理解和处理打击犯罪和保障人权、实体公正和程序公正、支持配合和监督制约的关系，既要发挥逮捕等强制措施的作用，保障诉讼顺利进行，满足侦查工作需要，又要严格控制羁押强制措施，切实保障人权。社会危险性条件的把握与人权保障密不可分，侦监部门应当高度重视社会危险性审查工作，加大逮捕案件公开审查力度，加大对公安机关是否全面移送社会危险性证明材料的监督力度，严格按照刑事诉讼法的规定把握社会危险性标准，不该捕的案件坚决不捕，切实保障人权。

（三）强化司法程序意识，实现从"办案行政化"到"办案司法化"的转变

审查逮捕作为一种对犯罪嫌疑人是否羁押进行司法审查的诉讼活动，具有鲜明的司法属性，理应按照司法活动的规律进行。但我们长期以来习惯于按照行政审批方式，一方面行政审批比较注重效率优先，审批过程难以公开透明，影响逮捕决定的司法公信；另一方面也容易造成办案人员责任不清，影响司法办案质量。随着检察改革的全面推进和办案责任制的落实，我们要逐步将审查逮捕由行政审批向司法化办案改进，更加注重公开透明，特别是办案过程的透明，更加注重兼听各方，特别是听取律师的意见，更加注重检务公开，特别是案件信息的公开，更多的采用司法化方法进行审查。

第四节　践行以人为本、检察为民的理念

一、坚持执法为民、司法为民 [①]

树立和践行以人为本、检察为民的理念，始终坚持以人为本、执法司法为民，是检察机关和检察人员忠诚履职、践行宗旨的根本要求。全心全意为人民服务是党的根本宗旨，党的一切奋斗和工作都是为了造福人民，都是尊重人民主体地位，发挥人民首创精神，保障人民各项权益，实现人民共同富裕，促进人的全面发展。人的发展直至人的全面发展是社会发展的最根本的归宿。如果失去了人的发展和全面发展，社会的发展就失去存在的意义。对于检察机关而言，坚持以人为本，就要把人民群众作为最高价值主体，把实现人的全面发展作为最高理想，把实现好、维护好、发展好最广大人民的根本利益作为检察工作的出发点和落脚点，作为检察执法、司法的最终价值追求。为此，检察机关和全体检察人员应当始终做到以下几点：

（一）始终坚持践行和做到执法、司法为民

执法、司法为民是社会主义法治的本质要求，是我们党全心全意为人民服务的宗旨在检察工作中的具体体现。社会主义制度的本质是人民当家作主。人民是国家的主人，是一切国家权力的来源。我们的检察院之所以称为"人民检察院"，就是因为检察机关的一切权力都是人民赋予的，检察权来源人民，又服务人民，广泛的人民性是人民检察院最根本的政治属性。执法为民是新时期检察机关执法观念的灵魂。检察机关的执法观念，是检察人员在执法实践中逐渐积累形成并指导其行为的思想、观点和心理状态的总和。在检察实践中，执法观

---

① 本部分系作者 2008 年 11 月 20 日在长沙市政法系统领导干部研讨班上的讲话摘录，收入本书时略作删改。

（二）始终坚持践行和做到运用检察职能尽心竭力为人民谋利益

念对于检察机关和检察人员的执法活动，既是一种内在的精神动力，又是引导、评价和调节检察机关和检察人员行为方式的价值标准。它贯穿于执法的整个过程，并始终对执法活动起着统摄、支配、决定作用，与检察机关的职能、与检察工作的出发点和落脚点、与执法办案水平与效果密切相连、有机统一。过去某些错误的执法观念的一个共同的特点，就是背离了社会主义检察职能的本质要求，没有把人民的根本利益放在首位，违反了执法为民的理念。因此，检察机关和全体检察人员应当带头践行以人为本、检察为民的理念，自觉践行执法、司法为民，努力追求并做到执法为民、司法为民，真正落实"以人为本"。

（二）始终坚持践行和做到运用检察职能尽心竭力为人民谋利益

人民群众是历史的创造者，是国家的主人，是我们的衣食父母。检察人员和领导干部都是人民的公仆，不论官有多大、权有多重，都只能勤勤恳恳、老老实实为人民服务，决不能当官做老爷，决不能在工作中脱离群众、在执法中侵害群众。要摆正检察人员与人民群众的关系，增进对人民群众的感情，一切从人民群众的根本利益出发。我们作出的每一项工作部署、办理的每一个案件，都要真正站在人民群众的立场上考虑问题，把群众的要求作为第一信号，把群众满意作为第一标准。要认真倾听人民群众的意见和呼声，满腔热忱地对待人民群众的诉求，带着对人民群众的深厚感情执法、司法，本着对人民群众的根本利益高度负责的精神办案，依法惩治和预防侵犯人民群众利益的犯罪行为，切实维护公民的合法权益，促进解决人民群众最关心、最直接、最现实的利益问题，努力保障人民群众当家作主的国家主人翁地位，让人民群众看到法律监督机关在维护他们的合法权益，看到检察工作实实在在的成效。真正把群众的愿望和要求作为检察工作决策的基本依据，把检察权作为维护人民群众利益的权力，把执法、司法岗位作为服务人民群众的平台，把维护好、实现好、发展好人民群众的根本利益作为检察工作的归宿，使检察工作体现人民愿望、适应人民需要、维护人民利益，真正从思想上和行动上解决"为谁执法、司法"和"怎样执法、司法"的问题。

（三）始终坚持践行和做到尊重和保障人权

人权就是人的生存和发展所享有的各种权利。宪法和法律赋予检察机关不少限制、剥夺公民人身权利和财产权利的重要权力。落实尊重和保障人权的宪法原则对检察机关来说具有特殊重要的意义。检察机关和全体检察人员要充分认识尊重和保障人权的重要性，增强尊重和保障人权的意识，加强保障人权工作，提高保障人权的能力和水平，切实维护和保障人权。要坚决制止和纠正刑事诉讼活动中的刑讯逼供等侵犯人权的行为，坚决制止和纠正在办案执法活动中违反人权精神的习惯做法，确保检察机关及职能部门把尊重和保障人权落到实处、收到实效。要采取更加有效的措施，更好地尊重和保障人权。一方面，通过履行好法律监督职能，维护公民的政治、经济、文化、社会权利，及时监督纠正刑事诉讼中侵犯当事人人权的违法行为，严肃查办非法拘禁、非法搜查、刑讯逼供等侵害人权的犯罪案件，依法维护公民的诉讼权利。另一方面，在检察机关执法、司法办案的全过程中，充分尊重和保护当事人包括犯罪嫌疑人、被告人的合法诉讼权利，如通过刑事侦查监督，维护侦查活动的合法性，保障公民人身自由权不被非法限制与剥夺；通过刑事审判和民事、行政诉讼监督，维护审判活动的公正性，保障当事人及其他诉讼参与人的诉讼权利，保障被告人不受错误裁判，保障无罪的人不受法律追究；通过刑罚执行监督，维护刑罚执行的准确性，保障并非应当执行死刑的人的生命权，保障被监管人员的合法权利。要本着有利于当事人的原则，简化诉讼程序、慎用批捕权、减少羁押，保障律师在刑事诉讼中依法执业。对涉及特殊群体如未成年人、少数民族、残疾人的案件，在执法办案过程中尽可能采取人性化的方式方法，充分体现司法人文关怀，保障其合法诉讼权利和人格尊严。

二、切实践行司法为民 ①

坚持党的群众路线、密切与人民群众的血肉联系，不仅是我们党的根本宗旨和检察机关的根本属性所决定的，也是"权力属于人民"的宪法原则在检察工作中的重要体现。习近平总书记在对政法工作的一系列重要指示中突出强调，要以最广大人民利益为念，坚持司法为民。司法为民是检察机关坚持和践行党的群众路线的本质要求。对检察机关来说，坚持司法为民，就是要坚持群众观点、坚持走群众路线，把维护好人民根本利益作为检察工作的根本出发点和落脚点。

（一）检察机关司法为民，就要心系人民、"人民检察为人民"

检察机关的权力是人民赋予的，检察权来源于人民。要坚持人民主体地位，把人民放在心中最高的位置，始终自觉做到为人民服务，对人民负责、受人民监督。始终明确检察工作的最高标准就是人民满意。自觉把人民高兴不高兴、满意不满意、支持不支持作为检察工作的最高标准，依靠人民推动检察事业向前发展。始终明确检察工作的最终奋斗目标就是维护人民群众的根本利益，维护人民群众的幸福生活。开展检察工作，任何时候都要把人民利益放在第一位，坚持司法为民，把人民群众的关注点作为检察工作的着力点，真正从人民群众的新要求、新期待出发加强和改进群众工作，真心实意、全心全意为人民谋利益。始终明确检察机关义不容辞的重大职责就是维护社会公平正义。依法平等、公正对待群众诉求，更好地维护群众合法权益，努力让人民群众在每一个案件中都感受到公平正义。

（二）检察机关司法为民，就要"联系群众、了解群众"

树立群众观点，坚持司法为民，首先就要联系群众，到群众当中去。检察机关要完成执法为民的政治任务、最大限度为人民谋取利益，

---

① 本部分系作者2014年4月2日在长沙市检察院机关深入开展党的群众路线教育活动大会上讲授党课的内容摘录，收入本书时略作删改。

就要深入基层、深入生活、深入群众，认真听取群众的心声和期待，这样才能与人民群众心连心、同呼吸、共命运。要以平常心联系群众，放下"领导者"高高在上的架子和身段，甩掉身份、扑下身子，与人民群众平等对视、平等交流；要真诚联系群众，经常与人民群众面对面、手拉手，当面听取群众反映情况，当面向群众问计问策，当面向群众了解所思、所需、所盼；要经常联系群众，把联系群众当做检察工作的基本功来锤炼，践行宗旨的有效办法来遵循、来落实。干部与群众只有常来常往，才能谈心交心、建立感情、建立鱼水之情。来到群众身边，就是想亲近群众、了解群众。了解群众的思想，听取到民声，了解到民意。要深入一线了解群众，深入基层、社区、厂矿、企业，走到群众中间、走到社会底层，向群众了解实情；要贴心了解群众，要带着真情下到基层，用群众眼光看待事物、从群众角度出发考虑问题、用群众利益衡量得失，与人民群众心连心；要深入实际了解群众，要了解群众的真实需求，弄清楚群众最想要什么、最希望解决什么、最期待检察人员做什么。这样，检察机关联系、了解群众才能有的放矢，才能取得实效。

（三）检察机关司法为民，就要"尊重群众、依靠群众"

尊重群众是我党的优良传统，历代党的领导人对群众有着真挚而深厚的情感，将尊重群众作为领导开展工作的重要前提，特别是习近平总书记对政法工作要坚持群众路线作了深刻阐述，提出了明确要求；尊重群众有法律依据，《人民检察院组织法》在总则的第11条中明确指出"人民检察院应当接受人民群众监督"；尊重群众是依靠群众的前提，只有拜人民为师、虚心做人民群众的学生，认真听取群众的意见，吸纳群众的建议，倾听民声、集中民智、问计于民、用之于民，才能更好地加强、改进和做好我们的检察工作。依靠群众是进步和成功之要。检察工作、检察事业同样如此。只有依靠群众，检察工作才有基础、才有动力、才有作为、才有生命力！要依靠群众全面正确履行检察职能，加强和改进执法办案工作。如在查办职务犯罪案件工作方面，要广泛深入发动群众，举报涉嫌职务犯罪案件；在侦查案件过程中，要依靠广大群众获取办案部门尚未发现或者尚未获取的证据，力求多办案、办好案、办铁案、办优案、办精品案。在办理诉讼监督案件工作方面，要依靠群众，发现并及时纠正公安机关在侦查活动中存在的违法违纪现象和问题，发现并及时纠正民事、刑事案件判决中法院存在的违法违纪现象和问题，维护执法、司法公正；发现并及时纠正监管场所存在的刑罚执行中违反法律规定的现象和问题等，以维护当事人的合法权益，维护执法、司法公正。在自身建设方面，对检察机关已经办结或正在办理的案件，要通过走访发案单位、案件当事人、律师，查找全市检察机关和全体检察人员在办案过程中存在的有关实体不公、程序不公或不规范甚至不廉等问题，确保全市检察机关和全体检察人员公正廉洁司法，促进全市检察机关和全体检察人员理性、平和、文明、规范司法。

（四）检察机关司法为民，就要"服务群众、帮助群众"

要服务群众、帮助群众，就要充分发挥检察职能，通过认真做好刑事批捕起诉、查办和预防职务犯罪、诉讼监督、控告申诉等各项检察工作，严肃查办损害群众利益、侵犯民生民利的案件，着力监督纠正群众反映强烈的执法不严、司法不公问题；就要依法及时、高效、公正、规范地做好涉检信访工作，依法妥善处置社会矛盾纠纷、涉检群体性事件、突发性事件，正确引导、应对和处置涉检舆情，依法妥善解决公民合法、合理诉求，着力化解社会矛盾，促进社会和谐；就要注重依法加强对特殊群体、弱势群体和困难群众的司法保护，及时依法维护其合法权益，及时救助因遭受刑事犯罪侵害、损害而生活陷入困境的被害人；就要全面履行检察职能，及时、有效地做好社区矫正工作，依法加强判处缓刑、假释、暂予监外执行罪犯的检察监督，主动、有效地做好对刑满释放人员和曾经受过刑事处罚人员特别是未成年刑事犯罪人员的帮教、挽救工作；就要向当事人、向各阶层群体、向公民广泛、深入开展法律辅导、以案释法、现身说法等法制宣传、教育和法律咨询活动，以帮助群众学法、懂法、守法，服务群众运用法律武器维护合法权益；就要把走访、联系、慰问群众活动常态化、制度化、科学化，坚持不懈地积极参与"一包双联""四走进""一推进四公开"等群众喜闻乐见、见真情、办实事、得实惠的亲民为民活动，帮助、帮扶生产乃至生活困难的群众。

第三章

基层检察工作发展战略

第一节　公正立检

一、公正是检察工作之魂 [1]

司法公正是人类普遍认同的最基本的执法准则。公正是检察工作之魂。维护司法公正是宪法和法律赋予检察机关的职责。检察机关是国家的法律监督机关，它是国家用以保障宪法和法律统一正确实施的重要武器。维护司法公正是检察机关法律监督职责的必然要求。"强化法律监督、维护公平正义"是最高人民检察院确定的检察工作主题，而维护司法公正是法律监督的应有之义。维护司法公正是实现依法治国方略的必然要求。依法治国的关键是执法，而执法的关键则是维护司法公正。只有确保司法公正，才能维护法律的尊严，树立法律的权威，提高法治的水平。维护司法公正，是保障在全社会实现公平和正义，构建社会主义和谐社会的必然要求。人民群众期盼和呼唤维护司法公正，人民希望司法机关是最公正的地方，是人民群众寻求法律保护和帮助的场所，是主持公道、惩恶扬善的神圣殿堂。如果我们不能秉公

---

[1] 本部分系作者 2006 年 2 月 24 日在岳阳市检察长会议上的讲话摘录，收入本书时略作删改。

执法，甚至执法犯法、贪赃枉法，人民就会失去对法律的信任，进而失去对党和国家的信任，势必影响社会和谐，甚至影响国家安危。因此，全市检察机关必须把维护公平正义贯穿于检察工作始终，把公正作为立检之本。既要打击犯罪，又要保障人权；既要维护和促进实体公正，又要维护和促进程序公正；既要确保自身公正执法，又要切实履行法律监督职能，强化诉讼监督，依法纠正司法不公、执法不公的案件和问题。

二、不断提高执法公信力 ①

执法公信力是检察机关执法能力的重要标志。不断提高执法公信力，是党和人民群众对检察工作的要求，也是检察工作科学发展必须面对和迫切需要解决的问题。近年来，全市检察机关切实加强执法公信力建设，取得了明显成效。一是长沙市人民检察院在市人代会上所作的《工作报告》赞成率很高，人大代表比较满意；二是民调的名次靠前，社会各界反响好；三是进京赴省上访少，人民群众信任度高。2007年以来，在长沙市委部署组织的领导班子绩效考核中，长沙市检察院是市直98个部门中唯一一个连续三年获得有关同类部门优秀领导班子第一名的单位。2008年、2009年，在省综治委组织的政法干警公众形象年度民意测评中，长沙市检察院位居全省市州检察院和市直政法单位前列；在长沙市委绩效考核社会公认评估调查（在全市城乡居民、村民、企业等社会各界中随机抽查）中，长沙市检察院司法公正、执法效率、服务态度等公众形象总得分数位居市直16个行政执法和司法部门第一。

（一）坚持检察执法的公开性，以公开赢得执法公信力

检察工作只有公开，让人民群众知晓，才能赢得人民群众的满意，才有执法公信力。全市检察机关紧紧围绕检察工作主题，从拓宽、畅

① 本部分系作者2010年8月10日在全省检察长座谈会上的发言摘录，收入本书时略作删改。

通和规范检务公开途径入手，做好"三结合"文章，切实增强检务公开的透明度、满意度和公信度，着力打造"阳光检察"，不断满足人民群众对检察工作的新期待、新希望和新要求。

一是"传统与现代"相结合，增强公开的透明度。全市两级检察机关充分利用检察内网、检务公开大厅、信息台、咨询台、电子显示大屏幕、自动触摸屏、检务公开专栏、宣传挂图、检务公开手册、宣传周、宣传日等传统手段和方式进行检务公开，形成了具有长沙检察特色的检务公开"绿色通道"和"便捷窗口"。同时，充分利用互联网站进行检务公开，凡是不涉及秘密，依法依规能够对外进行公开的检务信息，都在互联网站上进行公开。

二是"请进来与走出去"相结合，增强公开的群众满意度。紧贴群众需求，以群众满意不满意作为检验检务公开工作的首要标准。一方面，积极邀请人民群众到检察机关来，"请进来"参观检察机关。公开检察长接待日程安排，定期邀请人大代表、政协委员、人民监督员、检风检纪监督员来院指导工作，主动通报主要检察工作和重大活动开展情况，请他们提出意见建议并进行评议。另一方面，组织检察人员主动深入基层、深入群众，"走出去"流动公开。全市检察机关深入基层社区宣传检察工作，"一对一"帮助群众解决实际困难，化解社会矛盾。

三是"灵活沟通与权威发布"相结合，提升公开的公信度。紧扣涉检舆情动态，及时、高效、规范、有序向社会公众公开发布检察消息，切实加强与新闻媒体从业人员的协调沟通，着力提高检察机关发布消息的权威性和公信度。

（二）坚持检察执法的公正性，以公正提升执法公信力

全市检察机关牢牢把握检察机关的宪法定位，全面履行法律监督职责，从提高检察工作的权威性入手，不断加大监督力度，通过公正文明执法来提升检察机关的执法公信力。

一是突出重点，不断加大查处职务犯罪力度。对涉及公共利益、公共资金管理、重大工程项目等投资领域和民生领域、涉农的职务犯罪，

态度坚决，绝不姑息。如立案查办了一批涉农涉企职务犯罪要案和特大案，得到了当地人民群众的称赞，产生了良好的社会效果。

二是突出亮点，积极推行刑事和解化解社会矛盾"六个对接"机制。在刑事和解工作方面，这几年全市检察机关作了不少有益的探索。今年市院从规范刑事和解工作、提升矛盾化解效率、增强矛盾化解效果的角度出发，加大了刑事和解工作机制创新的力度，制定了《长沙市人民检察院关于加强适用刑事和解办理刑事案件工作的意见》，实行"六个对接"机制，即将刑事和解与侦查机关侦查工作、人民调解工作、量刑建议工作、社会矫正工作、纪检监察工作、人民监督员工作六项工作进行对接，增强了刑事和解的透明度、提高了刑事和解的成功率、有效防止了在刑事和解中"有钱和解、无钱坐牢"等不公开、不公平、不公正现象的出现。

三是突出难点，及时化解涉检上访积案。对涉检信访案件，按照"一个包案领导、一个工作班子、一套处置方案、一个办理期限、一本息诉息访档案"的"五个一"办案模式，登记造册，逐件排查，做到心中有数，不遗漏不放弃一个上访问题。同时，严格执行涉检信访"五挂钩"处理办法，把处理涉检信访问题作为考核和评价执法质量的重要指标。对重点案件实行领导包案到位，对一般信访案件实行首办责任落实到位，对可能重复访案件实行经常性回访到位，对确有问题的案件坚决纠正整改到位。2008年以来，共息访息诉上访积案39件，没有发生涉检进京上访；全市10个控申举报接待室中，3个被授予全国检察机关"文明接待示范窗口"，6个进入全国检察机关"文明接待室"行列，1个被评为全省检察机关"文明接待室"。

（三）坚持班子和队伍建设不放松，以制度保障执法公信力

避免和减少因极少数检察人员违法乱纪而损害检察机关执法公信力情况的发生，就必须从抓紧抓好领导班子和队伍建设入手，不断强化队伍自身素质，用制度管人，用制度来保障和提升执法公信力。

一是大力加强领导班子建设。通过建立健全长效的学习机制、科学

的绩效考核机制、全方位的监督制约机制、有效的奖惩机制、严格的工作责任机制，从高从严要求、从严监督、从严管理领导班子及其成员，不断提高领导班子的凝聚力、战斗力、创新力、执行力、公信力和"免疫力"。使全市两级检察院领导班子真正成为政治坚定、求真务实、开拓创新、勤政廉政、团结协作的坚强领导集体，使更多的中层领导班子成为忠诚、团结、实干、勤廉、胜任、创优的优秀班子。

二是大力加强队伍专业化建设。为改善队伍结构，2007 年以来，市院面向全国遴选和招录检察业务人才 80 名，年龄都未超过 35 周岁。为配齐配强中层骨干，优化中层领导干部结构，2010 年市院对 34 个中层骨干空缺职位进行竞争上岗，坚持以德为先、以绩为重、以才为上的"三为方针"，确保把政治上靠得住、工作上有本事、作风上过得硬、人民群众信得过的干警选拔到中层领导岗位上来。同时，全市检察机关认真开展全员教育培训，深入开展专项业务、专门技能、专业化竞赛活动，使全市检察队伍专业化建设不断提高，检察机关和检察队伍的形象不断提高，人民群众对检察机关公正廉洁执法的满意度不断提高。

三是大力加强纪律作风和反腐倡廉建设。全市检察机关认真组织学习中政委"四条禁令"、最高检"十个严禁"和省、市政法委关于"六个严禁"等规定，切实增强全体检察人员严格执行纪律的自觉性。严格执行党风廉政建设责任制，推进领导干部廉政档案和检察人员执法档案制度。深化人民监督员制度、检风检纪监督员制度，健全自身监督制约机制，防止权力失控、行为失范。严肃查处检察队伍中的违法违纪问题，对执法犯法的，发现一起，查处一起，决不姑息。

三、落实公正司法，提高司法公信力 ①

党的十八届四中全会通过的《中共中央关于全面推进依法治国若干

---

① 本部分系作者 2014 年 12 月在第二期全国检察机关领导干部学习贯彻党的十八届四中全会精神专题研修班上撰写的论文，收录于最高人民检察院《依法治国与检察工作》一书，收入本书时略作删改。

重大问题的决定》(以下简称《决定》),检察机关参与度之深入、与检察工作关联度之紧密、对于推动检察事业创新发展之重要,都是前所未有的。检察机关作为国家法律监督机关,作为法治建设不可或缺的重要力量,应当认真学习好、深刻领会好、坚决贯彻落实好。

(一)落实公正司法、提高司法公信力,必须全面正确履行检察职能

检察机关作为国家法律监督机关,要落实公正司法、提高司法公信力,全面正确履行检察职能是前提。《决定》把检察机关的法律监督纳入了法治监督体系,作为司法监督的重要组成部分作了突出规定,明确了新形势下检察监督制度建设的重大任务和要求。根据《决定》提出的新任务、新要求,全市检察机关要注重在以下三个方面做出努力、逐步取得实效。

一是要在履行职责中发现并督促纠正行政机关违法行使职权或者不行使的行为上有行动、见效果。《决定》首次提出:"检察机关在履行职责中发现行政机关违法行使职权或者不行使职权的行为,应该督促其纠正。"这是一项全新的工作。检察机关要贯彻落实《决定》提出的这一新的要求,就要紧扣宪法定位,积极有效探索推进行政执法检察监督工作,在履行检察职责中对行政机关违法行使职权或者不行使职权的行为,注重发现乃至努力发现,及时予以督促纠正,有效避免行政机关违法行使职权或者不行使职权行为的发生。为此,有必要探索建立、健全和推进行政机关有关信息通报制度,建立行政机关有关信息共享平台建设,建立健全行政机关与检察机关的有关联席会议制度,建立检察机关的有关便民申诉控告建设等,以畅通检察机关在履行职责中发现行政机关违法行使职权或者不行使职权行为的渠道,加大发现督促纠正的力度,提高发现、督促纠正的质量、效率和效果,有效加强对行政机关违法行使职权或者不行使职权行为的监督。

二是要在探索建立检察机关提起公益诉讼制度上有进展、见实效。《决定》明确并首次指出:"探索建立检察机关提起公益诉讼制度。"公

益诉讼是指国家利益或社会公共利益受到侵害时，根据法律的授权，由有关主体向法院提起诉讼，以维护国家和社会公共利益的一种诉讼制度，包括支持起诉、督促起诉和检察机关以原告身份直接起诉等方式。检察机关应坚决贯彻落实好《决定》要求，更主动、深入有效地开展这方面的监督，特别是重点加强对严重损害国有资产、破坏自然环境、自然资源以及严重危害公共卫生、公共安全影响社会公众人身权、财产权案件的监督，切实维护国家、社会公共利益。

三是要在加强诉讼法律监督上有突破、见成效。《决定》明确提出："加强对司法活动的监督，完善检察机关行使监督权的法律制度，加强对刑事诉讼、民事诉讼、行政诉讼的法律监督""绝不允许法外开恩，绝不允许办关系案、人情案、金钱案"。要贯彻落实《决定》要求，检察机关就要进一步克服和解决不愿监督、不敢监督和不会监督、不善于监督、监督不力、监督不到位的情况和问题，严格落实修改后的刑事诉讼法、民事诉讼法及其司法解释和不久前全国人大常委会审议通过的行政诉讼法，进一步加大监督力度，提高监督质量，加强对侦查机关、审判机关和刑罚执行机关的监督，以实实在在的监督成果与成效取信于民；同时，检察机关要进一步切实接受监督，特别是接受人民群众对检察机关查办职务犯罪的立案、羁押、扣押、冻结财物、起诉等环节执法活动的监督。通过以上全面正确履行检察职能落实公正司法，提高司法公信力。

（二）落实公正司法、提高司法公信力，必须做到实体公正和程序公正并重

程序公正是实现实体公正的重要手段和保障，实体公正是程序公正的结果和最终目的，坚持程序公正和实体公正统一，才能实现司法公正追求的价值。《决定》明确指出"坚持以事实为依据、以法律为准绳，健全事实认定符合客观真相、办案结果符合实体公正、办案过程符合程序公正的法律制度"。根据《决定》提出的这一新的论断，全市检察机关要在以下两个方面抓落实、求实效。

一是要在实现实体公正上抓落实、求实效。《决定》对于"推进严格司法"作了专门部署，提出重要改革举措，这无疑给检察机关执法办案提出了更高的要求。为此，检察机关要积极面对新挑战，始终把办案质量作为执法办案的生命线，按照习近平总书记的要求"严防冤假错案"发生。根据《决定》要求，全市检察机关必须全面贯彻证据裁判规则，严格依法收集、固定、保存、审查、运用证据，完善证人、鉴定人出庭制度，确保侦查、审查起诉的案件事实证据经得起法律的检验。要牢固树立证据意识，切实解决重口供、轻物证，重有罪证据、轻无罪证据等问题，摒弃过去倚重口供定案、为了破案而违法取证、为了证明有罪而忽视无罪证据等错误做法，坚决杜绝通过刑讯逼供等非法手段获取证据，严格把好审查批捕和审查起诉关，更加重视证据的综合审查和运用，更加重视听取犯罪嫌疑人的供述和辩解，更加重视依法核实和排除非法证据，确保办理的每一件刑事案件都做到事实清楚、证据确实充分、定性准确，真正办成铁案。

二是要在实现程序公正上抓落实、求实效。《决议》明确指出健全办案过程符合程序公正的法律制度。这就要求检察机关必须强化程序意识，高度重视程序公正和程序的独立价值，努力做到程序公正和实体公正的有机统一，求"真"的同时求"善"。为此，检察机关必须牢固树立人权意识，注重通过强化人权司法保障，落实程序公正。要特别注重依法保障犯罪嫌疑人、被告人的陈述权、辩护权、申请权、上诉权、申诉权等权利；特别注重依法保障辩护律师的会见权、通信权、阅卷权、辩护权等权利；注重依法保障其他当事人和其他诉讼参与人的有关权益。要充分发挥案件管理机制在案件统一受理、结案审核、办案期限预警、办案程序监控、涉案财物监管和办案质量评查等方面的积极作用，依托信息化平台，实现对执法办案的统一、归口、全程、动态管理，以有效促进规范执法，提高办案质量和效率，强化内部监督制约，为程序公正的实现提供可靠的制度机制保障。只有真正实现了实体公正和程序公正，才能真正落实公正司法，提高司法公信力。

（三）落实公正司法、提高司法公信力，必须全面推进检务公开

"阳光是最好的防腐剂。"《决定》明确指出"构建开放、动态、透明、便民的阳光执法机制，推进审判公开、检务公开、警务公开、狱务公开，依法及时公开执法司法依据、程序、流程、结果和生效法律文书，杜绝暗箱操作"。检察机关要贯彻落实《决定》要求，需要在以下几个方面做出努力，逐步取得实效。

一是必须在转变理念方面有突破、见实效。日益透明的社会运行态势集中反映了公众对知情权的期盼，推行检务公开、提高检察工作的透明度正是信息社会对民众诉求的良性回应。全市检察机关贯彻落实《决定》要求，在依法全面推进检务公开时，必须遵循检务公开原则，即"公开是原则，不公开是例外"和"依法、全面、及时、规范"原则；进一步牢固树立监督者更要接受监督的理念，消除检察人员思想上存在的"案多人少"怕增加工作负担，外部监督越来越严怕引起负面舆情，办案瑕疵仍然存在怕损害检察权威等错误想法和顾虑，使检务公开从"检察事务"公开到"检察业务"公开转变，从"执法结果"向"执法过程"转变，从"要我公开"到"我要公开"的转变；进一步加大检务公开工作力度，更加自觉地把检察工作置于全社会监督之下，增强检察工作的透明度，最大限度地满足人民群众知情权、参与权、表达权和监督权。

二是必须在突出重点方面鼓实劲、见实效。检察机关贯彻落实《决定》要求，全面推进检务公开，应当突出重点，把顶层设计与分步实施有机结合起来，综合考虑法律规定、权利保障、检察机关功能及公众需求等方面因素，进一步厘清重点和一般，处理好轻重缓急，依法排除国家秘密、个人隐私、商业秘密、他人合法权益及其他不宜公开的事项，切实把案件信息公开作为深化检务公开的核心内容，着力推进案件信息查询、重大案件信息和典型案例发布、案件公开审查和公开听证等工作。重点抓好当前检务公开的薄弱环节，即说理文书、案

件办理过程及结果的公开；重点依法主动公开法院已作出生效刑事裁判案件的起诉书、抗诉书；检察机关所办案件的不立案、不逮捕（存疑不捕除外）、不起诉、撤案决定书等终结性法律文书。

三是必须在检务公开方式上出实招、见实效。检察机关贯彻落实《决定》要求，积极回应人民群众对执法办案公开的新要求新期待，必须创新公开方式，完善人民群众有序参与、监督执法司法工作的制度机制，把便民利民贯穿始终。既要坚持检察开放日、举报宣传周等传统公开方式，又要大力加强检察门户网站、微博、微信、新闻客户端、手机报等新媒体建设，进一步改进新闻发布和宣传，加强检务公开场所建设，积极主动地搭建与社会公众"面对面""点对点"交流平台，通过检务查询、检务告知、检务发布、检务听证、检务见证、检务参与、检务通报、检务咨询、检察开放日等九种方式，客观、及时、全方位、多渠道推进检务公开，全面向社会公开检察工作信息，不断提高检察机关执法司法公信力、亲和力。

（四）落实公正司法、提高司法公信力，必须建立和严格执行有关制度机制

检察机关要按照《决定》要求，落实公正司法、提高司法公信力，应在建立或健全并严格执行有利于公正司法系列机制上有创新、见实效。

一是在建立或健全有关实现实体公正机制上有创新、见实效。《决定》明确提出，努力让人民群众在每一个司法案件中感受到公平正义，这对检察机关执法办案提出了更高的要求。检察机关要落实《决定》要求，就必须在实现实体公正上建立健全有关制度机制，切实把权力关进制度的笼子里，使制度真正成为硬约束。切实把执法办案质量作为检察工作的生命线，进一步建立健全实现实体公正制度机制。如在保证办案质量机制方面，建立完善防止错立案、错批捕、错起诉、错不诉、错抗诉等有关制度；进一步落实明确各类司法人员工作职责、工作流程、工作标准，实行办案质量终身负责制和错案责任倒查问责

机制，确保案件处理经得起法律和历史检验。

二是在建立或健全有关实现程序公正机制上有创新、见实效。"正义不仅要实现，而且应当以看得见的方式实现。"实现司法正义，必须强化程序意识，始终坚持程序公正与实体公正并重。《决议》也明确要求检察机关应建立办案过程符合程序公正的制度。检察机关要认真贯彻落实《决定》要求，重点在自身查办职务犯罪立案、羁押、扣押、冻结财物、起诉等环节建立健全有关制度，更加注重在管辖、强制措施、侦查措施、办案期限等方面建立健全有关制度，特别注重在侦查机关立案、侦查以及审判机关诉讼活动违反法定程序等方面建立健全有关监督制度，进一步加大对所外讯问、久押不决、"牢头狱霸"等执法监督制度的完善，切实完善对限制人身自由司法措施和侦查手段的司法监督，加强对刑讯逼供和非法取证的源头预防，努力让人民群众在每一个司法案件中感受到公平正义。

三是在建立或健全有关接受公正司法监督机制上有创新、见实效。《决定》明确提出："加强对司法活动的监督。"检察机关要贯彻落实《决定》要求，必须牢固树立监督者更要主动接受监督的意识，在建立健全接受公正司法监督机制上有创新，见实效。更加注重构建开放、动态、透明、便民的阳光司法机制，特别注重在拓宽联系渠道、改进联系方式、加大接受外面监督力度等方面建立健全有关制度，进一步建立健全新闻发布制度、公开听证制度、检察开放日制度以及生效法律文书统一上网和公开查询制度，及时回应社会关切，确保检察权始终用来为人民谋利益。

（五）落实公正司法、提高司法公信力，必须大力提高检察队伍思想政治素质、法律监督能力、职业道德水准

《决定》明确指出："建设高素质法治专门队伍。"明确提出社会主义法治工作队伍必须忠于党、忠于国家、忠于人民、忠于法律；必须大力提高包括思想政治素质、业务工作能力、职业道德水准。为此，全市检察队伍要着力在以下三个方面下功夫、见实效。

一是要在提高思想政治素质上下功夫、见实效。《决定》明确指出："要把思想政治建设摆在首位。"贯彻落实《决定》这一要求，就是要从严从实加强和改进思想政治教育，集中精力抓好党的十八大及十八届三中、四中全会精神和中央政法工作会议、全国检察长会议、市委经济工作会议精神的学习培训。要以开展"增强党性、严守纪律、廉洁从政"专题教育活动为契机，真正把从严从实加强思想政治教育作为从严治检的基础性工作来抓，切实强化全市检察人员坚定理想信念、牢记党的宗旨、坚定法治信仰、突出政治标准、严守政治纪律，确保检察人员在思想上政治上行动上与党中央保持高度一致。

二是要在提升法律监督能力上下功夫、见实效。《决定》明确指出："推进法治专门队伍正规化、专业化、职业化，提高职业素养和专业水平。"《决定》这一要求，关键是要牢牢把握深化检察队伍改革这个根本和提高执法能力素质这个核心，深入推进检察队伍专业化、职业化建设。更加积极主动地强化法律监督能力的提升，进一步拓宽社会优秀人才进入检察队伍渠道，探索推行公开选拔初任检察官制度，加大上级检察院从下级检察院遴选检察官力度，以领导干部、业务一线和基层检察院人员为重点，着力加强高层次人才培养，全面加强任职资格培训、领导素能培训、专项业务培训，广泛开展岗位练兵、技能比武、创先争优活动，切实提升检察人员维护社会公平正义能力、群众工作能力、科技信息化应用能力和新媒体时代社会沟通能力。

三是要在提升职业道德水准上下功夫、见实效。《决定》首次明确指出必须大力提高法治工作队伍职业道德水准。要贯彻落实《决定》这一要求，就必须正确把握职业道德建设工作的方位，建立健全职业道德建设工作机制，营造职业道德成长的良好氛围。为此，检察机关要以提高检察机关执法公信力为目标，以构建党的群众路线教育实践活动长效机制为载体，坚持将职业道德培训作为检察教育培训重要环节，突出抓好筑牢职业信仰、规范职业操守、提升职业能力、增强职业保障、塑造职业形象等工作，教育引导检察人员忠实履行宪法法律赋予的神圣职责，珍惜职业荣誉，遵守职业纪律，增强法律监督能力，以严格依法办案、模范遵守法律的实际行动赢得人民群众的信任、尊重和认同，不断提高检察机关的社会形象。

（六）落实公正司法、提高司法公信力，必须坚持党的领导

《决定》明确指出："党的领导是中国特色社会主义最本质的特征，是社会主义法治最根本的保证。"全市检察机关要落实公正司法，提高司法公信力，就必须坚定不移地坚持党的领导。为此，必须正确处理好"两个关系"。

一是要正确处理坚持党的领导与依法独立公正行使检察权的关系。坚持党的领导和检察机关依法独立行使职权都是我国宪法的原则，前者是四项基本原则的核心内容，是党和国家的根本制度，后者是我国司法制度的重要特征，是依法治国的必然要求。《决定》也明确要求"坚持中国共产党的领导"和"完善确保依法独立公正行使检察权的制度"。检察机关要贯彻落实《决定》提出的这一要求，就必然要求我们正确认识和处理坚持党的领导与检察机关独立行使职权的关系，既要坚决纠正少数党政领导干部代替检察机关对案件事实和处理作出判断、下达指令这种干预正常检察工作的错误做法，也要纠正把党委督促检察机关依法公正处理案件等同于"干涉司法活动"的错误认识，更要坚决防止借口依法独立行使职权抵制和否定党的领导的错误倾向。

二是要正确处理党的政策与国家法律的关系。党对政法工作的领导，其中有一个重要方面，就是政策和方针的领导。习近平总书记在今年全国政法工作会议上也明确指出，党与政法工作的关系突出地表现之一就是党的政策与国家法律的关系。要切实贯彻落实《决定》要求和习近平总书记的讲话精神，就必然要求我们在检察工作中正确认识两者之间的关系，防止和克服将党的政策与国家法律简单等同或割裂对立。为此，我们既要反对忽视党的政策对国家法律的指导作用，禁止借口执行国家法律而忽略党的政策对国家法律的指导，使党的政策难以贯彻甚至无法正常执行；也要防止忽视国家法律对党的政策的

制约作用，禁止借口贯彻党的政策而违背宪法、法律的规定，使国家法律不能严格执行甚至形同虚设，影响和损害法治建设。

第二节　业务建检

一、坚持以业务为中心 [①]

以业务工作为中心，是最高人民检察院确定的工作方针，是检察机关履行法定职能的基本途径，是检察机关服务党和国家工作大局的主要路径。离开办案，离开检察业务工作，宪法赋予检察机关的国家法律监督职能将无法履行和实现；检察机关服务大局的职责将难以履行，工作将难以落实、难以见成效。检察机关的业绩和政绩，从某种意义上讲，应集中体现在办案工作上、体现在检察业务工作上。全市检察机关一定要把办案、业务工作作为检察工作的重中之重，聚精会神抓办案、抓业务，举全院之力抓办案、抓业务，切实抓出实效、抓出成效。

（一）坚持以业务工作为中心，就要树立"三种意识"

一是树立中心意识。院党组"一班人"、中层骨干和全体检察干警都要树立以业务工作为中心的观念，时时处处想着业务工作、想着抓业务工作、想着服务于业务工作、想着在业务工作中有所突破、有所作为、有所提升。领导班子成员要"理直气壮"地抓办案、抓业务。主管业务工作的院领导要"聚精会神"抓好办案、抓好业务。分管综合部门的院领导要主动协助、真诚配合、大力支持和有效服务于业务部门的工作。要在领导精力、干警力量、后勤保障等方面，注重向业

[①] 本部分系作者 2008 年 6 月 10 日在长沙市检察机关"大学习、大讨论"专题研讨班上的讲话摘录，收入本书时略作删改。

务工作倾斜。要用有效举措，突出业务工作这个中心，真正做到举全院之力狠抓办案、狠抓业务。二是树立服务意识。院党组"一班人"要树立领导就是服务的观念，增强服务的科学性、主动性、有效性。三是树立职责意识。无论是院领导、中层骨干，还是检察人员，都要有强烈的责任意识。分管业务工作的领导和中层骨干、从事业务工作的检察人员都要忠诚履职、尽职尽责抓好办案、抓好业务，都要办好案件、干好本部门的检察业务工作，力求取得显著的成绩；分管综合部门工作的领导和中层骨干、从事综合部门工作的检察人员都要尽心尽力、主动为业务部门服好务，都要积极有效服务于办案、服务于检察业务工作，力求取得突出的成绩。

（二）坚持以业务工作为中心，就要在确保办案、执法质量的前提下多办案，多办大要案，多办在当地有影响、有震动的案件

反贪、反渎部门的办案工作要乘势而上，保持和扩大办案规模。长沙作为省会城市，保持和适当扩大办案规模符合长沙的实际情况，也是服务大局工作的客观要求。办案工作抓得好的单位要继续保持，乘势而进；办案工作暂时处于落后的单位要奋起直追，后来居上。具体办案要把握好以下五个原则，即：符合有关法律及司法解释的有关规定；符合最高检、省院宽严相济刑事司法政策的有关精神、规定和省院刑事和解的规定；确保办案取得良好的社会效果，被害人及亲属满意，当地的群众反映好，犯罪嫌疑人或被告人认罪悔过，重新作人；经得起上级检察院的检查、复查；经得起各方面的监督；办案人员在办案执法过程没有违法、违纪、违规的行为，没有借宽严相济、刑事和解之名收受当事人的钱物和徇私舞弊、徇情枉法等行为。把握好这几个原则，对未成年人刑事犯罪案件和轻微刑事案件，依法当宽则宽，涉嫌犯罪不捕的越多越好，构成犯罪作相对不诉的越多越好。这样做，必将有利于化解社会矛盾，必将有效促进社会和谐。刑事诉讼监督工作要深化认识，加大力度，注重实效。刑事立案、侦查监督要及时发现和纠正公安机关侦查活动中的违法行为，重点加强对该立案不立案、不该立案而立案案件和漏

捕、漏诉、漏罪的监督，对这方面的监督案件，要注意防止和克服监督案件数量多、公安侦查终结案件和向法院起诉案件以及法院判决案件少的现象，既要讲办案数量，更要讲办案质量和办案效果。要注重增加起诉、判决人数，增强办案实效。对应当立案而不立案的，督促侦查机关立案；对违法插手民事经济纠纷等不应当立案而立案的，督促侦查机关撤案。对应当逮捕而未提请逮捕、应当起诉而未移送起诉的，坚决追加逮捕、追诉；对依法不应当追究刑事责任或证据不足的，坚决不批捕、不起诉。对侦查活动中滥用强制措施的，坚决纠正。刑事抗诉工作要保持和适当增加刑事案件抗诉后的改判人数，提高改判率。对认为确有错误的刑事判决、裁定，依法提出抗诉，对刑事审判中的违法情况坚决提出纠正意见。刑罚执行和监管活动法律监督要加大力度，取得明显的实效。刑罚执行监督要加大力度，强化对违法减刑、假释、保外就医罪犯的监督，对依法应当重新收监执行刑罚的罪犯，要坚决依法收监执行刑罚。同时依法加强对监管活动的监督，以保证被羁押人员的合法权益，保障刑事诉讼依法顺利进行。民事审判和行政诉讼法律监督要加大力度，取得更好的效果。要以修改后的民事诉讼法实施为契机，充分利用有利因素，化解不利因素，拓宽案源渠道，扩大办案规模，提高抗诉案件再审原判改变率和再审检察建议采纳率，确保法律效果、社会效果的有机统一。对认为确有错误的民事、行政裁判，依法提出抗诉或再审检察建议；对裁判正确的，认真做好申诉人的服判息诉工作。特别是依法监督纠正涉及劳动争议、人身损害赔偿等确有错误的裁判，维护弱势群体的合法权益，保障人权。要积极探索和完善公益诉讼、刑事附带民事诉讼等工作。同时，严肃查处司法工作人员贪赃枉法、徇私舞弊犯罪，维护司法公正，维护司法队伍的纯洁性。

二、切实抓好执法办案工作 ①

（一）切实抓好审查批捕、审查起诉工作

一是突出打击重点。积极参与打黑除恶、扫黄打非、打击"两抢一盗"、拐卖妇女儿童等专项整治活动，依法严惩个人极端暴力犯罪和侵害幼女、涉赌涉毒等犯罪，增强人民群众安全感。加大打击制售假冒伪劣商品、非法集资、逃税偷税、侵犯知识产权、合同诈骗、危害生态环境和资源保护、扰乱市场经济秩序等犯罪，促进市场主体公平竞争、诚实经营。二是要贯彻宽严相济刑事政策。深化未成年人刑事检察工作，认真落实严格限制逮捕适用、逮捕必要性审查、继续羁押必要性审查、附条件不起诉等制度；认真落实刑事和解规定，充分发挥"检调对接"机制，协调促进当事人和解息诉。三是确保办案质量。加强与侦查部门的协作配合，及时介入重大疑难复杂案件的引导取证工作，提前把好案件质量关；全面审查证据，坚决依法排除非法证据，严防"带病批捕""带病起诉"，确保不出现冤假错案；严控自侦案件、经济犯罪案件不诉率，提升办案质量。

（二）切实抓好查办职务犯罪案件工作

一是进一步明确工作目标。按照年初全市检察工作会议提出的要求，进一步实现"六个统一"。要做到"老虎""苍蝇"一起打。突出查办一批领导干部要案，同时注重以专项工作为抓手，及时查办一批发生在群众身边、损害群众利益的"小案"。二是保持一定的办案规模。严防办案数量大起大落，确保办案工作继续在全省位居前列。三是提高办案水平和质量。提高初查和侦查的能力、水平和质量，提高初查成案率、立案准确率，降低撤案率，严控不诉率，提高起诉率，杜绝无罪判决案件；加强检察机关依法自行初查立案侦查职务犯罪工作力度，依法

---

① 本部分系作者 2013 年 9 月 6 日在长沙市检察工作研讨班上的讲话摘录，收入本书时略作删改。

查办一大批涉嫌职务犯罪案件；依法主动查办一批本辖区的涉嫌职务犯罪案件；基层院检察长后段工作中要特别注重亲自抓立案、促侦结，抓起诉、抓判决。特别是尚未立案侦查涉嫌渎职犯罪案件的基层院，要尽职尽责，主动挖掘案源，敢于依法办案，加大查办力度，确保有案必办，有腐必反，以反腐的实际成果和成效赢得民心，取信于民。四是确保办案安全。严格落实办案安全防范各项制度，严控指定居所监视居住等强制措施，确有必要监视居住的，必须严格按照有关法律规定执行，公安机关必须派员参加，确保办案不出任何安全事故。要做到"除虫""护花"一起抓。五是要取得最好的办案效果。绝不因查办案件而影响企业生产经营，影响经济环境，影响检察机关的执法形象。通过查办案件，使案发单位、案件当事人乃至律师都能在检察机关查办案件中感受到秉公办案、司法人文关怀和公平正义。

（三）切实抓好对诉讼活动的监督工作

一是着力抓好刑事立案监督和侦查活动监督工作。全面贯彻全国检察机关第四次侦查监督工作会议精神，牢固树立"一体两翼"的工作新思路，即以审查逮捕为主体，刑事立案监督和刑事侦查监督为两翼，齐头并进，共同发展。重视和处理好服务大局、人权保障、监督不力和人民群众感受公平正义这四个问题，找准突出问题，明确监督重点，加大监督力度，提高监督效果，促进"一体两翼"均衡发展。二是着力抓好刑事审判监督工作。切实加强抗诉工作，力求取得新的成效；妥善办理刑事申诉案件，依法该改变原处理决定的要依法予以改变，依法该提出抗诉的要提出抗诉。三是着力抓好民事诉讼监督工作。规范民事行政抗诉工作，强化同级检察机关的监督，充分发挥再审检察建议等方式的作用，全面构建以抗诉为中心的多元化监督格局。四是着力抓好刑罚执行和监管活动监督工作。认真开展市人大常委会部署的"司法公正长沙行"活动，总的要求是：领导要加强，力度要加大，举措、机制要落实，成效要突出。要努力实现两个"三个一批"的工作目标，即：通过加强对监狱内服刑罪犯的监管，努力发现一批认罪、悔罪、戴罪立功的罪犯，发现一批违反监管秩序甚至重新犯罪的罪犯，发现一批依法可以暂予监外执行的罪犯；通过加强对监外执行、社区矫正罪犯的监管，协助帮教、发现总结、树立推介一批认罪悔罪、真诚改造、重新做人、服务公民、有益社会的罪犯；认真监督、及时发现纠正一批已脱管漏管的暂予监外执行罪犯；重点检查、及时发现纠正一批不符合暂予监外执行条件或者条件已经消失的，依法应当重新收监执行刑罚的罪犯，防止监外执行、社区矫正罪犯脱管漏管。

（四）切实抓好全面推进检察机关统一业务应用软件工作

根据最高检的统一部署，检察机关统一业务应用软件将于今年第四季度在全国推广应用，这对全市检察机关网上办案工作提出了新要求、新挑战。认真贯彻市院制定的《加强案件管理推动网上办案工作的意见》，切实加强案件管理工作，推动相关业务部门和全体检察业务人员全面实现网上办案，实现案件受理、分流、承办、结案等网络化处理，确保统一业务应用软件能全员、全面、全程应用。

三、凝心聚力抓好检察业务工作 [①]

业务工作是全部检察工作的中心。全面、深入开展检察业务工作是检察机关履行法定职能的基本途径。离开办案，离开检察业务工作，宪法赋予检察机关的国家法律监督职能将无法履行和实现。要卓有成效地抓好检察业务工作，就必须凝心聚力、始终如一地抓好以下几点：

（一）抓好思想认识的统一

要形成共识，步调一致，凝心聚力抓检察业务，理直气壮抓检察业务，实实在在抓检察业务，争先恐后抓检察业务。要继续牢固树立和自觉践行"业务建检"的长沙检察工作新发展总体思路的发展战略，继续坚持以检察业务工作为中心，以抓好检察业务工作、干好检察业

---

① 本部分系作者 2013 年 9 月 29 日在长沙市检察业务工作分析会议上的讲话摘录，收入本书时略作删改。

务工作为使命、为责任、为光荣。要把全面、正确、有效抓好、干好检察业务工作作为识别干部、考验干部、评价干部、任用干部、奖励干部的主要标准。要继续大力营造抓检察业务工作、干检察业务工作出实招、说实话、出实勤、用实劲、办实案、干实事、创实绩、见实效的真抓实干的良好氛围。要继续营造抓两头、带中间、促平衡，大力倡导、激励各个基层院和市检察院及各部门、全体检察人员注重讲实实在在的、没有水分的办案成绩、业务实绩、工作业绩，形成忠诚履职、争先创优、不甘落后、奋发有为的良好氛围。

（二）抓好各项检察业务工作

确保长沙主要业务工作继续在全省位居前列，其他各项检察工作要位居全省上游水平。一是查办职务犯罪案件在确保办案质量、安全、效果的前提下加大力度，寻找线索，自行初查线索，依法成功立案一大批案件，同时抓紧侦查终结、抓紧移送起诉，抓紧提起公诉。特别是反渎职侵权部门，各基层院检察长要更加重视立足于初查，立足于重点查办本辖区内的涉嫌渎职侵权犯罪案件，抓立案、抓侦结、抓起诉、协调并督促法院抓判决。二是审查批捕、审查起诉工作要在案多人少、要求高的情况下，一如既往地抓及时办案、准确办案，该严的严，该区别对待的区别对待，该宽的宽，该挽救的挽救，该保护的保护，重点解决有些案件质量不高等问题。三是诉讼监督工作要扬长补短，提高监督的水平，加大监督的力度，取得监督的新成效。四是其他各项检察业务等工作要紧紧围绕省检察院和市院的有关部署和要求，全面推进、全面跟上、全面发展。

（三）抓好办案质量工作

要确保办案质量，提升执法办案质量。一是要最大限度地减少乃至杜绝冤假错案的发生。杜绝冤假错案的发生是检察机关坚守公平正义的底线，要十分重视这项工作。基层院分管副检察长、检察长、检察委员会和市检察院要层层把好关。二是要最大限度地减少乃至杜绝"非正常"撤回起诉案件的发生。三是要最大限度地减少捕后作绝对不诉或存疑不诉的案件发生。并不是捕得越多越好，这个观念一定要转变过来。要正确理解和把握好"慎捕""少捕"的有关精神，有些案件即使涉嫌犯罪，可捕可不捕的也不要捕，即使逮捕了，还有羁押必要性审查，可变更强制措施的可依法予以变更。四是要严格控制涉嫌职务犯罪案件和公安机关移送的涉嫌经济犯罪案件的不诉率。市院已研究决定，对涉嫌职务犯罪和涉嫌经济犯罪的相对不诉案件进行全面清理，一个案子一个案子的复查，该整改的整改，该纠正的纠正。五是要最大限度地减少其他案件质量不高等问题的发生。省、市院在执法质量检查、执法状况考核考评中发现的质量不高的问题；一些公诉部门提起公诉的案件法院没有依法认定有关证据、事实等问题的案件；控告申诉检察部门复查发现纠正的案件等，都是质量不高的案件，都必须正视问题，认真剖析，切实整改。

四、加强和改进司法办案工作 ①

（一）注重加强审查逮捕、审查起诉工作

一是突出打击重点。严厉打击严重暴力、多发性侵财、危害食品药品安全等犯罪，增强人民群众安全感；依法有力打击非法吸收公众存款、高利转贷、集资诈骗、电信诈骗等犯罪，维护市场经济秩序。二是贯彻宽严相济刑事政策。对严重刑事犯罪坚持严打方针；对轻微犯罪依法从宽处理，深化刑事和解工作，最大限度减少社会对抗。三是确保办案质量。积极应对以审判为中心的诉讼制度改革，强化逮捕、起诉证据条件的审查，严把审查逮捕、审查起诉关，坚守逮捕、起诉的法定标准，坚决排除非法证据；加强案件审查把关和审查分流，重点加强对命案和主要靠言词证据定罪案件的审查，确保侦查、审查起诉的案件事实证据经得起法庭审判的检验；严格落实讯问犯罪嫌疑人、询问证人等诉讼参与人制度，健全完善听取律师意见工作机制，坚决

---

① 本部分系作者2015年3月9日在长沙市检察工作会议上的讲话摘录，收入本书时略作删改。

纠正检察环节会见难、阅卷难、调查取证难问题，完善对限制人身自由司法措施和侦查手段的法律监督机制，积极开展羁押必要性审查工作，依法保障犯罪嫌疑人合法权益。四是完善业务考评。落实中央政法工作会议关于取消刑事拘留数、批捕率、起诉率、有罪判决率、结案率等不合理考核项目的明确要求，不分办案任务，不下办案指标，不设不符合司法规律的指标，形成正确司法导向。

（二）继续加强查办和预防职务犯罪工作

以"严格依法履职，维护公平正义，加快法治长沙建设"为主题，深入开展市人大常委会统一部署的"司法公正长沙行"活动，全力推进我市查办和预防职务犯罪工作。坚定不移地把握工作目标，努力做到"六个统一"。一是突出办案重点。重点查办发生在领导机关和权力集中、资金密集、资源丰富等重要岗位领导干部中的职务犯罪大要案；重点查办工程项目、土地流转、国企改制等领域和社会保障、征地拆迁等民生领域职务犯罪案件；严肃查办重特大安全事故、群体性事件、网络舆论热点背后的渎职侵权犯罪案件，实现司法调查和行政调查的同步介入；重点查办发生在群众身边的"苍蝇"级腐败案件，使人民群众切身感受到反腐败工作成效。同时，注重查办国家机关工作人员在执行职务、执法司法过程中利用职权侵犯公民人身权利、民主权利犯罪案件。二是突出查办本辖区内的职务犯罪案件。增强政治意识、反腐倡廉意识和"守土有责"意识，克服"等、靠、要"的办案思想，忠诚履职，敢于担当，挑起反腐败斗争的重任，痛下决心，敢于和善于查办发生在本辖区的职务犯罪要案、特大案、危害民生案、人民群众反映强烈案和"小官大贪"等案件，真正用查办职务犯罪案件的显著成果与成效取信于民。特别是近年来查办本辖区职务犯罪工作被动的单位，要正视差距、正视问题，深入剖析原因，采取有力举措，切实加以整改，尽快扭转落后局面。三是提升初查和侦查水平。提高职务犯罪线索收集、利用和管理水平，健全举报工作机制，探索开展职务犯罪举报人保护、奖励制度改革，广辟案源，及时处理信访举报，及时分流办理，防止有案不查、久压不查、选择性初查；继续加大检察机关自行初查职务犯罪线索的力度，不断提高精细化初查水平，提高初查成案率，增强反腐败的威慑力；提高依法侦查的水平，特别是要注重提高依法全面收集、甄别、固定、运用证据的水平，努力实现"由供到证"向"由证到供"的侦查模式转变，有效提高侦查质量与效率，扩大侦查效果，取得显著的侦查实效。加强侦查信息化和装备现代化建设，健全与有关行政执法部门的信息共享和协查机制，向科技要战斗力。四是确保办案质量。确保立案准、移送起诉准、提起公诉准，保证实体公正。严格依法采取侦查手段和强制措施，严格规范指定居所监视居住、技术侦查措施的适用，严格规范查封、扣押、冻结、处理涉案款物工作，严格落实执行同步录音录像制度，保证程序公正。严格执行办案安全防范各项制度，保证不出安全事故。五是加强预防职务犯罪工作。加强侦防一体化工作，结合办案开展预防，充分运用专题调研、检察建议等形式，对发案单位、行业领域提出堵塞漏洞、加强监管、完善制度的预防建议。加强行贿犯罪档案查询工作，积极推动在银行信贷、公共资源交易中心、政府采购、重点工程建设招投标领域开展行贿犯罪档案查询，探索对非罪行贿行为的录入工作同步开展检察约谈和预防诫告机制。加强预防宣传、警示教育、年度报告工作，积极构建预防工作进机关、进党校、进企业、进街道的科学路径，扩大预防工作的覆盖面和影响力；向党委政府报送职务犯罪专题分析报告，为其决策提供分析参考，促进形成社会化预防网络体系。

（三）大力加强诉讼监督工作

一是加强刑事立案监督。重点监督人民群众反映强烈的有案不立、有罪不究、越权办案、插手经济纠纷等问题；及时向侦查部门移送立案监督工作中发现的徇私枉法、滥用职权、索贿受贿等职务犯罪线索；健全完善行政执法与刑事司法衔接机制，推动检察机关与公安机关刑事案件信息共享平台的建设，着力破解监督信息渠道不畅难题。二是加强侦查活动监督。重点加强对侦查机关另案处理和遗漏移送批捕、起诉的监督；加强对刑事拘留等限制人身自由的司法措施和侦查手段的监督；加强对自侦案件中非法取证、妨碍律师会见、违法指定居所监视居住、非法扣押冻结查封涉案财物、不严格执行同步录音录像制度等问题的监督；探索对公安派出所刑事执法的监督。三是加强刑事审判活动监督。重点加强对二审书面审理、人民法院自行启动再审后改变原审判决及判处缓刑和免刑等案件的监督；加强对审判违法活动的监督。四是加强刑罚执行和监管活动监督。以监所检察机构统一更名为刑事执行检察机构为契机，全面加强对刑罚执行、刑事强制措施执行和强制医疗执行及有关监管活动的监督，重点做好刑罚交付和变更执行以及羁押必要性审查等监督工作；继续加强对职务犯罪、金融犯罪和黑社会性质组织犯罪三类罪犯刑罚执行情况的监督；依法严厉打击"牢头狱霸"和体罚虐待被监管人犯罪，促进依法监管。五是加强民事诉讼、行政诉讼监督。重点加强对裁判不公、虚假诉讼、恶意诉讼、违法执行的监督。重视发挥基层检察院贴近人民群众的优势，加强调解监督、审判人员违法行为监督、执行监督，改变基层民事检察工作薄弱局面。以修改后的行政诉讼法 5 月 1 日正式实施为契机，大力开展行政诉讼法律监督工作，对行政机关违法行使职权或者不作为对国家和社会公共利益造成侵害或者有侵害危险的案件，积极探索开展检察机关提起公益诉讼工作，切实保护公共利益。建立督促起诉制度、完善检察建议工作机制，对有关行政机关及时提出依法行政、依法履职的整改建议，推动行政权运行规范化。六是切实加强检察短板工作。突出整改重点。重点抓好年初召开的市"两会"上市人大代表、政协委员对检察工作意见建议的整改落实；抓好本单位及部门在 2014 年度年终总结和 2015 年度新发展务虚会上查找出的短板工作及问题的整改落实。强化整改措施。市院各牵头和分管院领导要切实履行领导职责，各基层检察院班子成员要恪尽职守，制定有关措施，有力推进到位、有效整改到位。加强责任追究。对短板工作的推进和有关问题的整改，市院和各基层院要及时讲评通报、加强检查督办、抓好考核考评，真正做到奖优罚劣。

五、狠抓司法办案 [①]

检察机关的法律监督职能都必须通过司法办案来实施、来推进、来实现。离开了司法办案，全面正确履行检察职能必将成为"空中楼阁"，必将是"空谈"。因此，全市两级检察院应当毫不动摇地以司法办案、以检察业务为中心，千方百计、持之以恒地在司法办案、检察业务上动脑筋、用实劲、下苦功、付心血、创实绩、见实效。要坚持狠抓办案，就要持之以恒地抓办案，一个月一个月地抓、一个季度一个季度地抓、一年一年地抓；就要牢固树立和自觉践行理性、平和、文明、规范的司法观和办案数量、质量、效率、效果、安全相统一的业绩观；就要建立完善包括择优进人和选人用人、大要案奖励和错案追究等系列制度和机制，最大限度地激发调动广大检察办案人员及服务办案的检察人员的主动性、创造性，营造聚精会神抓业务、争先恐后办案件、心甘情愿服务办案、服务检察业务的良好氛围和环境。只有这样，检察机关的职能才能依法履行好、犯罪活动才能依法惩治好、人民群众合法权益才能依法维护好、公正司法和公平正义才能不断地维护好、促进好、实现好。

第三节　人才强检

一、抓好中层骨干岗位轮换和检察人员岗位交流、双向选择工作 [②]

这次市院部署开展的中层骨干岗位轮换和检察人员岗位交流、双向

---

① 本部分系作者 2016 年 3 月 9 日在长沙市检察工作会议上的讲话摘录，收入本书时略作删改。

② 本部分系作者 2007 年 4 月 19 日在岳阳市检察院机关中层骨干岗位轮换和检察人员岗位交流、双向选择工作动员大会上的讲话摘录，收入本书时略作删改。

选择工作是非常重要、涉及面广、政策性强、要求很高的一项工作。

（一）总的目标

通过这次对中层骨干实行岗位轮换和对检察人员实行岗位交流、双向选择，努力做到科学、公正、合理用人，优化合理配置各部门中层骨干和检察人员；努力达到用人所长，人尽其长，人尽其才，人尽其用；努力营造有利于充分发挥中层骨干、检察人员才能和潜能，有利于中层骨干和检察人员不断进步、成长、成才的风清气正的用人环境，为全面正确履行检察职能，为全面加强和改进检察工作提供强有力的组织保障。

（二）总的步聚

从今天开始，用六天时间全部完成。具体分三步进行。第一步，把中层骨干副职配到位；第二步，把中层骨干正职配到位；第三步，全院检察人员实行双向选择，到岗到位。

（三）总的原则

一是要把握依法依规对中层骨干实行岗位轮换和对检察人员实行岗位交流的原则。中组部印发的《党政领导干部职务任期暂行规定》规定："党政领导职务每个任期为五年。"最高检《关于搞好组织整顿加强干部人事管理若干问题的通知》（以下简称《通知》）规定："凡担任检察机关工作部门领导职务检察人员，在同一职位上任职满五年的，要实行轮岗；根据实际需要也可以适当缩短轮岗年限。对在检察机关侦查部门和人、财、物管理等部门工作的检察人员，应进行适当交流。"根据以上规定和要求，结合市院实际，市院党组研究决定对市院机关内设机构在同一工作部门任正职或副职满五年的要进行岗位轮换；在侦查部门和人、财、物管理等部门工作满五年的检察人员要进行岗位交流。同时，参照这一精神，市院党组还研究决定对在非侦查部门和非人、财、物管理等部门工作满十年的检察人员也将进行岗位交流。

二是要把握依规实行检察人员双向选择的原则。实行干部双向选择制度，这是最高检规定的。最高检《通知》要求：要"实行干部双向选择制度""在内设机构中，实行干部双向选择"。

三是要把握特殊岗位中层骨干和检察人员相对稳定原则。这是轮岗、交流和双向选择工作原则性与灵活性的统一，一般性与特殊性的统一，符合唯物辩证法，是科学用人的方法。最高检《通知》规定："实行轮岗特别要注意特殊工作连续性和工作骨干的相对稳定性。"什么是特殊岗位？如某个部门的正职或副职，其任职要求具有很强的专业性，目前只有这位同志具备任职资格条件、有相应的能力水平担任这个部门的正职或副职，才能承担、适应、胜任这个岗位工作；或者某个部门工作或岗位很重要或相当重要，但适合、胜任这个部门领导工作或部门岗位的同志已安排到其他相应的重要部门任职，目前只有某位同志比较适合这个部门的工作。对于这样个别的中层骨干和检察人员，即使按照有关规定符合轮岗、交流的条件，这次党组考虑因工作需要，也将会决定不予轮岗、交流，仍在原工作部门任职或工作。

四是要把握个人服从党组决定的原则。最高检《通知》明确规定："检察人员应当服从轮岗的决定，对在限期内拒不到新岗位工作的，要予以免职或辞退。""个人服从组织"，这不仅是全体党员、中层骨干、检察人员在这次轮岗、交流、双向选择工作中所必须做到的，而且是我们全体党员、中层骨干、检察人员在任何时候、任何工作中都必须遵循、执行的党的组织原则和党的纪律。

（四）具体要求

一是要正确对待这次中层骨干的岗位轮换和检察人员岗位交流、双向选择。这次中层骨干的岗位轮换和检察人员岗位交流、双向选择，其一，符合中央有关部门和最高检的有关规定。中层骨干在同一部门任职满五年，应当轮岗；还可以缩短轮岗年限。同时也包括检察人员轮岗。在侦查部门和人、财、物管理等部门工作的，应当进行岗位交流。这既是政策，中组部、人事部制定的政策；又是规定，最高检作为制度确定的，制度是应当执行的，是具有稳定性、带有根本性的。其二，符合市院机关实际情况。在市院机关，中层骨干和检察人员很多年没有进行轮岗和岗位交流、双向选择了。中层骨干正职、副职在同一部门任职满五年的也不少了，且越来越多；检察人员在同一部门工作满五年的较多，满十年的也不少；在侦查部门和人、财、物管理部门工作满五年的也有不少同志。其三，有利于中层骨干和检察人员科学、合理配置，激发中层骨干和检察队伍的活力，全面推进和实现全市检察工作新进展。检察工作要有新起色、新变化，全面实现新进展，就是要靠人，靠全体中层骨干、靠全体检察人员。人力资源是第一资源，而人力资源要充分、有效地利用好、挖掘好、发挥好，很重要就是要实行科学配置、优化配置、最佳配置。这样才能最大限度地激活人的因素，激发队伍活力。而要做到这一点，实行中层骨干轮岗和检察人员岗位交流、双向选择是很有效的方式。就一个部门而言，如果科（局）长们在同一个部门一干就是几年甚至十几年不动，一般来说，领导责任意识、创新意识、争优意识都会受到制约和影响，工作也难以有较大变化、较大起色。当然，有的同志在科（局）长岗位一干数年，年年都干得很出色，这种情况也存在，但却少有，也是一般骨干难以做到的。对于这样的同志，我们应当充分肯定，大胆任用。但在一般情况下，中层骨干在同一部门的任职年限太长时都难以做到这一点，难以干出这样非常的成效！就检察人员而言，如果在同一部门或同一岗位上一干就是很多年，容易产生暮气，缺乏朝气，失出生气；容易产生得过且过、安于现状、无所作为、无所求的思想和行为；容易产生惰性、滋长玩风，结果碌碌无为，甚至成为"老油条"。特别是在侦查部门和人、财、物管理部门工作的干部，一干就是好几年、十来年，容易产生特权意识和特权思想。如果律己不严，监督制约不力，有可能出问题、犯错误，这也是最高检有关规定对在这些部门工作的检察人员应当适时轮岗、交流的主要目的所在。当然，有的同志一辈子坚守在同一部门的某个工作岗位，包括在侦查部门、人、财、物管理部门，却能忠于职守，任劳任怨，几十年如一日，甚至干出了不平凡的业绩，受到大家公认和组织肯定，这种情况也是存在的。一个部门的正、副职如果在同一部门连续干了几年，依照有关规定适时轮岗到一个新的部门去任职，往往能增强领导责任感、使命感、危机感；能鞭策自己奋发努力，开拓创新，争先创优；能以此为新起点，尽心尽力抓好这个部门的工作，创造新的业绩。这一点，我们应当形成共识。其四，有利于中层骨干和检察人员进步、提升和成长。中层骨干适时轮岗，通过到新的部门去任职，可以更好地熟悉新的部门工作、熟悉新的部门业务、熟悉新的部门情况，有利于业务和工作上的进步；可以更加丰富部门领导的工作经历，提高在不同部门的组织、指挥、协调、管理能力，有利于自己的领导素质和能力提升；可以更好地接受组织锻炼和考验，有利于组织培养干部、识别干部、选拔任用干部，有利于中层骨干的不断成长。就检察人员来说，几年轮岗、交流一个部门，并充分发挥自己的才能和作用，对自己学习的进步、工作能力的提高，素质的提升、政治上的成长都是不言而喻的、客观存在的。

二是要正确对待自己。中层骨干正职也好，副职也好，这次实行轮岗，首先对自己要有一个正确的估计。同样，检察人员实行轮岗交流和双向选择，对自己也要有一个客观估计。其一，要正确理解组织的决定。组织上把你从这个部门任职轮岗到新的部门，不是对你过去工作的不肯定、不认可，更不是组织上对你的不关心、不信任。如果有了这样错误的想法，那就必然会对组织有想法、有情绪、有意见。其二，要正确看待自己的优势。要看到轮岗、交流到新部门的诸多优势；充分看到到新部门任职的有利条件和因素。一定要有自信心，要充满信心，要相信自己的能力和水平，相信自己一定能在新的部门施展自己的领导才干、工作才干，更出色地抓好新部门的工作、抓好新部门的分管工作、做好新部门的本职工作。其三，要看清和发挥自己的长处。一个人的长处是客观的。就中层骨干而言，有些同志擅长业务部门工作，有些同志擅长综合部门工作。就业务部门而言，有些同志擅长侦查工作，有些同志擅长刑检工作，有些同志擅长其他业务工作；就综合部门而言，有些擅长参政设谋，有些擅长文秘工作，有些擅长检务督查，有些擅长行政后勤，有些擅长政工人事，有些擅长党务工作，有些擅长老干工作等。"尺有所短，寸有所长"，每个人都要正视自己的长处，不能为了想到哪个部门去任职、去工作就说自己有哪个部门的任职特长、工作特长，这就不客观了，也是对组织不诚实的表现。要充分利用和发挥自己的长处。自己轮岗任职的要求，轮岗、交流到新部门工作的要求，都要符合自己任职特长和工作特长。只有这样，今后任职和工作才能有所作为，才能不辜负组织和领导对自己的信任和期望。强求组织把自己轮岗、交流到并非符合自己长处的部门去任职、去工作，这是对事业、对工作、对组织极不负责任的作法，也是对自己的进步、成长不负责任的作法。其四，要看清和避开自己的短处。每位中层骨干和检察人员都要承认自己实实在在的短处或任职的劣势和差距，这是成熟的表现，也是诚实的表现。院党组也不希望出现明明是自己的短处和劣势，却强烈要求组织上把自己轮岗、交流到这个部门去任职、去工作的情况。

三是要正确对待部门。市院机关现有 19 个工作部门，部门职能、职责、任务、作用各有不同，干部编制数量多少不同，但履行检察职能、职责或服务于履行检察职能、职责是相同的，工作目标是一致的。到哪个部门去任职、去工作，都是工作的需要，都是组织的信任，都是光荣的。只有这样去看待、对待部门的工作，大家思想上才想得通，才能对组织轮岗、交流所作的安排心悦诚服。这就要求大家要注意正确看待和处理好以下几个关系：其一，热点部门与一般部门的关系。客观上讲，部门有重点与一般之分，也有热点和非热点之分。热点部门往往可能是领导机关和领导重视一些、社会关注一些、待遇稍好一些、干警向往一些。作为组织来讲，在轮岗、交流安排人员时，最重要的是考虑用人所长，科学用人、公正用人、合理用人。做到了这一点，就是组织上对大家的负责、对大家的关心、对大家的信任、对大家的重用。应当看到，组织上只要了解了你的长处，做到了用你所长，把你轮岗、交流到热点、重点部门去任职、工作，是对你的关心、信任和重用；如果组织上根据你的长处，用你所长，把你安排到一般部门去任职、去工作，对你同样是关心和信任。其二，业务部门与综合部门的关系。市院机关现有的 19 个工作部门，按职能可以分为两大类，即履行检察职能的业务部门和服务于检察职能的综合部门。轮岗、交流到哪个部门去任职、去工作都是组织安排的需要、工作的需要。我们不能简单地把轮岗、交流到业务部门去任职、去工作看作是高人一等，就是关心、信任、重用，而把轮岗、交流到综合部门去任职、去工作看作是低人一等，就是不关心、不信任、不重用，不能这样看。其实综合部门中有许多部门是检察机关很重要的部门，是党组很重视的部门，是检察长很重视的部门。例如，办公室是院党组的"参谋部"，检察长的"左右手"；政治部是院里的"组织部""宣传部"；行政装备科是院里的"后勤部"，经费收支、后勤保障、上下接待、机关管理都要靠它来抓、来管、来落实；法律政策研究室是院里的法律政策研究中心、检察理论研究中心；检务督察室是检察长的"耳目"和得力助手，上级检察机关和市院的重大决策包括检察业务、办案督察、执法质量督察、检察长交办的重大事项督察，以及日常工作的督查，都要靠它来抓、来实施；老干科也重要，市院机关离、退休老同志现在有近 50 人了，占机关总人数的 1/4 多，老干部工作如果做得好，老同志就能做到老有所学、老有所乐、老有所为，就能身体健康、心情舒畅，老干部就会更加关心、理解和支持检察工作；纪检、监察室，从严治检、查处和预防检察人员违法违纪问题和案件靠它来抓、来落实，检察机关自身反腐败工作和党风廉政建设靠它来抓、来落实；机关党委工作抓得好，党建工作就主动，党员队伍建设就会切实加强，党员素质就会提高，党员先锋模范作用就会更好地发挥，党员的形象就会越来越好。可以说，没有一个综合部门不重要，特别是有些综合部门院党组、检察长看得很重，对这些综合部门正职和副职的配备是非常重视的。所以我们认为，党组如果把你安排到综合部门去任职、去工作，应该深感这是党组对你的充分肯定、十分信任，同样是重用或者说更是重用，应当引以为荣。其三，大部门与小部门的关系。有的部门编制人员多、中层骨干多，有的部门编制人员少、中层骨干少。要认识到虽然有的部门只有几个同志甚至只有一两个同志，但部门职能、作用是相当重要的。如检察技术科只有5个人，但职能、职责很重要，科技兴检、信息化建设、办案工作区"同步录音录像"、法医鉴定等，任务繁重，工作重要。对这样部门的工作，市院党组是十分重视的，今后将要大力加强、大力推进、大力提升、大力发展。这也是检察创新之所在、发展潜力之所在，大有作为，大有可为。总之，大家一定要有一个清醒、明白、正确的认识。不能认为轮岗、交流到大部门就是关心、信任，就是重用；安排到小部门就是不关心、不信任，就没有重用。不能有这种错误认识。

四是要正确对待组织。其一，要信任党组。对院党组要充分信任。要确信院党组一定会、一定能依法依规对中层骨干实行轮岗，对检察人员进行岗位交流、双向选择；一定会、一定能努力做到科学用人、公正用人、合理用人；一定会、一定能关心每一位中层骨干、每一名检察人员。当然，这也不可能保证绝对的科学、公正、合理，因为任何事物都是相对的。但是，只要大家都信任院党组，就没有统一不了的思想，就没有想不通的问题。其二，要理解党组。这次轮岗、交流不可能做到人人都十分满意。但只要党组出以公心，最大限度地用人所长，最大限度地对中层骨干、检察人员任职或工作的部门进行比较科学、优化的配置，同志们应尽可能地予以理解、谅解。轮岗、交流中，可能会出现有些部门许多中层骨干都想去任职，或者有些部门许多中层骨干都不想去任职。这就需要大家真诚地理解党组。要看到，党组对有关轮岗、交流的决定是精心思考、反复酝酿、反复比较、认真研究而作出的，是符合院里实际情况的，从总体上讲是科学、公正、合理的决定。其三，要服从党组。这是党组织原则之所在，党的纪律之所在，也是对每一位中层骨干和检察人员的检验和考验。我相信同志们在这次轮岗、交流、双向选择中一定会顾全大局，一定会讲政治、讲党性、讲忠诚、讲纪律、讲服从，正确对待轮岗交流，乐意接受党组安排，自觉执行党组决定。其四，要依靠党组。要看到，每一位中层骨干、检察人员如果离开了组织的关心、信任、教育、培养，个人能力再强、本事再大，也将是无所进步和成长的，将是一事无成的。即使这次轮岗、交流的部门不太称心、不太满意，甚至自以为不太公正、不太合理，也应当自觉服从、坚决服从。

五是要严明纪律，严守纪律，严肃处理违纪违规问题。其一，要严明、严守政治纪律。要求全体同志自觉做到"两个自觉"，自觉维护党组决策，自觉维护党组权威，绝不允许对党组决策消极对待、阳奉阴违甚至公开抵制、拒不执行的行为。其二，要严明、严守组织纪律。要求全体同志坚决服从党组决定，执行党组决定，服从党组安排，绝不允许拒不服从、拒不执行党组决定的行为。其三，要严明、严守工作纪律。要求全体同志自觉履行职责，遵守机关工作纪律，保证工作时间，提高工作效率，提升工作质量，创造显著业绩，绝不允许迟到早退、上自由班甚至未经请假不上班的行为。其四，要严明、严守办案纪律。要求全体同志自觉严格、公正、文明、规范办案、执法，绝不允许在任何时候、任何办案、执法环节发生徇私枉法、办私案、办人情案、关系案的行为和私自处理案件线索的行为。其五，要严明、严守财经纪律。要求全体同志自觉严格遵守各项财经纪律，遵守机关各项财务管理制度，绝不允许任何部门和个人以任何理由突击发钱、突击花钱，甚至假公济私、贪污挪用等行为。其六，要严明、严守保密纪律。要求全体同志自觉遵守人事、办案、机要等各项保密纪律，凡是秘密事项和不应泄密的重要问题在任何时候都要守口如瓶，绝不允许跑风漏气、泄露秘密的行为。

这次市院机关中层骨干岗位轮换和检察人员岗位交流、双向选择工作非常重要。能否正确对待、积极参与、自觉服从这次轮岗、交流和双向选择，是对大家的一次重要检验和严峻考验。希望全体中层骨干和全体检察人员一定要正确对待这次轮岗、交流和双向选择，正确对待自己，正确对待部门，正确对待同志，正确对待组织，坚决做到"两个绝对"，绝对维护党组权威，绝对服从党组决定，确保这次中层骨干轮岗和检察人员岗位交流、双向选择工作科学、有序、积极、稳妥、顺利推进，确保达到预期的目标和效果！

二、促进法律、检察人才的培养与使用 [①]

（一）充分认识实施高校与法律实务部门人员互聘"双千计划"的重要意义

2013 年 7 月，教育部、中央政法委员会、最高人民法院、最高人民检察院、公安部、司法部联合首次发文（教高〔2013〕8 号）实施高校与法律实务部门人员互聘"双千计划"，即在 2013 年至 2017 年，由高校与法律实务部门各派 1000 人互聘兼职或挂职，目的是通过加强高校与法律实务部门的合作，加强法律人才的培养，提高法律实务工作水平。我们认为，实施"双千计划"具有以下几方面的重大意义：

一是建设社会主义法治国家的现实需要。培养造就一批信念执着、品德优良、知识丰富、本领过硬的高素质法律人才，特别是培养一批具有奉献精神、较强实践能力的基层法律人才，是社会主义法治国家建设的现实需要。实施"双千计划"是卓越法律人才教育培养计划的重要内容，是推动法学理论与法律实务深度对接、促进法学人才培养与人才使用有效衔接的重要创新，是构建中国特色社会主义法治理论体系、发挥理论联系实际优良传统、助力司法实践的重要举措，对完善社会主义法律体系，建设社会主义法治国家，坚持中国特色社会主义法治道路，培养造就中国特色社会主义事业的建设者、捍卫者，具有重要现实意义和深远历史意义。

---

① 本部分系作者 2014 年 2 月 18 日在长沙市检察院落实"双千计划"暨来院挂职负责人见面座谈会上的讲话摘录，收入本书时略作删改。

二是提升执法、司法水平的重要实践。一方面，高校专家教授走进政法机关挂职，能深化自身对社会主义法治的理解，贴近人民群众和政法一线，转变自己研究问题的视角和思路，更好地加深自身对中国国情和司法现状的了解，坚定社会主义法治理念；更多地丰富实证资料，提高司法实践能力，促进教学科研；更有效地服务社会，把学生培养成应用型、复合型、创新型的人才，为推动国家法治建设、服务经济发展、促进文化传承做出贡献。另一方面，法律实务部门人员走进高校挂职，可以从实践出发，研究法治建设的重大现实问题，破解困扰司法实践的热点、难点问题，真正做到理论联系实际、理论服务实际，创造一批符合中国国情、符合人民意愿、推动法治进程的研究成果，打造一批在全省乃至全国有分量、有价值、有影响的工作品牌。

三是全面推进并努力全面实现长沙检察工作新发展的重要举措。2008年，市检察院根据上级有关重要部署，结合长沙检察工作实际，确立了长沙检察工作新发展的总体思路，有效推进了上一届五年的检察工作。2013年1月换届以后，我们对新发展的总体思路进行了完善，并提出本届即今后五年要继续完善和实施全市检察工作新发展的总体思路，以全面推进并努力实现长沙检察工作的新发展。其中包括发展的总体目标（即把长沙市两级检察机关建设成为忠诚、公正、高效、廉洁、文明、人民满意的检察机关）、发展的具体目标（即工作比上年有新进展；在省院和高检院有位置，在中部地区省会城市有一定或较大的影响；人民群众满意度有提升）、发展的理念、发展的战略、发展的重点、发展的关键、发展的路径、发展的保障等。其中发展的理念包括要牢固树立"以人为本"的理念；发展的战略包括要大力实施"人才强检"的战略；发展的关键包括要切实加强领导班子和检察队伍建设等。做好这一切，关键在队伍、在人才。"双千计划"的实施、湖南商学院法学院副院长来市院挂职工作，必将有利于我们加强对检察业务骨干、人才的培养，有利于加强领导班子和检察队伍建设，有利于加强和改进检察工作，有利于全面推进并努力全面实现长沙检察工作新发展。

（二）要十分重视、大力支持、真诚关心实施"双千计划"、高校专家教授来市检察院挂职工作

一要重视挂职工作。市院党组对挂职工作是很重视的，院党组进行了具体研究和安排。从今天召开的挂职见面座谈会情况来看，也体现了市院党组对这项工作的重视。出席和参加今天座谈会的有市院全体领导班子成员、检察委员会专职委员、星城地区检察院班子成员、各内设机构主要负责人。这次来市院挂职的同志是经省委政法委、省检察院、湖南商学院共同研究决定选派到市检察院挂职的优秀专家、教授。该同志现系湖南商学院副院长、教授、法律硕士研究生导师，主要研究方向是知识产权和刑法，曾主持和参与国家级、省部级课题的研究，获得很多科研成果。同时还曾担任九三学社湖南商学院支社组织委员、湖南商学院特约监督员、长沙仲裁委员会和湘潭仲裁委员会仲裁员、湖南省招投标评审专家、湖南法学教育研究会常务理事，是一位年轻而资深的专家型高校部门负责干部。该同志来市检察院挂职，必将有益于我们提升法律理论素养、提高法律专业理论水平；有益于我们培养和造就检察骨干和人才乃至法律检察业务专家；有益于提升检察队伍的总体素质；有益于加强和改进执法办案工作、加强和改进检察工作。

二要支持挂职工作。根据工作需要，市院党组已任命来市院挂职的同志为长沙市人民检察院检察长助理，同时市院检察长已任命其为长沙市人民检察院助理检察员。检察长助理的主要职责是负责办理检察长交办的有关重要事项、完成检察长交办的有关工作任务；同时，根据检察长的安排，协助有关副检察长工作。助理检察员的职责是协助检察员工作，经检察长批准，代行检察员职务。市院党组、市院领导应支持挂职同志全面履职，做好工作。市院有关部门及部门负责人和检察人员都要关心和大力支持其履行职责，开展工作。

三要关心挂职工作。为了让挂职的同志能更快更多地了解检察职能

和检察工作、更好地发挥其挂职的作用，更好地得到锻炼，该同志在市检察院挂职期间，可以列席院党组会、检察委员会。同时，要为其来市院挂职工作提供必要的工作条件和生活条件，包括安排好办公用房、添置必要的办公设施等。

（三）希望来市检察院挂职的同志不负厚望，大胆履职、全面履职、出色履职

一要做到大胆履职。希望挂职的同志尽快了解检察工作情况、熟悉检察工作，尽快适应新的工作环境、新的形势，立足本职，胸怀大局，着眼全局，敢抓敢管，大胆履行检察长助理职责。要大胆谋事，敢于提出主见；要大胆干事，敢于主动作为；要大胆处事，敢于担当责任；要大胆问责，敢于直言不讳；要大胆监督，敢于较真碰硬；要大胆创新，敢于推陈出新。这样，履职方向就会越来越明，思路就会越来越宽，办法就会越来越多，工作就会越来越顺手，成效就会越来越明显。

二要做到全面履职。希望挂职的同志按照院党组和检察长的有关分工要求，全面履行检察长助理职责，认真完成检察长交办的各项工作，协助有关院领导抓好有关工作。同时要全面履行助理检察员职责，在熟悉相关法律实务后，根据工作需要和安排，协助或为主办理有关案件，真正用法学理论及研究成果来指导检察乃至司法实践、指导检察工作。

三要做到出色履职。希望挂职的同志尽快了解、熟悉检察机关的职能、职责，尽快了解、熟悉有关检察业务工作，尽快了解、熟悉有关检察工作情况，尽快了解、熟悉有关检察人员情况，深入检察工作实践，深入办案工作实践，深入开展检察法律理论研究，充分发挥法学理论专家特长，推动有关法律理论与法律实务的深度对接，力求获得较多的精品力作，用以指导检察机关的执法办案工作，指导和推进检察工作的新发展，促进全市检察事业的科学发展。

同志们，实施高校与法律实务部门人员互聘"双千计划"意义重大，十分重要，影响深远。我相信，有湖南商学院和市检察院的通力

合作，通过大家的共同努力，挂职的同志来市检察院挂职工作一定会
顺利推进，一定会取得实效，一定会达到预期的效果。

第四节　科技兴检

一、切实加强检察技术工作 [①]

（一）加强检察技术工作必须深化认识

　　加强检察技术工作，是大力实施"科技兴检"战略的主要体现。检
察工作取得的成绩可以说与检察技术、信息工作紧密相联，有检察技
术、信息工作的功劳；检察工作的开展越来越离不开检察技术、信息
工作，少不了检察技术、信息工作。今后，检察技术、信息工作对检
察工作的开展将会越来越重要。要全面推进并实现长沙检察工作新发
展，就必须深化对检察技术、信息工作的认识，重视和加强这方面的
工作。

　　第一，加强和改进检察技术、信息工作是检察机关顺应全国乃至全
球日新月异新科技发展的新形势的需要。我们正处在一个科学技术日新
月异、快速发展的时代。高速宽带网络还有云计算、物联网、高清视频、
全球定位、电子签名、电子物证等高科技都广泛应用于生产生活。在这
样的时代背景下，检察机关应当紧跟时代步伐，充分运用现代科技手段，
增加工作的科技含量，提高检察工作的整体效能。

　　第二，加强和改进检察技术、信息工作是贯彻落实最高人民检察院
《"十二五"时期科技强检规划纲要》的需要。近日，市检察院党组理
论学习中心组学习了最高人民检察院制定的《"十二五"时期检察工作

　　[①] 本部分系作者 2012 年 4 月 5 日在长沙市检察机关检察技术工作会议上的讲话摘录，收入
本书时略作删改。

发展规划纲要》《"十二五"时期科技强检规划纲要》、省委制定的《法治湖南建设纲要》和省检察院关于实施这两个纲要的有关意见。这四个重要文件的精神是非常重要的，我们要认真实施。科技强检的职能部门不是反贪局、反渎局，我认为是检察技术、信息部门。要下大力气抓好各项检察技术、信息工作，并通过科技创新推动检察办案模式、工作机制和管理方法的转变，为检察事业的深入发展提供有力的科技保障，注入更大的生机和活力。

第三，加强和改进检察技术、信息工作是努力实现"十二五"时期检察工作重要目标的需要。"十二五"时期检察工作目标有一句话，"检察工作科技含量明显增加"。只有加强和改进检察技术、信息工作，才能更好地运用信息网络技术、侦查技术和司法鉴定等手段，有效打击犯罪、判断证据、纠正违法、拓展解决群众诉求的渠道、创新法律监督工作机制；才能切实促进检察机关办案模式、工作机制和管理方式的转变，深入推进执法规范化建设，提高法律监督的质量和水平，推进检察工作的科学发展。

第四，加强和改进检察技术、信息工作是全面推进和实现全市检察工作新发展的需要。长沙检察工作新发展总体思路中的发展战略就有科技兴检，科技兴检是新发展五大发展战略之一；新发展中的发展路径为"六化"，其中检务信息化是"六化"发展路径之一。这都是2008年初提出来的。这几年在省院及检察技术、信息处的领导、指导、支持下，检察技术、信息工作年年有些进步，特别是去年，检察技术和信息化两项工作在全省排第一，这两个第一来之不易！这既是省院对我们的肯定，更是对我们的激励和鞭策。我们的工作还有不少的差距，这就更要求长沙检察技术、信息工作在现有的基础上，继续有新的进步、新的发展。整个检察技术、信息工作要继续加强，首先要提高院党组和检察长的认识，一定要更加重视检察技术、信息工作，不能把检察技术、信息工作当成一般工作来抓，一定要按照上级的部署、要求，结合长沙检察的实际，把这项工作抓紧抓实抓出新成效。

（二）加强检察技术工作必须抓好重点

检察技术、信息工作的重点是什么？我们认为，重点主要包括以下几个方面：第一，要应用于、服务于办理审查批捕、审查起诉案件。比如有的故意伤害等案件在审查批捕中难以把握了，可能就需要法医重新鉴定；有关轻伤、重伤等伤情的法医鉴定意见等证据，也需要法医对其进行文证审查，需要法医重新鉴定，特别是有的公诉案件更常用到。第二，要应用于、服务于查办职务犯罪案件工作。有的职务犯罪案件要经过司法鉴定来认定是不是涉嫌犯罪或构罪，这都需要通过文检、司法会计鉴定、电子物证等证据来证明案件事实，乃至证明是否涉嫌犯罪、是否有罪。比如有的执法部门在执法中出现了非正常死亡，死亡的原因是什么？是否有渎职犯罪行为？就需要有关法医鉴定等。"两录"（录音录像）工作等都已应用于查办涉嫌职务犯罪案件工作。第三，要应用于、服务于办理诉讼监督案件。刑事立案、追捕追诉包括刑罚执行监督，同样离不开司法鉴定，离不开文证审查。第四，要应用于、服务于办理监管场所伤害死亡案件和处理一些突发死亡和其他重大突发案事件。比如监管场所出现了非正常死亡，罪犯的家属要闹事，这个时候法医鉴定就很重要了。公安机关办案中出现的非正常死亡，同样需要检察机关的法医来进行有关鉴定。第五，要应用于、服务于快速科学有效应对和处理重大涉检舆情案件。现在的网络很发达，出了问题甚至出了一点问题网络上就可能瞬间炒作，要及时、有效应对涉检舆情同样需要技术、信息部门的同志来开展有关工作、协助有关工作、做好有关工作。第六，要主动服务于职务犯罪侦查部门的"两化"建设。最高检对职务犯罪侦查部门提出了"两化"建设，即侦查信息化、装备现代化。这里面的设备采购，要求尽快到位，检察技术部门要为设备采购等提供优质服务。第七，要主动服务于案件管理中心的筹备运行工作。案件管理中心建设是今年的一项重要改革工作，市院和基层院都成立了案件管理机构。检察技术部门要对案件管理部门技术方案的设计、信息化设备的选型采购、软件的配备与应用等提供技术支持和保障。今年，检察技术、信息工作至少这几个重点是要抓紧抓到位的，这几个方面抓到位了，检察技术、信息工作就抓住了重点，就会抓出实效。

（三）加强检察技术工作必须打好基础

第一，要加强各专业技术门类建设。至少有五个门类：法医、文检、司法会计、电子物证、测谎。每个门类至少要有3个人。今年招考后，市院在法医、司法会计、文检三个门类的检察技术人员都达到了。目前电子物证还没有，市院要培养3名电子物证鉴定人员。各县（市）区要配备1个专职或者兼职的法医或司法会计人员，配备1个专职或者兼职的视听技术人员。第二，要抓紧市院司法鉴定实验室建设。市院党组会已经研究同意，决定抓紧建好。检察技术处要抓紧拿出比较成熟的方案，说明原因与理由，提交院党组研究决定。湖南四个市级检察院都有这个建设任务，作为省会城市长沙市院理应带头高标准、高质量地建好。第三，要抓紧完善检察办案工作区建设。特别是办案工作区的联网的应用，办案工作区和看守所的专用审讯室的联网要切实抓好。第四，要抓紧建立完善网络信息基础平台和应用体系建设。一定要按照省院的要求，抓好基础平台、应用平台、运维平台、安全平台建设等。第五，要抓紧落实好技术办案协作配合长效机制。前四项是硬件，这一项是软件。机制是治本之举，是根本。只有把硬件和软件都抓好了，整体工作才能抓上去，才可能抓出一流水平。总之，检察技术、信息工作，重点就是服务于、应用于办案工作。离开了执法办案，检察技术、信息工作就没有意义。抓好应用于、服务于办案工作，靠什么？既要靠硬件建设，更要靠机制。这些抓好了，应用于、服务于办案工作就一定能抓好，就一定能抓出实效。

（四）加强检察技术工作必须用好人才

首先要引进人才。当前，我市检察机关的检察技术人员特别是司法鉴定人员的招录相对较少，其中基层院的司法鉴定人员短缺的情况比较突出。全市检察机关要根据省院要求和工作实际，加大培养和引进专业人才力度，除市院今年增加 3 名检察技术人员外，每个基层院至少要配备 1 名法医或司法会计。其次要培养人才。要注重对检察技术人员的关心和培养，引导检察技术人员忠诚履职、公正执法，为更好地履行检察职能、执法办案工作贡献才智与力量。最后要用好人才。目前基层院没有检察技术机构，检察技术人员也有限，一定要用好，做到人尽其能、人尽其才、人尽其用。

（五）加强检察技术工作必须加强领导

首先是思想上要重视。院党组要专门听取检察技术、信息工作的汇报，经常过问检察技术、信息工作。关于县（市）区检察院设立检察技术机构的问题，市院在协调，基层院也可主动争取。其次是门类要支持。市院和各基层院要配齐工作门类的人员，要配齐检察技术、信息人员，保证检察技术、信息工作力量之必需。再次是经费要保障。该出的经费要出，该用的钱要用好。最后是政治上要关心。该提拔的要提拔，该解决职级待遇的要解决职级待遇，该表扬的要表扬，该宣传的要宣传。表扬、宣传也是一种肯定、一种关心。

二、推动侦查工作方式向现代化转变 [①]

（一）提升查办涉嫌职务犯罪案件的三种办案能力与水平

一是加强对职务犯罪线索的统一管理，健全和落实不立案举报线索审查机制、举报奖励办法、失实举报澄清机制，进一步提升职务犯罪案件线索收集、利用和管理能力与水平。二是坚持办案重心前移，深入分析案件线索、准确把握初查方向、重点和时机，综合运用查询、勘验、检查、鉴定等手段调查取证，深入精准，进一步提升精细化初查能力与水平。三是高度重视物证、书证、视听资料、电子证据、勘验检查、侦查实验笔录、鉴定结论等客观或科学证据在证实职务犯罪过程中的作用，善用法律政策、侦查谋略突破犯罪嫌疑人防线，加强

---

① 本部分系作者 2016 年 3 月 9 日在长沙市检察工作会议上讲话摘录，收入本书时略作删改。

细致化预审工作，进一步提升依法侦查的能力与水平。

（二）改进办案模式，努力实现三个转变

一是科学统筹司法办案的重点、力度、节奏和效果，优化办案结构，坚决克服和纠正办凑数案、越权办案等违背司法规律的做法，推动查办职务犯罪由数量规模型向质量效果型转变。二是加快推进远程侦查指挥、提讯系统和职务犯罪侦查与预防信息平台建设，重视大数据在侦查办案中的深度应用，探索实行规范化取证、精细化初查、专业化审讯、信息化依托、集约化办案的模式，推动侦查工作方式由传统粗放型向规范化、现代化转变。三是强化办案指挥，在保证办案质量的前提下，加强办案成本管理，加快办案节奏，提升办案效率，推动侦查组织和时效由大兵团、高成本办案向精准式、高效率办案转变。

（三）确保办案安全

最高人民检察院专门制定了关于查办职务犯罪工作的"八项禁令"，划出了规范办案的"红线"，全市检察机关要严格遵守、坚决落实；重点围绕指定监视居住、技术侦查、讯问必须在看守所进行等涉及犯罪嫌疑人人身权利、诉讼权利的各项措施和要求，加强对这些强制性侦查措施的决定、使用和具体执行等重点环节监督，保证严格依法进行，最大限度地消除办案安全隐患。

三、有效推进"互联网 +"智慧检察院集群建设 ①

今天，长沙市人民检察院与腾讯公司建立全国首个市级"互联网 +"智慧检察院集群战略合作框架协议正式签约，"长沙市人民检察院微信服务号集群"顺利上线。这是长沙市检察机关积极贯彻党中央关于"互联网 +"的重要战略部署；是探索构建"互联网 + 检察工作"工作模式，与互联网主动融入、主动互动、相向而行，做好互联网时代检

---

① 本部分系作者 2016 年 8 月 29 日在长沙市人民检察院与腾讯公司建立全国首个市级"互联网 +"智慧检察院集群战略合作框架协议签约仪式上的讲话摘录，收入本书时略作删改。

察工作"+"法的新举措。

（一）充分认识建设全市检察机关"互联网+"智慧检察院集群的重要意义

党和政府对互联网事业高度重视。党的十八大以来，习近平总书记鲜明提出了"建设网络强国"的战略思想和目标任务。2015年的政府工作报告中第一次明确提出"制定'互联网+'行动计划"。"互联网+"已经上升为国家的发展战略之一。开展全市检察机关"互联网+"智慧检察院集群建设，是推动互联网技术与检察工作深度融合的重要举措。全市检察机关要充分认识这项工作的重要性，切实增强责任感、使命感，努力把"互联网+"智慧检察院集群打造成检察机关服务大局的平台、公正司法的窗口、联系群众的纽带、全面实现检察工作新发展的阵地。

第一，建设全市检察机关"互联网+"智慧检察院集群是服务大局、服务经济发展新常态的必要举措。当前，我国经济发展进入新常态，经济增长从高速转向中高速，经济结构从低端迈向中高端，经济发展方式从规模速度型的粗放增长转向质量效率型的集约增长，从要素驱动、投资驱动转向创新驱动。如何立足检察职能，更好地服务经济平稳健康发展，是全市检察机关在新形势新要求下面临的重大考验；如何更好地运用法律手段化解日趋复杂的社会矛盾，维护和谐稳定，是全市检察机关必须应对的重大挑战。通过建设全市检察机关"互联网+"智慧检察院集群，全面推行检务公开，将检察机关的法律监督职能与市场主体的诉求形成合力，对于全市检察机关服务大局、服务经济发展新常态将起到重要的作用。

第二，建设全市检察机关"互联网+"智慧检察院集群是促进规范司法、提高执法司法公信力的有效途径。检察机关是国家的法律监督机关，规范司法、公正执法是法律对我们检察工作的本质要求。随着法治建设的推进、法律知识的普及、法治意识的提高，人民群众对司法办案规范化水平的要求越来越高。建设全市检察机关"互联网+"智慧检察院集群，全面推行检务公开，使人民群众通过互联网从深度、广度上对检察机关的执法、司法活动进行监督，有利于促进检察人员坚持践行"理性、平和、文明、规范"的司法观，提高检察机关的执法司法公信力。

第三，建设全市检察机关"互联网+"智慧检察院集群是联系群众、司法为民的重要抓手。检察机关作为国家法律监督机关，肩负着保证司法公正、打击犯罪、保护人民群众的重要使命。从目前看，检察机关联系群众、服务群众的渠道还不够畅通、载体还不够丰富，在知民情、顺民意、解民困等方面还存在明显差距。建设全市检察机关"互联网+"智慧检察院集群，构建检务信息公开平台和便民服务平台，增强检察工作透明度，建立健全反映群众诉求的快速响应机制，将让人民群众更便捷地了解、监督检察工作，形成良性互动。这是检察机关坚持民本意识、突出问题导向、不断加强和人民群众的血肉联系、不断丰富服务手段、拓宽服务领域、拓展服务种类、增强服务实效、践行司法为民的重要抓手。

第四，建设全市检察机关"互联网+"智慧检察院集群是全面推进并努力实现全市检察工作新发展的客观需要。2008年以来，长沙市检察机关精心制定、不断完善并大力实施了全市检察工作新发展的总体思路，取得了明显成效，检察工作每年都取得新进展、新成效，实现了新发展。但我们要清醒地看到，检察工作还存在诸多问题和不足。建设全市检察机关"互联网+"智慧检察院集群，将有助于全面接受人大监督、政协民主监督以及社会各界监督，让检察机关全方位地听取人民群众的呼声，集思广益，促进全体检察人员进一步统一思想，振奋精神，忠诚履职，真抓实干，争创一流业绩，全面实现全市检察工作的新发展，谱写长沙检察事业的新篇章。

（二）准确把握全市检察机关"互联网+"智慧检察院集群建设的导向与任务

今天，"互联网+"智慧检察院集群战略合作框架协议正式签约，"长沙市人民检察院微信服务号集群"顺利上线。这只是集群建设与运行工作的第一步。当前和今后一个时期，我们要以此次签约为契机、为新起点，从长计议，从高要求，求真务实，加大力度，乘势而上，把工作扎扎实实、一步一步推向前进。

第一，要坚持正确的政治方向。习近平总书记在党的新闻舆论工作座谈会重要讲话中强调"新媒体也要讲导向"。"长沙市人民检察院微信服务号集群"是以新闻传播和便民服务为主要功能的检察新媒体，在导向要求上，必须始终坚持正确的政治方向，忠实履行检察传播职责，切实增强政治敏锐性和政治鉴别力，牢牢把握正确的舆论导向。要始终坚持围绕中心、服务大局，通过大力宣传党的路线方针政策，宣传社会主义民主法治建设成果，宣传长沙检察工作新发展的成就，宣传长沙检察队伍建设新风貌，引领、指导和推动司法办案工作，推进其他各项检察工作，为全面实现全市检察工作新发展发挥积极作用。

第二，要打造优秀的管理队伍。全市两级检察机关要高度重视和抓好"长沙市人民检察院微信服务号集群"队伍建设。一是要专岗专职。要设定专职管理岗位，明确专人负责，保障微信服务号顺利运行。二是要严格选拔。要将政治上可靠、业务上精湛的检察人员选拔到微信服务号管理岗位，严把微信服务号管理人员准入关。三是要加强培训。通过政策法规、业务知识、操作规程的培训，使微信服务号管理人员牢固树立主动发声的理念、立体传播的理念、全员宣传的理念；提升微信服务号管理人员的新闻策划能力、媒体沟通能力、舆情引导能力、群众工作能力，确保集群的安全快捷高效运行。

第三，要完善科学的规章制度。一是要建立规范的微信服务号信息发布审批制度，按照个人拟稿、部门负责人复核、分管院领导审核等三级程序，严把信息发布审批关。二是建立内部联动与外部协作机制，构建全市检察微信服务号集群一体化机制，实现"1+1>2"的效果。三是要建立责任明确的奖惩机制。各基层检察院要将微信服务号工作纳入宣传工作年度绩效考核之中，市检察院要将微信服务号工作纳入全市检察宣传工作考核中，明确奖惩标准，严格进行考核，按要求兑现奖惩，以激发工作活力，推进"互联网+"智慧检察院集群建设不断深入。

（三）切实保障全市检察机关"互联网+"智慧检察院集群建设和运行有力推进

第一，强化组织领导。全市两级检察机关要高度重视"互联网+"智慧检察院集群的建设和运行，把这项工作列入重要议事日程，加强组织领导，强化责任落实，确保集群建设与运行的各项任务得到不折不扣的贯彻落实。要把集群建设与运行作为"一把手"工程，两级院检察长要亲自抓，分管副检察长、院领导要具体抓、直接管，特别是对集群建设与运行中的重点难点问题，要亲自过问、亲自研究、亲自协调，亲自解决困难与问题。

第二，落实投入保障。各单位要积极创造条件，对"互联网+"智慧检察院集群切实给予保障，确保集群建设与运行资金落实到位。同时，各单位要积极向当地党委、政府汇报集群建设与运行情况，争取财政支持，确保平台的顺利部署、功能拓展和高效运行。

第三，加强宣传发动。要充分利用新闻媒体开展宣传，精心设计主题鲜明、通俗易懂的宣传口号，大力宣传"互联网+"智慧检察院集群的宗旨、性质、特色和作用；要广泛利用微博、微信、手机定制服务等新媒体新技术，让人民群众充分利用集群与全市检察机关广泛互动。通过宣传发动，着力提升集群的社会认知度，使集群真正成为反映各方民意的"直通车"、服务党组决策的"信息源"、全面实现长沙检察工作新发展的新动力。

互联网已经融入检察工作的方方面面，全市检察机关全体检察人员要以今天的"互联网+"智慧检察院集群战略合作框架协议签约和微信服务号集群顺利上线为契机，更加牢固树立"民主、开放、参与"的互联网思维，更加主动接受互联网媒体的舆论监督，全面正确履行法律监督职能，全面实现长沙检察工作的新发展，为服务建设能量更大、实力更强、城乡更美、民生更爽的长沙，为服务长沙率先建成全面小康加快实现基本现代化做出不懈努力和积极贡献！

第五节　机制活检

一、建章立制 ①

根据中央政法委、最高人民检察院和省检察院的统一部署，今年4月以来，我们认真组织开展了社会主义法治理念教育活动。活动中，我们从长计议，着眼于找准问题，着眼于整章建制，着眼于解决问题，收到了一定的效果。

发现、找准问题是解决问题的前提。为了找准问题，我们采取多种形式和途径，广泛、深入地收集、征求意见共收到各类批评、意见和建议167条，归纳起来主要涉及检察机关领导班子、队伍建设、检察业务、办案工作、执法质量、机关管理六个方面。针对这些问题，我们逐条研究，科学分类，有的放矢，精心研究制定了15个规范性文件，并狠抓落实，促进了问题的解决或逐步解决。

（一）针对领导班子和队伍建设中存在的薄弱环节，制定和实施了加强领导班子和检察队伍建设的制度、机制

第一，坚持"从严治长"。经过认真调查和思考，我们制定了《关于加强市检察机关领导班子建设的意见》。这个《意见》共有16条，包括指导思想、总体目标、主要要求和基本制度，得到了市委组织部的肯定。我们提出市县两级院领导班子要从高从严要求自己，自觉"从我做起"，号召全体干警"首先对我监督"。具体做到"九个带头"，即带头勤奋学习、带头提高法律监督能力、带头执行上级部署、带头办理大要案、带头严格公正执法、带头干出实绩、带头团结共事、带头廉洁自律、带头亲民为民。工作中，市院领导班子成员以身示范，

---

① 本部分系作者2006年10月17日在全省检察机关社会主义法治理念教育活动电视电话会议上的发言摘录，收入本书时略作删改。

努力践行"九个带头"，在干警中产生了良好的影响。在带头办案方面，2006年以来，市院8名领导班子成员共亲自或参与查办职务犯罪要案和办理刑事犯罪、诉讼监督重特大案件63件，亲自接待涉检涉诉上访31件。在带头学习方面，市院6名院领导共亲自撰写理论调研文章11篇。其中，《检察机关服务大局要正确处理四个关系》一文，市委书记给予了高度评价，并在市委内刊《民本岳阳》上原文刊载，最近省委《内参》也对该文予以刊发，送省委常委审阅，最高检《检察论坛》也拟采用。

第二，坚持"从严治警"。针对检察队伍建设中存在的一些薄弱环节，我们向人大代表、人民群众、社会各界庄严作出了"六个严禁"的承诺。随后，制定了《岳阳市人民检察院关于实施从严治检与从优待检的实施办法》。明确规定了凡主动查处检察人员违法违纪问题和案件的单位及部门，不影响评先评优；凡违纪违法的，无论是谁，一律依纪依法查处。还制定了《岳阳市人民检察院检风检纪监督员管理办法》，聘请了16名人大代表、政协委员担任检风检纪监督员，并召开座谈会议2次，更加主动地接受外部监督。今年初，市院机关有1名干部无故未参加全院干警大会，市院依照有关规定对其以旷工论处，并在全院予以通报批评。今年6月，市院接到电话举报，有一台检察院的警车停在某娱乐场所。闻讯后，市院纪检组长亲自带领有关人员赶到现场，当即查明系某基层院一名班子成员所为，责令其写出书面检讨，在该院作出深刻检查。

（二）针对办案工作中存在的薄弱环节，制定和实施了加强办案工作的制度、机制

针对办案工作中存在的一些薄弱环节，我们制定了《关于进一步加强办案工作的实施意见》，包括指导思想、工作目标、工作任务、主要措施、基本制度等。在主要措施方面，确定了保障措施、办案措施、管理措施、协调措施；在基本制度方面，确定了目标管理制度，督查、检查、讲评、通报制度，考核考评奖惩制度，办案质量责任制和责任

追究制度，办案一体化工作运行机制，办案骨干人才选拔、培养、使用、管理机制等。同时，在全市检察系统开展查办职务犯罪和办理诉讼监督等十类优案评选活动。以强力推进办案工作，推进检察业务工作的深化和发展。如在查办职务犯罪案件中，大力实行全市检察机关侦查一体化，今年以来，市院抓住群众反映强烈的法院、银行和医疗系统，依法快速启动侦查一体化机制，组织 9 个基层院的 54 名侦查骨干参与初查和侦查，成功查办了一批全市两级法院、银行和医院工作人员涉嫌职务犯罪案件，共计立案侦查 25 案 25 人，其中正处级要案 4 人，副处级要案 5 人，在社会上产生了良好影响。

（三）针对执法质量中存在的薄弱环节，制定和实施了加强执法质量的制度、机制

近年以来，我市两级检察院执法质量总体上有了提高，但执法质量问题仍然突出。年初，我们组织市院 10 个业务部门的负责人专程到湘潭、娄底市院学习考察，并制定了《关于加强全市检察机关执法质量工作的实施办法》。同时，市院 10 个业务部门相继制定了执法质量工作的"五项机制"，有的被省院有关部门转发。市院还决定并部署在全市检察机关开展评选执法质量"双百案""双十案"活动，即评选表彰100 起执法质量样板案和评选通报 100 起执法质量瑕疵案，评选表彰10 起执法质量精品案和评选通报 10 起执法质量最差案。6 月中旬，市院对市院机关 10 个业务部门自去年 10 月 26 日所办理的 82 件各类案件的执法质量进行了一次全面、检查考评；还对各基层院的执法质量进行了抽查，促进了所办案件执法质量的提升。8 月份，省院督察组来我院进行执法质量督查时，对我院的执法质量给予了较高的评价。

（四）针对机关管理工作中存在的薄弱环节，制定和实施了加强机关管理工作的制度、机制

针对机关管理工作中存在的一些薄弱环节，今年以来，我们明确提出了推进检察机关的管理科学化，实现对各项检察工作的制度化、精细化、动态化管理。

一是重视和加强激励机制建设。先后制定了《全市检察机关"三先双十优"评比表彰暨争创活动实施方案》《全市检察机关查办职务犯罪和办理诉讼监督大要案个案奖励办法》《全市检察机关各类检察业务骨干和人才的选拔、培养、使用、管理实施方案》等一系列有关管理方面的规范性文件。通过开展争先创优活动，逐步树立一批先进集体，树立一批优秀业务能手、一批优秀检察人才、一批优秀中层骨干、一批优秀领导班子成员。

二是重视和加强对各项检察工作目标的管理。今年以来，我们制定了《岳阳市人民检察院年度工作目标管理考核考评实施细则》，制定了对各内设机构年度工作实行科学、严格的百分制考核考评和奖惩。为加强工作目标的动态化管理，市院制定并坚持了市院机关季度工作通报讲评制度和全市检察长办案工作季度汇报讲评制度，已于4月、7月、10月三次分别召开了全市检察长办案工作季度汇报讲评会议和市院机关季度工作通报讲评大会，有力地促进了工作的开展。

三是重视和加强"工、青、妇、老"分类管理工作。市院召开了市院机关女干警座谈会、青年干警座谈会和离退休老同志座谈会、复员转业军人座谈会，开展"爱检、护检、为检"活动（即热爱检察事业、维护检察形象、为检察工作建功立业），开展评选表彰"学习""工作""文明"标兵活动，开展各种有益的文体娱乐活动。如在做好老干部工作方面，召开了市院机关44名老干部座谈会，认真听取意见、建议，精心研究重视和关心老干部工作，并已制定具体方案，这对凝聚力量、振奋精神、弘扬正气起到了较好的作用。

（五）针对信息化建设中存在的薄弱环节，制定和实施了加强信息化建设的制度、机制

这些年来，我市检察机关的信息化建设在全省处于比较落后的状态。据此，我们下决心狠抓了信息化建设，先后制定了《关于加强全市检察机关信息化建设的实施意见》《岳阳市人民检察院关于学习和运用计算机技术、提高计算机应用能力和水平的培训方案》。一是明

确了总体目标。就单位而言，我们将大力推进实施"1521"工程，力争尽快使我市检察机关的信息建设由比较落后的位置跨入全省检察系统比较领先位置。就检察人员而言，我们提出两年内，市院检察干警通过培训，通过国家计算机等级考试（一级）的分别占80%和70%；具有计算机操作能力和水平的占90%，其中两级院领导班子和中层骨干以及45岁以下干警均要具有运用信息技术办公办案的能力和水平。二是强化了具体措施。今年8月市院组织全院102名干警参加了历时半个月的计算机基础知识集中培训，9月23日、24日，市院又组织91名干警参加了全国计算机等级一级考试。三是取得了初步成效。目前，我市检察机关三级专线网已建成，"三网合一"功能得到较好发挥；在全市检察系统开通了专线电话和专线传真；市院机关今年又投入20万余元加强局域网的硬件建设，实现了市院机关与省院和其他检察机关的信息共享；购买、安装、使用了办公办案软件。今年以来，我们重视并大力加强信息化建设的决心和一些效果得到了省院领导的肯定。

（六）针对检察机关文明建设中存在的薄弱环节，制定和实施了推进机关文明化的制度、机制

今年以来，我们把争创文明单位作为推进检察工作新发展的一项重要载体来抓。市院党组作出了市院机关争创2006年度省级文明单位的决定，制定了规划，有关工作正在抓紧扎实进行中。市院开展了"创建学习型检察院，争当学习型检察人员"学习活动。制定了《关于开展"创建学习型检察院，争当学习型检察人员"学习活动的实施方案》，确立了争创目标，制定和落实了争创措施。市院党组学习中心组带头加强学习，已组织开展了7次集中学习，共有110人（次）在会上作了中心发言，并形成了书面材料。9月19日，市院召开了第一次学习成果展示报告会，有13名干警宣读了自己的学习体会文章，通过评委现场打分，评出了一等奖、二等奖各3名，三等奖7名。

总之，我们在开展社会法治理念教育活动中，注重紧密联系实际，

有的放矢，开动脑筋，整章建制，用机制管人、用机制管案、用机制管事，逐步取得了一定的效果。教育活动开展以来，全市两级检察机关和广大检察人员服务大局、维护公平正义、依法办事、执法为民，坚持和服从党的领导的意识更加增强，思想更加统一，行为更加自觉，效果更加显著。有力促进和推动了我市检察工作的科学、有序、全面、深入、健康发展。1月至9月，我市查办职务犯罪工作取得了新的进展。全市共立案侦查涉嫌贪污贿赂犯罪案件69件78人，同比案数上升15%，其中要案8件8人，同比分别上升75%，大案57件61人，同比上升48.7%和10.7%，大要案率为82.4%，大案数和大要案比例在全省各市州院居领先位置；侦查终结54件61人，同比案数增长8%，向法院提起公诉62人，同比上升27%；法院已判决32人。共立案侦查涉嫌渎职侵权犯罪案件33件40人，其中要案2件2人，上年同期没有；大案16件17人，同比分别上升60%和70%，大要案率为56.3%；侦查终结24件29人；向法院提起公诉16人，同比上升77.8%，法院已判决18人，同比上升3.5倍。全市反渎工作位列全省反渎部门前列。同时，审查批捕、审查起诉和诉讼监督等工作也都比上年有了新的发展，得到有关领导的好评。市委、市人大、市政府、市政协对检察工作非常重视。不久前，市里还专门为我院增拨专项经费，用于办案工作区、机关信息化等建设。市委书记在审阅我们上半年检察工作的情况汇报后，亲自作出批示："上半年全市检察工作有序推进，态势良好，望检察系统的同志再接再厉，团结奋斗，从严律己，执法为民，围绕大局，建功立业。"最高人民检察院、省检察院均在《检察简报》上予以刊载，《检察日报》也头版进行了报道。

在开展社会主义法治理念教育活动中，按照最高检、省院最近作出的部署，我们做了一些工作，取得了一定的效果。但应清醒地认识到，我们的工作做得还很不够，离最高检、省院的要求，与兄弟单位比较，还有很大的差距。今后，我们将以省院这次电视电话会议为契机，认真按照中央政法委、最高检、省院的部署和安排，更好地统一思想，更加扎实地抓好教育活动有关工作，更加注重解决问题，把社会主义法治理念教育活动抓紧抓好抓实，并以此促进各项检察工作，为全省检察工作创新发展做出应有的贡献！

二、建立和完善反贪污贿赂犯罪工作机制 [①]

坚持从长计议，建立健全反贪污贿赂犯罪工作制度、机制。推进工作制度、机制建设，将从根本上有利于促进反贪污贿赂工作健康、深入、科学和可持续发展。

（一）严格执行上级有关查办职务犯罪案件工作的规定、制度和机制

一是严格执行中央、最高人民检察院、省检察院所确定的讯问职务犯罪嫌疑人同步录音录像、职务犯罪审查逮捕上提一级、人民监督员制度、"两个证据规定"、侦查一体化等机制、制度和规定。二是严格执行要案线索上报备案制度。建立、健全线索评估制度，实现对案件线索的集中管理和有效利用。三是完善安全办案制度。建立健全办案工作区准用制度和办案医疗保障配合机制，实行办案工作区管用分离和审、录、看分离制度，加强对讯问、询问活动的有效制约，规范讯问、询问工作，把执行办案纪律和办案安全防范制度落实到每一起案件和每一个办案人员，确保不发生办案安全事故。

（二）建立和完善内部协作机制

一是加强检察机关之间以及各职能部门的联系配合，完善内部发现和移送贪污贿赂犯罪案件线索的机制。二是加强侦查与审查批捕、公诉和刑事抗诉等部门工作的衔接，既加强协作配合，又强化内部监督制约，严把事实关、证据关、法律关，努力实现办案数量、质量、效率、效果和安全的有机统一。

---

① 本部分系作者 2012 年 4 月 11 日在长沙市检察机关 2012 年"司法公正长沙行"活动启动仪式上的讲话摘录，收入本书时略作删改。

（三）建立和完善与外部的协调配合机制

一是积极配合纪检监察部门，建立完善相关工作制度，对非法干预、阻挠检察机关查办贪污贿赂犯罪案件的，主动与纪检监督部门沟通，追究当事人党纪、政纪和法律责任；二是会同法院加强相关法律运用问题的研究，重点加强对贪污贿赂犯罪定罪、量刑标准、数罪并罚、损失后果认定的研究，着力解决贪污贿赂等职务犯罪处罚偏轻、缓刑过多等问题。

三、健全公诉工作机制 ①

全市检察机关及公诉部门要以司法体制改革为契机，全面推进公诉环节司法改革，坚持目标导向、问题导向，建立和健全公诉工作机制，着力解决制约司法能力、影响司法公正的深层次问题。

（一）健全完善"以审判为中心"的公诉权运行机制

进一步更新司法理念，正确认识改革的内涵及对公诉工作的影响。一要更加注重发挥公诉在审前程序的主导作用。加强对侦查的指导、引导和有效监督，完善介入侦查、引导取证工作机制，规范退回补充侦查工作，落实非法证据排除规则。有效发挥公诉审前过滤功能，严把事实证据关，对达不到起诉标准的案件在审前依法进行分流，降低起诉风险，避免"带病"起诉。二要更加注重推进庭审实质化。做好庭前准备，加强庭前对案件的全面审查，做好庭前预测和应对预案；强化当庭指控，加强对公诉主张的说理，加强对证据合法性的证明，保证庭审在查明事实、认定证据、保护诉权、公正裁判中发挥决定性作用。三要更加注重证据裁判原则。严格证据标准，既要重视收集和采信有罪证据，又要重视收集和采信无罪证据。严格按照法定标准审查认定证据。排除非法证据，解释和补正瑕疵证据，确保公诉案件证

---

① 本部分系作者 2016 年 4 月 7 日在长沙市检察机关公诉工作会议上的讲话摘录，收入本书时略作删改。

据经得起法律检验。四要更加注重构建良性互动的诉辩关系。认真贯彻《关于依法保障律师执业权利的规定》，保障律师执业权利，依法、规范与律师交流沟通，在审查起诉和出庭公诉中重视听取和审查核实律师的意见。

（二）深入推进轻微刑事案件快速办理机制

进一步深化速裁程序试点工作。刑事速裁程序试点工作是中央政法委部署的一项重要改革任务。长沙市作为试点单位，自开展试点工作以来，大胆实践、稳步推进，不论是在案件的适用数量方面，还是在工作机制的建立完善方面，都取得了明显的成效。今年要继续深入贯彻落实"两高两部"《关于在部分地区开展刑事案件速裁程序试点工作的办法》关于速裁案件适用条件的规定，加大试点工作推进力度，主动加强与相关部门的工作联动，确保试点工作更趋完善、取得实效。要积极探索建立犯罪嫌疑人认罪的轻罪案件迅速起诉制度，探索被告人认罪与不认罪案件相区别的出庭支持公诉模式等改革工作。

（三）健全公诉环节检务公开机制

加强办案程序性信息和法律文书网上公开，及时公布重大案件公诉情况。积极推行相对不起诉、绝对不起诉案件公开审查，努力打造"阳光公诉"。加强公诉法律文书释法说理，针对案件争议焦点，厘清事实认定，阐明法律依据，讲透法理情理，提高当事人及人民群众的接受度和认可度。高度重视敏感案件舆论引导和舆情应对，完善公诉环节敏感案件舆情的发现收集、快速反应、协同预判和应对引导机制。

四、建立刑事审判法律监督机制 [①]

（一）建立、健全刑事审判法律监督工作机制

在刑事审判法律监督方面，由于没有建立、完善相关的制度，或虽

---

① 本部分系作者2010年4月6日在长沙市检察机关2010年"司法公正长沙行"活动启动仪式上的讲话摘录，收入本书时略作删改。

然建立、健全了有关制度但未落实，客观上在刑事审判活动监督中出现了该依法监督而未予以监督的情况。这方面，各基层院都要下功夫思考，尽量建立、健全和执行相应制度。及时审查法院的判决书、裁定书，发现错误判决和裁定及时依法提出抗诉，纠正错误判决和裁定，确保司法公正。

（二）建议审判机关建立和完善刑事审判工作机制

对于审判机关来说，刑事审判工作要做到没有错误判决、裁定，或者最大限度地减少错误判决、裁定，要杜绝刑事审判活动中的违法行为，或者最大限度地减少审判活动中的违法行为，靠什么？还是靠制度和机制。法院刑事审判工作的制度、机制也有一个逐步成熟、逐步完善的过程，有的制度、机制还有新建立的问题。检察机关在对刑事犯罪案件提起公诉中，通过开庭、庭审调查和出庭支持公诉，通过开庭后的监督，所发现的错误判决、裁定和刑事审判活动中的违法行为，从某种意义上讲，都源于法院制度的缺乏或不完善或没有严格执行。我们对此可能会看得更清。检察机关应当及时真诚地向法院提出有关检察建议，建议他们把有关制度、机制建立、完善、执行起来，这将有利于法院更加规范地行使刑事审判权，有利于法院深入推进刑事审判工作的健康发展。

五、完善和落实监所检察工作机制 [①]

紧紧围绕强化法律监督，结合监所检察特点规律，建立和完善有利于促进监所检察工作科学发展的长效机制。

（一）完善和落实刑罚变更执行同步审查机制

坚持形式审查与实质审查相结合，适时启动法律监督调查程序，依法提出审查意见；妥善处理好减刑、假释案件提请监督与出庭监督之

---

① 本部分系作者2013年3月14日向长沙市人大常委会所作的《关于长沙市检察机关开展"司法公正长沙行"活动主要情况的报告》摘录，收入本书时略作删改。

间的分工及配合，加强减刑、假释案件开庭审理监督。

（二）推进巡视检察工作机制建设

贯彻最高检《关于上级人民检察院监所检察部门开展巡视检察工作的意见》，加强上级检察机关对监管场所和派出派驻机构履职情况的检查和巡视，防止和减少因"同化"等因素造成的监督不严格、不公正、不廉洁等问题，促进刑罚执行和监管活动依法顺利开展。

（三）落实社区矫正监督工作机制

认真抓好监外执行和社区矫正法律监督机制及刑释解教人员帮教管理机制建设，积极推动建立检察机关与相关部门的信息共享机制，及时掌握社区服刑人员监管、矫正等情况，加强动态监督，依法纠正脱管漏管、违法交付执行、违法变更执行等问题，促进社区矫正工作依法规范开展，促进加强和创新社会管理。

（四）深化与公安机关、司法行政机关之间的监督制约与协调配合机制

重视加强与监管部门的沟通协调，理顺关系，形成共识，建立健全联席会议、情况通报、信息共享、列席减刑假释评审会议等制度，营造良好监督环境；坚持分工负责、互相配合、互相制约，将检察监督与其他部门内部纠错机制结合起来，做到敢于监督、善于监督、理性监督、规范监督，共同梳理完善有关规章制度，共同预防诉讼违法行为的发生，共同维护司法公正和法制权威。

六、构建依法妥善处理社会矛盾工作机制 ①

依法妥善处理社会矛盾是一项长期的、综合的系统工程。建立、健全检察机关依法、妥善、有效处理社会矛盾的科学、长效工作机制，是积极应对当前纷繁复杂的社会矛盾、妥善解决检察机关所面对的有

---

① 本部分系作者 2011 年 3 月 18 日在全国地市级检察长研讨班上撰写的论文摘录，刊载于《人民检察》2011 年第 22 期，收入本书时略作删改。

关社会矛盾的关键所在。根据中央和最高人民检察院有关精神，结合我市一年来依法、妥善处理有关社会矛盾工作的实践，我认为构建检察机关依法、妥善处理社会矛盾工作机制十分必要。其框架及内容至少需要包括以下几个方面：

（一）建立健全社会矛盾发现机制，及时全面掌控矛盾

建立健全有关发现机制是依法、妥善处理社会矛盾的前提。为此，必须积极主动地深入基层、深入群众了解情况、排查矛盾，从中发现矛盾，进而及时全面掌控矛盾，力求将矛盾化解在萌芽状态。

一是健全社情民意调查机制。要多方面开展社情民意调查，听取民声，了解民情，掌握民意，发现问题。要畅通民意表达渠道，通过全面开通"12309"举报电话、建立网络数字化举报平台、探索手机短信和互联网QQ举报新方式等办法，使群众可以方便、快捷、安全地向检察机关表达诉求。要完善定期走访、下访和巡访制度，建立来访人员回访制度，大力开展"检察官进农村、进社区、进企业、进校园""检察沟通民意大走访"等活动，便于掌握民情动向、发现矛盾隐患。要着力推行检察联络室制度。2010年，我市在全市各乡镇、街道设置检察联络室171个，选派专职检察联络员215名，聘请兼职检察联络员1080人，每月定期开展检察联络活动。实践证明，这种做法有利于密切与人民群众的联系，有利于服务群众、服务基层，有利于及时发现不稳定、不确定、不和谐因素。

二是构建维稳形势研判机制。要加强犯罪分析机制建设，定期组织相关业务部门研判维稳形势，分析刑事犯罪发展趋势，剖析重大敏感案件，特别是加强对城中村、城乡接合部、休闲娱乐场所安全形势的判断和把握，及时发现可能影响社会稳定的苗头性、倾向性、潜在性问题，为把社会矛盾和不稳定因素消除在萌芽状态提供准确依据。要探索建立执法办案风险评估与防范机制。加强自身执法办案风险评估预警机制建设，率先建立实施廉政风险防控机制，促进自身反腐倡廉建设，防止因检察机关自身执法不当引发不稳定因素。

三是完善涉检舆情监控处置机制。正确看待信息时代各种社会媒体的作用，科学利用社会媒体信息量大、影响面广、传播速度快等优势，跟踪社会热点，及时掌握舆情，正确引导舆情。要建立涉检舆情实时监控机制，建立起涉检舆情监控和网络评论员队伍，健全与新闻媒体定期联系机制，实时了解各类媒体特别是网络等新兴媒体的关注点、舆论的兴奋点，及时掌握涉检舆情动态。要加强对涉检舆情的分析评估，敏锐、准确地发现舆情背后的社会矛盾特别是涉及检察工作或检察队伍的矛盾。要建立涉检舆情应急处置机制，制定《涉检舆情应急处置办法和工作预案》，建立涉检舆情应急处置联动快速反应系统，努力做到对突发事件在第一时间掌握真实情况、在第一时间作出快速反应、在第一时间作出正确处置。

（二）建立健全社会矛盾化解机制，依法妥善处理矛盾

建立健全有关化解机制是依法、妥善处理社会矛盾的关键。为此，必须根据已发现乃至发生的社会矛盾及纠纷，紧扣检察职能，紧密结合检察执法办案，延伸服务职能，主动、及时开展或参与社会矛盾及纠纷的化解工作，力求取得良好成效。

一是健全刑事和解工作机制。要积极贯彻"两扩大、两减少"工作要求，制订关于加强适用刑事和解办理刑事案件工作的具体意见，就适应刑事和解办理刑事案件、化解社会矛盾的指导思想、基本原则、适用范围、工作措施和基本要求作出详细规定，便于操作应用。要积极探索推行刑事和解工作与公安、法院、司法等机关工作相对接的机制，切实加强对刑事和解工作的监督管理，确保刑事和解工作依法规范开展。2010年，我市检察机关建立和执行刑事和解与侦查机关侦查工作、人民调解工作、人民监督员工作、量刑建议工作、社区矫正工作、纪检监察工作"六对接"新机制，共运用刑事和解办理轻微刑事案件 675 件 874 人，经回访考察，当事人无申诉上访。

二是建立化解矛盾延伸机制。要在坚持把执法办案作为化解社会矛盾的主要途径的同时，主动将执法向化解矛盾延伸。抓住重点办案

化解突出矛盾，延伸服务办案化解疑难复杂矛盾，依法慎重办案防止引发新的矛盾。比如，我市岳麓区检察院建立以"经济救助、法律援助、心理辅助"相结合的刑事被害人"三助"救助机制，有效防止了刑事被害人因生活无望、诉求受阻、心态失衡而滋生社会矛盾，社会效果良好，得到了当地党委、人大、政府、政协和社会各界的充分肯定，为全市检察机关创新化解矛盾延伸机制提供了成功范例。要紧密结合执法办案，深入开展法制宣传教育，普及法律知识，增强群众的法制观念和守法意识，提高群众依法行使权利和履行义务的自觉性，不断清除可能滋生矛盾的土壤。

三是完善涉检信访处理机制。要坚持直接面对矛盾不回避、着力解决矛盾不松劲。要通过畅通检察长接待日、人民监督员参与接访和下访巡访"三条途径"，强化对重点案件实行领导包案到位、对一般案件实行首办责任落实到位、对可能重复访案件实行经常性回访到位、对确有问题的案件纠正整改到位"四个到位"，紧扣公开信访程序、公开受理情况、公开处理过程、公开处理结果"四个公开"，妥善办理刑事申诉案件、刑事赔偿案件，化解涉检信访积案。要建立健全特困刑事被害人救助机制，积极为特困刑事被害人及其家属争取司法救助金，缓解其生活困难，彰显社会主义法制的人道主义精神。

四是建立化解矛盾对策建议机制。要加强对各类矛盾成因和发展规律的研究，主动向党委、政府和相关社会管理职能部门提出防范和化解社会矛盾的对策建议，形成化解社会矛盾的合力，提高化解社会矛盾的实效，促进社会健康发展。去年，我市宁乡县检察院把查办案件与查找漏洞相结合，把向发案单位提出检察建议与向党委、政府提出决策建言相结合，形成了"双查双建"的工作经验，取得了良好的执法办案效果。

五是健全化解矛盾工作合作机制。社会矛盾化解工作涉及方方面面，需要相关职能部门共同努力，携手并进。就检察机关而言，必须建立和完善由党委统一领导、与相关职能部门相互配合的工作协调机制，继续开展综治基层基础"联街创点"工作，积极参与对重点地区的综合治理，配合加强对特殊人群的帮教管理，主动做好预防未成年人犯罪工作，推动建立人民调解、行政调解、司法调解三位一体的"大调解"工作体系，用心、细心、耐心、齐心化解社会矛盾纠纷。

（三）建立健全社会矛盾保障机制，夯实有效处理矛盾基础

建立健全有关保障机制是依法、妥善处理社会矛盾的基础。为此，应做到以下几点：

一是强化责任制度。要根据上级党委和检察机关的安排部署，结合当地实际，因地制宜地制定关于检察机关深入推进依法、妥善处理社会矛盾的实施意见和具体责任分工与要求，将依法、妥善处理社会矛盾的具体工作逐一落实到相关院领导和责任部门，并提出具体意见和要求，使所有工作部门和检察人员分工清晰、责任明确。

二是强化督查机制。要通过汇报讲评会等形式对依法、妥善处理社会矛盾工作进行定期督查，由下级检察院检察长向上级检察院汇报依法、妥善处理社会矛盾工作情况，指导解决工作中存在的问题。上级检察院领导定期分别带队深入下级检察院特别是基层检察院，进行专项督查；对措施不力、效果不明显的及时督促整改，促进工作责任落到实处、工作收到实效。

三是强化奖惩机制。要将依法、妥善处理社会矛盾工作纳入检察机关科学化管理与考核，并作为考核的重要内容，严明奖惩。要实行"包案到人""包事到人"，要求实现案结事了、息诉息访。对应由检察机关依法、妥善处理社会矛盾及纠纷而工作不力、不及时的，予以通报；对其中引发矛盾激化而产生不良影响乃至造成严重后果的，严格按照有关规定处理直至给予纪律处分。对工作出色、成效突出的，则要及时予以表扬或表彰。

四是强化骨干、人才培养机制。做好依法、妥善处理社会矛盾工作，关键靠人，归根结底靠班子、靠骨干、靠人才。为此，检察机关

必须加强领导班子能力建设，提高领导班子的凝聚力、战斗力、创新力、执行力、公信力和"免疫力"，铸就坚强有力的领导班子；必须加强检察队伍建设，引导广大检察人员牢固树立以人为本、执法为民的观念，自觉践行理性、平和、文明、规范的执法、司法理念，提高适用法律政策、释法说理、突发事件处理、舆情应对的能力，特别是群众工作能力，力争以最佳方式和较高水平依法、妥善处理社会矛盾及纠纷，取得令人满意的效果，促进社会和谐稳定。

七、加强检察工作的机制建设 [①]

建立和落实机制是检察事业深化发展的动力。机制建设解决的是根本性、全局性、决定性的问题，只有把机制建设抓起来，我们的工作才会有序、优质、高效地运转。市检察院党组在部署全市检察工作新发展总体思路以及其他有关会议上，都对加强机制建设进行了强调，作出了安排。全市检察机关要着重抓好以下几个方面的机制建设：

（一）建立和执行执法办案工作机制

对检察业务工作特别是办案工作，根据上级检察机关的规定、要求，因地、因时制宜地建立有关机制。建立查办职务犯罪和办理诉讼监督案件的系列机制，以增强办案意识，激发办案热情，形成办案合力，强力推进办案工作。建立和健全检察环节贯彻"严打"方针的系列机制，增强打击的针对性与时效性。建立和健全快速处理轻微刑事案件工作机制和刑事和解工作机制，依法扩大诉讼简易程序适用，完善未年人刑事犯罪案件的办案方式，保障和促进宽严相济刑事司法政策和省院有关刑事和解规定、要求的落实；建立和健全侦、捕、诉协同机制，构建行政执法与刑事执法相衔接等机制，实现检察资源与外部有关执纪执法部门办案资源的有效整合。

---

① 本部分系作者 2008 年 6 月 10 日在长沙市检察机关"大学习、大讨论"专题研讨班上的讲话摘录，收入本书时略作删改。

（二）建立和执行业务一体化工作机制

强化上级检察机关对下级检察机关的领导和指导，对职务犯罪侦查、审查批捕、审查起诉、诉讼监督和其他检察业务中的重大案件、重大工作、重大事项、重大问题等，逐步探索建立以市院为主体、以县（市）区院为基础的业务工作一体化运行机制，形成上下联动、协调一致、资源共享、优质高效的合力。重点建立和执行侦查一体化和其他业务工作一体化的有关工作机制，以加强统一组织、指挥、管理与协调，加强资源共享，提高工作的整体合力，提升检察业务和检察工作的质量和效果。

（三）建立和执行执法办案监督制约机制

建立和完善内部制约机制。为了加强对检察机关自侦部门侦查活动是否合法的监督，要以立案监督为重点，建立、完善侦查监督部门与自侦部门的相互制约机制；以引导侦查为重点，建立、完善公诉部门与自侦部门的相互制约机制。为了加强对检察机关各业务部门之间的执法办案的监督，要建立和完善侦查监督部门与公诉部门的相互制约机制；建立、完善控告申诉部门与各业务部门的监督制约机制；建立、完善举报部门与侦查部门的相互制约机制。要严格执行上级检察院对下级检察院的制约机制。严格执行重大案件报告制度和查办职务犯罪案件有关报备、审批制度；加强上级院对下级院在立案、逮捕、撤案、不起诉等环节的执法监督。要切实加强纪检监察监督与检务督察监督。通过有效开展执法检查、案件复查、重点案件回访等工作，及时发现和纠正执法办案中存在的问题。要建立和完善检察机关外部监督机制。要完善人民监督员有关机制，确保人民监督员依法履职的独立性，确保"三类案件"无一例外地进入监督程序，积极开展对"五种情形"的监督；要完善深化检务公开机制，依法扩大检务公开的范围，拓展检务公开的途径，以提高监督的质量，增强监督的实效。

（四）建立和执行领导班子建设机制

建立和执行领导班子长效的学习机制，确保班子成员持之以恒学，形式多样学，有的放矢学，联系实际学，提高领导班子成员的思想理论素质和综合素质；建立和执行科学的绩效考核机制，完善考核指标体系，改进考核方法体系，注重考核结果应用，加强对领导班子成员的科学管理；建立和执行全方位的监督制约机制，强化上级监督、内部监督、外部监督和家庭监督，规范和约束领导班子成员的领导、执法、工作和生活行为；建立和执行奖惩机制，增强领导班子成员的学习积极性、办案、工作主动性和廉政自觉性；建立和执行领导工作责任机制，使领导班子成员职责分明、权责分明、优劣分明、奖罚分明。

（五）建立和执行队伍激励机制

认真深入开展"三先十优"争创活动，即以先进检察院，先进领导班子，先进处（科）、局、室这三个方面为内容的先进集体争创活动；以优秀检察长、优秀院领导、优秀部门正职、优秀部门正职助手、优秀侦查员、优秀公诉人、优秀办案能手、优秀综合信息员、优秀法警、优秀检察干部这十个方面为内容的先进个人争创活动。认真开展评选表彰部门业务标兵和工作标兵活动。认真开展评选表彰查办职务犯罪和办理诉讼监督案件"十类优案"活动。认真制定科学的争先创优考核考评办法和细则。通过科学的考核考评，更好地把先进典型和优秀分子评选出来，更好地树立一批各类先进集体，树立一批优秀业务能手、优秀人才、优秀中层骨干、优秀班子成员，真正在全市检察系统形成一个树立先进、信服先进、学赶先进、争当先进的良好氛围，最大限度地激发检察干警的主动性、创造性。

八、深入有效推进"三位一体"机制建设 ①

要深入有效推进基层检察院检察业务、队伍建设和信息化"三位一体"机制建设。这个机制建设，近几年来，工作确有成效，但任务仍然

---

① 本部分系作者 2006 年 3 月 21 日在岳阳市检察政治工作会议上的讲话摘录，收入本书时略作删改。

繁重，仍需倍加努力、深入推进，力求取得明显成绩，力求促进基层检察院建设全面健康发展，提高基层检察院建设整体水平。首先，要下决心把基层检察院的业务工作抓上来。目前业务工作发展还不太平衡。基层院业务工作是否抓上来了，主要看查办职务犯罪案件的成果怎么样，办案规模是否稳中有进，办案质量是否高，法院作有罪判决的有多少；看审查和办理批捕、起诉及出庭支持公诉案件的质量、水平和效果怎么样；看办理诉讼监督案件的成效怎么样，发现和纠正了多少执法、司法不公和执法、司法不严的案件和问题，等等。其次，要下决心把基层检察院的检察队伍抓上来。要把业务工作抓上来，就必须下决心把检察队伍抓上来。目前，我们检察人员的整体素质还不能适应新形势发展的需要，特别是检察业务骨干和业务尖子不多。基层院检察队伍是否抓好了，主要看引进、培养、使用了多少检察人才，看有多少业务骨干、业务尖子，看是否做到了干警无违法、违纪问题和行为。只有检察队伍抓好了，检察各项工作才会搞上去。现在，我们有的基层院很重视抓这方面的工作。岳阳楼区检察院这方面就抓得很不错，我们要形成这样的共识，千方百计地引进人才、培养人才、使用人才，要一年一年地坚持抓下去，这样我们的检察人才、业务骨干必将越来越多，我们的检察事业也必将会越来越发展、越来越兴旺！再次，要下决心把基层检察院的信息化建设抓上来。要把基层院检察业务工作抓上来，把检察队伍抓上来，还必须把基层院信息化建设抓上来，信息化建设与队伍建设、检察业务工作是有机联系的。目前，我市的信息化建设在全省检察系统落后了，常德、湘潭等大多数市州院和许多基层院都已经走在我们的前面。我们基层院的信息化建设，现在只有岳阳楼区院搞得不错，其他基层院还有差距，有的还很不行。我们必须自加压力、倍加努力、奋起直追。把基层院信息化建设抓上来，主要看什么？主要看所在单位是否建成开通了局域网，是否建成开通了三级网，是否建成开通了外网，是否建成开通了机要通道；检察干警是否获得了国家计算机考试一级证书，是否有熟练掌握和运用计算机技术的水平和能力，是否实现了办公自动化、办案现代化。

要深入、有效推进基层检察院"三位一体"机制建设，就要加强对基层院建设的指导。市检察院领导成员要多关心基层、了解基层、多帮助基层院排忧解难，成为基层院建设的组织者、依靠者。市院各个部门要主动急基层之所急，想基层之所想，帮基层之所需，成为基层院建设的支持者、服务者。市院政治部门要成为基层院建设的娘家，贴心关爱基层、培养基层、指导服务基层，宣传优待基层。

要深入、有效推进基层检察院"三位一体"机制建设，就要加强对基层院建设的管理。管理出水平、出业绩、出成效。对基层院建设的管理，当前要注重建立和完善基层院建设的绩效管理机制。省院拟修改完善《湖南省基层检察院建设综合考核办法》，旨在建立和完善基层院建设综合考核、评价体系。市院政治部正在考虑这方面工作，各基层院政治部也要注意完善对院内各个部门的绩效管理机制，真正科学、公正地考核考评和评价基层院各个部门的工作，科学公正地考核考评和评价各个基层院建设的成效，真正科学、公正地树立先进集体和先进个人。市院各个部门对基层院对口部门的评比也是这样。真正在全市检察系统营造一个了解先进、信服先进、学习先进、赶超先进的良好氛围和局面，引导和激励各基层院和广大检察干警把心思放在工作上，把劲使在基层院建设上，防止出现单纯为争荣誉而争当先进的不良倾向。

九、着力完善检察工作机制 [①]

坚持遵循司法规律，完善检察监督体系，着力完善检察业务工作机制，提高检察监督能力，增强法律监督实效，努力维护司法公正和社会公平正义。为此，要着力完善四个方面的工作机制。

（一）着力完善刑事检察工作机制

一要完善审查逮捕、审查起诉工作机制。以深化以审判为中心的

---

① 本部分系作者 2016 年 9 月 1 日在长沙市检察工作会议上的讲话摘录，收入本书时略作删改。

诉讼制度改革为契机，健全并落实检察机关介入侦查、引导侦查取证机制，建立重大疑难复杂案件侦查机关听取检察机关意见建议制度，充分发挥诉前主导作用。探索建立审查逮捕案件诉讼式审查机制。完善并落实捕诉衔接机制。贯彻证据裁判要求，健全并落实非法证据排除制度。强化审前过滤，建立退回补充侦查引导和说理制度，坚持法定起诉标准。适应普通程序、简易程序相互衔接的多层次诉讼体系需要，推动案件繁简分流，优化资源配置。完善并落实检察环节认罪认罚从宽处理制度，探索被告人认罪与不认罪案件相区别的出庭支持公诉模式。

二要完善刑事诉讼监督机制。深入推进行政执法与刑事司法衔接信息共享平台建设，整合执法资源，实现优势互补和资源共享。探索建立侦查活动监督信息平台，实现审查批捕与立案监督、侦查活动监督深度融合。探索建立对限制人身自由司法措施和查封扣押冻结财物等侦查手段监督制度。继续探索驻公安派出所检察室机制，破解监督信息渠道不畅难题。坚持把个案监督与类案监督、经常性监督与专项监督、监督纠正违法与查处司法腐败等有机结合起来，增强监督质效。

三要完善刑事执行检察工作机制。完善交付执行、变更执行等刑罚执行活动监督制度，建立财产刑执行监督机制，完善刑罚执行监督规定。健全刑事强制措施执行监督机制，完善羁押必要性审查制度，健全纠正和防止超期羁押和久押不决案件常态化机制，完善指定居所监视居住执行监督制度。完善与执行机构、审判机关以及其他部门信息共享、案情通报、案件移送等制度，推进社区矫正信息平台和减刑、假释网上协同办案平台建设，畅通办案渠道。坚持派驻检察工作方式，完善派驻检察工作制度，强化日常监督。

（二）着力完善惩防职务犯罪工作机制

一要完善案件受理、审查和办理机制。完善职务犯罪线索统一管理制度，建立健全不立案举报线索审查机制、举报奖励办法、失实举报澄清机制，提升职务犯罪案件线索收集、利用和管理的能力和水平。

健全案件线索分析研判机制，完善综合运用查询、勘验、检查、鉴定等手段调查取证制度，提升精细化初查能力和水平。建立全面取证和证据质量审查、排除机制，严格执行讯问职务犯罪嫌疑人全程同步录音录像制度，探索建立搜查、扣押等侦查措施同步录音录像制度，严格落实办案安全防范制度，提升依法侦查的能力和水平。

二要完善科学化、精细化办案机制。科学统筹司法办案的重点、力度、节奏和效果，优化办案结构，推动查办职务犯罪由数量规模型向质量效果型转变。加快推进远程侦查指挥、提讯系统和职务犯罪侦查与预防信息平台建设，重视大数据在侦查办案中的深度应用，推动侦查工作方式由传统粗放型向规范化、现代化转变。强化办案指挥，加强办案成本管理，加快办案节奏，提升办案效率，推动侦查组织和时效由高成本、低效率办案向精准式、高效率办案转变。

三要完善外部协同办案机制。加强与纪检监察、公安、法院、审计、海关等执纪执法和司法机关的联系协作。完善纪检监察和刑事司法办案程序衔接，正确处理直接立案侦查与协助纪检监察机关办案的关系。

四要完善职务犯罪预防工作机制。完善日常联系、情况通报、信息共享、案件分析、预防介入等环节协调配合、一体统筹机制，促进侦防整体功能最优化和侦防效益最大化。完善职务犯罪预警预测机制，增强预警预测效果。探索建立跨区域职务犯罪预防协调机制，提高协同预防能力。

（三）着力完善民事行政检察工作机制

一要健全多元化民事检察工作机制。综合运用抗诉、再审检察建议、检察建议等多种方式，推动民事诉讼监督从单一裁判结果监督向裁判结果、审判人员违法、执行活动监督转变。构建书面审查与调查复核相结合的亲历性办案模式。加强基层民事检察工作，推动基层民事检察工作向依申请监督与依职权监督并重、个案监督与类案监督并举转型升级。

二要探索建立行政诉讼监督与行政违法行为监督并举的行政检察工作机制。认真落实修改后行政诉讼法和司法改革部署，全面加强行政诉讼活动监督，探索开展行政违法行为监督，更好维护司法公正、促进依法行政。积极探索行政公益诉讼工作，强化对行政强制措施实施过程的监督。完善行政检察与行政监察、行政复议等衔接机制，规范案件移转、办理、督促和结案程序。

（四）着力完善控告申诉检察工作机制

一要继续深化涉法涉诉信访工作机制。畅通"信、访、网、电"等群众诉求表达渠道，推动网上信访、远程视频接访制度化、常态化。完善控告申诉案件办理机制和终结机制，切实解决入口不顺、程序"空转"、出口不畅等问题。完善多元化纠纷解决机制，建立民行申诉案件引导当事人和解机制，落实检调对接制度，全面推行律师参与化解和代理涉法涉诉案件，稳步探索律师代理申诉制度。

二要加强和改进举报工作机制。实行举报线索集中统一管理。建立举报线索流转监督、不立案复议及审查等制度。健全举报宣传机制，深化年度举报宣传周活动。完善并严格执行举报人奖励、保护工作机制。

三要完善刑事申诉检察工作机制。严格落实刑事申诉案件复查规定，依法保护和救济当事人合法权益。落实刑事申诉案件首办责任制，健全公开审查和异地审查制度。全面推行刑事申诉案件反向审视和国家赔偿分析报告、追偿追责制度。健全并落实司法救助制度。

十、建立、健全检察理论研究工作机制 ①

检察理论研究是检察工作的重要组成部分。在实现"十二五"规划和"五化一率先"建设的新形势下，全市检察机关应该积极回应新时期人民群众对检察机关的新期盼，积极回应深入推进三项重点工作对

---

① 本部分系作者 2011 年 6 月 2 日在长沙市检察理论研究年会上的讲话摘录，收入本书时略作删改。

检察执法的新要求，努力完善工作机制，积极推进机制创新，切实提高研究实效，实现全市检察理论研究工作的新发展。

（一）完善检察理论研究交流机制

要充分发挥检察学会的社团优势，在年会制、课题制的基础上，积极探索搭建检察理论研究平台。要办好《长沙检察论坛》，充分调动全市检察干警开展检察理论研究的积极性，积极鼓励基层院联合高校法学专家学者共同开展研究，切实提升研究成果的质量和实效，采取多种形式促进研究成果的应用转化，实现检察理论研究与检察实践需求的良性互动。要加强与其他检察机关、高等院校的联系与合作，加强学术交流，集众思、广众益、采众长，努力把检察学会建设成为开放式的思想库、研究型的智囊团、实践中的思考者，充分发挥为检察业务服务、为领导决策服务的参谋、助手作用。

（二）完善检察理论研究人才培养机制

理论人才和研究能力确有强弱之分，但人才和能力要以高度的责任感、强烈的事业心为保证，要靠组织的培养和锻炼。各单位、各部门要思想重视，认真组织，强化激励，抓好检察理论调研工作，认真听取检察理论研究工作部门或人员提出的意见和建议，帮助解决工作中遇到的问题和困难，做好坚强后盾，使检察理论研究队伍和人才思想稳定。市院领导、各内设机构负责人和各基层院领导要带头积极参与和支持检察理论研究，努力成为检察理论研究工作的直接领导者、积极推动者和模范实践者。要建立一支由院领导带头、专家教授指引、检察理论研究人才及检察业务骨干参加的专群结合、内外结合理论研究队伍，积极吸收检察机关外部的专家、学者参与研究，以提高研究的质量，不断取得优秀的研究成果。

（三）完善检察理论研究激励机制

理论研究的目的在于服务决策，引导执法。因此，要切实改进全市检察机关理论研究工作的考核评价机制，有效发挥理论研究成果在引领检察执法办案工作中的导向作用。要进一步完善全市检察机关研究工作考核评比标准，鼓励多出有效指导检察工作的理论精品，多出有法理依据、有操作实效的改革建议与对策研究。要进一步完善检察理论研究工作激励机制，将检察理论优秀研究成果列入个人、部门和下级院年度绩效考核的重要内容，作为单位、个人"评先创优"和个人晋职晋级的重要依据，以激励和鞭策检察理论研究工作部门和人员乃至广大检察人员开展检察理论研究的主动性、创造性，形成检察理论研究的合力与活力。

十一、加强领导班子的机制建设 [①]

加强领导班子机制建设，是切实加强检察机关领导班子建设的基础和重点。

（一）健全长效的学习机制

领导班子及成员的学习态度、内容、方法与效果是提高班子及成员水平和能力的重要因素，是衡量班子称职不称职的重要内容。加强检察机关班子建设，提高班子及其成员的整体素质、水平和能力，必须强化学习机制。

一要确保持之以恒学。要制定学习计划，对班子及其成员全年的学习按月、按季度作出安排，认真实施。制定学习辅导制度，对中央的重要会议、文件精神、出台的重要方针政策、新颁布的法律法规等，及时邀请专家、学者进行辅导学习。要制定学习交流制度，在原原本本学习文件、法律法规等的基础上，结合自身实际谈认识、谈体会、谈差距、谈打算。制定学习保障制度，转变在学习上的"说起来重要，做起来次要，忙起来不要"的不良习气，正确处理工学矛盾，既要保证学习人数，不能借故不参加学习，也要保证学习的次数和天数，不能随意挤占学习时间，或在时间要求上打折扣。

---

① 本部分系作者 2008 年 11 月 20 日在长沙市检察工作研讨班上的讲话摘录，收入本书时略作删改。

二要确保形式多样学。要以党组理论学习中心组学习为主要形式，同时采取自学、撰写学习心得、举办学习成果展示、召开学习成果交流会和案件讲评、案例研讨、办案经验交流等多种形式加强学习。采取走出去、请进来等方式，加强考察学习与交流，借鉴、吸收外地、外单位的先进做法和成功经验，丰富学习内容。发挥信息化建设作用，推出"网上教学，知识共享"的"网络课堂"。按照"缺什么，补什么"的原则，积极组织参与各种教育培训，着力改善班子及其成员知识结构，提升知识层次，增强学习效果。

三要确保有的放矢学。学习内容上，重点学习党的最新理论成果，学习中央、省、市委重要会议和文件精神，学习最高检、省检察院的重大部署，学习新的法律法规等。学习要求上，重点是带着问题学，特别是注意通过学习解决思想上、理论上存在的不足与问题，加深对理论的理解与认识，提高理论素养与水平，为指导检察工作提供理论保障。

四要确保联系实际学。坚持理论联系实际，在学习中实践、在实践中学习，在理论联系实际中开阔眼界、增长见识、增强本领，将学习成果转化为领导检察工作的能力和水平，转化为服务党和国家工作大局的能力和水平，转化为科学管理检察工作和检察队伍的能力和水平，转化为正确履行法律职能的实绩与成效。

（二）健全科学的绩效考核机制

科学的绩效考核机制是增强领导班子及其成员履行职责、提高效能、抓好工作、带好队伍的指挥棒。检察机关要加强领导班子建设，就必须建立并严格执行科学的绩效考核机制。

一要完善考核指标体系。要进一步细化考核内容。对班子副职和其他成员重点考察、考核其德、能、勤、绩、廉，并将所考察、考核的内容进行科学的细化与量化，力求考核结果准确、公正、合理。即可将"德"细分为政治理论水平、政治立场和政治纪律、思想品德、维护团结和群众路线五项要素；将"能"细分为科学决策能力、组织协调能力、专业能力、开拓创新能力、依法管理队伍能力和调研指导能力六项要素；将"勤"细分为敬业精神、工作作风和学习精神三项要素；将"绩"细分为质与量、效率、效果和创新争优四项要素；将"廉"细分为廉洁自律和落实党风廉政建设责任制两项要素。要对不同类型的班子和不同职务的班子成员，按照职能和分工情况正确考核权数。要按照所考察、考核的内容及要素，科学、合理地确定量化权重分值，以全面、准确反映和体现领导干部履职绩效的真实、客观情况与评价。

二要改进考核方法体系。要准确把握考核对象。考核中，既要考核领导班子的整体业绩，也要考核班子成员在集体业绩中个体作用的优劣与大小。要统筹确定考核主体。坚持领导评价与群众评议相结合、组织部门考察与专业部门考核相结合，根据对考核对象的知情了解程度、工作开展程度和责任关联程度，减少"官考"比重，增大"民考"分量。要坚持贯彻民主性原则和平时考核与定期考核相结合的原则，建立起上级检察院考核下级检察院与下级检察院评价上级检察院业务指导工作的互动考评模式。

三要注重考核结果应用。在确定考核结果上，注重利用年度对班子及其成员进行考察、考核的成果，依据定性与定量综合考察考核评价结果，客观地对班子及其成员进行综合分析与评判，特别是对优秀的班子及成员和问题比较突出的班子及成员进行认真比较、深入分析，做出客观、公正的评价，提出可供整改的意见与建议，为进一步有针对性地加强领导班子建设和提高班子成员素能打下基础。在考核结果的应用上，要把考核结果作为评价领导班子及其成员优劣及实施奖惩的重要依据，作为调整、加强领导班子或班子成员任免的重要依据，以不断激发领导班子及其成员的战斗力、创造力，不断加强领导班子建设。

（三）健全全方位的监督制约机制

建立起全方位、多层次的领导班子及其成员的防范监督体系，规范和约束班子及其成员的履职、工作、作风、生活等行为，有利于班子及其成员从高从严要求自己，有利于班子及其成员廉洁自律，有利于促进班子及其成员整体素质和效能的提升。

第一，强化上级监督。一是坚持巡视制度。上级检察院要定期组织对下级检察院进行巡视，通过听取汇报、座谈走访、民主测评、收集意见等形式，及时掌握下级检察院班子及其成员的思想、组织、作风、廉政建设等各方面情况。二是坚持谈话提醒和诫勉制度。按照分级负责制，对推荐任用的班子成员，进行任职前谈话，提出依法、忠诚履职和加强党风廉政建设的要求；对在履职过程中群众有反映的，及时予以警示提醒；对发生了问题，但又够不上党纪政纪法纪处理的，进行诫勉谈话，责令纠错整改。三是落实重大事项报告制度。班子成员家庭的购房、购车、家属就业、子女就学和婚、丧、嫁、娶等情况，要一事一报告。四是坚持任中和离任审计制度，将班子及其成员的经济行为置于法律和上级的监督之下。

第二，强化内部监督。一是坚持严格的组织生活制度。明确民主生活会的内容、程序和次数，明确规定班子成员必须坚持参加党组和党支部的双重民主生活会，对查找出来的主要问题，制定相应的整改措施，限期整改，并将整改情况予以公示。二是不断完善班子的议事制度。坚持重大问题集体讨论决定。完善关于提请党组会讨论决定重要事项的实施办法、检察长办公会议事规则、院务会议事规则、检察委员会议事规则等制度，明确规定各方面重大事项决策的提交程序、议事形式、决策决定、实施及监管办法。三是不断完善重大决策的规则和程序。通过多种渠道和广泛形式集中民智，实行决策前的论证制、决策中的票决制和决策后的责任制。四是不断完善班子成员的述职述廉和民主测评制度。畅通上级与下级、领导干部与党员群众直接对话的渠道，支持和鼓励下级监督上级、党员监督组织、群众监督领导。五是推行党组事务公开制度。明确党组事务公开的内容、程序、方式和纪律要求，对涉及干部选拔任用、重要措施出台等重大事项，必须实行适时有序的公开，广泛征求意见，接受群众监督。

第三，强化外部监督。一是加强与人大代表、政协委员的沟通和联系，支持他们行使社会监督职责，促进班子及其成员依法、忠诚履职。二是加强与组织、纪委和法院、公安等相关职能部门的横向联系，争取部门监督。三是重视新闻舆论和人民群众的监督，对反映的有关问题，及时组织力量进行核查，认真作出处理。

第四，强化家庭监督。通过不定期举办班子成员配偶座谈会、加强廉政建设和有关法律知识的宣传、剖析反面案例、建立家庭联系卡等形式，加强对班子成员八小时之外活动的监督，警示和教育班子成员配偶常吹枕边清风，争当贤良内助，拉紧家庭监督之网。

（四）健全有效的奖惩机制

在班子及其成员中实行目标管理，奖惩兑现，是增强班子及其成员领导责任、履职活力、领导实绩，发挥班子及其成员的带头作用、引领作用和示范作用的有效之举。

第一，制定奖惩的原则与依据。奖惩是一种手段，目的是为了鼓励先进，鞭策后进，激发共同奋进。实施奖惩，应当以年度考察考核的评价结果为依据，奖优罚劣、奖功罚过。

第二，明确奖惩的方式。在奖的方式上，总的是将考察考核结果与评先、评优与奖励直接挂钩。一是实行以颁发奖状、荣誉证书、授予荣誉称号等为主要内容的精神奖励；二是实行物质奖励。在惩的方式上，一是实行谈话提醒和诫勉；二是实行经济上的处罚；三是按照党纪政纪的有关规定进行处理。

（五）健全严格的工作责任机制

加强领导班子建设，必须强化责任意识，健全并严格执行责任机制，做到班子成员目标明确，权责分明，分工合作，携手奋进。

一要明确责任。要根据班子成员的专业、性格、个性、年龄、工作经验等有关情况进行合理分工，在此基础上健全岗位责任制，做到班子成员各司其职、各负其责，防止出现互相推诿、互相扯皮现象。

要明确和细化班子成员的工作和党风廉政建设责任，力求分管工作起色较大、创先争优，确保执法办案实效显著、不出差错，确保队伍建设稳中有进、不出问题。班子成员年初要向检察长递交工作和党风廉政建设责任状，并面向全院干警公开宣读、递交，以利监督。

二要落实责任。充分发挥办公室、检务督察处、政治部等部门的检查、督察职能，以刚性的督察机制确保工作责任到位、落实到位。

三要查清责任。对于工作中出现的重大失误、执法办案中出现的错案、队伍中发生的违法违纪等问题，都要查清问题、查清原因、查清责任，都要将责任落实到人。

四要严格责任追究。对班子及成员在执法办案、机关管理、队伍建设等工作中的失职、渎职行为，将视情严肃追究其相应的党纪、政纪和法律责任。

第六节　文化育检

一、"检察文化长廊"的建设与意义 [①]

在全党、全国人民认真学习、深入贯彻落实党的十七届六中全会"建设社会主义文化强国""推动社会主义文化大发展大繁荣"重要精神的热潮中，在全国检察机关大力推进检察文化建设、切实加强检察队伍建设的新形势下，根据最高人民检察院和省人民检察院的有关精神，经市检察院党组研究决定，通过历时两个多月的精心制作，长沙市人民检察院"检察文化长廊"，今天正式开展了。

先进文化是社会文明进步的重要标志，也是引领前进方向、凝聚

---

① 本部分系作者 2011 年 12 月 8 日在长沙市人民检察院"检察文化长廊"开展仪式上的讲话摘录，收入本书时略作删改。

奋斗力量、推动事业发展的软实力。检察文化不仅是社会主义先进文化的重要组成部分，也是检察事业不断发展的力量源泉。检察文化的培育和建设势在必行，长沙市人民检察院"检察文化长廊"应运而生。建立"检察文化长廊"，目的在于以社会主义核心价值体系为指引，充分发挥先进检察文化引导、教育、凝聚、塑造的功能，增强全市两级检察机关和全体检察人员对中国特色社会主义的政治认同、理论认同、感情认同，更加坚定检察人员的理想信念，毫不动摇地坚持中国特色社会主义检察制度；同时，注重吸收中华民族传统文化和世界先进文化的优秀成果，陶冶检察人员情操，提升检察人员文化素养和综合素质。

"检察文化长廊"展板内容以政治、法律、历史、廉洁、文艺、科技的类别分篇，整体风格尽量做到庄重、大气、明快、精致，以期达到影响人、感召人、净化人、陶冶人和催人奋进的效果。综观检察文化长廊，"政治篇"里领袖伟人高瞻远瞩的论断，"法律篇"里哲人学者公平正义的信念，"历史篇"里理学名家为官、修身的箴言，"廉洁篇"里明臣廉吏持节不渝的品格，"文艺篇"里仁人志士报国济世的忠诚，"科技篇"里专家人才追求真理的探索，都值得每一位检察人员注目研读，驻足沉思。

在"检察文化长廊"的建设过程中，省、市有关领导十分关心，精心指导，大力支持；院党组及时召开会议讨论研究，精心审定建设方案；院领导实地调研，逐层确定展板分布和分篇排列；专家教授各展所长，撷英集萃，反复斟酌，数易其稿，力求版式精美、逻辑严密、内容丰富、内涵深刻。全市两级检察机关和全体检察人员要以此为契机，积极发挥好、利用好"检察文化长廊"的作用：要以坚定的政治立场引导检察人员，承接理论传统，弘扬红色经典，永葆检察队伍的忠诚；以严谨的法律精神教育检察人员，强化法律监督，践行职业誓言，维护检察队伍的公正；以高尚的党性修养启迪检察人员，牢记历史教训，陶冶高尚情操，坚守检察队伍的清廉；以优秀的先贤事迹激励检察人员，增益生活智慧，升华人文涵养，彰显检察队伍的文明。

古语有云：博观而约取，厚积而薄发。我们深信："检察文化长廊"的建立，必将增强全市检察机关和检察人员的文化自觉和文化自信；必将有益于提升全体检察人员的文化素养和综合素质，切实加强检察队伍建设；必将有效加强和改进检察工作，全面推进长沙检察工作的新发展！

二、检察官书法绘画摄影艺术展的目的与内容 ①

在全国检察机关认真学习、深入贯彻落实党的十七届六中全会重要精神，大力推进检察文化建设、切实加强检察队伍建设的新形势下，为迎接党的十八大召开，推进我市检察机关文化建设，展现长沙检察工作新风貌，经市检察院党组研究决定，经过一段时间的精心筹备，有赖于全市检察机关全体检察人员的积极创作和踊跃参与，长沙市人民检察院第一届书法绘画摄影艺术展，今天正式开展了。

书画摄影艺术是文化的重要组成部分，是社会文明进步、文化发展繁荣的体现，也是陶冶高尚情操、充实精神生活、促进人民追求美好幸福生活的重要形式。古往今来，艺术、优秀艺术作品以强大的文化魅力在社会各个领域中发挥着潜移默化的导向作用，推动着人类社会的发展与进步。鼓励检察干警创作优秀文艺作品，培养检察人员良好的人文修养，是培育检察机关先进文化氛围、进一步加强检察文化建设的重要途径。

本次展览中所展出的作品主要为书法、绘画、摄影三种艺术形式，作者均为全市检察机关的检察人员。虽为闲暇业余之作，但其表现形式、思想内涵都展示出较高的艺术水准。书法作品笔走龙蛇，小楷工整隽秀，行书豪迈奔放，草书灵动飞逸，隶书苍劲端正，篆书遒古雄

---

① 本部分系作者 2012 年 10 月 11 日在长沙市人民检察院第一届书法绘画摄影艺术展开展仪式上的讲话摘录，收入本书时略作删改。

拔，风格多样；绘画作品作者以丹青妙手、独特构思刻画表现主题，或温润淡雅，或工笔细腻，闻花有香，观鸟有声；摄影作品用镜头描绘自然，以光影书写历史，以新时代、新气象、新发展、新面貌、新希望为思路，依次描绘祖国山河的秀丽、星城的日新月异、长沙市检察机关新发展历程、长沙检察下一代对长沙检察工作的传承，整体体现和烘托长沙检察人的精神追求和长沙检察事业的新发展。

书画折射气韵、笔墨呈现和谐。栩栩如生的画，飘逸洒脱的字，不仅展示了作者的艺术造诣和文化底蕴，也反映了全市检察干警热爱祖国的思想情怀、积极向上的精神追求，更折射着长沙检察工作蒸蒸日上的发展进程和美好前景。全市两级检察机关和全体检察人员要以此为契机，更好地发挥先进文化引导、教育、凝聚、塑造的功能，增益生活智慧，升华人文涵养，提升检察人员文化素养和综合素质；同时，更加坚定检察人员的理想信念，强化法律监督，践行职业誓言，永远保持检察队伍的政治本色，以优异的成绩迎接党的十八大胜利召开。

胸藏文墨怀若谷，腹有诗书气自华。我们深信：书法绘画摄影艺术作品的开展，必将更加有利于在全市检察机关和检察人员中培育浓厚的文化氛围；必将更加有益于提升全体检察人员的文化素养和综合素质；必将更加有效地加强和改进检察工作，全面推进和实现长沙检察工作新的发展！

三、检察机关篮球赛与团队精神 [①]

今天，由湖南省人民检察院主办，长沙市人民检察院承办，芙蓉区人民检察院协办的湖南省检察机关首届"湘检杯"男子篮球赛决赛在"三湘首善之区"——芙蓉区隆重举办，这是全省检察机关文化生活中的一件盛事。

---

① 本部分系作者2015年11月4日在湖南省检察机关首届"湘检杯"男子篮球赛决赛启动仪式上的致辞摘录，收入本书时略作删改。

习近平总书记曾指出："体育是社会发展和人类进步的重要标志，是综合国力和社会文明程度的重要体现。体育在提高人民身体素质和健康水平、促进人的全面发展，丰富人民精神文化生活、推动经济社会发展，激励全国各族人民弘扬追求卓越、突破自我的精神方面，都有着不可替代的重要作用。"篮球运动是体育运动的重要组成部分，是一项展示青春活力的运动，是一项展示团队精神和体能＋智慧、竞技＋拼搏、比赛＋友谊、激情＋汗水的运动，同时也是一项有助于增强广大检察人员体魄，展示朝气蓬勃、健康向上的检察形象，提升检察队伍凝聚力和战斗力的运动。省检察院举办首届"湘检杯"男子篮球赛，既是对参赛队员体能素质和精神风貌的一次集中检阅，更是各参赛单位积极向上、团结拼搏、敢为人先、争创一流精神的一次集中展示，有益于全省各市州检察机关加强联系、加深感情，陶冶情操、净化心灵，增进团结、增强活力，必将为促进全省检察机关、检察干警相互交流以及发展和繁荣全省检察文化提供积极作用。

省检察院将本次赛事交由长沙市检察机关承办，我们倍感荣幸，这是我们向各兄弟单位及篮球代表队学习的一个难得机会，我们将精心组织，通力协作，热情做好各项服务工作，尽全力保障比赛顺利进行，让兄弟单位的各位检察同仁满意。此次篮球比赛一定会非常圆满和顺利，一定会给大家带来一场感受篮球乐趣、感受运动魅力、感受竞技激情的文化盛宴，一定会达到预期的目的！

四、深入推进检察文化建设 ①

金秋十月，丹桂飘香。今天，长沙市检察官文学艺术联合会（以下简称"长沙市检察官文联"）成立大会在市检察院机关隆重召开，标志着长沙市检察文化建设进入了新阶段，迈开了新的一步。

---

① 本部分系作者 2016 年 10 月 26 日在长沙市检察官文学艺术联合会第一次会员代表大会上的讲话摘录，收入本书时略作删改。

长沙市检察院新一届院党组自 2008 年成立以来，十分重视检察机关的文化建设，十分重视提升检察机关的文化软实力，在历届院领导班子取得良好成绩的基础上，不断探索前进，精心制定、不断完善、大力实施了长沙检察工作新发展的总体思路，把"文化育检"确定为新发展的战略之一，采取行之有效的举措，逐步深入推进全市检察机关的文化建设，坚持以文化培育精神、以文化提升素质和素能、以文化提升软实力、以文化塑造形象，有效加强检察文化建设，取得了比较显著的成效。

经过近九年的积极探索实践，长沙检察机关文化建设实现了新发展。一是着力打造理念文化。检察理念文化是检察文化建设的核心，"理念出于精神文化的核心层，正确的理念是行动的先导"。在 2013 年初，市检察院党组首次把"文化育检"作为长沙检察工作新发展的战略之一，鲜明提出"检察文化是检察人员的精神家园，是检察事业不断发展的力量源泉。大力实施文化育检战略，深刻认识加强检察文化建设的重要性、必要性和紧迫性，不断深化对检察文化建设规律的研究和把握，以坚定法律信仰、弘扬法治精神、提升职业素质、促进公正廉洁为重点，大力开展形式多样、丰富多彩的文化活动，不断加强和改进检察文化建设，努力推进检察文化大发展大繁荣"。2014 年 6 月，形成了"公、诚、精、廉、新"的长沙检察精神，用精神培植理念，用精神塑造灵魂，用精神内凝人心，用精神深化检察文化建设。二是着力打造制度文化。检察制度规范是检察精神与价值理念的折射和反映。通过制度的建立和完善，将法律监督工作与日常管理行为纳入到规范化管理轨道，推动各项检察工作规范运行，有序开展。这些年来，市检察院逐步建立和完善了中共长沙市人民检察院党组会议制度、长沙市检察院检察委员会会议制度、长沙市人民检察院院务会议制度、中共长沙市检察院党组理论学习中心组学习制度、关于加强对青年检察人员教育培训使用管理的实施方案、关于检察业务骨干和检察人员选拔培养使用管理的实施方案等有关领导班子、队伍建设、机关管理和基层检察院建设的制度，力求以制度管人、管案、管物、管钱、管事。三是着力打造环境文化。硬环境强化物质保障。围绕"文化育检"发展新战略，在历年的全市检察工作会议上，市检察院都将检察文化建设作为当年的重点工作之一，统筹进行布署，在人力、物力、财力上给予大力支持和保障。因地制宜建成了长沙检察文化长廊和长沙检察陈列室。重视室内外文体活动场地的维护和改造，按需添置器械，营造严谨和谐的办案办公环境。软环境突显人文关怀。注重关心、培养青年检察人员，注重关心、服务离退休老干部，充分发挥工会、青年工作委员会、女检察官协会、检察学会、关心下一代协会等组织作用，调动和激发广大检察人员热爱检察、服务检察、奉献检察的工作主动性和创造性。举办一年一度的"长检杯"篮球赛，举办首届长沙检察系统书法绘画摄影展，成立羽毛球、乒乓球、篮球、摄影、书画、诗词等兴趣小组，组织经常性登山比赛、趣味运动会、户外拓展、文艺晚会等文体活动，深化检察文化内涵，提升检察人员文艺素养，培育和树立检察人员乐观向上的精神风貌，激发检察队伍干事创业的激情。近年来，市检察院被省总工会评为"模范职工之家""全省老干部管理先进单位"。四是着力打造阵地文化。注重理论和实证研究，加强研究力量，营造研究氛围，开辟研究平台，浓厚研究风气，研究成果不断涌现。每年撰写并在各级核心刊物上发表理论调研文章200余篇。先后摄制了《继往开来谱华章——长沙市检察机关两房建设巡礼》《较量》《检徽，在阳光下闪亮》《为了人民的幸福》《征程——长沙市检察工作新发展之路纪实》《让检察权在有效监督下正确运行》等视频纪录片；开办了《长沙检察论坛》《长沙检察（人大代表、政协委员联络专刊）》刊物；出版了《法治潇湘》《长沙检察网事》《检察机关廉政风险防控理论与实践》和《检察文化长廊画册》（上、中卷）；组织编辑了《长沙市检察工作新发展掠影〈立足新起点，实现新发展〉》、长沙市检察机关纪检监察工作纪实《砥节砺行谋发展，清风廉韵耀检徽》等画册。展示了长沙检察人员理论和实证研究成果。五是着力打造学习文化。深化"以核心价值引导人""以理想信念教育人""以典型示范带动人""以专业素养武装人"等系列学习活动。大力宣扬包括最高人民检察院予以推介的欧阳海军等同志的先进事迹。每月或每两月举办"长沙检察大讲堂"。首次举办全体检察人员集中培训暨综合素养提升班。经常开展岗位练兵、业务竞赛等"学、比、赶、超"活动。2015年、2016年市检察院被市委、市政府评为"学习型机关"。六是着力打造行为文化。检察行为艺术是检察文化最生动、最具体的一种表现形式。市检察院重视检察行为文化建设，积极探索检察人员践行检察行为文化的途径和方法。从一段精妙的侦查审讯、一场精彩的庭审辩论、一份精辟的法律文书、一番精心的释法说理、一次精细的检务管理，逐步实现把广大检察人员开展司法办案和其他各项检察工作变为享受检察行为文化美的过程，提升检察人员办案、工作的愉悦感和获得感，提升长沙检察工作品质，提升检察司法公信力和社会形象。2015年，市检察院首次被省委、省政府评为"全省文明标兵单位"，被省检察院评为首批全省检察文化建设示范单位，首次被最高人民检察院荣记集体一等功。

文化是民族的血脉，是人民的精神家园。习近平总书记深刻指出"提高国家文化软实力，关系'两个一百年'奋斗目标和中华民族伟大复兴梦的实现"。最高人民检察院强调"要坚持把检察文化建设摆到更加重要的位置"。长沙市委要求"要坚持以文铸城，激发文化凝聚力，实现优秀传统文化的创造性转化、创新性发展"。省检察院提出"要加强检察文化建设，让整个检察机关、检察人员文艺起来、文化起来、高尚起来、文明起来"。检察文化作为中国特色社会主义先进文化的重要组成部分，是检察队伍的精神和灵魂，是检察事业科学发展的重要力量源泉，是全体检察人员的精神家园。繁荣和发展检察文化，不仅对提高检察队伍素质、提升司法公信力、推动检察工作更好地服务党和国家工作大局具有战略意义，而且对在全社会弘扬法治精神、培育廉政风尚、促进社会和谐也具有积极作用。在更高起点谱写长沙检察事业新篇章，不仅需要忠实履行法律职责，也需要强大的精神力量，长沙检察官文学艺术联合会的成立，标志着长沙检察文化建设将进入一个新的阶段。广大检察官文联会员、文学艺术爱好者、工作者要牢记神圣职责和历史使命，珍惜良好机遇，传承优良传统，引领先进文化，创作文艺精品，奋力谱写长沙检察文化建设新篇章。

希望全体会员增强文化自信，争当本土文化的传承者。文化是一个地方独有灵魂和解读密码。长沙历史悠久，文化灿烂，是国家首批历史文化名城，是楚文明和湘楚文化的发源地，素有"惟楚有材，于斯为盛"之美称，享有"楚汉名城""屈贾之乡""潇洒洙泗"之赞誉。长沙作为省会城市，既是"一带一路"的重要节点城市、长江中游城市群中心城市、全国两型社会建设综合配套改革试验区、国家自主创新示范区，又是"留得住乡愁""宜居宜业、精致精美、人见人爱"，具有"心忧天下，敢为人先"典型湖湘特色文化元素、文化标识、文化品格的现代人文品质之都。千百年来，在这片灵山秀水之地、山水洲城之域，先后涌现出了一大批文艺大家，创作了一大批文艺瑰宝，留下了一大批传世佳作，形成了特色鲜明的长沙本土文化。长沙已经成为一个超越地域名称的文化符号，辉煌的历史令今天的长沙人无比自豪，厚重的积淀给当今的长沙检察官文艺工作者提供了文化富矿。长沙检察官文艺工作者、爱好者要进一步增强文化自信和文化自觉，传承长沙本土文化、弘扬敢为人先精神，不断激发文化的创造力，培育具有长沙特色、体现司法属性、反映新发展的长沙检察文化；要充分利用地域文化优势，因地制宜开展检察文化理论研究、文化艺术创作和文化艺术活动，打造出在长沙检察系统、在长沙地区、在湖南乃至全国有影响的检察文化品牌；要积极吸纳湖湘文化精粹，探寻屈贾传统、忧乐情怀，扎根人民、扎根生活、扎根实践，积极创作出更多无愧于历史、无愧于时代、无愧于长沙检察事业和检察官称号的优秀文艺作品。

希望全体会员立足检察职能，争当廉政文化的引领者。廉者，政之本业。加强廉政文化建设是党中央加强党风廉政建设和反腐败工作的重要创新举措。廉政文化是社会主义先进文化的重要内容，是建设社会主义核心价值体系的重要组成部分，是全面提升检察文化软实力的重大课题。廉政文化与检察文化是一脉相承、互相包容的，检察廉政文化作为检察文化的重要组成部分，既是检察事业稳步发展的保障，也是检察事业日趋繁荣的支撑。检察官文艺工作者、爱好者要自觉服从和服务于检察全局工作，自觉践行"公、诚、精、廉、新"长沙检察精神中"廉"的要义，以弘扬检察廉政文化为己任，争当检察廉政文化的引领者。要自觉不断丰富检察廉政文化的内涵，完善检察廉政文化的实现形式，积极在检察队伍中营造崇尚廉洁、褒扬廉政，以廉为荣、人人倡廉的风尚，使廉政文化在检察系统，进而在整个社会深入人心，永续传承。要正确把握检察廉政文化的法治属性，立足检察机关法律监督定位，塑造公平正义守护者的崇高形象；要强化自身监督，通过多种艺术形式和道德宣示，着力倡导检察人员恪守职业道德、尊崇职业良知，牢固树立社会主义法治理念，在司法为民的实践中提升亲和力和公信力，赢得人民群众的信任和拥护。要正确把握当代检察廉政文化的核心要素，紧密贴近长沙检察工作的实际，把检察廉政文化做大做强，发挥好文化引领风尚、教育人民、服务社会、推动发展的作用。

希望全体会员服务发展大局，争当文艺精品的创作者。一个时代有一个时代的文化积淀，一代人有一代人的文化担当。一切有理想有抱负的文艺工作者，都要担当起时代赋予的神圣使命，积极投身讴歌时代的文艺创造活动。长沙市检察官文艺工作者、爱好者要坚持围绕中心，服务大局，紧紧围绕市委、省检察院、市检察院的重大决策部署，主动融入检察中心工作，把履行法律监督职责的丰富实践作为检察文学创作的源泉，充分展示检察机关服务经济社会发展和强化法律监督、强化自身监督、强化队伍建设的丰硕成果，充分展示检察机关的良好形象。要坚持"百花齐放、百家争鸣"的文学创作方针，鼓励不同风格、不同流派的文学作品争奇斗艳，争鸣共存，营造积极向上、健康宽松的和谐氛围，最大限度地激发检察文学人才的创造活力，提高作品品位。要立足检察、立足法治、立足地域文化，不断丰富检察文学载体和传播途径，组织实施检察文学"精品战略"，不断推出思想性、艺术性、观赏性有机统一的文艺精品力作；要牢固树立群众观点、实践观点、生活观点，注重贴近群众、贴近生活、贴近实际，为人民代言，为时代放歌，在丰富检察人员精神文化生活的同时，不断创作出让人民满意的优秀作品、文艺精品，形成让广大检察人员、普通群众、社会感受检察文化、认同检察工作的良好氛围。

希望全体会员坚持艺术追求，争当德艺双馨的践行者。人品决定艺品，立艺先立德。德与艺犹如车之两轮、鸟之双翼，唯有德艺双馨，才能使高尚的人品与高超的艺品相得益彰，方能创作出启迪心智、震撼心灵的文艺精品。检察官文艺工作者、爱好者要坚守艺术追求，潜心钻研技艺，专心从事创作，虚心拜人民为师，向实践学习、向经典学习、向前辈学习，努力练就艺术功力。要正确对待名利，甘于淡泊，安于宁静，把心思和精力更多地用在提高素养上、采集素材上、思考作品上，用人格力量赢得尊重，用优秀作品赢得赞誉。要恪守"忠诚、公正、清廉、文明"的检察职业道德，努力攀登人生和艺术高峰，实现创作与修身共进、人品与艺品齐升。

希望全体会员深入生活实践，争当文化创新的开拓者。创新是推动检察工作新发展的强大动力，也是检察文化建设的内在要求。检察文化真正体现出检察职业的特点，必须在文化理念和工作实践中与时俱进、创新发展。要坚持用全面的、实践的、群众的观点，既要加大对检察文化内容、形式、手段等方面的创新力度，又要注重制度创新，从制度层面上解决检察文化建设中的定位不准确、重点不突出、特色不鲜明、发展不平衡、工作简单化等问题；要加强检察文化理论创新，加强理论研究，围绕关系检察文化发展的重大问题，重点研究检察文化内涵、性质定位、功能作用、主要特征、发展规律等基础性问题，为检察文化建设和检察官文联工作提供有力的理论支撑；要紧密结合检察实践和当代实际，努力拓展检察文学的新思路、新视野，开辟检察文学的新平台、新阵地，丰富检察文学的新内容、新形式；要积极推进检察文化和法治文化内容和载体创新、艺术流派和风格创新、艺术科技和手段创新，不断增强检察文学的吸引力、感召力；要主动适应现代科技迅猛发展的新形势，大力推进现代科技在检察文化艺术创作和检察文化艺术活动中的广泛运用，丰富文化艺术表现手段，拓宽文化艺术传播途径，不断增强检察文艺的活力。

希望全体会员深化交流合作，争当文化交流的推动者。检察官文学艺术工作不是孤立的，它同相关部门、其他行业的关系十分密切，正确认识和处理好这些关系，对于确保检察官文学艺术工作全面协调发展至关重要。要广泛吸纳其他文化的精髓，丰富检察文化和法治文化，逐步形成多元、厚重、包容、开放的长沙检察文化。要继承优秀文化传统，汲取一切优秀的文化艺术创作经验和积极成果，不断赋予检察文化新的内涵；要以更开放包容的心态和更博大的胸怀，热忱欢迎国内外、系统内外文艺家到长沙检察开展合作交流，要团结不同门类、不同流派的文艺界名人，发动和激励他们书写长沙检察、描绘长沙检察、讴歌长沙检察，汇聚长沙检察正能量；要加强上下检察官文联和相关内设专业协会的协作配合，形成上下合力、内外接力、齐心协力的工作格局；要充分发挥文艺界人才聚集、名家荟萃、联系广泛的优势，积极"走出去"，广泛"请进来"，兼收并蓄，博采众长，不断提高创作水平，不断增强长沙检察文化的影响力和感召力。

习近平总书记深刻指出"文化是民族生存和发展的重要力量"。检察文化是凝聚检心检力，激发检察人员爱岗敬业精神，推动检察事业科学发展的强大动力和智力支持，是检察人员共同的精神家园。新时期的检察工作对检察文化发展提出了更高要求，作为加强检察文化建设，促进检察文化繁荣发展的重要阵地和有效平台，长沙检察官文联要按照"服务大局、围绕中心、面向基层、稳步发展"的总体要求开展工作，坚持围绕检察制度建设和检察改革重点任务，紧扣检察事业发展重大理论和实践问题，组织和引导广大长沙检察官文学艺术爱好者、工作者，为建设具有长沙特色的检察文化做出应有贡献。长沙检察官文联理事会全体同志要凝心聚力，科学谋划，加强组织、指导，加强联络、服务，把工作做细、做活、做实、做深，乘势而上，尽心尽力做好检察文联工作，开创长沙检察文化建设新局面。

要立足于坚持中国特色社会主义文化发展道路，坚定检察官文联工作的正确方向。面对新形势、新任务、新要求，长沙市检察官文联要毫不动摇地坚持党的领导，把坚持正确政治方向体现和落实到检察官文联的各项工作中，紧紧围绕长沙工作大局和检察中心工作，坚持为人民服务、为社会主义服务的"二为"方向，坚持"百花齐放、百家争鸣"的"双百"方针，坚持贴近实际、贴近生活、贴近群众（干警）的"三贴近"原则，充分发挥检察官文联协调、联络、服务、指导的功能作用，充分展示、弘扬和践行社会主义核心价值观、社会主义法治精神，培育检察职业良知，团结和鼓励全市检察人员忠实履行宪法和法律赋予的法律监督职责，更好地展示检察机关服务经济社会科学发展、服务人民群众实绩实效和良好形象。

要立足于繁荣和发展检察文化事业，加强检察文化理论研究、文化艺术创作和文化艺术活动。深入开展检察文化理论研究，要从长沙检察文化建设的现状出发，坚持一手抓基础性理论研究，一手抓应用性理论研究。针对检察文化的定义、内涵、特征、发展历史、基本规律、功能作用和检察文化建设的机制、模式、途径、载体、保障，以及长沙检察文化建设实践中的难点、热点问题，集中力量、攻坚克难，力求出一批研究成果。要积极鼓励检察文学艺术创作，大力实施检察文化"精品工程"，着力引导、培养在全市、全省乃至全国有较大影响的文学家、艺术家、评论家，组织他们与热爱文学艺术的检察人员深入基层办案一线，努力创作、打造和推出一批体现检察特色、弘扬检察精神、塑造检察品格、展示检察风采的精品力作。要着力提升检察文化艺术活动的质量，特别是大力开展广大检察人员喜闻乐见的检察文化艺术活动，打造在地区、系统内有影响的检察文化艺术活动品牌，不断丰富检察人员的精神生活，提升检察人员职业尊荣感、责任感和归属感。要在章程和法律政策许可范围内积极争取机关、社会经费支持，加强与政治部、机关党委、工青妇、检察学会、女检察官协会等部门与组织的联系和融合，共同凝聚力量、整合资源、丰富形式、开展活动，大力推进长沙检察系统的检察文艺研究、检察文艺创作和检察文艺活动，不断增强检察官文联的凝聚力、吸引力和生命力。

要立足于巩固检察文化发展基础，加强检察文化组织机构和人才队伍建设。鼓励既具备条件，又有积极性的基层检察院按有关规定和程序成立县级检察官文联，鼓励符合条件的基层检察院申报市检察官文联的团体会员单位，为推进全市检察文化建设搭建基础平台。长沙市检察官文联要积极为正在筹建检察官文联的基层院提供政策依据，督促基层检察院抓紧做好成立检察官文联工作。各基层检察院要主动争取党委、政府和本级民政部门、本地文联的支持，积极与主管部门沟通协调，确保有基础、有条件的基层检察院检察官文联早日成立，以推动全市检察官文联工作全面开展。要加快检察文学艺术骨干队伍建设步伐。积极探索有利于优秀文学艺术人才脱颖而出和充分发挥其积极性、创造性的体制机制，完善学习、交流、培训的有效措施，注重加强与湖南省文联、长沙市文联以及各专业协会的沟通联系，多联合举办文学、绘画、书法、摄影创作及评论、鉴赏培训班，同时加大对高层次文学艺术领军人物和拔尖人才、基层文化骨干、检察文化能人等培养力度，邀请省内、市内艺术界知名专家、学者、教授、大师等授课辅导，引导广大检察人员开阔艺术眼界、培养艺术爱好、提升鉴赏品味，吸引和团结更多检察人员参与检察文化建设，着力建立一支围绕大局、服务中心、面向基层、贴近生活的高素质检察文学艺术队伍。

要立足于增强检察文化凝聚力和影响力，拓展检察文化发展平台。要着眼于挖掘检察文化"软实力"，不断丰富检察文化活动形式。积极探索"文化育检"发展途径，开展形式多样的文体活动，以多元化的方式和丰富多彩的文化活动服务于检察工作，让检察文化走进基层，贴近实际，深入人心，陶冶情操。要立足检察、立足法治、立足廉政、立足地域文化，加强与宣传、文化、新闻、出版、媒体和文联、作协等机关、社团组织的联系、沟通、交流与合作，充分借助本地优势文化资源和文艺骨干力量，不断提升检察文化活动的层次和品位。积极推进检察机关实践资源与专门界别研究创作资源的有机结合，加强区域间、行业间文化交流与合作，认真学习、借鉴和吸收有益的经验和做法，为我市检察文化建设增添新活力，扩大影响力。

要立足于提高检察官文联工作水平，进一步强化检察官文联自身建设。要针对检察官文联工作人员均为兼职的特点，建立和完善日常工作机构，明确各自分工和职责，建立健全内部各项工作制度，完善财务和经费管理制度，严格财经管理纪律，确保检察官文联的工作与活动高效运转。要加强检察官文联的制度建设，重在抓好建章立制、规范管理和自我约束，高度重视检察官文联的自身建设，坚持不懈地抓好党风廉政教育和工作纪律教育，引导检察官文联工作人员严格遵循检察职业规范，切实增强敬业奉献意识和廉洁自律意识，树立起检察人员的良好形象。

两级检察院党组要把检察文化建设摆上重要议事日程，纳入检察工作全局来研究部署，组织实施，督促检查，落到实处。要把检察文化建设成效纳入检察工作年度考核评价体系。要加强对检察文联的联系、指导和协调，认真落实检察文化建设的任务要求，组织抓好本单位检察文化建设，支持检察文联开展文学艺术活动，真正形成党组领导、检察官文联牵头协调、其他部门配合、专业协会协同、全体检察人员积极参与，各方面齐抓共管、共同推进检察文化事业蓬勃发展的新格局。文化建设是一个层次渐进的过程，需要由浅入深、潜移默化、层层递进、不断深化的推进。两级检察院要将检察文化建设必需的经费投入列入预算，不断加强本系统、本单位和本级院及派驻乡镇、街道检察联络室的文化设施建设，为检察机关的广大检察人员和群众提供良好的文化服务。

"挥毫当得江山助，不到潇湘岂有诗"。星城长沙自古人文荟萃、英才辈出。希望大家以此次会议为新的起点，按照市检察院的总体部署，按照此次会议的部署和要求，大力加强和有效推进长沙市检察官文联工作，深入推进长沙检察机关的文化建设，不断提升长沙检察文化软实力，为在更高起点上全面提升检察机关领导班子、检察队伍的整体素质与素能，全面正确履行检察职能，全面加强和改进检察工作，奋力谱写长沙检察事业新篇章做出不懈努力和新的更大贡献！

第四章

基层检察工作发展重点

第一节　突出加强审查批捕和审查起诉工作

一、加大办案力度，提升办案质量 [①]

全部的刑事案件和涉嫌职务犯罪案件最后都要归口到刑检部门审查、研究、作出处理。审查批捕和审查起诉工作直接关系到审查批准逮捕、决定逮捕、不批准逮捕和提起公诉、不起诉案件的准确与否，直接决定着办案质量；直接关系到依法及时查办各类刑事犯罪案件，打击刑事犯罪，维护社会稳定和依法及时查办涉嫌职务犯罪案件，惩治职务犯罪，推进反腐倡廉建设；直接关系到依法及时保护犯罪嫌疑人、被告人乃至诉讼参与人的合法权益；直接关系到刑事立案监督、侦查活动监督、刑事审判监督的成果与成效，关系到维护执法司法公正、维护社会公平正义；直接关系到检察机关参与社会治安综合治理工作、服务构建和谐社会；直接体现和反映着检察机关公诉人、检察官乃至整个检察队伍的执法水平和执法形象。刑事检察工作是检察工

[①] 本部分系作者 2008 年 4 月 9 日在长沙市刑事检察工作会议上的讲话摘录，收入本书时略作删改。

作的重点，重点工作如果不抓好，将影响总体工作、影响全局工作，将直接影响全市检察工作新发展总体思路的实施，影响新发展目标的实现。所以说，审查批捕、审查起诉工作十分重要。

审查批捕、审查起诉职能是检察机关的重要职能，检察机关的重要职能就是检察工作的重点工作。因此，审查批捕、审查起诉工作就是检察机关的重点工作。全市检察机关要实现检察工作新发展的目标，作为重点工作的刑事检察工作就要率先实现新发展。要实现刑事检察工作的新发展，就必须竭尽全力抓好办案工作。

（一）加大办案力度

在审查批捕和审查起诉工作中，对于公安的重特大案件，上级检察机关和市委、人大、政府、政协交办的案件，检察机关直接立案侦查的涉嫌职务犯罪案件，要在提前了解案情、在依法缩短办案期限、在案件的及时审结、在未成年人刑事犯罪帮教、在轻微刑事案件落实宽严相济刑事司法政策和刑事和解、在依法保障律师会见、依法维护犯罪嫌疑人、被告人合法权益上多动脑筋、多出新的举措，力争取得新的效果。

在审查办理涉嫌职务犯罪案件工作中，要增强全局意识，对涉嫌职务犯罪案件要积极、优先办理，要及时检查、督办，要主动有效沟通协调，巩固侦查工作的成果。比如在法院依法开庭审理判决问题上，对涉嫌职务犯罪案件，公诉部门一定要主动优先审查和办结，符合起诉条件的要尽快向法院提起公诉，起诉后要主动与法院协调及早开庭，开了庭的要主动与法院协调，尽可能依法当庭宣判，未当庭宣判的也要协调尽快宣判。市院要在这方面加强检查督办。今后，对涉嫌职务犯罪案件的侦查、起诉和判决，不仅反贪、反渎部门要积极抓，而且刑事检察部门应当主动配合抓。刑检部门主动抓好这些工作，反贪、反渎案件的判决数就会增加，办案质量就会提升，查办职务犯罪案件的成效就会明显增强。

在刑事诉讼监督工作中，要深化认识；加大力度，保持或扩大办案规模；讲究监督方法；注重办案执法效果；确保取得监督实效。这项工作既是刑事检察工作的难点，也是刑事检察工作的闪光点。一是刑事立案监督要扩大办案规模，增加起诉和判决人数，增强办案实效。二是追捕、追诉工作要扩大办案规模，增加起诉、判决人数，增强办案实效。三是刑事抗诉工作要扩大办案规模，保持和适当增加改判人数，提高提抗率和改判率。从总体上讲，我们对刑事抗诉案件的办理应当加强。当然，对于刑事案件的提抗率我们不应分指标，但5‰的刑事案件的提抗率是最高人民检察院经过深入调查研究后得出的比较符合实际的要求，我们应当加大这方面的监督力度，增强监督实效。四是对侦查活动、审判活动的违法监督要有新的效果，要摸索出新的、好的作法。

在贯彻宽严相济的刑事司法政策和对轻微刑事案件实行刑事和解的工作中，思想要更解放一点，力度要更大一点，效果要更明显一点。全市刑检部门要力求在这方面多探索、多出成果、多出成效。对于好的作法和经验，要及时地总结提炼、推广运用。我们讲今年在这方面思想要更解放一点，但这种思想解放并不是乱解放，要把握好原则，要有优良的办案、执法效果，不能在执法上出任何问题，甚至损害检察执法形象。贯彻宽严相济的刑事司法政策和实行刑事和解主要适用于未成年人刑事犯罪和轻微的刑事案件（包括轻伤害、交通肇事、故意毁坏公私财物等犯罪）。对于这些案件，只要是有利于教育、挽救未成年人的、有利于化解社会矛盾纠纷促进社会和谐的、有利于增强办案执法的社会效果和政治效果的，在审查批捕和审查起诉环节，对涉嫌犯罪的，依法可不捕的尽量不批捕；对构成犯罪可作相对不诉的，尽量作相对不诉。在这方面，我们既要解放思想、加大力度，增强实效，又要依法慎重。为此，我们要注重把握好以下五个原则，即：要符合有关法律及司法解释，不能突破法律的底线去搞宽严相济、搞刑事和解；要符合最高人民检察院、省检察院有关宽严相济刑事司法政策的有关精神、规定和省院刑事和解的有关规定；要确保办案取得良好的社会效果，被害人及亲属要满意，当地群众反映要好，犯罪嫌疑人或被告人要确确实实认罪悔过，重新做人；要经得起上级检察院的检查、复查，经得起各方面的监督；检察机关和检察人员特别是办案人员在办案执法过程中没有违法、违纪、违规的行为，没有办案人员假借宽严相济、刑事和解之名收受案件当事人的钱物和与当事人串通、徇私枉法的行为等。做到了以上这五点，案子无论什么时候都不会出问题。把握住这五条原则，办案执法的效果就一定会好，这样的案子就会办得越多越好。

（二）提升办案、执法质量

要多办优案、精品案，最大限度地减少瑕疵案，杜绝错捕、错诉案。具体来讲，要切实做好以下七个方面的工作：第一，在批准逮捕和决定逮捕案件中做到"五无"，即无无罪判决、无存疑不诉或绝对不诉、自侦案件无撤案、无刑事赔偿案件、无因批捕错误和批捕不当而引起当事人赴省进京的上访案件。第二，在不捕案件中要做到"四个没有"，即没有依法该批捕而未批捕的案件、没有因逮捕不当而引起当事人赴省进京上访的案件、没有把涉嫌犯罪不捕的案件当作证据不足或不涉嫌犯罪不捕的案件、没有把证据不足或不涉嫌犯罪的案件当作涉嫌犯罪的案件不予批捕。第三，在提起公诉的案件中做到"三无"，即无无罪判决的案件、无刑事赔偿的案件、无因起诉错误和起诉不当引起当事人赴省进京上访的案件。第四，在不起诉的案件中要做到"四个没有"，即没有依法该起诉而作了不起诉决定的案件、没有因不诉不当而引起当事人赴省进京上访案件、没有把依法可作相对不诉决定的案件作了存疑不诉或绝对不诉处理的案件、没有把依法应作存疑不诉或绝对不诉的案件作了相对不诉处理的案件。第五，在涉案款物的处理方面要着力加强监督，做到"五个确保"，即确保严格执行最高人民检察院、省检察院有关涉案款物管理的有关规定；确保认真履行公诉部门职责，严格依法审查、研究、处理所有涉案款物；确保向法院提起公诉的案件，认定的犯罪所得、非法所得能在法院判决书或裁定书上依法予以认定；确保检察机关作出的不起诉决定的案件认定的上缴财政、国库的犯罪所得和非法所得须经检察长和主管副检察长研究决定或检委会研究决定，经得起上级检察机关的检查、复查和各方面的监督；确保不因违法、违规管理和处理涉案款物而引起当事人赴省进京上访。对于涉案款物的管理，公诉部门一定要切实履责，严格把关，所提出的意见、作出的有关决定都必须符合有关法律及司法解释的有关规定，符合最高人民检察院和省检察院有关查封、扣押、冻结和处理涉案款物的有关规定。如果是非法所得，就应当及时移送有关主管部门上缴财政；查证确实不是非法所得的，要及时退还犯罪嫌疑人或被告人，绝对不能违法、违规多收一分钱，绝对不能搞利益驱动，为钱办案。这方面出了问题，市院不得迁就，一定要严肃调查、严肃问责、严肃处理。第六，在刑事诉讼监督案件中做到几个"百分之百"，即刑事立案监督案件准确率，追捕、追诉案件准确率，刑事立案监督和追捕、追诉案件的起诉率，提出刑事抗诉的准确率，纠正侦查、审判活动中的违法问题和行为的准确率均应达到百分之百。刑事抗诉案件的改判率应达到60%以上。这些定性定量的办案质量要求，听起来似乎过严过高，实则是检察机关依法应当做到的！第七，在制作各类法律文书方面力求达到全省检察系统公认的最高质量和水平。各类各种法律文书的制作，要真正达到科学化、标准化、规范化、精品化。检察机关刑事检察部门特别是公诉部门的法律文书应当精益求精，力求成为样板、成为精品。

二、提高四种办案能力与水平 [①]

办案质量是侦查监督特别是审查逮捕案件工作的生命线。侦查监督部门的办案质量非常重要，因为侦查监督部门是检察机关受理提请逮

---

① 本部分系作者2012年4月6日在长沙市检察机关侦查监督工作会议上的讲话摘录，收入本书时略作删改。

捕各类刑事案件和职务案件的进口，是案件质量的第一道防线。现在审查逮捕案件工作的任务重、人员少、时间紧、要求高，在这种情况和形势下，我们更应当注重提高办案水平，确保案件质量。依法批捕了的案件要诉得出去，至少是可作相对不诉，作相对不诉处理也要经得起历史的检验和各方面的监督，否则就会出现错捕，错捕就要赔偿，所以办案质量非常重要。客观地讲，这几年全市检察机关审查逮捕案件的质量是好的，是有进步、有提高的。去年批捕了的案件没有作撤案、绝对不诉处理的，也没有判无罪的，这很不错！正因为去年办了一批质量较高、质量优良、质量过得硬的案件，全市侦查监督工作才能在全省各市州检察院位居第一。我过去多次强调：审查逮捕案件，不能有一起案件处理错误。我们一年内要批捕五六千人，但不能有一个错捕！这是人民群众、案件当事人对我们执法司法办案的最起码的要求，这是检察机关依法应当做到的！这就是"99+1"的关系！我们要牢固树立"99+1"的理念，100 起案件 99 个案件办好了，有 1 个案件办错了，案件质量就出问题了，而且其造成的不良后果和负面影响是难以弥补和估量的！我们审查逮捕案件的质量也还有不足。我们要正视不足、扬长避短。现在社会治安形势仍然严峻，审查逮捕案件工作面临的压力越来越大、风险也越来越高，特别是刑事诉讼法的修改实施，提出了更高更严的要求。在这样的背景和形势下，我们要进一步确保办案质量，就必须下决心努力提高侦查监督工作的能力和水平。

（一）提高提前介入引导侦查取证的能力与水平

有些案子在侦查阶段需要检察机关提前介入引导侦查取证，检察机关引导侦查取证工作做及时了、做扎实了、做到位了，侦查机关就能正确把握发现、收集证据的方向和重点，查清案件的事实，提高向检察机关提请逮捕案件的质量。

（二）提高审查关键事实、关键证据的水平

特别是对涉及案件定性、罪与非罪、此罪与彼罪的关键事实和证据的审查，更要认真、严谨、细致，确保认定准确无误，确保审查逮捕案件的质量。

（三）提高排除非法证据的能力与水平

审查逮捕案件工作要按照"两个证据规定"的要求，认真审查、准确判断证据的合法性、客观性、关联性，坚决依法排除非法证据。一切非法证据都是没有证据力的，都不能作为定案的根据。通过审查逮捕案件，及时发现非法证据，不仅能及早将其予以排除，而且能及时引导侦查机关依法快速地做好案件证据特别是重要、关键证据的发现、收集和固定工作，确保案件事实清楚，证据确实。证据审查是办案的关键环节，关乎案件结论的正确性和准确性，错案和质量不高的案件的发生往往系对证据的非法收集或对证据错误判断和认定所致。针对过去司法办案中存在的证据收集、审查、判断和非法证据排除尚不尽严格、不尽规范、不尽统一的问题，最高法、最高检等几个部门联合出台了"两个证据规定"，对司法机关办理刑事案件尤其是死刑案件提出了更高的标准和更严的要求，对保障依法惩治犯罪、切实保障人权、维护司法公正，具有十分重要的意义。我们要严格执行"两个证据规定"和最高检有关指导意见，提高自身对证据的审查、判断、运用能力。如发现非法取证线索，要及时进行调查核实，对于以刑讯逼供等非法手段获取的口供和以暴力、威胁等非法手段获取的证人证言、被害人陈述，坚决依法予以排除；对瑕疵证据，予以补正后方可使用，不允许瑕疵证据进入下一诉讼环节；对于排除非法证据后不能证明有犯罪事实发生的，不得批准逮捕。积极探索建立对命案和主要靠言词证据定罪案件审查逮捕时移送、审查同步录音录像制度。

（四）提高讯问犯罪嫌疑人的能力和水平

办理审查逮捕案件依法应当讯问犯罪嫌疑人。这项工作看起来是"走程序"的"例行工作"，实则也很重要。提高讯问犯罪嫌疑人的能力与水平，有利于对案件事实和证据进行审查复核，有利于"拾遗补缺"，补强案件有关证据，特别是重要、关键证据，有利于提升办理审查逮捕案件的质量。修改后的刑事诉讼法明确规定，对是否符合逮捕条件有疑问的、犯罪嫌疑人要求向检察人员当面陈述的、侦查活动可能有重大违法行为的、未成年犯罪嫌疑人四种情形，必须讯问。我们要着力提高讯问质量和水平，坚决纠正讯问走过场、不规范讯问的现象。同时，要严格规范对未被采取强制措施的犯罪嫌疑人的讯问工作，切实保证办案安全。要讲究讯问方式方法，特别是要研究对涉嫌职务犯罪案件嫌疑人的讯问规律，防止因讯问不当导致翻供。对于翻供的案件，要结合全案证据进行综合审查判断，必要时，可与侦查人员沟通情况，防止简单化地采信或否定翻供，确保对审查逮捕案件所作决定的合法性、准确性。

三、确保批捕案件质量 ①

现在的批捕案件质量，可以说，要求越来越高，挑战越来越多，风险越来越大。我希望在座的各位检察长要高度重视审查批捕案件的质量。第一，检察长要亲自把关。检察长要叮嘱分管副检察长，把握不准的案件要及时报告请示；检察长把握不准的案件，则要及时召开检察委员会研究决定；检委会还把握不准的案件，则要及时向上一级检察院请示。第二，检委会要严格把关。第三，要及时向市院报告、请示。办理审查批捕案件，还要强调以下几点：一是要自觉纠正"以捕代侦"的问题。无论是公安机关立案侦查涉嫌刑事犯罪的案件，还是检察机关查办的涉嫌职务犯罪的案件，那种"不管是否有证据证明犯罪，先捕起来再说，先捕起来再侦查补证，捕了才能开展下一步侦查，捕了才能补到涉嫌犯罪的证据"的想法和做法都是错误的！这不是侦查机关、检察机关应有的做法，更不是依法履职，不是办准案、办好案、办铁案的做法。二是要注重纠正"以捕维稳"的问题。稳定压倒一切。维稳是党委、政府的大局，同样也是检察机关的大局。但

---

① 本部分系作者2013年7月5日在长沙市基层院检察长2013年上半年办案工作汇报讲评会上的讲话摘录，收入本书时略作删改。

不能片面以"维稳"为理由，把不符合逮捕条件的嫌疑人捕起来，更不能把没有证据证明犯罪的人捕起来，绝不能错捕人，绝不能办冤假错案。

一是要注意羁押必要性审查工作。加强羁押必要性审查工作是实施修改后的刑事诉讼法的重要任务，是最高人民检察院、省检察院给我们提出的新要求，我们应当认真实施，切实做到。因此，要注意纠正"一捕到底"的问题。岳麓区检察院做了一个调查，该院在批捕阶段到审查起诉阶段，已批捕的犯罪嫌疑人变更强制措施的只有3.6%；在审查起诉阶段到向法院提起公诉阶段，已批捕的犯罪嫌疑人变更强制措施的只有5.3%。这方面，各单位要进一步统一思想，加大力度，主动、严格、依法审查，该变更强制措施的可依法予以变更，尽量减少对犯罪嫌疑人、被告人没有必要的羁押，以确保这项工作取得进展、取得实效。

二是要搞好批捕案件的年中检查工作。重在发现问题、拾遗补缺、整改提高。

三是要重视民调工作。当前，我们要通过做好检察工作、加强队伍建设、加强检察宣传、加强联系群众等工作，提高人民群众对检察机关、检察工作、检察队伍的知晓率，赢得人民的肯定、信任、理解和支持，逐步提高检察工作民调的满意率，不断提高人民群众对检察工作的公信力和满意度。

四、重视抓好审查逮捕工作 ①

2014年4月29日在宁乡县检察院召开的全市基层院检察长一季度办案工作汇报讲评会之后，我专门就审查逮捕工作作了强调，市检察院办公室将我的有关意见整理后书面印发给了大家。全市检察机关一

---

① 本部分系作者2014年7月15日在长沙市基层院检察长2014年上半年办案工作汇报讲评会上的讲话摘录，收入本书时略作删改。

年的审查逮捕案件工作任务十分繁重，办案时限很紧，工作压力大，稍不注意、稍有放松，审查逮捕案件质量就可能出问题。对此，大家要引起高度重视。

一是要严格按照逮捕条件批准逮捕和决定逮捕。逮捕是有法定条件的，必须守住底线。首先就是要求有证据证明犯罪，这个底线必须守住，否则就会办成错案。

二是要严格执行办案程序和办案制度。办案的程序和制度一定要严格执行。办理案件要经承办人阅卷、部门讨论研究、主管副检察长审定；主管副检察长定不了的，向检察长汇报，由检察长决定；检察长难以把握的，提交检察委员会研究，由检委会决定；检委会存在意见分歧，或检察长不同意检委会多数委员意见的，向上级检察院请示。

三是要严格实行可能发生错误批准逮捕案件的事前向上级院层报制。省检察院对此早有要求，如对涉稳的案子、涉及征地拆迁的案子、可能引发群体性事件的案子，事前都要向上一级检察院报告。

四是要严格执行对错捕案件实行查责、问责和追责的制度。省院对此也有明确要求，错捕是要赔偿的。对办案质量严抓严管，对大家有好处。出了错案，案件承办人如果有问题就要追责，当然这个追责并不意味着都要受处分，要根据具体情况，有的可以是通报批评，有的可以是诫勉谈话等；对失职乃至渎职的，一定要依纪依法严肃处理。

五是检察长要注意加强对审查批捕案件工作的领导。以前大家可能更重视公诉工作，对审查逮捕工作没有那么重视，现在要改变这种状态。公诉要重视，批捕同样要重视，在某种意义上讲，对审查逮捕工作要更加重视。市院检委会在研究有关基层院请示的案子时发现，个别错捕、错诉案件，检察长不知情，是分管副检察长作出的决定。从现在起，各基层院检察长对办理审查批捕、审查起诉案件都要引起重视，要亲自过问，有的要亲自把关，不要习惯于所谓的"抓大放小""宏观领导和指挥"，不要当"甩手掌柜"。否则，办案质量是会出问题的，甚至可能出错捕、错诉案件！

五、高度重视公诉工作 [①]

公诉工作非常重要。当前，根据公诉工作面临的新形势、新任务，我们要高度重视公诉工作。全市检察机关一定要深化对公诉工作特殊地位和重要作用的认识，切实增强加强和改进公诉工作的紧迫感和责任感。

（一）加强和改进公诉工作是构建社会主义和谐社会的需要

稳定的社会环境和良好的法治环境是社会和谐的基础和前提。当前，我国社会总体上是和谐稳定的。同时，我国又正处于经济体制深刻变革、社会结构深刻变动、利益格局深刻调整、思想观念深刻变化的时期，正处于人民内部矛盾凸显、刑事犯罪高发、对敌斗争复杂的时期，国内因素与国际因素互相影响，传统安全威胁与非传统安全威胁并存，人民内部矛盾与敌我矛盾互相交织，影响和谐稳定的各种因素大量存在，维护稳定的任务十分繁重。各种社会矛盾大量地以诉讼形式不断进入司法领域，对检察工作提出了新的更高要求。公诉工作是检察工作的重要组成部分，是检察机关打击犯罪的前沿阵地，又是诉讼监督的前沿阵地，对维护法律统一正确实施、维护社会公平正义、维护人民群众根本利益、确保社会和谐稳定负有重大责任。在新的时代背景下，全市检察机关必须站在构建和谐社会的高度，用新的执法理念来指导公诉工作，始终把维护社会和谐稳定作为公诉工作的首要任务，全面正确履行公诉职能，为建立社会主义和谐社会提供有力保障。

（二）加强和改进公诉工作是强化法律监督职能的需要

公诉权是世界各国检察机关普遍拥有的一项基本职权，也是我国检察机关的基本职权。但是，我国的检察制度作为我国政治制度和司

[①] 本部分系作者 2008 年 8 月 7 日在长沙市检察机关公诉工作会议上的讲话摘录，收入本书时略作删改。

法制度的重要组成部分，是政治属性、人民属性和法律监督属性的有机统一，具有鲜明的中国特色和优越性。中国特色的检察制度决定了公诉制度和公诉工作的职能和定位。法律监督属性是我国公诉权最鲜明的特性，在公诉工作中，无论是指控犯罪还是诉讼监督，都属于法律监督的范畴，特别是公诉工作中的侦查监督、审判监督最能体现检察机关的法律监督属性。公诉工作是法律监督工作中面广、点多、要求非常高的一项工作，在整个刑事诉讼中处于追诉犯罪的中心环节和承上启下的枢纽地位，事关法律监督职能的正确履行，事关检察工作全局，事关检察工作新发展。全市两级检察机关要坚持以科学发展观为指导，正确认识和把握公诉工作法律监督的本质属性，不断加强和改进公诉工作，提高公诉部门法律监督的能力和水平，更好地维护社会公平与正义。

（三）加强和改进公诉工作是检察机关执法规范化建设的需要

规范执法是检察机关的基础性工作，是新形势下检察工作发展的基础工程和必由之路，也是检察机关落实总体要求的重要起点。我们一定要切实抓好执法规范化建设。首先，要提高执法规范化水平。公诉工作是展示检察机关和检察人员形象的窗口，对其执法规范化的要求更高、更严。近年来，公诉工作的规范化水平不断提高，执法效果明显增强。但是，公诉工作仍是检察机关最容易出问题的环节之一，存在的问题仍然较多，执法不文明、违法违规办案，利益驱动、滥用"自由裁量权"，不敢监督、不善监督、监督不力等问题依然存在。而这些问题都与执法不规范、管理不科学有着直接关系。我们必须高度重视，从执法思想、执法能力、执法作风、执法水平和执法效果上查找工作薄弱环节，不断加强执法规范化建设，在强化科学管理上下功夫，在严格规范执法行为上下功夫，进一步提高执法水平，促进公诉工作健康深入发展。

六、公诉工作要以办案质量为核心 ①

公诉工作非常重要。首先，公诉职能是检察机关核心的、标志性的职能之一。公诉部门是移送各类刑事案件的入口，是各类刑事犯罪案件提起公诉的出口。其次，公诉工作要求非常高、难度非常大、风险非常大。公诉部门是防错防漏、不枉不纵的核心职能部门，也是执法办案诱惑较大、风险较大的部门。最后，公诉工作非常锻炼人、考验人、培养人、造就人。公诉部门是检察业务最全面的部门，公诉工作对人的锻炼非常大。作为公诉人员特别是公诉人，不但法律、检察业务素质要高，思想政治素质要更高。因此，全市检察机关公诉部门和全体公诉人员一定要增强光荣感、责任感；一定要忠诚履职、出色履职；一定要抓好工作、做好工作。

这几年来，在两级院党组特别是主管副检察长的直接领导下，在两级院公诉部门负责同志的指导下，全体公诉人员团结一心、艰苦奋战、迎难而上、真抓实干、乐于奉献，全市检察机关的公诉工作取得了突出的成果，依法打击了各类刑事犯罪特别是依法从重、从快惩治严重的刑事犯罪，维护了省会城市的社会、政治稳定；依法惩治了各类职务犯罪，特别是从严惩治严重职务犯罪，促进了反腐倡廉建设；依法适用宽严相济刑事司法政策，对轻微刑事案件依法从宽处理，对一些刑事犯罪依法从轻处理，为有效化解社会矛盾、服务社会和谐稳定做出了积极贡献。在今年一季度检察长办案工作汇报讲评会议上，大部分基层院反映，其批捕数特别是起诉数大幅度上升，有的基层院上升了百分之二三十。可见，公诉部门今年的办案任务更加繁重。所以首先我代表市检察院党组要充分肯定全市检察机关的公诉工作，向大家表示感谢和慰问！感谢大家为全市公诉工作乃至整个检察工作的进步

---

① 本部分系作者 2012 年 4 月 25 日在长沙市检察机关公诉工作会议上的讲话摘录，收入本书时略作删改。

和发展做出的贡献。但我们还存在明显的差距与不足，长沙的公诉工作还没有进入先进。这几年长沙检察工作新发展的目标不是为了单纯地评上先进或排名领先，而是把两级检察院建设成为忠诚、公正、高效、清廉、文明、人民满意的检察院，这是我们全市检察工作新发展的总体目标。具体目标则有三条：第一，工作比上年有新进展；第二，在最高检、省院有位置；第三，在中部地区省会城市乃至全国省会城市检察院有一定影响。这几年公诉工作任务繁重，成绩应该肯定，但还没有实现新发展的具体目标。这其中有客观原因，主要是案多人少，但我们不能以此为理由而甘居中游，甚至甘居落后。今年全市检察机关公诉工作的目标是要努力实现新发展，我们现在还没有要求公诉部门、公诉工作全面实现新发展，虽然公诉工作压力很大，案子这么多，要求这么高，但我们必须提出这个目标要求，因为公诉职能太重要了，公诉工作太重要了！

公诉工作要努力实现新发展，最直接、最根本的是确保办案质量，提升办案质量。这是公诉工作的重中之重。我们必须牢固树立准字当头、质量第一的观念，确保办案质量有新的提升。为此，我们必须下定决心，做到以下几点：一要杜绝无罪判决。有无罪判决的单位要逐案写出专题报告，要查明原因，该追究责任的要追究责任。二要下决心减少撤回起诉数。已向法院提起公诉的案件，如有撤回起诉的，同样要逐案写出专题报告，分析原因，提出整改方案。三要严格控制自侦案件不诉率。立案侦查的涉嫌职务犯罪的自侦案件不诉率过高会影响查办职务犯罪案件的成效，甚至影响检察机关的执法公信力和司法形象，不诉率高了或偏高了，肯定有问题、肯定效果不好！这一点，要统一思想，痛下决心，从高要求，从严做到，严控自侦案件的不诉率。四要最大限度地减少办案中的执法瑕疵，减少执法状况考评扣分。在这方面，公诉部门难度最大，但我们必须这样严格要求，确保提高执法质量。五要多办优案，多出精品案。

七、准确把握公诉工作面临的新形势、新理念、新职责、新要求 ①

公诉是检察机关的核心职能之一，新时期检察机关公诉工作的地位和作用更加重要。全市检察机关要准确把握新形势、新理念、新职责给公诉工作带来的新要求，大力加强和改进公诉工作。

（一）准确把握新形势给公诉工作带来的新要求

一是服务发展大局面临新形势。市委十二届十一次全会确立了"十三五"发展的指导思想、总体要求和重点任务，提出了建设能量更大、实力更强、城乡更美、民生更爽的长沙；提出了打造"双引擎""两高地"的发展战略；提出了补齐发展短板、抓实项目支撑的着力重点。怎样服务长沙发展战略的实施、奋斗目标的实现，怎样践行五大发展理念，怎样服务重大项目建设，这就要求全市检察机关及公诉部门要顺势而为，有新思考、新举措、新作为，力求取得新成效。二是国家安全和社会稳定面临新形势。当前，境外势力加紧在各个领域进行渗透活动，通过插手敏感案件伺机挑起"社会运动"；国际和国内暴恐活动的关联性不断增强，境内外暴恐势力的勾连程度正在加深，反恐怖斗争尖锐性加剧、复杂性上升、长期性凸显；"法轮功"有组织大规模诬告滥诉不断变化手法，极力挑战政策法律底线。涉众型经济犯罪、金融领域犯罪大幅增加，转化为群体性事件、引发社会风险的可能性加大；社会治安形势复杂，电信诈骗等新类型犯罪大量发生，社会治理难度不断增大。这些都给检察机关及公诉部门维护国家安全和社会稳定带来新的考验。三是规范司法行为、提升司法公信力面临新形势。当前，社会环境日益开放，社会各界和新闻媒体特别是网络媒体对司法行为的关注度不断提高，人民群众对司法的刚

---

① 本部分系作者 2016 年 4 月 7 日在长沙市检察机关公诉工作会议上的讲话摘录，收入本书时略作删改。

性需求愈来愈多，群众参与司法、监督司法的愿望更加迫切。公诉工作与人民群众的接触最直接、与社会的接触面最广，执法司法办案过程中不理性、不平和、不规范的问题也最容易成为社会和人民群众关注的焦点。四是深化司法改革面临新形势。党的十八届三中、四中全会部署的司法体制改革工作正在展开。我省系中央确立的第三批司法体制改革试点单位，其中宁乡县检察院是我省检察系统基层检察院司法体制改革试点单位。全省司法体制改革试点工作已全面铺开。实行检察人员分类管理，落实司法责任制等重大改革必将给检察机关及公诉队伍带来变革。如何通过司法体制改革，加强检察机关特别是公诉等部门专业化、职业化建设，激发公诉队伍活力，稳定和加强公诉队伍，是队伍建设必须破解的新课题。

（二）准确把握新理念给公诉工作带来的新要求

一是法治新理念对公诉工作有新要求。即要求检察机关坚持带头信仰法治，运用法治思维和法治方式谋划检察工作、谋划公诉工作、处理案件、化解矛盾，秉持客观公正义务。依法独立公正行使公诉权，严格按照法定权限、范围和程序履行公诉职责，维护宪法法律权威。二是人权保障新理念对公诉工作有新要求。即要求坚持把保障人权与惩罚犯罪作为同等重要、不可偏废的价值目标，既依法指控犯罪，保证准确有效打击犯罪，又严格把关，强化刑事诉讼监督，坚决守住冤假错案底线，保障无罪的人不受刑事追究，保障犯罪嫌疑人、被告人的合法权益。三是司法效率新理念对公诉工作有新要求。即要求检察机关特别是公诉等部门既要注重司法公正，又要注重繁简分流，发挥简易程序功能，探索轻刑快办、速裁程序，完善认罪认罚案件从宽处理制度，最大限度地提升司法效率。四是构建科学侦诉审辩关系新理念对公诉工作有新要求。即要求坚持公检法分工负责、互相配合、互相制约的宪法原则，适应修改后的刑事诉讼法对侦诉审辩关系的调整和诉讼制度改革，加强对侦查权、审判权的监督制约，构建新型诉侦、诉审、诉辩关系，为公诉工作发展营造良好环境。五是品质新理念对公诉工作有新要求。即要求提升公诉工作品质，注重发挥公诉政策的指引作用，遵循公诉工作规律，坚持理性平和文明规范司法，坚持办案数量、质量、效率、效果、安全相统一，坚持业务建设、制度建设、队伍建设、科技建设一体推进，自觉接受外部监督制约，深化诉讼环节检务公开，有效提升公诉的法治化、精细化、现代化水平。

（三）准确把握新职责对公诉工作带来的新要求

全国检察机关第五次公诉工作会议将公诉职能从原来概括的指控犯罪和诉讼监督两项职能，拓展为指控犯罪、诉讼监督和参与社会治理三项职能。之所以这样重新界定公诉职能，最根本的就是刑事诉讼法设专编对特别程序作出规定，从立法上确立了检察机关参与社会治理、促进法治社会建设的法定职责。一是公诉部门在未成年人刑事案件诉讼程序中，要执行特殊的办案方针、原则以及社会调查、合适成年人到场、附条件不起诉、犯罪记录封存等特殊制度和程序。二是在当事人和解的公诉案件诉讼程序中，对特定范围的公诉案件，双方当事人和解的，要对和解的自愿性和合法性进行审查并制作和解协议书。三是在犯罪嫌疑人、被告人逃匿、死亡案件违法所得的没收程序中，公诉部门要向法院提出没收违法所得的申请。四是在依法不负刑事责任的精神病人的强制医疗程序中，公诉部门负有向法院提出强制医疗申请和对强制医疗决定进行监督的双重职责。全面正确履行上述这些新增职能，完成其任务，对检察机关公诉工作都提出了新的更高、更严的要求。

八、宽严相济与刑事和解 ①

进一步落实宽严相济刑事司法政策和刑事和解的相关规定，这是今年检察工作的重点和亮点之一。为了做好这方面工作，我提五点要求：

---

① 本部分系作者 2007 年 8 月 31 日在岳阳市检察长座谈会议上的讲话摘录，收入本书时略作删改。

一要积极贯彻落实。宽严相济的刑事司法政策在刑法、刑事诉讼法的总则和分则的相关具体规定中都有体现，以前我们在办案和司法实践中注意贯彻了这一政策精神，并收到了较好的效果。现在要进一步加大力度，特别是对具有法定从轻、减轻、免除处罚等情节的，包括对于不满 18 周岁的未成年人刑事犯罪，依法该宽的要宽，也就是说，可捕可不捕的可以不捕，可诉可不诉的可以不诉。现在既没有控制不捕率，也没有控制不诉率。之所以没有控制，就是要求我们在指导思想上要积极地贯彻落实宽严相济的刑事司法政策，同时要积极贯彻落实省院作出的刑事和解的有关规定。刑事和解的规定是省院制定的，全国检察机关仅有湖南省院出台了这个规定，这是具有积极的重要意义的。按照上述政策和有关规定办理有关案件，有利于缓和社会矛盾，有利于减少社会对抗面，有利于服务构建和谐社会。因此，无论在指导思想上还是在办案、司法实践中，我们都要积极贯彻落实。现在从全省来看，刑事和解案件已办了 500 多起，我市办理此类案件还不算多。我们还要继续加大这方面工作的力度，以最大限度地服务和促进社会和谐。

二要依法依规妥善实施。所办理的案件要确保取得最佳的法律效果、社会效果和政治效果；要确保经得起各方面的检查、检验；要确保经得起人民群众的监督。做到这三点，不管办多少案子，都不会出偏差、出问题。

三要注意引导、指导、监督、把关。怎样加大力度，积极、稳妥地组织实施？怎样通过监督、把关，确保案件不出任何偏差、问题？尽管我们不控制不捕率、不控制相对不诉率，但相对不诉的刑事案件还是要报市检察院审批。多年的实践证明，这是确保办案、执法质量的行之有效的办法。基层检察院上报的拟作相对不诉的案件，只要符合有关政策和规定，只要有利于社会和谐，只要不出违纪违法问题，市院都会支持。但依法、依政策、依规定不能作相对不诉的，市院要把好关，这对我们的办案执法工作是有好处的。

四要注意扩大办案的成果。对适用于宽严相济刑事司法政策和刑事和解规定的不捕、不诉案件，办案工作要延伸，要回访当事人，要帮教犯罪嫌疑人。比如说有的刑事案子，犯罪嫌疑人不满18周岁，或者是在校学生，我们作出相对不诉处理后，要及时进行回访、帮教，力求使犯罪嫌疑人从此转化成为遵纪守法的典型，这样做就达到了非常好的法律效果和社会效果。

五要及时总结。我们通过办理一批这样的案子以后，要将其上升为理性的东西，然后加以推广，并形成长效机制，指导和推进今后的办案和执法实践，更好地服务于建设和谐社会。

九、防范冤假错案 [①]

冤假错案危害十分严重，不仅对当事人是一场灾难，而且严重损害司法权威和司法公信力，影响人民群众对社会公平正义的信心，影响国家长治久安。因此，防范冤假错案非常重要。如何防范？党中央对此高度重视，习近平总书记作了重要批示；最高人民检察院、省检察院十分重视，提出了明确要求，我们一定要抓好落实。当前和今后一个时期，检察机关要有效防范冤假错案，就要着力做好三个方面的工作：

（一）牢固树立、自觉践行科学的执法、司法理念，筑牢防范冤假错案的思想防线

冤假错案发生的原因很多，其根源在执法、司法的思想上，在执法、司法的理念上。防范冤假错案，首先必须筑牢思想防线。

第一，筑牢思想防线，就要牢固树立、自觉践行尊重和保障人权理念。冤假错案的产生，从根本上来说，是人权保障意识不强的表现。要切实改变重打击犯罪、轻保障人权的错误理念，真正做到两者并重。要着力保障犯罪嫌疑人、被告人的人身权利不受非法侵犯，特别是要严禁刑讯逼供；要着力保障犯罪嫌疑人、被告人的各项诉讼权利，特

---

① 本部分系作者2013年8月6日在全省检察工作研讨班上的发言摘录，收入本书时略作删改。

别是要保护其辩护权真正不被剥夺。

第二，筑牢思想防线，就要牢固树立、自觉践行无罪推定、疑罪从无理念。要严格执行修改后刑事诉讼法"不得强迫自证其罪"的规定，切实做到无罪推定。任何人非经法院审判，均不得认定有罪。对事实不清、证据不足的案件，要依法退回补充侦查；对于经两次退回补充侦查仍然认为证据不足，不符合起诉条件的，依法应作出不起诉决定，而不能考虑已批捕等因素而勉强起诉，真正做到疑罪从无。

第三，筑牢思想防线，就要牢固树立、自觉践行理性、平和、文明、规范执法理念。坚持理性执法，就要遵循司法规律办案，反对感性执法、经验执法，树立正确的政绩观、业绩观，既狠抓办案、抓好办案，又不提违反司法规律的口号，不下办案指标，不定办案任务；坚持平和执法，就要保持平等谦和而不是居高临下的冷漠态度对待和处理人民群众的诉求，不管案件有多复杂，办案压力有多大、难度有多大，执法办案工作做到不冲动、不盲动、不动辄训人，不主观臆断，不人为拔高，处理不偏不倚，切忌以权压人、以法压人；坚持文明执法，就要改进执法办案方式方法，坚决纠正简单执法甚至粗暴执法的问题，用群众信服的方式执法办案，切实做到执法言行文明，注意司法人文关怀，使人民群众不仅感受到法律的尊严和权威，而且能感受到检察队伍的精良素质；坚持规范执法，就要依照修改后的刑法、刑事诉讼法及刑事诉讼规则等法律法规，完善执法管理，细化办案规程，完善业务流程，规范办案环节，力求使全部刑事诉讼活动都依法进行，使各项执法办案工作都有章可循。

（二）严把审查逮捕、审查起诉关，筑牢防范冤假错案的质量防线

质量防线是关键。冤假错案尽管情况各有不同，但其本质都是案件质量出了问题，案件处理发生了错误。要坚守冤假错案底线，就必须筑牢质量防线。

第一，筑牢质量防线，就要严把审查逮捕、审查起诉关，摒弃"以

捕代侦""以捕维稳""一捕到底"和"以诉维稳""以诉论业绩"等惯性思维和错误做法。为此，要特别注意解决好以下几个问题：一是注意纠正"以捕代侦"的问题。无论是公安机关立案侦查的刑事犯罪案件，还是检察机关查办的涉嫌职务犯罪案件，那种"不管是否有证据证明犯罪，先捕起来再说，先捕起来再侦查补证，捕了才能开展下一步侦查，捕了才能补到涉嫌犯罪的证据"的想法和做法都是错误的！这不是侦查机关、更不是检察机关应有的做法，这不是办准案、办好案、办铁案的做法，这是防范乃至防止冤假错案发生之大敌。二是注意纠正"以捕维稳"的问题。稳定压倒一切。维稳是党委、政府的大局，同样也是检察机关的大局。但不能片面以"维稳"为理由，把不符合逮捕条件的犯罪嫌疑人捕起来，更不能把没有证据证明犯罪的人捕起来，绝不能错捕人。否则，冤假错案也难以防范。三是注意纠正"一捕到底"的问题。要加强羁押必要性审查工作，对捕了的案件要进行跟踪，而不能不管案件办理进展及案情变化而将没有必要羁押的犯罪嫌疑人久押不放、一押到底，对没有必要羁押的犯罪嫌疑人应依法及时变更强制措施。

第二，筑牢质量防线，就要严把审查逮捕、审查起诉关，着力发现并坚决排除非法证据。自古以来，刑讯逼供都是导致冤假错案最直接、最主要的原因之一。非法证据排除应当贯穿于审查逮捕和审查起诉工作乃至刑事司法活动全过程。在刑事案件审查逮捕、审查起诉中，要切实做到凡是出现有应当排除的证据包括采用刑讯逼供等非法方法取得的犯罪嫌疑人供述和采用暴力、威胁等非法方法收集的证人证言、被害人陈述；包括收集的物证、书证不符合法定程序，可能严重影响司法公正，而侦查机关不能补正或者无法作出合理解释的，都应当依法予以排除，不得作为批准或者决定逮捕、移送审查起诉及提起公诉的依据，以有效防范错捕错诉。

第三，筑牢质量防线，就要严把审查逮捕、审查起诉关，坚守逮捕、起诉的法定标准。修改后的刑事诉讼法及刑事诉讼规则对"应当予以逮捕"和"应当批准或者决定逮捕"的标准作了明确规定。逮捕的首要条件也是最根本的条件是"有证据证明有犯罪事实"。同时，对"应当作出不批准逮捕的决定或者不予逮捕"的标准作了具体规定。在审查逮捕中，我们应当全面理解、认真落实、严格执行。这就要求我们：一方面，对各类刑事案件要全面把握好逮捕条件，特别是要全面、准确把握"有证据证明有犯罪事实"同时具备的情形，依法作出"予以逮捕""批准逮捕或决定逮捕"。特别是对命案等重大刑事案件，既要防止纠缠细枝末节，影响打击犯罪的力度，又要坚持逮捕的法定标准，防止"带病批捕"现象的发生。另一方面，对符合"应当作出不批准逮捕的决定或者不予逮捕"的情形的犯罪嫌疑人，应坚决依法作出不捕或不予逮捕的决定。这样，坚守审查逮捕关、严把逮捕关，防止错捕，真正做刑事诉讼第一关的把关人，做冤假错案第一道防线的坚守人。与此同时，必须认真执行修改后刑事诉讼法关于起诉标准的规定，这就是要严格按照法定起诉条件即"犯罪事实已经查清，证据确实、充分"来决定起诉或不起诉。特别是对重大刑事案件既要坚持"两个基本"，防止宽纵犯罪，又要坚持起诉的法定标准，防止"带病起诉"现象的发生。对事实不清、证据不足的案件，要依法退回补充侦查，并做好引导取证工作。经补充侦查仍然认为证据不足，不符合起诉条件的，应当依法作出不起诉处理。这就要求我们要全面、准确把握起诉的条件，特别是要全面、准确把握"可以确认犯罪事实已经查清"的情形，全面、准确把握"证据确实、充分"的条件，依法作出起诉或不起诉决定。从长沙市两级检察机关2008年至2012年向法院提起公诉的被告人的判决情况看，长沙市审判机关审结判决的无罪判决率是全省14个市州院五年间平均无罪判决率唯一一个低于全国五年间平均无罪判决率的单位。判决无罪的案件，其对当事人的伤害、对检察机关司法形象的伤害，乃至对社会公众对法律和法治信仰的伤害仍不容忽视、不容低估。在审查起诉工作实践中，我们深切地感到：只有坚守审查起诉关，严把起诉关、不诉关，才能真正做检察机关刑事诉讼最后一关的把关人，做检察机关防范冤假错案最后一道防线的把关人；才能防止错诉，防范假错案的发生。

（三）强化监督，筑牢防范冤假错案的监督防线

检察机关作为国家法律监督机关，一方面，要加强对侦查机关、审判机关、执行机关的法律监督，促进其严格依法公正办案，有效防范和及时纠正冤假错案；另一方面，要自觉接受外部监督，强化内部监督，确保检察机关的执法办案质量，提升检察机关司法公信力，努力构建起一道牢不可破的监督防线。

第一，筑牢监督防线，就要加强对侦查机关、审判机关、执行机关的监督。要强化对刑事立案活动的监督，特别是要探索加强对不该立案而立案活动的监督，防止无辜人员遭到刑事追诉。要强化对侦查活动的监督，特别是要及时发现和依法查处侦查活动中的刑讯逼供等违法问题及职务犯罪案件。刑讯逼供不除，冤假错案难防。对刑讯逼供的宽容，就是对冤假错案的放任。检察机关要加大查办刑讯逼供犯罪力度，拉起刑讯逼供的高压线，让刑讯逼供者得不到好处、受到应有惩罚。要强化对刑事审判活动的监督，特别是对确实存在错误的判决，要依法及时抗诉，监督审判机关依法纠正错误判决。要强化对刑罚执行和监督活动的监督，特别是要加强对超期羁押、久押不决案件的监督。

第二，筑牢监督防线，就要依法自觉主动接受外部监督。要自觉接受党内监督。依法独立公正行使检察权，依法独立公正办案，是法律赋予检察机关的职权。这与始终坚持党的领导、自觉接受党委领导、主动接受党委政法委的监督是有机统一的、是一致的。在转变执法理念、防范冤假错案上，同样必须将二者有机结合起来。一方面，要自觉服从、接受党的领导、接受党委政法委的协调和监督。在个案的办理上，要主动认真听取、尊重党委及党委政法委的意见，决不可以"依法独立办案"为由不接受党的领导；另一方面，要坚持严格依法办案，特别是对党委、党委政法委高度重视和关注的案件，在有关部门组织协调时，要严格依照事实、证据和法律发表意见；重要意见不

被采纳的，要及时向上级院报告，明知事实不清、证据不足而不提出意见或者协调后不及时向上级院报告，造成冤假错案的，要按照最高人民检察院和省检察院的有关精神和要求，严肃追究有关人员的责任。只有这样，才能守住法律的底线，才能守住防止冤假错案的底线。要主动接受人大监督、政协民主监督。依法向人大、政协报告、通报执法办案工作；主动邀请人大代表、政协委员、人民监督员、民主监督员、检风检纪监督员参与检察机关有关执法办案等活动，深化检务公开，让检察权在阳光下运行。要理性接受社会舆论监督。在办理重大、复杂且社会舆论高度关注的案件过程中，既要尊重舆论监督意见，考虑新闻媒体对案件有关情况报道的影响，注重防范、化解矛盾，维护社会稳定，讲究办案的社会效果；又要坚持用法治思维和法治方法处理案件和问题，切不可新闻媒体一披露、网络舆情一炒作、受害人一上访，就屈从、迁就，就违背事实、证据和法律处理案件和问题。愈是社会关注，愈是执法办案压力大，就愈要严格依法办案，愈要把案件办准、办好、办成铁案。办理刑事案件，离开了质量，就失去了案件的生命，就不可能有客观、真实、持久的乃至经得起人民群众和历史检验的良好的社会效果。反之，它将会造成严重的社会后果和不良的社会影响乃至政治影响。

第三，筑牢监督防线，就要加强检察机关的内部监督。要建立健全检务督察与执法办案质量检查、督查、讲评、整改机制，及时发现、纠正执法办案中的质量问题，确保办案质量；要建立、健全科学的执法办案工作考核考评机制，以是否依法公正办案及办案质量、效率来衡量、来评判检察人员执法办案的成绩；要建立、完善执法办案质量的奖惩机制，办优案者应予以奖励，办冤假错案者应依法追责、严肃处理。这样，才能促进检察机关执法办案人员忠诚履职，各负其责，办准办好案件，严防冤假错案的发生，切实维护人民群众合法权益，切实维护司法权威。

第二节　突出查办和预防职务犯罪工作

一、反贪工作非常重要 ①

关于反贪工作的重要性，过去已经讲得比较多了，应当有一个统一的认识、有一个统一的思想。但这方面的问题，随着反贪形势的发展，在检察系统也还有一个进一步加深认识、统一好思想的问题。在检察机关内部，反贪工作要形成全院一盘棋，形成反腐工作合力；在反贪部门内部要形成全局人人劲往一处使、行动协调一致，形成强大的反贪合力。大家要深刻认识到，反贪污贿赂工作是检察机关一项非常重要的工作。

之所以说反贪工作是一项"非常重要"的工作，主要是基于以下几点理由：第一，反贪工作直接关系着反腐败斗争的深入，关系着党风廉政建设的效果。直接关系着党群关系、社会公平正义、社会稳定和和谐社会建设，最终影响着党的执政基础是否巩固，影响着党和国家的安危。第二，反贪工作是检察工作的重点，是检察机关排在最前面的重点工作，是检察工作的重中之重。因为反贪工作不但是履行法律监督职能的重要组成部分，是很重要的法律监督，而且还是实施其他法律监督职能的强有力保障工作；还因为反贪工作是最高人民检察院多年来确定的工作重点，是省、市检察院多年来确定的排在最前面的工作重点，而且在不同时期对反贪工作提出了新的更高的要求。第三，反贪工作是人民群众关注的热点。每年的人代会，人大代表对此非常关注。在每年的人代会上，代表们一看检察院工作报告，就看查处了哪些贪贿要案、特大案，有影响、有震动的案件，一听检察院工

---

① 本部分系作者 2006 年 3 月 8 日在岳阳市检察机关反贪污贿赂工作会议上的讲话摘录，收入本书时略作删改。

作报告，就想听有哪些精彩的贪贿大要案件；一审议检察院工作报告，也是重点审议、评议检察机关查办了哪些有影响的重特大贪贿犯罪案件，今后怎样加大反贪工作力度，深入查办贪贿要案大案。人大代表对反贪的呼声越来越强烈，要求越来越高。人大代表的呼声实质上代表了人民群众的心声和期盼。再就是社会上的反映。老百姓最关注什么，其中热点之一就是反腐败，就是查办职务犯罪，就是查办贪污贿赂大要案。而查办贪污贿赂犯罪案件，正是法律赋予检察机关的职责。第四，反贪工作的难度越来越大。难就难在现在腐败分子的犯罪手段、形式发生了新的变化，腐败分子贪污贿赂手法越来越翻新，表现形式越来越多样，越来越具有欺骗性和隐蔽性，作案越来越呈现出智能化等特点。反贪工作难度大，也是由反贪工作的长期性、复杂性和艰巨性所决定的。但是我们也要看到，难度越大的工作，越是工作的潜力之所在。敢于、善于抓工作的，往往会下决心抓难点工作，特别是难度大的重点工作。尤其是难办的贪污贿赂案件、难抓的反贪案件这样的重点工作，一旦克服了困难，攻克了难关，工作就一定会抓上来，就一定会有新的起色，而且就能带动其他检察业务工作的深化和发展。

反贪工作既然非常重要，那么，我们就必须下定决心，着力抓好这项工作。抓好反贪工作，最重要的就是抓好办案工作。

要抓好办案，就要既讲办案质量，又讲办案数量、讲办案规模。只讲办案质量，办案数量太小，没有一定的办案规模，办案水平、办案质量、办案效果也就无从体现，数量太少，办案质量再好、再高也没有太大意义；只讲办案数量，办案质量不行，案子办得再多，质量不优、不高、不好，办案数量越多，负面影响就会越大，案件也只能是越查越难、越查越糟。这就要求我们在确保办案质量的前提下多办案、办好案，真正实现反贪工作办案数量与办案质量的有机统一，使一定的办案规模与办案质量、效果的有机统一，以取得反贪工作的新成效。

要抓好办案，就要确保办案安全。这些年来，我们没有出现一起办案安全事故。这来之不易。但我们千万不能麻痹大意。要按照最高检、省检察院要求，真正强化办案安全意识，落实办案安全防范预案审批制、看审分离制，实行检警相互配合、相互制约工作机制，落实办案安全防范的检查，发挥执法安全监督员的职能作用。只有这样，我们的办案安全防范才能步入健康运行的轨道，才能步入靠严格落实机制杜绝办案安全事故发生的良性循环，才能在任何时刻、任何情况下都确保不出现任何办案安全事故和问题。

二、增强查办与预防贪贿职务犯罪的实效 [①]

今年是开展"司法公正长沙行"活动的第四年。长沙市人大常委会研究决定 2012 年全市检察机关开展"司法公正长沙行"活动的主题为"监督支持人民检察院加大反贪污贿赂工作力度，完善办案工作保障机制，切实提高检察机关反贪污贿赂案件的查办水平"。开展这一主题活动，意义十分重大。加强和改进反贪污贿赂工作是检察机关贯彻落实党中央反腐败决策部署的重要任务；是检察机关促进经济社会科学发展的重要职责；是全面推进和实现反贪污贿赂工作乃至全市检察工作新发展的重要内容；是提升检察机关执法公信力和良好执法形象的重要举措。

要深刻认识到，今年开展"司法公正长沙行"活动的目的，就在于加强和改进反贪污贿赂工作，全面实现全市反贪污贿赂工作新发展。检验活动成效的标准，就看今年的反贪污贿赂工作成效如何。具体来讲，主要看办案成效如何、看预防成效如何。

（一）坚持以执法办案为中心，依法查办一批有影响的贪污贿赂犯罪案件

全面实现反贪污贿赂工作的新发展，就必须聚精会神抓执法、抓办案，在执法办案上切实抓出实效；就必须在确保办案、执法质量的前

---

① 本部分系作者 2012 年 4 月 11 日在长沙市检察机关 2012 年"司法公正长沙行"活动启动仪式上的讲话摘录，收入本书时略作删改。

提下多办案，多办大要案，多办"三个效果"都好的案件，多办有影响、有震动的案件。要突出办案重点。按照最高检和省检察院的统一部署要求，结合长沙实际，突出查办发生在领导机关和领导干部中的案件，权力集中部门和岗位的案件，国家重点投资领域、资金密集行业的案件，损害民生民利、侵犯人民群众合法权益的案件，破坏生态资源、重大责任事故、执法司法不公、群体性事件涉及的案件和充当黑恶势力"保护伞"的案件。要抓好专项治理。深入抓好商业贿赂和工程建设领域贪污贿赂犯罪的专项治理工作；着力抓好涉农惠民领域贪污贿赂等职务犯罪案件的专项工作；积极抓好工程建设领域突出问题专项治理工作和治理商业贿赂专项工作。要确保办案安全。要切实增强办案风险意识，严格落实办案安全防范各项制度，加快推进办案工作区规范化建设，与医院建立救助职务犯罪嫌疑人绿色通道，确保办案不出任何安全事故。要增强办案效果。要正确处理打击与保护的关系，准确把握改革探索与违法犯罪的界限，严格区分罪与非罪，依法惩治犯罪者，教育失误者，保护无辜者，支持改革者；要坚持实体与程序并重，查办在建重大项目、工程的案件，注意把握办案时机，慎重采取强制措施，尽量减少、避免和消除负面影响；要坚持区别对待，对窝案、串案，要分别情况，重点惩办主犯和要犯；要保护涉案人员合法权益，落实举报人和证人保护制度，切实防止机械执法，孤立办案，努力做好群众工作，通过办案排查和化解社会矛盾，促进社会和谐。

（二）坚持标本兼治，积极有效预防贪污贿赂等职务犯罪

要充分认识加强和改进预防贪污贿赂等职务犯罪工作的重要性和紧迫性。社会各界要求检察机关加大预防贪污贿赂等职务犯罪力度的呼声越来越高。检察机关如果不切实加强和改进预防职务犯罪工作，不切实提升预防职务犯罪实效，查办职务犯罪工作的效果就会受到影响，乃至受到损害，甚至查办得越多，社会效果越不好。我们要积极回应社会各界的关注和需求，认真贯彻"标本兼治、综合治理、惩防

并举、注重预防"的方针，把预防贪污贿赂等职务犯罪工作作为一项十分重要的任务来抓。要加强预防宣传。大力组织开展预防贪污贿赂等职务犯罪的宣讲活动，动员社会各界共同参与预防职务犯罪工作，推进预防教育进党校、进机关、进乡镇、进企业，努力营造检察机关预防和查办贪污贿赂犯罪的良好舆论氛围。要加强重点预防。结合办案，扎实抓好个案预防、专项预防和系统预防，深入发案单位有针对性地帮助其查找原因、整章建制、堵塞漏洞，同时深入思考在法律、政策、制度等方面带有全局性、普遍性的问题，有针对性地提出完善法律、政策、制度方面的意见和建议，促进社会管理创新。要完善预防机制。深入推进侦防一体化建设，紧密结合办案工作开展预防，通过预防巩固、转化和扩大办案成果，形成查办和预防犯罪互相促进、互为补充、整体联动的工作格局；完善行贿犯罪档案查询系统，积极提供行贿犯罪查询，有效预防行贿犯罪；探索建立职务犯罪岗位风险评估和预警预测等机制，通过研究个案、类案、行业发案的特点规律，提出积极性、建设性的预防对策，促进职务犯罪易发多发领域排查整治，重点行业环节整章建制，提升预防职务犯罪的前瞻性和实效性，最大限度地防止违法犯罪的发生，以反腐倡廉的新成效取信于民。

三、认清形势，加大力度，巩固反贪成效 ①

第一，2013 年全市检察机关反贪污贿赂工作稳中求进、稳中求好、稳中求优、稳中求新，实效非常突出，成效十分显著。在全省各市州检察院及各基层检察院反贪污贿赂工作争先恐后、竞争十分激烈的形势下，通过省院全面考核考评，再次名列全省各市州检察院首位，成绩来之不易！可喜可贺！这些成绩的取得，是全市两级检察院党组高度重视、正确领导的结果，是基层院检察长、两级院分管副检察长、

---

① 本部分系作者 2014 年 3 月 25 日在长沙市检察机关反贪污贿赂工作会议上的讲话摘录，收入本书时略作删改。

反贪污贿赂局局长忠诚履职、正确领导、直接指挥、科学决策、有效协调、敢抓真抓的结果；是反贪部门全体检察人员特别是侦查能手、办案骨干恪尽职守、顾全大局、能征善战、斗智斗勇、不懈奋斗、甘于奉献的结果。在此，我对指挥和奋战在反贪污贿赂犯罪工作一线的在座的同志们，并通过你们向全体侦查人员及有关人员表示亲切的慰问、诚挚的祝贺和衷心的感谢！

第二，2014 年全市反贪污贿赂工作要认清形势、坚定信心、振奋精神、顺势而为、乘势而上、再创佳绩，巩固成效。各项工作要比上年有新进展。要进一步实现"六个统一"，即进一步实现查办职务犯罪案件的数量与质量的统一；查办职务犯罪案件法律效果与社会效果的统一；惩治职务犯罪与保护经济社会发展的统一；依法行使侦查权与保障人权的统一；查办职务犯罪案件自觉接受党委领导与依法独立公正行使检察权的统一；惩治职务犯罪检察机关满意与人民满意的统一，以更好地推进和促进反腐倡廉建设。

第三，要切实加大办案力度，深入、有效推进办案工作。切实加大办案力度，就要下决心、下力气找线索、摸线索，千方百计获取线索；就要下决心、下力气注重查办本地区内的贪污贿赂犯罪案件；就要注重提高精细化初查水平，提高成案率；就要不断提高依法侦查水平，提高立案准确率；就要不断提高全面、甄别、固定、运用证据的水平，提高起诉准确率，杜绝无罪案件判决的发生。

第四，要突出办案重点，坚持"老虎""苍蝇"一起打。重点查办要案、大案、特大案；重点查办阻碍企业发展、影响经济发展环境、危害、破坏"六个走在前列"的案件；重点查办人民群众反映强烈包括发生在群众身边的"苍蝇级"案件；重点查办损害群众利益的案件；重点查办领导机关批办、交办的案件。

第五，要全面严格实施修改后刑事诉讼法对侦查职能、侦查工作的规定。特别是要严格依法采取侦查手段和强制措施，严格规范监视居住、指定居所监视居住的适用，防止和纠正扩大范围、违反审批程序、变相羁押；严格规范技术侦查措施的使用，明确使用条件、严格审批程序；严格执行有关查封、扣押、冻结、处理涉案款物的规定，完善决定、执行、解除程序；严格按照"全面、全程、全部"原则执行同步录音录像制度，案件移送审查逮捕、起诉时必须随案移送录音录像资料。

第六，要始终坚持两手抓（一手抓业务工作，一手抓队伍建设），坚持一岗双责，坚持"五个过硬"，不断锻炼、培养和造就一支在全省杰出的长沙反贪"铁军"。特别要注重加强反贪部门的组织建设，配强配优反贪部门班子成员，配足配强侦查骨干，配齐配好有关办案人员及有关人员；要注重加强反贪队伍的思想政治建设，始终做到讲政治、听指挥、令行禁止、忠诚履职，让党组、检察长放心、满意，让党委和上级检察机关放心、满意；要注重加强反贪队伍的侦查能力建设，戒骄戒躁，克服安于现状、无所作为的思想，始终坚持勤学苦练、坚持互学互帮、坚持学以致用，你追我赶，以提高侦查素养、提升侦查能力与水平，成为名副其实、心悦诚服、全市、全省乃至全国检察系统一流的侦查指挥员、一流的侦查专家、一流的侦查尖子与能手；要注重加强反贪队伍的作风纪律建设，增强危机意识、风险意识、责任意识，坚持"从严治检"，希望反贪干警带头做起、带头做到、带头做好。

四、大力加强反渎工作 [1]

反渎职侵权工作非常重要，为了统一认识、统一思想，这里我讲以下几点理由：

第一，反渎工作是检察工作的重点，是排在前面的重点。反渎工作是检察机关履行法律监督职能的重要组成部分。具体来说，查办破坏社会主义市场经济秩序的渎职犯罪，维护和促进经济社会发展，就

---

[1]　本部分系作者 2006 年 3 月 3 日在岳阳市检察机关反渎职侵权工作会议上的讲话摘录，收入本书时略作删改。

是履行法律监督职能；查办国家机关工作人员的渎职失职，促进依法行政，为经济发展创造健康有序的法治环境，就是履行法律监督职能；查办国家机关工作人员利用职权侵犯人权，维护社会公平正义，就是履行法律监督职能。反渎工作是最高人民检察院、省检察院多年来部署的工作重点，而且是越来越得到重视、加强的工作重点。

第二，反渎工作是人民群众关注的热点。这些年来，我越来越感受到这一点，特别是去年市五届人大四次会议之前和会议期间感受更深。为什么人大代表、人民群众这样关注反渎工作？因为国家机关工作人员特别是党政机关、司法机关、行政执法机关人员滥用职权，给国家和人民利益造成了重大损失，给社会造成了恶劣影响；还有些是徇私舞弊造成了重大损失和恶劣的社会影响；有些是玩忽职守，致使国家、人民利益遭受重大甚至是巨大的损失，几十万元、几百万元、上千万元甚至上亿元，不可估量；有些是严重侵犯人权如非法拘禁、刑讯逼供、非法侵入他人住宅等。这些都严重破坏着国家机关的管理活动，严重侵犯着公民的人身权利、民主权利，严重危害着国家、人民利益，严重影响着社会的公平与正义，严重影响着党和国家及政府的形象，甚至危及党和国家政权的安危。因此，老百姓、人大代表、人民群众越来越关注反渎工作，要求加大查办渎职侵权犯罪案件的呼声越来越高，反映越来越强烈。而查办这些渎职侵权犯罪案件，都是法律赋予检察机关的职责。

第三，反渎工作是检察工作的难点，也是检察工作的闪光点、潜力之所在。反渎工作难，难就难在办案上，难就难在侦查工作上。渎职侵权犯罪案件，不同于其他犯罪案件的最显著的特点就是查处难度大。线索难发现，案件难侦查，证据难获取，处理难到位。任何事情都有其两重性，反渎工作也是如此。工作的难点，不仅往往是工作的薄弱点，而且往往是工作的闪光点，往往是工作发展的潜力、希望所在。越是工作难点，越要下大力去攻克，攻坚克难，工作就会见成效，就会有新发展。尤其是难办的渎职侵权案件、难抓的反渎工作这样的重点，一旦克服了困难，攻克了难关，工作就会抓上来，就会有新的起色，就成了工作的闪光点，就能带动其他检察工作的深化和发展。

第四，加强反渎工作，加大对渎职侵权犯罪的惩治力度，在春节前召开的五届人大四次会议上我们已经向全体代表作出了承诺。一言既出，驷马难追！反渎工作能否加强，反渎力度能否加大，关系到怎样更好地向人代会报告工作的问题，关系到怎样向人大代表交账的问题，关系到人民群众对反渎工作是否满意的问题。

综上所述，简言之，反渎工作是一项非常重要的工作。反渎工作既然非常重要，这就要求我们战斗在反渎斗争第一线的全体反渎部门的干警们增强光荣感、责任感，尽职尽责地干好反渎工作，力求在本职岗位上多出办案成果，多出办案成绩，有所进步，有所作为。院党组把大家安排到反渎部门工作，是组织的信任，是应当引以为荣的工作。反渎工作责任重大，非同一般，同志们重任在肩，只能自加压力，努力奋进，努力查办和惩治国家机关工作人员渎职侵权犯罪，维护国家和人民利益，维护社会的公平与正义，维护法律的统一正确实施。这就要求我们担负组织领导和指挥反渎工作的副检察长和反渎局长要增强领导责任感和使命感，尽心尽力、尽职尽责抓好反渎工作，力求把所在单位的反渎工作抓出新成效、有新的起色。领导不仅是一种权力，更是一种责任，一种率领全体反渎干警攻坚克难，多办反渎案，多办反渎大要案，办准办好办优反渎案的责任；一种率领全体反渎干警着力推进反渎办案工作，实现"三无一好"，实现新发展的责任。这就要求我们两级院党组，特别是检察长要高度重视、真正重视反渎工作，着力加强和支持反渎局的办案工作和其他有关工作。该倾斜的要倾斜，该优先的要优先，该保障的要保障。要求我们的全体院领导无论是分管的还是没有分管这项工作的，都要真正关心、理解、重视反渎工作，都要真心支持、配合、帮助、服务反渎工作。

五、突出查办"六个方面"的渎职犯罪案件 ①

反渎职侵权工作的重点是什么？重点就是办案。在这方面，2014 年长沙两级检察院反渎职侵权部门抓得很好，是近几年来办案工作抓得最好的一年。但也还有不足。2015 年，长沙两级检察院的反渎职侵权部门要一如既往抓好重点，突出查办渎职犯罪案件。为此，我们要在优先办好上级检察院交办案件的前提下，做到六个突出：一是突出查办渎职犯罪案件，特别是渎职犯罪新领域、新罪名的案件。二是突出查办领导干部渎职犯罪案件。在市一级，就是突出查办本辖区各单位、部门的班子成员和其他处级干部的渎职犯罪案件；在区、县（市）一级，就是突出查办本辖区各单位、部门的班子成员和其他科级干部的渎职犯罪案件。三是突出查办人民群众反应强烈的渎职犯罪案件。四是突出查办危害民生的渎职犯罪案件。如发生在教育、医疗卫生、食品安全等领域的渎职犯罪案件。五是突出查办损害和危害深化改革的渎职犯罪案件，即行政机关工作人员不正确行使职权或者违法行使职权，包括因乱作为和不作为而发生的渎职犯罪案件。六是突出查办本辖区的渎职侵权犯罪案件。2014 年，全市 9 个基层检察院反渎职侵权局都查办了本辖区的涉嫌渎职犯罪案件，2015 年大家要继续坚持。宁乡县、望城区、长沙县、岳麓区查办本辖区渎职侵权犯罪案件力度大、成效好，值得大家学习。强调查办本辖区渎职侵权犯罪案件，其主要理由：第一，守土有责，职责所在。如果不在本辖区内查办几起渎职侵权犯罪案件，检察机关履行反渎职侵权职责从何谈起？第二，群众反映强烈，取信于民。老百姓对国家机关工作人员渎职侵权犯罪特别是对本辖区内所发生的渎职侵权犯罪深恶痛绝，强烈要求依法查办。对本辖区内的这类案件，检察机关只有依法查办、严查严办，老百姓

---

① 本部分系作者 2015 年 3 月 6 日在长沙市检察机关反渎职侵权工作会议上的讲话摘录，收入本书时略作删改。

就能看在眼里，满意在心中，才能取信于民。第三，秉公办案，"公而生威"。检察机关司法公信力从何而来？威信从何而来？从依法司法办案中来。检察机关只有在本辖区依法秉公办案、依法秉公查办渎职侵权犯罪案件、查办职务犯罪案件，才能赢得民心、提高检察工作满意度，才能提升检察机关司法公信力；反之，检察机关如果在本辖区没有查办几起甚至没有查办一起渎职侵权犯罪案件、贪污贿赂案件，不仅当地老百姓有意见，当地党员干部也会有看法、有异议。

六、深入推进反渎工作 [①]

（一）明确目标

目标起引领作用。2016 年长沙检察工作总的要求是继续大力实施全市检察工作新发展的总体思路，全面实现长沙检察工作新发展。这个要求已写入我在长沙市十四届人大四次会议上所作的《长沙市人民检察院工作报告》，且经此次人代会通过并形成正式决议，全市检察机关要坚决贯彻执行。新发展的总体目标是把长沙市两级检察机关进一步建设成为忠诚、公正、高效、廉洁、文明、人民满意的检察机关。具体目标：一是工作比上年有新进展。包括全方位工作的新进展；量和质的新进展；创造性工作的新进展。二是在省院和最高检有位置。即在全省率先、在全国争先。三是人民群众满意度有提升。包括案件当事人、发案单位、人民群众和人大代表、政协委员等对检察机关、检察工作、检察队伍的满意度有提升。反渎职侵权工作要紧紧围绕新发展的总体思路、新一年的总的要求，围绕具体目标开展工作。要做到执法办案工作在确保办案质量的基础上保持一定办案规模，做到稳中有升；查办的领域有新拓展，查办的罪名有新增加；侦查的科技含量更高，侦查模式有新突破。队伍的整体素能有新提升，专业化、职业

---

① 本部分系作者 2016 年 3 月 1 日在长沙市反渎职侵权工作会议上的讲话摘录，收入本书时略作删改。

化程度更高，规范化司法的能力更强。全面工作保持进入全省先进行列，并在原有基础上实现新进步。所查办的案件社会关注度高，有效服务了发展大局、服务了民生民利，人民群众更认同、更满意。

（二）突出重点

执法办案始终是反渎职侵权工作的中心。2016年全市检察工作的重点是"三个更加注重"，即更加注重服务全市工作大局；更加注重强化法律监督；更加注重打造过硬检察队伍。对于反渎职侵权工作而言，这"三个注重"都是要通过执法办案来实现。全面实现新发展，执法办案就必须要有新重点。渎职侵权犯罪罪名很多，有37个渎职罪名、7个侵权罪名，涉及的领域、行业、部门很多很广。大家要认真思考，既要落实上级检察机关的部署和要求，又要结合长沙的地区状况与工作实际，有的放矢、有效地展开办案工作。要通过有针对性地选择在关键领域、重点部门、关键环节严肃查办大要案和发生在群众身边、损害群众利益的渎职侵权案件，加强对行政权的监督，有效服务经济发展大局，服务民生民利。要着重查办领导干部渎职犯罪的大要案。领导干部往往在行政执法单位有着决策权或者是重要的话语权，可以直接影响国家法律法规和有关规章制度的正确实施和执行。查办一名涉嫌职务犯罪的领导可以警示一批干部。立案侦查和处理一起涉嫌职务犯罪案件可以防止和防范妨害国家机关管理活动问题的发生，依法促进工商、卫生、贸易、海关、教育、财政税收、交通等行政部门、司法部门的正常管理活动的进行，依法促进和保障有关国家机关依法行使国家管理职权正常活动的开展。这就是为什么要强调突出查办上述渎职犯罪案件特别是领导干部渎职犯罪大要案的原因所在。要立足本辖区查办渎职案件。这一点意义深远。决不可"等案上门"，决不可"等市院交线索初查""等省检察院交案件立案侦查"，一定要立足本辖区，广泛开展举报宣传，细查深挖，获取案件线索，尽快开展秘密初查、精细初查、精准初查，并把握时机，迅速依法立案，抓紧侦查取证，办准办好案件，依法坚决惩治渎职犯罪。这样，就能查出声威，就能取信于民，就能震慑腐败，就能以儆效尤、遏制职务犯罪的发生。

七、重视查处危害能源资源和生态环境渎职犯罪 [①]

这次会议的任务是：传达贯彻全国、全省检察机关开展深入查办危害能源资源和生态环境渎职犯罪专项工作电视电话会议精神，对我市检察机关开展这次专项工作进行动员和部署。

最高人民检察院决定在全国检察机关开展为期一年半的深入查办危害能源资源和生态环境渎职犯罪的专项工作。这是在新的历史条件和特定的时代背景下、有针对性地作出的一个重大部署。我们要端正认识，统一思想，认真贯彻落实。

首先，要从检察工作服务社会发展大局的角度认识此次专项工作开展的必要性。党的十七大报告强调要坚持科学发展观，把生产发展、生活富裕、生态良好，建设资源节约型、环境友好型社会，作为今后一个时期社会建设的重要目标。十一届全国人大一次会议对加强能源资源节约和生态环境保护提出了新的要求，人大代表和政协委员在发言中强烈要求检察机关进一步加大对能源资源和生态环境的保护力度，坚决查处破坏能源资源和生态环境的渎职犯罪。因此，检察机关开展深入查办危害能源资源和生态环境渎职犯罪专项工作，始终把维护好、实现好、解决好人民群众最关心、最直接、最现实的利益问题作为新时期检察工作的重点和切入点，既是检察工作坚持正确政治方向的重要体现，也是检察机关深入贯彻落实党的十七大和十一届全国人大一次会议精神，为党和国家工作大局服务的重要举措和具体行动。

其次，要从加强和推进反渎职侵权工作、充分履行检察监督职能的角度认识此次专项工作开展的必要性。反渎职侵权是对国家机关工作人员权力运行实施的最直接的检察权监督，是实现诉讼监督的最有

[①] 本部分系作者 2008 年 5 月 19 日在长沙市检察机关开展深入查办危害能源资源和生态环境渎职犯罪专项工作动员大会上的讲话摘录，收入本书时略作删改。

力的方式，直接关乎民生民利。虽然近几年全市的反渎职侵权工作取得了一定的进步，但渎职侵权犯罪仍然处于发案多、影响大、危害重的态势，还有相当的渎职犯罪没有被发现，存在着"犯罪黑数"，一些新罪名或新领域甚至尚未触动或触动不深。反渎职侵权仍然是检察工作中一个相对薄弱的环节。如何进一步采取有效措施，不断加强和改进反渎职侵权工作，改变反渎职侵权工作相对薄弱的局面，是我们每一位领导、每一位同志、特别是从事反渎职侵权工作的同志应该认真思考并着力解决的。开展专项工作，就是采取集中精力、集中人力、集中时间、集中侦查资源的方法，在某一重要领域相对集中的查办渎职犯罪案件，这是加强和改进反渎职侵权工作的客观需要，是积累办案经验、锻炼反渎队伍、提升反渎职侵权能力的重要举措。

因此，我们一定要把对开展专项工作的认识统一到服务党和国家工作大局、服务和保障民生、服务"两型"社会建设的高度上来，采取有力措施，切实抓好此次专项工作。

工作有重点才能有突破，有突破才可能出成效。根据当前破坏能源资源和生态环境渎职犯罪实际，最高检将专项工作的重点确定为查办危害土地资源、矿产资源、森林资源、水利资源等能源资源和危害生态环境的渎职犯罪"六类案件"。各单位一定要坚持以查办这六类案件为中心，集中力量查办大案要案和有影响的案件。特别是对于人民群众和社会各界反映强烈的案件，各级党委、政府重视和关注的案件，犯罪后果严重、社会影响恶劣的案件，新闻媒体曝光的案件，要做到发现一起、查处一起。通过集中查处一批渎职犯罪案件，有效保护能源资源和生态环境，促进能源资源和生态环境监管制度的完善；警示和教育广大国家机关工作人员严格遵守宪法和法律。当务之急，各单位要迅速组织落实，结合本地特点、及时调整工作重心，尽快做好线索的摸排和初查工作，尽快形成查办危害能源资源和生态环境渎职犯罪案件的良好态势，尽快打开此项工作的局面！

八、坚决惩治和有效预防腐败 ①

党的十七大会议明确指出："坚决惩治和有效预防腐败，关系人心向背和党的生死存亡，是党必须始终抓好的重大政治任务。"由此可见，要切实抓好反腐倡廉建设，就必须坚决惩治腐败，就必须有效预防腐败。两者缺一不可，同等重要。

（一）坚决惩治腐败

要"旗帜鲜明地反对腐败""要坚决查处违纪违法案件，对任何腐败分子，都必须依法严惩，决不姑息！"这是党的十七大报告中向全党、全社会发出的坚决惩治腐败的进军令！充分显示了全党坚决惩治腐败的坚定立场和坚强决心。检察机关作为反腐败、直接立案侦查各类职务犯罪案件的重要职能部门，在"坚决惩治腐败"中肩负着十分重要的责任。查办职务犯罪案件是检察机关的重点工作和主要任务之一。检察机关不办案、不依法查办职务犯罪案件，就没有履行职责，就是不作为。坚决惩治腐败，最重要、最主要的就体现在办案上，体现在坚决查办职务犯罪案件上，体现在依法从重从严打击各类严重职务犯罪上。作为检察机关，要坚决惩治腐败，就必须加大办案力度，做到"有案必办"，保持或扩大办案规模。没有一定的办案数量，没有一定的办案规模，就无法体现办案的力度，难以形成反腐败的强劲势头，最终无法体现坚决惩治腐败的行动和成效，就不可能取得令人满意的反腐败成果，就会失信于民。要坚决惩治腐败，就必须广辟案源，有案必办；就必须坚持多办案，保持或扩大办案规模。要坚决惩治腐败，就必须抓住办案重点。重点就是要案、大案、在当地有影响、有震动的案件、人民群众强烈要求查办的案件。要把查办县处级以上领导干部职务犯罪案件作为

---

① 本部分系作者 2007 年 11 月 1 日在岳阳市政法系统领导干部研讨班上的讲话摘录，收入本书时略作删改。

检察机关坚决惩治腐败的重中之重。对要案大案和人民群众反映强烈的案件，要紧紧抓住不放，坚决依法一查到底。当前和今后一个时期，要按照中央和上级检察机关的部署，认真贯彻实施中共中央纪委《关于严格禁止利用职务上的便利谋取不正当利益的若干规定》和最高人民法院、最高人民检察院《关于办理受贿刑事案件适用法律若干问题的意见》，重点查办党员领导干部滥用职权、贪污受贿、渎职案件，利用人事权、司法权、审批权、行政执法权谋取私利的案件；严厉查办官商勾结、权钱交易的案件，特别是在投资项目中搞虚假招标投标的案件，非法批地、低价出让土地或擅自变更规划获取利益的案件，在企业重组改制中隐匿、私分、转移、贱卖国有资产的案件；严肃查办在征地拆迁、企业重组改制、安全生产、社保基金管理、环境保护等方面严重侵害群众利益的案件，领导干部和执法人员为黑恶势力充当"保护伞"的案件；严肃查办发生在工程建设、土地出让、产权交易、医药购销、政府采购、资源开发和经销以及其他领域的商业贿赂犯罪案件。既要突出查办有影响有震动的大案要案，也要注意查办发生在群众身边、影响恶劣的小案，以依法坚决惩治腐败。要坚决惩治腐败，就必须确保办案质量。要力求把每一起职务犯罪案件都办成优案，办成经得起时间检验和人民群众监督的"铁案"。凡侦查终结的涉嫌职务犯罪案件都应当做到事实清楚，证据确实、充分，定性准确，程序合法。凡向人民法院提起公诉的职务犯罪案件，要确保依法作出有罪判决，确保罚当其罪、罪刑相适应。对于职务犯罪案件判决确有错误、量刑畸轻的案件，应当依法提出抗诉；对监外执行的职务犯罪罪犯脱管、漏管和保外就医条件消失的，要严格监督，依法予以收监执行。通过依法坚决惩治腐败，使职务犯罪分子受到法律严惩，使广大人民群众欢欣鼓舞，拍手称快，真正用反腐败的显著成果和实效推进反腐进程，推进反腐倡廉建设。

（二）有效预防腐败

在坚决惩治腐败的同时，"更加注重预防""有效预防腐败"，这是党的十七大报告向全党全社会提出的有关预防腐败的新要求。惩治是预防的前提和基础，预防是巩固惩治成果、化解和减少腐败问题的根本途径。在反腐倡廉建设中，不惩就无法防，不防就惩不胜惩。这就要求我们必须坚持两手抓、两手硬，既要坚决惩治腐败，积极查办职务犯罪案件，依法惩治职务犯罪，又要立足于防，着眼于防，有效预防腐败。

要有效预防腐败，就必须坚持在党委的统一领导下，形成社会化预防大格局。预防腐败是一项复杂的社会系统工程，既涉及党的建设、政权建设和法制建设，又涉及社会管理的方方面面，必须坚持在党委、人大、政府的统一领导和支持下，各单位、各部门共同参与，依靠社会各界和人民群众的支持，专门机关充分发挥职能作用，专门预防和社会预防有机结合，才能真正收到好的效果。作为职能部门，要进一步充分发挥好参谋助手作用，为党委预防决策献计献策，依靠党委、政府及时解决工作中遇到重大问题和困难。积极争取党委、人大、政府的坚强领导、高度重视和支持，把各种力量和资源有机整合起来，形成大预防工作格局。

要有效预防腐败，就必须充分发挥检察机关在预防腐败中的重要职能作用。预防腐败工作是所有国家机关、社会团体和所有国家工作人员的共同任务。从现行预防腐败工作的组织体系来看，它包括党的纪律检查机关、行政监察机关、经济审计部门、舆论监督部门等。这些机构和组织在预防腐败中都起着各自十分重要的作用。但是，如果从法律地位而言，作为肩负法律监督职责的检察机关，它是预防腐败系统工程中的一支特殊重要力量。检察机关在履行法律所赋予的立案侦查、起诉职务犯罪职责过程中，对职务犯罪的特点和规律有比较准确的把握，对犯罪分子思想演变、堕落的轨迹有比较深入的了解，对体制、机制、制度和管理上的漏洞有比较深切的感受，这些特有的工作优势决定了检察机关在预防职务犯罪中具有特殊重要的地位和作用。与纪检、监察部门的纪律预防和其他部门的一般预防相比，它具有实践性、针对性、权威性、规范性等特点。检察机关的预防职务犯罪工作依照一定法律程序进行，因此检察机关的预防工作一般都能引起有关单位、部门和群众的格外关注，深受有关部门和单位的欢迎，也能收到比较明显的效果。近年来，检察机关在这方面进行积极探索，成立了专门工作机构，推行了个案预防、专项预防、系统预防、制度预防等行之有效的预防方法。如个案预防，主要是结合办案，深入发案单位开展"六个一"的预防活动，帮助发案单位加强管理，堵漏建制，防止问题的再发生；专项预防，主要是配合党委、政府的中心工作，选择那些投资大、影响大、人民群众关注的重大建设、工程项目，配合建设单位和施工单位，对工程招投标、物资采购、施工建设、工程验收等职务犯罪多发、易发环节，实施同步监督，超前采取预防措施，防止职务犯罪的发生；系统预防，主要是结合检察职能，积极选择职务犯罪易发、多发的行业和部门建立工作联系制度，协助和推动有关主管部门建立健全行业监督、管理、制约机制，加强行业自律，不断铲除职务犯罪滋生的土壤和条件；制度预防，主要是探索选择一些权力热点行业开展预防调查和制度审查，发现和消除现行制度和办事程序中存在的"权力真空"与漏洞，健全防范严密的制度体系，使企业实施腐败的人难以得逞。对于上述行之有效的预防方法和措施，我们将按照党的十七大报告提出的"三个更加"的要求，不断加以巩固和完善，力求新的实效，真正达到有效预防腐败。

九、"老虎""苍蝇"一起打 ①

从上半年工作的情况看，大家一定要有紧迫感。下半年特别是第三季度，要从以下几个方面切实加强和改进这项重点工作。要牢固树立狠抓办案的思想和理念。要按照年初全市检察工作会议提出的要求，进一步实现查办职务犯罪案件工作的"六个统一"。要集中精力抓好第三季度的办案工作。办案工作主动的，要不骄不躁，

---

① 本部分系作者2013年7月25日在长沙市检察院机关2013年上半年落实"要注重抓好的七项工作"通报讲评会上的讲话摘录，收入本书时略作删改。

乘势而上；办案工作比较被动的，要努力追赶。要下决心做到"老虎""苍蝇"一起打。打"老虎"，我的理解就是查办的要案，市里指县、处级干部涉嫌的职务犯罪案件，区、县（市）指科、局级干部涉嫌的职务犯罪案件。要加大力度，继续查办一批涉嫌职务犯罪的要案。同时，也要打"苍蝇"。要加大力度，继续及时查办一批发生在群众身边的"小案"。"小案"虽然小，但老百姓反映强烈，群众十分关注。不查民愤不平，不查民不服，不查危害甚大！这一点，我们一定要把握好、落实好。要重点依法主动查办一批本辖区的涉嫌职务犯罪案件。要提高办案水平和质量。要提高初查和侦查的能力与水平；要提高初查和侦查质量。要进一步提高初查成案率、立案准确率，降低撤案率，严控不诉率，提高起诉率，杜绝无罪判决案件。要取得最好的办案效果。要按照省检察院的要求，绝不因查办案件而影响企业生产经营，影响优化经济环境，影响检察机关的执法形象。要通过查办案件，使案发单位、案件当事人乃至律师都能在检察机关查办案件中感受到秉公办案，感受到理性、平和、文明、规范执法，感受到司法人文关怀、感受到公平正义。

十、查办职务犯罪案件工作贵在抓紧抓实抓好 [①]

查办职务犯罪案件工作贵在抓紧抓实抓好。为此，我强调以下几点：

一是要对今年以来的工作进行一次"回头看"。按照市检察院提出的查办职务犯罪案件工作要进一步实现"六个统一"的总体目标要求，对照上级检察院的要求，对照党委的要求，比去年同期，比兄弟单位，有哪些成绩，办了哪些大要案，办了哪些发生在群众身边的案件，办了哪些本辖区的案件，有哪些案件办得准、办得好、办得优；还有哪些差距和问题，造成差距、问题的原因有哪些，采取哪些措施能解决

---

① 本部分系作者 2014 年 5 月 6 日在长沙市检察长座谈会议上的讲话摘录，收入本书时略作删改。

这些问题、缩小这些差距；有哪些班子成员、部门负责人、业务骨干、工作骨干及检察人员真抓实干、实绩突出、律己严格、上下反映好，哪些同志履职不负责，办案、工作不得力，成绩平平，甚至无所用心，无所作为；下一步怎样进一步解决好想办案、能办案、多办案、办大案要案、办好案、办优案、办精品案等问题。

二是要主动查办本地区即本区、县（市）范围内的职务犯罪案件。切忌两眼向上，把办案希望放在"等、靠、要"线索上，放在查办外地职务犯罪案件上。

三是要坚持"老虎""苍蝇"一起打。重点、优先查办要案、特大案、损害群众利益案、危害经济发展环境案、发生在群众身边案、群众反映强烈案、领导机关批办、交办案等。

四是要畅通案源渠道。线索少、无米下锅的单位及部门要认真剖析原因，迅速采取有力、有效举措，找到规律、找到路径、找到渠道、找到办法，把人民群众广泛深入发动起来，把行政执法部门、单位的线索信息资源有效整合、运用起来，把办案中深挖犯罪工作开展起来等，千方百计开辟案源，获取线索。

五是要提高初查水平、侦查水平。只有靠初查实力即初查能力与水平、靠侦查实力即侦查能力与水平，才能一举初查成案；才能通过立案侦查，深挖犯罪，由小案挖出大案、要案，由个案挖出串案，扩大办案成果。

六是要慎用监视居住，特别是要慎用指定居所监视居住。修改后的刑事诉讼法对此有严格的规定，可以监视居住的对象，前提是符合逮捕条件的犯罪嫌疑人、被告人。指定居所监视居住的，除符合逮捕条件外，仅限定在无固定住处的犯罪嫌疑人、被告人。对于涉嫌危害国家安全犯罪、恐怖活动犯罪、特别重大贿赂犯罪的嫌疑人、被告人，在住所执行可能有碍侦查的，经上一级人民检察院或公安机关批准，也可以在指定的居所执行。但是不得在羁押场所、专门的办案场所执行。监视居住由公安机关执行，必要时人民检察院可以协助公安机关执行。在侦查活动中，我们必须严格执行此规定，慎用、用准、用好这个强制措施。

七是要确保办案安全。这些年来，全市两级院在这个问题上严抓善管、严防坚守，查办了一起又一起、一批又一批涉嫌职务犯罪案件，确保了办案安全，实属不易，难能可贵，值得肯定，希望大家一如既往、持之以恒，继续保持。

十一、突出查办本辖区内的职务犯罪案件 ①

第二季度是确保全年反贪和反渎工作特别是查办职务犯罪案件工作取得良好成效的关键时期，是抓办案工作的黄金期。这些年来的办案实践说明，如果第二季度的办案工作没有抓好，上半年的办案工作就会被动乃至落后，甚至直接影响全年工作。

第二季度查办职务犯罪案件工作怎么抓？总的来说，要按照年初的全市检察工作会议的有关部署去实施、去推进；按照全市检察工作新发展的具体目标去努力、去实现，即工作比上年有新进展；在上级检察机关有位置；人民满意度有提升；按照查办职务犯罪案件工作的总体目标即实现"六个统一"去着力、去完成。具体来说，要抓好以下六点：

一是要凝心聚力抓办案。一季度办案工作抓得好的，客观上做到了凝心聚力。第二季度，各位基层院检察长和主管副检察长，首先要把心思放在狠抓办案上。现在同志们在狠抓查办职务犯罪案件工作这个问题上，有没有思想没有集中或不够集中的情况，有没有思想还在犹豫、还在观望、还在等省纪委、省检察院和市院交线索、交案子的情况，有没有人心还不很齐的情况。大家要重视、正视这个问题，要首先解决好这个问题。心思不在狠抓办案上是无论如何也抓不好办案工作的。其次要把劲用在狠抓办案上。在狠抓办案上，如果行动不积极、

---

① 本部分系作者 2015 年 4 月 16 日在长沙市基层院检察长 2015 年一季度办案工作汇报讲评会上的讲话摘录，收入本书时略作删改。

行动不力、行动不持久，都是没有把劲用在狠抓办案上。有些单位及部门、有些初查办案人员、侦查人员把劲总是用在初查上、用在侦查上，而且从年头到年尾，持之以恒地全力初查线索、侦办案件，结果一个一个案子办得很漂亮、办得很成功。这些都是把劲用在狠抓办案上的成果。再次要把时间用在狠抓办案上。大家要仔细盘算一下，每天的时间有多少用在狠抓办案上。有没有部署安排多，研究案件少；听口头汇报多，下到一线指挥少；一般领导、指导多，带头办案、带头示范少的情况。

二是要攻坚克难抓立案。就一个基层院及"两局"而言，立案侦查一起案件都比较难。但没有立案就没有办案数量，没有办案数量也就没有办案质量。所以，我们一定要攻坚克难抓立案，集中全力抓立案，这是职责所在。

三是要突出查办本地案，即本辖区内的职务犯罪案件。市院已经定了一个原则，对本辖区内的案件没有立案侦查一件的基层检察院，市院将不交办本辖区以外的线索或案件，以督促其集中全力查办本辖区内的职务犯罪案件。

四是要注重提升办案水平。查办职务犯罪案件，水平跟不上不行、提升不快也不行。关于办案水平，我在今年年初召开的全市检察工作会议上的讲话中提出要提升三种水平，这是有针对性的。一要提升职务案件线索收集、利用和管理水平。为什么有些基层检察院获得的线索那么多？有些线索利用得那么好？市院案件管理处在《2015年1至3月全市检察机关检察业务办理情况分析》中对涉嫌职务犯罪案件的线索来源情况进行了分析，可以看出立案侦查的案件比较多，且案件办得准、办得好的单位，往往对线索的收集、利用和管理水平也相对高一些。二要提升初查水平。为什么要强调提升初查水平？这几年，我们注重抓了提升初查水平，检察机关自行初查而立案侦查的比例逐年有了提高。有几个基层检察院，几年前自行初查而立案侦查案件仅占立案总数的百分之三四十，后来增长到百分之五六十，这两年增长到百分之七八十，最多的达到了百分之九十多。注重提升初查水平，我们是在 2009 年全市检察工作会议上提出来的。实践证明，这是符合长沙初查工作实际乃至检察工作实际情况的，是符合初查工作发展趋势和方向的。三要提升侦查水平。特别是要注重提高依法全面收集、甄别、固定、运用证据的水平，努力实现"由供到证"向"由证到供"的侦查模式转变，有效提高侦查质量与效率，扩大侦查效果，取得显著的侦查实效。

五是要确保办案质量。力求杜绝错案，这个无论如何都要做到。这几年来，全市两级检察院查办职务犯罪案件在这个方面做得很好，没有发生错案。确保了立案准、移送起诉准、提起公诉准，保证了实体公正。严格依法采取侦查手段和强制措施，严格规范指定居所监视居住、技术侦查措施的适用，严格规范查封、扣押、冻结、处理涉案款物工作，严格执行讯问职务犯罪嫌疑人全程同步录音录像制度，保证程序公正。这方面要继续保持。

六是要确保办案安全。不能出任何办案安全事故，为此我再强调几点：其一，对两级检察院立案侦查采取刑事拘留、逮捕强制措施羁押在公安机关看守所的犯罪嫌疑人，星城地区检察院和县（市）检察院的监所检察部门要严格按照有关法律及司法解释的有关规定、程序，加强对关押在看守所的犯罪嫌疑人的检察，有病要及时检查、治疗；检察看守所是否有违法违纪违规情况，有则及时纠正、整改；要依法保障犯罪嫌疑人的合法权益，防止犯罪嫌疑人死亡事件的发生，绝对不能马虎大意。其二，对依法决定并执行的指定居所监视居住的犯罪嫌疑人，更应实行全天候的检查与监督，确保指定居所监视居住的犯罪嫌疑人不发生死亡事件。其三，对涉嫌职务犯罪的犯罪嫌疑人予以立案侦查、刑事拘留、逮捕、指定居所监视居住均要符合有关法律规定及条件，均要经得起时间的检验和各方面的监督。其四，对纪委机关采取"双规"措施的涉案人员，检察机关派员协助调查时，也应当注意这方面的问题，杜绝涉案人员在纪委"双规"办案点上死亡事件的发生。其五，一旦出现此类事件，检察长要非常敏锐、非常重视、非常果断作出正确决策；连续日夜作战，依法快速公正妥善处理好此事件，严防事态蔓延，严防闹访、群访，严防媒体、网络炒作，以免造成负面影响乃至不良后果。

十二、反腐败要重点查办"六类"案件 [①]

习近平总书记在 2016 年 1 月 12 日至 14 日召开的中纪委六次全会上的重要讲话中强调了"两个没有变"和"四个足够自信"，即：中央坚定不移反腐败的决心没有变，坚决遏制腐败现象蔓延势头的总目标没有变；对党中央在反腐败斗争上的决心要有足够自信，对反腐败斗争取得的成绩要有足够自信，对反腐败斗争带来的正能量要有足够自信，对反腐败斗争的光明前景要有足够自信。这就是当前反腐的总体形势。全市检察机关特别是反贪污贿赂部门及全体同志，一定要把思想和行动统一到党中央对形势的判断和工作决策上来，统一到最高人民检察院、省检察院的有关部署上来，以坚决遏制腐败现象蔓延势头为直接目标，坚定信心，在党的坚强领导下，继续积极担当依法反腐的使命，认真履行反贪侦查的职责，全面加强反贪工作，进一步全面实现全市反贪污贿赂工作新发展。

要继续实现查办职务犯罪案件的总体目标，即努力做到"六个统一"。要继续实现查办职务犯罪案件工作稳中有进的具体目标：工作比上年有新进展，特别是在查办本辖区内贪污贿赂等职务犯罪案件上、在查办有影响有震动的要案和特大案上、在查办发生在群众身边和"雁过拔毛"式的贪污贿赂等职务犯罪案件上、在查办老百姓反映十分强烈的贪污贿赂等职务犯罪案件上、在查办上级党委和上级检察机关交办的案件上，加大力度，有新成绩、新成效、新进展；在全省率先、在全国创优，即在全省检察系统走在前列、率先发展，在全国检察机

---

① 本部分系作者 2016 年 4 月 29 日在长沙市检察机关反贪污贿赂工作会议上的讲话摘录，收入本书时略作删改。

关争创优秀项目、优秀品牌、精品力作或跨入先进行列，在中部地区省会城市检察院有一定或较大影响；人民满意度有新提升。

　　要重点查办"六类"案件。加大工作力度，保持反腐的高压态势，是我们现在和今后较长时间内反贪污贿赂工作的一个工作常态。反腐高压态势的形成就是要求我们不停地查办案件和不停地加大查办案件的力度。为此，就必须突出重点，抓好办案工作。这是反贪工作的首要任务。一是要重点查办党的十八大以后不收敛不收手、问题线索反映集中、群众反映强烈和现在重要岗位且可能还要提拔使用的领导干部职务犯罪；突出查办市县乡领导班子换届选举中拉票贿选、买官卖官、权钱交易等职务犯罪。二是要重点查办"十三五"启动后发生在重大建设项目和重点投资领域以及国家专项补助资金或政府基金、政府采购、政府投资平台公司等领域的妨害国家重大经济发展战略实施和重大改革举措落实的职务犯罪。三是要积极参与最高人民检察院会同国务院扶贫办联合开展的为期五年的集中整治和积极预防扶贫领域职务犯罪专项工作，重点惩治挤占挪用、层层截留、虚报冒领、挥霍浪费扶贫资金和异地搬迁等领域的职务犯罪。四是要重点查办发生在生态环境资源、食品药品安全、公共安全和安全生产等领域的职务犯罪；严肃查办行政执法、司法人员贪赃枉法、失职渎职和发生在重大责任事故、环境安全事故背后隐藏的职务犯罪。五是要严肃查办发生在本辖区的基层腐败犯罪，特别是依法惩治群众身边的"蝇贪"；继续严厉惩治大肆"围猎"干部、行贿数额巨大、情节十分恶劣的行贿犯罪。六是要突出查办上级党委和上级检察机关交办督办的贪污贿赂犯罪案件。

十三、形成查办和惩治职务犯罪的合力 ①

　　今年只剩下两个多月时间了。查办职务犯罪工作的总的要求是按照

----

　　① 本部分系作者 2007 年 10 月 19 日在岳阳市基层院检察长 2007 年第三季度办案工作汇报讲评会上的讲话摘录，收入本书时略作删改。

市检察院年初的部署和要求努力推进、尽快落实。首先要扩大或保持办案规模。在此基础上，要确保办案质量和办案效果，确保办案安全，确保法院判决效果优于上年。一是指导思想上注重协调法院抓判决。因为查办职务犯罪工作的力度、成果、实绩和成效，最终还是体现在法院的判决上。二是工作措施上重点抓"五快"，即快侦查、快终结、快起诉、协调法院快开庭、快宣判。做到了这"五快"，成效就会显现。当然，各个院的具体情况不同，重点抓判决并不意味着这两个多月就可不立案了，如果确实有案源，那就要不失时机地依法初查、依法迅速予以立案侦查，做到有案必办；如果目前侦查终结案件的任务不是太大，同样可以主动出击，初查一些线索，依法立一些案子。三是工作方法上注意抓协调。要有效协调各方。有效协调各方可以增强执行力，增强工作的合力，增强办案的实效。首先，刑检部门和自侦部门要加强配合，要主动、真诚、有效配合，而不要拖延，不要纠缠细枝末节，不要争我强你弱、我行你不行。在刑检部门和自侦部门的配合过程中，我认为刑检部门起主导作用，分管刑检的副检察长起主导作用，但自侦部门也要积极予以配合。这方面，检察长心中要有数，态度要明确，指挥要果断、要到位。其次，刑检部门、自侦部门要加强与法院的协调。与法院的协调很重要，很有必要，特别是对一些"两家"有分歧意见的案子更要加强协调，即使事实、证据、定性等没有什么分歧意见的案件也要注意协调。协调好了，法院可以依法快开庭、快宣判。与法院的协调，公诉部门要主动负责，自侦部门也要根据情况及时参与协调；检察长要总揽协调，特别是对要案、重特大案和有分歧意见的案件要亲自协调、及时协调、多次协调、用心协调、高效协调、确保有效协调；在犯罪事实清楚、证据确凿充分的基础上，市院要及时支持、指导基层检察院的协调。四是工作目标上确保实现年初的工作目标。特别是要确保没有无罪判决，确保判决效果好于上年、优于上年。

十四、推进侦查模式和办案模式的转型 ①

自侦案件是司法规范化建设的重点，虽然为期一年的专项整治工作基本告一段落，但司法规范化建设永远在路上，一刻也不能放松。为此，在查办自侦案件中，从线索管理、初查工作、侦查工作、强制措施的适用到结案工作等均应做到严格公正规范司法，确保立案准、移送起诉准、提起公诉准，保证实体公正；同时严格依照有关法律程序办案，确保程序公正。要严格执行"八项禁令"等办案安全防范制度，确保不出安全事故。这是对我们办案工作最基本、最基础、最起码的要求。为此，就必须不断积极、有效推进侦查模式和办案方式转型。职务犯罪侦查工作，在司法改革中，最紧迫、最重要的是如何构建以审判为中心的侦查机制，如何有效推进侦查模式和办案方式的转型？关于侦查模式和办案方式的转型问题，我们这几年依法自主初查而予以直接立案侦查的案件数量比例逐年增高，2015年达到了83.2%，这就是成效。得到了最高人民检察院有关领导的亲笔批示肯定。但在这方面的工作，我们还有进一步探索、推进、改进的必要。是不是有点依赖指定居所监视居住了？对线索管理、评估、分析的水平是不是很高？初查的精细化、精准度是不是很高？科技兴侦、以信息化为依托的工作做得好不好？对大数据利用得怎样？运用现代科技手段初查和侦破案件的能力强不强？集约化办案的模式有没有发挥最大的效能？这些都是需要我们进一步深入思考和研究并加以解决的问题。如果说规范司法行为永远在路上，那侦查模式转型还任重而道远。

2016年，我们要进一步提升三种办案能力与水平，即：加强对职务犯罪线索的统一管理，健全和落实不立案举报线索审查机制、举报奖励办法、失实举报澄清机制，进一步提升职务犯罪案件线索收集、利

---

① 本部分系作者2016年4月29日在长沙市检察机关反贪污贿赂工作会议上的讲话摘录，收入本书时略作删改。

用和管理能力与水平；坚持办案重心前移，深入分析案件线索、准确把握初查方向、重点和时机，综合运用查询、勘验、检查、鉴定等手段深入精准调查取证，进一步提升精细化初查能力与水平；高度重视物证、书证、视听资料、电子证据、勘验检查、侦查实验笔录、鉴定结论等客观或科学证据在证实职务犯罪过程中的作用，善用法律政策、侦查谋略突破犯罪嫌疑人防线，加强细致化预审工作，进一步提升依法侦查的能力与水平。要不断改进办案模式，继续深入推动三个转变，即：科学统筹司法办案的重点、力度、节奏和效果，优化办案结构，推动查办职务犯罪由数量规模型向质量效果型转变；加快推进检察信息化建设，重视大数据在侦查办案中的深度应用，探索实行精细化初查、规范化取证、专业化审讯、信息化依托、集约化办案的模式，推动侦查工作方式由传统粗放型向规范化、现代化转变；强化办案指挥，在保证办案质量的前提下，加快办案节奏，提升办案效率，推动侦查组织和时效由大兵团、高成本办案向精准式、高效率办案转变。这些要求，希望大家予以重视，努力落实到初查、侦查工作中去，以达到预期的目的和效果。

十五、实现查办职务犯罪案件数量与质量的统一 ①

查办职务犯罪案件工作既是检察机关的重点工作，又是检察工作的难点，同时也是人民群众关注的焦点之一。当前和今后一个时期，根据面临的新形势、新情况和新任务，加强和改进查办职务犯罪案件工作，我们感到有必要进一步重视和解决好以下"三个统一"，即：进一步实现查办职务犯罪案件的数量与质量的统一；进一步实现查办职务犯罪案件法律效果与社会效果的统一；进一步实现依法行使侦查权与保障人权的统一。

下面，我结合长沙实际，就怎样进一步实现查办职务犯罪案件数量

---

① 本部分系作者2013年2月27日在湖南省检察长会议上的发言摘录，收入本书时略作删改。

与质量的统一谈点粗浅认识：

（一）进一步实现查办职务犯罪案件数量与质量的统一，仍然十分重要

正确的业绩观，就是要实现办案数量、质量、效率、效果、安全的有机统一。其中，数量是基础，质量是生命，可见，实现数量和质量的统一将极为重要。就长沙市检察机关近五年查办职务犯罪案件的总体情况看，办案"安全"做到了，办案"效率"从总体上比以前也有了一定的提高，真正难抓、难抓好的还是数量、质量等问题。办案数量与质量的问题，我们年年都在强调，年年都在重视抓，说起来有些老生常谈，但我们感到要真正做到、做好，特别是要坚持做到、做好，不是一件易事。

（二）进一步实现办案数量与质量的统一，就要讲办案数量

没有一定的数量，就没有基本的质量。只讲办案质量，办案数量太小，办案水平、质量、效率也无从体现。

讲办案数量，符合党的十八大有关"始终保持惩治腐败高压态势"和"有案必查""有腐必反、有贪必肃"的总体要求；符合习近平总书记提出的"当前一些领域消极腐败现象仍然易发多发""反腐败斗争形势依然严峻""人民群众还有许多不满意的地方"的反腐败斗争实际情况和"要坚持'老虎''苍蝇'一起打"的基本要求；也符合最高检"加大查办职务犯罪力度"的具体要求。

讲办案数量，就应当遵从司法规律，不下办案指标，不片面追求立案数，坚决反对和禁止部署工作下办案指标这种非理性的做法；坚决反对和纠正为追求立案数而匆忙立案、"一案多立"甚至错误立案等不良行为；坚决摒弃和纠正不正确的办案业绩观，否认不实的所谓"办案业绩"。

讲办案数量，就必须忠诚履职，坚定决心，振奋精神，真抓实干，从本地实际出发，保持或加大办案力度，扎实有效地抓办案，依法查办一批又一批案件，防止办案数量大起大落。

讲办案数量，就要积极采取有效措施，畅通案件线索渠道，做到有线索可查、有案可办。这方面，既要重视和加强对上级检察机关交办、转办案件线索的查办，更要注重加强发生在所辖地区内的职务案件线索的查办；既要重视通过各种途径加强举报宣传，动员广大公民举报来发现、获取线索，又要重视通过建立、完善和落实检察机关与纪委、审计、公安、工商、税务等行政执法部门联系、协查、移送、协调等机制，从中及时获取线索；既要重视已决定初查的线索和已立案案件的查办，又要重视细查深挖、由此及彼，办串案、窝案，扩大办案成果。近五年内，我市检察机关通过努力畅通案源渠道，发现、获取了一批又一批有初查价值的案件线索，立案侦查了一大批涉嫌职务犯罪的案件、重大案和一批县、处级以上干部（含省院交办或请示省院同意立案查办的省直机关及有关部门厅、处级干部）要案，立案数占全省检察机关立案总数的 1/10 多；大案数占全省立大案总数的近 1/6，要案数占全省要案立案总数的 1/5 多；五年间平均每年立案 154 起 185 人，最多的一年立案 188 起 205 人，最少的一年立案 120 起 164 人，也就是说，全市五年内每年立案数在平均年立案数 154 起的 30 件左右增减，从总体上保持或加大办案力度，较好地保持了正常的办案数量。

（三）进一步实现办案数量与质量的统一，必须注重办案质量

没有质量的数量，本质上是没有意义的。只讲办案数量，不讲办案质量，办案质量不好，办案数量越多，负面影响就会越大。

讲办案质量，就要在"初查"上下功夫。强化初查意识，重视初查工作，选准案件线索，提高精细化初查能力与水平，提高初查的质量，提高案件线索的成案率。

讲办案质量，就要在"立准案"上下功夫。凡立案侦查的案件都应符合立案标准，不能图成绩、图表扬，也不能迫于某方面的压力、怕挨批评而违背立案标准盲目立案、侥幸立案甚至错立案，最大限度地减少撤案率，提高立案准确率。

讲办案质量，就要在"证据"上下功夫。根据修改后的刑事诉讼法

已确立的"不得强迫自证其罪"原则和非法证据排除原则，我们应比任何时候都要重视证据，重视侦查取证、证明犯罪的工作。侦查工作应当主要围绕证据而展开，特别是要注重加强外围侦查取证，注重提高"镜头下""双录"依法讯问特别是第一次讯问的能力，加强与辩护律师的沟通，依法全面收集、固定和运用证据，更加重视物证、书证、视听资料、电子证据等客观证据的收集，采取各种形式及时固定和补强言词证据，及时发现、排除非法证据，及时补正瑕疵证据，靠扎实的证据把案件办准、办好、办优。

讲办案质量，就要在"机制"上下功夫。建立、完善和执行查办职务犯罪案件质量研判、质量标准、质量管理、质量风险防范、质量考评、质量奖惩等机制，做到用制度管案件、管质量，引导和促进侦查人员尽职尽责，多办好案、优案、精品案。2008 年起，我们制定并执行的每季度召开基层院检察长查办职务犯罪案件工作汇报讲评会等制度，收到了较好的效果。

讲办案质量，就要在"处理"上下功夫。依法应当起诉的案件应向人民法院提起公诉，最大限度地提高起诉率，提高起诉准确率，力求杜绝无罪判决案件的发生。同时，要坚决严控不诉率，有效防止因办"关系案""人情案""下台阶案"而出现的可起诉的不起诉甚至应当起诉也做了不起诉决定，以致造成不诉率高的不良现象。五年内，长沙市检察机关立案侦查的涉嫌职务犯罪案件，撤案率为 1.4%，是全省各市州院撤案率较低的单位之一；向法院提起公诉的被告人数量，位居全省各市州检察院首位，起诉人数占全省检察机关起诉人数的 1/8，起诉率为 83.1%；法院判决人数也占全省判决人数的 1/8，除 1 人经二审法院宣告无罪、市院提请抗诉外，其他均作了有罪判决，无罪判决人数是全省各市州检察院最少的单位之一；全市检察机关除 2011 年不诉率略有增高外，其他四年不诉率均比上年有较大幅度的下降，其中 2012 年不诉率为 6%，是全省各市州院职务犯罪案件不诉率最低的单位之一。

总之，这些年来，我市两级检察机关在省检察院和市委的领导下，在省院"两局"和其他有关部门的关心、指导、支持下，查办职务犯罪案件工作取得了比较好的成绩和效果，但也还存在一些薄弱环节和问题。当前和今后一段时期，进一步实现办案数量和质量的统一仍然十分重要！查办职务犯罪案件，既要讲办案数量，又要讲办案质量。两者做到了相互统一，才能相得益彰，反腐败斗争才有力度、有进展、有实效！

十六、深学践行"预防职务犯罪出生产力"①

2013年3月10日，习近平总书记在出席全国人大江苏代表团讨论时，对加强预防职务犯罪工作作了重要讲话，明确提出"预防职务犯罪出生产力"的重要论断和指示。习近平总书记关于"预防职务犯罪出生产力"的重要论断和指示丰富了社会生产力的内涵，深刻揭示了预防职务犯罪与社会生产力之间的辩证关系，将预防职务犯罪工作的地位提高到了一个新的历史高度。

大家知道，生产力是人类改造自然的能力，是推动社会发展进步的决定性力量，包括劳动者、劳动对象和劳动工具三个基本要素。职务犯罪损害生产力三要素，阻碍、破坏生产力的提高。一方面，职务犯罪使国家机关和国有企事业单位工作人员法纪沦丧、贪赃枉法、损公肥私、中饱私囊，且这部分劳动者在社会生产中处于相对重要地位，职务犯罪的发生直接减少了劳动者的正能量、增加了负能量，破坏了生产力中最活跃、最有价值的因素，阻碍了生产力水平的提高；另一方面，职务犯罪使劳动对象、劳动工具及社会多方面资源被部分人非法占有，导致生产资料、社会资源的配置处于一种违背社会发展规律的无序状态，混乱了生产力诸要素的合理配置，破坏了生产环境和秩

① 本部分系作者2014年5月19日在长沙市检察机关"预防职务犯罪如何出生产力"检察长研讨班上的讲话摘录，收入本书时略作删改。

序，降低了劳动效率和生产质量，使社会生产力的整体水平受到直接影响，进而影响、阻碍甚至破坏整个社会的发展进步。因此，我们必须潜心学习、深刻领会、全面理解、牢牢把握、深入贯彻、认真落实习近平总书记"预防职务犯罪出生产力"的重要论断和指示，更加清醒地把握预防工作在反腐倡廉、惩防腐败体系建设中的重要作用，更加清醒地领会预防工作对教育保护干部、保持党的先进性纯洁性的重要意义，更加清醒地认识当前预防工作面临的形势和任务，牢牢把握和运用好当前前所未有的大好发展机遇，高度重视抓预防，齐心协力抓预防，只争朝夕抓预防，从长计议抓预防，切实增强做好预防职务犯罪工作的责任感和紧迫感。采取有效措施，大力加强预防职务犯罪工作，以最大限度地预防职务犯罪的发生，促进生产力的提高和社会的发展进步。

十七、突出抓好个案、系统和专项预防 [①]

预防职务犯罪工作要突出以下"三个重点"：

（一）突出抓好个案预防

个案预防是预防职务犯罪工作的基础。所谓个案预防，是检察机关对查办的每一起职务犯罪案件，都要深入发案单位、部门开展预防。开展个案预防，就是要防止发案单位、部门不再发生或者在较长时期内不再发生职务犯罪案件。这是一个很重要的基础性工作。在有的单位和部门，职务犯罪案件接二连三发生，甚至出现单位连续几个一把手"前腐后继"的现象。这种情况值得我们检察机关深思。我们查办了一个单位、部门的职务犯罪，不能"一查了之"。我们要帮助发案单位、部门做好预防，使其不再发案。那种只管查办、不管预防的做法，是对发案单位、部门不负责任的表现。现在我们的个案预防总体上来

---

①　本部分系作者2014年5月19日在长沙市检察机关"预防职务犯罪如何出生产力"检察长研讨班上的讲话摘录，收入本书时略作删改。

看做得不错，但基本上是形式上的一些工作，对发案单位、部门管理上的漏洞和问题查找不够全面深入、分析不够透彻深刻、提出的防范措施不够具体有效、发出的预防检察建议大同小异、缺乏针对性、指导性，且落实不到位、效果不佳。对每一起个案预防，我们要做到以下"三个一"：一要提出一个好的检察建议。个案预防检察建议要紧密结合案件实际、发案单位实际、发案单位干部职工实际，要有针对性、实效性和可操作性，要能得到发案单位的认可和落实。二要上好一堂法制教育课。对发案单位和部门，在案件办结以后，检察机关要派人为其干部职工上一堂法制教育课。通过法制教育课还原案情、剖析原因、查找根源、阐明后果，让发案单位的干部职工受到活生生的法纪教育，切身感受到涉嫌职务犯罪的惨重教训，进而自觉防范职务犯罪。三要协助完善建立好一套管理制度。协助发案单位、部门加强管理制度建设，堵塞管理漏洞，提升管理实效，以减少职务犯罪发生的概率。

（二）突出抓好系统预防

所谓系统预防，是检察机关对职务犯罪发案较多的某一系统所开展的预防工作。相比个案预防而言，系统预防的预防对象更为广泛、预防措施更为宏观、预防意义也更为重大。系统预防要广泛深入总结该系统所发生的职务犯罪案件的特点和共性，分析该系统职务犯罪的发案原因和根源，进而寻求预防该系统职务犯罪发生的措施和对策。在此基础上，向党委政府及系统管理层提出加强系统管理、防范系统职务犯罪的系统预防建议。

（三）突出抓好专项预防

所谓专项预防，是检察机关针对某一时期的某一专项工作，为防范这一专项工作领域内发生职务犯罪而开展的专项预防。专项预防要增强"三性"：一要增强针对性，即要紧紧围绕专项工作本身、结合专项工作实际和特点开展预防；二要增强时效性，即要在规定的时期内完成专项预防任务、实现专项预防目标；三要增强实效性，即要通过专项预防，推动专项工作的健康科学发展。

第三节　突出强化诉讼监督工作

一、加强民事行政检察工作 [①]

为什么要在当前工作很忙的情况下，仍然决定举办这次全市民事行政检察工作培训班？首先，检察机关重刑轻民的局面还没有得到完全改观。民行检察工作的现状与人民群众反映十分强烈的强化民行法律监督、维护司法公正的期盼还不相适应，需要深化认识；其次，与法院相比，目前民行部门民商、行政法律专业人才比较缺乏，民行业务知识和民行工作实践经验相对不足，监督者的业务能力和专业水平往往比不上被监督者，亟待提高；最后，最高检在去年底召开的全国检察长会议上明确提出：要着力改变民事行政检察工作相对薄弱的局面。市检察院制定了全市检察工作新发展的总体思路；提出了实现检察工作新发展的奋斗目标。全市检察工作要实现新发展，就要求民行检察工作率先实现新发展。全市民行工作要率先实现新发展，全体民行部门的同志就要率先提高业务能力和水平、提升业务素质乃至总体素质。这就需要下决心、下气力搞好培训、加强学习。因此，希望同志们一定要明确培训目的、珍惜培训机会、端正培训态度，聚精会神参加培训，力求学有所得、学有提高，力求学以致用、学有所成！

民事行政检察工作十分重要。全市两级检察机关要高度重视和大力加强民行工作。我们提出要"高度重视和大力加强"，这不是套话，而是实实在在的工作要求。今年的市人大、市政协"两会"上，很多代表和委员都提到希望我们加强诉讼监督工作。我们的检察长、主管副检察长、民行处长、科长和民行部门的同志都要高度重视并大力加强

---

①　本部分系作者 2008 年 7 月 2 日在长沙市检察机关民事行政检察培训班开班仪式上的讲话摘录，收入本书时略作删改。

这项工作。为什么说民事行政检察工作十分重要？民事行政检察工作在检察机关三大诉讼监督中占了两项，从长沙检察机关这些年来三大诉讼监督案件的总量来看，民事行政检察监督案件的数量占很大比重。民行检察工作十分重要，我认为至少有以下几条理由：

第一，民事行政检察监督是检察机关参与国家管理活动和社会调控的基本方式之一。我们的法律监督活动本质上属于国家管理活动。国家管理政治、经济、文化等活动，进行社会调控，以保证社会生活各方面健康有序进行。民行检察通过对法院审理的民事、行政案件进行监督，一方面促使审判机关依法、公正行使审判权，维护司法公正，保障公民、法人的合法权益；另一方面促使广大公民、法人依法行使自己的合法权益，促使行政机关依法行政，以此促进国家和社会管理。民行检察对法院错误的判决依法启动再审、对申诉的正确案件耐心地做好息诉维稳工作，既有效地促进了社会和谐，又维护了审判权威。这也表明民行检察在整个国家管理活动中的重要地位和责任。

第二，民事行政检察法律监督是国家法律监督的重要组成部分。只有民行检察工作全面、深入地开展，检察机关才具有完整意义上的法律监督地位。按照宪法规定，检察机关是国家法律监督机关，检察机关如果没有民行检察工作或者民行检察工作开展得不全面、不深入、不到位，那么，检察院实际上就是履行刑事检察职能的"检察院"，检察机关履行法律监督实际上就是履行"刑事法律监督"。检察机关的法律监督地位，决定了我们必须履行民事行政检察监督，必须高度重视和认真做好民行检察工作。没有民行检察工作，检察机关的法律监督职能就是不完整的。因此，最高检才明确提出，要切实改变民行检察相对薄弱的局面。这是宪法和法律赋予检察机关的重要职责。

第三，民事行政检察工作是维护公民合法权益，维护执法、司法公正，维护社会公平正义的重要法律保障。刑事法律所保障的公平正义的份量固然很重，因为它牵涉到人的财产、健康、自由甚至生命，但是，它仍然只是社会公平正义的一部分，而不是全部。只要有诉讼，就有公平正义的要求。社会公平正义还包括民事行政诉讼所调整的重要社会利益和社会关系。民行检察对于促进民事行政诉讼的公平公正、对于建设和谐社会是很重要的。实际上，因为民事法律的不健全、社会经济活动在改革和发展中的复杂多变，加上民事司法活动中法官的自由裁量权过大和个别法官素质偏低，必然出现一些民行裁判不公、裁判不妥、裁判不明等问题。目前涉法涉诉上访案件中，许多就和不服法院民事、行政裁判有关。民行检察在维护社会公平和正义、建设和谐社会中的重要性显而易见。

总之，民事行政检察工作十分重要。作为一名检察长，如果不重视民行检察工作，那是不明智的，也是不负责任的。目前，民行检察部门任务重、要求高，两级院党组特别是检察长一定要高度重视、大力支持民行检察工作，该关心的要关心，该支持的要支持，该保障的要保障，该优先的要优先，为民行检察工作提供更好的办案条件和工作条件，营造更好的办案和工作的氛围和环境。

怎样大力加强民事行政检察工作？在今年二月召开的全市检察工作会议上，我们精心研究制定了未来五年长沙市检察工作新发展的总体思路。全市民事行政检察工作要认真贯彻这一新发展的总体思路，把握机遇，真抓实干，乘势而上，奋力实现新发展。特别是要以办案为中心，在办案工作上多思考、下功夫、有突破、见实效。办案工作要有突破、见实效，就要做到以下几点：

第一，办案规模要有新增加。从民行检察工作的情况来看，近年来办案数量总的是一个逐年增加的趋势。但今年的办案情况不容乐观，我们要清醒地看到，根据目前民事行政诉讼活动和反腐败斗争的实际，现在的办案规模还不完全符合人民群众的亲身感受、人民群众的期望和公正执法的要求，还有一定的差距。依法抗诉、提请抗诉、再审检察建议案件是民行部门办案的重点，要千方百计拓宽案源渠道，扩大办案规模。要积极探索和完善公益诉讼、刑事附带民事诉讼等工作。要加强对审判执行人员徇私枉法、枉法裁判的监督，努力为反贪、反渎部门提供有价值的线索。

第二，办案方式要有新突破。民行检察工作是检察机关最有发展前景和发展潜力的一项工作。中国的立法正处在完善之中，中国的司法正处在改革之中，这就需要我们的检察工作包括民事行政检察工作进行大胆的探索。如公益诉讼案件，不管是支持起诉、督促起诉，还是代表国家独立提起诉讼，都需要深入调研，积极探索，及时总结。我希望我们长沙检察机关能够在民事行政检察工作方面探索并推出叫得响的经验来，并争取在全省乃至全国检察系统得以推广。

第三，办案、执法质量要有新提升。要办准办好案件，多办优案，多办精品案，具体实现三个目标：一是继续确保执法状况考评零扣分；二是努力提高提请抗诉案件采纳率，抗诉案件再审原判改变率、再审检察建议的采纳率和再审原判决改变率；三是提高法律文书说理质量与水平，增强法律文书说理工作的实效。抗与不抗，都要使人心服口服。这也是我们做好息诉维稳工作的基础和关键。

二、民事行政检察要抓好重点、难点和亮点 [①]

长沙市检察院作为湖南省省会城市检察院，工作理应在全省率先发展，这是我们应保持的一种精神状态，应确立的工作目标。要以实实在在的成绩，在全省争先创优。去年在全省各基层院排名前列乃至第一的，应继续保持，排名较后的，应找准差距，奋起直追，以扎扎实实的工作和实实在在的业绩赢得上级检察机关的认可。在最近召开的全市检察工作会议上，我对民行检察工作提出了"两个进一步"的要求，即：要进一步扩大办案规模；要进一步提升办案质量。这是符合最高检、省检察院有关精神的，也是切合长沙工作实际的。要做到"两个进一步"，主要应做好以下几点：

---

① 本部分系作者 2010 年 3 月 31 日在长沙市检察机关民事行政检察工作会议上的讲话摘录，收入本书时略作删改。

（一）抓好工作重点

民事行政检察工作的重点首先是抗诉，然后是再审检察建议，这也是最高检规定的民事行政检察工作履行职责的两大基本方式。工作成效主要看再审改变率及再审建议采纳率，即"两率"。在抗诉方面，去年全市民事行政检察部门提请抗诉的案件数量在全省是较多的，但与其他有些省份的地市一级检察院相比，我们的工作还有不小的差距。在再审检察建议方面，亦是如此。因此，要求加大办案力度，扩大办案规模，是有依据的，是十分必要的。

（二）抓好工作难点

民行检察工作的难点就是息诉。息诉是一项很重要的工作，是社会矛盾化解和社会管理创新的重要内容。要树立息诉也是成绩的观念，把息诉工作贯穿于民事行政检察工作始终，落实到各个工作环节。要正确把握抗诉和息诉的关系，将做好息诉工作融入抗诉案件中。对于判决错误又不能调解的，应该抗诉；对于判决错误，但经过当事人双方调解，不损害国家利益、社会公共利益及第三者利益的，就不宜一抗了之；对于判决错误，抗诉可能激化矛盾的，要尽量做好息诉工作。

（三）打造工作亮点

最高检、省检察院要求打造的工作亮点主要包括三个方面：一是执行监督，既包括对执行裁判是否错误的监督，也包括对执行过程的监督。去年开福区院、望城县院、岳麓区院都有这样的案例。二是对违法行为的调查，去年我们这项工作开展不多，今年要加强与法院的配合，积极开展起来。三是公益诉讼。四是对诉讼活动的监督。总之，我市民行检察工作要动脑子、求创新，打造特色、打造亮点。

三、加强刑事审判法律监督意义重大 [①]

2009 年初，长沙市人大常委会决定从 2009 年起开展为期三年的"司法公正长沙行"活动。今年是开展"司法公正长沙行"活动的第二年。市人大常委会研究决定 2010 年全市检察机关开展"司法公正长沙行"活动的主题为"加强刑事审判法律监督工作"，其意义重大。

（一）加强对刑事审判活动的法律监督是检察机关依法履职的基本要求

我国宪法和法律规定，人民检察院是国家的法律监督机关。对诉讼活动实行法律监督，保障宪法和法律正确实施、维护法制统一，是宪法和法律赋予人民检察院的重要职责，是我国社会主义司法制度、检察制度的重要特色，是人民检察院法律监督性质和职能的重要体现。作为一项重要的司法活动，刑事诉讼中的刑事审判活动能否正确地执行国家法律，理应成为人民检察院进行监督的重点。检察机关依法履行监督职能，发现和依法纠正刑事审判活动中存在的有罪判无罪、无罪判有罪、量刑畸轻畸重以及严重违反法定程序等问题，对于切实保障诉讼参与人的合法权益，维护社会主义法制的统一、尊严和权威，促进司法公正，维护社会公平正义具有重要意义。法律监督是检察机关的职能所在，是检察工作发展的立身之本，没有法律监督就没有检察机关的应有地位。对包括刑事审判活动在内的诉讼活动，检察机关应当不断增强监督意识，增强工作责任感、使命感，理直气壮地履行监督职责，不断推进包括刑事审判法律监督在内的诉讼监督工作。

（二）加强对刑事审判活动的法律监督是维护司法公正的重要举措

检察机关的刑事审判法律监督是动态性、活动性、过程性、同步

[①] 本部分系作者 2010 年 4 月 6 日在长沙市检察机关 2010 年"司法公正长沙行"活动启动仪式上的讲话摘录，收入本书时略作删改。

性的监督，是对刑事诉讼活动全过程的监督。就基本内容而言，该种监督既是一个纠正诉讼错误挽救权益的过程，同时也是预防司法腐败、确保司法公正的过程。检察机关认真开展刑事审判法律监督工作，通过加强对刑事审判活动的法律监督，能够保障做到既有力打击犯罪，又注重保障人权；既平等保护诉讼当事人的合法权益，又深挖执法和司法背后的腐败案件。通过依法纠正刑事裁判错误、不公的案件和刑事审判活动中的违法行为，促进社会矛盾的化解，促进社会管理创新，促进公正廉洁执法，完善法律监督机制，全面加强和改进刑事审判监督工作。让人民群众树立对司法公正的信心，维护宪法和法律的统一正确实施，维护社会的公平和正义。

（三）加强对刑事审判活动的法律监督是人民群众的殷切希望

随着社会主义市场经济的迅速发展，我国的执法、司法环境也发生了很大变化。一方面，针对刑事犯罪案件数量居高不下、刑事犯罪活动不断呈现新特点等新情况，新的法律法规不断出台，打击各类刑事犯罪的力度不断加大；党委政府以及社会各界对司法工作的要求越来越高，人民群众追求司法公正和社会公平正义的愿望越来越迫切。另一方面，市场经济条件下"权钱交易"的腐败幽灵在影响着司法的公正性，受利益驱动、地方保护主义等错误思想的影响，刑事审判活动中执法不严、司法不公的问题仍然存在，因徇私枉法、权钱交易引发的职务犯罪案件时有发生，影响了执法公信力，影响着党和政府的形象，人民群众反映强烈。在发展社会主义民主、建设社会主义法治国家的新的历史条件下，广大人民群众对执法、司法公正的要求越来越严格、越来越迫切，人民检察院加强刑事审判监督、维护执法、司法公正的任务越来越重要、越来越艰巨。因此，全面加强对刑事审判法律监督工作，既是宪法和法律赋予检察机关的重要职责，也是人民群众的迫切愿望。

（四）加强对刑事审判活动的法律监督是检察机关改进自身工作的客观需要

近年来，全市检察机关在刑事审判法律监督工作上取得了较好的成绩，但从总体上看，工作还比较薄弱，"不敢监督、不愿监督、不善监督和监督不到位"等问题仍然存在。全市检察机关要以开展 2010 年"司法公正长沙行"活动为契机，深化认识，统一思想，主动查摆刑事审判法律监督工作中存在的问题，增强监督意识，建立健全监督机制，加大监督力度，提高监督能力，注重运用抗诉、检察建议等法律手段，突出监督重点，讲究监督方法，提升监督水平和效果。

四、刑事审判法律监督要重点做好两个"依法监督纠正"[①]

开展刑事审判法律监督等诉讼监督工作，应当突出重点，紧紧抓住人民群众最关心、最直接、最现实的问题。为此，要重点抓好两个"依法监督纠正"。

（一）依法监督纠正人民群众反映强烈的刑事裁判错误和不公的案件

《刑事诉讼法》[②] 第 181 条规定"地方各级人民检察院认为本级人民法院第一审的判决、裁定确有错误的时候，应当向上一级人民法院提出抗诉"，第 205 条规定"上级人民检察院对下级人民法院已经发生法律效力的判决和裁定，如果发现确有错误，有权按照审判监督程序向同级人民法院提出抗诉"。检察机关开展刑事审判法律监督工作，就要加大对刑事审判案件监督的力度，提高刑事审判法律监督的水平和能力，加强对法院第一审判决、裁定和法院已经发生法律效力的判决、裁定的法律监督。通过监督，扩大办案规模，防止和克服该提出抗诉而未提出抗诉的现象；通过监督，对错误判决、裁定依法提出抗诉，使错误判决、裁定依法得到改判，提高法院再审改判率。从而及时发现和纠正一批刑事判决和裁定确有错误的案件，促进审判机关严格、公正司法，维护公平正义。

---

① 本部分系作者 2010 年 4 月 6 日在长沙市检察机关 2010 年"司法公正长沙行"活动启动仪式上的讲话摘录，收入本书时略作删改。

② 此处是指 1996 年刑事诉讼法。——编者注

（二）依法监督纠正刑事审判活动中的违法行为

刑事审判监督不光是抗诉几起案件，对刑事审判活动中的违法行为，检察机关也有监督的职责。我们过去在这方面的监督还是一个薄弱环节，对刑事审判活动中的违法行为，该提出纠正意见的没有提出，该监督纠正的没有监督纠正。各单位要在这方面加强监督，取得实效。比如：在法庭审理中，发现审判活动违反法律规定的诉讼程序或者出现剥夺、限制当事人诉讼权益的情况，可以记录在案，并在庭审后依法提出监督意见；对于严重违法，不及时纠正可能会影响公正审判的，可以建议休庭，庭后依法提出监督意见；对于法庭审判严重违反法定诉讼程序的，出庭支持公诉的检察人员应当及时向检察长报告；对于人民法院超过法定办案期限不作出判决、裁定的，应当及时提出纠正意见；对于被告人在押的，应当及时进行羁押期限预警提示，提前告知，防止、纠正超期羁押等。总之，全市两级检察机关应当依法及时发现、监督和纠正刑事审判活动中的违法行为。过去这方面的工作做得不够，主要原因还是大家在这方面的监督意识比较淡薄，对这方面的监督不太重视。我相信只要大家对这方面的监督工作重视起来，对于刑事审判活动的违法行为，就能及时发现、及时监督、及时纠正。法院也是欢迎我们去依法监督的，这有利于改进和加强刑事审判工作，有利于推进和维护司法公正。

五、加强和改进监所检察工作 [①]

经长沙市人大常委会研究决定，2013 年全市检察机关开展"司法公正长沙行"活动的主题是：加强和改进监所检察工作，维护刑罚执行和监管活动的公平公正，维护监管秩序稳定，维护被监管人合法权益。全市检察机关及监所检察部门要全面正确履行法律监督职责，继

---

① 本部分系作者 2013 年 3 月 14 日向长沙市人大常委会所作的《关于长沙市检察机关开展"司法公正长沙行"活动主要情况的报告》摘录，收入本书时略作删改。

续完善和实施长沙检察工作新发展的总体思路，采取行之有效的举措，全面切实加强刑罚执行、监管活动监督和其他各项工作，以实实在在的成效维护司法公正，维护公平正义！

（一）着力加强罪犯服刑监督，促进刑罚执行和监管活动公平公正

一是加强对监狱内服刑罪犯的监管。通过加大对监狱减刑假释提请活动和法院减刑假释案件开庭审理以及减刑假释裁定事后等方面的监督，将对减刑假释提请、裁定和保外就医呈报、审批活动的监督贯穿于监狱检察的全过程，积极预防和坚决纠正违法减刑、假释、保外就医等问题，努力发现一批认罪、悔罪、戴罪立功的罪犯，发现一批违反监管秩序甚至重新犯罪的罪犯，发现一批依法可以暂予监外执行的罪犯。二是加强对监外执行、社区矫正罪犯的监管。对全市所有监外执行、社区矫正罪犯进行摸底排查、跟踪监督，发现问题依法及时监督解决，努力做到三个"一批"：协助帮教、发现总结、树立推介一批认罪悔罪、真诚改造、重新做人、服务公民、有益社会的罪犯；认真监督、及时发现纠正一批已脱管漏管的暂予监外执行罪犯；重点检察、及时发现纠正一批不符合暂予监外执行条件或者条件已经消失的，依法应当重新收监执行刑罚的罪犯，防止监外执行、社区矫正罪犯脱管漏管。三是加强对看守所、拘留所服刑的余刑罪犯的监管。全面履行刑罚执行监督职责，加强对在看守所、拘留所服刑的余刑罪犯的监管，防止刑罚执行监督出现空位。

（二）依法查办和预防监管场所职务犯罪，促进监管场所工作人员忠诚廉洁履职

一是强化办案意识。刑罚执行和监管活动是司法领域腐败问题多发易发环节之一，严重损害司法机关的威信和形象。进一步强化办案意识，做到敢于办案，有案必办，把办案作为强化监督的有力手段。二是突出办案重点。紧扣刑罚变更执行以及日常考核、会见通信、场所变更、基本建设、物资采购等容易滋生司法腐败的环节，注意发现线索，

加强协作配合，依法查办以权谋私、索贿受贿犯罪案件，徇私舞弊减刑、假释、暂予监外执行案件以及玩忽职守造成监管安全事故的案件。三是增强办案效果。把办案与监督、预防职务犯罪工作和自身建设结合起来，充分发挥办案的治本功效和促进自身规范执法的引领作用，促进监管人员公正廉洁执法。

（三）全面履行监所检察职责，着力维护监管秩序稳定和被监管人合法权益

一是全面履行监所检察职责。认真学习、贯彻实施修改后的刑事诉讼法和刑事诉讼规则，深刻理解和把握立法精神和修改重点，对完善和新增的监所检察职能，如死刑执行临场监督、强制医疗执行监督、指定居所监视居住监督等，加大监督力度，完善监督机制，提升监督实效，以全面履行监所检察职责。二是着力维护监所秩序稳定。依法严厉打击"牢头狱霸"的违法犯罪活动，维护监管安全和秩序稳定；坚持深入"三大现场"和充分利用监控视频，加强对监管活动各环节的动态监督，做好被监管人非正常死亡、脱逃等监管事故的检察工作，及时发现、纠正监管违法情形并跟踪整改落实，确保监督效果。三是依法保障被监管人合法权益。认真落实检察官约见、与被监管人谈话、检察官信箱等工作制度，及时受理和依法处理被监管人员及其亲属的控告、申诉、举报，保障被监管人基本的劳动、生活、医疗卫生等方面的权益，切实加强对被监管人合法权益的保护。

六、监所检察要抓好重点 ①

星城地区人民检察院履行的职能就是监所检察监督职能。星城院在过去四年中取得了十分突出的成绩，值得充分肯定。我们要以此为新的起点，制定新目标、完善新思路、采取新措施、取得新实绩、实现

---

① 本部分系作者 2012 年 4 月 9 日在长沙市检察机关监所检察工作会议上的讲话摘录，收入本书时略作删改。

新发展、谱写新篇章。为此，要抓好以下两点工作：

（一）扬长补短

首先要力戒自满，防止松懈。如果自满，就会松懈；如果松懈，不但不会进步，反而会退步；如果自满、松懈，就必然会缺乏进取心和斗志，缺乏奋进的动力。大家一定要谦虚谨慎。谦虚可以使人理性，可以使人知不足，可以使人学人之长、补己之短，可以使人永不懈怠、使人奋进、使人进步。其次要正视问题，克服不足。去年市检察院务虚会的标题就是"深入查找发展差距，全面实现新发展"。查找差距不是否定成绩、不是一件丑事，不会影响领导集体的权威，更不会影响检察形象。因为任何事物的发展都有不平衡性，发现差距、整改不足、缩小差距，就会促进平衡发展。在某种意义上讲，差距就是潜力，缩小差距就是成绩、就是进步、就是发展。大家一定要真心实意地找出差距，并想办法来缩小差距、克服不足。最后要稳中求进，全面发展。所谓稳中求进，就是保持、发扬和巩固以往四年的成绩，并有新的进展、新的进步。所谓全面发展，就是要弥补不足，促进监所检察各项工作的深入、平衡发展，只有深入、平衡发展了，才能实现全面发展。

（二）抓好重点

星城地区检察院的工作很重要。星城院是市检察院的正县实职级派出检察院，是"院处"（星城院与市院监所检察处）合一的组织机构。星城院的职能几乎涵盖了一个基层检察院的大部分职能。在这么多职能和工作中，我们要抓好重点。重点是什么？重点源于监所检察监督职能的履行，源于服务党和国家的工作大局，源于实现人民群众的新要求、新期待。

一是要切实加强刑罚执行和监管活动监督。要抓好对看守所留所服刑罪犯的监督，抓好监狱服刑罪犯的监督，抓好对暂予监外执行罪犯的监督。目前，监狱在押人员不少，今年要发现一批认罪、悔罪、戴罪立功的罪犯，发现一批违反监管秩序甚至重新犯罪的罪犯、发现一批依法可以暂予监外执行的罪犯。要重视加强暂予监外执行工作和社区矫正工作。目前，我市的暂予监外执行工作还亟待加强。全市共有 2000 多名暂予监外执行罪犯，要摸清底数，一个都不能漏掉；要按照规定进行切实监督，每年进行两次全面的检察；要建立并共享暂予监外执行罪犯信息平台。我曾到开福区参观了他们的对暂予监外执行罪犯建立的信息平台，他们通过手机定位对暂予监外执行罪犯进行随时监督，但最近发现有的罪犯有时将手机放在家里、不携带在身上而在外面活动。对这个问题，要尽快想出解决办法，如定期对这些罪犯进行电话抽查等。对这 2000 多名暂予监外执行罪犯，我认为要努力做到三个"一批"：协助帮教、发现总结、树立推介一批认罪悔罪、真诚改造、重新做人、服务公民、有益社会的罪犯；认真监督、及时发现纠正一批已脱管漏管的暂予监外执行罪犯；重点检察，及时发现纠正一批不符合暂予监外执行条件，或者条件已经消失的，依法应当重新收监执行刑罚的罪犯。

二是要扎实抓好维护被监管人合法权益工作。在这方面，星城院驻狱（所）检察室发挥了重要作用。检察室干警能深入监管场所，每天面对被监管人，可以及时发现问题、整改问题。目前，最高检、省检察院对于在押人员死亡的问题非常重视。若在押人员发生非正常死亡事故，我们的职责就没有履行好。大家一定要把工作做细、做实、做好，最大限度地减少被监管人死亡事故的发生。

三是要依法、及时查办监管场所职务犯罪案件。从 2011 年以来，星城院在全市监管场所查办涉嫌职务犯罪案件工作没有进展。今年大家要重视这项工作，无论案子大小，都要高度重视，做到有案必办，依法公正办案。

第四节　加强其他检察业务工作

一、控告申诉检察工作要取信于民 ①

从事控告申诉检察工作责任重大、任务繁重、工作辛苦。过去的一年，同志们通过努力，工作取得了很好的成绩，为全市检察工作的全面、健康、深入发展做出了贡献，为创造和谐稳定的社会环境和公正有序的法治环境做出了贡献。

2009 年是一个特殊的年份，长沙作为省会城市，全市检察机关涉检信访工作面临的情况更为复杂、形势更为严峻、任务更为艰巨。一是经济发展中引发的涉检信访问题会增多。2009 年受国际金融危机持续蔓延和世界经济增长明显减速的影响，全国、全省、全市的经济运行正面临新世纪以来最大的困难、最严峻的挑战。随着民工大量返乡，失业、半失业人员增加，企业生产经营困难引起劳资矛盾和债权债务纠纷增多的可能性加大，原来经济运行中存在的深层次矛盾凸显，一些涉及群众切身利益的民生问题，将更多地通过信访渠道反映出来。越是在经济发展遇到困难的情况下，各类社会矛盾越容易激化、积聚，可能引发涉检信访的不确定因素、偶然性因素将明显增多，一旦处置不慎，可能导致瞬间爆发、突然升级，给维稳工作带来极大的挑战。二是今年政治活动多、敏感时间段集中。2009 年是中华人民共和国成立 60 周年、澳门回归祖国 10 周年，重大活动多且非常集中，存在不稳定的因素和潜在的威胁，涉检信访工作面临巨大压力。三是今年解决涉检信访问题的难度大。一方面，经过连续几年的集中排查化解和处理，涉检信访工作虽然取得了很大的成绩，但目前已经显现和今后

---

① 本部分系作者 2009 年 3 月 13 日在长沙市检察机关控告申诉检察工作会议上的讲话摘录，收入本书时略作删改。

可能发生的问题都是积淀时间长、积怨程度深、处理难度大、息诉任务重的"骨头案"，要解决这些涉检信访问题，必须下更大的决心、花更多的力气、付出更大的代价。另一方面，中央和最高检对涉检信访工作的要求和案件办理标准有很大的改变，信访人对检察机关处理涉检信访也寄予更多的期待和要求，不仅要解决群众的法律诉求而且要解决群众"法度之外、情理之中"的生活困难问题；不仅要在规定的时限内结案而且要做到案结事了、息诉罢访；不仅要解决案件本身的问题，而且要举一反三、规范执法、促进执法公正，发挥监督制约职能。这些要求使涉检信访工作的任务更艰巨、难度进一步增加。面对严峻的形势和任务，我们要高度重视，增强忧患意识、责任意识、大局意识，增强工作的主动性、敏感性和前瞻性，以更有力的措施切实抓好控告申诉检察工作。在这个问题上，我们绝对不能心存侥幸、以为不会出什么问题，不能消极应付，不能抓到哪里算哪里，不能相互推诿，不能拖延，不能出问题。高度重视，首先检察长、分管副检察长和其他院领导要高度重视；同时，各个部门的负责同志和相关的同志同样要高度重视。因为这方面的工作最终要靠大家去抓，靠大家去办理、去落实。高度重视不仅仅是看口头上如何重视，更重要、最根本的还是看是否落实在行动上、落实在工作上、落实在效果上。

控告申诉检察工作是检察机关联系群众的桥梁和纽带，是获取案件线索的主要渠道，是直接依靠群众实施法律监督的一项业务工作。控告申诉检察部门担负着处理信访、举报初查、办理刑事申诉案件和刑事赔偿案件的维稳和监督职能。控告申诉检察工作直接决定着有关涉检信访当事人的思想情绪和检察机关的执法形象乃至对党和政府的执政形象，直接影响着省会城市的社会稳定与安全，直接影响着国家政治活动能否顺利进行。所以，做好控告申诉检察工作特别是涉检信访工作意义重大，责任重大。全市两级检察机关和全体控告申诉检察人员一定要忠于职守、爱岗敬业，切实履行和发挥法定职能，突出排查化解涉检信访矛盾的工作重点，确保涉检进京"零上访"，推进查办职务犯罪工作，促进司法公正，依法保护公民的合法权益，维护广大人民的根本利益，维护社会和谐稳定。为此，必须做好以下工作：

第一，夯实涉检信访工作基础，着力化解涉检重信重访，确保涉检进京"零上访"。检察环节的信访工作，反映了检察机关自身执法不规范、不严格，反映了检察机关在维护司法公正和权威方面监督不力、监督缺位。中央政法委确定今年为"信访积案化解年"，下大力气集中化解久拖不决的信访问题，并要求各地区、各部门、各单位要结合实际着力打好"四个仗"，即预防化解社会矛盾的攻坚仗、对敌斗争的主动仗、意识形态领域反渗透的阵地仗、服务经济社会发展的整体仗。全国检察长会议明确提出，要"深入开展重信重访专项治理，确保思想不松、力度不减"。全省控告申诉检察工作会议确定要把治理新访源、息诉老访户、消除社会不和谐因素，维护社会稳定作为首要任务来抓。全市两级检察院及控申部门要把思想和行动统一到中央、最高检、省院会议的精神上来，切实把化解涉检重信重访工作作为今年工作的重心，紧紧围绕当今形势下社会矛盾的新情况新特点，深入细致地排查化解涉检信访，对排查发现的矛盾纠纷和通过各种渠道反映的涉检信访问题，要按照"事要解决、人要回去"的工作要求，落实责任、落实人员、落实措施，逐一稳控、逐一化解。要对以往已经办理或正在办理的涉检信访案件进行一次全面"回头看"，发现隐患，及时稳控，兑现承诺，解决问题，做好善后，防止反弹。对一批上访老户、疑难复杂涉检信访案件，要进一步落实重点交办、挂牌督办、领导包案等制度，推动问题的彻底有效解决。抓重点要不忘基础工作，要坚持创建文明接待室的标准，在改善接待环境、热情文明接待的基础上，保证接访、登记、分流、审查、处理、反馈等各个环节渠道畅通，重点要在工作职能上实现由转到办的转变，立足于办实事，为群众解决实际问题。要加强检察长接待日工作，把检察长接待日真正作为联系群众、倾听诉求、发现问题、为民解难的重要渠道和平台。要落实控告申诉首办责任制，强化基层院的首办责任，各基层院要以高度的责任心和对人民群众的深厚感情抓好初信初访工作，不把矛盾上交，不让矛盾升级，有效防止来信演变成来访、初访演变成重访、本级访演变成越级访、个体访演变成集体访，最大限度地提高首次处理信访的成功率，切实把事态平息在首次办理环节、把矛盾解决在萌芽状态、把问题解决在基层。要继续完善下访巡访、联合接访等制度，要加强源头治理，要分析总结已经受理、办理的涉检信访，找出执法思想、执法作风和执法环节存在的问题和原因，提出改进执法办案工作的对策和建议，向相关业务部门反馈，为领导决策提供参考，促进检察机关规范执法和整体工作水平的提高。总之，要开动脑筋，认真妥善处理来信来访，坚决防止因排查不及时、化解不到位、情况报告不及时或不全面而引发的各种非正常访和群体性事件，确保全市涉检进京"零上访"。

第二，完善举报工作机制，着力加强举报查处和答复工作，促进办案取信于民。举报工作是检察机关的一项重要业务工作，是查处职务犯罪、履行法律监督职能工作中的重要一环。举报工作是宣传、受理、分流、审查、转办、初查、保护、奖励、答复等多个工作环节有机组成的专门工作制度。要在举报线索统一归口管理的基础上，完善线索分流、线索审查评估、线索的网络化管理，　使举报工作切实服务于全市的反贪污贿赂、反渎职侵权工作。对群众举报未查处、未答复以及不服不立案的涉检信访仍然比较突出，控告申诉检察部门应当督促有关部门抓紧初查，按时反馈。举报中心在特殊情况下也可以开展初查。加大查处力度，是为了取信于民，最大限度地减少不和谐因素。

第三，加大监督力度，着力解决群众反映强烈的突出问题，维护当事人的合法权益。当前，涉检信访问题仍然是人民群众反映强烈的问题。从检察权的配置来看，控告申诉检察具有对内制约和对外监督的双重监督职能。全市控告申诉检察部门要准确把握这一职能定位，切实加大监督力度，以法定义务的忠实履行为群众解决现实利益问题。要进一步加大办理不服检察机关处理决定的申诉案件、刑事赔偿案件的工作力度，对已经作出复查纠正决定或刑事赔偿决定的，要尽快执行到位，坚决不留尾巴，不打折扣，不打"法律白条"，切实维护当事人合法权益。办理不服法院生效刑事裁判申诉案件是刑事申诉检察部门开展对外监督工作的一个重要方面，也是当前我们工作中的一个薄弱环节。目前，这类申诉逐渐增多，在某些地区甚至已经成为群众反映强烈的焦点问题，而有的单位、有的部门仍然没有对此引起足够的重视，甚至还存在有诉不受、有案不办、推诿扯皮等现象。要强化对法院生效刑事裁判的法律监督，特别是对于有罪判无罪、无罪判有罪、量刑畸轻畸重、严重违反诉讼程序等判决不公和冤假错案，要勇于提出监督意见，确保监督效果，切实维护司法公正。

二、控告申诉检察工作要做到"四个进一步" ①

过去的一年，全市两级检察机关控告申诉检察部门认真贯彻落实省、市检察院关于做好新时期控申检察工作的系列部署和要求，加大工作力度，增强监督实效，严格规范管理，提振精神面貌，较好地实现了全市控申检察工作的新发展。我印象较深的主要有以下几个方面：一是维护社会稳定有新贡献。通过受理群众来信、接待来访，及时妥善办理了一大批案件，确保了特护期、重大敏感节点无极端性事件和涉检重大舆情事件的发生。二是履行新增职能有新起色。在审查办理民事监督案件，办理对阻碍辩护人、诉讼代理人依法行使诉讼权利的控告申诉案件，办理对本院办案中违法行为的控告申诉案件中，注重实事求是、释法说理，取得了较好的法律效果和社会效果。三是举报工作有新举措。精心部署开展以"落实举报规定，推进反腐倡廉和规范司法"为主题的"举报宣传周"活动，对受理的举报线索均按规定及时分流，有力回应了群众关切。四是刑事申诉工作有新进步。全市受理不服检察机关处理决定的案件、立案复查案件、受理不服法院判

---

① 本部分系作者 2016 年 4 月 5 日在长沙市控告申诉检察工作会议上的讲话摘录，收入本书时略作删改。

决的案件、立案复查案件等主要业务数据同比都有所增长。五是国家赔偿和司法救助工作有新成效。通过及时主动办理赔偿案件和司法救助案件，化解了一批矛盾纠纷，消除了群众积怨。

下面，我就如何进一步加大工作力度，做好全市控告申诉检察工作讲几点意见：

（一）进一步实现控告申诉检察工作的新发展

"全面实现长沙检察工作新发展"已经写入了我在 2016 年 1 月 19 日举行的长沙市第十四届人代会第四次会议上所作的《长沙市人民检察院工作报告》中，并经此次会议通过形成决议。全市控申检察部门要深刻领会其内涵、把握其要领，认真抓好贯彻执行。全市控申检察工作新发展的总体目标是：把长沙市两级控申检察部门进一步建设成为忠诚、公正、高效、廉洁、文明、人民满意的检察部门。具体体现在：工作比上年有新进展，"新进展"既包括量的增加或量的正常减少，更包括质的提升，还包括新的起色、好的发展态势等，这都是"有新进展"的客观表现；在全省率先、在全国创优，即在全省控申系统走在前列、率先发展，在全国控申系统跨入先进行列；人民群众满意度有提升，即人大代表、政协委员和社会各界人民群众包括信访当事人、信访单位对控申信访工作满意度有提升。要全面正确履行控告申诉检察职能，紧密结合本地实际，齐心协力，抓好重点、补好短板、巩固特色、创造亮点，全面有效推进控告申诉工作取得新成绩、实现新发展。

（二）进一步增强做好控告申诉检察工作的使命感和责任感

今年是全面建设小康社会决胜阶段和"十三五"规划开局之年，也是推进结构性经济调整的攻坚之年。全市两级控申部门要全面掌握社会形势、精准把控信访风险，主动适应控申工作新常态，不断提高加强涉法涉诉检察工作的使命感和责任感。

一要主动适应维护社会稳定和安全的新形势。随着改革和现代化建设的深入，经济社会深层次、结构化矛盾和问题日益凸显，各类社会矛盾越容易激化、积聚，可能引发涉法涉诉信访的不确定性因素、偶然性因素增多。随着改革的深入、利益格局的深刻调整，各种矛盾将不断通过信访渠道集中反映，一旦处置不力，可能导致瞬间爆发、突然升级。这对我们提高把控群体性矛盾的能力、驾驭新时期群众工作的水平提出了新的要求。

二要主动适应涉法涉诉积案矛盾化解的新压力。涉法涉诉信访积案是控告申诉工作的硬骨头。虽然经过下大力气、连续几年的集中排查化解和处理，仍余下部分涉法涉诉信访案件成为积案。由于成因复杂、持续时间长，有的甚至连发生的历史环境、法律政策环境等都发生了较大的变化，造成这些信访积案涉及面较广、负面影响大，容易造成在信访群众之间的串联发酵，信访积案问题处理难度更为加大。

三要主动适应人民群众法治意识增强带来的新考验。随着人民群众通过刑事申诉、国家赔偿等法律规定的途径和手段维护自己权益的意识不断加强，所提出的诉求日益复杂化、多元化，涉法涉诉信访案件的社会关注度、敏感度和处理难度也随之增加。这是社会法治的进步，也给控申检察人员办理刑事申诉案件带来了新考验。

四要主动适应社会监督多元化带来的新挑战。当前，社会环境日益开放、高度透明，社会各界和新闻媒体特别是网络媒体对司法行为的关注度不断提高，人民群众对司法的刚性需求愈来愈多，群众参与司法、监督司法的愿望更加迫切，对严格规范公正文明司法的期望值也越来越高。控申工作直面底层群众、直面弱势群体，是检察机关和人民群众直接接触的窗口，更加要树立接受监督的理念，以更严格规范文明的执法接受多元监督。

五要主动适应深化司法体制改革提出的新任务。今年是深化司法体制改革的攻坚之年，关系到控告申诉检察工作的涉法涉诉信访工作改革的任务要在今明两年完成。目前，全市两级院控申检察部门的信访工作改革推进情况仍不尽如人意，制约涉法涉诉信访工作改革的难题仍没有破解，司法办案不理性、不平和、不规范的问题仍然存在，执法不严、司法不严谨的现象常有发生。面对严峻的形势和任务，我们要不断提升自身的司法能力和业务水平，用实力去迎接改革带来的挑战，把握住历史赋予的新的机遇。

（三）进一步促进涉法涉诉信访矛盾有效化解

控告申诉检察工作特别是涉法涉诉信访工作直接影响信访群众的思想情绪、检察机关的执法形象以及社会稳定与安全，责任重大。全市两级检察院要把思想和行动统一到最高人民检察院、省检察院和市委有关工作部署和工作要求上来，强化工作措施，积极推进涉法涉诉信访矛盾在法治轨道内的有效化解。

一是全面推进律师参与化解和代理涉法涉诉案件工作。按照《关于律师参与化解和代理涉法涉诉信访案件的实施办法（试行）》的要求，充分认识律师代理涉法涉诉信访案件的重要意义，把推进律师代理涉法涉诉信访案件作为今年的工作重心。要充分保障律师执业权利，充分发挥律师在保障当事人合法权益、维护社会稳定中的作用；加快与司法局、律师协会等相关部门联系，出台相应工作制度，形成有效的化解矛盾纠纷合力，促进社会和谐稳定；加强鉴别区分，坚决打击律师直接参与的诬告滥诉活动，做到不接受材料、不接访、不转办、不出具法律文书，对诬告滥诉信件，坚持不受理、不立案、不答复；对妨碍公务、扰乱国家机关秩序的，及时报警。

二是大力开展刑事申诉案件公开工作。加大刑事申诉案件公开审查工作力度，敢于对案件事实、适用法律方面存在较大争议、社会影响较大的刑事申诉案件，以多种方式进行公开审查，邀请人大代表、政协委员、律师及社会各界第三方代表参与其中，形成化解矛盾合力。加大刑事申诉案件信息公开制度，切实加强法律文书网上公开工作，对立案复查不服检察机关处理决定申诉案件所作出的刑事申诉复查决定书，凡是符合规定条件的，要一律公开。公开的法律文书要做到格式规范、表述准确、说理透彻，努力使申诉人理解、接受和信服检察机关的决定。

三是加大对困难群众的司法救助力度。全市两级控申部门要认清司法救助工作的重要意义，发现符合条件的当事人或其近亲属时应主动告知其获得救助的权利，为当事人申请救助创造条件、提供便利。对于当事人提出救助申请的，坚持快受理、快审查、快报批、快发放，帮助被救助人及早脱离困境。完善与反贪、反渎、民行、公诉、侦监等相关业务部门的信息共享机制，确保需要救助的对象能及时进入救助范围，将经济救助、精神抚慰、其他社会保障等多种举措有机结合，积极协助被害人获得社会救助、民政救助、法律援助等，切实有效解决被害人或其近亲属的实际困难。自觉接受党委领导，主动向地方党委、政府汇报国家司法救助工作情况，争取更多工作支持。

四是健全工作机制。全市两级控申部门要落实首办责任制，强化首办部门的按期结办和共同息诉职能以及控告申诉部门的内部制约和催办督办职能，形成各部门通力协作的内部一体化办案机制。加强与人大、政法委、信访局、公安分局、法院等相关部门的信息沟通，推动建立涉法涉诉信访案件联席会议制度、案件信息共享平台、共同息诉机制以及检察监督与公安、法院内部纠错衔接互动机制。强化信访案件"源头治理"。全面开展反向审视工作，扎实开展案件质量评查工作，提出改进意见和建议，不断提高案件质量和司法规范化水平。推进网上信访信息系统建设，及时从来信来访中发现苗头性、敏感性信息，及时进行风险评估，及时提出防范预警措施，切实做好大数据时代的信访分析研判工作。

（四）进一步加大办案力度

刑事申诉检察工作是检察机关刑事诉讼活动的最后程序，也是防止冤假错案的最后一道屏障。要坚持最高人民检察院提出的"一体四翼"工作格局，充分履行刑事申诉检察职能。

一是加大办理不服法院生效裁判申诉案件力度。增强纠错意识，严格按照法律规定的程序，对申诉案件进行全面复查，严把事实关、证据关、法律适用关，提升办理案件的质量。对可能存在错误的案件，及早发现报告，依法纳入法定程序，提出监督意见，确保监督效果，切实维护公平公正。对于主要靠言词证据定罪以及社会高度关注、引起媒体炒作的原审被告人可能错判的申诉案件，基层院应当及时向市院报告。市院要加强对重点案件办理工作的指导，对基层院有困难的，应抽调业务骨干参与案件办理。加强与法院和检察机关公诉、民刑等部门的沟通协调，形成监督纠正重大冤假错案的合力，切实防止因执法不当激化矛盾或引发新的矛盾。

二是加大办理不服检察机关处理决定的申诉案件力度。对不服检察机关处理决定的申诉案件要做到来一件受理一件，件件依法办，案案有结果。要突出重点，下大力气复查不服撤案、不服不起诉决定以及检察机关扣押冻结款物的申诉案件。将证据复核、补充完善到位，做到该纠正的坚决纠正，该返还的坚决返还，着力提升办案质量和效果，不断提高内部监督制约的能力和水平。对于发现检察环节存在司法瑕疵的，应当采取说明解释、通知补正、赔礼道歉等措施，予以妥善补正，对当事人受损的合法权益进行弥补或恢复，以取得当事人的理解、谅解和认同，重塑司法公信力和司法权威。

三是依法办理国家赔偿案件。认真贯彻落实"两高"新颁布的《关于办理刑事赔偿案件适用法律若干问题的解释》，准确把握"终止追究刑事责任"的特殊情形，及时客观公正受理、认真审查刑事赔偿申请，凡符合赔偿条件的都应依法、及时给予赔偿，严禁滥用免责条款规避赔偿责任、拖延履行赔偿义务。全市两级控申部门要积极提高赔偿案件办案效率，更加重视发挥刑事赔偿的权益保障和息诉息访功能。

三、司法警察工作只能加强 ①

（一）司法警察工作是检察机关的一项很重要的工作

第二次全国检察机关司法警察工作会议指出，"检察机关的司法

---

① 本部分系作者 2007 年 4 月 30 日在岳阳市检察机关司法警察工作会议上的讲话摘录，收入本书时略作删改。

警察是人民警察的警种之一，担负着预防和制止妨碍检察活动的违法犯罪行为，维护社会主义法制，维护检察工作秩序，保障检察工作顺利进行的重要使命。司法警察工作在检察机关中具有特殊的地位和作用。"全市检察机关要认真领会上述指示精神实质，从思想上、行动上切实提高对新形势下加强司法警察工作重要性和紧迫性的认识。

第一，加强司法警察工作是检察机关履行法律监督职能的需要。检察机关作为国家法律监督机关，依照宪法和法律履行法律监督职能，必须以国家强制力为后盾。在检察机关设置司法警察，是法律监督所具有的国家强制性的重要体现。保证检察机关有关强制性措施决定的执行，制止各种妨碍检察活动的违法犯罪行为，主要由司法警察来承担。可以说，在检察机关配备司法警察，是维护法律监督的严肃性和有效性的客观需要，也是法律监督工作依法顺利开展的重要保障。

第二，加强司法警察工作是检察机关增强执法办案能力的需要。司法警察是一支具有武装性质的队伍，是检察机关执法办案的重要力量，其主要职责是保护犯罪现场，执行传唤、拘传和协助执行其他强制措施，协助追捕逃犯，参与搜查、提解、押送、看管犯罪嫌疑人，送达法律文书，参与执行死刑临场监督等，这些都是检察机关执法办案活动的重要内容。去年以来，随着办案工作区建设的推进，司法警察在维护办案秩序、保障办案安全方面的作用更加凸显。离开了司法警察的工作，检察机关的执法办案能力就难以从整体上提高，办案秩序和办案安全就没有有力的保障，各项法律监督工作的正常开展就会受到影响。

第三，加强司法警察工作是检察机关规范执法行为的需要。规范执法是执法机关最基本、最起码的要求，也是检察机关落实总体要求的重要起点。司法警察部门作为检察机关的重要业务部门，处于执法办案的前沿，执法行为是否规范，直接影响办案质量和办案效果，直接影响到检察队伍在人民群众心目中的形象。应该说，我市司法警察队伍总体是好的，在参与和协助执法办案、确保办案安全、增强办案法律效果和社会效果方面发挥了重要作用，但也或多或少存在执法不文明、执法不廉洁、执法不作为等问题。对此，我们必须引起高度重视。要结合正在开展的社会主义法治理念教育活动，把规范执法行为活动引向深入，进一步深化整改，在加强中规范，在规范中提高，促进司法警察工作健康协调发展。

（二）全市司法警察工作要实现新进展

司法警察工作是检察机关一项很重要的工作。因此，这项工作只能加强，不能削弱；只能进步，不能滑坡。全市检察工作要实现新进展，司法警察工作理所应当也要有新进展。

第一，要突出重点，在逐步解决制约规范化建设上实现新进展。近年来，我市司法警察工作正逐步走上规范化发展的轨道。但随着检察改革的不断深化，也出现了不少制约规范化建设的新情况新问题。有的地方存在"以检代警"、职责不明的情况，将部分警力用在与履行司法警察职责不相符的工作上，造成司法警察应该履行的职责没有履行；有的地方法警队在管理和运作模式上没有达到编队要求，在人员配置上不够合理；有的地方在用警的问题上随意性比较大，没有严格按照法定程序用警派警等。对此，全市检察机关要站在端正执法思想、规范执法行为、提高执法水平的高度，提高对司法警察工作规范化建设的认识，把依法建警、依法规范用警作为检察机关依法办案、规范办案、文明办案的重要措施来抓，把检警分离、各司其职作为完善检察职能分工、实现队伍分类管理的重要内容来抓。要按照司法警察编队管理和工作任务需求，完善机构，充实力量，优化结构。各级检察院的司法警察都要统一归口警务部门，统一调配使用，坚决纠正司法警察履行职责错位，把职责范围以外的工作交给司法警察去做的现象，真正把这支队伍用在"刀刃"上，为提高检察办案水平、保障检察机关办案安全提供有力的警务支持。

第二，要注重"三化"，在完善落实各项规章制度上实现新进展。科学严密的规章制度，是履行司法警察职责的根本保证，也是工作规范化建设的重要标志。我们要按照"执法规范化、队伍专业化、管理科学化"的要求，根据司法警察工作的性质，建立或完善行之有效的规章制度，特别要在制度的执行、监督、奖惩等方面下功夫，抓出成效。一是注重研究新形势下司法警察工作的新情况、新问题，逐步建立完善一套适合司法警察工作、符合岳阳检察工作特点的教育培训、内部管理、用警派警等制度，以进一步明确岗位职责，规范工作程序。二是针对履职范围的扩大和业务工作运行实行流程管理的实际，建立健全办案安全责任制、责任追究制、办案工作区建设，司法警察与其他办案人员分工负责、互相配合、互相监督和制约等各项规章制度，确保制度具有操作性和规范性。三是要加强对制度规范落实情况，特别是一些重要执法环节制度规范执行情况的督促检查，一级抓一级，层层抓落实。四是要落实奖惩措施，切实把执行制度情况作为考核评价司法警察工作的重要内容。可以说，只有坚持不懈地抓好制度的建立、执行、监督、奖惩和完善，并形成良性循环互动，才能从根本上夯实司法警察工作规范化建设的基础。

第三，要服务办案，在提高工作规范化水平上实现新进展。检察机关成立法警机构，各项司法警察职责的履行，使原来很多不应或不适合由检察官、书记员和其他检察人员兼任的工作被分离出来，交由司法警察专门承担，实现了这些工作的专门化和规范化运作。这不仅有利于其他检察人员集中精力办案，也有利于防止在安全防范上发生疏漏，使办案安全得到有效保障。同时在执法办案过程中，检察官拥有对案件的决定权，而司法警察则拥有对决定的执行权。这种决定权与执行权的分离，客观上起到了互相监督、相互制约的作用，促进了司法警察工作的规范化。司法警察工作的地位和工作特点，决定了司法警察工作必须在服务、保障办案中提高规范化建设的水平。

在服务办案过程中，工作规范化水平不仅要体现在程序执行的规范、文书送达的规范、职责履行的规范、队伍管理的规范方面，同时也体现在文明执法的规范。作为参与检察办案各个环节的司法警察部门，必须把坚持文明执法、注意体现司法人文关怀落实到工作规范化建设的各个环节。比如，在依法搜查时，尽量避开犯罪嫌疑人的未成年子女以及年迈的老人；在送达法律文书时，不使用有损犯罪嫌疑人人格的语言文字；在看管犯罪嫌疑人时，以真诚的态度依法减轻其心理压力；在接待来访群众时，认真倾听当事人的诉求，以负责的态度给予处理等。这些要求，都要通过司法警察工作的制度、工作标准予以固定，形成规范化建设的成果。

当前，随着社会改革的不断深入，各类社会矛盾不断出现，检察机关在查办职务犯罪案件和出庭公诉的过程中，受到的各种冲击也随之增多，妨害依法办案的事件时有发生。全市检察机关司法警察部门要加强调查研究，积极探索司法警察依法履行职责，协助职务犯罪侦查工作的途径和方法，积极探索保护检察官依法履行职责、保护公诉人、保障出庭安全等工作措施，在依法全面履行司法警察职责的过程中推动司法警察工作规范化建设的进程。

司法警察工作是检察机关的一项很重要的工作，目前也是检察工作中较为薄弱的环节之一。要实现司法警察工作有新进展，其中一个重要条件，就需要各级院领导特别是检察长的重视支持和其他业务部门的大力配合，真正做到从思想上重视，从组织上充实，从工作上支持，从物质条件上予以保障。

四、办公室是领导决策的参谋部 ①

这次全市检察机关办公室工作会议开得很好，希望大家回去以后很好地抓落实。我对办公室工作是有很深的感情的，我对办公室工作也是很关心、很关注的。我从参加工作就从事办公室工作，最开始是在公社党委办担任秘书，自 1978 年 10 月调进岳阳地区检察院，连续 16

---

① 本部分系作者 2006 年 5 月 17 日在岳阳市检察机关办公室工作会议上的讲话摘录，收入本书时略作删改。

年在办公室工作，后来又在省检察院挂职办公室主任近两年。今天借此机会，我还是想把院党组、检察长对办公室工作的一些想法和要求，尽量讲出来、尽量讲得透一点。

（一）办公室工作十分重要

办公室是一个单位的窗口，是检察工作正常、高效运转的中枢，是联系上下左右的纽带，是领导工作的参谋部。检察院办公室作为检察机关的主要综合部门、重要的参谋助手和"智囊团"，担负着辅政设谋、协调各方、服务上下的重要职责，是检察机关党组作出决策和部署工作的"指挥中枢"。其工作质量、效率的高低关系重大，其作用发挥得如何关系重大，直接关系到检察机关领导班子的工作质量、效率和决策，直接关系到检察工作的全面、深入和科学发展，直接关系到领导班子和检察机关的整体形象。要想使整个检察机关工作优质高效有序运转，首先就必须做好办公室工作，提高办公室工作的质量和效率。所以说，办公室工作十分重要。

具体而言，一是领导决策离不开办公室。一个单位决策的选题、论证、实施和反馈的职能部门是办公室，这是其他任何部门都没有、都不能替代的职能。检察机关也是如此。就一个检察院而言，只有办公室才具有这个职能。办公室履行了这个职能，就是履行职责，就是恪尽职守，就是忠于职守；否则，就没有尽职尽责，就是失职；办公室履行好了这个职能，就是称职，否则，就是不称职。检察长、院党组、检察委员会，最大的事情是什么？最重要的事情是什么？就是两项：一是决策，二是用人。决策要科学、要实施、要落实；用人要准、要公正。而决策的预案、制定、实施、完善、落实都要靠办公室，靠办公室积极主动地参与决策的有关工作，靠办公室提供高质量、高效率的决策预案，提供有价值的、可供决策参考的重要信息。所以说，领导的决策离不开办公室。二是领导交办工作的承办离不开办公室。检察长交办的事项、院领导交办的事项、集体决定的事项等，这些都要靠办公室去承办、去督办、去完成、去落到实处。三是领导事务的办理离不开办公室。检察长、院领导的日常事务很多、很繁杂，但一般都是由办公室代办。尽管是一些事务，但如果是涉及领导集体、领导同志的事务，就不能马马虎虎对待。在某种程度上讲，"事务也可能是要务"，乃至一个电话、一个口信、一份材料、一个数字，都不能怠慢，都不能出差错。四是各方的协调离不开办公室。现代社会、现代事业、现代检察工作，可以说协调越来越重要。因为和谐社会，靠一个单位、一个部门、一个系统的和谐相处；一个单位、一个部门、一个系统要和谐，要成为和谐机关，就要更加注重协调，更好地搞好协调。协调是和谐的润滑剂。要搞好协调，当然，领导集体、领导成员、所属部门负责同志的言行很重要，但办公室的协调职能作用不可忽视、也很重要。协调不仅仅是一个系统、一个单位内部的，而且还涉及本系统、本单位之外的，包括纵向的、横向的、内外的协调。因此，办公室这个"协调"作用是十分重要的。

总之，检察机关办公室是检察机关的一个主要的综合部门，是一个十分重要的部门；办公室工作是检察机关一项十分重要的工作。作为办公室主任，大家应当增强责任感、使命感和光荣感，忠于职守，尽职尽责，奋发有为，抓好办公室工作；作为办公室的同志，也应该增强事业心、责任心和光荣感，安心本职，热爱本职，尽心尽力干好办公室工作，做好本岗位的工作，不负检察长、院党组对大家的重托和希望。

（二）办公室工作要有新进展

今年全市检察工作的思路和目标已经确定，全市检察机关及各部门要抓紧部署、实施。今年和今后一个时期，全市检察工作要有新进展，办公室工作理所应当要有新进展，要率先实现新进展，敢于实现新进展，努力实现新进展，确保实现新进展。所谓要率先实现新进展，因为办公室是领导的参谋部、智囊团，是一个系统的"指挥中枢"。检察机关各个部门要努力实现新进展，办公室应率先行动，率先做到。什么是办公室工作的新进展？既要有一般目标，又要有特殊目标。一般目标就是"三有"，即办公室工作特别是重点工作比上年有新起色；在省院有位置，确保进入先进集体；在各市州院办公室有一定影响，兄弟单位心悦诚服。特殊目标就是"三个满意"，即检察长满意、院党组满意、有关部门满意。达到了这些一般目标和特殊目标，就是实现了新进展。所谓要敢于实现新进展，因为我们做好办公室工作的有利条件很多；我们办公室的班子、队伍、工作基础也不差；我们办公室工作的发展后劲也不弱。只要树立信心，振作精神，敢于参与竞争，敢于争先创优，敢于有为、有大为，就没有办不好的事情，就没有干不好的工作，就没有成就不了的事业，就没有达不到的目标。岳阳市检察系统办公室工作，在较长一段时间在省院、在各市州院是有位置、有影响的。我希望大家继续努力、努力、再努力，力争保持和发扬光大。所谓要努力实现新进展，因为办公室的职能很重要、作用很重要，但难度也很大。工作一般化，比较容易，也不费力；但工作要出色，检察长、院党组要满意，不是一件易事。要努力工作，下苦功夫，要动脑筋，要动笔，持之以恒地奋斗；要不计报酬，不图名利，不怕受委屈，经得起时间的检验，经得起各届领导和各部门的检验。这些都要付出辛劳、付出汗水、付出代价。否则，办公室工作就难以抓出成效，就不可能有新进展。所谓要确保实现新进展，因为有前面的三条理由，岳阳市检察系统办公室的工作应当实现新进展，也一定能实现新进展。年初，春节过后，市院听取了19个部门的工作汇报，最后听办公室汇报，我们提出了全市检察系统办公室工作要确保实现新进展，包括确保进入全省各市州院办公室先进集体行列。作为市院办公室，既要抓好本级工作，又要加强对各基层院办公室工作的指导，以形成工作合力，促进和实现全市检察系统办公室工作的新进展。

（三）办公室工作要抓重点，同时要兼顾其他

就办公室职能而言，服务是办公室的首要职能，是办公室职能的重中之重。这里的服务，主要是为领导服务、为全局服务、为机关和基层服务，特别是为检察长和院党组的参谋决策服务。这是最重要的职

能。办公室的职能，抓住了参谋服务这个重点，就抓到了点子上。怎么样发挥参谋服务职能作用？一要突出主动性。要站在全局的高度，超前预测、超前研究、超前提出预案，实现由坐等接受任务的被动服务向主动服务转变。二要注意准确性。要注意准确领会领导的意图，完善和丰富领导的思路、主张和意见。三要有针对性。紧扣全局性的工作和问题，结合本地实际，有的放矢地向领导提供决策的预案和依据。四要把握规律性。因为检察事业的发展是有其内在规律的，要把本质的东西抠出来，使你拿出来的决策预案在一定时期内是管用的，按照这个决策去实施肯定有成效，这就是把握了规律性。这就要求办公室工作要想得细、想得深、想得全，使考虑的预案符合检察工作的内在规律，符合事物发展的内在规律。五要注意创造性。应用创新思维，多动脑子，注意观察、分析、研究、判断问题，推陈出新。六要保持一致性。紧贴领导的思路，思想上与领导同心，工作上与领导同步，与领导同频共振，工作思路上跟得上领导，工作内容上服务好领导，工作方法上适应领导。这些就是参谋服务，就是服务的重点。

就办公室工作而言，重点就是综合信息工作。综合信息工作是办公室工作的龙头，这是由办公室的职能所决定的，是由办公室工作的规律所决定的。要抓好综合信息工作，至少要抓好"四个支撑"：一要加强统计工作，充分运用统计工作的成果。综合信息工作首先离不开统计，离不开数据，这就是定量分析。没有数据，对整个工作的状况、工作的动态、工作的进展、工作的规律就分析不出来。没有数据，没有定量分析，没有对整体和全局情况的概括，仅仅靠几个典型案子和典型事例堆积起来的材料是没有什么价值的。这一点大家可能认识到了，但是没有完全做到。看统计报表、统计数据分析，一看数字，就知道哪些地方工作进展情况怎样，哪些地方行，哪些地方不行；哪些案件上升了，哪些案件下降了。所以，要抓好综合信息工作，就要求统计工作要跟上去。二要掌握情况。掌握情况是做好综合信息工作的基础。"巧媳妇难为无米之炊"。不掌握情况，文字功底再深也写不出好的东西来。掌握情况必须做到准确、全面、及时，缺一不可。三要综合分析。有了数据，有了情况还不行，要动脑筋去综合分析，形成观点，特别要注意有好观点、新观点、有深度、有价值的观点。四要形成高质量的书面材料。总之，搞好综合信息工作至少要把这四个方面的支撑工作做好、做扎实。

办公室的其他工作也重要，这些工作都与参谋服务紧密相连，与综合信息工作也是紧密相连的，所以都要做好、做到位。

（四）注重提高办公室队伍的整体素质和能力

队伍素质高，办公室的职责就履行得好，工作就干得好，办公室职能作用就发挥得好。提高素质和能力，总的要求是要以成为复合型人才为目标，努力做到"政治上靠得住，工作上有本事，作风上过得硬"。我在这里强调两点：

一是政治上要靠得住。政治上靠得住，首先是政治上要合格。党章上有明确规定，就是要坚决贯彻执行党的路线、方针、政策，与党中央在思想上、政治上保持高度一致。其次是政治上要成熟。不论什么时候、在什么情况下，不管遇到什么人、什么事，都要经得起风浪的冲击和考验，经得起组织的考验，经得起广大干警和人民群众的检验。最后是政治上要可靠。一要坚决贯彻执行中央的决策；二要坚决贯彻落实党委的部署和意见；三要严格执行院党组的决策，严格执行检察长的决定。办公室主任、办公室人员更要具有很强的政治意识、大局意识、服务意识，政治上不仅要光明磊落，而且要忠心耿耿、表里如一、始终如一。

二是工作上要有本事。主要应提高以下几种能力。其一，要提高文字表达能力。办公室是出材料、出思路、出观点的地方，大到检察长的讲话、报告，小到会议纪要、会议通知，都需要写。如果"笔杆子"不硬，不会写，就很难发挥参谋服务的重要职能作用。当然，要成为一个单位的"笔杆子"很难；"笔杆子"是一个单位难得的复合型人才。要成为"笔杆子"，就要勤于学习。要学理论、学政策、学法律、学检察业务、学各种新的知识，提高理论、政策和法律、业务水平，提高分析问题、解决问题的能力，这是写好材料的重要前提和基础。要坚决扭转"玩风太盛，学风不浓"的状况，静下心来认认真真抓好学习。要成为"笔杆子"，就要多实践。要多想多思，多写多练。要自我加压，勇挑重担，乐于吃苦，多写大材料。"笔杆子"是写出来的。要成为"笔杆子"，就要善于观察。要站在全局的高度，而不是局部的角度；要站在领导甚至"一把手"的高度，而不是部门负责人更不是普通干警的角度去观察问题、分析问题。这样，写出来的材料才有高度和深度。要成为"笔杆子"，就要重研究。写材料的能力是一个人综合素质的体现，写好一篇材料，要有较高的思想水平、政治理论水平和检察业务水平；要有较高的文字表达水平；更需要掌握情况，吃透情况。只有这样，写出来的材料才有较强的针对性、指导性和可操作性。其二，要提高口头表达能力。这也是办公室主任必备的一项基本功。向领导汇报，不仅要用"口"说，还要用"脑"说。汇报的内容要精心筛选，汇报的语言要精心锤炼。其三，要提高参谋决策能力。办公室作为领导的参谋部、智囊团，要发挥其应有的作用，必须要在"肯谋""善谋"上下功夫。首先知识面要广，要努力成为知识的"百事通"；其次信息要灵，要掌握各方面的真实情况，特别是最新的信息，努力成为业务上的"万事通"；再次情况要熟。要做有心人，注意收集整理各方面的情况，成为领导的"资料库"。其四，要提高协调督导能力。协调、督导是办公室工作的重要内容。办公室搞协调、督导，涉及面比较广，内容比较杂，开展工作比较难。首先要搞好协调。协调是办公室的重要职能、重要工作内容，也是办公室工作的难点之一。说"协调"难，因为办公室的协调服务在某种意义上讲是只有责任，没有决策拍板的权力；说"协调"难，还在于协调的主要任务是总揽全局、协调各方，承内联外，要注意把握好各方关系的协调度。这就要求办公室的协调，要强化全局意识，处理好全局与局部、中心工作与业务工作、重点与一般、对上负责与对下负责等关系。其次要做好督导工作。要注意搞好预防督查、跟踪督查、督查反馈。其五，要提高机关管理能力。办公室管理工作内容复杂、繁重，文稿起草、办文办公、值班接待、机要保密等工作，每一个环节都要有相应的制度规范，以确保程序严密，各司其职，高效运转。一方面要建章立制，真正实现办公室工作的制度化、规范化、科学化。另一方面要严加管理，建立完善并严格执行岗位责任制，把办公室工作细化成有数量、有质量、有可比度的具体岗位责任，一级抓一级，层层抓落实，人人抓落实。要建立完善并严格执行具体、公平、合理的考核考评奖惩机制，做到考核考评有标准、有任务，奖罚有依据、有结果。这样，用严格的机制、制度、规章管人，调动大家的积极性，加快工作进程，提高工作质量。

（五）办公室主任要率先垂范

办公室主任是办公室部门的排头兵，也是检察长、院领导的参谋和助手，同事的贴心人。当好办公室主任，对一个单位的正常运转，提高工作效率、质量和营造良好的机关文化，有着十分重要的意义。

一是要准确领会和理解领导的意图。这是当好办公室主任最重要的因素。听领导的讲话，注意力应高度集中。要注意把领导讲话的主要内容记在心里，最好是快速地记在本子上，防止因工作头绪多而忘记重要的要求。要引导办公室同志养成作记录的习惯。快速记录是一种能力，也是对领导工作的一种态度。办公室同志提高记录水平和质量，对于工作、对于个人能力的提高，都是有益处的。

二是对领导交办的事情要快办。快，既体现了一个人的工作作风，也体现了一个人对领导的服务态度乃至忠诚度。办公室工作往往时效性很强，遇事反应要快，落实行动要快，工作一旦部署，就要迅速行动，不拖拉，不延误，要讲究办事效率，养成雷厉风行、迅速果断干练的作风。对领导作出的决策，要尽快抓落实，勇于、善于抓落实。

三是要注意塑造人格魅力。领导有领导的人格魅力，办公室主任也有办公室主任的人格魅力。要带好办公室一班人，要影响办公室一班人，要调动办公室一班人，就要有影响力、引导力、号召力。要做到这一点，人格魅力是很重要的。办公室主任要注意追求高尚的人格，塑造人格魅力，应做到"四心"：其一，要有事业心。一个人没有事业心，就谈不上什么人格魅力。一个人存在于社会，最根本的追求就是事业，就是有益于人民、有益于社会、有益于党和国家的事业。这是最有意义、最有价值的追求。因此，要把事业作为终身的追求，立足做实事、做好事、做大事；始终以事业为重，以事业为先，以事业为乐。一个没有事业心、没有干事业的热忱，在事业上没有成效的人，就没有什么价值，更谈不上有什么人格魅力。其二，要有平常心。在机关工作，特别是在办公室工作，一定要淡泊名利，不能急功近利，更不能追名逐利。办公室的同志要耐得住清贫，经得起挫折，受得了委屈。一定要有平常心，要几年、十几年、几十年如一日，坚守办公室，始终如一、默默无闻地奋斗。要始终保持一种积极向上的精神风貌，要有乐于工作、乐于吃苦、乐于奉献的良好的思想境界，要始终保持对工作极端负责的态度，以事业为乐。做到这些，你的人格魅力就体现出来了。其三，要有诚心。古今中外，都崇尚一个"诚"字，诚信为本。一个人如果没有诚信，还有什么信任度、公信度，也就谈不上什么人格魅力。要以诚信为本。而诚信集中体现在言行上。说话要诚，行为要诚；对内要诚，即对本系统、本单位、本部门要诚；对外要诚，即对外系统、外单位、外部门也要诚；对人要诚，即对上级要诚，对同级、对下级也要诚；对事要诚，即办理任何事情，抓任何工作都要诚。真正做到说话让人信服，办事让人放心。要以诚感人，以诚教人，以诚服人。其四，要有宽容心。"海纳百川，有容乃大"。宽容是办公室主任应有的修养。要宽容大度，要有宽厚的胸怀，这样才能与同事和谐相处。要有吃亏、被误会、受委屈的心理准备；要笑对吃亏、笑对一切误会、笑对一切困难。总之，要通过努力，把自己塑造成为有魅力之人、有影响之人。

（六）检察长和院党组要加强对办公室工作的领导

一是要高度重视。办公室的地位和作用重要，做好办公室工作的意义重大。办公室是检察长、院领导的左右手、参谋助手。所以，检察长和院党组应当高度重视办公室工作，对办公室工作，"一把手"要亲自抓，抓到位。

二是要配齐、配强办公室人员。首先要配强办公室主任。办公室工作抓得好不好，关键在于办公室主任强不强。一般来说，检察长是很看重办公室主任配备的，也都希望办公室主任能发挥出自己的能力和水平，把办公室工作抓好，发挥好办公室职能作用；都希望办公室主任是称职的、出色的。办公室主任强不强，最终要靠实践检验，靠工作检验，靠实绩检验。其次要配强写材料的骨干。办公室没有"笔杆子"不行。没有"笔杆子"，为检察长、院领导提供参谋服务就是一句空话，办公室参谋职能作用就不可能发挥。凡是办公室没有"笔杆子"的，首先内部要调整充实，内部找不到"笔杆子"的，就要选调。办公室不能没有"笔杆子"。要有写大材料的"笔杆子"。所谓大材料，就是领导的报告、领导的讲话、总结、调研报告等。最后要配齐其他专门人才和骨干。如配齐统计、档案、机要等工作骨干和人员。这些人员的工作也重要，做不好也不行，出了问题也会影响重点工作，甚至是全局工作，也直接或间接地影响办公室综合信息工作，影响办公室参谋服务职能的发挥。

三是要放心、放手办公室工作，必要时还要放点权。所谓放心，就是对办公室的同志应当充分信任，不应有猜疑、怀疑，要放心让他们去工作；所谓放手，就是只要是为了履行职能职责，为了抓好工作，只要是对工作有利的，只要是他们想把工作搞好的，都要理解、支持，让他们大胆抓工作，大胆干工作，既使工作上有时出了一点问题也要理解、支持；所谓放点权，就是因工作需要，检察长可以委托办公室主任去组织、引导、指导某些工作、办理某些事项。这样办公室工作就会有权威，就更有利于办公室职能作用的发挥。

　　四是要优待办公室的同志。要注意改善办公室的工作条件，该添置的设施要添置。对高质量的综合信息材料要像重奖大要案一样予以重奖。写好一篇材料不容易，所写材料被上级领导机关内刊采用更不容易。市院拟制定综合信息、新闻宣传、理论调研文章奖励办法，旨在重奖高质量的综合信息材料、新闻宣传稿件和理论调研文章，以鼓励和鞭策越来越多的人既搞好本职工作，又注意收集积累工作情况，主动撰写有关材料。检察工作要发展，不注重总结、不注重调研、不注重理论研究是不行的。市院是很重视这项工作的，希望基层院也一样重视。要对办公室的有功人员予以表彰、奖励。要注意锻炼、培养和使用德才兼备的办公室骨干，特别是办公室主任，让他们有为、有位。

第五章

基层检察工作发展路径

第一节　业务一体化

一、推进业务一体化进程 [①]

推进业务一体化。业务一体化就是强化检察机关上下级之间的领导和上下级内设机构之间的业务指导，在反贪、反渎、诉讼监督等检察工作中，对重大案件、重大工作、重大事项、重大问题等，逐步探索建立以上级院为主体，以基层院为基础的业务工作一体化运行机制，以形成上下联动、协调一致、资源共享、优质高效的合力，推进检察业务乃至整个检察工作的深化和发展，确保检察职能更好地履行和发挥。

完善检察机关职务犯罪侦查一体化。对职务犯罪要案和重大复杂案件及干扰阻力大的案件，实行"四统一"，即统一案件线索的管理和初查，统一对侦查工作的组织指挥和指导，统一侦查人才和侦查技术装备的调配和使用，统一营造良好的执法环境，形成查办职务犯罪案

---

① 本部分系作者 2008 年 10 月 12 日撰写的《与时俱进，推动检察工作科学发展——纪念检察机关恢复重建三十周年》论文摘录，收入本书时略作删改。

件和反腐败的合力。

探索检察机关审查批捕、审查起诉和出庭支持公诉工作一体化。依据有关法律和要求，统一制定和执行审查批捕和审查起诉案件的证据标准，尽可能避免在办案中出现因对证据标准认定和把握不一而出现处理不当甚至处理错误等执法不严、执法不公的问题；统一调配使用优秀办案能手和优秀公诉人，对有影响、有震动的严重刑事犯罪案件和职务犯罪要案及其他重大复杂疑难犯罪案件，上级检察院统一调度、集中优势力量，统一领导和指导审查批捕和审查起诉及出庭支持公诉工作，形成惩治各类严重犯罪的合力。

探索诉讼监督工作一体化。对涉及诉讼监督的执法和司法不公的重特大案件和突出问题，全市检察机关实行统一管理，统一调配使用优秀办案能手、优秀公诉人，统一领导和指导诉讼监督工作，以加大诉讼监督工作的力度，形成维护执法和司法公正的合力。

二、运用"业务一体化"强化刑事审判法律监督 [①]

要积极运用业务一体化机制，实现刑事审判法律监督工作的整体联动。建立并实施刑事抗诉网络审查平台制度和职务犯罪判决两级同步审查制度。加强向上一级检察院的汇报、请示，对于办理的重大、复杂、有阻力的刑事抗诉案件，要及时向上一级检察院及有关部门请示报告，争取指导和支持。建立并实施案件调度制度，对人民群众关注的热点监督案件和重大复杂监督案件，市院可以采取交办、督办、参办、提办和抽调人员专办等方式予以办理。建立并实施内部衔接配合制度，加强同自侦、控申、监所检察等部门的衔接配合，拓宽监督渠道，经审查发现审判人员涉嫌职务犯罪的，直接将有关线索移送本院侦查部门查处；对于发现办案部门超期羁押违法的，应当及时通报

---

① 本部分系作者 2010 年 4 月 6 日在长沙市检察机关 2010 年"司法公正长沙行"活动启动仪式上的讲话摘录，收入本书时略作删改。

监所检察部门予以纠正。建立并实施诉审协调制度，对已经提出抗诉的刑事案件，要注意监督法院审理的全过程，密切掌握审判动向，加强跟踪督办力度。对法院提出的正确意见和合理要求，要及时与刑事、侦查部门认真研究，予以采纳、依法解决，以保证依法公正地处理案件，配合和支持法院依法公正地行使审判权。

第二节　执法规范化

一、对涉案款物的处理必须规范化 ①

我要突出强调一个问题，就是对涉案款物的处理必须规范化。在涉案款物处理上，全市检察机关一定要做到"三个确保"，即检察机关上缴的涉案款物确保法院能够认定为犯罪所得或违法所得，或确保依法由检委会研究决定，或由检察长批准决定后依照有关规定移送有关主管部门处理；确保经得起上级检察机关的检查、复查和社会各方面的监督；确保不因此引起涉检上访和赴省进京上访。只有这样，我们的反贪污贿赂工作、办案执法工作，才能做到不搞"利益驱动"、不为"钱"办案，才能确保依法秉公办案、公正司法，才能真正实现办案、执法的法律效果、社会效果和政治效果的有机统一。

二、大力推进执法规范化 ②

规范执法行为，是提高执法质量和促进执法、司法公正的重要保障。要建立和完善统一、全面、科学、严密的业务部门的执法工作规

---

① 本部分系作者 2008 年 3 月 1 日在长沙市检察机关反贪污贿赂工作会议上的讲话摘录，收入本书时略作删改。

② 本部分系作者 2008 年 10 月 12 日撰写的《与时俱进，推动检察工作科学发展——纪念检察机关恢复重建三十周年》论文摘录，收入本书时略作删改。

范的流程管理体系，使执法活动程序化、规范化、精细化、流程化。要建立完整的执法工作流程操作体系，使执法工作流程真正成为干警执法的"指南"和规范执法的"标尺"，以保障执法工作的依法规范运行。要建立和完善统一的业务部门执法质量标准体系，包括精心制定各个业务部门的执法质量标准细则；制定本部门个案质量标准细则，使之既具有合法性、科学性，又具有可操作性。要建立、完善并认真执行科学的检查、督察和考评机制，包括建立并严格执行执法质量检查制度，做到每案必检、一案多检；建立并严格执行执法质量督查制度，定期和不定期地督查执法质量，及时发现、纠正、整改存在的问题，做到科学考评、严格考评、公正考评、透明考评。要建立、完善并严格执行执法质量领导责任制和责任追究制。对执法质量扣分多、影响检察机关执法质量考核评先的单位和部门，实行评先、评优"一票否决制"；对因渎职、失职，造成执法质量问题突出且扣分最多的承办人、部门负责人和院领导，要严肃问责。

三、公诉部门要带头推进执法规范化 ①

全市检察机关刑事诉讼部门要按照有利于强化法律监督、有利于增强执法效果、有利于加强监督制约的原则，及时修改、调整、规范相关制度，不断健全完善强化公诉环节法律监督、增强公诉部门司法效果和保证公诉权正确运行的长效机制，克服执法、司法的随意性，切实保障公诉工作在法治轨道上健康发展。市检察院已经部署开展了关于执法状况（质量）"五个机制"的建设，公诉部门在这方面要率先推进。在办案过程中，一定要重事实、重证据、重程序，把实体上的准确和程序上的合法作为评价办案质量的重要标准。查办和惩治职务犯罪工作在面临加大办案力度与规范执法双重挑战的情况下，公诉部门既要加强与自侦部门

---

① 本部分系作者 2008 年 8 月 7 日在长沙市检察机关公诉工作会议上的讲话摘录，收入本书时略作删改。

的协调配合，在证据收集、固定、采信上发挥引导作用，形成惩治职务犯罪的有效合力；又要加强内部监督制约，严格掌握起诉质量标准，不能因为一味强调配合而放弃监督制约职责，降低标准、放松要求，影响办理职务犯罪案件的质量；更不能因为小团体利益、部门利益的功利思想作祟，无视当事人的合法权益，把依法不应作犯罪追究的案件作刑事追究，把依法应作无罪认定的作有罪认定，把依法不应追缴的款物予以追缴，让检察机关的"门面"蒙上执法、司法不公的灰尘。认真落实修订后的律师法，充分听取、认真对待辩护律师的辩护意见，善于从辩护律师所做的无罪、罪轻的辩护意见中发现侦查和审查起诉中的不足，反思案件审查是否全面、客观，确保案件的处理依法公正。积极推进干警执法档案工作，把建立执法档案与执法质量考评有机结合起来，做到责任落实到每一位领导、每一位干警、每一起案件，使干警的执法办案行为经得起法律和纪律的考验。强化检务督察和执法过错责任追究机制，以严格执纪促进严格执法、进而达到执法规范化。

第三节　检务信息化

一、积极推进信息化建设 [①]

检察技术工作要积极推进信息化建设，认真做好专线网、局域网和通信设备及办公电脑、办公办案软件和外网网站的维护、管理和使用工作，提高办公、办案水平；严格按照最高检、省院的部署和要求，切实搞好讯问职务犯罪嫌疑人全程同步录音录像工作；切实加强对计算机的保密管理，完成内外网隔离、保密传输等方面的技术建设配套，切实加强对要害部门、要害部位的保密安全防范，严格涉密载体管理，

[①] 本部分系作者 2009 年 9 月 2 日在长沙市检察长座谈会上的讲话摘录，收入本书时略作删改。

加大技术防范力度，严防失泄密事件发生；积极为检察办案、业务工作服务，防错防漏，为查办职务犯罪提供良好的证据支持和服务保障。

二、扎实抓好案件管理工作 [①]

今天，我们在这里隆重举行长沙市人民检察院案件管理工作启动仪式，旨在向大家介绍我院新成立的内设机构——案件管理处的基本情况，统一部署全市检察机关案件管理工作。下面，我就全市两级检察机关的案件管理工作讲三个方面的意见。

（一）统一思想，提高对案件管理工作重要性的认识

随着"十二五"规划全面实施，经济社会深入发展，检察机关维护社会公平正义、促进社会和谐稳定、推进反腐倡廉建设、保障经济社会发展的任务日趋繁重。首先，在总体上解决了有法可依的问题后，如何解决有法必依、执法必严、违法必究就显得更加突出和重要。这对检察机关建立和完善案件管理工作新机制，始终坚持有法必依、执法必严、违法必究的法治原则，进一步提高办案质量和效率，严格、公正、文明、规范执法，确保实体和程序公正，全力维护社会公平正义，维护社会主义法制的统一、尊严和权威的责任提出了新挑战。其次，现阶段网络信息高度开放、透明，检察机关的执法办案活动越来越成为社会各界关注的焦点，某些执法不公正不廉洁的现象通过新闻评论、BBS、微博等途径迅速形成网络舆情，社会影响较大，甚至引发群体性事件。这对检察机关建立和完善案件管理工作新机制，加强内部监督制约，弥补管理上的漏洞，防止违纪违法现象，促进公正廉洁执法提出了新考验。再次，目前社会转型阶段，刑事犯罪仍然出现高发态势，案件数量累年持续攀升，案件执法规范化的要求更高，案多人少的矛盾更加突出，原有的条块分割、各自为政、信息封闭、重

---

① 本部分系作者2012年4月24日在长沙市人民检察院案件管理工作启动仪式上的讲话摘录，收入本书时略作删改。

结果轻过程的管理模式已不适应现实需要，这对检察机关建立和完善案件管理工作新机制，更新管理观念、转变管理方式、提升管理效果，服务检察工作科学发展提出了新要求。

因此，全市两级检察机关要正确认识当前形势、统一思想，正确看待案件管理改革工作，是贯穿整个试点工作乃至全市检察机关案件管理工作始终的首要问题。而解决这个问题的前提是提升对检察机关建立案件管理新机制必要性的认识。

首先，检察机关建立案件管理新机制是强化诉讼程序监督的需要。诉讼程序本身具有独立的价值，诉讼程序必须符合正义的要求。程序正义是司法公正的基本内涵。但是，只依靠执法者良好的程序意识和自我约束去杜绝程序违法，显然是不够的，这就需要外在的、独立于办案部门的力量去加大诉讼程序监督的力度，有效预防和纠正程序违法。案件管理处对案件进行统一的监督、管理、协调、督办，对违反诉讼程序的行为进行预警，及时加以矫正，实现监督与办案的分离，形成一种主动、健全和完善的程序监督机制，正是加强诉讼程序监督的迫切需要。

其次，检察机关建立案件管理新机制是加强内部监督制约的需要。建立和完善检察机关内部制约机制是程序正当性的必然要求。监督是案件管理工作的目的所在。案件管理处以监控办案的全流程为手段，强化检察机关内部各个执法环节，一方面防患于未然，另一方面注重纠偏纠错，对出现的问题及时解决。通过控制案件的进出口，对办案部门和承办人进行约束，解决不规范的办案行为，预防和杜绝案件的超期；通过对案件信息的录入管理，防止与案件信息相关的法律文书和法律措施的滥用，同时又通过办案过程中案件信息的跟踪监督，推动办案程序的规范；通过对与办案密切相关的赃款赃物的监督，弥补管理上的漏洞，防止违法违纪现象发生。

最后，检察机关建立案件管理新机制是加强规范化建设的需要。检察机关的执法规范化建设说到底就是严格执法，公正执法，规范执法行为，提高执法能力和执法公信力。这就要求检察机关加强案件管理，通过强化对诉讼程序的监督、严格按照办案流程、建立个案督察等方式来确保案件质量，维护法律统一正确实施，着力解决人民群众反映强烈的有罪不究、违法办案、超期羁押等问题，努力确保司法公正。

（二）务求实效，积极扎实开展检察机关案件管理工作

根据最高人民检察院和省院的部署，全市检察机关案件管理工作的总体要求是：认真学习贯彻全国全省检察长会议精神，全面落实最高检、省院党组工作部署，深入贯彻落实科学发展观，以深化三项重点工作为着力点，大力强化组织机构建设，强化规范化制度建设，强化案件管理信息化建设，强化队伍专业化建设，不断提高案件管理工作水平，充分发挥案件管理工作新机制效能，切实加强内部监督制约，进一步规范执法行为，提高办案质量和效率，服务促进检察工作的科学发展，全面推进全市检察工作的新发展。根据以上要求，全市两级检察机关要注意把握以下几点：

一是要注意把握一个出发点。案件管理工作新机制的价值在于通过对检察机关办案活动进行监督管理，有效促进执法行为的规范，促进办案质量的提高，促进检察队伍素质的提升，促进检察机关执法公信力的提高。这是案件管理工作的出发点。

二是要注意把握两个工作点，就是"实践"和"经验"。近年来，山东、江苏、广东等地检察机关积极推行案件管理机制改革，积累了不少好的做法和经验。我们要"走出去，引进来"，这对探索开展长沙市检察机关案件管理工作具有非常重要的参考价值和借鉴意义。我们要立足本地，结合长沙实际，认真制订本地工作方案，细化工作措施，将案件管理工作落到实处。要加强调研，对本地工作中的典型事例和好的做法，要注意及时总结宣传，形成长沙特色的经验，用以指导我们的实践。

三是要注意把握三个着力点，即手段信息化、工作规范化、队伍专业化。其中，手段信息化是支撑，工作规范化是基础，队伍专业化

是保障。要着力强化案件管理信息化建设、执法规范化建设和队伍专业化建设，大力推进案件集中管理工作。

四是要注意把握四个职能点，即管理、监督、参谋、服务。参谋和服务是在管理、监督的基础上衍生出来的职能，离开管理和监督就失去了案件管理工作的作用和意义，参谋、服务功能也无法体现。因此既要强化管理、监督的意识，也要强化参谋、服务意识，在管理、监督中做好参谋、服务工作。比如在履行"服务"职能方面，可整合资源，积极开展多种形式的综合服务工作。服务办案一线，服务领导决策，服务各项检察工作的落实。积极探索建立检察事务与办案业务相对分离的工作机制，提高办案效率，拓展检务公开的开放透明度。要跳出一般性服务的圈子，加强调查研究，不断开阔视野，服务办案工作、服务各项检察工作、服务队伍建设。

（三）加强领导，保障全市检察机关案件管理工作全面、有序、顺利推进

省检察院于 2011 年 8 月 24 日下发关于《开展案件集中管理工作的通知》，决定先在长沙、株洲、湘潭、益阳、郴州市院试行案件统一集中管理工作。最高检案件管理办公室成立还不久，目前尚未制定有关管理细则和制度。省院的《湖南省检察机关案件管理工作规程（试行）》还在征求意见中。省内开展试点工作的一些市院的做法也不尽统一。作为试点单位，我们要本着积极稳妥、先行先试的原则，切实加强领导，采取有效措施，开动脑筋，积极探索，科学谋划，扎实工作，力争抓出实效，能全面、有序、顺利推进全市检察机关案件管理工作。

一要加强组织领导。各基层院都要成立由检察长任组长、主管副检察长任副组长，侦监、公诉、反贪、反渎、控申、民行、办公室、案管、监所、法警等部门主要负责同志为成员的案件管理工作领导小组，切实加强领导。要按照省院和市院要求，抓紧认真制定本地工作方案，细化工作措施，强化工作要求，务求把案件管理工作抓到实处。

二要加快机构建设。2012年3月2日，经市编委批准同意各区、县（市）检察院设立案件管理科。到目前为止，长沙县院、宁乡县院已正式成立了案件管理科。各基层院要高度重视案件管理工作，检察长要亲自抓，分管副检察长具体抓，尽快成立机构，配齐工作人员。要根据工作需要，把责任心强、懂业务、善思考、会管理、综合素质高的干部选配到案件管理部门，确保组织保障到位。

三要加强协调配合。案件管理是一项综合性业务工作，具有基础性、全局性、战略性，涉及各业务部门。案件管理部门与各业务部门要正确处理案件管理与案件办理的关系，纵向管理与横向管理的关系，监督与配合、管理与服务的关系。案件管理既是对执法办案活动的监督，又需要各业务部门的支持配合。从短期看，势必增加一定的工作量，但从长期看，能够实现办案资源共享，将大大减少重复劳动量；能够规范执法行为、提高办案质量，减少因事后补救的被动和困难，实则提高了办案和工作效率。案件管理部门不要以管理者自居，要注意多沟通、多协商、多配合，多向相关部门学习。各相关部门要更新管理理念，自觉接受案件管理部门的监督，积极配合案件管理部门履行职责，共同推进检察机关案件管理工作健康发展。

四要加深沟通交流。基层是最有活力、最有创造性的。各基层院可根据各自实际情况，积极探索，大胆实践，创造性地、积极而富有成效地推进案件管理工作。有关好的做法与成效，要及时总结宣传、推介。市院案件管理处可采取多种形式，组织各单位、各部门相互交流、相互学习、相互促进、相互提高；要多下去调研，深入了解情况，听取意见建议，及时了解和发现工作进展情况，及时总结推介好的做法，及时发现和解决问题，以切实抓好全市检察机关的案件管理工作。

案件管理工作是检察机关一项新的工作，职责重要，任务艰巨。我们一定要按照最高人民检察院和省检察院的部署和要求，以高度的使命感、责任感和紧迫感，弘扬改革创新、锐意进取精神，奋力拼搏、扎实工作，把案件管理工作抓紧、抓实、抓出成效，为全面实现全市检察工作的新发展，为服务长沙经济社会又好又快、率先发展，为服务长沙率先建设"两型"社会和全面实现小康做出新贡献，以优异成绩迎接党的十八大胜利召开！

三、大力推进侦查信息化建设 ①

要建立、健全办案工作区准用制度和办案医疗保障配合机制，实行办案工作区管用分离和审、录、看分离制度，加强对讯问、询问活动的有效制约，规范讯问、询问工作，确保不发生办案安全事故。大力推进侦查信息化建设。加大侦查信息化专业人才的引进和培养，提高侦查工作的科技含量，建设侦查指挥平台，积极运用现代科技手段发现犯罪、侦查指挥、取证固证、追逃追赃，向科技要战斗力，实现侦查工作的转型升级。

四、加强监所检察信息化建设 ②

加快星城地区人民检察院"两房"建设。"两房"建设是检察机关基础建设的重要内容，是检察信息化建设的前提和基础，是推动检察事业全面发展的重要保障。要积极筹划、有效解决办案用房及专业技术用房的困难，高质高效地开展监所检察工作，实现对刑罚执行和监管活动的到位监督。在星城检察院"两房"建设项目前期已获批立项的基础上抓紧报建，继续抓紧工作、及时汇报，争取政府和人大的支持。加强监所检察信息化建设。认真做好监所监控信息指挥中心、驻女子监狱检察室、驻市第一看守所检察室等条件成熟的派驻检察室与监管场所信息、监控联网和检察专线网支线的"两网一线"建设，力争实现监管信息和监控视频的纵向联通，实现市、县两级院机关对监管执法信息和监管活动动

---

① 本部分系作者 2013 年 3 月 14 日向长沙市人大常委会所作的《关于长沙市检察机关开展"司法公正长沙行"活动主要情况的报告》摘录，收入本书时略作删改。

② 本部分系作者 2013 年 3 月 14 日向长沙市人大常委会所作的《关于长沙市检察机关开展"司法公正长沙行"活动主要情况的报告》摘录，收入本书时略作删改。

态的实时掌握。加强派驻检察室信息化、规范化建设。按照最高人民检察院关于加强派驻监管场所检察室建设的相关意见、监所检察"四个办法"，落实派驻检察要求，规范日常工作内容，进一步规范和改进监所检察统计和信息工作，加强派驻干警的驻所（狱）津贴、公务用车及等办公用具和器材装备的保障，提高监所检察监督的能力和水平。

五、着力加强"两化"建设 ①

要着力加强侦查信息化和装备现代化建设工作。"两化"建设是最高人民检察院、省检察院明确应抓好的重要工作之一。要积极争取支持，深入推进落实《2011—2013 年全国检察机关职务犯罪侦查装备建设指导意见（试行）》。要加快建设进度，在年内初步完成办案服务信息平台、侦查指挥信息平台、决策咨询信息平台、侦查基础信息查询平台等侦查信息化建设；完成高科技侦查装备和常规性侦查装备等侦查装备现代化建设；认真做好装备测试、信息录入、人员培训等工作，为 2015 年底前建成全面、系统、规范、安全的侦查信息化平台奠定基础。要提升应用能力，增强运用现代科技装备发现犯罪、侦破案件、取证固证、追逃追赃等能力，更好地适应经济发展和科技进步的需要。

六、严格执行"网上流转、网上审批、网上监管" ②

要着力抓好推行统一业务应用系统工作。加强对业务部门系统应用情况的督查，督促办案人员严格按照系统设定的职责要求和权限开展工作；严格执行网上流转、网上审批、网上监管，坚决杜绝案件网外运行，确保系统的全员、全面、全程使用；加强结案审查，确保网上流转程序完整、案卷材料规范齐备，充分发挥好统一软件在促进执法办案提质增效和强化管理中的作用；加强系统安全检查和网络评估，

① 本部分系作者 2014 年 2 月 28 日在长沙市检察工作会议上的讲话摘录，收入本书时略作删改。
② 本部分系作者 2014 年 8 月 13 日在长沙市基层检察院检察长研讨班上的讲话摘录，收入本书时略作删改。

完善网络安全防控体系，加强保密制度建设，严防失泄密。

七、着力推进检察工作信息化建设 [①]

全面实施电子检务工程，建成覆盖两级检察院的司法办案、检察办公、队伍管理、检务保障、决策支持、检务公开等"六大平台"，实现对检察工作全流程规范化、网络化、智能化管理。探索完善"互联网＋检察"工作模式，进一步深化市级"互联网＋"智慧检察院集群建设，打造智慧检务应用体系。加快推进检察工作网络建设，优化网络结构，提升网络传输质量，强化网络安全防护和管理，逐步实现与政法机关、行政执法部门的业务协同、信息互换与共享。创新信息化运维管理模式，推进信息化技术与综合管理、队伍建设等工作的深度融合，提高检察政务管理信息化水平。

八、加强检察公共关系建设 [③]

一要全面深化检务公开工作。加快推进案件信息公开系统升级改造，推动检务公开从侧重宣传的一般事务性公开向案件信息公开转变，从司法依据和结果的静态公开向办案过程的动态公开转变，拓展检务公开的深度和广度。重视检察机关服务群众和司法办案公共区域建设，完善检察服务大厅建设，实现网上网下"一站式"服务。全面开展检察开放日活动。

二要构建多元化、多层次的检察新闻宣传格局。适应分众化、差异化传播趋势，创新宣传方式，提升检察新闻宣传传播力、影响力。加强新闻发布制度化建设，完善并落实新闻发言人制度。加强检察新媒体标准化、规范化建设，促进资源共享和联通互动，培育扶植优秀检察自媒体。加强检察新媒体宣传人才培养，强化正面宣传引导，传播

---

① ③ 本部分系作者 2016 年 9 月 1 日在长沙市检察工作会议上的讲话摘录，收入本书时略作删改。

检察好声音，为检察工作营造良好舆论生态。

三要健全涉检舆情导控机制。建立健全全市两级检察机关监测联网、预警联合、导控联手、处置联动、网评联通的一体化舆情应对机制。加强与网信主管部门和重点网站联系，建立健全涉检网络舆情会商和快速反应机制。强化检察人员网络舆情风险意识，将舆情应对处置纳入教育培训。

四要完善接受外部监督制约机制。健全代表委员联络机制，促进"文来文往"和"人来人往"的有机结合。健全接受其他政法机关制约机制，落实分工负责、互相配合、相互制约的制度设计。配合司法行政机关选任管理人民监督员，自觉接受人民监督员监督。探索建立特约检察员和专家咨询委员参与案件评查、研讨案件机制。

第四节　管理科学化

一、科学的管理出素质、出业绩、出形象 ①

科学的管理出素质、出业绩、出效率、出检力、出形象。检察工作要全面、深入、健康发展，就要用现代管理的理念、模式和方法推进检察机关的管理科学化。要积极探索形成符合检察事业规律的现代管理模式。

一要实现由经验型管理向制度化管理转变。美国著名的管理学家泰罗被誉为"科学管理之父"，他提出：科学管理实际上是一种规范化、标准化的管理，其精髓是"用科学研究来制定标准和规章制度并据此规定和下达任务，用奖惩等激励机制来保证任务的完成"。同样，检察机关的科学管理要靠制度、靠机制，特别是要靠执行制度、执行机制。

---

① 本部分系作者2006年2月24日在岳阳市检察长会议上的讲话摘录，收入本书时略作删改。

有制度、有机制而不抓落实，可能比没有制度更可怕，因为它更具有迷惑性，使人不易发现问题。因此，全市两级检察院要着力研究、制定并认真执行事关检察事业新发展的重大系列制度，切实加强有关机制建设。

二要实现由粗放型管理向精细化管理转变。去年有一本畅销书，叫《细节决定成败》，值得一读。书中提到海尔集团为加强内部管理，1985 年就编写了 10 万字的《质量保证手册》，制定了 121 项管理标准，49 项工作标准，1008 个技术标准，才成就了今天的辉煌。实践证明，任何一个系统、机关和部门，任何一项事业乃至每一项工作，管理绝对粗不得，粗放型的管理不是科学的管理。我们要抓好每一项检察业务，抓好每一项检察工作，都应当实施科学的精细化管理。只有抓住并做好了每个"细节"，才能把事情办好、把案件办准办精、把工作落到实处，才能出业绩、出质量、出效率，才能促进检察工作乃至检察事业的持续健康发展。因此，我们要大力倡导和发扬科学的务实、严谨、深入、细致的工作作风，克服心浮气躁、马虎了事、华而不实、粗枝大叶的工作作风，求真务实，精于管理，敢于、善于管理，实施和指导科学的精细化管理，用以推进检察工作的新发展。

三要实现由静态型管理向动态化管理转变。动态化管理是科学的注重过程的管理，它要求在管理中不仅注重要在年初制定统一的目标及考核考评标准，即管理的目标指向性和可操作性；注重在年终对目标的执行结果进行统一、全面、综合的考核考评和评价，即管理的系统性和综合性；更注重在实现目标的全过程中对目标及其任务的执行和落实情况进行经常性的定性定量的考核、监督、督查和评估，即管理的过程性和时效性，这样就能强化管理的功能，增强管理的效能。检察机关引入动态化管理模式，就是不仅要重视在年初制定科学的定性定量的目标，更要注重加强对实现目标情况进行全过程的督察和督导，以及时预防、发现、纠正、执行目标过程中可能和开始出现的问题和偏差，最有效地推进工作的实施和目标的实现。

二、认真解决科学管理方面存在的问题 ①

要勇于借鉴现代管理模式和方法，积极探索建立符合司法规律和检察工作特点的管理机制，认真解决检察机关在科学管理方面存在的一些问题，做到科学管理领导班子、中层骨干、年轻干部和其他各类检察人员，科学管理检察业务、检察事务，科学管理机关。

一要努力实现从经验型管理向制度化管理转变。结合工作实际，通过"立、改、废"，建立一套符合自身实际、体现自身特点的制度体系，使每一项工作都有章可循、有规可依、有据可考、有则可评。

二要努力实现从粗放型管理向精细化管理转变。做到以检察人员分类管理为基础，促进管理对象精细化；以案件流程管理为主线，促进管理内容精细化；以信息化技术为载体，促进管理手段精细化；以岗位考评为重点，促进评估考核精细化。

三要努力实现从静态型管理向动态型管理转变。以业务工作为重点，紧紧抓住办案中的重点环节和重点部位，对检察业务工作和流程进行细化和完善，把对工作质量的控制、对工作差错的纠正和预防实现在动态过程之中，从而使工作中的重点部门和易出现问题部位得到有效的监督。

第五节　保障现代化

一、加强检务保障建设 ②

要认真落实最高人民检察院《"十二五"时期科技强检规划纲要》，

---

① 本部分系作者 2011 年 3 月 18 日撰写的《实现检察工作科学发展应着力解决六个方面存在的问题》论文摘录，收入本书时略作删改。

② 本部分系作者 2011 年 9 月 7 日在长沙市检察长座谈会上的讲话摘录，收入本书时略作删改。

强化科技手段和设备体系在执法办案中的应用。按照"四个统一"的原则和"推进建设、突出应用、加强管理"的思路，加快建设全市检察机关统一的信息交换与资源共享平台及服务体系，实现统一软件开发和应用系统互联互通、资源共享。要加强检务保障建设。落实公用经费保障标准和业务装备配备指导标准，规范管理和使用中央财政转移支付资金，抓好债务化解工作，提高资产资金使用效益，不断提高检务保障水平。

二、推进保障现代化建设 [①]

要围绕"保障现代化"，努力夯实基层检察物质基础。经费物质保障是检察工作科学发展的重要基础。要抓住"十二五"时期发展的历史机遇，以提高保障层次和信息化应用水平为重点，进一步推进基层检察院保障现代化建设。要推动建立公用经费正常增长机制。修订基层院公用经费保障标准，建立完善与当地经济社会发展水平相适应的公用经费正常增长机制，提高基层院公用经费保障水平。要抓好新一轮"两房"建设。全面贯彻《关于进一步加强地方政法基础设施建设规范投资保障机制的意见》和修订后的《人民检察院办案用房和专业技术用房建设标准》，加快推进基层基础设施建设，确保基层院"两房"建设全面完成。同时，贯彻勤俭办检思想，反对铺张浪费、追求奢华。要加强基层科技装备建设。贯彻落实基层院业务装备具体装备标准和实施规划。基层院要用好装备专款，加大科技装备建设投入，及时将先进科技装备推广应用到基层执法办案中。要推进信息化普及应用。加强信息化技能培训，提高基层检察人员信息化应用水平，逐步实现检察院执法情况网上录入、执法行为网上管理、执法活动网上监督、执法质量网上考核，促进基层检察工作质量和效率的提高。

---

① 本部分系作者 2011 年 9 月 26 日在长沙市基层检察院建设工作座谈会上的讲话摘录，收入本书时略作删改。

三、着力加强检务保障建设 ①

认真落实《政法经费分类保障暂行办法》，做好人员经费、日常运行公用经费、办案业务经费、业务装备经费、基础设施建设经费保障工作。突出经费保障重点，加快推进侦查指挥中心、远程视频接访、远程视频出庭、司法鉴定实验室建设，提升检察工作科技含量。加强国有资产管理工作，扎实做好基层检察院基建债务化解工作。积极推进检务大厅、指定居所监视居住用房、涉案物品保管场所等基础设施建设，加强资源节约型、环境友好型机关建设，提高服务效能。

第六节　机关文明化

一、开展文明单位创建工作的成效与作法 ②

近几年来，长沙市院在省院和市委的正确领导下，认真学习贯彻落实科学发展观，以加强领导班子和检察队伍建设为重点，以办案业务工作为中心，以发展检察文化为载体，以美化办公、生活环境为基础，全面推进"机关文明化"建设，取得了较好成绩。全市 10 个检察院，天心区院、芙蓉区院、雨花区院、开福区院、宁乡县院 5 个基层院被评为省级文明单位，望城县院被评为省级精神文明建设窗口单位和市级文明窗口示范单位，长沙市院和长沙县院 2 个单位被评为市级文明标兵单位，岳麓区院被评为市级文明单位。我们的主要做法如下：

（一）突出执法办案工作，着力增强文明实效

业务工作成绩显著是文明单位十分重要的条件。我们紧紧围绕服

---

① 本部分系作者 2016 年 9 月 1 日在长沙市检察工作会议上的讲话摘录，收入本书时略作删改。

② 本部分系作者 2009 年 4 月 30 日在全省检察机关争创文明单位电视电话会上的发言摘录，收入本书时略作删改。

务和促进长沙经济社会又好又快、率先发展工作大局，以业务工作为中心，大力推进业务一体化进程，聚精会神抓办案、抓业务、抓质量、抓效果，成绩比较显著，全市检察机关文明创建工作的质量和实效有了新的提升。一是着力服务打造"平安和谐长沙"。认真履行批捕起诉职能，依法严惩严重刑事犯罪，深入开展"打黑除恶"、禁毒等专项斗争，确保省会长沙社会大局的持续稳定，受到市委、市政府好评；大力贯彻宽严相济刑事政策，积极推行刑事和解，社会效果良好，其成效与作法得到省院检察长的肯定；积极参与社会治安综合治理"大防控"，工作成绩突出，市院去年首次被市委、市政府评为"全市社会治安综合治理红旗单位"，并受到表彰奖励。二是着力服务打造"廉洁高效长沙"。创新办案机制，整合办案力量，突出办案重点，在人民群众反映强烈的城建、教育、医疗、金融等领域查办了一大批大案要案，在全省处于领先位置，其中查办县（处）级以上领导干部犯罪案件位居全省前列。有效净化了政务环境，得到了社会各界的好评。三是着力服务打造"公平公正长沙"。切实加强诉讼监督，经层报省院、最高人民检察院批准，在全省率先成立了监所派出检察院，即星城地区人民检察院，深入开展整治"牢头狱霸"专项行动，预防和减少侵犯被监管人员合法权益事件的发生；加强文明接待室建设，全市检察机关有全国文明接待室6个，全国文明接待示范窗口单位3个；民事行政检察、控告申诉检察等其他检察工作突出民生重点，注重公平正义，齐头并进，效果较突出，亦位居全省前列。检察业务工作扎实、有效，得到了省院的肯定。2007年，我院被省院评为全省检察机关先进市州院；在省院各部门组织的2008年度对口考核中，我院绝大多数部门被评为全省各市州院同部门先进集体，其中有10个部门位居第一。

（二）切实加强领导班子和检察队伍建设，着力打造文明之师

领导班子坚强有力，是文明单位的首要条件。干部群众的文明素质和文明状况是文明单位的重要条件。为此，我们从思想上、组织上、作风上、纪律上狠下功夫，努力塑造领导班子、检察队伍新形象，着

力打造一支政治坚定、业务精良、作风过硬、纪律严明、人民满意的检察文明之师。一是以提高"六力"为重点，切实加强领导班子建设。努力提高领导班子的凝聚力、战斗力、创新力、执行力、公信力和"免疫力"，领导班子的领导能力、执法水平和领导效能有了新提高。2007年至2008年，在市委组织的领导班子绩效考核中，我院均获得一类（即优秀领导班子）奖，在市直16个执法部门、单位中位居前列；2008年度，在市委组织的对市院领导班子及其成员的民主测评中，我院领导班子及其成员的优秀率达98%以上。二是以专项教育为重点，切实加强检察人员的思想政治建设。确保全市检察机关和全体检察人员在政治上、思想上、行动上与党中央保持高度一致；确保最高检、省院的部署、安排、要求在全市检察机关得到贯彻落实。三是以全员绩效考核为抓手，激发队伍活力。全面推行以完成目标为核心内容的绩效管理与考核，市院全体检察人员以工作实绩获得了市政府发放的人平最高额度的绩效考核奖金，有效地激发了检察人员的积极性。四是以廉政文化建设为切入点，提升队伍形象。大力推进廉政文化建设，在市院机关摆放廉政字画200余幅，开展廉政建设演讲赛、歌咏赛等活动。同时，对检察队伍中的违法违纪案件和问题提前预防、严肃查处，严明纪律，弘扬正气，提升形象。2007年至2008年，在全市社会民意调查评估中，我市检察机关队伍形象得分均位居全市执法监督类单位第一名。

（三）大力推进执法规范化建设，着力提升文明执法水平

解决检察机关执法不规范问题，提升检察机关的执法水平和执法质量，是提高检察机关文明程度的关键之所在。一是建立和落实执法状况"五项机制"，收到良好效果。近两年，在省院组织的年度执法质量或执法状况考核考评中，我院在全省名市州院中均位居前列。二是开展执法状况双"十案"评选活动，即评选10件执法质量精品案和10件执法质量瑕疵案。以分明优劣，奖优罚劣，激励和鞭策干警提高执法质量。三是开展对扣押、冻结和处理涉案款物等专项检查，及时发

现、整改和纠正执法不严、执法不规范、不文明的行为和问题，执法公信力有所提高。

（四）切实抓好机关文明建设与管理，着力打造检察文明之家

机关的建设与管理，是文明创建的基础。一是高起点抓好基础设施建设。紧紧抓住"两房"建设契机，按照文明创建工作的要求和标准同步规划、同步设计和同步施工，精心建设管理好"两房"，实现了"六化"，即庭院绿化、地面洁化、道路硬化、墙面净化、夜间亮化、垃圾袋化，为文明创建工作打下了好的基础。二是高标准搞好机关安全文明管理。注重机关安全文明管理，加强门卫值班、安全巡逻等安全防范措施，全方位采取电子监控，确保检察机关自身不出安全事故；组织开展文明家庭、文明处室、文明楼院、文明标兵等机关内部文明创建活动，评选十大文明行为和十大不文明行为，努力将检察机关建设成为和谐的文明之家。三是高水平开展检察文化活动。我们连续组织开展了四届"长检杯"男子篮球赛，创造性地开展了"书香进检察机关""创建学习型检察院""争当学习型检察人员""书画摄影展"和"户外素能拓展"等活动，着力提升检察机关的文化氛围。

近几年来的文明创建工作实践，我们深切地感受到，文明单位的创建工作，关键在于各级院党组、在于院领导；在于提高和统一思想认识，增强创建工作的积极性和主动性；在于有一个清晰、对路的创建思路和切实可行的工作方案；在于科学细化、落实创建责任，认真制定、落实有效的创建措施，精心建立、落实创建工作的系列机制与制度。我们的文明单位创建工作虽然取得了一定的成绩，但与省院的要求和兄弟单位相比还有不小的差距。今后，我们将以贯彻这次会议精神为契机，认真学习、深刻领会、尽快落实省检察院在今天电视电话会议上的重要讲话精神，虚心学习兄弟单位的经验，扬长补短，适应新形势，立足新起点，采取新对策，提升新水平，实现新发展，以巩固文明创建工作成果，把我市两级检察机关的文明创建工作做得更好、更有成效。

二、扎实创建省级文明单位 [①]

为深入贯彻落实党的十七大精神，促进社会主义物质文明、政治文明、精神文明和生态文明的协调发展，加快推进市检察院"机关文明化"进程，深入扎实开展创建省级文明单位活动，提升市检察院机关文明水平，全面促进全市检察工作新发展，经市院党组研究，并报市委宣传部、市文明办、市直工委同意，决定今年在市检察院机关开展创建省级文明单位活动。

（一）统一思想、充分认识市院机关创建省级文明单位的重要意义

首先，创建省级文明单位是推进检察工作科学发展的重要举措。去年以来，市院机关开展了深入学习实践科学发展观活动。在活动的开展过程中，我们对市院机关存在的问题和不足进行了剖析，并提出了整改方案。整改方案中一个重要措施，就是要加快推进机关文明化进程，深入扎实开展创建省级文明单位活动。从某种意义上讲，从今天起，市院机关正式全面启动开展的创建省级文明单位活动，是市院进一步落实学习实践活动整改方案，推进检察工作科学发展的重要举措。省级文明单位标准、条件很高，要求十分严格，跨入此行列、获此殊荣不是一件易事。近几年来，经过大家的共同努力，在市委宣传部、市文明办、市直机关工委的重视、关心、指导、支持下，市院机关连续两年被评为市级文明标兵单位，这是一个不小的进步，但离省级文明单位的标准还有不小的差距。创建省级文明单位，这对市院机关工作提出了新的要求、新的挑战。创建省级文明单位的过程，实际上就是一个推进领导班子建设、检察队伍建设、检察业务建设，促进市院机关乃至全市检察机关科学发展的过程，创建省级文明单位与推进市院机关检察工作科学发展是

---

① 本部分系作者 2010 年 4 月 15 日在长沙市检察院机关创建省级文明单位动员大会上的讲话摘录，收入本书时略作删改。

相辅相成、互为促进的。市院机关全体检察人员要切实提高认识，把思想和行动统一到市院党组的决定上来，积极而不是被动、扎实而不是表面、善始善终而不是虎头蛇尾地投入到创建省级文明单位的活动中来，力求有所作为，争创实绩，争做贡献。

其次，创建省级文明单位是加强机关管理的有效载体。市院机关搬迁到新址办公以后，市院办公大楼硬件设施得到了新的改善，物业管理也被评为优秀示范单位。这为我们开展创建省级文明单位活动提供了很好的基础。但是，省级文明单位的标准和条件，不仅仅要求具有优良的硬件，更重要的是必须具备优良的"软环境""软实力"。从目前的情况来看，我们的差距和缺陷主要在于"软环境""软实力"还有所不足，如机关队伍思想政治建设、业务建设、纪律作风建设、工作效能和机关管理等方面还有差距和不足，亟待解决。我们要紧紧抓住创建省级文明单位这一契机，尽快全面、切实解决上述方面存在的突出问题，力求把市院机关的管理提高到一个新的层次、新的水平。

再次，创建省级文明单位是全面提高检察队伍综合素质的重要途径。一个单位的文明程度怎么样，首要的是看这个单位干部职工的文明程度怎么样。检察机关作为国家法律监督机关，肩负着维护和保障宪法和法律统一正确实施的重要使命，人民群众和社会各方面对检察机关、检察人员寄予了厚望。检察机关、检察人员的文明程度更容易引起人民群众的关注、引起社会的关注。当前，市院机关检察人员的主流是好的，但有些同志还存在着思想、理论、业务、专业化水平不太高，办案、执法不严格、不规范，办案、执法方式比较简单，办案、执法、工作作风不深入、不细致，工作拖拉，办案、办事效率低，律己不严，办案、执法、工作不公、不廉、不文明等现象，影响着市院机关的整体文明形象。今年，市院机关开展的创建省级文明单位活动，一个重要的任务就是要切实加强市院机关队伍建设，着力解决机关队伍建设方面存在的突出问题，以全面提升机关队伍的综合素质，把市院机关检察人员队伍真正建设成为一支政治坚定、业务精通、作风优良、执法公正的文明程度高、人民群众信赖的检察队伍，为全面切实履行检察职能，强化法律监督，维护公平正义提供有力的组织保障。

（二）真抓实干，奋力创建省级文明单位

检察机关大力推进"机关文明化"进程，从而创建省级文明单位，将有利于提升领导班子和检察队伍整体素质，有利于提升检察机关工作水平和工作质量，有利于提升检察机关的团体精神和整体形象。为把市院机关建设成为忠诚、公正、高效、清廉、文明、人民满意的检察机关，2008 年初，市院党组在研究制定的全市检察工作新发展的总体思路中，已经把大力推进"机关文明化"作为新发展路径的"六化"的重要内容，并在全市检察工作会议上就怎样逐步深入推进"机关文明化"进程作了具体部署，这里我再重复强调一下：推进机关文明化，就是要以美化办公、生活环境为基础，加强"两房"（办案用房、技术用房）建设和机关生态环境建设及文化、卫生、体育等基础设施建设，做到办公环境和生活环境绿化、美化、亮化、净化；就是要以加强领导班子和检察队伍建设为重点，坚持不懈地带好班子、抓好队伍，提升领导班子的凝聚力、战斗力、创新力、执行力、公信力、"免疫力"，努力建设一个优秀的领导集体，打造一支政治上靠得住、工作上有本事、作风上过得硬、群众信得过的高素质检察队伍；就是要以提高检察干警文明素质为切入点，引导干警模范遵守检察官职业道德，模范遵守社会公德和家庭美德，积极参加社会公益活动，坚持健康文明的生活方式，营造平等、互助、和睦、幸福的家庭气氛，发扬党的优良传统，弘扬中华民族的传统美德；就是要以发展检察文化为目标，深入开展争创"学习型党组织、学习型检察院"、争当"学习型检察人员"活动，大力开展检察宣传活动，积极开展丰富多彩的业余文体娱乐活动，提高检察干警的思想政治修养、党性修养、能力素养和文化素养，提高检察机关的文化品位，激发干警的积极性、主动性和创造力，增强责任感、凝聚力和团队精神，树立检察机关的良好形象；就是要以争创文明单位活动为载体，按照党委、政府和上级检察机关的

部署和要求，高度重视、扎实开展文明单位创建活动，加大创建力度，提高创建质量，推进创建进程，取得创建新成果。今年，市院机关争创工作的总体目标就是创建省级文明单位。今年内，市院机关开展创建省级文明单位活动，总体上要按照上述部署来实施，来落实。为此，这里根据省、市文明办有关要求和最高检、省院有关部署，结合市院机关实际，再强调以下几点：

首先，奋力创造省级文明单位，就要以深入开展"恪守检察职业道德，促进公正廉洁执法"主题实践活动为契机，大力加强领导班子建设和检察队伍建设。最高人民检察院决定，从今年4月起，在全国检察机关开展为期一年的"恪守检察职业道德，促进公正廉洁执法"主题实践活动，这是当前和今后一个时期领导班子建设、检察队伍建设方面的一个中心工作。深入开展主题实践活动，是认真贯彻落实中央要求，促进公正廉洁执法的重大决策；是促进全面正确履行法律监督职能，推动检察工作科学发展的重要措施。认真组织开展好这次主题实践活动，要以深入开展这次主题教育活动为契机，大力加强领导班子建设，大力加强检察队伍建设，包括思想政治建设、专业化建设、检察文化建设、特别是检察职业道德建设，努力建设一支忠诚、公正、清廉、文明的检察队伍。

其次，奋力创造省级文明单位，就要以大力推进三项重点工作为中心，大力加强检察业务建设。根据上级的部署，今年我们的中心任务是要切实做好社会矛盾化解、社会管理创新和公正廉洁执法三项重点工作。我们要按照最高检、省检察院和市委、市委政法委的统一部署和安排，充分发挥检察职能，积极、扎实、有效地参与到三项重点工作中去，努力化解社会矛盾促进社会和谐，着力创新管理机制激发社会活力，大力履行监督职能促进司法公正。要认真贯彻宽严相济刑事司法政策，全力维护社会稳定和谐。要深入推进查办和预防职务犯罪工作，努力促进反腐倡廉建设。要深入推进诉讼监督，努力维护司法公正。按照省级文明单位评比办法，省级文明单位的条件之一是"业务水平领先，工作实绩突出，在上级考核考评中取得好的成绩"。为此，我们要大力实施"公正立检""业务建检"的发展战略，坚定不移地以业务工作为中心，聚精会神、理直气壮地抓办案、抓业务、抓各项检察工作，并切实提升执法水平和执法质量，力争在市委和省院组织的各项考核评比中取得更好的成绩，确保检察工作在全省检察系统率先发展。

再次，奋力创造省级文明单位，就要以树立"四种新风气"为主要内容，大力加强和改进市院机关作风建设。全市检察机关要树立"四种新风气"。市院机关要带头树立"四种新风气"，作树立"四种新风气"的表率。一是要树立勤奋学习的风气。要大力开展"争创学习型党组织、争创学习型检察院""争当学习型检察人员"活动，认真开展读书活动，营造以学习为荣，争先恐后学习，"在工作中学习、在学习中工作"的良好氛围，自觉做到勤奋学习、乐于学习、深入学习、持之以恒学习，学以致用。通过学习，提高素质，提升水平，增强本领。二是要树立大胆创新的风气。要解放思想，更新观念，拓宽视野，追求创新，锐意创新，鼓励创新。三是树立争先创优的风气。通过争先创优，促进真抓实干，促进比、学、赶、帮、超，促进机关作风的大改变，推进创建省级文明单位活动的有效、深入、扎实开展。根据省级文明单位考评办法，荣获省以上先进或工作经验获得省以上推广的，将作为考评的重点内容之一。为此，我们要树立正确的业绩观，积极投入到争先创优活动中，以争创一流业绩为荣，以业绩不佳为落后，通过持之以恒的真抓实干，争创全省一流乃至全国一流的实绩。四是要树立求真务实的风气。坚决反对和防止搞形式主义、做表面文章，坚决反对和防止弄虚作假，真正做到言行一致、表里如一、戒除浮躁、潜心工作，真正做到讲真话、做实事、见实效、创实绩！

最后，奋力创造省级文明单位，就要以倡导低碳文明的工作生活方式为着力点，大力加强机关管理建设。低碳化是国家倡导的一种健康文明的工作生活方式，是现代文明的重要标志。市院机关创建省级文明单位，要以低碳化为追求目标和着力点，要把低碳化作为市院机关创建省级文明单位的特点和标志。在机关的管理上要追求低碳化，车辆、电梯、空调的使用，办公设备、照明系统的管理，能节约的尽量节约，最大限度地做到低碳排放。要制定低碳化制度，并认真落实，提高市院机关管理的低碳文明程度。倡导和鼓励市院机关全体检察人员、工作人员积极参与低碳化工作、低碳化生活，参与"少抽一包烟、少开一分钟灯、少开一小时车"等低碳文明活动，在市院机关形成以低碳排放为荣的文明新风尚。

（三）加强领导，确保创建省级文明单位工作全面、有序、扎实、有效推进

文明创建工作是一个系统的工程，是一项全面性的综合工作，需要全院各部门、全体检察人员、工作人员积极参与和共同努力，才能取得实效。一是要加强领导。为确保创建活动顺利进行并取得好的成效，经市院党组研究，决定成立创建工作领导小组，并设立创建工作办公室。要建立起党组统一领导、主要领导亲自抓、分管领导具体抓、各部门分工落实、全院干警人人参与的综合治理、齐抓共管的创建工作格局，形成创建工作的强大合力。二是要明确责任。根据省级文明单位考评办法，经市院党组研究，将考评办法中的考评内容进行了分工，形成了《长沙市人民检察院机关创建省级文明单位考评工作落实细则》。这个细则任务明确，责任具体，每一项考评内容是什么，考评方式是什么，工作要求是什么，分值是多少，责任领导是谁，责任部门是哪个，责任人是谁，都一清二楚。这个细则就是一个责任表，每个责任领导、每个责任部门、每个责任人都要据此负起责任来，切实抓好落实。下半年省、市文明办来院检查验收时，各责任部门要根据要求提供相应的考评材料和其他考评依据，确保负责的考评项目不扣分。因创建工作不力、工作不实、工作不到位，影响创建工作目标不能实现的，将依据《细则》的规定严肃问责，严格追究有关部门及相关负责人与直接责任人的责任。三是要强化督导。创建工作办公室

要切实加强对创建工作的督导。要深入到各部门中去，督促检查各项创建工作的落实。要定期召开创建工作调度会，掌握创建工作进度，研究解决创建工作中的难点重点问题。要加强同省、市文明办的联系沟通，主动争取文明办领导对我院创建省级文明单位工作的关心、指导和支持。四是要扎实推进工作。要把创建省级文明单位工作与推进检察工作有机结合，把创建工作融入到各项检察工作中去，在推进各项检察工作的过程中促进创建、实现创建，通过开展创建推动和促进各项检察工作的全面、深入、健康开展，全面促进全市检察工作的新发展。

创建省级文明单位是市院机关建设史上的一件大事，是推进市院机关文明化进程、提升市院机关文明化程度和水平，乃至提升市院机关整体形象的一项战略举措。现在，创建目标已经明确，创建序幕已经拉开，让我们携起手来，团结一心，真抓实干，开拓创新，全面、有序、主动、扎实做好各项创建工作。我们相信，在市委和省院的领导下，在省、市文明办领导的关心、指导、支持下，在市院机关全体检察人员、工作人员的共同努力下，我院创建省级文明单位的工作目标一定能够实现。

第六章

基层检察工作发展关键

第一节　领导班子建设

一、对检察长、领导者要从严监督 [①]

要坚持从严治长，切实加强领导班子建设。这一点，我们已在今年召开的全市人代会上通过的《岳阳市人民检察院工作报告》向全体市人大代表做出了承诺，不久前召开的全市检察长会议也进一步提出了严格、具体的要求。从严治长至关重要，一是要从严要求，二是要从严管理，三是要从严监督。这里，我想重点强调"从严监督"的问题。因为，大家都是政治部主任。政治部主任要切实履行起监督的职能。从严监督，包括上级对基层院领导班子的监督。市院将加强对领导班子及其成员的全程监督和管理，具体实现"四个转变"，即：实现对领导班子成员的重任期监督向任前、任期、离任监督并重转变，由重业务监督向德、能、勤、廉监督并重转变，由重工作圈监督向工作圈、生活圈、社交圈监督并重转变，由重预防向预防、纠正、诚勉、处理

[①] 本部分系作者 2006 年 3 月 21 日在岳阳市检察政治工作会议上的讲话摘录，收入本书时略作删改。

并重转变。从严监督，也包括领导班子成员相互之间的监督。有这样的监督，领导班子成员才能自律，才有形象，才有权威，才有凝聚力、战斗力、号召力。缺乏这样的监督或失去这样的监督，在班子内部势必只说好，不说差；只讲权力，没有责任义务；只讲个人自由，没有全局和纪律；只有"一团和气"，没有合力和凝聚力。只有从严监督，领导素质才能不断提高，领导者的良好形象才能真正树立起来。从严治长，让班子成员都过得硬，大家心服口服，班长不错、副班长不错，成员不错，这样，才有意义、有价值。这不是一句空话，要用实际言行来检验我们领导班子和班子成员素质的高低、口碑的好坏、形象的优劣。从严监督，还包括下级对领导班子及其成员的监督。群众的眼睛是雪亮的，干警的眼睛是雪亮的，群众的公信度是最有价值的。金杯银杯不如群众的口碑。群众的心里都有一杆秤，包括离退休的老同志心里都有一杆秤。群众心里的评价源于领导者自身的素质和表现，源于领导者一贯的德、能、勤、绩、廉的综合表现。加强对领导班子的监督，首先要加强对检察长的监督。因为检察长是检察院的组织者、引领者，其领导素质如何，往往影响甚至决定"一班人"的总体素质；其能力水平如何，往往影响"一班人"的能力和水平；其形象如何，往往影响"一班人"的总体形象。因此，要首先加强对"一把手"、对检察长的监督。正因为这样，我在春节前召开的市人代会议上所作的检察院工作报告中，向全体市人大代表作出了全市两级院领导班子成员特别是"一把手"自觉"从我做起"、带头"从我做到"，号召全体干警"首先对我监督"的承诺。希望大家注意加强对领导班子成员特别是检察长的监督。

二、领导班子要着力提高"三种水平"①

（一）突出思想政治建设，开展主题教育活动，着力提高领导班子的政治思想素质和理论水平

市检察院通过深入开展"两个忠诚"的学习教育活动和"忠诚履职、勤政廉政、富民强市"主题教育活动；深入开展以"依法治国、执法为民、公平正义、服务大局、党的领导"为主要内容的社会主义法治理念教育活动；深入开展"争创学习型检察院，争当学习型检察人员"活动，领导班子成员思想、政治素质有了提高，服务大局和严格、公正、文明执法的自觉性有了明显增强，理论水平有了提升。在活动中，市院党组精心调查研究，从长计议，立足于找准问题、整章建制、解决问题，先后制定完善了《关于加强检察机关领导班子建设的实施意见》等 15 个规范性文件，并狠抓落实，力求用机制管人、管案、管事，收到了较好的效果，得到了省检察院和兄弟市州院的好评。市院党组坚持党组理论学习中心组学习制度，今年以来共召开了 6 次中心组学习，每次院党组书记、检察长均作了辅导发言，促进了班子成员和中层骨干的深入学习；由本人撰写的学习心得《检察机关服务大局要正确处理四个关系》一文，市委书记给予了肯定，并在市委内刊《民本岳阳》上原文刊载；省委《内参》对该文予以刊发，送省委常委审阅；中国社会科学院《今日中国论坛》和最高检《检察论坛》予以刊载；并被评为全国第二届"国家高级检察官论坛"优秀论文；最近撰写的理论文章《刑事和解的权源、效力和功能》被收入中国检察出版社出版的《刑事和解制度研究》一书。今年以来，市院 5 名班子成员自己撰写的 9 篇理论文章和心得体会在国家、省级、市级报纸杂志上发表。

---

① 本部分系作者 2007 年 11 月 21 日向岳阳市委机关作风建设考核考评组的情况汇报的摘录，收入本书时略作删改。

（二）突出严格执行民主集中制，求同存异，着力提高领导班子科学决策的能力和水平

既认真履行领班人的职责，在重大决策上把关定向，又注重发扬民主，诚恳听取和尊重其他同志的意见，始终按照集体意见决策，力求科学决策。当"班长"不当"家长"，不搞"个人意见第一"，不搞"独断专行"。凡属院重大部署、全局性的问题、人事调配、干部任用和奖励，都在充分听取各方面意见的基础上，按照有关原则和程序，由市院党组会议讨论决定。如在检察人员晋升、选拔任用上，院党组严格按照有关条例办事，充分发扬民主，公道正派，不搞任人唯亲、不搞"小圈子"，最大限度地做到科学、公正、合理用人，用人所长。今年4月19日至24日，我院在机关全面开展的中层骨干岗位轮换和检察人员岗位交流、双向选择工作，市院共有43名部门正、副职干部进行了岗位轮换，占部门正、副职干部的78%，其中部门正职岗位轮换的有15名，占部门正职的79%；部门副职岗位轮换的有28名，占部门副职的77%；检察人员岗位交流的有42名，占在职检察干警的66%。整个轮岗交流、双向选择工作有序、顺利推进。所有轮岗、交流人员无一人不服从院党组的决定和安排；无一人在规定的时间内未报到上班。实现了院党组提出的科学、有序、积极、稳妥、顺利推进的预期目标。这是我院自1978年恢复重建以来检察干部轮岗调整面最广、力度最大、效果最好的一次，得到了机关干警的拥护，受到了市委和市委组织部的好评，得到了省院领导的肯定。在办案、执法活动中，院党组坚持以公正办案、公正执法为己任，最大限度地实现检察机关所办理和查办的各类案件既达到实体公正，又做到程序公正，不断提升办案和执法质量。今年以来，我院对检察机关过去处理决定确有错误的1起案件，依照有关法律程序，依法予以确认，给予赔偿4.31万元，切实保护了当事人合法权益；对2起控告国家机关工作人员和国家工作人员涉嫌职务犯罪的线索，经查与事实有出入、不涉嫌犯罪的，我们依法及时作出不予立案的处理；对重大疑难案件和对定性、处理

意见分歧的案件，我们严格依照有关法律程序和规定，由市检察委员会会议讨论决定，或报请省检察院研究决定，及时作出了正确的处理意见。今年以来，市院检委会召开会议 4 次，研究决定处理案件 12 起，其中报请省检察院研究作出决定的案件 4 起。

（三）突出党风廉政建设，落实"一岗双责"，着力提高领导班子拒腐防变的能力和水平

进一步明确和落实班子成员党风廉政建设责任。每一名班子成员都明确了党风廉政责任制的内容和要求。市院 19 个内设机构主要负责人和基层院检察长都与市院检察长签订了责任书，明确各基层院、各部门"一把手"为党风廉政建设第一责任人，强化了"一岗双责"的责任。同时，制定了《检察机关党风廉政建设责任制责任追究暂行规定》，明确职责要求，强化责任追究。建立了全体班子成员廉政建设档案和全体执法人员的执法档案。较好地落实了党风廉政建设责任制，党风廉政建设取得了好的效果。班子成员注重严格自律，自觉遵守党员领导干部廉洁从政的若干准则，严格执行中纪委对领导干部提出的"四大纪律""八项要求""五个不准"和最高检、省检察院提出的"六个严禁""十个不准"，认真履行"五项廉政承诺"和党风廉政建设的各项规定。严把"生活圈""社交圈"，谨防诱惑，拒腐防变。在办案、执法活动中，不拿法律做交易、做人情，绝不以案谋私，不接受案件当事人及其亲友和其他可能影响正确履行职务的吃请和财物，不收红包礼金、有价证券和贵重物品，不利用职权为亲友、子女谋取利益。在检察机关物资设备采购、经费开支审批等方面，"一把手"带头依法、依规、依制度办事，不插手、不打招呼，一律交职能部门和分管领导处理或提请院党组集体研究决定，做到正确履行党组书记、检察长的领导职责，带头正确行使权力，带头廉洁自律，带头不做有损检察机关和党员领导干部形象和声誉的事情。

三、提高领导班子的"六力"①

检察机关领导班子是履行法律监督职责、开展各项工作的指挥部。没有坚强有力的领导集体，就不可能带出一流的检察队伍，也不可能创造出党委满意、上级检察机关满意、人民满意的工作业绩。加强全市检察机关领导班子建设，就要注重在提高"六力"上狠下功夫。

（一）提高领导班子的凝聚力

领导班子的凝聚力，是指吸引领导班子各个成员为实现共同目标紧密结合起来的一种合力，是领导班子的核心和灵魂。一要讲原则。这是衡量领导班子是否具有凝聚力的一条最根本、最重要的标准。无原则的团结不是真团结，是没有意义的团结，也是靠不住的团结。要注意防止为了维持"一团和气"而放弃原则的作法。在坚持原则的前提下团结协作，在团结协作的过程中坚持原则，保证领导班子的工作合力不偏离正确的方向。二要讲程序。检察长要带头坚持和执行民主集中制，绝不能搞一言堂、家长制，一个人说了算，也不能搞少数人说了算。健全领导班子内部的议事和决策机制，决策前各抒己见、广开言路，一旦形成集体的决定，就只能用一个声音说话，就必须坚决贯彻执行。三要讲方法。要客观看待和对待领导班子成员中的个体差异，以宽容的精神求大同、存小异，让领导班子成员的能力、经验、专业、文化和性格互补。领导班子成员特别是"一把手"要有博大的胸怀，在非原则问题上，要尊重差异、宽容差异、善待差异。四要讲友谊。友谊不是"一团和气"，不是貌合神离。要以事业凝聚人心，统一思想；以工作统一步调，统一行动。在领导班子内部做到互相支持不争权、互相信任不猜疑、互相尊重不发难、互相补台不拆台、互相配合不推诿，真正形成一个坚强有力而又和谐的领导集体。

---

① 本部分系作者2008年6月10日在长沙市检察机关"大学习、大讨论"专题研讨班上的讲话摘录，先后刊载于2008年《长沙晚报》《湖南检察》和《检察日报》，收入本书时略作删改。

（二）提高领导班子的战斗力

除了提高法律监督能力之外，领导班子成员还要努力提高以下四个方面的能力：一是提高科学决策能力。用科学发展观指导科学决策，靠调查研究形成科学决策，靠规范程序促进科学决策，靠民主集中实现科学决策。二是提高组织协调能力。在工作思路实施之前，能够全面准确领会和把握工作思路，动员各方迅速实施思路、执行思路；在工作思路实施之后，能够采取有效果断措施，落实工作思路，有序有效推进工作思路的尽快实施、推进各项检察工作的开展；当工作思路在实施过程中发生"梗阻"或"失调"现象以后，能够及时地协调关系，扬长补短，确保检令畅通，确保工作思路的顺利、深入实施，确保工作目标的实现。三是提高执法办案能力。领导班子成员应当熟悉乃至精通分管部门的业务，熟悉办案、执法业务，要当"内行"而不做"外行"。这样，领导才有号召力，才能抓到点子上，抓到要害处。特别是在执法活动中，要正确把好案件事实关、证据关、程序关、定性关和处理关，确保所办案件事实清楚、证据确实充分、程序合法、定性准确、处理正确恰当，经得起时间的检验和各方面的监督。四是提高管理队伍能力。要科学管理队伍，要从高从严要求队伍，要善待优待队伍，要用领导者的模范行动引导和带动队伍。领导班子要当好"领头雁"，领导者要做学习、干事、创新、廉洁的表率，真正做一名检察人员心悦诚服的优秀领导干部。

（三）提高领导班子的创新力

一是思路要创新。思路决定出路，思路决定工作的优劣乃至成败。任何事物都是变化发展的，不可能止步不进、停滞不前。这就要求我们开动脑筋，解放思想，勤于思考、敢于思考、善于思考，深入实践、深入调查、深入研究，制定出更好的工作思路，力求使我们的工作思路更加符合中央、省委、市委精神，更加符合最高检、省院的部署要求，更加符合检察工作的规律，更加符合长沙检察机关和检察工作的实际，更具有科学性、先进性、创新性、可行性。今年初市院确立的全市检察工作新发展的总体思路正是按照这个总体要求，精心调研，集思广益而形成、制定的。市院各部门和各区（市）、县检察院已根据这个新发展的总体思路，分别相应制定了本部门和本单位的新发展的思路。今后在实施的过程中，我们还应及时地不断地加以补充、加以完善，以指导和引领全市检察工作朝着正确、健康的方向不断向前发展，真正实现全市检察工作新发展的目标。二是管理要创新。增强科学管理意识，运用现代管理理念、模式和方法，推进管理科学化。逐步实现由经验型管理向制度化管理转变，由粗放型管理向精细化管理转变，由静态型管理向动态型管理转变。三是机制要创新。要高度重视和积极发挥机制创新对检察工作的带动、推进作用，大张旗鼓地鼓励机制创新、指导机制创新、巩固机制创新，使机制创新逐渐从自发到自觉、从被动到主动、从局部到整体，以充分发挥机制创新的作用，增强检察工作的生机与活力。

（四）提高领导班子的执行力

"三分战略，七分执行。"思路再好，如果不付诸实施、不执行到位，终将成为纸上谈兵。一是思想上重视抓落实。要充分认识到，单位的变化、工作的起色、班子队伍的加强、机关的发展，都是抓出来的、干出来的，而不是说出来的、写出来的，不是仅凭协调各方争来的；都是一项一项工作、一件一件事情干出来的，而不是避重就轻、投机取巧得来的；都是善始善终、持之以恒干出来的，而不是紧一阵松一阵做出来的。二是工作部署上注重抓落实。要制订科学、有力、可行、有效抓落实的系列方案，明确责任制，有落实的明确要求。三是工作推进上探索抓落实。落实的进程、落实得好与不好，领导班子要及时了解情况，做到心中有数。要加大工作督查力度，既要注意年终实现奖罚，更要注意在落实进程中通过表扬与批评、汇报与讲评、树立先进与解剖落后等方式，增强各部门和全体干警抓落实、投身于落实的工作责任心和自觉性。四是工作作风上强调抓落实。领导班子要把心思、时间、精力放在抓落实上、放在抓工作上。要忠诚履职，恪尽职守，奋发进取，全心全意干工作、解难题、谋发展、促发展。五是工作成效上体现抓落实。把工作成效作为衡量和检验工作优劣和好坏的最终标准和唯一标准。要通过落实，取得实实在在的新业绩、新成效、新亮点。

（五）提高领导班子的公信力

领导班子公信力强，就能赢得群众的信任和拥戴，单位就将充满生机与活力；反之，就犹如无根之木、无水之鱼，工作就将一事无成。为此，领导班子应当做到以下三点：一是要公平公正地执法办案。领导班子要把维护公平正义贯穿检察工作的始终，把公正作为立检之本，带头依法严格公正办案，带头规范执法，带头排除干扰，敢于抵制影响和阻挠公正办案、执法的各种歪风邪气，旗帜鲜明地支持和鼓励依法公正办案、执法的行为。二是要公平公正地选人用人。用什么样的人、缓用什么样的人、不用什么样的人，对用人、对队伍建设具有十分重要的导向作用。要以高度的政治责任感全面正确地执行党的干部路线和干部政策，真正把政治上靠得住、工作上有本事、作风上过得硬、人民群众信得过的干警选拔到各级领导岗位上来，以正确的用人导向保护和调动广大干警的积极性。三是要公平公正地待人处事。领导班子成员要一身正气，不搞团团伙伙、亲亲疏疏。充满正义，不能搞拉帮结派。对涉及干警的切身利益问题，要"一碗水端平"，不搞厚此薄彼。

（六）提高领导班子的"免疫力"

提高抵御各种消极腐败思想、现象侵蚀的能力。一要靠树立坚定的理想信念来抵制腐败。从大的方面讲，要坚信马列主义，坚信共产主义，牢记为人民服务的宗旨。从小的方面讲，要加强从政道德修养。切实做到自重、自省、自警、自励，切实做到慎权、慎初、慎独、慎微、慎友、慎终。做事先做人，做人要做好人。这就要求每一名领导班子成员要注意塑造高尚的品格、良好的素养和平和的心境。高尚的品格，就是做人要"真诚"、要"正直"、要"友善"、要"谦虚"、要"诚信"。良好的修养，就是做人做事要有人文素养、科学素养和业务素养。平和的心境，就是对组织和人民要知恩图报，对他人要宽容大度，对自己要经常反省。二要靠加强有效的监督来杜绝腐败。正确对待监督，自觉接受监督。要认识到：加强监督是对干部最大的爱护，自觉接受监督是对自己最好的保护。自觉接受监督是领导干部政治上成熟的主要标志之一。每一名领导班子成员都应当学会在监督的条件下开展工作，把接受监督当作一种内在素质和要求。通过自觉接受监督，有效防止权力失控、决策失误、行为失范。三要靠建立完善的规章制度来遏制腐败。进一步完善和执行反腐倡廉制度，增强时效性、针对性、操作性和效用性。要靠查办案件来治理腐败。事实证明，坚决的惩治就是对腐败特殊的预防。只有惩处有力，才能预防有效。对检察机关领导干部的权钱交易、徇私枉法等违法违纪案件，要毫不手软地依法依纪予以严肃处理。以增强教育的说服力、制度的约束力和监督的威慑力。

四、加强对班子及其成员的监督 [①]

要加强对领导班子及其成员的监督。这里讲的领导班子，既包括院领导班子，也包括院各内设机构的班子。这里讲的"一把手"，既包括检察长，也包括院各内设机构的主要负责人。这些同志是检察事业发展的核心和中坚力量。这些同志如果自身过得硬，就能严格地领导和要求下属，就能影响和带动下属。反之，如果这些同志有这样或那样的问题，就不可能严格地领导和要求下属；就会姑息迁就甚至纵容下属的违法违纪问题；甚至成为检风不正的典型或者干警非议的重点对象，影响院风，影响检风，这是绝对不允许的！在今年年初召开的全市检察工作会议上，我在工作报告中明确提出：要从领导班子

---

① 本部分系作者 2008 年 7 月 24 日在长沙市检察机关纪检监察暨自身反腐败工作会议上的讲话摘录，收入本书时略作删改。

"严"起，从"一把手""严"起。两级检察院领导班子成员和中层骨干特别是"一把手"一定要作出表率，切实做到"八个带头"，即带头勤奋学习，带头执行上级部署，带头办理大案要案，带头严格、公正、文明、规范执法，带头干出实绩，带头团结共事，带头廉洁自律，带头亲民为民；一定要严于律己，自觉"从我做起"，带头"从我做到"，公开承诺"首先对我监督"。作出这样的承诺，并不是说我们的领导成员就是"十全十美"，就能确保不出问题，但至少有一个重要的作用，那就是警醒、督促、鞭策自身不出问题的作用。这样的承诺一经作出，我们就应当言行一致、表里如一；就应当付诸行动，用行动来兑现承诺；就应当自觉诚恳地接受全体干警的监督，我们领导班子及其成员德、能、勤、绩、廉究竟怎么样？口碑、形象究竟怎么样？究竟合格不合格、优秀不优秀？由干警来观察、来考量、来检验、来评判。

五、领导班子成员要做到"四个注重"①

（一）注重勤奋学习

学习是领导者前进的动力。最近党中央主要领导在对检察工作的重要指示中讲到"要不断提高检察工作水平"。首先，市院领导班子要提升领导水平，提升领导检察工作的水平。领导班子成员要提升水平，最好的途径是学习。不学习，水平是不会自发提高的。要带头勤奋学习。院领导要强化学习意识，增强学习自觉性、提高学习质量，增强学习实效。要多看书、多看文件、多看资料、多作笔记、多动手、多出学习成果。要牢记一条，提高领导水平，最根本的是要提高理论素养、水平。马克思主义理论、毛泽东思想、"三个代表"重要思想、科学发展观，法律理论、检察业务理论，领导科学理论等，都要认真、

---

① 本部分系作者 2008 年 11 月 6 日在长沙市人民检察院 2008 年度党组民主生活会上的讲话摘录，收入本书时略作删改。

扎实地学习研究，学懂弄通，争创学习型的领导干部。

（二）注重真抓实干

要忠诚履职，出色地完成党和人民交给自己的任务，出色地抓好工作，出色地创造实实在在的工作实绩，就必须注重真抓实干。一个单位的各项变化和发展，不是说出来、写出来、仅凭协调关系就能够得来的，而是扎扎实实干出来的。这就要"敢抓"。要敢于把工作抓得最好。要发扬"心忧天下，敢为人先"的长沙精神，要争创一流成绩、实打实的成绩。要敢于破解工作难题，改变工作薄弱环节、改变不良不好的领导工作习惯、领导模式和方式、方法。要敢于严管，要不怕得罪人。对分管部门一定要从高、从严要求，要理直气壮地宣传典型，理直气壮地帮助、批评落后乃至消极的人和事，理直气壮地抓检察人员严格、公正、文明、廉洁执法、办案。这就要"真抓"。要把握和遵循检察工作规律，抓好工作；要按照最高人民检察院、省检察院部署要求抓好工作；要严格依据法律和司法解释的规定抓好工作。要以身作则，把主要精力放在抓工作、干事业上；要最大限度地创造性开展工作，干出优良的实绩，让党委满意、上级院满意、人民满意。最大限度地减少工作的偏差、失误，特别是杜绝错案发生。

（三）注重廉洁自律

院党组已公开承诺："从我做起，从我做到；首先对我监督。"检察机关使命神圣，地位重要，令人敬畏，手中都有一定的权力。长沙是省会城市，经济比较发达，思想比较活跃，诱惑力比较大，腐蚀性比较大，稍不注意就可能把权力当作个人谋利、谋财的手段，就可能收受当事人和其他人的钱物，就会犯错误，违反纪律和法律，甚至堕入犯罪深渊。我不希望我们班子成员出事，我也最担心大家在这方面出事！这个方面，我公开承诺：一是自己带头廉洁自律；二是与大家共勉，都齐心协力做到，不该收的钱不收，不该拿的不拿，不该去的地方不去，不该说的话不说，不该做的事不做。真正成为廉洁自律、干警公认的过得硬的领导干部。

（四）注重团结

团结是最重要的，是实现检察工作新发展、抓好工作带好队伍的根本前提。如果领导班子内部不团结、内耗严重，必将会气不顺、心不齐，无法形成合力。今年以来，我最重视领导班子建设，所以提出了提升"六力"的要求，最关注的也是领导班子建设，尽可能把大家思想和智慧都集中起来，把大家积极性、主动性都调动起来，把大家的领导作用都发挥出来。近一年来，我对大家工作总体是满意的。大家都能自觉地维护领导班子团结，努力执行党组的部署、决策，尽职尽责地抓好分管工作；大家大局意识、责任意识加强，分管工作和交办工作都能很好地完成。要注重团结，党组首先要讲原则，不坚持原则的团结不是真团结，也是靠不住的团结；要讲程序，要讲方法，要讲友谊。注重团结，就要求大同、存小异。要时刻维护党组的权威，要多向其他班子成员的长处学习，要多理解其他分管院领导的工作，要多宽容其他班子成员的短处和不足。特别是在今后，对领导班子成员有某些看法或意见，一定要坦诚相见、当面讲，不要背后议论别人的短处，应多宣传别人的成绩和优点，否则容易引起误解，久而久之，往往形成隔阂，相互不理解、不信任。我作为"班长"，要带头搞好团结，带头抓团结，带头和同志们一起抓好团结。我真诚地希望，大家一如既往，做领导班子团结的模范。团结出精神、出业绩、出人才、出形象、出干部！

六、检察长要始终如一地率先垂范 ①

要更好地实现全市检察工作的新发展，关键在人，关键在领导班子，关键取决于检察长。检察长的指导思想如何，精神状态如何，领导能力、水平、作风如何，对更好地实现全市检察工作新发展至关重要。为此，市院要求，全市检察机关两级领导班子，特别是各位检察

---

① 本部分系作者2009年2月20日在长沙市检察工作会议上的讲话摘录，收入本书时略作删改。

长一定要始终如一地率先垂范，尽心尽力，尽职尽责，真抓实干，勤政廉政，切实抓好工作、带好队伍，出色完成任务。

（一）始终如一地保持良好的精神状态

良好的精神状态，是解决问题、战胜困难，发扬成绩、弥补不足，开拓进取、建功立业，更好地实现全市检察工作新发展的根本要求，是领导素养、领导能力的体现。全市检察机关的领导班子成员特别是各位检察长，一定要始终保持勤勉、肯钻、创新、实干、进取的精神状态，牢固树立全国争先、全省率先的决心，坚定"世上无难事，只要肯登攀"的信心，抱定持之以恒、毫不懈怠抓工作的恒心，克服小成即满、小进即骄的思想和行为，在去年各项工作取得显著成绩的基础上，戒骄戒躁，再接再厉，做到思想不松劲，目标不降低，措施不滞后，工作不滑坡，实现全市各项检察工作"百尺竿头，更进一步"。

（二）始终如一地深入学习

学习是领导干部的必备条件和重要任务。认识的提高、知识的积累、能力的提升、本事的增长，都离不开勤奋、刻苦、深入学习。全市检察机关各级领导干部特别是检察长要看重学习、乐于学习、精心学习、持之以恒学习。要带头防止和纠正学风不浓、玩风太盛的问题。要带头学理论、学法律、学检察业务、学市场经济和现代科技知识、学领导管理和方法。通过学习，保持政治上的清醒，增强政治敏感性，提高政治鉴别力，善于从政治上、战略上观察分析处理问题，始终与党中央、省委、市委、当地党委保持高度一致；与上级检察机关保持高度一致，自觉维护上级权威，坚定不移地贯彻执行上级的重大决策部署。通过学习，提升理论素养，培养理性思维，进一步熟悉乃至精通各项检察业务，进一步认识和掌握检察工作规律，进一步增强检察工作决策的科学性、可行性、实效性、创造性，有力推进各项检察工作，更好地实现全市检察工作的新发展。

（三）始终如一地忠诚履职

能否始终做到忠诚于党、忠诚于人民、忠诚于法律，这是检验检察机关领导干部特别是检察长政治上是否合格、是否过硬、是否信得过的首要问题。全市检察机关的领导班子成员特别是各位检察长一定要带头讲政治、讲忠诚、讲责任，真正做忠诚履职的表率。这就要求我们要增强政治意识，自觉做到坚决切实贯彻执行市委、当地党委和省院、市院的思路、决定和指示精神；要增强大局意识，自觉做到主动有效服务于市委、市政府和当地党委、政府的工作大局；要增强组织意识，自觉做到坚决维护党组织的权威，服从市委和当地党委的决定；要增强法律意识，自觉做到坚决切实执行省院、市院的决定和市院检察委员会的决定与检察长的决定；要增强责任意识，自觉做到全面切实履行领导职责，积极主动、务实创新地抓好检察工作、抓好检察事业，务必出色地全面完成组织交办的任务，取得优良成绩，争创一流业绩。

（四）始终如一地清正廉洁

清正、廉洁、廉政，是我们党的光荣传统和优良作风，是对党员领导干部特别是检察长们最起码的要求，也是检察长、检察官的职业道德操守。当前，全市检察机关廉洁从检情况总体是好的，但执法不严格、不公正、不规范、不文明的问题仍然存在，执法不廉洁的现象仍有发生，这与管理不严、监督不力密切有关。作为国家法律监督机关，我们要高度重视和切实加强检察机关自身反腐败工作和党风廉政建设。要切实做到这一点，首先就要做到检察长重视抓、带头抓、下力气抓；就要首先从中层骨干做起、院领导做起、从检察长做起。如果检察长、院领导和中层骨干做不到清正廉洁，这个单位就很难甚至不可能有严格、公正、廉洁、文明执法的风气和环境，甚至还有可能出问题、犯错误。检察长、院领导和中层骨干只有自身过得硬，才能对检察人员敢于严格要求、严格管理、严格监督。因此，市院强调，全市各级检察机关的中层骨干、领导干部特别是检察长，要强化廉洁从检的意识，自觉加强党性修养，牢固树立马克思主义世界观、人生观、价值观和正确的政绩观、权力观、利益观，常修为政之德，常思贪欲之害，常怀律己之心，筑牢拒腐防变的思想道德防线，严格遵守党的纪律、国家的法律法规和检察纪律，严格执行领导干部廉洁从政的各项规定，真正做到一身正气、一尘不染、堂堂正正做人、清清白白执法、真心实意干事。只有这样，我们才能带出一个"钢班子"，带出一支"钢铁般"的队伍，才能履行好职责，树立起好的形象，才能不辜负党组织和人民群众寄予我们的厚望。

七、树立和践行正确的业绩观 [①]

要树牢数量、质量、效率、安全相统一的业绩观。为此，我们就必须做到以下几点：一要树立、践行正确的"数量观"，这就要求我们要忠诚履职、真抓实干，积极采取有效措施，畅通案件线索渠道，保持或加大办案力度，扎实有效地抓办案，依法查办一批又一批案件，防止办案数量大起大落。二要树立、践行正确的"质量观"，这就要求我们要严把审查逮捕、审查起诉关，坚守修改后"两法一规则"规定的逮捕、起诉法定标准，着力发现并坚决排除非法证据，力求杜绝无罪判决案件发生，把每一起案件都办成经得起历史检验的"铁案"。三要树立、践行正确的效率观，这就要求我们要树立司法高效的理念，在法定的期限内以最快的速度、最低的司法成本，及时高效惩治违法犯罪行为、及时高效救济当事人权益、及时高效恢复受损害的法律秩序，不断增强人民群众对检察工作的理解、信任和支持。四要树立、践行正确的效果观，这就要求我们要坚持以事实为依据、以法律为准绳，确保所办案件程序合法、定性准确、客观公正，确保良好的法律效果；坚持从有利于维护党的执政地位、维护社会稳定大局出发处理案件，确保良好的政治效果；坚持注意把握办案时机、改进方式方法、化解社会矛盾，确保良好的社会效果。五要树立、践行正确的安全观，

---

　① 本部分系作者 2013 年 8 月 30 日在长沙市检察机关开展转变执法理念教育活动动员大会上的讲话摘录，收入本书时略作删改。

这就要求我们要坚持严格规范讯问、询问活动，坚决杜绝刑讯逼供及违法违规取证方式和手段；落实和完善讯（询）问全程同步录音录像制度；切实加强办案安全防范，杜绝办案安全事故。坚持以数量为基础、质量为生命线、效率为保障、效果为根本、安全为前提，做到五者协调统一、相辅相成，防止互相割裂、顾此失彼。实践证明，片面追求数量，就会导致匆忙立案、"一案多立"甚至错误立案等行为和违反司法规律、部署工作下办案指标的不良导向；放松案件质量，就会带来撤案率、不诉率乃至无罪判决率上升等不良影响甚至造成冤假错案；忽视办案效率，就会浪费司法资源甚至侵犯人权；不顾办案效果，就会在法律效果、政治效果和社会效果三者统一上出现偏颇；无视办案安全，就有可能导致执法过程发生安全事件、损害当事人合法权益，甚至侵犯当事人健康权乃至生命权，危害人民群众利益，损害检察机关执法公信力。

八、坚持正确的政绩观 ①

求真务实是辩证唯物主义和历史唯物主义一以贯之的科学精神，也是科学发展观的应有之义。科学发展是以经济建设为中心，实现经济社会的全面、协调和可持续发展。落实科学发展观，必须树立正确的政绩观。正确的政绩是为了实现这样的科学发展而创造的实绩；创造政绩是为了科学发展，是为了造福人民，是为了促进和实现社会的全面进步和人的全面发展。检察机关要贯彻落实科学发展观，就必须坚持正确的政绩观；要践行正确的政绩观，就必须大力弘扬求真务实的科学精神；坚持求真务实，就应当通过依法履行法定职责，真抓实干，努力创造实实在在的显著业绩乃至一流业绩。

坚持正确的政绩观，既是一个政治品质问题，又是一个思想作风问

---

① 本部分系作者 2008 年 11 月 20 日在长沙市政法系统领导干部研讨班上的讲话摘录，收入本书时略作删改。

题。要用政治的、群众的、实践的观点看待业绩、检验业绩、衡量业绩。用政治的观点看业绩，就要反对那种有职无为、有责不为，对发展没有热情、对事业无追求、碌碌无为的政治庸人主义；反对那种漠视法律、离开法定职能和职责去追求所谓"政绩"，违背规律人为地去"创造"所谓业绩，违背国家、社会和人民的利益去表现所谓"政绩"的政治投机主义；反对那种为了盲目追求所谓"政绩"，不讲法度，不讲大局，不讲原则，不讲道德，不择手段，不计后果，最终给党和人民的利益带来严重破坏和损失的政治冒险主义。用群众的观点看业绩，就是全心全意为人民工作、全心全意为人民服务，把实现好、维护好、发展好最广大人民的根本利益作为检察工作的根本目的，真正使检察工作的各项决策和实绩体现人民群众的愿望、符合法律法规的要求和人民的根本利益，让党放心，让人民满意。用实践的观点看业绩，就是我们所办理的案件、所做的工作、所取得的业绩，都应当经得起实践的检验、历史的检验和各方面的监督。

坚持正确的政绩观，关键在于求真务实，真抓实干，要做到这一点，检察机关领导班子及其成员就必须带头在以下几个方面狠下功夫：

首先，要在"实事求是"上狠下功夫。实事求是，既是思想路线，也是一种科学态度。工作中，领导班子及其成员一定要察实情、讲实话、办实事、求实效，不能搞形式主义、做表面文章，更不能弄虚作假、欺上瞒下。察实情，就是深入实际调查研究，了解检察工作的真实情况、人民群众的真实反映；讲实话，就是一就是一，二就是二，有喜报喜，有忧说忧；办实事，就是拿出扎实有效的措施，解决工作中的实际问题，解决群众的具体困难，特别是要注重攻坚克难，解决重大、疑难和"老大难"等问题；求实效，就是要取得人民群众看得见、感受得到的实实在在的效果。

其次，要在"抓落实"上狠下功夫。"一步实际行动比一打纲领更重要""三分战略，七分执行"。当前，检察工作的任务十分繁重。中央、省委、市委的重大决策、指示精神和最高人民检察院、省检察院确定的工作部署、安排能不能取得实效，关键要靠真抓实干，靠各级检察院领导班子一级一级地抓落实。要把心思、时间、精力放在抓落实上，用在抓工作、干事业上。要强化领导责任意识、落实意识，增强执行力。真正做到忠诚履职，恪尽职守，奋发进取，全心全意、尽职尽责干工作、解难题、求实效、促发展。决定了的事情就要雷厉风行、抓紧实施，部署了的工作就要一抓到底、务求实效，以取得实实在在的公认的新业绩、新亮点、新成效。

最后，要在"办案业务工作"上狠下功夫。业务工作是全部检察工作的中心。以业务工作为中心，是最高人民检察院确定的工作方针，是检察机关履行法定职能的基本途径。离开办案，离开检察业务工作，宪法赋予检察机关的国家法律监督职能将无法履行和实现。检察机关的业绩和政绩，从某种意义上讲，应集中体现在办案工作上、体现在检察业务工作上。所以，作为检察机关的领导班子及其成员，一定要把办案、业务工作作为检察工作的重中之重，聚精会神抓办案、抓业务，举全院之力抓办案、抓业务，切实抓出成效、抓出实效。既要讲办案数量、办案规模，更要讲办案质量、执法质量和办案执法的效果。没有一定的办案数量和办案规模，办案质量、办案效果就难以甚至无法体现。讲办案数量，必须是搞得准、有质量的数量，是实实在在、没有水分的数量。要在确保办案、执法质量的前提下多办案、多办大要案、多办在当地有影响、有震动的案件。要改变有的单位和部门以办案数量为重点评价办案、业务工作业绩的思维和决策方式，改变有些地方以办案数量为重点衡量办案、业务工作绩效的考核考评和激励机制。无论是查办涉嫌职务犯罪案件，还是办理诉讼监督案件，既要看立案和办案有多少，更要重点看所立案或办理的大要案有多少，所查办或办理的案件是否做到了事实清楚、证据确实充分、程序合法、定性准确、处理正确；既要看向法院提起公诉的案件有多少，更要看法院作出有罪判决的有多少。总之，检察机关所查处或办理的各类案件，要确保办案、执法质量，要经得起时间的检验和各方面的监督，要取得优良的社会效果。达到了上述目标，办案、业务工作就取得了好的业绩，检察工作就取得了好的业绩，检察机关就取得了好的业绩。

九、提升领导检察工作科学发展的水平 ①

近些年来，市检察院党组以科学发展观为统领，注重提高领导班子的领导水平，特别是提升领导检察工作科学发展的水平，取得了较好的成效。

一是领导班子科学决策的水平有了新提高。在查办职务犯罪方面，鲜明地提出了不下办案指标、不定办案任务，坚决防止和改变简单地以办案数量甚至以立案数量论优劣、排名次的做法，坚决防止和纠正为利益驱动而争办"油水案"或为争创所谓的"办案业绩"而凑数立案等现象，确保职务犯罪侦查工作科学发展。在诉讼监督方面，我们鲜明地提出民事行政检察工作要进一步扩大办案规模，进一步提升办案质量；其他诉讼监督工作，要注重监督实效，进一步提高监督案件的起诉率、判决率或改判率。在执法办案工作方面，我们鲜明地提出了关于慎重办理人大代表、政协委员案件的"六条意见"，规范了人大代表、政协委员涉嫌职务犯罪等案件的办理及检察机关与纪委的配合办案工作，得到了党委、人大、政府、政协及人大代表、政协委员的肯定和好评；鲜明地提出并狠抓了理性、平和、规范、和谐、文明执法，有力地减少和杜绝了不规范执法、不文明办案行为。在工作考核考评方面，我们鲜明地提出要按照市委绩效考核和省院基层院综合考核的新要求，建立和完善对工作的评价机制。上述这些思路的完善，为更好地推进全市检察工作的新发展奠定了良好的基础。

二是领导班子精细化管理的水平有了新提高。领导班子及其成员更加重视、更加自觉抓精细化管理，各部门负责人特别是主要负责人更

---

① 本部分系作者 2009 年 9 月 4 日在长沙市检察院机关开展深入学习实践科学发展观活动总结大会上的讲话摘录，收入本书时略作删改。

加注重执法办案和工作细节，细化执法办案和工作流程，执法办案和其他工作的管理更加精细、更加到位、更加有效。

三是领导班子服务大局的水平有了新提高。自觉把检察工作放到市委、市政府工作大局中去思考、去谋划、去推进，一切以大局为重，一切服从、服务于大局，经过广泛调查和深入研究，制定了《关于服务"两型社会"建设的意见》等四个以服务大局为核心内容的规范性文件，并积极落实到各项执法办案和检察工作中去，取得了较好的效果，得到了市委、市人大、市政府、市政协有关领导和有关市党代表、人大代表、政协委员及社会各界有关群众代表的肯定和好评。

十、检察长要亲自抓反渎职侵权工作 ①

去年一年的反渎职侵权工作，市院党组是充分肯定的。全市反渎职侵权工作采取了一些行之有效的举措，扎实加以推进，全年工作有进步、有突破、有拓展、有新的发展。"有进步"是指两个上升，即立案数大幅上升、大要案数大幅上升。"有突破"是指查办涉嫌渎职侵权犯罪案件有突破，其中属于渎职侵权罪名案件绝对数及查办此类案件所占比重两个上升，渎职侵权罪名立案绝对数及查办比重是历年来最多的一年。"两个上升、一个最多"，标志着反渎职侵权工作有实实在在的突破，这很不容易。"有拓展"是指查办领域有 19 个，很多罪名都是全市乃至全省首次查办的罪名。"有发展"，是指反渎职侵权工作位居全省各市州检察院先进行列，报告中列出了所获得的荣誉。这个成绩是来之不易的！这些成绩的取得，得益于省院、党委的正确领导和人大的有效监督，得益于市、县两级院党组特别是分管副检察长的正确领导和有效指挥，得益于全市反渎职侵权部门的负责同志和全体检察人员的团结奋斗和真抓实干！

---

① 本部分系作者 2012 年 3 月 7 日在长沙市检察机关反渎职侵权工作会议上的讲话摘录，收入本书时略作删改。

今年的反渎职侵权工作形势依然严峻，任务十分艰巨。这里，我着重强调一下院党组和检察长应该如何进一步重视反渎职侵权工作，如何进一步加强和改进反渎职侵权工作。当前，最高人民检察院和省检察院对反渎职侵权工作的重视程度可以说是前所未有的。全市两级院党组、检察长更应认清形势，把握机遇，比过去更重视和加强反渎职侵权工作，为此，具体要做到"六个亲自"。

（一）亲自抓思路

全省、全市反渎职侵权工作的具体思路，都已确定。两级院党组、检察长要认真贯彻落实，特别是要结合本地、本院的实际，把反渎职侵权工作思路制定好、完善好。2012 年全市检察工作的基本思路是：以人民满意为标准，以服务大局为己任，以深化三项重点工作为着力点，以执法办案为中心，以强化队伍建设为保障，全面正确有效履行检察职能，全面加强和改进检察工作。这个思路是经过精心研究确定的，与全省检察工作的总体部署和要求、与全省反渎职侵权工作的思路是一致的。今年全市检察工作的目标是：稳中有进，全面发展。这是市院务虚会的成果，也是我们今年工作应当把握好的一个原则，这在全市检察工作会议上的报告中已经明确。"稳中有进"，就是要在巩固以往特别是近几年来取得的优良成绩的基础上，谋求新的进步、新的发展。反渎职侵权工作也不例外。稳中有进，稳是前提，稳是为了进。"全面发展"，就是要揭短报忧，扬长补短，促进各项工作的平衡发展、深入发展。平衡、深入发展，就是要查找反渎职侵权工作有哪些薄弱点，存在哪些差距；就是要通过努力，把这些差距尽可能缩小，把这些薄弱点尽可能改进，以促进本部门工作的相互协调，平衡发展、深入发展。这一点，大家一定要重视，不能自以为思路是"虚"东西而无所用心，更不应束之高阁或纸上谈兵。同抓其他工作一样，要抓好反渎职侵权工作，头脑一定要清醒，思路一定要清晰。

（二）亲自抓重点

今年，各项检察工作的重点是什么？我想，根据最高人民检察院、省院的有关部署和要求，针对当前检察工作面临的新形势、新任务、新要求、新挑战，结合长沙检察工作实际，有以下几个重点：

一是要自觉践行正确的业绩观，抓好查办渎职侵权犯罪案件工作。正确的业绩观，就是办案数量、质量、效率、效果、安全五者的有机统一。要坚持以数量为基础、质量为生命线、效率为保障、效果为根本、安全为前提，做到五者协调统一、相辅相成。要做到这一点，就要按照"一个提升、四个提高、一个改进"的要求，继续提升执法办案能力和水平。这是前年我在全市检察工作会议上提出的要求，省院给予了肯定。"一个提升、四个提高、一个改进"是指：提升初查和侦查的水平；提高讯问犯罪嫌疑人、被告人，询问证人的水平；提高收集、固定、运用证据的水平；提高讯问犯罪嫌疑人全程录音、录像的水平；提高保障律师依法执业的水平；改进与纪检监察的办案方式方法。这两年来，全市检察机关通过初查，依法立案查办了一批职务犯罪案件，得到了省院的充分肯定。实践证明，做到了"一个提升、四个提高、一个改进"，将有效促进我们办案工作实现办案数量、质量、效率、效果、安全五要素的有机统一；将大大有益于、有效促进我们自觉践行正确的业绩观；将大大有益于、有效促进和推动全市反渎职侵权工作特别是办案工作科学、健康、深入发展。

二是要自觉践行正确的执法观，抓好理性、平和、文明、规范执法。这个问题不仅仅是办案方式方法问题，更重要的是事关检察机关执法公信力的重大问题。现在，接受群众监督，听取群众意见，保护群众合法权益，实现群众新期待，都必须做到这一点。我们检察队伍的优良素质包括执法办案队伍的优良素质，在于自觉做到理性、平和、文明、规范执法；在于言行一致，表里如一，真正做到理性、平和、文明、规范执法。理性、平和、文明、规范执法是提升检察机关执法公信力和良好形象的需要，是检察工作、检察事业进步的重大标志，是我国法制进步的重要体现，是人民群众的新期待所在。我们一定要在这个方面加倍努力，自觉践行，取得新进步、新成效。

　　三是要自觉践行正确的权力观，抓好接受监督的工作。权力观就是指监督者更要自觉接受监督。怎样践行权力观，怎样接受监督，我时常在思考这个问题。在这一点上，我们要开动脑筋想办法、出主意、定措施。我考虑可以开展"三走访、两查找、一确保、一促进"活动："三走访"即走访发案单位、走访案件当事人、走访律师；"两查找"即通过三走访，查找检察机关、全体检察人员特别是执法办案人员是否做到了理性、平和、文明、规范执法，查找检察机关、全体检察人员是否存在违法违纪违规的问题和行为；"一确保、一促进"即确保检察机关和检察人员公正廉洁执法，促进理性、平和、文明、规范执法。检察长和分管副检察长要高度重视，亲自部署安排此项活动。通过"三走访、两查找、一确保、一促进"活动，来认真解决好我们自觉践行权力观的问题，来认真解决好检察机关和全体检察人员自身存在的问题，努力做到自身正、自身硬、自身净。我认为，以上这三个重点，可以作为检察工作包括反渎职侵权工作带战略性、方向性、倾向性、苗头性的问题来抓。抓住了这几个问题，可以说就抓住了当前检察工作应注重解决的一些重大问题，就可以认认真真地、实实在在地逐步解决检察机关和检察人员自身存在的一些问题，人民群众就有可能满意或更加满意。

　　（三）亲自抓难点

　　当前反渎职侵权工作的难点，就是通常所说的"四难"，即发现难、立案难、查证难、处理难。在破解"四难"方面，大家通过摸索，积累了一些有效做法。如去年市院建立的"两法"衔接机制、检察机关内部协作机制及司法工作人员渎职行为调查机制等，这些都是破解"四难"行之有效的做法。大家要及时总结、运用这些有效的做法，继续探寻从根本上破解"四难"的新方法、新途径、新机制。市院反渎局已安排今年反渎职侵权工作要着力探索和建立四项工作机制以破解"四难"，即探索建立重大复杂案件专案调查工作机制、情报信息引导侦查工作机制、惩防渎职侵权犯罪一体化机制及完善与行政执法机关的衔接机制，这些都很好，很有针对性。各院检察长和分管副检察长要按照这些要求亲自调研、亲自谋划和部署、亲自领导、指挥和推动"四难"问题的有效破解。

（四）亲自抓办案

检察长不是什么案件都亲自抓，这里主要指的是重大案件，这是应当的、必须的。重大案件主要指要案、特大案件、涉及稳定发展的案件、人民群众反映强烈的案件、重大疑难案件、领导机关和领导交办、关注的案件等。怎样亲自抓？具体要把好"七关"：一是亲自筛选确定线索，把好选准线索关。二是亲自研究部署初查，把好线索初查关。三是亲自研究立案，把好案件立案关，包括强制措施。市院这方面做得很到位，这是必要的，特别是涉及法官、公安干警的案件，更要慎重。四是亲自研究侦查，把好案件取证关。案件要以证据为中心。对重大案件，检察长要与分管副检察长一起、与局长一起研究，亲自指挥侦查取证，亲自阅审证据材料，亲自部署补充侦查取证，亲自排除非法证据。有些案件，一定要亲自看案件材料，这是检察长忠诚履职、求真务实、工作扎实、工作负责任的真正体现。五是亲自研究结案，把好案件质量关。六是亲自研究执法办案风险，把好案件防范关。查办的所有涉嫌渎职侵权犯罪案件都要注重办案效果，不能因为办一个案件造成上访、群体性事件、激化社会矛盾、有损稳定、有损大局，党委政府不满意。这方面，检察长要站得高，要站在全局的高度，站在党委、人大、政府的高度，站在全院的高度，研究案件，考虑问题，作出决策，以收到最佳的办案效果。检察长一定要时刻有这个意识，一定要把好这个关，一定要解决好这个问题。检察长一定要亲自评估案件风险。七是亲自分析调研，把好有效推进办案工作决策关。调研是多方面的，包括深入基层、深入一线，也包括看报表。我建议检察长一定要亲自看报表。报表能全面、客观体现办案工作的进展等主要情况，反映办案工作中的成绩与问题。针对存在的问题，及时采取措施，加以克服和纠正；根据取得的成绩，及时总结经验，加以运用和推广。

（五）亲自抓协调

协调旨在通过做人的工作，理顺各种关系，凝聚各方力量，更好地实现工作目标。检察长的协调是解决困难和问题最有效的方式，是检察长的职责所在。检察长要更好地发挥协调作用，对重大案件、重大问题、重大事项做到亲自协调。抓协调，要注意把握好三个层面，做到多方面、多层次、多环节的协调。一是协调好与领导层面的关系。坚持多请示、多汇报、多沟通，争取得到地方党委、人大和上级机关的关注和支持，及时防止和排除有关方面在案件办理中遇到或可能遇到的阻力和干扰。二是协调好与外界层面的关系。协调好本区域内方方面面的关系，包括与纪委、政法委、法院、公安、行政执法机关等方面的协调，争取有关部门、单位及社会各界关心、重视和支持反渎职侵权工作，优化执法环境。三是协调好内部层面的关系。检察长要驾驭全局、顾全大局、兼顾上下、协调左右，特别是对反渎职侵权工作，要协调本院各方关系，统筹规划，统一调度，确保在全院上下形成反渎职侵权工作合力，促进反渎职侵权工作科学发展。

（六）亲自抓保障

反渎职侵权工作难度很大，大家都深有体会。一是要抓组织保障。人少了要加人，现在全市反渎职侵权队伍有80人，市院有20人。机构的问题。长沙市院解决的还是比较好的，在全省率先做到了在反渎职侵权局内下设有关办案等机构，反渎职侵权局局长做到了高配，并担任党组成员。各基层院也应主动向当地党委及组织部门汇报、反映，争取早点解决好反渎局长高配的问题。二是要抓政治保障。分管副检察长、局长、副局长、骨干、其他干警，该任用的任用，该解决待遇的解决待遇，该晋升法律职称的晋升法律职称；该评先的评先，该宣传的宣传，该表扬的表扬。要通过这些途径与方法，肯定、宣传好的，肯定、宣传优秀的。三是抓经费保障。四是要抓装备保障。现在最高检出台了《2011—2013年全国检察机关职务犯罪侦查装备建设指导意见（试行）》，提出了新的要求，长沙市院理应在全省各市州院率先建设好，精心用好、管理好。

十一、检察长要狠抓办案、亲自办案 ①

总的要求是：全市两级检察机关在查办涉嫌渎职侵权犯罪案件过程中，和查办涉嫌贪污贿赂等职务犯罪案件的要求一样，检察长要高度重视办案，狠抓办案，亲自办案；分管副检察长要跟踪指挥，参与办案；反渎局长要一线指挥，带头办案。

（一）强化领导办案责任

把查办涉嫌渎职侵权犯罪案件力度是否加大、办案工作成效是否显著、办案是否实现了新发展作为检验整个检察工作的重要标准，作为衡量检察长、分管副检察长和反渎局长是否合格的重要和主要标准，作为考核和奖罚的重要和主要依据。

（二）实行领导带头上案制

凡属要案和特、大案，检察长必须高度重视，靠前指挥；分管副检察长在对犯罪嫌疑人采取强制措施后，必须在 24 小时内到现场指挥、督办，参与讯问，制订、完善、实施侦查方案，主动把握案件侦查进程，不断扩大侦查战果；反渎局长必须全程直接负责侦查、参与办案。要真正在全市形成检察长、分管副检察长和反渎局长带头办案、带头办要案、带头办特、大案、带头办难案、带头办优案、带头办铁案的良好氛围和局面，以强力推进反渎工作的深入开展，推动反腐败和党风廉政建设的深入进行。

（三）加大对办案的督办力度

两级院党组原则上要每个季度听取一次反渎工作汇报；市院每季度召开一次全市检察长办案工作汇报讲评会，及时总结工作成绩，找出存在的差距和问题，分析原因，研究采取新的对策和措施，明确下阶

---

① 本部分系作者 2006 年 3 月 3 日在岳阳市检察机关反渎职侵权工作会议上的讲话摘录，收入本书时略作删改。

段的工作目标和要求，推进反渎工作全面深入平衡发展。

（四）实行有错无为问责制

凡办错案者，一律追查原因和责任，依照有关规定，视情作出处理。凡今年内反渎工作没有抓起来、明显落后或大起大落的单位，主管副检察长、反渎局长要书面向市院说明理由，提出整改对策，限期改变工作被动和落后状态；凡工作不力，贻误办案，造成办案被动的，要启动无为问责程序，追究有关领导和办案人员的责任；凡有案未办的，一经发现，一律进行无为问责，依照有关规定，以失职渎职论处。

十二、加强对基层检察院工作的领导和指导 ①

基层检察院地位重要、作用明显，工作任务重，直面各种问题、困难也多，工作难度较大。市检察院要树牢强基固本的观念，切实加强对基层院工作的领导和指导。一要肯定成绩。对基层院做得好的，要及时予以肯定，帮助总结有效做法，推介成功经验，以有利于指导工作，发扬成绩，发挥长处，发挥优势。二要指出问题。对基层院工作中存在的不足，要及时指出，并分析原因，研究改进措施，帮助解决问题，促进工作的深入开展。三要提出要求。对基层院当前和后段工作，特别是事关重点、热点、薄弱点、难点等提出明确要求，及时加强面对面指导，确保基层检察工作的全面、有序、深入、健康、科学发展。市院领导要带头改变作风，多到基层调研、指导；市院各个部门特别是业务部门要及时加强对基层院对口部门的业务指导，特别是对修改后的刑事诉讼法、民事诉讼法实施后出现的新情况、新问题的指导要予以加强。

---

① 本部分系作者 2013 年 7 月 25 日在长沙市检察院机关 2013 年上半年落实"要注重抓好的七项工作"通报讲评会上的讲话摘录，收入本书时略作删改。

十三、贵在落实 [①]

开展检察工作同抓其他工作一样，贵在行动，贵在执行，贵在落实，贵在见实效。

（一）在提高素质能力上下功夫、见实效

特别是领导班子成员和中层骨干要注重提高决策指挥、学习创新、沟通协调等方面的素质和能力，始终与党中央在思想上、政治上和行动上保持高度一致，与党委和上级检察机关的决策、部署保持高度一致，带头贯彻执行党的路线、方针、政策和重大决策、部署，带头贯彻落实党委的有关决策、部署，带头贯彻执行上级检察机关的决策、部署、决定和意见，带领本单位、部门及全体检察人员不折不扣地落实市检察院、市院党组作出的部署、安排和决定，带领本单位、本部门及全体检察人员把工作部署好、安排好、贯彻好、落实好。

（二）在改进办案、工作作风上下功夫、见实效

一要增强群众观念，牢固树立和自觉践行"立检为公、执法为民""联系群众、司法为民"的理念，始终自觉做到"立检为公""司法为民"。二要全面、依法、正确履职，坚决杜绝推诿扯皮、推卸责任、形式主义、阳奉阴违等现象，坚决纠正和防止合意的就执行、不合意的就消极应对、不执行和虚假执行甚至乱执行等问题。三要改进执行方法，开展深入细致的调查研究，结合本地实际，有针对性地制定实施、推进和执行的措施和方法，把工作做细、做深、做实、做成、做好，真正解决执行效率不高、效果不佳甚至不好的问题。

（三）在制度保障上下功夫、见实效

一要建立有关执行的监督机制，把"谁主管，谁负责"的原则运用到执行监督工作中去，做到一级抓一级，逐级负责，层层落实。二

[①] 本部分系作者 2015 年 6 月 19 日在长沙市检察工作形势分析会上的讲话摘录，收入本书时略作删改。

要建立和完善执行的考核机制，全面推行过程控制和流程管理，及时发现和纠正执行中的偏差，促进执行效能的进一步提升。三要建立执行的责任追究机制，充分发挥督查工作的职能作用，注重总结、宣传、推介"执行力强"和"落实好"的典型人和事，注意抓住"不落实的事"、盯住"不执行的人"，奖优罚劣、以"抓两头""带中间"，引领全体检察人员振奋精神，忠诚履职，聚精会神办案，齐心协力工作，出色完成任务，做好各项工作。

十四、聚精会神抓落实 ①

一个好的工作思路非常重要。因为思路决定出路。但光有好的思路还不行，这个思路能否见成效、见实效，关键还取决于这个思路能不能落实，能不能自始至终抓紧、抓好落实。所以，这次会议之后，我们的任务就是抓落实，就是要聚精会神抓落实。

一要有聚精会神抓落实的思想。注重抓落实，这个理论上大家都明白，但执行起来未必都能做到或都能做得很好。思路再好如果不落实，就等于一纸空文。全体检察长和班子成员一定要注重抓落实，一定要真抓实干。单位的变化、工作的起色、班子队伍的加强、机关的发展，都是抓出来的、干出来的，不是说出来的、写出来的，不是仅凭协调各方争来的；都是一项一项工作、一件一件事情干出来的，不是避重就轻、投机取巧搞来的，都是善始善终、持之以恒干出来的，不是紧一阵松一阵做出来的。

二要有抓落实的部署。要有科学、有力、可行、有效的系列抓落实的方案。比如要有落实的责任制，如市院部门正职在全院机关干警大会上宣读并向检察长递交工作和党风廉政建设责任状，就是通过向全院干警公开承诺奋斗目标、争先创优、强化部门负责人的领导责任意

---

① 本部分系作者 2008 年 2 月 27 日在长沙市检察工作会议分组讨论会上的讲话摘录，收入本书时略作删改。

识，鞭策各部门抓落实的一种方式。党组要有落实的明确要求。对每个部门的工作都要有科学的、可行的、明确的要求，不能只有一般性的号召和指导，党组在集中听取各部门工作汇报的基础上，根据各部门以往的工作基础、存在的差距及薄弱环节、结合当前面临的新形势、新任务和党组的新思路、新目标、新要求，提出各部门的目标等要求。哪些部门要在全市乃至全省、全国争先，哪些工作比上年或往年要有提升，哪些工作要有新突破、新亮点都要心中有数，都要给各部门提出明确的要求。要使全院上下紧跟院党组的思路奋战，围着院党组确定的工作目标奋斗。要做到这点，"一把手"就要认真思考、研究部署，就要花气力、下功夫。

三要有督查和激励的机制。落实的进程、落实得好与不好，检察长和院领导要及时了解情况，做到心中有数。要通过办公室和检务督察处的严格督查来了解真实情况，督促和推进落实工作，千万不能搞年终"算总账"。要有严明的激励机制，不能落实得好与不好一个样。激励机制要有利于抓落实。既要在年终实现奖罚，更要注意在落实进程中通过表扬与批评、汇报与讲评、树立先进与解剖落后等方式，增强各部门和全体干警抓落实、投入落实的工作责任心和自觉性，提高执行力，提高落实效率与实效。

四要有抓落实的本领。抓落实是一种过硬的本领。要提高科学作出抓落实决策的本领，统揽全局、协调各方抓落实的本领，突出重点、兼顾其他抓落实的本领，领导以身作责、以点带面抓落实的本领，及时发现、纠正、整改问题抓落实的本领，引导、带动全体干警争相实干抓落实的本领等。

五要有抓落实的作风。要把心思、时间、精力放在抓落实上，放在抓工作上。要忠诚履职，恪尽职守，积极奋进，奋发进取，全心全意干工作、谋发展、促发展、实现新发展。

六要有抓落实的显著成效。衡量和检验我们工作的优劣和好坏的最终标准也是唯一标准就是体现在工作成效上。要有实实在在的新业绩、新成效、新亮点。市院决定在全市检察系统认真全面开展"三先十优"争创活动；认真开展评选各部门业务标兵和工作标兵活动；认真评选表彰主办职务犯罪案件和办理诉讼监督案件的"十类优案活动"；认真开展评选表彰和通报执法质量"双十案"活动，以激励广大检察干警奋力实干、争先创优。市院和基层院在评选中要制定科学的考核评选标准和方案。要使评出来的先进是实实在在的先进，要让人信服，决不能搞照顾和平均。要注重打造新的工作亮点。各单位、各部门要开动脑筋，注重创新，积极探索有利于检察工作新发展的新举措、新方法、新经验，以凸显长沙检察工作亮点，提升长沙检察工作的新水平，展示长沙检察机关的新形象！

十五、浅谈检察领导干部和检察官"做人要实"①

2014年3月9日，习近平总书记在参加十二届全国人大二次会议安徽代表团审议时所发表的关于推进作风建设的讲话中提出"既严以修身、严以用权、严以律己，又谋事要实、创业要实、做人要实"的重要论述，称为"三严三实"讲话。习近平总书记提出的"三严三实"要求，质朴凝练、内涵丰富、指向明确，贯穿着马克思主义政党建设的基本原则和内在要求，为加强新形势下党的思想政治建设和作风建设提供了重要遵循。全市检察机关全体检察官特别是领导干部和中层骨干要认真学习、深刻领会、自觉践行、务必做到。

（一）对党和人民要竭尽忠诚

党章明确规定，共产党员要"对党忠诚老实，言行一致"，这不仅是对每个党员提出的政治规矩，更是党员干部必须遵循的党性原则。对党和人民竭尽忠诚，要体现在忠诚党的信仰上。马克思主义信仰、共产主义理想、中国特色社会主义信念，是共产党人的命脉和灵魂，

---

① 本部分系作者2015年11月27日撰写的论文，先后刊载于2015年《人民检察》《湖南检察》，收入本书时略作删改。

这就是党的信仰所在。人类历史上还没有一种理想和信念，有如此科学的依据、崇高的蕴含、宏大的意境。忠诚党的信仰，就要始终旗帜鲜明地信仰共产主义，始终坚定中国特色社会主义道路自信、理论自信、制度自信，始终在思想上和行动上与党中央保持高度一致，始终拥护党、跟党走。对党和人民竭尽忠诚，要体现在忠诚党的宗旨上。党的根本宗旨在于始终坚持群众路线，全心全意为人民服务。对群众要感恩，感恩群众的养育，感恩群众的支持，感恩群众的关怀，知恩图报，多做利民之事。对群众要敬畏，敬畏人民赋予的权力，敬畏人民的呼声，不负人民的信任，为民掌好权、服好务。对群众要真心实意，真正做到心系群众、贴近群众、融入群众，把人民利益高高举过头顶。对党和人民竭尽忠诚，要体现在忠诚党的组织上。我们党是以民主集中制为原则建立起来的政治组织，个人服从组织，少数服从多数，下级服从上级，全党服从中央是党的民主集中制的基本原则之一。中国革命事业的成功、党领导下的中国特色社会主义事业能不断开创新的局面，靠的就是党组织严密的纪律性。忠诚党的组织，就要坚决拥护以习近平为总书记的党中央权威，坚决维护党的集中统一领导，坚决执行党的政治纪律和政治规矩，绝不能阳奉阴违、自行其是，决不能搞非组织活动。立党不是为了赢利，入党不是为了入股，能不能做到对党和人民竭尽忠诚，是检验党员干部党性修养和检察官品行操守的试金石。

（二）对检察事业要敢于担当

"世界上的事情都是干出来的，不干，半点马克思主义都没有"。检察领导干部和检察官肩负着对一座城市的责任、一方人民的重托和一个时代的使命，必须敢于担当。敢于担当，要有正确的政绩观、业绩观做指引。有什么样的政绩观、业绩观，就有什么样的工作追求和履职行为。检察领导干部和检察官只有树立正确的政绩观、业绩观，才可能干出实实在在的政绩和业绩，个人也会随着事业的发展而不断成长进步；如果政绩观、业绩观错了，为一己私利、沽名钓誉，不仅危害检察事业、损害检察形象，也会妨碍个人的健康成长。我们所追求正确的政绩观、业绩观，根本要求应该是立检为公、司法为民；鲜明特征应该是求真务实，真抓实干；评价标准应该是看是否经得起实践、群众和历史的检验。敢于担当，要有强烈的事业心作支撑。干事创业激情减退，回避矛盾、安于现状、害怕担责，这都是事业心不强的表现。要热爱检察工作，视使命为信仰和追求，以深挚的爱岗爱业之情，激发自己的工作热情、工作活力和工作潜力；要安心检察工作，珍惜职业、珍惜岗位，安心本职，把每一个岗位都当作展示自己的舞台、成长进步的阶梯；要乐于检察工作，精神振奋、积极主动、迎难而战，把工作做细、做实、做深、做精，努力出智慧、出效率、出成果、出实绩。敢于担当，要有实在的举措和成效作检验。既不好高骛远，也不急功近利；既要着眼长远，又要立足当前，把步子迈稳，把脚印踩实，始终如一地踏实工作，始终如一地干事创业，以实实在在的举措和成效，全面推进并努力实现检察工作的新发展、新进步。这个成效应当是检察人员实干出来的、公认的成效，是经得起实践检验的成效，是人民群众满意的成效。

（三）对同志要胸怀坦荡

"同德则同心，同心则同志"。在我们党内和检察事业中，同志，不仅仅是成员之间的一种称谓，重要的是体现一种由共同理想联系在一起的相互平等、相互信任、相互依靠的革命关系，是人际间最无私、最纯洁、最高尚的关系。对待同志，讲真诚是基本前提。"不诚无以为善，不诚无以为君子"。这种忠诚是发自内心的真诚，光明磊落，心地无私，赤诚相待，而不是为了出于某种企图、达到某种目的的真诚，表里不一的真诚，心、言、行、果相脱节的真诚；是毫无保留的真诚，行事为人不能遮遮掩掩、"只摘花不摘刺"甚至一味逢迎，这看似照顾了同志的某些情绪，但实则不利于同志的进步，是对同志的一种不负责任；是始终如一的真诚，无论何时何地，无论对上对下，都要始终如一保持真诚，塑造自己的人格魅力，进而增强理解信赖。对待同志，讲原则是基本准则。讲原则是人与人相处及整个社会得以成立的必要规范，是为政之德的基本要求。讲原则，就不能当"老好人"，就不能见歪风邪气不敢"批"、复杂矛盾不敢"碰"、错误意见不敢"纠"，这都是有私心、怕得罪人、不讲原则的体现。与同志相处，必须大公无私、一身正气，这样才能有坚持原则的底气。讲原则，就不能"感情用事"，要把握好感情的尺度，交往的界限，搞团团伙伙、亲亲疏疏必将贻误事业、自毁前程。讲原则，不意味着固守不变，必须坚持原则性和灵活性相结合，党性和人性相结合，传统和现代相结合，求新求变才能有所创造和进步，但绝不能搞无原则的变通，甚至"上有政策，下有对策"。对待同志，讲宽厚是基本态度。同志的进步不能嫉妒，本人的进步不能自傲；受到非议、责难，甚至打击、排挤的时候，不能以眼还眼、以牙还牙，也不能悲观压头，要理性、冷静、沉着、有效应对，要经得起责难和考验；要正确对待他人的长处和短处，学人之长、容人之短，不能在背后说人之短，要真诚待人、乐于帮人，绝不能害人。

十六、检察领导干部要做践行"三严三实"的表率 [①]

中央决定今年在县处级以上领导干部中开展的"三严三实"专题教育意义重大。这次专题教育，重点是县处级以上领导干部；同时与每一名党员、检察官乃至检察人员都密切相关。检察机关是国家法律监督机关，检察官、检察人员肩负着履行国家法律监督的公职。检察机关全体党员、检察人员，特别是党员领导干部、中层骨干、检察官，都应把"三严三实"作为目标追求和基本准则，以高度的思想自觉和行动自觉，真正崇"严"崇"实"，率先践行"三严三实"。

（一）坚持严以修身

要通过养性修心调整自己。得之不喜、失之不忧、宠辱不惊、去留

---

① 本部分系作者 2015 年 5 月 29 日在长沙市检察院机关深入开展"三严三实"专题教育大会上所讲党课的内容摘录，收入本书时略作删改。

无意，这样才可能心境平和、淡薄自然。作为党员领导干部，更要带头做到不为名利所动，不为浮华所惑，守得住清贫，耐得住寂寞。要通过不断学习充实自己。"学者非必为仕，而仕者必为学"。以公务繁忙、事务繁杂为由放松甚至忽视学习，既是党员、干部对自己成长的不负责，更是对党和人民事业的不负责。党员、干部特别是领导干部要坚持每天花点时间看看政治、业务、人文、自然等方面的书籍，提高理论素养，提升专业水平，更新各方面知识，不断提升自我、完善自我。要通过自我反思警醒自己。党员领导干部要常思己过、常省己行，要自重自省自制自律，坚持做人原则，坚守做人底线。

（二）坚持严以用权

严以用权首要是用之为公。"一心可以丧邦，一心可以兴邦，只在公私之间尔"。用权为"公"还是为"私"，是区别当"公仆"与做"老爷"的分水岭。若为官者拿公权当私产，把部属当家奴，视百姓为刍狗，必然导致民不聊生、"民怒民怨""官逼民反"的恶果。要自觉守好公与私的分界线，坚决反对和禁止以权谋私、以案谋私。严以用权关键是用之有规。"法无授权不可为"。每一位检察领导干部和检察官都没有法外之权。中央反复强调要把权力关进制度的"笼子"，并将"笼子"通上"高压电"，就是要告诫每一名党员干部必须正确用权、依法依规依程序用权；就是要让党员干部在履行职责、行使权力时心中有畏，如履薄冰、如临深渊。中央大力推进司法体制改革，实行检察官办案责任终身负责制，建立《领导干部干预司法活动、插手具体案件处理的记录、通报和责任追究规定》和《司法机关内部人员过问案件的记录和责任追究规定》，其目的就在于促进和保证正确用权、依法秉公办案。严以用权的根本是用之为民。我们党无往不胜的力量源泉就是紧紧依靠人民。一切为了人民，是领导干部从政为官，同样也是检察领导干部和检察官从检为官的基本准则。检察机关每一位党员干部、特别是检察领导干部和检察官都要以自己的言和行回答好"为了谁、追求什么""依靠谁、干些什么""为谁司法、怎样司法"等重要问题，真正做到权为民所用、司法为民，真正做到让人民群众在每一个司法案件中都感受到公平正义，真正把人民满意作为检察工作的出发点和落脚点。

（三）坚持严于律己

要紧绷自律之弦。"贪如火，不遏则燎原；欲如水，不遏则滔天。"人若不自律、不自制，制度设计得再缜密，终成"牛栏关猫"。检察人员手中握有一定的权力，极易成为一些别有用心的人诱惑、拉拢、腐蚀的对象。如果不时刻保持警醒，在面对诱惑腐蚀时就可能出问题、犯错误，甚至跌进违法犯罪的泥坑。要怀有敬畏之心。检察人员特别是检察领导干部和检察官要对法纪心存敬畏，自觉维护党纪法规的权威，带头遵守党纪国法，绝不做违法乱纪之事；对群众心存敬畏，始终相信群众、依靠群众、接受群众监督，绝不可瞧不起群众、脱离群众、甚至欺负群众；对责任心存敬畏，时刻不忘肩负的使命和责任，始终忠诚履职、努力履职、出色履职，绝不懒政庸政、为官不为、甚至失职渎职。要守好慎独之关。《礼记》中说"莫见乎隐，莫显乎微，故君子慎其独也"。这句话的原意是：不要因为是在别人看不到、听不到的地方而放松自我要求，也不要因为是细小的事情而不拘小节，道德原则是一时一刻也不能离开的，要时刻用它来检点自己的言行。即使一个人独处、无人注意的时候，也要谨言慎行，不做失道失德的事。检察人员要以此为训、为戒，自觉做到严于律己、言行一致，做到人前人后一个样、有没有监督一个样，不仁之事不做、不义之财不取、不正之风不沾、不法之事不干，始终保持清正廉洁的职业本色。

（四）坚持谋事要实

谋事贵在心实。谋事实不实，关键在于树立强烈的事业心。要不躲避不虚度，聚精会神抓工作，一心一意谋发展，不瞻前顾后，不缩手缩脚，不患得患失，将工作干得有滋有味。要不松懈不敷衍，工作中困难再大、任务再重、矛盾再多，都要把步子迈稳，把脚印踩实，以攀过一山再登一峰的毅力，跨过一沟再越一壑的执着，迎难而上，敢闯敢试，善做善为，将工作做得有声有色。要不抱怨不懈怠，有功劳的时候不伸手、有苦劳的时候不计较、有疲劳的时候不抱怨，始终如一地踏实工作，始终如一地干事创业。谋事、做事贵在求实。要真正爱民，把人民群众的利益放在工作首位，把人民群众的冷暖安危时刻记在心上。要真正亲民，密切联系群众，主动深入群众，面对面接触群众，向群众学习、请教，为群众办实事、办好事。要真正为民，依法保护群众生命财产安全不受侵犯，依法保护群众的合法权益不受损害，依法保护无罪的人不受刑事追究，依法妥善化解人民群众内部矛盾，立足本职履行检察职责，用实际行动坚守、落实检察机关、检察工作的人民性。成事贵在求实。就是想问题、作决策、办事情要以符合实际、符合客观规律、符合科学精神为基本前提，既不好高骛远，也不急功近利；既要着眼长远，又要立足当前，以实实在在的举措和成效，全面推进并努力实现长沙检察工作的新发展。这个成效应当是检察人员实干出来的、公认的成效，是经得起实践检验的成效，是人民群众满意的成效。

（五）坚持创业要实

创业要实要有正确的观念引导。要热爱检察工作，视使命为信仰和追求，以深挚的爱岗爱业之情，激发自己的工作热情、工作活力和工作潜力。要安心检察工作，珍惜职业、珍惜岗位，安心本职、安心工作。要乐于检察工作，乐就不会感到疲劳，乐就会精神振奋，乐就会积极主动，乐就会迎难而战，"乐"字当头，就会有使不完的劲，就能把工作做细、做实、做深、做精、做好，就会出智慧、出能力、出水平、出效率、出成果、出实绩。创业要实，要有坚强的能力支撑。人民群众渴望的安居乐业、政治清明、公平正义，都与检察职能、检察工作息息相关。要全面正确履行检察职责，就必须依法履行好审查逮捕、审查起诉工作职责，依法履行好查办和预防职务犯罪工作职责，依法履行好诉讼监督工作职责。检察人员要全面正确履行好检察职能、做好检察工作、干好检察事业，就必须具备应有的履职能力。要努力提高检察人员发现犯罪、侦查突破案件、收集运用证据、适用法律政策的能力；提升检察人员分析研判矛盾、排查化解纠纷、开展群众工作、新媒体时代沟通等能力。创业要实，要有务实的作风保障。要实干，就要讲实话。坚决反对讲假话，力戒讲空话、漂亮话、消极话、牢骚话；坚决摒弃好人主义、破除官僚主义、反对弄虚作假。要实干，就要出实招。研究工作措施不能夸夸其谈，确定工作举措不能空对空，落实工作举措不能走过场、推进工作不能虎头蛇尾，应当抓认真、抓到底、抓到位。要实干，就要办实事。把时间和精力放在办好案子、做好事情、解决实际问题上，放在多办案、办准案、办好案、办优案上。

（六）坚持做人要实

要做一个正直的人。人生在世，只有把自己这个"人"字写正了，才会有服众的底气和被尊重、被尊敬的资格。为官从政乃至为人处世，都必须先打好正直高尚的道德根基。"格物、致知、诚意、正心""修身、齐家、治国、平天下"。作为检察领导干部和检察官，要更严格要求自己，带头追求真理、坚持正义，真正做到"不诱于誉、不恐于诽"。要做一个宽厚的人。宽容厚道，是能容人、容言、容事的胸襟，是忠厚朴实、谦逊内敛的美德，展现的是气度、雅量。你对人宽厚、包容，别人往往会理解你、信任你、尊重你、关心你、支持你。当然，待人宽厚并不是无原则的迎合、迁就、放任，更不是违反原则的"和稀泥"和"一团和气"，而是求大同存小异，最终达到相互理解、相互信任、相互团结、相互支持的目的。要做一个有理想的人。理想，是一种追求，是一种前进的动力。没有理想的人生，注定是一种苍白的人生。历史的车轮已经驶入崭新时代，市场经济的大潮冲击着每一个人。作为一名共产党员，从入党的那一天起，就必须坚定共产主义的崇高理想，坚定中国特色社会主义的信念，并为之奋斗终身，真正做到"对党忠诚，积极工作，为共产主义奋斗终身，随时准备为党和人民牺牲一切，永不叛党"。

第二节　检察队伍建设

一、抓好检察队伍建设 ①

抓好检察队伍建设，是长沙检察工作新发展总体思路中的"发展关键"所在，是摆在全市检察机关面前的一项十分重要而紧迫的工作，是一项非抓好不可、非首先抓好不可的非常重要的工作。为此，我们必须着力抓好以下几个方面的建设：

（一）着力抓好思想政治建设

一个人如果思想、政治上有问题、出了问题，那是绝对会迷失政治方向、偏离政治方向的，那是无法履行好职责、干好工作、完成好党和人民交给的任务的，是必定要走弯路、摔跟头，甚至会走向人民的反面、步入违法犯罪的深渊的。目前有些同志存在不爱学习爱悠闲、不讲政治讲自由、不讲党性讲个性、不讲奉献讲实惠等现象，有的甚至还比较突出。这说明，思想政治建设还是我们检察队伍建设的薄弱环节。对此，我们要有清醒的认识和高度的警觉，一定要把思想政治建设摆在政治工作的首要位置，切实加强。当然，院党组在狠抓思想政治建设、在"从严治检""从高从严要求"的同时，也要注意"从优待检"，要更加关心、爱护干警政治上的成长，更加关心、支持干警事业、工作上的进步；更加关心、帮助、指导解决干警工作、生活中的具体问题和困难。

（二）着力抓好干部队伍专业化建设

两级院要更加注重人才培养，要切实建立人才引进、培养、使用、管理机制；加强中层骨干队伍建设，提升中层骨干领导水平和能力；完

---

① 本部分系作者 2008 年 7 月 28 日在长沙市检察院机关 2008 年上半年工作通报讲评暨"七·一"表彰大会上的讲话摘录，收入本书时略作删改。

善队伍科学管理和绩效考核考评机制，大力培养、树立各类"业务尖子""工作尖子"和先进典型；要解放思想，加大力度，采取、落实有效措施，努力提升检察队伍的专业化水平。

（三）着力抓好机关党的建设

要重视、加强和支持机关党的建设和机关党组织工作。要逐步克服和解决"不愿当党支部书记、不愿做党组织工作、不愿争当优秀党员、优秀党务工作者"的不良现象。要扎扎实实把机关党委、机关党支部工作抓好、做好。要牢固树立党的绝对领导意识，坚持把党的领导与依法独立公正行使检察权有机统一起来，把执行党的政策与执行国家法律有机统一起来，把讲政治与讲法治有机统一起来。这里要特别强调的是，检察机关党员干部尤其是领导干部和中层骨干，不仅要懂法治、讲法治，更要懂政治、更要时刻注意带头自觉做到讲政治。要充分发挥机关党组织的战斗堡垒作用、共产党员的先锋模范作用，以影响和带动检察队伍建设。

（四）着力抓好纪律作风建设

要严格执行市院作出的"六个严禁"的规定，严格执行党政干部纪律，严格执行检察官纪律，严格执行各项规章制度。前不久，市院纪检组、监察室已向全市480名市人大代表发了"征求对检察机关和检察工作意见的函"及征求对检察机关、检察人员遵守"六个严禁"规定情况意见的函。对于检察机关、检察人员中存在的问题包括纪律作风建设方面的问题，市院及各部门一定要引起高度重视，认真加以整改；对发现的检察人员违法违纪案件和问题，纪检监察部门要严肃查处。

（五）着力抓好检察形象建设

两级院党组对检察官队伍中存在的问题，要深入调研，查找问题，剖析原因，制定有关方案，抓紧整改，努力提升检察官形象。同时，加强检察宣传工作，提高检察工作的透明度，树立检察队伍在人民群众中的良好形象，提高人民群众的满意度。

二、加强队伍建设 [①]

要强化检察机关队伍建设，采取有效措施，持之以恒地加强对检察队伍的从严教育、管理和监督，不断提高检察队伍的整体素质，努力建设一支政治坚定、业务精通、作风优良、纪律严明、人民群众信赖的高素质检察队伍。

（一）突出加强思想政治建设

当前，要按照中央政法委的统一部署，认真开展"发扬传统、坚定信念、执法为民"主题教育实践活动，组织检察人员重温入党誓词、重读红色经典、瞻仰革命旧址、走访革命前辈、走访老共产党员、走访困难群众。要认真落实最高检《关于加强和改进新形势下检察机关党的建设的意见》，巩固"恪守检察职业道德、促进公正廉洁执法"主题实践活动成果，深入开展创先争优和文明单位创建活动。要以纪念建党 90 周年和人民检察创立 80 周年为契机，大力宣传检察工作和队伍建设成就，宣传具有检察特色、反映时代精神的先进典型，以教育、引导和激励检察机关全体共产党员、检察人员始终坚定理念信念、永葆政治本色，让党放心，让人民满意。

（二）积极推进队伍专业化建设

着力抓好教育培训。认真开展新一轮大规模教育培训，深化学历教育，特别是加强法学、法律硕士、博士研究生教育培训，规范任职资格和初任检察官培训，抓好司法资格考试培训，加强选调和新录用人员的培训；健全岗位练兵长效机制，广泛深入开展评比表彰各类优秀检察工作骨干和优秀创新项目、优案、优稿等竞赛活动，不断提高干警办案和工作技能。着力抓好高层次检察人才培养。深入实施人才强检战略，鼓励引进高学历、高素质优秀人才，加强检察业务专家、业务尖子和业务能手的培养、选拔与使用，发挥高层次检察人才的示范

---

① 本部分系作者2011年2月28日在长沙市检察工作会议上的讲话摘录，收入本书时略作删改。

引领作用。着力抓好分类管理。按照最高检和省院要求，探索推进检察人员分类管理，提高队伍管理水平。

（三）切实加强自身反腐倡廉建设

继续积极、扎实、有效地推进廉政风险防控机制建设。以领导干部为重点，以执法监督为核心，以制度建设为关键，切实加强检察机关内部监督工作。突出抓好对领导班子、领导干部的监督，完善并认真执行述职述廉、诫勉谈话、领导干部报告个人重大事项等制度。突出抓好对检察机关自身执法办案的内部监督制约，着力解决和防止以权谋私、以案谋私、违反规定办案等突出问题。要坚决落实全省政法工作会议提出的"检察人员的配偶、子女不得担任该检察人员所任职检察院办理案件的诉讼代理人或辩护人，检察机关领导干部的配偶、子女不得在该领导干部分管工作的范围内从事涉检律师业务"的明确要求。要坚决执行中央政法委提出的"四个一律"要求，即：接受当事人及其委托律师吃请、娱乐、财物的，一律停止执行职务；利用职权插手案件办理影响公正执法、滥用职权侵犯当事人合法权益的，一律调离执法岗位；徇私枉法、贪赃枉法的，一律清除出政法队伍；构成犯罪的，一律依法追究刑事责任。坚决遏制检察人员特别是领导干部消极腐败行为，促进自身公正廉洁执法。

（四）着力加强检察文化建设

检察文化建设是检察事业的重要组成部分。全市两级检察机关要从全局、战略的高度，充分认识加强检察文化建设对于推动检察工作和检察队伍建设科学发展的重要性、必要性和紧迫性，准确把握检察文化建设的指导思想、总体目标和基本原则，坚持用先进文化提高检察队伍的思想境界、职业操守、法律素养，提升检察机关法律监督能力和执法公信力。要牢牢把握检察文化建设的正确方向和核心。深入学习实践社会主义核心价值体系，深化社会主义法治理念教育，大力弘扬和培育检察职业精神。要始终坚持突出检察文化建设的重点。加强职业道德建设，加强法律监督能力建设，加强执法规范化建设，加强纪律作风和自身廉政建设，加强职业形象建设。要不断丰富检察文化建设的内容和载体。深化检察文化理论研究，广泛开展各类群众性文化活动，繁荣检察文艺创作，倡导和谐文化，营造和谐氛围。要切实加强对检察文化建设的组织领导。强化领导责任，发挥典型示范作用，抓好文化建设队伍，加大物质保障，确保检察文化建设有序、深入、健康发展。

三、努力建设过硬检察队伍 [①]

（一）加强队伍思想政治建设

按照中央统一部署，紧密结合检察工作实际，精心部署、扎实开展"学党章党规、学系列讲话，做合格党员"学习教育，组织全市检察机关全体党员干部开展读原著、学原文、悟原理和专题研讨、汇报交流等活动，深刻领会掌握党中央治国理政新理念新思想新战略，切实用以武装头脑、指导实践、推动工作，不断增强政治意识、大局意识、核心意识和看齐意识，全面提升检察机关党员干部思想政治素质。深入抓好《党委（党组）意识形态工作责任制实施办法》的落实，建立健全两级院意识形态责任分工、分析研判、督查考核和责任追究体系，加强对主办合办的门户网站、官方微博微信、手机报信息等各类意识形态阵地的管理，牢牢把握检察机关意识形态工作的主导权，营造正确的宣传导向。继续深化"三严三实"专题教育，加强党的创新理论学习教育、政治纪律和政治规矩教育、社会主义法治理念教育和检察职业道德教育，大力宣传和弘扬"公、诚、精、廉、新"的长沙检察精神，引导检察人员坚定理想信念、强化宗旨意识、践行"三严三实"，不断开拓创新，真正做到忠诚履职、司法为民、公正廉洁。

（二）深入推进专业化职业化建设

实施检察人才六项重点工程，严格职业准入制度，充分利用现有

---

① 本部分系作者 2016 年 3 月 9 日在长沙市检察工作会议上的讲话摘录，收入本书时略作删改。

政法专项编制，重视加强对特需人才的遴选和招录，特别是要加强对基层检察院司法办案急需紧缺人才的引进，努力改善检察队伍素质结构，提升队伍专业化职业化水平。扎实、有效推进专业化职业化教育培训，继续重点围绕提升领导水平，深入开展各类领导素能培训，突出加强对新任领导干部和后备年轻干部的教育，着力培养各结构层次领导班子和中层骨干；继续重点围绕提高专业水平，扎实、深入开展任职资格、岗位技能等正规化岗位培训和业务竞赛、岗位练兵等活动，着力培养一批业务尖子、办案能手和其他检察专门人才；继续重点围绕提升综合素养，深入开展综合素能培训，突出加强对大数据、互联网、金融等新领域知识和检察信息化等现代科学手段应用能力的培训，抓好高学历人才培养、理论研讨、案例研究等工作，着力培养一批复合型人才。改进培训方式方法，探索开展模拟演练、实训教学、结构式研讨等贴近实战、贴近一线的新型培训模式，增强教育培训针对性有效性，确保培训质量和实效。

（三）继续高度重视从优待检工作

坚持把"从严治检"作为"从优待检"的首要条件和关键措施来抓，做到要求从严、教育从严、管理从严和监督从严，有效防止腐败、保护好干警。坚持从政治上关心干警，积极做好各类人才和检察业务骨干的职称评定、职级晋升和选拔、任用等工作，切实让"有位者有为，有为者有位"。坚持从工作上支持干警，尊重检察人员主体地位和正确价值追求，倡导、鼓励和激励广大检察人员想事、干事、成事；宽待、宽容检察人员在忠诚履职、勇于担当，推进司法办案、检察探索改革中发生的缺点和失误，激发检察人员工作的积极性、主动性和创造性。坚持从生活上关怀干警，依照有关政策和精神，进一步保持或适当增加检察人员的合法合规收入，改善检察人员福利待遇；重视、指导、帮助、协调解决检察人员在夫妻两地分居、子女读书就业、家庭生活困难等方面急需解决的困难，让广大检察人员深切感受到组织的温暖。坚持从身心上关爱干警，定期组织健康体检、举办心理健康辅导，广泛开展检察人员喜闻乐见的文化、体育、文艺等有益于身心健康的活动，全面、深入开展谈心交心活动，进一步开展全体检察人员集中培训工作，进一步落实检察人员享受公休假待遇，促进广大检察人员以更加饱满的精神状态和充沛的精力投入司法办案、投入各项检察工作，激励全体检察人员更好地爱岗敬业、忠于职守、不懈奋斗，不断创造佳绩，不断建功立业。

四、大力加强法律监督能力建设 [①]

党的十八大明确提出"全面推进依法治国""加快建设社会主义法治国家"的重大决策和战略部署。全市检察机关要为此而全面正确履行法律监督职能，并为之而不懈奋斗。当务之急，要特别注意进一步加强法律监督能力建设。

根据检察职能的特点，全市检察机关加强法律监督能力建设重点要抓好六个方面工作：

（一）加强打击、预防刑事犯罪的能力建设，重在提高检察机关执行法律和政策的水平

一是坚持"严打"方针，有效发挥侦查监督和公诉的职能，对严重危害社会治安的刑事犯罪依法快捕快诉，通过办理个案阐释正义。二是认真执行宽严相济的刑事政策，对主观恶意较小、社会危害轻微的犯罪，采取轻缓的刑事政策。三是积极将刑事和解的理念引入检察环节，及时化解矛盾纠纷，通过办案，既解开当事人之间的"法结"，又解开当事人之间的"心结"，实现定纷止争、案结事了。四是按照打防结合、预防为主，专群结合、依靠群众，加强和完善社会治安综合治理的政策要求，依法打击各种犯罪活动，保障人民生命财产安全。五是对一些司法不能解决或不应解决的社会问题，提出切实可行的检察

---

① 本部分系作者 2013 年 8 月 14 日在长沙市检察院党组理论学习中心组 2013 年第三次集体学习会议上的讲话摘录，收入本书时略作删改。

建议，做好案件延伸工作，拓宽法律服务的空间和领域。

（二）加强查办和预防职务犯罪的能力建设，重在提高查办大要案能力

面对反腐败斗争的严峻形势，要求检察机关进一步提高职务犯罪侦查能力，通过有罪必究、刑罚必至，有效惩治和预防职务犯罪，促进公共权力廉洁高效运行。一是积极查办发生在政府机关中的贪污贿赂、渎职侵权等国家工作人员职务犯罪大要案；注意在新经济领域、资金高度密集型领域、垄断行业中发现线索；集中查处社会影响大、民众反映强烈的职务犯罪案件。二是以查处严重职务犯罪为抓手，研究侦查谋略，提高侦查本领，推进反腐倡廉向纵深发展。三是建立纵向指挥有力、横向协作紧密、信息畅通灵敏、运转高效有序的职务犯罪侦查机制。进一步规范侦查取证工作，确保讯问犯罪嫌疑人全程同步录音录像，确保程序合法。四是加强侦查装备现代化建设和侦查队伍专业化建设。提高运用现代科技手段侦查破案的能力，提高职务犯罪案件的侦破率，降低漏网率，提高侦查队伍的侦查技能和侦查水平，提高突破犯罪的能力和收集、固定、有效运用证据的能力。

（三）加强诉讼监督的能力建设，重在增强监督实效、强化对人权的司法保障

在强化刑事诉讼监督方面：一是加强立案监督，维护法律尊严。二是完善侦查监督，规范侦查行为。通过适时介入侦查活动，引导合法取证，坚决纠正违法立案、刑讯逼供、违法搜查、查封、扣押、冻结、拘留及立而不侦、侦而不结、久拖不决等严重违反程序，侵犯公民权利的问题。三是加强审判监督，维护司法公正。通过对法院裁判的审查，对判决确有错误和量刑畸轻畸重显属不当的依法提出抗诉。四是注重执行监督，促进文明执法。既纠正违法减刑、假释、保外就医，又维护被监管人员的合法权益，配合做好刑释和解教人员的再教育和就业安置，增进社会和谐。在加强民事审判和行政诉讼监督职能方面：重视运用抗诉和检察建议等多种形式，依法纠正裁判确有错误

的民商事案件和行政诉讼案件，用法治来规范市场经济的健康运行，培育和完善统一有序、开放竞争的市场体系。

（四）加强处理公民诉求、依法化解矛盾纠纷的能力建设，重在提高调处矛盾纠纷和化解影响稳定因素的效率和水平

有针对性地开展专项法律监督工作，集中解决妨碍公正执法、侵害群众利益的突出问题。建立依法及时处理涉检上访问题的长效机制，在控告检察和申诉检察工作中建立冤情汇集、分析和处理机制，及时办理群众的控告申诉，掌握最新民情，使多元化社会中的合理利益诉求通过检察环节化解或分流；对一些法律规定不明确的矛盾纠纷，坚持人本思想，从维护民众利益出发，作出合乎法律精神的解释，使冷峻刚毅的法条在执法过程中体现出对人的尊重。

（五）加强保护各类市场主体合法权益的能力建设，重在提高运用法律手段服务经济活动的能力

统一的市场需要统一的法治。城市经济必须在确定的制度框架中存在和发展，特定的制度是市场主体理性预期的重要依据。检察机关作为国家的法律监督机关，一方面需要通过履行检察权，对市场主体中各种社会关系作出评价，对正当权利予以保护，对违法犯罪行为予以矫治；另一方面需要通过守护法律，依法履行监督职能，创造、完善并维护适应新的历史条件的政治、经济及社会生活等方面的法律秩序。

（六）加强严格、公正、文明和规范执法的能力建设，重在提高文明执法、规范执法的水平

切实加强队伍建设，强化内部监督，用比监督别人更严格的标准监督自己，自觉接受人大及其常委会的监督，自觉接受舆论监督和人民群众的监督，确保检察权在阳光下运行。要切实加强廉政建设，真正做到自身正、自身净、自身硬。要端正执法理念，自觉践行执法为民，平等对待各类诉讼主体，在保护公民人身权利、财产权利的同时，依法保护公民的民主权利、劳动权利及其他经济文化权利；要提升执法素质，培养检察官兼具静态的法律知识和灵动的法律智慧，使法律得

到统一、规范和有效实施；要完善执法机制，通过推进检察改革、完善办案机制、提高办案质量，保障司法权威。

五、加强机关作风建设 ①

要深入查找机关作风上存在的突出问题。全市两级检察机关少数干警在机关作风方面还或多或少、不同程度地存在以下问题：一是"懒"。表现为身子发懒，消极怠工，进而精神松懈，往往工作不努力，出勤不出力，行动无精打采，不思进取。二是"空"。空的本质是空想、空谈、空话连篇，在文稿上写套话，在工作中空喊口号，在调查研究上空座论道，在作风上玩"空手道"。"空"表现在政治生活中必然是官僚主义，表现在思想方法上必然是主观主义，表现在工作实际中必然是本本主义，表现在处理问题上必然是形式主义。三是"浮"。浮的本质是"官本位"意识浓厚，工作漂浮，欺上瞒下，抓工作、办事情满足于当"收发员""留声机"。四是"拖"。拖不可小看，往往引发形式主义、官僚主义。有的干警办事情、抓工作、办案子，一拖再拖。五是"骄"。骄字当头，夜郎自大，霸气滋长，自以为是。六是"软"。表现为原则性不强，工作软弱无力，喜欢做老好人、当和事佬，怕坚持原则影响团结，怕批评人影响人际关系，怕得罪人影响个人进步。七是"散"。散的主要表现是自由主义。表现在言论上是乱说，在行为上是散漫。八是"贪"。这里的"贪"是指广义上的"贪"，一切违反廉洁从政、廉洁从检的行为都可以视为贪。

以上种种表现与问题，全市两级检察机关要引起高度重视，切实加以整改纠正。当前特别要认真、扎实、有效开展集中整治机关干部作风活动，认真贯彻落实市检察院关于改进工作作风的"三个规定"，即《中共长沙市人民检察院党组关于改进工作作风、密切联系群众的五项

---

① 本部分系作者2013年4月12日在长沙市检察机关反腐倡廉建设工作会议上的讲话摘录，收入本书时略作删改。

规定》《长沙市人民检察院关于切实改进工作作风的十项规定》《长沙市人民检察院关于进一步加强公车管理的规定》。要大力倡导和自觉践行六种优良作风，即大力倡导和自觉践行政治可靠、坚定不移的忠诚之风，忠诚服务大局，忠诚履行职责，忠诚对待同志；大力倡导和自觉践行热爱学习、学以致用的勤学之风，以学正心，以学助行，以学出新；大力倡导和自觉践行脚踏实地、求真务实的实干之风，说真实话，办实在文，开实用会，干扎实事；大力倡导和自觉践行公正办案、一尘不染的廉洁之风，心要正，手要净，身要硬；大力倡导和自觉践行艰苦朴素、力戒浪费的节约之风，从"嘴上"节约、防止和减少"舌尖上的浪费"，从"手上"节约、防止和减少"手指上的浪费"，从"腿上"节约、防止和减少"车轮上的浪费"；大力倡导和自觉践行亲民爱民、全心服务的为民之风，联系群众，了解群众，理解群众，服务群众，依靠群众。

要坚持领导干部带头做改进作风的表率，从我做起，"一把手"率先垂范，院领导以身作则，中层干部带头执行；从我查起，通过自查、检查、各方面督察、监督，督促领导干部找准问题；从我改起，下决心从群众关心、关注和不满意的问题改起，下决心从容易出问题的地方改起，下决心从"老大难"问题改起；从我抓起，检察长、院领导、中层骨干都要敢抓善管。这样，全市检察机关两级领导干部以身作则，自我约束、自我规范，并自觉接受全体干警的监督，一级带一级，促进全市检察机关的作风有一个大的改进。

六、注重加强作风建设 [①]

党的十八大报告首次将政治坚定、能力过硬、作风优良、奋发有为的执政骨干队伍，作为坚持和发展中国特色社会主义的关键，并旗

---

① 本部分系作者 2013 年 5 月 16 日在长沙市检察机关干部队伍建设集中教育整顿活动和进一步加强和改进检察机关作风建设会议暨市检察院机关作风整顿活动动员大会上的讲话摘录，收入本书时略作删改。

帜鲜明提出要全面加强党的作风建设。以习近平总书记为核心的新一届党中央领导集体高度重视作风建设，上任伊始就作出了关于改进工作作风、密切联系群众的八项规定，提出要以踏石留印、抓铁有痕的劲头狠抓作风建设，以良好的作风正党风、带政风、促新风，以回应人民群众的关切和期盼。省委、市委和省检察院也相继出台了关于加强作风建设的有关意见和实施细则，市检察院出台了加强作风建设的"三个规定"。全市检察机关和检察干警要充分认识加强作风建设的重要意义，坚决贯彻落实作风建设的各项部署要求，切实转变工作作风，以作风建设的实际成效提升检察执法办案的质量、效率、效果，提升检察执法办案的公信力，提升检察机关、检察工作人民满意度。

（一）深刻认识作风建设的重要性、紧迫性

当前，我们党所处的历史方位、时代背景和执政环境发生了巨大变化，面临着许多前所未有的新情况、新问题、新挑战，加强作风建设比以往任何时候都显得更加重要、更加紧迫、更有意义。

第一，良好的作风，是我们党的优良传统。我们党在革命、建设和改革的不同历史时期始终重视工作作风建设，形成了一系列明显区别于其他政党的优良作风，使党的作风建设与思想建设、组织建设一道成为中国共产党的优良传统和政治优势，增强了党的活力，巩固了党的地位。新民主主义革命时期形成和发扬的理论联系实际、密切联系群众、批评与自我批评三大优良作风和坚定信念、顽强拼搏、不怕牺牲的精神源远流长；社会主义革命和建设时期的"两个务必"，即务必使同志们继续地保持谦虚、谨慎、不骄、不躁的作风，务必使同志们继续地保持艰苦奋斗的作风的告诫言尤在耳、历久弥新；改革开放和社会主义现代化建设时期结合新的实际，大力恢复和发扬党的优良传统和作风，同时不断总结新的实践经验，努力培育新的作风，提出了"八个坚持、八个反对"、倡导"八个方面良好风气"，大兴"四大作风"。我们党之所以能够不断从一个胜利走向另一个胜利，关键在于始终保持了优良作风，赢得了广大人民群众的衷心拥护和支持。

　　第二，良好的作风，是我们党践行根本宗旨的必然要求。人民群众是人类历史发展的创造者和推动者，是社会发展和社会变革的决定性力量。政之所兴在顺民心，政之所废在逆民心。践行党全心全意为人民服务宗旨，为作风建设提出了具体目标和要求。要践行根本宗旨，就要始终保持党同人民群众的血肉联系，始终坚持以人为本，始终坚持问政于民、问需于民、问计于民；要践行根本宗旨，就要始终坚持实干兴邦、恪尽职守、清正廉洁，忠实履行岗位职责；要践行根本宗旨，就要多办顺应民意、解民忧、增民利的实事，将为人民群众排忧解难的工作落到实处。这既是我们党无产阶级性质、全心全意为人民服务的宗旨的必然要求，也是我们党战胜各种困难与风险、不断发展壮大的根本保证。

　　第三，良好的作风，是我们党提高执政能力的重要手段。党的十八大报告明确指出，党在新形势下面临精神懈怠、能力不足、脱离群众、消极腐败四大危险。只有不断提高党的领导水平和执政水平、提高拒腐防变和抵御风险能力，才能不断巩固执政地位、实现执政使命。提高执政能力，就必须要振奋党的精神、凝聚党的队伍，促进和保证党的政治路线的贯彻执行；就必须坚持真抓实干，保持艰苦奋斗、积极进取的工作作风，不断推进改革成果为人民共享；就必须坚持密切联系群众，保持良好的为民作风，将服务人民大众、促进科学发展作为工作的立足点和归宿；就必须加大预防和惩治腐败力度，树立和弘扬新风正气，保持党员干部清正廉明、党员队伍风清气正。党的历史也证明，什么时候我们党的作风端正，什么时候党组织战斗力和凝聚力就强，什么时候应能得到最广大人民群众的肯定和拥护。

　　检察机关保持良好的作风，既是检察机关、检察队伍振奋精神、坚定斗志、忠诚履职、干好检察工作、履行好检察职能的重要保障，更是新形势下检察机关、检察队伍能够经受住各种风险考验，永远富有凝聚力、战斗力、创新力、执行力，永葆检察事业生机与活力，永葆检察事业兴旺发达、可持续科学发展的重要法宝。

第四，良好的作风，是检察机关正确行使检察职责、提升检察执法公信力的根本保障。检察机关开展和深化作风建设的目的，在于通过全面深入的学习整改，促使广大干警的理想信念更加坚定、宗旨意识更加牢固、道德修养进一步提升、执法办案的能力与水平、质量与效果进一步提高，从而提升检察机关的公信力和人民群众对检察机关、检察工作、检察队伍的满意度。习近平总书记等中央领导同志反复强调"打铁还需自身硬"。检察机关是国家法律监督机关，身处惩治犯罪的前线、惩治腐败的第一线。坚定不移地推进作风建设，对提高执法司法公信力乃至维护社会公平正义大为重要。实践证明，好的作风往往是一种可以转化为物质成果的重要精神力量。好作风带来凝聚力。一个作风优良的机关往往是一个凝聚力强的单位，心往一处想、力往一处使，全心全意为更好地行使检察权而谋划、行动。好作风就是内动力。加强作风建设，培育职业荣誉感和责任心，加强紧迫感和使命感，苦练"内功"、比试"内力"，才能外化为检察机关执法公信力。

第五，良好的作风，是提高检察队伍素质、提升检察形象的重要途径。全面提高检察队伍的素质，不仅在执法能力方面要进一步加强，工作作风方面也应常抓不懈。作风体现素质。只有德才兼备、作风过硬，才是一支有执行力、战斗力和竞争力的队伍。作风就是形象。实践证明，队伍的形象好在作风，差也在作风；人民群众对我们检察机关的态度，敬佩的是作风，不满的也是作风。要提升检察机关在人民心中的形象，在队伍能力建设方面固然要十分重视、大力加强，在作风建设方面同样不能忽视，而应更加重视、身体力行、有效推进。要求群众不做的，检察人员首先不做；要求群众做到的，检察人员首先做到，而且要做得更好。

第六，良好的作风，是全面推进并实现全市检察工作新发展的客观需要。2008年以来，市检察院新一届院党组根据上级检察机关的部署、要求，结合长沙实际，集思广益，精心制定、不断完善、大力实施全市检察工作新发展的总体思路，全市检察工作、领导班子建设、检察队伍建设和基层院建设，年年取得新的成绩、新的进步，实现新的发展。这与全市检察机关的领导干部、中层骨干、检察人员扎扎实实干事、干干净净做人的良好作风密不可分。今年初，市检察院党组和检察委员会经过反复研究，确定了未来五年及 2013 年要继续完善和实施全市检察工作新发展的总体思路，并要求采取相应的举措，全面推进并实现全市检察工作新发展。这就要求我们必须进一步重视和加强检察机关的作风建设，继续以队伍的作风建设带动各项检察工作的全面、深入、科学发展，以作风建设的实际成效提升检察工作新发展的质量、水平和效果。只有不断加强作风建设，积蓄强大势能，聚合强大力量和正能量，检察工作新发展才能持之以恒，检察事业才能全面发展、可持续发展、科学发展。

（二）注意加强作风建设

作风影响甚至决定作为，作风影响甚至决定成败。古人云：行止不端，读书无益；心高气傲，博学无益；作事乖张，聪明无益；骄奢淫逸，仕途无益。从个体来讲，身为一名共产党员、一名检察人员，要时刻铭记自己的历史责任和职业准则，注重优良作风的养成，以更严的要求、更大的决心，从我做起，从零做起，从小事做起，从现在做起，形成良好习惯，发扬优良作风，革除不良习气；从整体来讲，要时刻牢记使命、职能和职责，注重加强作风建设，不断改进工作作风，以更高的要求、更硬的举措，做到抓大、抓小、抓实，即从思想抓起，从导向抓起，从重点抓起，从小处抓起，真抓实干，常抓不懈。只有这样，检察机关才能不断增强正能量，展示新风貌，树立新形象，彰显新作为；检察机关的作风建设才能更有效地加强，检察队伍的作风才能更有效地改进。具体来说，要着力抓好以下六个方面：

第一，注重领导带头。在某种程度上讲，作风建设也可以说是一个"老大难"问题。但只要我们检察长、院领导、处长（主任）重视抓、真抓，就可以迎难而上、迎刃而解，就没有抓不好的事。全市两级院党组和全体班子成员特别是检察长要更加重视抓作风建设，将作风建设作为关系检察机关长远发展的重要工程来抓，抓决策部署、抓集中整顿、抓工作到位、抓机制落实；同时要率先垂范，以身作则，"从我做起""从我做到""对我监督"。全体中层干部特别是部门正职要带头执行中央、省委、市委和上级检察机关有关加强作风建设的重要文件精神，尽职尽责抓好本部门及检察人员作风的自查、自纠和整改落实；同时要严格要求自己，带头端正学风强化学习，带头真抓实干做好工作，带头遵章守纪严格自律。各党支部书记要加强改进党员队伍作风教育管理，发挥好党支部先锋战斗堡垒的作用，同时要带头心系基层调查研究，带头联系群众，问计于民，带头关心群众，解决实际问题。风成于上，俗形于下。如此上行下效，就能带动和推动市院机关乃至全市检察系统作风的有效加强和改进。

第二，注重加强学习。有人说，在农业时代，一个人读几本书，可以运用一辈子；在工业社会，一个人读十几年书，才能用一辈子；到了知识经济时代，一个人要天天、月月、年年、一辈子读书，才能跟得上时代日新月异的变化。一是院领导要做学习的表率。要认真读书，精心读几本好书；要深入开展专题调研，撰写质量较高的调研报告或论文，运用学习成果指导分管工作和检察工作实践；要做勤于学习的表率、善于学习的表率、不断学习的表率和学以致用的表率。院领导要带头多去图书馆，多看书。二是要大力开展"创建学习型检察院、争当学习型检察人员"活动，争创学习型机关，争当学习型检察人员。要认真抓好深入学习和贯彻落实党的十八大精神、习近平总书记一系列重要讲话精神和中纪委二次全会精神、政法工作会议等系列重要会议的精神。要重视抓好培训工作，加强对新进检察人员的岗前培训、对广大检察人员的学历教育、司法考试培训，加强对职务犯罪侦查、侦查监督、公诉等重要执法办案岗位检察人员的实践能力培训。三是要重视运用学习成果指导实践。要以学正心。要正观念，通过学习明辨是非对错、善恶好坏，树立正确的人生观、世界观、价值观和权力观、执法观、业绩观；要正态度，通过学习克服不良心态，不消极、不抱怨、不应付、不安于现状，积极、达观、踏实地投入工作；要正精神，通过学习增强进取精神、拼搏精神、创新精神，不怕困难、锲而不舍、攻坚克难、奋发进取、开拓前行。要以学助行。要助办案，将学习成果转化为执法办案的效能，使办案水平更高、办案质量更优、办案效果更好；要助办公，将学习成果转化为综合服务工作的实效，使运转更高效、服务更优质、管理更科学；要助做人，将学习成果转化为待人处世的良好素质，使心态更平和、胸怀更宽广、品行更端正。要以学出新。要出新思路，通过务虚与务实相结合，解放思想、大胆探索，找到更科学、有效的检察工作新思路；要出新机制，通过继承与创新相结合，扬长补短、拾遗补缺，建立更健全、管用的检察工作新机制；要出新业绩，通过理论与实践相结合，学以致用、以学促用，实现学习效果在实践中的最大化、最优化，创造出让人民群众更加满意的新业绩。

第三，注重实干。抓作风建设的目的，就是要通过加强和改进机关作风，有效促进和带动检察机关及全体检察人员改变作风，并以此推进全面正确有效地履行检察职能，进而达到工作精神的提振，工作能力、工作质量、工作效率的提高，工作实效的增强，工作满意度的提升。而要做到这一点，关键在于实干。实干，首先要肯干。要把追求、心思、时间和精力放在检察事业、检察工作上，摒弃拈轻怕重、挑肥拣瘦、怕苦怕累、怕挑重担的思想，争先恐后办案、废寝忘食办事。其次要敢干。敢为人先是长沙精神的精髓。在各项检察工作中，要敢字当头，敢想善思，敢于碰硬，敢于"第一个吃螃蟹"，敢"啃硬骨头"，敢于办关系复杂的大要案，敢于办重大有影响的案件，敢于应对、参与、处理重大复杂疑难问题。最后要能干。能力是实干的前提和条件，有能力才能使实干不盲干、不莽干。要通过学习培训、实践锻炼、岗位竞赛等途径，大力提高检察人员理解和运用法律的能力、发现和惩治犯罪的能力、排查和化解矛盾的能力，不断提升检察队伍的素质和实力，取得实干成效。

第四，注重整改突出问题。抓作风建设不是"走过场"。一定要以着力查找和整改突出问题为突破口，花大力气、下真功夫、见实实在在的成效。要通过认真贯彻落实中央、省市委、上级检察机关部署的有关专项活动来整改，即要认真学习、深入落实中央关于改进工作作风、密切联系群众的八项规定文件精神；精心组织、大力开展党中央部署开展的以"为民务实清廉"为主题的党的群众路线教育实践活动，省委部署开展的"转作风、解难题、抓关键、见实效"专项活动，市委部署开展的"一推行四公开"及以"为民务实转作风、勤廉办事树形象"为主题的作风建设活动，通过抓好上述活动，有效促进检察机关和检察人员作风明显好转。对市院今年制定的"三个规定"，市院领导和全体检察人员都要严格执行，没有任何人、任何事可以例外。我在这里表个态，我一定率先严格遵守，希望大家予以监督；我也希望市院班子成员、部门主要负责人严格遵守；希望全体共产党员、检察人员严格遵守；希望政治部、纪检组、监察处、机关党委等有关职能部门严格执行，以确保市院"三个规定"落到实处、取得实效。要通过查找、发现、总结、宣传正反面典型来整改，即抓作风建设要避免"一阵风"，要落到部门、落到工作、落到每个人、落到言行；通过开展作风建设活动，评比表彰一批爱岗敬业、扎实肯干、执法为民、作风过硬的检察干警，弘扬向上的敬业精神，倡导良好的工作作风；评选一批优案、优秀执法办案骨干，在全市检察机关和广大检察人员中营造和形成争办大要案、难案、确保办优案、办铁案的氛围；发现、教育和处理个别作风散漫、作风漂浮、作风不优和不作为、乱作为甚至失职渎职，造成不良后果或社会影响的人员和行为，以儆效尤，整肃风气。

第五，注重联系群众。习近平总书记明确指出："作风是否确实好转，要以人民满意为标准"。要真正看重人民群众。人民群众不仅是我们的衣食父母，更是我们做好检察工作的力量之源。检察机关作风建设抓得怎么样？检察人员作风状况怎么样？人民群众心里有一杆秤，人民群众心知肚明。要把人民满意作为抓好作风建设的标准，作为做好检察工作的标准。要着力改进群众工作中存在的问题。要正视检察机关和检察人员在联系人民群众方面存在的问题，我前面所说的有关"四少"（即检察机关与人民群众接触少；履行职责，依法保护群众合理诉求少；心系群众，为人民群众办难事、办实事、办好事少；对检察机关做好新形势下的群众工作思考少、研究少、部署少、落实也少）现象和"重上不重下""重堵不重疏""重息诉罢访不重案结事了"等问题，大家要认真对照，深刻反思，有则尽快改之，无则也应加勉；要建立和执行检察机关密切联系群众、做好新形势下群众工作的长效制度，包括领导责任制、督查讲评督办制、总结评比通报制、问责制、追究制等，以建立和落实长效机制，持之以恒取得实效。要大力加强主动密切联系群众。要深入开展为民服务系列活动。继续深入推行"一推行四公开"活动，继续深入开展"两帮两促"活动，继续抓好困难群众的帮扶活动。要用心接触群众，与群众面对面交流、交心，真正做到体察民心，了解民忧，倾听百姓呼声；要真心问计于群众，向人民群众征求做好检察工作的建议和意见；要公心为群众执法，维护群众的合法权益和根本利益，维护社会公平正义；要热心为群众服务，多做实事、多办好事；要诚心接受群众监督，恳请群众揭短亮丑，促进检察机关和检察人员及时发现和整改问题与不足，不断取得进步和发展。

七、抓好形象建设 ①

在人民群众心目中树立起检察机关立检为公、执法为民的良好形象，非常重要。我们应当高度重视，并采取有效对策，加强和改进检察工作，抓好检察机关的形象建设。一要履行好检察职能。履行好检察职

---

① 本部分系作者 2010 年 7 月 7 日在长沙市基层院检察长 2010 年上半年办案工作汇报讲评会上的讲话摘录，收入本书时略作删改。

能，是检察机关的立身之本。要全面、正确、科学履行好审查批捕和审查起诉、查办和预防职务犯罪、加强诉讼监督等各项检察职能。只有这样，才能维护好社会公平正义，才能维护好人民群众的根本利益，检察机关才能赢得人民群众的信赖和好评。二要宣传好检察工作。不论什么工作，光做不说也不行。同样，检察工作也是如此，还要注意做好宣传工作。要充分利用报纸、电视、电台、网络等各种社会媒体，借助检察门户网站、宣传手册、公告栏等各种平台，采取多种方式，广泛深入、持久地宣传检察工作。增进人民群众对检察机关工作的了解，提高人民群众对检察工作、对检察人员的满意度。三要密切好与人民群众的联系。要紧密结合执法办案，通过加强与人大代表、政协委员的联系，加强对社区、企业、学校的走访，加强对社会贫困、孤苦人员的帮扶等方法，进一步密切与人民群众的联系，了解其司法需求与期待，解决其困难和问题，增进相互理解，培养和树立起检察人员一心为民的公仆形象、一身正气的公正形象、一尘不染的廉洁形象。

八、加强道德建设 [①]

为加强道德建设，中央文明委决定在全国开展道德领域突出问题专项教育和治理。根据中央、省、市关于开展道德领域突出问题专项教育治理活动的有关部署和要求，结合市检察院实际，经研究，决定在市检察院开展"道德讲堂"活动，并制定了《长沙市人民检察院〈道德讲堂〉建设实施方案》。希望各部门和全体检察人员认真组织、积极参加、自觉做到、取得实效。下面，我强调三点意见：

（一）充分认识加强道德建设的重要意义

道德是重要的行为准则。道德在凝聚人的信念、约束人的行为，维护社会秩序、促进社会和谐方面起着不可替代的十分重要的作用。党

---

① 本部分系作者 2012 年 8 月 7 日在长沙市检察院机关"道德讲堂"活动启动仪式上的讲话摘录，收入本书时略作删改。

的十七届六中全会明确提出，要加强社会公德、职业道德、家庭美德、个人品德教育，开展道德领域突出问题专项教育和治理，着力提升全社会的道德水平，促进和谐社会建设。

加强道德建设是继承和弘扬中华民族优秀传统的重要内容。我国历来是一个重视道德建设的国家，道德是维系和推进中华民族和中华文明发展进步的重要力量。封建道德虽然有其历史局限性，但其积极的社会作用是不可忽视的。老子一部《道德经》虽然只有五千余字，但其丰富的哲学思想和光芒却积极影响了中华民族五千年，并成为全世界最畅销的书籍之一。道德是中华文明的重要内容和鲜明特征。我们国家要实现民族的伟大复兴，就应当大力继承和弘扬优秀的民族道德。

加强道德建设是促进人的全面发展的必然要求。重视个人的全面发展进步，是现代文明社会的标志之一。个人的全面发展进步，不仅要求作为个体的人有健康的身体，而且要有健康的道德。健康的道德包含了健康的心理和健康的思想。道德是内化于人心的行为准则，是个人内部力量的加油站和充电器、外部行为的总开关和指挥棒。一个人只有道德是健康的，他的内心才能充实、信念才能坚定、行为才能端庄；一个道德不健康的人，他的内心就将黑暗、信念就将混乱、行为就将不轨。从这个意义上讲，应当大力加强道德建设，着力提升公民的道德修养和道德水平。

加强道德建设是建设社会主义和谐社会的必由之路。近几十年来，我们国家重视经济建设，这是应当充分肯定的。但以经济建设为中心在有些人眼里就成为以人民币为中心，一切向钱看、以钱为衡量一切的标准，导致了道德的严重滑坡。现在社会上的一些大面积的丑恶现象，比如制假售假、卖淫嫖娼、见死见伤不救等问题，究其原因，就在于道德建设上出了问题。一个人如果道德沦丧，这个人就什么事都干得出，这个人也将被唾弃；一个社会如果道德沦丧，这个社会将无所而不为，这个社会也将被摒弃。和谐社会要求个人与自己、个人与他人、个人与自然、个人与社会和谐相处。约束个人这样做的力量，在于道德和法律。法律是外在的，道德是内在的。法律和道德应当相辅相成、相互促进，缺一不可。我们在强调依法治国的同时，更要重视和加强道德建设，以德育人、以德治国，充分发挥道德在管理社会、治理国家，促进社会和谐稳定中的重要作用。

（二）恪守检察职业道德

检察机关加强道德建设的重点是加强检察职业道德建设，促进检察机关和检察人员恪守忠诚、公正、清廉、文明的检察职业道德。

要坚定政治信念，铸造人民检察官的忠诚品格。忠诚是检察官职业道德的本质要求，是检察官的基本政治品格，是检察事业发展的精神动力。检察官必须忠于党，忠于国家，忠于人民，忠于宪法和法律，忠于检察事业；必须牢固树立坚定的政治信念，尊崇宪法和法律，忠实履行法律监督职责，热爱人民检察事业，勤勉敬业；必须始终坚持做到党的事业至上、人民利益至上、宪法法律至上，永葆政治本色，永远忠诚，永不褪色。

要全面履行职责，强化人民检察官的公正理念。公正是检察官职业道德的核心内容，是检察官永恒的价值追求，是人民检察事业的崇高使命，是检察工作的生命线。检察官在职业活动中必须努力实现平等对待、实体公正、程序公正、保障人权；必须严格执法、规范执法，依法独立行使检察权，坚持实体与程序公正并重，注重权利保护，树立证据意识，履行客观公正义务，努力做到及时高效。

要强化自身监督，保持人民检察官的清廉操守。清廉是检察官职业道德的底线，是检察官必须恪守的职业操守，是党和国家的一贯要求，是检察工作健康发展的重要保证，是建设高素质检察队伍的内在要求。检察官不得以权谋私、接受案件有关人员的宴请和财物、徇私枉法，必须限制职务外活动，保持健康的生活方式，从严要求近亲属；必须筑牢拒腐防变的思想道德防线，自觉接受监督制约，确保做到清正廉洁。

要牢记为民宗旨，树立人民检察官的文明形象。文明是检察官职业道德的必然要求，是适应党和人民群众新要求、新期待的迫切需要，是社会主义法治理念的应有之义，是检察官必须具备的基本素养。检察官应当努力提高专业素养，遵守检察礼仪，摒弃特权思想和霸道作风，模范遵守社会主义道德，做到理念文明、行为文明、作风文明、语言文明，以树立和维护检察机关、检察人员文明执法的良好形象。

（三）认真抓好活动的贯彻落实

开展"道德讲堂"活动，不是为了走过场、图形式，而是有实实在在的内容的。

要加强对活动的组织领导。市院成立了活动领导小组，领导小组下设了办公室，办公室设在机关党委。领导小组和办公室的同志一定要负起责任来，按照方案的安排部署，扎实抓好活动每个步骤、每个环节的落实。

要扎实抓好"六个一"活动的开展。活动的主要内容是"唱一首歌""学一个模范""咏诵一段经典""发一个善心""学一些知识""送一份吉祥"。这"六个一"活动，要一个一个制定具体活动方案，一个一个明确工作目标，一个一个落实到人到岗，一个一个采取具体措施，一个一个抓出实效。"六个一"一个都不能少。

要加强督促检查和考核评比。活动领导小组及其办公室要加强对市院各部门活动开展情况的督促检查，对活动开展积极、特色突出、效果明显的，要及时通报表扬，推广经验；对活动不主动、不落实的，要通报批评，督促改进落实。要将道德建设与文明创建紧密结合起来，在市院机关大力开展各类文明干警、道德标兵评选表彰活动，提升市院机关和检察人员的道德素养和文明形象，以有力推进并全面实现全市检察工作的新发展。

九、恪守职业道德、提升职业能力、涵养职业心态 ①

（一）恪守职业道德

总的要求是要牢记正确的检察职业道德并始终为之践行。职业道德既是本行业人员在职业活动中的行为规范，又是行业必须对社会所担负的道德责任和义务。早在 1988 年，最高人民检察院就确定了"从严治检"方针，随后又相继出台了"八要八不要""九条硬性规定"等检察人员职业纪律。2002 年，最高人民检察院制定出台了《检察官职业道德规范》，经不断修改、补充和完善，2009 年最高人民检察院颁布《检察官职业道德基本准则（试行）》，对检察官职业道德作出八个字的基本要求，即忠诚、公正、清廉、文明。

忠诚，是检察职业道德的基石，是检察人员必须具备的政治品格。检察机关是国家法律监督机关，是公平正义的守卫者和社会主义事业的捍卫者。作为检察人员，必须毫无保留地忠于党，忠于国家，忠于人民，忠于宪法和法律。毫无保留即是全心全意，要用"心"来领会、铭记"四个忠于"；用"言"来宣传、表明"四个忠于"；用"行"来践行、落实"四个忠于"；用"果"来检验、衡量"四个忠于"。

公正，是检察职业道德的核心内容，是司法活动的基本价值追求。公正的法律并不保证法律的公正，只有公正的法律和公正的执法者两者融合，公平正义才能真正实现。希腊神话中，正义女神给人的印象是手扶天平，双眼被蒙住。这一意味深长的形象设计，实际上揭示了正义的两个特征，即公平性和客观性。检察人员作为法律监督的实施者、执行者，必须牢固树立公正执法的意识，提高公正执法的能力，在依法履行检察职责的过程中以公正为核心，秉公执法、秉公办事，公正执法、公正司法，全力保障和维护社会公平正义。

---

① 本部分系作者 2013 年 6 月 6 日在长沙市检察机关队伍建设会议上的讲话摘录，收入本书时略作删改。

　　清廉，是检察职业道德的职业本色，是检察人员的基本品德和高尚人格。检察人员自身是否清正廉洁，不仅关乎检察机关整体形象和检察公信力，而且影响案件公平公正，影响社会公平正义。萨迪的《蔷薇园》中有句名言，"贪婪的人！他在世界各地奔走。他在追逐金钱，死亡却跟在他背后"。自古以来，没有几个官吏死于饥饿，但死于敛财的历朝历代大有人在。"高飞之鸟，亡于贪食；深潭之鱼，死于香饵"。一个"贪"字不知让多少人身败名裂。检察人员必须加强世界观的改造和个人道德品质修养，过好"金钱关"。金钱本身没有属性，可以做好事也可以做坏事，既是文明的助推剂，但又绝对不能与文明划等号。许多人都知道钱是"好东西"，但不知钱同样是把"双刃剑"，"钱"字左边代表一个金库，右边两个"戈"字代表两个卫士在持枪看守，其寓意是深刻的，决不可随便伸手拿钱，伸手必被捉。

　　文明，是检察职业道德的必然要求，是提升司法亲和力和司法公信力的前提。从 2002 年《检察官职业道德规范》中"忠诚、公正、清廉、严明"，到 2009 年《检察官职业道德基本准则（试行）》中"忠诚、公正、清廉，文明"。这里将"严明"改为"文明"，虽一字之差，但内涵更加丰富、更加深刻。一是体现了时代精神。文明程度是衡量一个国家、一个民族综合素质与实力的标杆。把"严明"改成"文明"，体现了时代发展的要求。二是体现了职业特色。检察人员履行职务的行为，必须具有较高的文明素养，有规范的文明言行。三是体现了身份要求。逐步淡化了检察官行政化乃至"军事化"色彩，强调更应有"文质彬彬"的儒雅之风，更多地与国际接轨。"文明"的检察职业道德，最重要的体现在执法办案上，做到执法理念文明，执法行为文明，执法作风文明，执法语言文明，使人民群众不仅感受到法律的威严和权威，而且感受到检察队伍的精良素质。同时，要做到仪表言行文明，知礼仪、重品行，锻造大公无私、公正执法的气概，培养"博学于文、约之以礼"的儒雅之风。此外，要做到社会形象文明，恪守社会公德、家庭美德、职业道德，真正做到慎独慎微，"一尘不染"。

（二）提升职业能力

总的要求是要注重检察职业能力的提升并始终为之苦练。职业能力是人们从事其职业的多种能力的综合，是胜任某种职业岗位的必要条件。最高人民检察院就深入推进人才强检战略中强调，"积极推进队伍专业化建设，所有检察人员都必须具备胜任岗位职责所需的专业知识和技能。"检察人员提高自身职业能力，离不开学习、思考和实践。

要重视学习。"君子学以致其道"。一个人离开了对知识的不断拥有，长期处于知识更新的休眠状态，孤陋寡闻，学识浅薄，就不可能在社会中自由遨游。要勤奋学习。明代文嘉作《明日歌》，告诫人们切不可虚度年华："明日复明日，明日何其多！我生待明日，万事成蹉跎。"又作《今日诗》："今日复今日，今日何其少！今日又不为，此事何时了。"检察人员要勤奋学习，要学会挤时间，时间就像海绵水，只要用心、下决心，是可以挤出来的。要精心学习。学习既是一件清苦之事，又是一件快乐之事，更是自身不断健康成长、日渐完善、走向成功之路。静心方能修学，宁静方能致远。只有在学习时对自己的心境自觉进行调解，做到摒弃杂念，排除干扰，一心一意静读求知，才能颇有收获。要注重积累。"九层之台，起于累土；千里之行，始于足下"。学习能够慎终如始，积累不断，总有一天能增长学识，增长才干，掌握规律，获得非凡本领，得心应手干工作、干事业，乃至认识世界、改造世界。

要善于思考。学习是吸收他人营养，弥补自己不足、完善自我的良好途径。学习的目的不是为了装潢"门面"，不是为了"作秀"，学习的目的在于将学习的成果转化为自己的能力，学习的目的全在于应用。这就需要在学习中善于思考。叔本华说："读书总是为了创造，失去了创造力，犹如戈壁滩上的沙漠一样，吸收了知识却不能汇成清泉，那才是读书的悲哀。"正如我们每次传达学习重要文件、重要会议精神一样，院党组、检察长、院领导一再强调要认真学习，深刻领会。但是不是大家都领会了呢？可能有不少同志动了脑筋，认真听、认真阅、认真思考，领会了其主要精神，领会了其精神实质；但可能还有一些同志没有认真听、认真阅，没有怎么思考其主要精神，这样，精神实质也就难以领会、把握了。如今年三月在全市检察工作会议上，我们提出要继续完善和实施全市检察工作新发展的总体思路，提出要努力做到"七个进一步"，我们的中层骨干、广大检察人员，有没有结合本部门及本岗位工作，设定目标、分解任务、制定措施、不断抓出实效？我们今年提出查办职务犯罪工作要进一步实现"六个有机统一"，自侦部门检察人员是不是围绕这个目标都进行了深入思考、深刻领会、确保工作到位、不断做出成效？修改后的刑事诉讼法、民事诉讼法的实施对各业务部门及业务工作带来了新挑战和新任务，相关业务部门及检察人员是否进行了深入思考、深刻领会、全面准确把握和应用？怎样积极参与、有效推进、有力保障市委、市政府部署开展的"六个走在前列"大竞赛活动，结合检察职能有效服务长沙又好又快发展？全市两级检察机关及各部门和广大检察人员是否做到了深刻领会、积极参与、有效服务？唯有凡事深思熟虑，三思而行，且行必实、行必果，才能提高我们领导、工作、办案的能力与水平，提高我们领导、工作、办案的质量与效果，提高我们领导、工作、办案的实绩与成效。

要深入实践。实践出真知、出人才、出实绩。检察人员要自我加压，要多办案、多动笔、多办事，要会办案、会办文、会办事，要精办案、精办文、精办事，努力使自己成为检察机关的专家型、复合型、专门型人才和检察业务或检察工作骨干。

（三）涵养职业心态

总的要求是要重视检察职业心态的修养与养成并始终为之修炼。心态影响言行，甚至决定命运。健康的心态是检察人员成就事业、应对挫折、获得人生幸福的重要保证。

要正确对待自己。世界上没有比认识自己更容易的了，想看看自己是什么样子，镜子面前一站便一目了然。但世界上又没有比认识自己更困难的了，因为人们往往习惯于用心观察别人，却疏于对自己特别是内心世界的审视和解剖，有的人容易看到自己的优点与长处，却看不到自己的缺点与短处；有的人总看到自己的弱点与不足，却看不到自己的优点与特长。可见人对自己的认识，并不像照镜子那样简单。世界上没有比认识自己更重要的了，人贵有自知之明，正确认识自己，自己才可能树立正确的目标，才可能正确前行。正确认识自己，就要学会借鉴。要以群众为镜，善于倾听群众的意见，特别要多听不同意见，群众有意见甚至有不满，自己必有不足，群众有赞誉也不要自我陶醉，要注意寻找不足；要以先进人物为镜，经常和历史上的无数革命先烈、当代身边各级党的优秀干部、检察系统优秀干警比一比、对一对，这样就会感到越比自己差距越大。正确认识自己，就要严于解剖自己。解剖自己需要勇气，而要做到这一点关键在于不怀私心，只有无私才能做到自我解剖不留情面、不自欺欺人；解剖自己贵在经常，要有"吾日三省吾身"的精神，对自己的思想和言行全面检查、客观评价、深入分析、认真反省，真正看到、正视自己的差距与不足，真正看到、承认自己差距不足的原因特别是主观原因，进而自我警醒，严于律己，防微杜渐，以不断提升自我、完善自我。

要正确对待同事。我们都是为了共同的检察事业走到一起来的，这是难得的缘分，彼此间要相互信任、相互关心、相互帮助、相互支持。正确对待同事，眼里要多一些"阳光"。要多看、多学习他人的优点与长处，少看他人的缺点与短处，这样才能持久、有效地学人之长、补己之短，才能得到他人的肯定、尊重、帮助和支持。正确对待同事，需要有开阔的心胸。宽容是美好心性的表现，是一种自律的美德。与同事相处，有一分退让，就受一分益；吃一分亏，就积一分福。相反，存一分骄，就可能多一分挫折；占一分便宜，就可能招一些"祸"。宽容体现在容人、容事、容言上，但绝不是对原则的让步和丢失，不是对自私自利的迁就和纵容。所谓宽容就是以善意去宽待一些非原则的缺点和过失，因其宽广而容纳了狭隘，因其宽广显得大度而感人。正确对待同事，要善于求同存异。与同事相处，如果总是强调差异，彼此就难以相处融洽，往往容易产生误解，最终走向冲突，甚至形成矛盾。

　　要正确对待组织。要无条件地服从组织的决定。检察人员对于党的路线方针政策，对于党纪党规，对于党的决议决定，对于党组织作出的指示，要全心全意、不折不扣地贯彻执行；不能讲条件，讲价钱；不能以实用主义的态度，合意的就执行，不合意的就执行不积极、不坚决、不到位，甚至以某种所谓理由不予执行；更不能搞口是心非，表里不一，阳奉阴违。如果认为党组织的决定有不当之处，可以按照组织程序提出自己的意见建议，但在党组织改变决定之前，必须坚决执行。要自觉服从组织的工作安排。检察人员在哪个部门从事哪个岗位工作，都是院党组根据检察事业、检察工作的需要作出安排的；一个人担任什么职务，都是按照干部任用的有关规定、条例，根据本人多年来特别是近年来的德才表现，也就是根据本人"德、能、勤、绩、廉"等表现集体研究决定的。对党组织的决定，应当坚决拥护、真诚维护、自觉执行。要正确对待自己的进步。检察人员个人的进步，虽然源于自己的德才、努力、表现和实绩，但更重要的是离不开组织的培养、教育和锻炼，离不开检察人员的帮助和肯定，离不开人民群众的关心、监督和支持。

十、要了解、信服先进，学习、争创先进 ①

（一）了解先进

　　在全国、全省"双先"表彰会议上，最高检树立表彰了一批全国模范检察院、模范检察官和荣记一等功的先进集体；省院也树立和表彰了一批全省先进市州院和先进基层院以及一批反贪、反渎工作"三无一好"先进集体和优秀侦查员、优秀公诉人、优秀办案能手、优秀检

---

① 本部分系作者 2006 年 2 月 28 日在岳阳市检察机关贯彻落实全省检察机关"双先"表彰电视电话会议精神的电视电话会议上的讲话摘录，收入本书时略作删改。

察干部、信息化建设先进个人等先进集体和个人。无论是最高检表彰的还是省院表彰的，无论是先进集体还是先进个人，我们都要通过各种形式，大张旗鼓地进行宣传，大张旗鼓地进行推介，让全体检察人员都知道先进、熟悉先进、了解先进，特别是要更多地了解全国模范检察院、全国模范检察官，更多地了解我市检察机关被最高检、省检察院评选的先进集体和先进个人。

（二）信服先进

要认识到，最高检树立和表彰的先进集体和先进个人是千里挑一甚至万里挑一精选出来的，他们是全国3000多个检察院和20多万检察人员的杰出代表；受到省检察院表彰的先进集体和先进个人也是全省检察机关的优秀代表。这些先进集体和先进个人都是通过严格的程序考核考评评选出来的，是干出来的，是做出来的。无论是先进集体还是先进个人，正如省院检察长所称赞的："每一个先进典型的背后，都凝结了他们辛勤的汗水；每一个荣誉称号的背后，都记录了他们立检为公、执法为民的公仆情怀和奋斗历程；每一桩先进事迹背后，都饱含了他们对检察事业的追求和热爱。"我们全市检察干警一定要也理所应当地崇尚先进、信服先进。

（三）学习先进

学习是无止境的，学习先进也是无止境的；学习是一种有意义的追求，学习先进也是一种有意义的追求；学习是一种思想境界，学习先进也是一种思想境界。学习使人进步，同样，学习先进也必将使人进步。在学习先进方面，我们同样要做到谦虚、谦虚、再谦虚，虚心、虚心、再虚心，而不应当有半点骄傲自满的情绪，不应当盲目自信。我们应当在全市检察系统倡导一种学习先进之风，倡导一种虚心地、诚恳地、认认真真地、老老实实地学习先进的风气。我们要坚决按照最高检和省院"双先"表彰会议精神，组织和引导全体检察人员深入开展向先进集体和先进个人学习的活动；要按照市院的决定，在全市深入广泛开展向全国模范检察官学习的活动；要按照省院检察长刚才讲话的要求，学习先进典型的胸怀全局、服务大局；学习先进典型的牢记宗旨、执法为民；学习先进典型的恪尽职守、求真务实；学习先进典型的严格自律、廉洁从检。把学习先进的活动抓到实处，抓出实效。

（四）争创先进

深入开展向先进学习活动，旨在全市检察机关形成学习先进、赶超先进、争创先进的良好氛围和局面，更好更快地推进工作。前几天刚结束的全市检察长会议已对全市检察工作进行了部署和安排，并决定进一步研究制定和落实激励机制，在全市检察系统广泛深入开展"三先双十优"争创活动，即以先进检察院、先进领导班子、先进科（局）室为内容的先进集体争创活动；以优秀侦查员、优秀公诉人、优秀办案能手、优秀信息员、优秀网络员、优秀书记员、优秀内勤、优秀督察员、优秀法警、优秀检察干警等十个方面为内容的先进个人的争创活动；以优秀检察长、优秀院领导、优秀科（局）长、优秀科（局）长助手等十个方面为内容的优秀班子成员和中层骨干的争创活动。要认真探索制定科学的争先创优考核考评办法和细则，科学考核考评和评价基层院及其领导班子和市、县（区）两级院所属部门的工作，科学考核考评和评价市、县两级院业务骨干和其他各类检察人才、检察人员的工作，科学考核考评和评价基层院检察长及其他领导班子成员和市、县两级检察院中层骨干的工作。这样，通过科学的考核考评，真正把先进典型和优秀分子评选出来；通过争先创优活动，真正树立一批各类先进集体，树立一批优秀业务能手、优秀人才、优秀中层骨干、优秀领导班子成员；真正在全市检察系统形成一个树立先进、信服先进、学习先进、赶超先进、争当先进的良好氛围和环境，最大限度地激发检察干警的主动性、创造性，推动检察工作新发展。同时，还将在全市检察系统深入开展评选表彰查办贪污贿赂、渎职侵权等职务犯罪和办理刑事立案监督、追捕、追诉、刑事抗诉、刑罚执行监督、民事行政诉讼监督、刑事申诉赔偿、刑事检察技术等"十类优案"活动，科学公正地评出优案，大张旗鼓地表彰优案，以促进形成广大检察干警积极办案、争先办案、奋力办大案、办要案、办优案的良好氛围，有力推进办案工作。市院还将在全市两级检察院组织评选执法质量"双百案"活动，即评选 100 起执法质量样板案和 100 起执法质量瑕疵案；组织评选执法质量"双十案"活动，即评选 10 起执法质量精品案和 10 起执法质量最差案，以分明优劣、奖优罚劣，激励和鞭策业务部门的干警提高办案和执法质量，确保严格、公正、文明、规范执法。市院安排部署的这些争创和评选活动，都是贯彻落实最高检、省院关于开展向先进集体和先进个人学习活动的具体化；都是强化激励机制建设的重要内容；都是加强领导班子建设和队伍建设，最大限度地调动和激发广大检察干警的积极性、主动性、创造性的有力举措和方法。全市检察干警，特别是检察长、领导班子成员和中层骨干要带头学习领会，带头宣传引导，带头贯彻实施，真正通过深入开展学习先进、争创先进的活动，推进全市检察工作的全面、深入、健康发展。

十一、创建学习型检察院，争当学习型检察人员 [①]

今天这个大会主要是学习成果的展示报告大会，也是市检察院机关开展"创建学习型检察院、争当学习型检察人员"活动的动员大会。下面，我就如何开展这项活动讲几点要求。

（一）端正认识

端正认识就要树立全员的学习理念，真正做到全员重视学习，专心学习，终生学习，学以致用，学有所成。所谓全员重视学习就是全体检察人员要真正把学习作为人生进步的阶梯；作为履行职责、胜任工作的前提；作为良好的生活行为习惯；作为精神生活的需求；作为不断成功的追求，而不能满足于凭经验办案、凭经验办事、凭经验工作。所谓要专心学习，就是全体检察人员要把学习摆在重要的位置。挤时

[①] 本部分系作者 2006 年 9 月 19 日在岳阳市检察院机关"创建学习型检察院、争当学习型检察人员"活动动员暨第一次学习成果展示报告大会上的讲话摘录，收入本书时略作删改。

间，下苦功，热爱学习，勤奋学习，善于学习，深入学习，乐于学习，而不要玩风太盛，把时间和精力花在玩乐上。所谓终生学习就是要求我们全体检察人员要真正做到"活到老，学到老"，特别是中青年同志处在工作岗位的第一线，是我们市院的中坚力量。他们接受新知识快，更要看重学习，注重学习，抓紧时间学习，而不能有任何松懈自满的情绪。所谓学以致用就是要求我们要做到学有所获，学习要有成果，并且要把学习成果转化为综合水平，转化为综合能力，转化为工作成果、工作成绩、工作实效。所谓学有所成就是要求要通过不懈的学习使自己成为有本事的人，成为高素质的检察人员，成为优秀的检察人才，成为有作为有成就的人。退休老干部刚才在发言时讲到："要活到老，学到老，改造到老。忠于党和人民的事业必须努力学习，热爱检察事业必须努力学习，做一个有益于人民的人必须努力学习。"这是他几十年来的学习之谈，经验之谈。他也是坚持这样做的，他在国家级的报刊上发表了二十多篇文章。机关党委书记在论文中写道："读书是金，学习检察业务就能提高履行职责的能力。"讲得很实在，讲到了点子上。我们退休的同志有这样的认识，我们年纪比较大的中层骨干有这样的认识，我们这些年纪比他们小的同志有什么理由不端正认识、不提高认识；如果不提高认识，就不会主动学习、坚持学习，就会掉队。

（二）确定目标

开展这项活动，市院机关的总体目标就是要通过努力使市院机关成为学习型的检察院；各个科室成为学习型的科室，党支部成为学习型的党支部。从具体目标看，就要做到"四个进一步，一个不断增加"。所谓"四个进步"，一是学习结构和层次要进一步完善。三年内我们市院机关本科以上的学历人数要由现在的72%提高到80%。硕士学历的研究生人数由现在的3%提高到6%。二是信息技术进一步普及。两年内市院检察人员达到国家计算机等级一级标准的人数占80%。市院具有计算机操作和应用能力的人员要达到90%以上，其中领导班子成员、中层骨干及 45 岁以下的干警均要拥有运用信息技术进行办公和办案的能力和水平。三是执法办案水平和能力进一步提高。四是理论研究、调查研究和文字综合水平能力进一步提高。要求市院的中层骨干每年要写十篇文章，包括一篇论文、一篇调查报告、一篇经验总结。其他的同志也是每年写十篇，包括一篇经验总结、一篇调查报告和若干篇通讯报道稿件。要求 10% 的人每年要有上国家级刊物的文章，20% 的人要有上省级刊物的文章，30% 的人有上市级刊物的文章，40% 的人有上市院内刊的文章或在座谈会上进行典型交流。所谓"一个不断增加"，即高素质人才不断增加。我们的规划是十年内市院培养具有省级检察业务专家人才 1—2 名，复合型人才 2—3 名，最佳和优秀专门型人才 3—5 名。每年市院要求至少有两名以上没有法律职称的检察人员通过国家司法考试获得合格证书。检察人员个人的总体目标就是，通过努力，全体检察人员要争当学习型检察人员。具体目标就是每位检察工作人员都要做到"两个力争""两个尽快""两个确保"。"两个力争"就是要通过几年的努力，力争使自己成为市级乃至省级的检察业务专家型人才、复合型人才或优秀专门型人才；力争使自己成为能干、会写、善学的重要检察骨干。"两个尽快"就是尽快获得国家计算机等级考试一级合格证书；尽快获得司法考试合格证书及硕士学位研究生毕业证书。"两个确保"是指确保自己的思想素质和检察业务素质逐年有新的提高；确保能适应和胜任本职工作。

（三）把握内容

如何把握学习内容，我们要做到"三个突出"：一是突出学习科学的理论，特别是马列主义、毛泽东思想和邓小平理论、三个代表重要思想、科学发展观等。深入学习和应用这些理论之后，就会站得更高一些、看得更远一些，思想觉悟就会提高，大局意识就会增强，工作水平也会提高。能够树立起正确的世界观、人生观、价值观，了解和掌握一些方法论，在任何时候都能经得住组织的考验、群众的检验。二是突出学习法律和检察业务。这是我们学习的重点。要精通检察业务就要学习基本的法律知识及司法解释。刑法、民法、经济法等都要学习并力求精通。重点学习高等院校法律专业教材，特别是法学、法律硕士专业教材及全国司法考试所必须学习的有关教材。三是突出学习现代知识、自然知识、现代科学知识。重点学习现代信息技术知识、市场经济知识等。

（四）构建平台

开展这项创建性活动必须构建一个好的宽广的学习平台。我们要在以下九个方面努力：一是要积极开展读书活动，每个干警每个季度要精读一本书，做一万字的读书笔记，写一篇读书体会文章，参加一次读书座谈会。二是积极举办学习专题讲座活动，请有关专家、教授和有关领导作相关领域的报告，开阔我们的知识视野。三是要积极开展学习培训活动，要选送优秀人员参加最高检、省院等相关培训班进修学习。四是要积极组织学习考察活动，要精心组织安排检察人员到国内省及地市级一流的检察院进行参观学习。五是要定期举行学习成果展示报告会，每年开展1—2次，作为学习型检察人员的评选条件。六是开展检察业务比武、质量考评总评活动。七是要定期、不定期地举行学习考试，包括政治理论、检察业务、办公办案自动化等。八是要定期办好《岳阳检察》这本杂志，提高质量，扩大数量，做到人手一本。九是开展评比学习标兵活动。全院干警要评、青年干警要评、女干警要评。

（五）创造条件

要创造优良的学习条件：一要保证充足的学习、培训等经费；二要保证必要的书籍和资料；三要保证必要的学习设施。要营造一种重视学习、关心学习、支持学习的良好氛围。

（六）建立并严格执行学习奖惩机制

要评选并表彰学习型先进集体，评选表彰学习型检察人员，要评选表彰学习标兵。要奖励获得研究生文凭和通过司法考试及提前获得国家计算机等级考试一级证书的同志，还要奖励被市以上单位采用的各类文章。对没有完成学习任务和没有达到学习目标的干警要进行个别谈话、扣发奖金直至作出通报批评等处理。真正体现学与不学不一样、学好学差不一样。

（七）领导要带头

我们领导班子成员要带头勤奋学习，带头做好调查研究，带头写好文章，带头出成果，带头学以致用。中层骨干要在所在部门带头学习，带头写好文章，带头取得成果，带头学用结合。总之，院领导和所有的中层骨干都要带头学习，带头完成学习任务，带头取得学习成果，带头学以致用、带头学有所成。

开展"创建学习型检察院、争当学习型检察人员"活动，事关人才强检战略的有效实施；事关检察机关人才培养和业务尖子、业务骨干的培养；事关全体检察人员素质的逐步提升。我们希望大家通过今天的动员大会进一步端正认识，统一思想，以更加饱满的热情、坚定的决心、扎实的行动投入到创建活动中来，真正做到以学习为荣、以学习为乐，尽快营造出一个人人爱学习、个个抓学习的氛围，让重视学习、热爱学习、勤奋学习、善于学习、持之以恒学习、终生学习成为市检察院机关的一种导向、一种风尚；尽可能早一些多出人才、多出业务尖子、多出工作骨干，力求把学习创建活动抓紧抓实、抓深抓好、抓出实效。

十二、高度重视加强学习 [①]

这里，我要着重强调一点：无论是抓好领导班子、检察队伍的思想政治建设，还是抓好领导班子、检察队伍的业务素质建设，都必须高度重视和切实加强学习。

加强学习，就领导者和检察人员个体而言：一是要增强学习的动

---

① 本部分系作者 2008 年 6 月 10 日在长沙市检察机关"大学习、大讨论"专题研讨班上的讲话摘录，收入本书时略作删改。

力。一个人的知识、水平、能力从哪里来？不可能凭空而来。人不可能生而知之，只能学而知之。在知识经济时代，只有不断学习、终身学习，才不会被时代所淘汰。一个人只有真正把学习当成一种责任、当作一种追求、当作一种需要，才会有学习的压力和动力，才会有学习的热情和激情，才能使学习成为陪伴终身的动力源，也才能形成主动学习、勤奋学习、深入学习、终身学习的好习惯。二是要培养学习的毅力。学贵有恒。学习成效是否显著，关键在于能否做到勤奋、刻苦、深入，能否持之以恒。只要勤学苦练，始终如一，学习必有长进，必有收效。三是要提高学习的能力。要讲究学习方法。要注重理论联系实际，有的放矢地学习；带着问题学习；在工作实践中学习，边学边思边干，边干边思边学，如此循环往复，就能积累知识，提升水平，增长才干，提高观察事物和了解事物的能力，提高研究问题和解决问题的能力，真正通过学习，大大提升领导班子及其成员的思想政治素质、业务素质和领导能力与水平。

加强学习，就单位而言：要为检察人员深入开展学习积极创造条件。要继续以"创建'学习型检察院''学习型处（科）室'、争当'学习型检察人员'"活动为载体，为全体检察人员开展学习搭建平台，创造条件。一是搭建教育培训平台。增强检察教育培训的系统性、针对性和实用性，努力实现由补课式、应急性培训向系统化、规范化培训转变；由知识型教育向素质型教育转变；由单纯学历教育向培养复合型、高层次人才的教育转变。二是搭建岗位练兵平台。本着"缺什么补什么，需要什么练什么"的原则，制订各类人员岗位练兵计划，广泛深入开展"业务比武""办案竞赛""质量考评"等活动，在办案实践中提高检察人员的业务素质，培养一批精通检察法律业务、胜任本职工作、创造一流业绩的"业务能手""业务尖子"。三是搭建公平竞争平台。建立以学习数量特别是以学习质量、学习成果为主要内容的考核奖惩体系，大力肯定和表彰热爱学习、勤奋学习、学有所获、学有所成的学习典型，营造以学习为荣、以不学习为落后、争先恐后投入学习、争当学习先进与标兵的良好学习氛围和环境，大力倡导学习之风，逐步改变学风不浓、应酬太多、玩风太盛的状况，充分调动检察干警的学习自觉性、持久性和实效性，真正通过学习，大大提升检察队伍的思想政治素质、业务素质和履职能力与水平。

十三、检察人员要廉洁从检 [①]

老百姓现在最痛恨的是什么？就是我们的党员干部、我们的工作人员不廉洁。这引起了少数人民群众对党和政府信心的动摇，是一个非常危险的信号。如果人民群众对党和政府丧失了信心，那么这个社会就很难稳定。廉政的问题是一个老生常谈的问题，但的确是一个十分现实、十分尖锐、十分重要的问题。在今年三月召开的全市检察机关纪检监察会上，我就检察机关自身反腐败和党风廉政建设作了讲话，办公室的同志整理成了《高度重视和切实加强检察机关自身反腐败和党风廉政建设》，省检察院把这份材料印发给了各市州检察院参阅，同志们可以认真地看一看。我依然重复这个观点，我们不能沾沾自喜，说检察机关形势一片大好，要高度重视自身存在的问题。严于律己，自觉做到廉洁从检仍然是非常重要的问题。

（一）进一步增强廉洁自律意识

在座的绝大多数同志都是党员，党员要廉政是党对党员的基本要求。执法、工作不廉洁带来的后果和血的教训，已经多少次重复摆放在我们的面前，但有的同志依然违反有关要求、违反纪律要求，甚至违反法律要求。我也时常听到相关方面的反映。有的事情今天不治，明天必治，甚至若干年之后东窗事发，天网恢恢，疏而不漏。侥幸的心理害了很多人。为什么会有侥幸心理？为什么会有很多人不惜冒险以身试法？主要是贪婪的欲望使人丧失理性，丧失理性之后就会铤而

---

① 本部分系作者 2007 年 9 月 17 日在岳阳市检察院机关全体检察人员大会上的讲话摘录，收入本书时略作删改。

走险，所以说金钱的魅力是很大的，利益的魅力是很大的。有犯罪者在铁牢里给自己算了七笔账，"一算政治账，我自毁前程；二算经济账，我倾家荡产；三算名誉账，我声败名裂；四算家庭账，我夫离女散；五算亲情账，我众叛亲离；六算自由账，我身陷牢狱；七算健康账，我身心憔悴"。我们每一个党员干部特别是领导干部要提前算账，不要到牢笼里再算账，到那时候就为时晚矣。怎样增强廉洁意识？首先要有坚定的政治信念。这个政治信念就是跟党走，就是坚持党的理想不动摇，忠诚于党。其次，要弘扬艰苦奋斗的精神。大家一定要牢记艰苦奋斗这个光荣的作风，一定要努力发扬这个作风。这说起来容易，但是做起来很难。

（二）严守纪律，自我约束

自我约束就要做到"三慎"：一是要做到"慎初"。对于任何违反原则、规定、法律的事情，都不能开口子，不能搞下不为例，不要认为只搞一次下次不搞就行了。有第一次就会有第二次，坚决不能开这个头，要把口子堵住。二是要做到"慎微"。不以恶小而为之，不以善小而不为。不要认为事情小，对自己可能没有什么太大的负面影响就去做。同志们，胆子是会越搞越大的，即使你开始胆子小，一旦你搞成了以后发现没有对自己产生什么后果，胆子就会越来越大，就会不断陷入、难以自拔。三是要做到"慎独"。当你一个人的时候，当没有人监督你的时候，你是否还能保持这种气节？是否还能保持你那份应有的本色？我想有其他人在场监督，你很有可能做得到，但如果独处时也能够坚持不受到欲望、金钱和物质的诱惑，就说明你是一名真正的共产党员。

（三）自觉接受监督

监督非常重要。用朴实的话来说，就是人们常说的"忠言"。一个人要愿意、乐于听取不同意见，要愿意、乐于听取人家对你的缺点及不足提出的一些说法和想法。只有这样，人才会不断校正自我、完善自我，不断取得进步。当然那些别有用心的人应当除外，那些人身攻击、无中生有、恶意诽谤的话应当除外。如果有人诚心诚意地跟你谈，指出你的缺点，指出你的问题，这是对你的爱护，你要诚恳地接受，要引起重视并切实整改。哪怕你还没有做这件事情，还没有形成事实，可能还只产生了这样的情结，出现了这样的苗头，人家和你说了这方面的问题，都是对你的关心。忠言逆耳，怕就怕有的人一触即跳，别人才刚刚开口，就抵制，就不接受，甚至反驳。要做到虚怀若谷，有则改之，无则加勉。

十四、讲政治、讲能力、讲学习、讲纪律、讲团结 [①]

审查批捕和审查起诉职能是检察机关的基本职能。负责审查批捕和审查起诉工作的刑事检察部门是检察机关的重要部门。长沙作为省会城市，刑检部门面临着较多的诱惑，稍有不慎，办案、执法就有可能出错漏、出问题，办案人员就有可能出偏差、出问题。这些年来，全市刑检队伍虽然没有发生大的违法、违纪问题，但抓队伍建设的压力仍然很大。我们对刑检部门的班子和队伍一定要十分重视，一定要严格教育、严格管理、严格要求。

一是要讲政治。刑检部门的全体同志一定要听党委的话，坚决自觉接受和服从党委的领导；严格执行上级检察机关的部署、决定和意见；严格执行检委会的决定或检察长的决定，严格执行主管副检察长受检察长的委托所作出的决定。这些，不是可听可不听，而是依法应当执行！

二是要讲能力。刑检队伍的能力建设这两年取得了明显成效，特别是公开引进了一批优秀公诉人、优秀办案能手，在一定程度上提高了刑检部门的队伍素质，优化了刑检队伍的年龄结构、专业知识结构。今后还要加强对业务尖子、业务骨干、业务人才的引进、培养、选拔、

---

① 本部分系作者 2008 年 4 月 9 日在长沙市刑事检察工作会议上的讲话摘录，收入本书时略作删改。

使用和管理，要力求培养一些全省乃至全国公诉尖子、办案能手、业务人才和行家里手。要注重刑检部门检察人员素质、水平、能力、技能的不断培养、训练和提升。要着力提高以下十种能力和水平：一要提高法律和检察业务能力和水平。要熟悉有关法律及司法解释，要精通办理各类刑事案件、职务犯罪案件所涉及的法律及司法解释，要精通本部门的业务和实务。二要提高审查、甄别、判断、收集、固定、运用证据的能力和水平，以依法查明和证实案件事实。三要提高正确理解、运用法律及司法解释、正确处理案件的能力和水平。四要提高汇报、研究案件的能力和水平。五要提高制作法律文书的能力和水平。六要提高出庭支持公诉的能力和水平。公诉人除了应当具有规范的仪表、特有的气质外，更要有在法庭上依法支持公诉的水平，包括依法、全面、有效运用证据揭露证实犯罪事实的能力和水平，科学思考、综合分析、冷静应对、快速应变、一流的法庭答辩和论辩能力和水平，依法、稳妥、有效实施法庭监督的能力和水平。要真正展示省会城市公诉人一流的公诉水平，展示省会城市公诉人独特的风采，展示省会城市公诉人良好的检察官形象。七要提高发现和纠正执法、司法不公案件和问题的能力和水平。八要提高与公安、法院及有关机关和部门的协调能力和水平。九要提高依法、妥善、有效处理各类重大、复杂、疑难案件和依法化解社会矛盾纠纷、处理涉检上访、信访，维护和促进社会和谐的能力和水平。十要提高理论研究和调查研究的能力和水平，以提高理论素养和理论水平。

三是要讲学习。要抓好"学习型机关""学习型处室"建设，率先在刑事检察部门倡导良好的学习之风，力求取得优异的学习成果，增强学习实效，培养一批优秀的学习型检察人员。

四是要讲纪律。要讲检察官纪律，特别是要讲办案纪律。真正做到严格、公正、文明、规范、廉洁执法和办案，无违法违纪案件和问题发生。

五是要讲团结。上下两级检察机关刑检部门和单位刑检部门之间都要成为一个团结和谐的有战斗力、有创造力的整体。刑检部门负责人既要率先垂范，又要敢抓、善管，带好班子、带好刑检队伍。无论在一个单位，还是在一个部门，团结十分重要。团结出成果、出业绩、出典型、出形象、出人才。我们一定要倍加珍惜团结，注重搞好团结。

十五、全体检察人员要做到"六要" ①

2015 年是全面深化改革的关键之年，也是全面推进依法治国的开局之年。为了确保 2015 年全市检察工作思路的全面有力实施、各项检察工作任务的圆满完成、工作目标的顺利实现，全市检察人员应在以下六个方面做出努力。一要增强政治定力。就是要讲政治、讲大局、讲规矩。具体而言，就是要提高政治素养；加强党性锻炼；体现政治担当。特别是党中央和习近平总书记提出的"五个决不允许""五个必须"和党章的"十个服从"必须做到。二要坚守法治信仰。要在思想上崇尚法治；要在行动上践行法治；要做厉行法治的典范。以习近平为总书记的党中央从坚持和发展中国特色社会主义全局出发，提出并形成了全面建成小康社会、全面深化改革、全面依法治国、全面从严治党的战略布局。检察机关作为法律监督机关，在全面推进依法治国上理应做到率先垂范。三要践行司法为民。这个方面，我们去年做了大量的工作，今年要进一步加强。特别要更广泛地走访群众，密切同人民群众的联系；要更多地走访人大代表、政协委员，密切同人大代表和政协委员的关系；要更全面地开展"三走访、两查找、一确保、一促进"活动，走访发案单位、案件当事人和律师，增强检察公信力。四要坚持真做实干。首先做人要真，做事要实，要实现做人做事的有机统一。五要大力探索创新。要注意加强调查研究，加强理论研究，加强规律探索，加强创新成果的推介与运用，以不断推动和实现检察

---

① 本部分系作者 2015 年 2 月 28 日在长沙市检察院机关内设部门主要负责人宣读并递交 2015 年工作和党风廉政建设责任状大会上的讲话摘录，收入本书时略作删改。

工作的新发展。六要恪守廉洁自律。廉洁自律是一种政治品格，也是我们取信于民、赢得人心的基本功。要常存敬畏之心，常怀自律之德，常握戒律之尺。

十六、检察人员应当忠诚履职 ①

检察机关是国家法律监督机关，其根本职能就是履行法律监督。全体检察人员特别是领导班子成员和中层骨干要忠诚于党，忠诚于人民，就必须忠诚于党和人民的事业，就必须忠诚履职、依法履职、出色履职。开创检察事业、干好检察工作，如果缺乏忠诚乃至没有忠诚，那必定是无源之水，必将是空中楼阁。毋庸置疑，忠诚非常重要！检察方向的正确与否、检察职能履行得好与不好、检察工作的好坏、成效的大小，乃至党和人民满意与否，都与检察机关和全体检察人员是否忠诚密切相关。忠诚是本，没有忠诚，就谈不上对事业的高度负责、谈不上高昂的工作激情、谈不上对工作和事业中所面临的艰难险阻而攻坚克难、至死不渝的坚定斗志、坚韧毅力和献身精神，更谈不上出色的成绩与成效。忠诚如此重要，那么，怎样才能做到忠诚？怎样衡量一个人的忠诚？我认为主要体现在以下五个方面：

（一）忠诚要体现在坚定的党性观念上

讲忠诚，首先要体现在党性观念上。忠诚是靠党性来保证的，党性要靠忠诚来体现。党性不坚定，就很难做到真正的忠诚和始终如一的忠诚；一有风吹草动，忠诚度就会大打折扣，理想信念就会动摇，全局意识、法制观念就会荡然无存，甚至离心离德。"疾风知劲草，板荡见忠诚"。关键时刻，我们的党员有没有做到真正的忠诚和始终如一的忠诚，党性到底坚不坚定，理想信念有没有动摇，这都充分展现在人民的面前。一名真正的共产党员，一名具有坚定党性的党员干部，就

---

① 本部分系作者 2007 年 9 月 17 日在岳阳市人民检察院机关全体检察人员大会上的讲话摘录，收入本书时略作删改。

绝对不会背离党的组织、绝对不会进行一些非组织活动，他会始终信赖党、紧跟党、捍卫党、捍卫人民的利益。就一个单位而言，如果一个人没有坚定的党性，那么他可能就会没有主见，稍微有点风吹草动，他就会左顾右盼，就会是非不清，甚至颠倒黑白，这就会通过他的言行和情绪反映出来，就会对他个人的成长和单位的事业带来不利。所以说，忠诚首先来源于坚定的党性。要做到这一点，一方面要坚定自己的理想信念，另一方面要做到正确处理集体利益与个人利益的关系。在处理集体利益与个人利益的问题上，不是那么容易能正确处理好的，包括我们每个人都会经历这个考验。有些同志平时表露出的觉悟、表现出的能力水平和境界似乎很高，但是一到关键时刻，一旦遇到取舍个人利益和集体利益，遇到这个原则性问题的时候，就会把握不住，就会取个人利益，而舍集体利益；为了个人的名利，可以放弃其他，甚至不惜损害其他；一遇到个人利益，比如个人升迁的问题、个人的经济利益问题，总是千方百计守住个人的利益、"小圈子"的利益、家庭的利益，而不惜影响整体的利益。因此，在党性的问题上，关键就是两条，一条是理想信念的问题，另一条是集体利益与个人利益的关系问题。把握住这两条，就会有坚定的党性，就不会一遇风吹草动就对党的忠诚度大打折扣。

（二）忠诚要体现在忠实履行岗位职责上

有的人谈到对党和人民的忠诚，对事业的忠诚总是夸夸其谈，但从来不落实到行动上。有利的事情他就干，没利的事情就不干，干活专挑松土挖，遇见矛盾绕道走，甚至履行职责的目的就是为了谋求个人私利。言行不一致就不是忠诚。忠诚履职是每一个工作人员基本的职业道德。是军人就必须要服从命令，不服从命令就要受到军法的处置；是公务人员就必须要忠诚履职，不忠诚履职就是对职责的亵渎，就是一种变相的"犯罪"。现在，有的部门办事脸难看，高兴的时候可能事情就办得成，不高兴的时候就办不成；与己有利的就办得成，与己不利的就办不成。工作不热情，办案不文明、不严谨，这种情况有；脸难看，话难听，事难办，工作难落实，这种情况也存在。这说明我们有的同志在忠诚履行岗位职责上还做得不那么好。

（三）忠诚要体现在对事业的执着追求上

古人说："天行健，君子以自强不息。"共产党人更应当"生命不息，奋斗不止"。以事业为重，以事业为乐，以工作为乐，这才是一种永远的快乐。这一点，我们许多同志可能体会到了，但我们有些同志可能还没有体会到，体会不到他就接受不了这一点。毛泽东同志说过，一个人做点好事并不难，难的是一辈子做好事。干事业也是这样，一两年干好容易，要始终保持一种执着的追求不容易，几十年如一日，对事业充满激情，对工作高度负责，这就不容易。无论遇到什么风风雨雨，都不变对事业的执着追求，这才是真正的共产党员。我们每个人都有自己的情感，正当的个人利益应当得到保护，只要是正当的利益，我们都要最大限度的实现。但是，在个人利益和集体利益遇到矛盾时，我们应该勇敢地做出正确选择；当个人利益和集体利益发生冲突的时候，我们应该毫不犹豫地选择集体利益。

（四）忠诚要体现在坚持原则、捍卫正义上

忠诚不是愚忠，不是对哪一位同志的愚忠，也不是对哪一位领导的愚忠。忠诚要体现在坚持原则、捍卫真理上。我们面对上级领导，最大的忠诚表现为对党的利益、对人民的利益的忠诚，对我们伟大事业的忠诚，而不是那种毫无原则、不辨是非的愚忠。在大是大非面前，在原则面前，不能以感情替代原则，不能以感情替代对党和人民的忠诚。党员干部毫无保留地忠诚于党和人民，忠诚于事业，不是那种不负责任地忠诚于某一个人、某一个集体、某一个"小圈子"。我们要忠诚的是我们党的利益、人民的利益和检察事业。敢不敢坚持原则，这也是衡量一个人是否具有一颗忠诚之心的重要标志。

（五）忠诚要体现在清正廉洁上

要正确对待手中的权力，要明白这份权力不是你天生就该具有的，也不是你凭本事争来的，更不是哪位领导恩赐的，而是党和人民授予的。如果一个党员干部不能正确行使手中的权力，却用这份权力去谋私利甚至违法违纪，那就谈不上一身正气，谈不上两袖清风，谈不上一尘不染，更谈不上忠诚。所以，要体现对党和人民的忠诚，对检察事业的忠诚，就必须做到清正廉洁、心无旁骛、心无杂念、心无私念。

十七、把心思和精力用在敢担当、谋发展、讲奉献上 [①]

2016年的检察工作责任重大，任务繁重而光荣。新的一年里，全市检察机关和全体检察人员要在市委和省检察院的领导下，把思想和行动统一到全市检察工作会议部署上来，以严的要求、实的作风、拼的精神、硬的担当，团结一心，务实求真，乐于奉献，奋发前进，忠实履行法律监督职责，全面做好各项检察工作，续写长沙检察事业的新篇章。

一要把心思用在谋发展上。要围绕全面实现长沙检察工作新发展，紧扣发展新常态怎么适应、新理念怎么践行、新难题怎么破解、新优势怎么增创，审势而谋、乘势而进、顺势而为，始终保持积极向上、振奋昂扬、奋发前进的精神状态，聚精会神抓办案、抓业务、抓工作，一门心思办案件、干事情、做服务，为全面实现长沙检察工作新发展献计出力、争创实绩、多作贡献。

二要把功夫下在抓落实上。"空谈误国""实干兴邦"。"一分部署，九分落实"。要说实话、出实招、鼓实劲、用实功、干实事，以"踏石留印"的精神和"言必行、行必果"的品质与人格，实实在在履职、实实在在抓办案、实实在在干事，以"马上就办"的作风强力推进各项部署的落实，确保各项检察工作部署有序、推进有力、掷地有声、落地生根、取得实效。

三要把劲头使在敢担当上。要坚持敢字当头，除掉一切私心杂念，面对难题敢闯敢试、敢为人先，面对矛盾敢抓敢管、敢于碰硬，面对

---

① 本部分系作者2016年3月9日在长沙市检察工作会议上的讲话摘录，收入本书时略作删改。

风险敢作敢为、敢于担当，做到在其位、履其职、干其事、建其功，真正以实效兑现承诺。

四要把人生价值定在讲奉献上。要保持健康纯洁的思想、坚强的党性、宽广的胸怀和良好的心态，信守"人生的真正价值在于奉献"，自觉做到忠诚于党、忠诚于人民，自觉做到知恩图报、知足常乐、知责奋进，自觉把为党、为人民、为检察事业努力工作、不懈奋斗当作一种精神追求、当作一种人生境界，以振奋的精神、饱满的工作热情、坚韧的斗志，不计较报酬、不追求名利，担当起重任，履行好职责，做好各自岗位的工作，努力完成乃至出色完成各项工作任务，以实实在在的言行和业绩，展示乐于学习、乐于办案、乐于工作、乐于奉献的优秀品质和良好形象。

五要把接受监督落在更严实上。要始终坚持把监督看成是一种约束、一种爱护、一种警戒，敞开心扉，襟怀坦荡，自觉把言行置于组织、同志、家庭、社会的监督之下，敢于、乐于面对全方位、全天候、全过程的监督，始终做到严以用权、严于律己、清正廉洁，永葆共产党人和检察官的优秀本色。为把长沙建设成为最具安全感、公平感和正义感的城市，为服务建设能量更大、实力更强、城乡更美、民生更爽的长沙，为服务长沙率先建成全面小康加快实现基本现代化而作出不懈的努力和更大的贡献！

十八、争做严格遵守党的纪律的模范 ①

《中国共产党章程》规定，党的纪律是党的各级组织和全体党员必须遵守的行为规则，是维护党的团结统一、完成党的任务的保证。党组织必须严格执行和维护党的纪律，共产党员必须自觉接受党的纪律的约束。《中国共产党章程》的总纲和第3条党员的义务中都明确规定，

---

① 本部分系作者2013年6月26日在长沙市检察机关2013年庆祝中国共产党成立92周年暨"七一"表彰大会上的讲话摘录，收入本书时略作删改。

党员要自觉遵守党的纪律。我们党是靠革命理想和铁的纪律组织起来的马克思主义政党，纪律严明是党的光荣传统和独特优势。革命战争时期，正是由于我党有"三大纪律、八项注意"等铁的纪律和优良的作风，才赢得了人民的支持和拥护，才取得了新民主主义革命的伟大胜利；社会主义建设时期，我们的党发扬传统，牢记"两个务必"，体现了严明的纪律和良好的作风，取得了社会主义建设的伟大胜利；改革开放以来，世情、国情、党情发生了深刻变化，党面临的形势越来越复杂，党肩负的任务越来越艰巨，党员的数量也越来越多，从总体上看，现阶段党的纪律是严明的、党的作风是良好的，确保了改革开放伟大事业的开拓前进。但实事求是地分析，党在纪律和作风上存在的问题也令人担忧。要坚决有效防止精神懈怠、能力不足、脱离群众和消极腐败"四个危险"。

一要严格遵守党的政治纪律。党的纪律是多方面的，但政治纪律是最重要、最关键的纪律。只有政治纪律严明，才能使党成为一个有机的整体，形成强大的凝聚力和战斗力，推动事业蓬勃发展。严格遵守党的政治纪律，最根本的是要遵守和维护党章。党章是最大的政治纪律。要忠诚拥护、维护和坚决贯彻落实党的路线、方针和政策；要忠诚维护和坚决落实省、市委的决策、部署；要忠诚维护和严格执行上级检察机关的决策、决定、意见和要求；要忠诚维护和自觉执行市院党组和检察委员会的决策、部署、决定和意见。具体而言，我们检察机关共产党员、检察人员都要牢固树立党章意识，自觉用党章和党内法规来规范自己的一言一行，防止和克服地方和部门保护主义、本位主义；绝不允许"上有政策、下有对策"；绝不允许有令不行，有禁不止；绝不允许在贯彻执行中央和上级领导机关的决策部署上打折扣、做选择、搞变通；绝不允许组织、参加或支持反对党的基本理论、基本路线、基本纲领、基本经验和重大方针政策的集会游行等活动；不发表任何反对或违背党的立场、四项基本原则等严重政治问题的文章、演说、宣言等；不组织、参加或支持邪教组织；不违反党和国家的民族、宗教政策，不损害党和国家的尊严、利益。在任何时候都要做到政治信仰不变、政治立场不移、政治方向不偏。

二要严格遵守党的组织纪律。党的组织纪律是维护党的团结统一的原则和规范，是处理党组织之间和党员之间的纪律，其核心是民主集中制原则。而检察机关共产党员、检察人员就要做到自觉服从党的领导，维护党的团结统一，坚决执行党组织或上级党组织做出的重大决定，不擅自改变或违反决定和议事规则。

三要严格遵守党的经济纪律。党的经济纪律也就是财经纪律，是为促进社会主义现代化建设、保证党的政策顺利执行而制定的财经政策和制度，是规范经济管理行为、维护经济秩序的规章制度，是党组织和党员在经济活动中必须遵守的行为规范。模范地遵守党和国家规定的各项经济纪律是党的各级组织和全体党员必须履行的义务。特别是我们检察机关检察职能，更加要求我们要模范遵守党和国家规定的各项经济纪律。坚决按照《中国共产党纪律处分条例》和《检察人员纪律处分条例》维护国家税收制度、会计制度、资产管理制度、政府采购招投标制度，带头廉洁从政、廉洁奉公，做遵纪守法的先锋、做廉洁自律的模范。

四要严格遵守党的工作纪律。就是要严守党的章程和党内法规、严守国家法律法规规章制度，坚决杜绝失职、渎职行为；坚决禁止违反警械警具和车辆管理规定的行为；防止严重违反社会主义道德的行为、妨碍社会管理秩序的行为等。作为检察机关的共产党员、检察人员，我们不仅要严格遵守党的工作纪律，还要严格遵守检察工作纪律和执法办案纪律，严格遵守廉洁从检纪律，严格执行"六个严禁""八个不准"等纪律规定，始终做到秉公执法、秉公办事，不徇私办案、办事，确保公正执法、公正办事，自觉做到清清白白办案，干干净净办事，堂堂正正做人。

五要严格遵守党的生活纪律。我们全体党员、检察人员要严守党的生活纪律，积极参与党的组织生活。中央提出的《四大纪律　八项要求》中就明确要求，要遵守民主集中制，不独断专行，软弱放任；管好配偶、子女和身边的工作人员，不允许他们利用本人的影响谋取私利；艰苦奋斗，不奢侈浪费、贪图享受；务实为民，不弄虚作假、与民争利等。只有以实际行动恪守党的生活纪律，反对形式主义、官僚主义、享乐主义，反对奢靡之风，让群众看到实实在在的变化，以彰显革故鼎新、扬善惩恶的坚定决心，树立可亲、可敬、可信的形象，才会增加检察工作的执行力与公信力。

十九、始终践行检察官庄严宣誓 ①

在全国人民喜迎新中国 61 周年华诞之际，今天，我们在这里举行隆重而庄严的检察官宣誓仪式，面对国旗庄严宣誓，郑重承诺对党的信仰、对国家的忠诚、对人民的热爱、对法律的尊崇、对职责的坚守。作为一名人民检察官，这是一个倍感骄傲与自豪的幸福时刻，是一个升华"三个至上""四个在心中"的庄严时刻，是一个值得我们永远铭记的神圣时刻！

检察官宣誓制度，是最高人民检察院今年确立的一项重要制度。举行检察官宣誓活动，不仅是一个司法仪式，更是深入推进"恪守检察职业道德，促进公正廉洁执法"主题实践活动的一项重要内容，是加强检察官管理，强化检察官职业意识、职业责任、职业使命的重大举措，是推进检察事业新发展的有效载体，也是检察官接受人民监督的创新形式。利用这个机会，我对全市的检察官提四点要求和希望。

一是要坚定政治信念，铸造人民检察官的忠诚品格。忠诚是检察官职业道德的本质要求，是检察官的基本政治品格，是检察事业发展的精神动力。检察官必须忠于党，忠于国家，忠于人民，忠于宪法和法律，忠于检察事业；必须牢固树立坚定的政治信念，尊崇宪法和法律，

---

① 本部分系作者 2010 年 9 月 30 日在长沙市检察院机关初任以上检察官宣誓仪式上的讲话摘录，收入本书时略作删改。

忠实履行法律监督职责，热爱人民检察事业，勤勉敬业；必须始终坚持做到党的事业至上、人民利益至上、宪法法律至上，永葆政治本色，永远忠诚，永不褪色。

二是要全面履行职责，强化人民检察官的公正理念。公正是检察官职业道德的核心内容，是检察官永恒的价值追求，是人民检察事业的崇高使命，是检察工作的生命线。检察官在职业活动中必须努力实现平等对待、实体公正、程序公正、保障人权；必须严格执法、规范执法，依法独立行使检察权，坚持实体与程序公正并重，注重权利保护，树立证据意识，履行客观公正义务，努力做到及时高效。

三是要强化自身监督，保持人民检察官的清廉操守。清廉是检察官必须恪守的职业操守，是党和国家的一贯要求，是检察工作健康发展的重要保证，是建设高素质检察队伍的内在要求。检察官不得以权谋私、接受案件有关人员的宴请和财物、徇私枉法，必须限制职务外活动，保持健康的生活方式，从严要求近亲属；必须筑牢拒腐防变的思想道德防线，自觉接受监督制约，确保做到清正廉洁。

四是要牢记服务宗旨，树立人民检察官的文明形象。文明是检察官职业道德的必然要求，是适应党和人民群众新要求、新期待的迫切需要，是社会主义法治理念的应有之义，是检察官必须具备的基本素养。检察官应当努力提高专业素养，遵守检察礼仪，摒弃特权思想和霸道作风，模范遵守社会主义道德，做到理念文明、行为文明、作风文明、语言文明，树立和维护检察机关文明执法的良好形象。

宣告誓言，是为了更好地践行誓言、实现誓言。我们一定要像爱护自己的眼睛一样珍惜检察官的荣誉、神圣和庄严；一定要像保护自己的生命一样去守护社会的公平正义，永远做一名无愧于党、无愧于祖国、无愧于人民、无愧于法律的人民检察官。让我们牢记检察官的职责和使命，忠实履行自己的誓言，深入推进三项重点工作，统筹做好各项检察工作，为"人民检察官"这一光荣而神圣的称谓增光添彩，为全面实现全市检察工作新发展添砖加瓦，为长沙经济社会又好又快、率先发展做出新的更大的贡献！

二十、注重实干 [①]

准确把握时代的新发展新变化，深刻认识检察工作面临的新机遇新挑战，不断适应人民群众对检察工作的新期待新要求，圆满完成全市各项检察工作任务，更好地实现全市检察工作的新发展，要求我们首先必须振奋精神，大兴实干之风。

（一）充分认识实干的重要性

"空谈误国，实干兴邦""一步实际行动胜过一打纲领"。实干是领导能力的体现。领导能力既来自于实干，又见之于实干。群众评价一个干部的能力，往往不是看宣言而是看行动，不是看唱功而是看做功。喊破嗓子，不如做出样子。实干是最好的领导方法，也是最强的领导能力。实干是干部成长的途径。实干出真知，实干长才干。大凡成就一番事业的干部，都是干出来的。在实干中经历风雨、见识世面，才能增长才干；在实干中磨练意志、历炼心境，才能锤炼出能力，掌握新知识、积累新经验、增长新本领。实干是事业发展的要求。事业是干成的，不是吹成的。无数事实证明，大干大发展，小干难发展，不干不发展。对于新形势下的检察工作，我们一定要充分认识到，单位的变化、工作的起色、班子队伍的加强、机关的发展，都是干出来的，而不是说出来的、写出来的，或者仅凭协调各方争来的；都是一项一项工作、一件一件事情干出来的，而不是避重就轻、投机取巧得来的；都是善始善终、持之以恒干出来的，而不是紧一阵松一阵做出来的。

（二）大力倡导实干的好作风

当前，我们的检察队伍里有一些人，不干实事、没有成绩，却想争先，在工作考评的时候虚报数据、浮夸业绩，给我们的工作、我们的

[①] 本部分系作者 2010 年 1 月 13 日在 2010 年长沙检察工作务虚会议上的讲话摘录，收入本书时略作删改。

队伍带来了非常恶劣的影响。这就是缺乏实干精神、不求真务实的鲜明表现。此风不可长，此风必须刹！要刹住这股歪风，我们必须增强工作责任感，大力弘扬务实干事的奋斗精神。无论是院领导、中层骨干，还是检察人员，都要端正对人民群众的根本态度，强化宗旨意识、服务人民，强化责任意识、不辱使命，强化进取意识、迎难而上，强化岗位意识、有所作为。坚决摒弃多干多错、少干少错、不干不错的消极心态，坚决破除干得好不等于领导印象好、干得少不等于提拔的机会少、干得差不等于群众评价差的功利思想。要以"等不起"的紧迫感、"慢不得"的危机感、"坐不住"的责任感对待我们的工作，以"人生难得几回搏"的壮志、以"越是艰难越向前"的豪情拼命去干工作，使大力气、下真功夫。分管业务工作的领导和从事业务工作的检察人员要忠诚履职、尽职尽责抓好办案、抓好业务，力求取得显著的成绩；分管综合部门工作的领导和从事综合部门工作的检察人员要尽心尽力、自觉主动为业务部门服好务，积极有效服务于办案、服务于检察业务工作，力求取得突出的成绩。

（三）精心营造实干的大氛围

首先，要牢固树立正确的业绩观。最高检提出要用"三个效果相统一"来衡量我们的工作成绩，衡量我们的执法状况。省院明确指出：我们不能光按办案数量来衡量办案成绩、衡量工作成绩，更要看执法水平、执法质量、执法效果。这就要求我们一定要树立正确的业绩观，在日常工作中，以正确的业绩观指导工作实践，努力实现工作的力度与水平、办案的数量与质量、执法的效率与效果的统一。坚决防止和改变简单地以办案数量甚至以立案数量论优劣、排名次的做法；坚决防止、纠正为利益驱动而争办"油水案"和为争创所谓"办案业绩"而凑数立案等现象；坚决克服、防止重办案数量轻办案质量的错误思想和执法行为。在评价执法办案工作的时候，不仅要看结果，还要看过程；不仅看数量，更要看质量；不仅看执法活动的法律效果，还要看执法活动的社会效果。充分发挥正确的业绩观对我们工作的指导意义和促进作用，使我们的工作在良性循环的轨道上不断向前发展。其次，领导班子要带好头。领导班子要把心思、时间、精力放在抓落实上、放在抓工作上。要忠诚履职，恪尽职守，奋发进取，全心全意干工作、解难题、谋发展、促发展。把工作成效作为衡量和检验工作优劣好坏的最终标准。要通过落实，取得实实在在的新业绩、新成效、新亮点，切实提高领导班子及其成员的凝聚力、战斗力、号召力、创新力、执行力和"免疫力"，为全体干警树好榜样、带好头。再次，要同心同德干大事。"众人拾柴火焰高""团结就是力量"，仅靠领导或仅靠部分干警，是干不成大事的。我们全市检察机关、全体检察干警，要在实干的浓厚氛围下，紧紧围绕全市检察工作的新发展，上下一心、齐心协力，集中团体的智慧，激发集体的力量，共谋发展，共促新发展。最后，要树立正确的业绩考评导向。要以深入开展争创"建设学习型党组织、创建学习型检察院"活动为契机，树立正确的考核导向。要认真落实省院执法状况考评和基层院考核标准，建立健全工作业绩考评机制，以三项重点工作的真实成效来评价检察工作业绩，充分发挥先进典型的示范激励效应，努力营造比学赶超、务实干事的浓厚氛围。

（四）通过实干求实效

首先，要摸清实情。任何工作，只有情况摸得更透，才会把得更准、抓得更紧、干得更实。我们要着重把握两个方面的情况：一是上级精神。要认真学习和深刻领会中央、省市委和上级检察机关的有关重大决策、重要会议及文件精神，正确把握前进方向，全面、准确把握工作大政方针。二是自身工作实际情况。要把自身工作放在市直政法机关、全省各市州检察院甚至全国省会城市检察院中进行衡量，通过横向、纵向比较，寻找、发现和正视检察工作中存在的问题和不足，明确自身工作的优势与劣势，找准发展的空间与潜力、发展的目标、重点与任务。其次，要采取实招。要深化对形势的判断、对问题的思考、对规律的认识，以开阔的视野、创新的思维，深入思考，精心研究，制定切实、可行、有效的方案与措施，以扬长避短，变劣势为优势。最后，要追求实效。工作实效是工作措施的出发点和归宿点，不注重和追求实效的工作是形式主义，是"花架子"，不但对工作无益，相反还会影响我们的工作，影响我们的队伍，长此以往会损害我们的检察事业。因此，我们要把科学态度与实干精神结合起来，把着眼长远与抓好当前结合起来，在制定工作措施时要科学预计其成效，在工作实施过程中力求取得实效，在工作评价中全面考量实效。只有真抓实干，扎实做好每件事、抓好每项工作，我们才能干在实处、创造实绩、取得实效，才能不负使命、走在前列，才能不断推进和实现全市检察工作的新发展。

二十一、振奋精神，真抓实干 ①

刚才，市检察院机关 23 名内设机构主要负责人宣读并递交了 2011 年工作和党风廉政建设责任状。大家思路清晰，目标、任务明确，重点突出，措施有力，讲得很好。各部门主要负责同志宣读和递交责任状，向院党组、向全院干警就在新的一年里如何履行好本部门职能、如何履行好"一岗双责"、如何抓好各部门工作、抓好队伍建设特别是党风廉政建设，作了公开承诺。承诺，贵在落实。承诺的真正价值在于兑现。希望各部门的正职和负责同志不辜负院党组的期望、不负众望，牢记职责，担负重任，尽心竭力，履行职责，努力奋斗，完成任务，达到新目标，真正全面实现本部门工作的新发展。

2011 年，是"十二五"规划的开局之年，是中国共产党成立 90 周年，做好今年的检察工作意义重大。为了确保 2011 年全市检察工作基本思路的落实、各项检察工作任务的圆满完成，推动工作目标的顺利实现，下面，我提六点希望与要求：

---

① 本部分系作者 2011 年 2 月 14 日在长沙市检察院机关内设机构主要负责人宣读并递交 2011 年工作和党风廉政建设责任状大会上的讲话摘录，收入本书时略作删改。

（一）振奋精神

良好的精神状态，是解决问题、战胜困难，发扬成绩、弥补不足，开拓进取、建功立业的前提条件和起码要求。无论是一个单位、部门，还是个人都要有点精神。有了精神，才有激情、才有干劲、才有活力、才有斗志，才能不畏艰险、迎难而上、攻坚克难，无往而不胜；没有精神，就没有激情、没有干劲、没有活力、没有斗志，就必将见难而畏、知难而退，就必将软弱无力，一事无成。要抓好全院工作、抓好本部门工作、做好本职工作，全面推进全市检察工作新发展，都必须振奋精神，时刻保持不畏艰难、迎难而战、开拓进取、奋发有为、争先创优的良好精神状态。这次务虚会，大家认真分析了全院干警思想状况和精神状态，认为从总体上讲，全院干警精神状态好，精神风貌好，积极向上，忠于职守，忠诚履职，真抓实干，不计名利，不计报酬，乐于办案，乐于工作，甘于奉献，争创实绩，争创佳绩，这是市院思想状态和精神状态的主流。要有精神，首先要有理想信念。一个人要有精神，特别是要永远保持这种良好的精神状态，最重要的是什么？是要树立正确的理想和信念。因为理想信念是催人奋进的不竭动力。我们每个检察人员，都要树立正确的世界观、人生观和价值观。要把个人志向与共同理想统一起来，将个人追求与推进检察事业的新发展、科学发展贯穿在一起。只有这样，我们的精神才会振奋、我们才会有使不完的劲、才会感到有干不完的事、才会真正感受到工作与事业的快乐，才会真正实现人生的价值。反之，没有信念、没有理想或信念理想不坚定，思想必然退化，精神必将萎靡，工作必然消极，事业必将一事无成。其次要有奋斗目标。目标就是志向。有志者，事竟成。单位要有单位目标，部门要有部门目标，个人要有个人奋斗目标。既要有近期目标、年度目标，更要有长远目标。目标要明确，不能搞到哪里算哪里。最后要有责任感和事业心。高度的责任感、强烈的事业心是做好工作的保证，是一个共产党员、检察人员应当具有的基本品质。凡是有事业心和责任感的人，都有一种干好工作的强烈愿望，都有一种不甘落后、锐意进取的境界，一旦工作落后了，就会产生一种工作不安、思想不安的心态。反之，缺乏事业心和责任感的同志，思想不稳定，精力不集中，精神不振奋，工作往往也会无所事事、无所作为。有责任感、有事业心，才会尽心尽力、尽职尽责，才会想干事，才能干成事。

（二）真抓实干

"一步实际行动胜过一打纲领"。全面实现全市检察工作新发展，关键在于能否真抓实干。真抓实干是事业发展的客观要求。事业是干出来的，不是说出来、写出来的、仅凭协调出来的。一要大力倡导真抓实干。真抓实干就是一门心思抓工作、真心实意抓办案，就要把时间、主要心思和精力放在抓办案上、抓工作上；就要勇于办难案难事、敢于办大案大事、善于办疑案杂事；就要办出质量高的案件、就要办优案、办精品案，就要创造实实在在的一流实绩。二要坚决防止和纠正假抓虚干。"真抓实干兴业，假抓虚干误事"。我们要大兴真抓实干之风，坚决反对和防止假抓虚干，做表面功夫，只热衷于搞形式，甚至搞形式主义。全体检察人员特别是院领导、部门负责人，要察实情、讲实话、办实事、出实招、求实效。要下决心把时间放到抓落实上来、把精力投入办案中去，脚踏实地干出实实在在的、更好的成绩。真抓实干是战胜困难的法宝。工作越前进、越发展，遇到的困难可能会更多，难度可能会增大，面临的挑战可能会更严峻，风险也将会更大。在这种情况下，不攻坚克难，就无法前进，不进则退、不进则滑坡。"沧海横流，方显英雄本色"。在这种情况下，如果假抓虚干，困难就无法克服，难点就无法攻克，工作就无法完成，成效就无法取得。只有真抓实干，才能战胜困难、解决问题、最终取得成功。"无限风光在险峰"。一切办法，只有在真抓实干当中才能找到；一切困难，只有在真抓实干中才能克服；一切问题，只有在真抓实干当中才能解决；一切机遇，只有在真抓实干当中才能抓住；一切目标，只有在真抓实干中才能实现。真抓实干是干部成长的途径。干部要成长、要进步，关键还是靠真抓实干。干部的成长不是光靠教育出来的，也不是干部做表面功夫，搞拉拉扯扯实现的，而是真干出来的，实干出来的。跑出来的干部，群众信不过，工作拿不起，将来走不远；干出来的干部，人民信得过，自己立得起，走得稳。机会往往垂青那些勇于担当、扎实干事的人。全体检察人员特别是青年和中年干警，只有在实干中经风雨、见世面，才能不断长才干、创业绩、有进步、有作为！

（三）协作配合

协作配合是干事创业的基础。上下紧密协作、密切配合，就能众志成城、无坚不摧；否则，部门与部门之间，个人与个人之间，各行其是、互不信任、互不协作甚至互相拆台，合力就无法形成，工作就难以抓好。我们要强调牢固树立协作配合的意识，真正做到真诚协作、真诚配合，心往一处想、劲往一处使，团结共事、共同创业、共同发展。首先要讲大局。只有讲大局，才有共同的奋斗目标和前进方向。不识大局，难以协作配合；不知大体，难以协作配合。所以，大家要顾全大局、以大局为重，为了共同目标，同心同德、群策群力，做到局部服从全局、部分服从整体，自觉在大局之下统一行动，在协作配合之中实现大局目标。其次要讲配合。配合就有合力。一个单位，部门与部门之间、个人与个人之间，只要做到了主动协作配合、密切协作配合，就没有办不好的事情、干不好的工作。因此，我们应当乐于协作配合，乐于为有关部门的工作协作配合，乐于配合协作他人工作，在相互协作配合中实现相互提高、相互促进。再次要讲原则。无原则的协作不是真协作，无原则的配合不是真配合。在原则问题上不得违背、不能拿原则作交易，不能以"团结"为借口放弃原则、违反原则。不讲原则的团结实质上是好人主义、个人主义的体现，这种团结不是真团结，是靠不住的团结。怕得罪人，是利己主义在作怪。没有原则的协作与配合，表面上看是一团和气，其结果必然是思想混乱、工作出偏差，甚至犯错误。最后要讲友谊。要营造相互尊重、相互关心、相互信任、相互支持的良好氛围。工作能力强一些、水平高一些、成绩显著一些、发展快一些、荣誉多一些的同志，要多想同事们给予的帮助、多看自己的缺点、多做有利于他人健康成长的事。反之，工作能力弱一些、水平低一些、成绩小一些、进步慢一些的同志，要自觉、真诚地向优秀的同志学习，要理性、正确地对待自己，要注意多学习别人的长处，正视自己的差距与不足，有勇气、下决心缩短差距、克服不足，提升素质，提升水平与能力，取得实绩，用实际行动向优秀和先进的同志看齐，奋力赶上乃至超过先进，争取有新的进步和作为。这样，全体检察人员真正做到相互尊重、相互信任，与人为善、真诚待人，互帮互助、互敬互爱，真诚协作、真诚配合，使市院机关这个大家庭充满友谊与关爱，充满活力与生机。

（四）创先争优

检察工作同其他工作一样，如同逆水行舟，不进则退，慢进、小进也是退。在前进的道路上，我们不能有丝毫的自满松劲情绪，否则，工作就会滑坡，人民群众就不会满意。一要积极倡导创先争优。创先争优是党的十七大和十七届四中全会提出的重要任务，是推进工作科学发展、新发展的重要抓手。在创先争优上态度要积极、目标要明确、措施要有力、工作要务实。二要立足本职创先争优。立足本部门创先争优，各部门对本部门近几年特别是上一年的工作要有客观的估价，然后在此基础上制定出科学的工作规划及创先争优方案。立足本岗位创先争优，要把本部门今年工作特别是创先争优工作通过绩效考核量化、细化到每个部门的每个干警，要把创先争优落实到办案、办公中去，多办优案，多写优稿，争当优秀办案能手、优秀检察人员。三要积极引导创先争优，奖罚要分明，对在创先争优中取得好的成绩的，要给予宣传、鼓励、奖励；对工作落后的，要视情况根据相关规定进行处罚，以此形成崇尚先进、学习先进、赶超先进，以先进为荣、以落后为耻的良好风尚。要坚决反对和禁止以虚报数字等行为获取先进与荣誉的行为。牢固树立正确的业绩观和荣誉观，坚决反对、防止和纠正在检察业务考评中任何数据填报不实的行为，严禁各类数据假报、虚报、瞒报、漏报，坚决从严惩治"做数字游戏"、弄虚作假、靠虚假数字获取荣誉、名利等恶劣行为，以弘扬求真务实、真抓实干、争先创优之风，扎实推进检察工作健康发展。

（五）加强学习

时代快速发展，知识飞速更新。要跟上时代的步伐，应对时代的挑战，就必须不断学习、不断充电、不断充实、不断提高。不学习、不刻苦学习、不坚持学习，势必会落伍、会被时代所淘汰。一要充实学习内容。既要学习理论知识，又要学习实务技能；既要学习法律专业知识，又要学习与司法、政法工作相关的其他方面的知识。当前，要突出抓好"两高三部"制定的"一法两规定"和网上办案操作技能的学习。二要学以致用。要及时把学习掌握的理论知识和操作技能应用于检察工作实践，转化为工作能力与水平，转化为工作实效，从而提高工作效率、提升工作质量、取得工作实绩、推进工作发展。

（六）公正廉洁

公正廉洁是检察机关的生命线，是检察人员安身立命之本。要严格执行今年中央政法委提出的"四个一律"的规定，即：接受当事人及其委托律师吃请、娱乐、财物的，一律停止执行职务；利用职权插手案件办理影响公正执法、滥用职权侵犯当事人合法权益的，一律调离执法岗位；徇私枉法、贪赃枉法的，一律清除出政法队伍；构成犯罪的，一律依法追究刑事责任。严是爱、松是害，这是千真万确的事实，大家一定要统一思想，自觉做到。

新的一年，蕴育着新的生机、新的希望。在此，我向市院机关全体检察人员再提几句要求：青年干警是市院机关未来检察工作的希望，最年轻、最具有活力、最有长远的发展潜质，希望你们倍加学习、倍加努力、倍加实干、倍加提升素质、提升本领与水平，不断有所进步、有所作为，不断健康成长，为全市检察工作新发展更好地发挥生力军的作用；中年干警是市院机关年富力强的同志，有良好的综合素质，有较强的能力和水平，有较丰富的经验，正是干事创业的最好时期，是市院机关检察工作的中坚力量，希望你们不辱使命，担负重任、勇挑重担，带头实干，带头攻坚克难，带头排忧解难，带头创造佳绩，更好地发挥中流砥柱的作用；老同志往往综合素质更加全面，经验更加丰富，工作更加理性，是市院检察事业发展难得的精神财富，希望你们既带头爱岗敬业，抓好、做好本部门、本岗位的工作，又帮助、指导青年和中年同志，忠诚履职，奋发工作，争创佳绩，争立新功，更好地发挥"传、帮、带"和示范引领作用；女干警具有许多男同志没有的优势和特点，在检察工作新发展中具有不可替代的作用，巾帼不让须眉，希望你们热爱检察机关，忠实于检察工作，恪尽职守，尽心尽职，敢与男同志比高低，在本院、本部门或本职岗位上争先创优，更好地发挥"半边天"作用；各部门负责同志是市院机关部门领导者、组织者，希望你们把心思、时间、精力放在抓工作、带班子队伍上，放在抓落实上，努力抓出实实在在的新业绩、新成效、新亮点；希望院领导班子成员更好地履行领导职责，敢抓善管，真抓实干，以身作则，率先垂范，带领全体检察人员齐心奋战，发扬成绩，克服不足，再创佳绩。我们坚信，只要我们全体检察人员上下一心、奋力实干，我们的工作就一定能取得更好的成效，全市检察工作就一定会全面实现新的发展。

二十二、开展集中培训 提升综合素能 [①]

经市检察院党组研究决定并报省检察院领导同意，今天，长沙市检察院检察人员全员集中培训暨综合素能提升班第一期培训在中南大学正式开班了。省检察院、中南大学、市委政法委对这次全员集中培训工作十分重视。中南大学及继续教育学院对这次集中培训给予了大力支持和精心安排。中南大学常务副校长、中南大学继续教

[①] 本部分系作者 2015 年 5 月 25 日在长沙市检察院机关全体检察人员集中培训暨综合素能提升班第一期开学典礼上的讲话摘录，收入本书时略作删改。

育学院党委书记亲自出席开学典礼并予以指导。在此，我代表市院党组对这次检察人员全员集中培训的顺利开班表示热烈祝贺！对高度重视、大力支持、精心指导这次全员集中培训工作的中南大学领导和中南大学继续教育学院的负责同志、老师们表示衷心感谢！对亲临培训班开学典礼仪式的省院有关部门领导和市委政法委领导表示诚挚的谢意！对参加此次全员集中培训的全体检察人员、学员表示热烈欢迎！

这些年来，市院党组对检察人员的教育培训工作可以说越来越重视。在 2008 年初确立全市检察工作新发展的总体思路时，我们在制定新发展战略方面明确提出了要大力实施"五大发展战略"，即公正立检战略、业务建检战略、人才强检战略、科技兴检战略、机制活检战略；2013 年在完善新发展总体思路时，通过前五年工作的总结，在精心研究、集思广益的基础上，我们又新增了文化育检战略，旨在通过大力实施人才强检和文化育检战略，不断提高政治、业务素质，不断提高业务能力与水平，不断提升综合素养，全面、切实加强领导班子建设和检察队伍建设，为全面、正确履行检察职能、做好检察工作提供强有力的组织保障和人才保障。为了大力、有效地实施包括发展战略在内的全市检察工作新发展的总体思路，抓好检察机关、检察工作的重点、热点、难点和薄弱点工作，大力推进并努力实现长沙检察工作新发展，自 2011 年以来，我们通过认真调研，每年制定全市检察机关"应注重抓好"的工作，并把检察人员教育培训工作列入其中。如 2011 年制定的要注重抓好的 12 项工作，其中包括"要大力加强检察人员教育培训工作"；2012 年制定的要注重抓好的 13 项工作，其中包括"要继续大力加强检察人员教育培训工作"；2013 年制定的要注重抓好的 7 项工作，其中包括"要加强学习型检察机关建设和学习型检察人员培养工作"；2014 年制定的要注重抓好的 11 项工作，其中包括"要着力加强和改进干部教育培训工作"；2015 年制定的要注重抓好的 9 项工作，其中包括"要着力加强从严治检、从优待检工作"，在"从优待检"工作方面，明确提出"要认真组织开展检察人员全员集中教育培训，既重视法学理论、检察理论知识的更新，又注重其他知识的更新，力争让全体检察人员在年内能集中参训一次，让检察人员在学习中'充电'、在学习中进步、在学习中修身、养身"。在今年年初召开的全市检察工作会议上，我们对着力推进高素质检察队伍建设进行了全面部署，明确提出"要大力加强专业化、职业化培训。继续深入开展创建学习型党组织、学习型检察院、学习型检察官活动。全面加强、深入推进检察人员教育培训工作，以提升领导水平为重点，大力开展各级领导素能培训，着力培养各层次的班子成员和中层骨干；以提升专业化、职业化水平为重点，广泛、深入开展办案干警专项业务培训、业务竞赛和岗位练兵活动，大力培养一批业务骨干、业务尖子和检察复合型人才；以夯实法律监督工作基础和提升综合素养与水平为重点，全面、深入开展检察人员轮训工作，全面提升全体检察人员的综合素质和检察工作的能力与水平；以锻炼、培养优秀检察人才为重点，深入开展高层次、高标准、高水平的检察人才培训，努力培养一批理论功底深厚、检察司法实践丰富、检察司法业务精通的检察业务专家、检察业务领军人才和检察复合型优秀人才"。所以说，这些年来，市院党组对全市检察机关、检察人员的教育培训工作是很重视的；检察人员的教育培训工作也逐年在加强并取得了新成效。这次市院举办的市检察院检察人员全员集中培训暨综合素能提升班，就是大力实施市院制定、完善的全市检察工作新发展总体思路，具体实施人才强检、文化育检发展战略的重要举措；就是根据年初召开的全市检察工作会议的有关部署决定安排的。

举办这样的检察人员全员集中培训，这在长沙市检察院机关尚属首次。市院党组和政治部及教育培训处对此次全员集中培训工作十分重视，多次召开会议，认真讨论研究，到高校实地考察学习，提出有关方案，与中南大学的有关领导和继续教育学院的领导沟通、协调，确定培训方案，精心筹备，为顺利开班提供了条件和保障。此次检察人员全员集中培训依照"分层分类"的培训原则共分为四个层次、举办六期集中培训班，即新进检察人员集中培训两期班；科级检察人员集中培训一期班；部门副职检察人员集中培训一期班；部门正职检察人员和领导干部集中培训两期班。参加此次集中培训的学员主要有市院机关及星城地区检察院的全体检察人员，同时各基层院选派了部分优秀青年检察人员或中层骨干共 400 余人。这次把检察人员全员集中培训的地点选定在中南大学继续教育学院，为参训的全体检察人员提供了一个高起点、高标准、高水平的学习平台。中南大学是湖南省唯一副部级全国重点大学，国家"211 工程"首批重点建设高校、国家"985 工程"部省重点共建的高水平大学和国家"2011 计划"首批牵头高校。中南大学校区跨湘江两岸，依巍巍岳麓，临滔滔湘江，环境幽雅，景色宜人，是求知治学的理想园地。希望大家珍惜这次难得的全员集中培训的机会，安心、静心、潜心、专心学习，力求学有所获、学有进步。下面，我提三点意见：

（一）提高认识，切实增强学习的紧迫感和责任感

"人皆知以食愈饥，莫知以学愈愚"。学习乃文明传承之途、人生成长之梯、政党巩固之基、国家兴盛之要。学习可以增智、可以解惑、可以辨是非，无论对于个人成长进步、或是政党兴旺发达、乃至国家繁荣富强，都是极其重要的。

首先，加强学习是更新知识、与时俱进的迫切需要。知识的重要性、学习的紧迫性在当前知识爆炸时代更为突出。知识"保质期"越来越短，思想"折旧率"越来越快，能力"迭代率"越来越高。一次性的学习时代已经过去，人的一生只有成为一块高效蓄电池，进行不间断的、持续的充电，才能不间断地、持续地释放能量。党的十八大以来，习近平总书记明确提出实现中华民族伟大复兴的中国梦，提出"两个一百年"的奋斗目标，提出"全面建成小康社会、全面深化改革、全面推进依法治国、全面从严治党""四个全面"的重大战略布局。党的十八届四中全会作出全面推进依法治国的重要部署。检察机

关作为上层建筑领域的国家法律监督机关，作为中国特色社会主义事业的建设者、捍卫者，使命神圣、任务繁重、责任重大。面对新形势、新常态、新挑战、新期待、新要求，全体检察人员特别是领导班子成员和中层骨干只有重视学习、勤于学习、全面学习、深入学习、天天学习，才能不断提高自身综合素养和能力水平，才能与时俱进、适应时代发展的需要、适应现代检察工作和检察事业的需要。

其次，加强学习是提升综合素能、胜任本职工作的客观需要。"非学无以广才，非学无以明识，非学无以立德"。学习是每个人应具备的一项基本功，是充实和更新知识的重要方式，更是不断提高自身素质和能力的重要途径。事有所成，必是学有所成；学有所成，必是思有所得。本领不是天生的，是要通过学习和实践获得的。在面临越来越重的检察任务、遇到越来越多的"陌生领域"、伴随着越来越强烈的"本领恐慌"时，全体检察人员只有以时不我待的精神加强学习，不断"温故知新""学新知新""吐故纳新"，更新理论，更新知识，才能更新思想观念，拓宽眼界、视野，造就过硬本领，提升综合素能，胜任本职、本岗位工作；才能增强工作的预见性、科学性、主动性和创造性，取得新成果、新成绩、新成效。

最后，加强学习是造就高素质检察队伍、全面推进并努力实现长沙检察工作新发展的必要条件。"为政之要，惟在得人"。长沙检察工作能否全面推进并努力实现新发展，关键在于班子、在于检察队伍。全体检察人员只有不断加强学习，并以此不断提高全体检察人员的综合素能；不断提高全体检察人员贯彻党的理论和路线方针政策的能力与水平、法律监督的能力与水平、运用法治思维和法治方式处理和解决问题的能力与水平、推进理论创新、实践创新、制度创新的能力与水平，才能坚定不移、持之以恒地忠诚履职、依法履职、出色履职，才能全面、正确地履行检察职能，全面加强和改进司法办案工作和其他各项检察工作，进而全面推进并努力实现长沙检察工作的新发展。

（二）明确重点，切实增强学习的针对性和新颖性

本次检察人员全员集中培训课程的设置，注重切合检察机关的实际，注重紧扣检察工作、检察人员的需求，注重提升检察人员的综合素能。在内容上力求既具有针对性，又具有一定的新颖性。

一要注重基本理论学习。认真学习和掌握党的基本理论，是我们做好检察工作乃至一切工作的看家本领。只有学懂弄通党的基本理论，特别是学懂弄通习近平总书记的系列重要讲话精神等重大战略思想，系统学习、了解、掌握中国特色社会主义理论体系，才能深刻认识和准确把握共产党执政规律、社会主义建设规律、人类社会发展规律及检察事业发展规律，才能始终在纷繁复杂和严峻的新形势下坚持正确的前进方向，才能把中国特色社会主义和中国特色社会主义检察事业不断推向前进。这次全员集中培训班安排了党的十八届四中全会精神解读和"三严三实"修官德等课程，目的就是要使大家进一步提高理论素养和理论水平，自觉地运用马克思列宁主义、毛泽东思想和中国特色社会主义理论体系指导客观世界和主观世界的改造，指导检察工作和检察事业不断向前科学、健康发展。

二要注重综合素能的提升。检察工作既具有专业性，又兼具综合性、系统性的特点。这就需要全体检察人员积累多方面的知识、不断提升综合素能。此次检察人员全员集中培训的重点之一，就是通过加强对检察人员的有关方面的现代知识的集中培训，更新有关现代知识，努力优化符合时代要求的知识结构，提升全体检察人员的综合素能。这次课程的设置及其内容在一定程度上体现了全面性、系统性和多样化等特点。如开设"宏观经济形势分析（一带一路）""危机公关与媒体应对""信息安全""公关礼仪""文书拟写"等课程，有针对性地学习、掌握做好新形势下检察工作所必备的新知识、新技能、新规则、新要求，努力使自己真正成为适应乃至胜任现代检察工作的行家里手；开设了"国学精髓与检察官人文修养"等课程，吸取前人在修身为官、处事做人等方面的智慧和哲理，继承和发扬中国优秀传统文化和民族

精神；开设了"中国和平发展的机遇与挑战"等课程，面向世界、拓宽视野，服务国家安全，服务国家和平发展。

三要注重检察人员身心健康。检察工作具有高强度、高压力、高风险的职业特点。检察人员特别是检察官将不断面对各种新形势、新要求、新挑战的检验与考验。加上"案多人少"矛盾凸显，检察人员长期处于超负荷办案、超负荷工作状态，"白加黑""五加二"的加班加点办案、工作几乎成为常态，一些检察人员的身体或心理不同程度地出现了非正常状态或问题，影响和制约着检察工作的开展乃至检察职能的履行。为了从优待检，努力关心和保障检察人员的身心健康，此次全员集中培训开设了"检察干部的情绪与压力管理"和"养生讲座"课程，旨在增强检察人员保健意识，增添健康知识，注意科学养生，舒缓压力、情绪，促进身心健康，力求让每一位检察人员都能够快乐工作、幸福生活。

（三）讲究方法，切实提高学习的质量和效果

"吾生也有涯，而知也无涯"。此次检察人员全员集中培训虽时间有限，但内容丰富，要真正学通、弄懂、记牢，关键在于乐于学习、善于思考、勤于实践，力求在学习中思考，在思考中践行，在践行中提升。

一是坚持学与乐的统一。"知之者不如好之者，好之者不如乐之者。""兴趣是最好的老师。"同样，培养学习的兴趣对学习也很重要。只有对学习感兴趣、喜爱学习，学习才能由消极变为积极、由被动变为主动，实现由"要我学"到"我要学"的转变；才能真正做到无人不学、无时不学、无地不学，实现在快乐中学习、在学习中充电，真正做到学有所乐、学有所获。一要肯学，发扬"挤"劲。树立终身学习的理念，端正学习态度，从繁忙的办案工作任务中、不必要的交际应酬中、业余悠闲中挤出时间学习，努力做到学习工作化、工作学习化。二要深学，发扬"钻"劲。读书百遍，其义自现。对所学知识要反复品读、钻研，琢磨其中的精髓，做到学之求深、懂之求准。三要

勤学，发扬"韧"劲。以持之以恒的精神、常学常新的态度、百读不厌的劲头，在学习中丰富知识、增长才干、感悟人生。

二是坚持学与思的统一。"学而不思则罔，思而不学则殆。"学习的过程就是一个不断思考认知的过程。"思"源于"学"，又高于"学"，以广博的学识为基础，思考才能高瞻远瞩、深谋远虑；"思"能促"学"，带着思考学，能使认识向广博和深入发展。在某种意义上讲，学习贵在思考。要养成边学习、边思考的良好习惯，做到精心思考、善于思考、深入思考。要通过思考，消化和吸收所学理论与知识，力求了解其内容、领会其精髓、把握其规律。要注重紧密结合检察工作实践，带着问题深入学习，围绕问题深入思考，利用所学理论和知识寻求解决问题与困难的有效之策。

三是坚持知与行的统一。"为学之实，固在践履。苟徒知而不行，诚与不学无异"。学习的目的在于实践。一个人学习得好不好，不仅仅看他书读得多不多、理论和知识掌握得好不好，更重要的是看他是否能学而笃行、学以致用，看他理论联系实际、解决实际问题的能力强不强、水平高不高、效果好不好。要把学习成果努力转化为改造主观世界的实效。清醒认识当前检察队伍建设中面临的新形势、新情况、新挑战，科学把握检察队伍建设的重点和规律，切实加强检察队伍建设和领导班子建设，引导和教育全体检察人员特别是领导班子成员、中层骨干牢固树立和自觉践行正确的世界观、人生观、价值观和正确的权力观、地位观、利益观，坚定理想信念、坚持司法为民、保证公正司法、纯正思想作风、恪守道德情操、确保清正廉洁。要把学习成果努力转化为改造客观世界的实效。深刻认识当今世界的发展趋势和变化特征，准确把握检察工作的改革态势和发展规律，认真研究并有效解决检察改革发展过程中出现的新情况新问题，全面正确履行检察职能，全面加强和改进司法办案工作，全面做好各项检察工作，为服务党和国家工作大局、服务率先建成"三市"、强力实施"三倍"、加快现代化进程，为谱写中华民族伟大复兴中国梦的湖南篇章作出不懈的努力和应有的贡献！

二十三、带头做到讲政治、有信念 [①]

"两学一做"（即学党章党规，学系列讲话，做合格党员）学习教育是习近平总书记亲自倡导决定的推动全面从严治党向基层延伸的学习教育，是为了进一步解决党员队伍在思想、组织、作风、纪律等方面存在的问题，保持发展党的先进性和纯洁性，其意义重大。最高人民检察院下发了相关的工作方案，省委、市委分别召开了电视电话会和座谈会作了全面具体部署。按照《长沙市人民检察院"两学一做"学习教育工作方案》的要求，为加强党支部党员干部对党员宗旨信念和权利义务的学习，办公室党支部今天召开以"讲政治、有信念，做对党忠诚的党员"为主题的专题研讨会。

刚才党支部书记组织大家学习了党章条文，也结合自己对党章党规的理解，从"增强政治意识的意义""政治意识不强的表现"和"如何立足岗位增强信念"三个方面作了发言。在党支部书记的带头下，大家在讨论会上聚焦"讲政治、有信念，做对党忠诚的党员"主题，结合自身思想、工作实际和成长过程，对照党章党规、对照党员标准、对照职能职责，踊跃发言，质量较高，这很好。

讲政治、有信念是合格党员的首要标准，是最根本的标准。作为办公室党支部的党员，我和大家要带头做到讲政治、有信念。要做讲政治的共产党员，就要坚定不移、发自内心地始终坚信、拥护和服从中国共产党的领导；就要坚定不移、发自内心地始终与以习近平为总书记的党中央从思想、政治和行动上保持高度一致；就要全心全力、尽心竭力地贯彻执行党的纲领和路线、方针、政策及其他决策；就要全心全力、尽心竭力地贯彻落实本地区、本单位党委、党组的决策部

---

① 本部分系作者 2016 年 5 月 16 日在长沙市检察院办公室党支部开展"两学一做"学习教育第一次专题学习讨论会上的讲话摘录，收入本书时略作删改。

署和意见安排。要做有信念的共产党员，首先就要坚信并牢固树立远大的共产主义理想；就要坚信并牢固树立建设中国特色社会主义的信念；就要在本系统、本单位、本岗位全心全力、尽心竭力、全面正确履行职责，想事、干事、成事，为检察工作、检察事业献计出力、建功立业。只有这样，我们共产党员、检察人员才能始终如一对党忠诚，才能永做合格乃至优秀的共产党员或者优秀的非党干部。

二十四、强化省外培训，开阔检察视野 [①]

这次在浙江大学举行的长沙市检察系统领导干部综合素能提升培训班，经过整整十天的学习，今天下午就要结业了。这次长沙市检察系统来到西子湖畔的浙江大学学习，是我们多年来的愿望，也下了很大的决心。这是长沙市检察系统领导干部自建院以来第一次到省外大学、到浙江大学学习，所以我和大家一样，感到很高兴、很振奋。大家都知道，浙江大学是一所历史悠久、声誉卓著的高等学府，被誉为"东方剑桥"，其前身求是书院创立于 1897 年，于 1928 年定名的国立浙江大学，后在抗战期间转到贵州遵义、湄潭等地办学七年，1946 年秋回迁杭州至今，培养了一批又一批的具有国际视野的高素质创新人才和未来领导者，培养的大批杰出校友中当选为两院院士的有 160 余人。这次培训班，得到了浙江大学特别是浙江大学继续教育学院副院长的重视和支持，得到了班主任、跟班老师的精心安排、精心指导和精心付出。在班主任、跟班老师无微不至的关心、关照和大力帮助、支持下，我们在这短短十天的学习时间里，饱尝了理论大餐，认真学习政治、经济、文化、科技等理论知识；饱尝了精神大餐，感受"灵动睿智，敢为人先，经世致用，坚韧不拔"的浙江精神，品读"大气、开放、精致、和谐"的杭州品质，领悟"求实创新"的浙大校训；饱尝

---

① 本部分系作者 2016 年 5 月 31 日在浙江大学·长沙市检察系统领导干部综合素能提升培训班结业仪式上的讲话摘录，收入本书时略作删改。

了生活大餐。作为学员，我们非常感动、非常开心、非常充实、非常满意。在这里，借此机会，我代表长沙市人民检察院党组，代表全体学员，代表全市检察人员向浙江大学、浙江大学继续教育学院，向院长、班主任、跟班老师表示衷心的感谢和敬意！向各位授课教授表示衷心的感谢！

刚才，我们向优秀班干部、优秀组长、优秀学员颁发了证书，这是对你们学习取得的成绩表示肯定、表示祝贺。其他同学因名额有限没有被评上，但同样学习认真，表现出色。班长代表班支两委作了一个全面、翔实、很好的总结报告，从五个方面总结了培训班这十天学习的成绩和主要做法，特别是重点讲了他的切身体会，简要概括了教授所作精彩报告的重点、难点和闪光点，大家一听就有重温感觉，都有切身感受，讲得很好，我完全赞同；市委组织部、市委政法委派出有关负责同志全程跟班指导，对我们这次培训十分关心和支持，刚才在讲话中对我们给予了肯定，同时也向我们提出了希望和要求；班主任饱含深情地对培训班进行了总结，给予了充分肯定和高度评价，授予我们班"优秀班级"荣誉称号，这是对我们学习的肯定，更是对我们的激励和鞭策，同时也向我们提出了很好的要求。我们回去之后要认真落实好。借此机会，我在这里谈几点感受。

第一，这次培训效果很好。班长在这次培训的总结讲话中讲了"五好"，即组织协调好、课程设计好、老师讲得好、学习纪律好和学习效果好，讲得非常好。我认为，我们这次在浙江大学学习培训的这十天是聚精会神学习的十天，大家做到了集中时间、集中心思、集中精力学习，做到了诚心、热心、专心学习，做到了聚精会神听、择其要点记、联系实际想、综合分析写；是增长知识的十天，大家围绕提升领导干部综合素能这个主题，通过14堂专题讲授、辅之两天的现场教学，具体学习了国际国内经济发展形势、改革创新、"两学一做"学习教育、当代科技、领导素质与能力、人文素养、身心健康等理论知识；是开拓眼界的十天，大家通过学习，对浙江的变化发展、国内经济的宏观形势、世情国情党情等方面有了更多的了解，战略思考将会更高、方向将会更远、眼界将会更高；是相互交流的十天，大家在课堂上、餐厅里、球场上、现场教学地、房间里相互交流，谈学习、谈工作、谈事业、谈生活、谈健身、谈家庭，谈得很投机、谈得很真实、谈得很开心，相互更加了解、更加信任；是增进友谊的十天，大家在同一教室听课、同一餐厅吃饭、同一球场散步、跑步，结下了深深的同学情；是提升综合素能的十天，我们来这里学习培训的出发点、落脚点是提升我们的综合素养、综合素能。可以说，通过这次学习培训，大家为提升综合素养和综合素能打下了一个好的基础。刚才听了七位学员代表的发言，从某一个方面来看，感受到领导干部综合素能有了新的起点，有了新的思考。

第二，这次培训启示很深。这次培训开设的 14 堂专题授课、两天的现场教学，对我们有很深的启示。一是要更加重视学习。要乐于学习、全面学习、深入学习、持之以恒学习、终身学习。二是要更加重视牢固树立理想信念。从马克思主义共产党宣言的"两个必然""两个决不会"，到中共"一大"南湖会议讨论通过中国共产党的纲领，到土地革命战争、抗日战争、解放战争，到建立中华人民共和国，到改革开放，一直到现在以习近平为总书记的党中央治国理政新理念新思想新战略、"两个一百年"的奋斗目标等，以及这些年来带来的一系列的巨大变化，赢得了党心、赢得了军心、赢得了民心，使我们更加坚定理想信念，增强道路自信、理论自信、制度自信。三是要更加重视"两学一做"学习教育。我们市院机关已经召开了"两学一做"学习教育动员部署会议，这次听了教授"开展'两学一做'学习教育，全面从严治党"的专题报告，更加明白了开展"两学一做"学习教育的重要意义，更加明白了为什么要学习党章、党规和学习习近平总书记的系列重要讲话，更加明白了学用结合、做合格党员，始终保持好、树立好共产党员的先锋形象。四是要更加重视学哲学、用哲学。马克思主义唯物辩证法的三个基本观点、三大规律和五大范畴，对我们的实际工作具有很强的指导意义。我们学习了教授"关于哲学方法论的提示性讲解"的专题授课，更加懂得应用哲学方法论，有益于我们升华思想、拓宽思路、解决实际工作中的重点、难点问题。五是要更加重视培养战略眼光、宏观思维和战略思维。教授讲授的"当今世界格局与中国外交战略"的专题报告非常好。检察事业是党的事业的一部分，检察人员是党员队伍、政法队伍的一部分。大家要懂一点世情和世界格局，一定要有战略眼光，要有宏观思维和战略思维。六是要更加重视了解大局、把握大局。总得来讲，这些年来，长沙检察机关服务大局意识逐年在加强、成效逐年在增强；越来越受到各方的好评，得到党委政府的肯定。这次教授讲授的"五大发展理念的浙江实践""大数据时代的政府治理创新""突发事件管理与媒体应对"等专题报告都是与了解大局、服务大局密切相关的。七是要更加重视改革创新。教授讲授的"当前司法体制改革中的几个问题"梳理出司法中的十个具体问题；讲授的"博弈论与管理创新"具体阐述了管理创新的三要素，即"讲故事""定规则"和"补短板"，博弈的三要素，即参与人、战略和支付，等等。八是要更加重视国学。教授所作的"国学与干部政治智慧"专题报告，讲得很有新鲜感、吸引力。作为检察人员，我们不能只注重学习检察业务知识、学习法律专业知识，还要越来越重视学习国学，并予以应用。九是要更加重视领导素质和能力水平。教授讲授的"领导力与执行力"讲了领导干部要具备、弘扬"六股气"，即充满激情的锐气、不屈不挠的勇气、厚积薄发的底气、破解难题的才气、自强不息的志气和厚德载物的大气，这个非常好！讲授的"压力调节与阳光心态"专题报告讲了领导干部的心理素质和压力调试，我们听了后更加感悟到领导力来源于领导者的素质和品格、来源于领导者的核心价值观、来源于领导者做人和做事的完美统一。十是要更加重视人文素养。教授讲授的"音乐与人文素养"讲了音乐是一种享受，玩游戏能激发创新活力和提高能力水平、增加一个人的智慧，这也是新的观点、新的知识内容。十一是要更加重视身心健康。教授讲授的

"干部营养和健康"讲了营养素的基本知识、平衡膳食与合理营养、亚健康与健康等知识，我们听了后更加明白了树立正确的饮食观，促进健康、预防疾病，追求生活品质，享受快乐人生。

第三，这次培训的目的在于运用。培训之后的任务，就是怎样结合长沙检察实际，充分利用这次学习培训所学的知识，指导检察实践，解决司法办案、工作、生活中遇到的实际问题，达到学用结合、学以致用的目的。一是要用学习的成果指导我们的思想。学习理论知识是用来武装头脑的，简言之就是武装思想。要用马克思主义的基本理论、观点、方法，要用现在、当代的新理念、新思想、新战略来武装好我们的思想。二是要用学习的成果指导我们的决策。具体而言，召开党组会、检察委员会、检察长办公会、院务会、部门会议，都是要做决策的；院领导、检察委员会专职委员、检察委员会委员、处长、副处长都在不同层面要指导作出决策。决策是有目标的、有程序的、有方法和有水平的。我们要充分利用所学的方法和知识，有效指导我们的领导决策。三是要用学习的成果指导我们的实践。决策一旦定下来，就要付诸实施，就要实践，就要落实。我们要充分利用所学的知识成果，指导我们对决策进行有效的动员实施、组织实施、推进实施、完善实施，以致最后落实到位，确保取得实效。四是要用学习的成果指导我们的创新。通过学习，我们明白了创新不只是发明创造新的东西，也包括将已有的事物进行有效的组合，这也是一种创新。我们要充分利用所学的知识成果，激发创新思维，不断推陈出新，以创新促进发展，以创新推动创优。当前，要大力推进司法体制改革和检察改革创新。五是要用学习的成果指导我们的生活。从目前的实际情况来看，检察人员在生活质量方面做得还不够好，案件数量多、工作任务重、待遇享受低，导致工作、生活压力非常大。通过这次学习培训，我们要更加注重在今后工作、生活中，进一步落实全员享受公休假待遇制度，进一步关心检察人员的身心健康，争取让检察人员都过上健康的生活、浪漫的生活、开心幸福的生活、很有意义的生活。六是要用学习的成果指导我们做人。今天我们送给浙江大学的锦旗上写了八个字，即"明道厚德，铭记师恩"。就是老师指导我们进一步明道明德，我们要铭记老师的传授、培训之恩。我们要持之以恒，以德服人、真诚待人、与人为善、乐于助人；要光明磊落、胸怀坦荡；要宽容礼让、团结共事；要懂得感恩、乐于奉献。

二十五、加强党的理论教育，提高党的理论素养 [①]

今天，长沙市检察院第二届全体检察人员集中培训暨省委党校综合素养提升班第一期在这里正式开班了。这次全体检察人员集中培训暨综合素养培训，得到了省检察院政治部、市委组织部、市委政法委的关心和大力支持，得到了省委党校领导及对外合作交流处的精心指导和大力支持。在此，我代表市检察院党组对这次全体检察人员集中培训的顺利开班表示祝贺！对高度重视、精心指导、大力支持这次全员集中培训工作的省委党校常务副校长、主管副校长等领导和对外合作交流处等部门负责同志、老师们表示衷心感谢！对出席培训班开班仪式的省检察院有关部门领导和市委政法委领导表示诚挚的谢意！对参加此次全员集中培训的全体学员表示热烈欢迎！

去年，市检察院与中南大学继续教育学院合作，举办了市检察院第一届全体检察人员集中培训，这是市检察院自建院以来首次与高等院校合作举办的集中培训，也是规模最大、人数最多、范围最广、效果最好的一次集中培训，得到了省检察院领导、省检察院政治部，市委组织部、市委政法委的充分肯定和高度评价，得到了全市两级检察机关班子成员和全体参训学员的好评。今年，市检察院党组在年初召开的全市检察工作会议上，明确提出"要进一步开展全体检察人员集中培训工作"；继续将"进一步加强从优待检工作"列入《长沙市人民检

---

① 本部分系作者 2016 年 6 月 28 日在省委党校·长沙市检察院检察人员综合素养提升班第一期开班仪式上的讲话摘录，收入本书时略作删改。

察院 2016 年应注重抓好的八项工作》，具体提出"要进一步组织开展检察人员全员集中教育培训，全面提升综合素养"。为此，市检察院党组在总结去年全员集中培训成绩及有效作法的基础上，围绕以提升全体检察人员的综合素养为主题，以分层分级分类开展集中培训为方式，以进一步提升培训层次、进一步拓展培训内容、进一步增强培训效果为目的，经认真酝酿研究，决定在今年继续开展长沙市检察系统第二届全体检察人员集中培训工作。市检察院于今年 5 月 22 日至 5 月 31 日在浙江大学举办了为期十天的长沙市检察系统领导干部综合素能提升培训班，参加此次培训班的有市检察院及星城地区检察院领导班子成员、基层检察院检察长和市检察院（含星城地区检察院）副县级干部、各部门正职及副职等代表共 54 人。按照《长沙市人民检察院 2016 年机关全员集中培训方案》的要求，从今天开始将在省委党校相继举办 6 期培训班，其中部门副职及科级检察人员综合素养提升班、青年检察人员综合素养提升班各 3 期。参加培训的学员有市检察院及星城地区检察院各内设机构的副职、正科级或副科级检察人员、其他检察人员和各基层检察院推荐的优秀检察人员共 300 余人。举办这次全员集中培训，是市检察院党组进一步高度重视和加强检察人员教育培训工作、从优待检工作的集中体现；是进一步大力实施市检察院制定、完善的全市检察工作新发展总体思路，全面实施"人才强检战略""文化育检战略"，深入实施、推进全市检察工作会议决策部署和市检察院制定的《2016 年应注重抓好的八项工作》等重要工作的有效举措。希望大家珍惜这次难得的全员集中培训机会，安心、静心、潜心、专心学习，力求学有所获、学有进步。下面，我讲三点意见：

（一）深刻认识这次来省委党校参训的重要意义

省委党校是省委省政府的重要部门，是培训轮训党政领导干部、国家公务员和理论骨干的学校，是学习宣传研究马列主义、毛泽东思想和中国特色社会主义理论体系的重要阵地，是干部加强党性锻炼的熔炉，是党的哲学社会科学研究机构。毛泽东同志说过："我们办党校，就是要使我们同志的政治水平和理论水平提高一步，使我们党更加统一。"这句话明确了党校教学的重点和学员学习的目的，就是通过学习提高学员的政治水平和理论水平，把大家的思想统一到党的路线方针政策上来，更加自觉地维护党的统一。这也是市检察院党组决定把这次全体检察人员集中培训的地点选定在省委党校的主要原因。

从党校工作原则来看，党校姓党，是党校工作的根本原则，也是做好党校工作的根本遵循。党校的一切教学活动、一切科研活动、一切办学活动都坚持党性原则、遵循党的政治路线，坚持以党的旗帜为旗帜、以党的意志为意志、以党的使命为使命，严守党的政治纪律和政治规矩，坚持在党爱党、在党言党、在党忧党、在党为党。因此，我们通过在省委党校学习，更加坚定共产主义信仰，更加坚定党的理想信念，更加坚定道路自信、理论自信、制度自信，自觉在思想上、政治上、行动上同党中央保持高度一致。

从党校培训对象来看，省委党校主要是以培训轮训厅级党政领导干部、优秀中青年后备干部和从事政治理论、党建理论研究的马克思主义理论干部等为培训对象的机关党校。同时也对公务员、新党员开展教育培训。因此，省委党校组织、开展培训，主要是培训轮训厅级领导干部和有关处级干部；培养优秀中青年后备干部。这和高等院校组织、开展的教育培训是有所不同的。这次市检察院在省委党校开展全体检察人员集中培训尚属首次，其主要目的不是为了提拔干部，而是为了让大家进一步加强党的理论教育和党性教育，进一步提高党的理论素养和理论水平。

从党校培训内容来看，加强党的理论教育和党性教育，提高党的理论素养，这是党校姓党的主要体现，也是党校培训同高等院校培训的主要区别。我们要通过在省委党校培训学习，进一步深化对学习党的理论的极端重要性的认识，切实加强党的理论教育，坚持不懈地学习党的基本理论，努力掌握马克思主义立场、观点、方法，增强坚持中国特色社会主义道路、理论体系、制度的自觉性和坚定性。我们要通过在省委党校培训学习，进一步深化对党性教育和党性锻炼重要性的认识，切实加强党性教育，真学、真信、真用党章党规，更加坚定理想信念，牢记党的宗旨，加强党性锻炼与党性修养，继承和发扬党的优良传统和优良作风，牢固树立正确的世界观、人生观和价值观。

（二）准确把握这次来省委党校参训的重点内容

这次全员集中培训，针对不同层级的培训对象设置了不同的学习课程，重点设置了有关党的理论教育和党性教育课程，更加符合检察机关共产党员、检察人员提升思想政治素质的需求，更加符合培养"正规化""全能型""素养型"检察骨干、检察人才的要求，更加具有培训学习的针对性、目的性和实效性。

一是重点学习党的基本理论。主要学习马克思列宁主义、毛泽东思想、邓小平理论、"三个代表"重要思想、科学发展观和习近平总书记系列重要讲话，特别是要认真、全面、深入学习习近平总书记关于改革发展稳定、内政外交国防、治党治国治军的重要思想和以习近平同志为总书记的党中央治国理政新理念新思想新战略；要深刻领会贯彻落实马克思主义立场、观点、方法，注重培养和积累辩证思维、战略思维、全局思维、创新思维等方面的知识和经验，努力增强工作的原则性、系统性、预见性和创造性，努力提高对实际工作中遇到的现实问题进行战略思考、研究判断和谋划与落实能力。为此，这次全员集中培训重点安排了"'两学一做'专题教学"，还专门设置了"中国出了个毛泽东"情景教学等课程。

二是重点学习党章党规和加强党性教育、党性锻炼。主要学习党章、党规。重点学习党的性质和宗旨、党的理论和路线方针政策、党的重要主张、党的体制机制和重要制度，进一步使学员自觉学习党章、遵守党章、贯彻党章、维护党章，真正使党章内化于心、外化于行。重点学习党规党纪，特别是学习《中国共产党纪律处分条例》和《中国共产党廉洁自律准则》，进一步强化学员党的意识、纪律意识、规矩意识，带头践行社会主义核心价值观，自觉用党章和党规党纪约束自己的言行。这次全员集中培训不仅设置了有关课堂教学，还专门安排了赴韶山开展有关党性教育、党性锻炼的现场教学。

三是重点学习哲学方面的理论知识。主要通过课堂教学和课外自学，认真学习马克思主义唯物辩证法的三大规律，即对立统一规律、量变质变规律、否定之否定规律；五大范畴，即内容和形式、现象和本质、原因和结果、可能性和现实性、偶然性和必然性；三个基本观点，即联系的观点、发展的观点、一分为二的观点，学懂弄通并自觉应用哲学及方法论来升华思想、扩宽思路、解决实际工作中的重点、难点问题。为此，这次全员集中培训专门设置了"哲学与方法论"等课程。

四是重点学习文史、国学等中华传统文化。主要通过学习"先天下之忧而忧，后天下之乐而乐"的政治抱负、"苟利国家生死以，岂因祸福避趋之"的报国情怀、"富贵不能淫，贫贱不能移，威武不能屈"的浩然正气、"鞠躬尽瘁，死而后已"的献身精神等中华传统文化和民族精神，学习和掌握其中的各种思想精华，有利于树立正确的世界观、人生观和价值观；通过学习了解一些文学、历史知识，提高文学鉴赏能力和审美能力，陶冶情操、培养高尚的生活情趣。为此，这次全员集中培训专门设置了"国学漫谈""易经的智慧"等课程。此外，省委党校还一直重视对学员新知识的培训，还专门设置了"互联网+""当前国际形势分析""供给侧结构改革"等课程。大家要充分利用好这次学习机会，抓紧在省委党校短暂的培训时间，多学一点，学多一点，学深一点，学精一点，学好一点。

（三）认真落实这次来省委党校参训的基本要求

我在去年中南大学举办的市检察院第一届全体检察人员集中培训暨综合素能提升班的开班仪式上提出"提高认识，切实增强学习的紧迫感和责任感；明确重点，切实增强学习的针对性和新颖性；讲究方法，切实提高学习的质量和效果"这三点要求。在今年浙江大学举办的长沙市检察系统领导干部综合素能提升培训班的开班仪式上提出"尊师、好学、善用、遵纪"八个字的要求。这次在省委党校举办的全员集中培训班的开班仪式上，我提出以下三点要求：

一是要珍惜机会，学有所获。这次组织大家到省委党校来参加集中培训，市检察院党组是高度重视、下了很大决心的，机会弥足珍贵，大家一定要倍加珍惜。要心无旁骛，集中思想、集中精力，排除干扰和杂念，全身心投入学习。要妥善处理好工学矛盾，集中时间参加培训，没有紧急任务、特殊事情不要请假缺课，也不要占用培训学习时间办事会友。要充分发挥参训学习的主动性和创造性，虚心好学，不耻下问，精心研究每一个专题、倾听每一堂授课、认真参加每一次培训学习活动，真正做到聚精会神听、择其要点记、联系实际想、综合分析写，力求学有所思、学有所悟、学有所获。

二是要联系实际，学以致用。要把深入学习党的基本理论与增强政治意识、大局意识、主动有效服务党和国家工作大局、党委政府工作大局有机结合起来，坚定不移地在政治上、思想上、行动上与党中央保持高度一致，不折不扣贯彻落实党中央和各级党委的决策部署，提高运用党的基本理论解决实际问题的能力，坚定理想信念，提高服务本领，拓宽服务思路，充分运用检察职能服务长沙经济社会更好更快发展。要把深入学习党章党规和加强党性教育、党性锻炼与增强党的宗旨意识、强化党的纪律作风意识、深入推进"两学一做"学习教育工作有机结合起来，牢固树立并自觉践行党的宗旨，严守党的纪律，发扬党的优良作风，保持党的优良传统，锤炼坚强党性，永葆共产党人的先进性、纯洁性，始终坚持人民检察的人民性，始终做到人民检察为人民。要把深入学习哲学方面的理论知识与认识和改造主观世界与客观世界有机结合起来，不断认识和把握检察工作、检察事业变化发展的规律，不断推进改革创新，不断改造主观世界和客观世界，不断加强和改进各项检察工作，不断促进检察工作、检察事业在新的起点上实现新的发展。要把深入学习文史、国学等中华传统文化与继承优良传统、培养高尚情操、提升人文素养有机结合起来，既要大力倡导和弘扬优秀中华传统文化和民族精神，又要紧贴时代前沿，积极应对新理念、新科技、新变革带来的考验，在兼收并蓄中增长自己的智慧、技能和才干。

三是要严格要求，遵守纪律。要自觉讲全局。全体参训人员虽然来自不同单位不同部门，但身份都是检察人员。大家要把自己作为长沙检察机关的一员，一言一行都应展示检察人员的良好风采，都要倍加维护检察机关的良好形象。要严格讲规矩。严格遵守政治纪律、组织纪律、学习纪律、廉洁纪律和生活纪律，严格遵守省委党校和培训班的各项规章制度，把自己的一言一行规范在组织之内、约束在组织之下。不允许有任何违反中央八项规定、省委九条规定等党纪党规、检纪检规现象的发生。要时刻讲服从。自觉服从省委党校、对外合作交流处的领导、指导和培训教学安排，自觉服从带队院领导和班支两委的组织、领导和管理，自觉尊重老师、尊敬老师、聆听老师的授课与指导。

二十六、注重抓好重点、勇于创新、亲民为民 ①

（一）振奋精神，扬长补短

精神非常重要，班子成员的精神更为重要，中层骨干特别是部门正职的精神同样重要。我希望全体班子成员、全体中层骨干特别是全体部门正职要振奋精神。70年代的干部努力工作，什么都不要，怕就怕社员有看法、有意见，怕就怕领导不信任，怕就怕工作干不好。改革开放以来，随着物质的丰富，生活水平的提高，有些人的精神倒是越来越缺乏了。这次在全市检察工作会议上，我提了要保持和弘扬"六种精神"，《长沙晚报》全文予以刊登，省检察院主要领导亲笔作了重要批示，《检察日报》予以刊载。我希望长沙县院的班子成员带头保持

---

① 本部分系作者2012年4月16日在长沙县人民检察院调研工作时的讲话摘录，收入本书时略作删改。

和弘扬"六种精神"。振奋精神是为了扬长补短。要力戒自满、防止松懈。因各方面的因素而有可能自满，自满就会松懈。要正视不足、克服不足。我建议大家要认真查找差距、深入查找差距。在某种意义上讲，差距就是潜力。缩短了差距，就是进步，就是发展。要稳中有进，全面发展。这是全市检察工作会议上我强调的八条原则的首条原则，也符合长沙县院的实际。所谓"稳中有进"，就是要在保持历届班子所取得的优异成果的基础上，谋求并取得新的进步、新的发展；全面发展就是要扬长补短，着力推进各项检察工作平衡发展、深入发展。

（二）审时度势，抓好重点

长沙检察工作今年的重点是什么，我们要清醒。在全市检察机关反渎工作会议上我提出三个重点，我希望长沙县院带头在这三个重点上下功夫、见实效。一是要自觉践行正确的业绩观，抓好执法办案工作。这个重点不能丢，执法办案年年提，正确的业绩观就是执法办案数量、质量、效率、效果、安全五个要素的有机统一。办案数量不能大起大落，办案质量要办准办好办优，特别是不能有错案，同时要兼顾办案效率，要注重办案效果，要确保办案安全。要践行正确的业绩观，就必须抓好办案工作。根据今年的实际，要特别注意抓好以下四点：首先要注意抓好自侦案件的自行初查工作。要通过检察机关的自行初查，成功立案侦查一批、办理一批案件。这就要提高初查水平，提高侦查水平，这是战略之举。其次要注意抓好"双录"工作。长沙县院要坚决按照最高检、省院的要求，做到"三个毫不例外"，做好"三全"。再次要注意提升执法办案的水平。办案数量、办案效率、办案质量、办案效果乃至办案安全，无不与提升执法办案水平密切相关、紧密相连，各个部门都要提高执法办案水平。这次在全市侦查监督工作会议上我提出提升"四种水平"，其他部门都要有针对性地提升执法办案的水平。最后要注意抓好基层基础工作。执法办案基层基础工作十分重要，要积极探索，取得实效，真正强本固基。二是要自觉践行正确的执法观，抓好理性平和文明规范执法。我们在全省组织的民调中排名之所以还不太令人满意，这与人民群众反映检察机关有时执法不理性、不平和、不文明、不规范有关系。我希望长沙县院要在理性平和文明规范执法上带头做出样子，发挥模范作用。三是要自觉践行正确的权力观，抓好接受监督的工作。监督者更要接受监督。这次我们提出组织开展"三走访、两查找、一确保、一促进"活动，其他业务和有关综合部门都有必要开展这项活动。要抽调人员走访发案单位、走访案件当事人、走访律师，查找检察机关、检察人员是否做到了理性平和文明规范执法，查找检察机关、检察人员是否有违法违纪违规的问题和行为，确保检察机关、检察人员能公正廉洁执法，促进检察机关、检察人员理性平和文明规范执法。我们认为开展这项活动，完全符合最高检提出的"六观"要求，也符合长沙检察工作实际。我希望长沙县院在这方面要带头开展，带头抓出实效。

（三）积极探索、勇于创新

长沙县检察院的班子是一个年轻可为的班子，希望你们在创新方面有所作为、有所建树。有的说改革也是创新，有的说改进也有创新之意。真正的创新是发现规律。改革也好，改进也好，都有"新"的东西，有利于推进工作深化发展。在这方面，希望长沙县院在以下几个方面继续努力：要深化检察干部的改革工作。刚才有几位同志谈到，特别是要进一步探索、完善检察人员的培养锻炼任用管理机制。长沙县院在这方面做了积极的努力，也取得了较好的效果。如这次竞争上岗，效果很不错。竞争上岗是否成功，是否有成效，关键是看启用的这些人是不是德才兼备、实绩突出、群众公认、能否胜任部门领导工作的人。竞争上岗不可能把最优秀的人都选拔到部门领导岗位上来，但是应当确保选上来的人都是能胜任部门领导职务的优秀检察骨干。这次竞争上岗，大家反映还是比较好的，特别是启用了一批"80后"的优秀干警，基层院应该有培养优秀青年人的战略眼光。要改进和深化服务企业工作。长沙县院的企业检察联络员制度、企业检察服务窗口制度都是很好的探索。要率先抓好检察联络室工作。检察联络室工作我市是在长沙县福临镇举行启动仪式的。最高人民检察院检察长对你们的检察联络室工作作出了重要批示。同时长沙县院是我和市检察院反贪局局长联系基层院的点。这三个理由决定了你们必须率先抓好检察联络室工作。检察联络室工作是民心工程、形象工程。一要公开检察联络日,一定要做到家喻户晓,要印制宣传册。二要履行职责开展活动。例如,长沙县院提出通过开展联络活动,做好五个方面的工作。三要建立长效机制,包括联络机制、管理机制、保障机制等。管理要按照市检察院的统一部署归口政治部门,检察联络室主要不是搞信访接待的,它有六大职责,归口政治部门管理更科学一些。要率先抓好案件管理工作。案件管理机构3月22日就成立了,工作也启动了,选配任命了案件管理科科长,配备了必要的检察人员,配齐了必需的工作设施,按照要求开展了工作。市检察院可宣传、推介你们的初步做法。希望你们率先抓好案件管理工作,早出成果、早出成效、早出经验,特别是要在受理、监督、服务、利用、管理好等方面出成效、出经验。

（四）联系群众、亲民为民

全体检察人员要从讲政治的高度,从增强群众意识、树立群众观念、坚持群众路线的高度看待这项工作,不要认为这是"搞形式""做样子""做秀",不能老是身在机关、高高在上。一是要接触群众。要面对面地接触,不是打电话,要下到基层去。根据上级有关要求:市级领导每年下基层不得少于60天,县级领导下基层不得少于90天。这是必要的,也是符合实际的。下了基层,我们就会有新的感受,吸取新的养分,有新的收获。上周五我们到了办公室党支部联系的岳麓区西湖街道黄泥岭社区,去了以后就很有感触。上周六,我们到了市检察院开展"一推行四公开"活动的联系点芙蓉区五里牌街道火车站社区,看了、听了后又很有收获,同行的同志们都深受启发、深受教育。这说明下到基层,接触群众,很有必要。二是要问计群众。检察工作同样要问计群众,检察工作满意不满意标准是什么?

是人民满意不满意。这次全市检察工作会议上制定的今年检察工作的基本思路第一句话就是要做到"以人民满意为标准"。大家要深刻领会为什么要问计群众，因为群众是真正的英雄，人民群众是真正的"智囊团"。三是要帮助群众。要维护群众的合法权益，帮扶群众解决困难。长沙县院在这方面做得很好，帮扶贫困学子，帮助群众学法律、学技术、学文化等。四是要心系群众。要尊重群众，要与群众交心、交朋友。光接触群众、问计群众、服务群众这个可能容易做到，但要心系群众，和群众交上朋友，和群众心连心，这是不容易的，是要下功夫才能达到的。

二十七、心系群众就要重视、接触、了解、保护、依靠群众 ①

检察机关要高度重视群众工作的问题。这项工作只能加强，不能削弱。现在，无论是工作决策、部署，还是工作实施、推进与深化，无论是工作成绩的取得，还是工作成效的巩固，乃至工作的发展，都必须更加注重密切联系群众，紧紧依靠群众，都必须全心全意做好群众工作。各级党委、政府和上级检察机关都把做群众工作摆在十分重要的位置。要深刻地认识到：群众工作越来越重要。要心系群众，尽心做好群众工作。为此，必须做到以下几点：

一要重视群众。人民群众是历史的创造者。我们要重视群众的历史作用，尊重群众的首创精神，坚持"一切为了群众，一切依靠群众"的工作路线，把人民群众"拥护不拥护、赞成不赞成、高兴不高兴、答应不答应"作为想问题、办事情、作决策的出发点和落脚点，从思想深处解决好"为谁掌权、为谁执法、为谁服务"等基本问题，充分认识到我们手中的检察权既为民所授、为民所属，又为民所用、为民

---

① 本部分系作者 2011 年 4 月 8 日在长沙市检察院党组理论学习中心组 2011 年第一次集体学习会议上的讲话摘录，收入本书时略作删改。

所控，切实摆正同人民群众的位置，真心实意地为群众谋利益。

二要接触群众。所谓接触群众是指与群众面对面交往、心贴心交流。我们不能高高在上地坐在办公室里空喊联系群众。我们的工作性质虽然决定了我们不可能天天和群众接触、天天直面群众，但是我们应抽出时间尽可能地面对面地联系人民群众。来访接待是面对面地接触群众，检察长接待日是面对面地接触群众，检察开放日是面对面地接触群众，检察下访、巡访是面对面地接触群众，去年我们搞的检察联络室也是旨在面对面地和群众见面。检察机关要想尽办法、争取一切可能去面对面地接触群众。接触了，对群众会更了解、更有感情、更热爱群众、更热爱做群众工作、更自觉地关心服务群众。要接触群众，不能高高在上，要看到群众就高兴，而不是看到群众就心烦，不想接触群众甚至躲避群众。接触群众不能"做秀"，不必前呼后拥，也不仅是亮个相、说句话、走个过场。要带着对群众的深厚感情，敞开大门迎接群众来访，深入基层探访群众，与群众进行面对面、心贴心的交流，亲耳倾听群众的呼声，亲口表达对群众的真情，亲眼看看基层的实情，亲身感受群众的日常生活。这样既让我们更直接、更具体地了解群众，进一步增强对群众的感情和对群众工作的热爱；也让群众更明确、更深入地了解我们的工作、我们的真诚和我们的努力。

三要了解群众。要了解群众的需求、诉求。要在执法办案过程中，通过各种渠道了解群众的需求、诉求，了解群众对检察机关的新期待、新要求，了解群众生活疾苦，体察群众喜怒哀乐，真正弄清他们在想什么、干什么、盼什么、怨什么，厘清作为检察机关、检察人员，我们应该做什么、怎么做、怎么做得更好。要加强民意沟通，建立与群众沟通的长效机制；要注意通过网络了解舆情与民意；要积极发动群众举报、控告等。最近市院党组研究、决定选派有关部门主要负责人带领有关同志前往青岛，专门参观学习开通检察服务热线，开通了检察热线，老百姓找检察院咨询、举报、申诉等会比以前更便捷。

四要保护群众。要立足自身岗位，充分发挥检察职能，依法保护群众生命财产安全不受侵犯，依法保护群众的合法权益不受损害，依法保护无罪的人不受刑事追究，妥善化解人民群众内部矛盾，切实保障和改善民生，依法保护人民群众安居乐业。

五要依靠群众。要依靠群众执法办案，善于专群结合，发动群众举报案件线索、深挖违法犯罪、开展追逃等工作；要依靠群众推动工作，善于集中和吸纳群众智慧，将群众的好观念、好意见、好点子、好做法加以提升，更好地促进工作的发展；要依靠群众进行自我监督，时刻以群众为镜，改进工作作风，提高检察权行使效率，防止权力滥用，杜绝权力腐败，真正做到"理性、平和、文明、规范"执法，树立检察机关公正廉洁执法的良好形象。

二十八、自觉践行亲民爱民、执法为民 ①

我代表市检察院党组和全市两级检察机关向大家表明一个态度：全市检察机关和全体检察人员，一定要自觉做到亲民爱民、执法为民！第一，检察机关和检察工作一定要始终坚持以人民满意为标准。今年我们全市检察工作基本思路的第一句话就是"以人民满意为标准"，人民满意是一切检察工作的出发点和归宿。第二，检察机关和检察工作要问计于民。一要接触群众。要走出办公室，深入群众劳动、工作、生活的场所，面对面地和群众接触交流，了解群众的生产、生活状况和存在的困难，也让群众了解、理解、支持我们的工作。二要倾听民声。听不到人民的声音，就不可能干好为民服务的工作。我们要静下心来，认真倾听人民群众的声音，切实为民解惑、解困、解难。三要尊重民意。要根据民意所向确定服务重点，努力解决人民群众最关心的问题。四要集中民智。人民群众是历史的创造者，人民群众最有智慧。我们要尊重群众，认真听取群众的意见，吸纳群众的建议。只有

---

① 本部分系作者 2012 年 4 月 16 日在长沙县干杉镇征求检察工作意见座谈会上的讲话摘录，收入本书时略作删改。

这样，我们才能把各项检察工作做实做好。第三，检察机关和检察工作要执法为民。首先要依法履行好职能。忠诚履职是检察机关为人民服务的根本途径，我们要充分发挥检察机关打击刑事犯罪、查办和预防职务犯罪、依法监督各类诉讼活动等各项检察职能，为民执法，为民办案，为民服务。同时，要依法维护群众合法权益，维护社会的公平正义。第四，检察干警要服务于民。一要对人民群众有真情。要带着真挚的感情对待人民群众，设身处地、将心比心地办理与人民群众合法利益相关的一切事情。二要帮教有过错的公民。真正的爱护群众，不仅是爱护、保护没有过错的群众，也包括关爱有过错的公民、犯过罪的公民，积极对有过错、犯过罪的公民进行帮教，促使其真诚悔改、改过自新、悔罪自新。三要帮扶有困难的群众。对于生活存在困难、遇到法律事务难题等情况的群众，要尽心尽力地帮扶和指导，让群众感受到党和政府的关怀、集体的温暖、检察机关的真诚关爱。

二十九、检察官要认真践行"严以用权"①

要自觉践行"严以用权"，确保检察权依法公正行使。根据司法改革试点单位上海市人民检察院的经验，为了规范内部司法权力运行，他们根据现行法律，规定了 125 项属于检察长、29 项属于检委会和 96 项属于检察官的办案权限。此外，领导班子、检察领导干部行使的一些权力，有的具有司法属性，有的具有行政属性，有的具有监督属性，有的兼具几种权力属性。在政策、法律、机制制度做规范、做保障的前提下，全市检察机关全体检察人员特别是检察领导干部和检察官要认真践行"严以用权"，确保正确履职，确保检察权依法公正行使。为此，我们必须做到"四个牢记"。

一是要牢记"权为公器"，始终做到秉公用权。"一切权力属于人

---

① 本部分系作者 2015 年 10 月 29 日在长沙市检察院机关"三严三实"教育专题研讨会上的讲话摘录，收入本书时略作删改。

民"是我国政治制度的法理基础，是我国社会主义国家性质的最好阐释。检察权是国家赋予检察机关对宪法法律的统一正确实施而进行监督的权力，是国家权力体系中不可或缺的一部分，更是国家权力在社会生活和司法领域中的具体体现。寻根溯源，检察权来自于人民，服务于人民。作为检察人员特别是检察领导干部必须要树立正确的检察权力观，始终清醒地认识到检察权是国家和人民赋予的"公器"，切实巩固"立检为公、执法为民"理念，把人民群众满意不满意、拥护不拥护、赞成不赞成作为衡量和检验各项检察工作的最高标准，在"严以用权"上起到表率作用。要正确处理好情与法、利与法、权与法的关系，绝不能把检察权变成谋取个人或少数人私利的工具。

二是要牢记"权有边界"，始终做到依法用权。权力是有边界的，这个边界就是党纪国法。要注重从严行使检察权，强化检察权的自我规范。司法办案是检察权的核心，法律监督职能需要通过司法办案来体现并落实。检察人员特别是检察领导干部要时刻牢记"法不可逾越，权不可以滥用"，将"严以用权"与检察工作紧密结合起来，紧紧抓住检察权运行的重点环节，准确把握规范司法行为基本要求，严格规范司法行为，着力解决案件中质量不高和司法程序不严谨等问题，确保严格按照法律规定的权限和程序履行职责，努力让人民群众在每一个司法案件中都感受到公平正义。

三是要牢记"权受监督"，始终做到阳光用权。监督是一种预防权力失控的制约机制，是法律赋予检察机关必须履行的职责。大量事实说明，干部滥用职权、腐败堕落至违犯党纪国法，都与权力失去监督有直接关系。检察人员要从规范检察权行使的角度，牢固树立"监督者更要接受监督"的意识，充分认识监督制约机制的重大意义，把执法司法行为置于法规制度的监督之下，习惯于在"聚光灯"下行使权力，习惯于在"放大镜"下开展工作，防止权力任性、权力寻租，真正做到在法治之下想问题、做决策、办事情。检察机关要进一步推进"阳光检务"，主动接受各方监督，让检察权在阳光下行使，以公开促公正、促公信。

四是要牢记"权即是责"，始终做到勤政用权。习近平总书记强调："有权必有责，用权受监督，失职要问责，违法要追究。"当前，改革进入"深水区"、发展进入"转型期"，各种利益关系、社会矛盾错综复杂。检察人员特别是检察领导干部要强化责任担当，依法履行查办和预防职务犯罪、审查逮捕、审查起诉和对诉讼活动的监督等各项法律监督职责，切实加大监督力度，切实做到敢于监督、善于监督、依法监督、规范监督，严守公平正义的最后一道防线。

三十、检察系统学雷锋要注重弘扬六种精神 ①

学雷锋，不拘形式，重在内容。学雷锋，要讲究方法，切合实际。在当前党对检察工作要求越来越高、人民群众对检察工作期待越来越大、检察工作任务越来越艰巨的新形势下，检察机关、检察人员学雷锋，应注重弘扬六种精神。

一是要弘扬以事业为重、忠诚履职的敬业精神。要热爱检察工作，视使命为天职，视使命为信仰和追求，以深挚的爱岗爱业之情，激发自己的工作热情、工作活力和工作潜力。要安心检察工作，干一行、爱一行，专一行、精一行，珍惜职业、珍惜岗位，安心本职、安心工作。要抓好检察工作，检察机关班子成员要率先垂范，指导和带领全体检察人员抓好分管工作；中层骨干应勇于担当，发挥承上启下的中流砥柱作用，团结和带领本部门同志出色完成各项工作任务；检察人员应围绕全局，尽职尽责，干好本职，力求争创优异成绩。要乐于检察工作，乐就不会感到疲劳，乐就会精神振奋，乐就会积极主动，乐就会迎难而战，"乐"字当头，就会有使不完的劲，就会出智慧、出能力、出水平、出效率、出成果、出实绩；就能把工作做细、做实、做深、做精、做好。

---

① 本部分系作者2012年3月2日撰写的论文，曾刊载于2012年《人民检察》《检察日报》《湖南日报》和《长沙晚报》，收入本书时略作删改。

二是要弘扬脚踏实地、求真务实的实干精神。要实干，就要讲实话。讲实话，是一种美德，一种勇气，一种责任；讲实话，才能了解实情、干出实事、获得实效；讲实话，就要反对讲假话，力戒讲空话、漂亮话、消极话、牢骚话；讲实话，就要摒弃好人主义、破除官僚主义、反对弄虚作假。要实干，就要出实招。研究工作措施不能夸夸其谈，应当紧密结合实际；确定工作举措不能空对空，应当具有针对性、指导性和可操作性；落实工作举措不能走过场、不能虎头蛇尾，应当抓认真、抓到底、抓到位。要实干，就要办实事。要坚决防止和克服"形式主义"，把时间和精力放在办好案子、做好事情、解决实际问题上，放在多办案、办准案、办优案上。要实干，就要求实效。这个实效应当是检察人员实干出来的成绩，是广大检察人员公认的成绩，是人民群众满意的成绩。要实干，就要重实绩。要看重实绩突出的同志，表彰宣传实绩突出的同志，注意任用重用德才兼备、实绩突出的同志，注意锻炼、培养实绩突出的同志。

三是要弘扬真诚待人、真诚帮人的协作精神。要多求同、少求异。求同，就要讲政治、讲原则、讲大局、讲全局，求大同、存小异，多求同、少求异。要多理解、少指责。注意思想上多沟通、感情上多交流，遇到问题开诚布公地探讨，遇到矛盾心平气和地协商，减少误会、增进理解、增进友谊、增进团结。要多补台、少添乱。各项检察工作，既有分工，又有合作，应当相互关心、支持，相互补台而不拆台、相互帮助而不添乱。要多学习、少嫉妒。正确客观地看待他人，多肯定别人的优点，多鼓励别人的进步，多学习别人的长处；正视自己的短处，弥补自己的不足，用实力、实干和实绩提升自己、超越自我、赶超他人。要识大体、顾大局，聚精会神抓办案，齐心协力干工作。

四是要弘扬你追我赶、创先争优的进取精神。要在思想作风上创先争优。要忠诚可靠，争做忠于党、忠于国家、忠于人民、忠于宪法和法律的忠诚卫士；一心为民，争做牢记宗旨、心系群众的人民公仆；廉洁自律，争做遵纪守法、清廉如水的检察楷模。要在素质能力上创先争优。要刻苦学习、善于学习、深入学习、持之以恒学习，通过学习增长见识、增强修养、提升素质；要加强调查、积极思考、锐意求索，通过调研发现问题、分析问题、解决问题；要千方百计干好工作，通过工作实践，将知识转化为本领，将本领转化为能力，将能力转化为实绩。要在工作实绩上创先争优，积极主动地工作，用实干和汗水创造业绩。

五是要弘扬锐意改革、敢为人先的创新精神。要增强创新意识，克服但求无过的保守思想，增强乐于求新的创新热情；克服瞻前顾后的畏缩思想，增强革故鼎新的创新勇气；克服不思进取的懒散思想，增强百折不挠的创新毅力。要培养创新能力，多学，通过向书本学习、向实践学习、向群众学习，开拓创新视野、掌握创新方法；多做，通过大胆尝试、亲身实践、反复探索，寻找切实可行的创新途径和措施；多思，通过认真总结成功经验、吸取失败教训、思考得失之因，摸索和掌握创新的规律。要打造创新亮点，把精力集中到事关检察机关和检察工作的全局性、战略性、根本性、前瞻性的重大、难点问题上来，紧紧围绕重大问题的突破与解决，完善新思路，探索新举措，建立新机制。

六是要弘扬亲民为民、公正廉洁的奉献精神。要忠诚为民，在情感上真正爱民，把人民群众放在心中最高位置，把人民群众的利益放在工作首位，把人民群众的冷暖安危时刻记在心上；在行动上真正亲民，密切联系群众，主动深入群众，面对面地与群众接触、交流、探讨，向群众学习、请教，为群众办实事、办好事；要在履职上真正为民，依法保护群众生命财产安全不受侵犯，依法保护群众的合法权益不受损害，依法保护无罪的人不受刑事追究，依法妥善化解人民群众内部矛盾，立足本职履行检察职责。要公正廉洁，牢固树立正确的世界观、人生观、价值观、权力观，严格遵守宪法法律、党纪党规和检察官纪律，始终恪守检察职业道德规范，时刻注意自重、自省、自警、自励；要依法公正办案，依法、依政策、依程序、依制度公正用人、公正处事，以公正立心、公正立言、公正立行。要甘于奉献，牢固树立正确的理想和信念，加强修养，淡泊名利，把岗位看成是展现才华、服务人民、贡献社会、实现人生价值的舞台，克服虚荣心，去掉浮躁气，勇于吃苦、勇于拼搏、勇于奋斗，甘于默默奉献。

三十一、大力倡导和自觉践行六种作风 ①

作风影响甚至决定作为。习近平总书记在十八届中央纪委二次全会上深刻阐述了新形势下改进工作作风的极端重要性和紧迫性。长沙市检察机关要以全面深入贯彻落实中央关于改进工作作风、密切联系群众的八项规定为契机，大力倡导和自觉践行六种优良作风，切实增强检察正能量，全面推进并努力实现长沙检察工作新发展。

（一）大力倡导和自觉践行政治可靠、坚定不移的忠诚之风

一要对党忠诚。要坚持党的信仰，坚定共产主义理想信念，坚定对党的事业的信心；要拥护党的主张，坚决服从党的领导，坚决在检察工作中全面贯彻执行党的路线、方针、政策；要建设党的事业，把党的事业与检察工作结合起来，把党的事业与个人理想结合起来，坚定不移地做党的事业的忠诚继承者。二要对国家忠诚。要保护国家安全，严厉打击危害我国政治安全、经济安全、社会安全和文化安全的犯罪，积极化解各类社会矛盾，千方百计维护社会和谐稳定；要维护国家利益，积极有效服务经济社会发展大局，为国家振兴发展营造良好的市场环境、政务环境、司法环境、改革环境和社会环境；要实现国家梦想，积极参与和服务于实现国家富强、民族复兴、人民幸福的"中国梦"，坚定不移地做中国特色社会主义事业的忠诚建设者、捍卫者。三要对人民忠诚。要对人民负责，坚持把实现好、维护好、发展好最广大人民根本利益作为检察工作的出发点和落脚点；要为人民掌权，时

---

① 本部分系作者 2013 年 6 月 14 日在长沙市检察院机关内设机构主要负责人宣读并递交 2013 年工作和党风廉政建设责任状大会上的讲话摘录，收入本书时略作删改。

刻牢记检察权力授之于民，要在检察工作中为民用好权、执好法；要
为人民服务，将为民宗旨落实到制定工作思路、确立工作目标、评价
工作成效等检察工作的各个环节、各个方面，不断提升人民满意度，
坚定不移地做人民的忠诚公仆。四要对宪法和法律忠诚。要尊崇宪法
和法律，牢固树立社会主义法治理念，把宪法和法律放在神圣位置；
要遵守宪法和法律，自觉恪守宪法原则、弘扬宪法精神、履行宪法使
命；要维护宪法和法律，确保宪法和法律在检察工作中得到正确有效
实施，坚定不移地做宪法和法律的忠诚实施者、维护者。五要对检察
事业忠诚。要热爱检察事业，将立检为公、执法为民的检察事业作为
终身追求不懈奋斗、无私奉献；要恪守检察职业道德，准确把握和自
觉践行忠诚、公正、清廉、文明的检察官职业道德；要履行检察职责，
认真做好审查批捕和审查起诉、查办和预防职务犯罪、强化诉讼监督
等各项检察工作，坚定不移地做检察事业的忠诚传承者、建设者和开
拓者。六要忠诚对待同志。要坦诚相待，无论是上下级之间、班子成
员之间，还是同事之间，都要光明磊落，以诚相待；要精诚协作，无
论是身处同一部门，还是不同部门、不同岗位，都要识大体、顾大局，
团结协作，同舟共济，共同进步；要真诚互助，无论是遇到工作中的
难题，还是生活中的困难，都要相互关心、相互支持、携手共进。

（二）大力倡导和自觉践行热爱学习、学以致用的勤学之风

一要以学正心。要正观念，通过学习明辨是非对错、善恶好坏，树
立正确的人生观、世界观、价值观和权力观、执法观、业绩观；要正
态度，通过学习克服不良心态，不消极、不抱怨、不折腾，积极、达
观、踏实地投入工作；要正精神，通过学习增强进取精神、拼搏精神、
创新精神，不怕困难、锲而不舍、攻坚克难、奋发进取、开拓前行。
二要以学助行。要助办案，将学习成果转化为执法办案的效能，使办
案水平更高、办案质量更优、办案效果更好；要助办公，将学习成果
转化为综合服务工作的实效，使运转更高效、服务更优质、管理更科
学；要助做人，将学习成果转化为待人处世的良好素质，使心态更平

和、胸怀更宽广、品行更端正。三要以学出新。要出新思路，通过务虚与务实相结合，解放思想、大胆探索，找到更科学、有效的检察工作新思路；要出新机制，通过继承与创新相结合，扬长补短、拾遗补缺，建立更健全、管用的检察工作新机制；要出新业绩，通过理论与实践相结合，学以致用、以学促用，实现学习效果在实践中的最大化、最优化，创造出让人民群众更加满意的新业绩。

（三）大力倡导和自觉践行脚踏实地、求真务实的实干之风

一要说真实话。说真实话，就要说切合实际的话，不要说假话、大话、空话；说真实话，就要说简单明了的话，不要说拐弯抹角、故弄玄虚的话；说真实话，就要说朴实诚恳的话，不要说怪话、消极话、牢骚话。二要办实在文。要精简文件数量，内容雷同的文件不发，没有实质内容的文件不发，可发可不发的文件不发；要压缩文件篇幅，紧扣主题，简明扼要；要提高文件质量，内容要准确、充实，重点要明确、突出，文字要朴实、精练；要落实文件精神，抓好文件的学习、抓好文件的贯彻、抓好文件的督察、抓好文件的落实，抓出实实在在的效果。三要开实用会。会议数量要少，能不开的会议坚决不开，能合并的会议坚决合并，能控制会议规模的坚决控制；会议内容要精，准备要充分，主题要鲜明，发言要简洁，时间要压短；会场纪律要严，到会要准时，着装要整齐，会场要肃静，秩序要良好；会议效果要好，参会要认真听、认真记，会后要认真学习、认真落实，确保会议精神落实到位。四要干扎实事。了解工作情况要深入基层、深入群众、深入一线，平心静气、全面客观，发现典型、剖析问题、提出对策与建议；制定工作措施要深思熟虑，既科学、对路，又切实可行，力求所制定的措施具有针对性、实践性、指导性和可操作性；落实工作举措要紧抓不懈，舍得花时间、花力气、花心思，做到真抓、真干、真出力，抓全面、抓到位、抓到底；检验工作优劣要注重看实绩、看实效，确保所抓的工作、所干的事业、所做的事情不断取得让人民群众满意、经得起实践和时间检验的成绩与成效。

（四）大力倡导和自觉践行公正办案、一尘不染的廉洁之风

一是心要正。要有奉献之心。选择了检察职业，就选择了淡泊名利，选择了两袖清风，选择了无私奉献。要有谨慎之心。权力是柄双刃剑，用之得当，利国利民；用之不当，害人害己。要有公正之心。检察机关是公平正义的重要防线，检察官是公平正义的重要守护者，要坚决做公平正义的捍卫者。二是手要净。不该拿的东西不拿。不能贪污、挪用、侵占国家、集体的财物；不能收受案件当事人及其亲友、律师的钱物；不能收受发案单位、相关利益部门或单位的钱物；不能违反法律、政策、规定，获取其他利益。不该签的字不签。不能签违反法律的字；不能签违反政策的字；不能签违反制度的字；不能签违反道德良心的字。三是身要硬。要正确对待朋友，过好友情关。要谨慎交友、善交益友、乐交净友、不交损友，摆正友情与法、友情与公正、友情与原则的关系，在朋友面前该坚持的原则要坚持，不能因情偏法。要正确对待亲属，过好亲情关。要管好家属、警醒亲人，厘清亲情与法律、私情与公义的关系，在亲属面前不该办的事情不能办，该约束的行为要约束，该回避的事项要回避，不能因亲枉法。

（五）大力倡导和自觉践行艰苦朴素、力戒浪费的节约之风

一要从"嘴上"节约，防止和减少"舌尖上的浪费"。提倡吃食堂，想办法办好食堂，招待来宾、下基层调研一般在食堂就餐；号召参与"光盘"行动，爱惜粮食、节约粮食，不铺张浪费；严禁高档消费，不进高档消费娱乐场所，不上高档菜、高档酒，不好面子、讲排场。二要从"手上"节约，防止和减少"手指上的浪费"。要节约用电，做到人离灯熄、下班关闭各类办公设备，节约每一度电；要节约用水，少用纯净水，循环用水，珍惜水资源，节约每一滴水；要节约用纸，加快信息化建设步伐，加大无纸化办公力度，节约每一张纸。三要从"腿上"节约，防止和减少"车轮上的浪费"。要严格派车制度，未经车辆管理部门派遣，不得擅自出车；要严控公车用途，公务车辆只得用于办公、办案等公务活动，未经批准，严禁公车私用、私借；要强

化警车管理，严格遵守《警车管理规定》，严禁动用警车参与婚丧嫁娶等非公务活动，严禁违规使用警用灯具标志、警报器，严禁将警车停放在宾馆、酒店和娱乐场所；要节约公车费用，加强公车用油、维修管理，减少公车开支。

（六）大力倡导和自觉践行亲民爱民、全心服务的为民之风

一要了解群众。要了解群众的疾苦，多到基层去看，看群众的生产生活环境、吃穿用度和神情气质，看清楚群众真实的境况；要了解群众的诉求，多到基层去听，听群众的忧愁、烦恼和不满，听清楚群众真实的声音；要了解群众的期待，多与基层群众交谈，谈群众对检察工作的意见、建议和要求，弄清楚群众真实的想法。二要理解群众。对群众一时过激的言行要理解，切不可针锋相对，要将心比心包容群众，用理性的方式处理群众突发事件，防止矛盾激化；对群众一点过火的批评要理解，放下"官老爷"架子，用平和的心态面对群众，用虚心、诚恳的态度对待批评；对群众一些过分的要求要理解，理解群众渴望公平正义的心情，努力做好释法说理和疏导、引导工作。三要帮助群众。帮助群众保护人身财产安全，通过积极打击各类违法犯罪，提升群众对社会的安全感；帮助群众维护合法权益，通过积极查办和预防职务犯罪，提升群众对党和政府的信任感；帮助群众解决合法诉求，通过有效监督各类诉讼活动，提升群众对执法、司法的公平感；帮助群众解决生活困难，通过积极伸出援手、献出爱心，真正做到心系群众、造福群众，提升人民群众的安全感、愉悦感和幸福感。

三十二、树立好学、创新、争先、务实的新风气 ①

2010 年全市各项检察工作任务能否圆满完成，目标能否实现，关键在于是否真抓实干，在于我们全体检察人员特别是各位检察长、领导班子成员及中层骨干能否立足真抓实干、注重真抓实干、带头真抓

---

① 本部分系作者 2010 年 3 月 1 日在长沙市检察工作会议上的报告摘录，收入本书时略作删改。

实干、坚持真抓实干，真正做到摸实情、讲实话、出实招、干实事、创实绩、见实效。为此，市检察院号召全市检察机关要倡导和树立四种新风气。

一是要倡导和树立勤奋好学的风气。学习非常重要。检察人员能力的强弱，大多是学识决定的，成长的差距往往是被学识拉开的。所以，我们要引导全体检察人员，树立终身学习的思想，真正把学习作为一种政治责任，一种精神追求，一种思想境界。检察工作的法律性、业务性、政策性强，牵涉到经济社会发展的方方面面；随着经济社会的又好又快发展，许多新情况、新问题也在不断出现，广大人民群众对检察工作的新期待所涉及的面更广、内涵更丰富、要求更高。这都要求我们一定要增强学习的意识，增强学习的危机感和紧迫感，自觉勤奋学习、抓紧学习、刻苦学习、深入学习、持之以恒地学习。要使我们越来越多的检察人员重视学习，热爱学习，虚心学习，提升水平，提高能力。要注重学习理论，提高理论素养和理论水平；要深入钻研法律，熟悉乃至精通检察业务；还要注意学习其他方面的知识。要向书本学习，向实践学习，向身边的同志学习，特别是向综合素质高、业务能力强、实绩突出、德才兼备的同志学习。要以干促学、以学促干，边学边干、边干边学，学以致用。把学习成果转化为工作水平和能力，转化为工作成果和成绩，以适应新形势下检察工作不断变化发展的需要。

二是要倡导和树立开拓创新的风气。创新是发展的不竭之源。如果墨守成规，循规蹈矩，什么工作都将会失去生气，失去生机与活力；什么工作都将无法进步、发展！做好当代检察工作，就必须敢于创新、善于创新，创造性地开展工作；就必须努力在创新中找出路，在创新中添活力，在创新中求跨越，在创新中实现新发展。要正确处理继承与发展、承前与启后、务实与创新的关系，用开放的思维、广阔的视野、全新的理念、激发创新潜能，提升创新能力。要瞄准新的目标，完善新的思路，探索新的路径，寻求新的方法，创造新的业绩，这样才能实现新的发展。

三是要倡导和树立争先创优的风气。检察工作同其他工作一样，如同逆水行舟，不进则退。因此，我们不能有丝毫的自满松劲情绪，否则，工作就会滑坡，人民群众就不会满意。今年，最高人民检察院制定了新的考核评价检察业务工作的实施意见，省院亦将制定相关的实施办法，省院各部门还将采取量化计分排名的方式考核评价市州院部门工作，这对全省检察工作提出了更高的要求。我们要认清形势，明确任务，牢固树立正确的业绩观，用政治的、群众的、实践的观点看待业绩、创造业绩、检验业绩、衡量业绩。要增强忠诚履职、争创业绩的意识，以争创一流业绩为荣，以业绩不佳为落后，以虚报业绩为耻。要坚决防止和杜绝言行不实、典型不实、工作不实、数字不实的现象。要争创实实在在的业绩，争创全省一流乃至全国一流的业绩。要形成崇尚先进、树立先进、学习先进、关心先进、学赶先进、争当先进的浓厚氛围。通过争先创优，促进比学赶帮、促进真抓实干、促进新的发展。

四是要倡导和树立求真务实的风气。良好的工作作风是做好工作的前提和保证。只有培养和形成求真务实的作风，才能把检察工作的思路、规划和部署转化为实践与实效。全市检察机关领导班子和中层骨干要带头实干，把心思、时间、精力放在抓工作上、放在抓落实上。全体检察人员要齐心协力实干。要通过实干见实效。坚决反对和防止搞形式主义、做表面文章，坚决反对和防止弄虚作假。每个单位、每个部门都应当拿出有力、有效的措施，真抓实干，攻坚克难，解决困难，解决问题，特别是解决重大、疑难、复杂和"老大难"问题，以展示领导能力和水平，展示干警的智慧与力量，展示单位、部门精神风貌，推进工作深化发展，创造一流实绩。只有这样，我们才能做到言行一致，表里如一，戒除浮躁，潜心工作；才能实实在在地做好每件事、每项工作，抓好本单位、本部门的工作，带好领导班子和检察队伍；才能实现检察工作新发展。

第三节　机关党委和工青妇老工作

一、全面加强机关党的建设 ^①

　　经市检察院上一届机关党委申请，市院党组研究同意，并报市委组织部、市直机关工委批准同意，今天在这里举行市检察院机关党委换届选举大会。刚才，经过党员大会无记名投票选举，产生了由市检察院党组成员、工会主席，办公室副主任、党支部书记等7位同志组成的市检察院新一届机关党委委员。新当选的机关党委委员经市直机关工委批复同意后，将按照市院党组的决定分工正式履职。在此，我代表市检察院党组和市院机关全体共产党员、检察人员，向新一届机关党委委员的当选表示热烈的祝贺！

　　市院党组对市院机关党委的换届选举工作十分重视。之前，专门听取了市院机关党委关于换届选举工作情况汇报，审议并原则同意了市院机关党委工作报告和机关党委换届选举工作方案。根据《中国共产党章程》等有关规定，经研究，决定采取党员大会无记名投票选举的方式对本届市院机关党委进行换届选举。党员大会选举充分体现了选举人的民主权利，选举结果具有广泛的民意。

　　刚才，市院上一届机关党委专职副书记受市院党组成员、上一届机关党委书记委托，代表市院上一届机关党委作了工作报告。上届以来，市院机关党委在市院党组和市直机关工委的领导下，认真贯彻落实中央、省委、市委和上级检察机关的有关部署和精神，全面加强机关党的建设，特别是在全面提高党员素质、提升党员能力水平、加强基层组织、严明党的纪律、弘扬优良作风等方面取得新进步，充分发

---

　　① 本部分系作者2015年12月23日在长沙市人民检察院机关党委换届选举会议上的讲话摘录，收入本书时略作删改。

挥了党委的核心作用和党支部的战斗堡垒作用、充分发挥了全体共产党员的先锋模范作用，为全面加强领导班子建设、中层骨干建设和检察队伍建设，为全面推进并努力实现全市检察工作的新发展提供了坚强有力的政治保障和组织保障。这些年来，市院上一届机关党委注重把党建工作融入党委、政府工作大局和检察工作全局，坚持以思想建党服务于大局、以党建服务于全局，服务大局和全局的成效、效果进一步增强；注重深入扎实开展党的群众路线教育实践活动和"三严三实"专题教育，认真组织开展"恪守检察职业道德、促进公正廉洁司法"等主题教育，政治素质和素养进一步提高；认真落实中央八项规定，严格执行党的纪律，坚决整改机关"四风"和司法作风突出问题，党员干部总体上心齐、气顺、有觉悟、有定力、有追求、有精神、有斗志，机关风气进一步好转；注重加强对群团工作的领导，工青妇等群团工作有声有色，机关向心力、凝聚力进一步提升。上一届机关党委书记、专职副书记都是从部队转业至地方择优安排到市检察院机关担任领导职务和从事检察工作的。作为市院党组成员、工会主席，通过选举，兼任市院机关党委书记，主持党委工作；作为长期担任市院机关的有关部门负责人，通过选举担任机关党委专职副书记。这两位同志都是思想政治过硬、事业心很强、党建工作能力强、水平较高、经验较丰富、作风务实、严于律己的优秀党务工作者。他俩担任市院机关党委书记和市院机关党委专职副书记以来，忠诚履职、同心同德、团结共事，认真贯彻上级党委的有关部署和精神，认真执行院党组的决定意见，抢抓机遇，攻坚克难，扎实工作，开拓创新，与机关党委一班人一道团结奋斗，用自己的满腔热情点燃了党员干部干事创业的激情，用自己带头干、带领大家干的示范作用引领和推动党员干部形成了创新争优的浓厚氛围，为全面推进和实现市院机关党务工作新发展、谱写机关党委工作新篇章倾注了大量的心血，付出了辛勤的劳动，取得了显著成效，做出了重要贡献，诠释了一名长期从事党务工作者和老共产党员对党的事业、对检察事业的忠诚和对检察机关党务工作的热爱与奉献。在上一届机关党委的组织、指导下，市检察院 2015 年首次被省委、省政府授予"湖南省文明标兵单位"称号；市院机关党委多次受到市委及市直机关工委的表彰和好评；多次被市院评为优秀部门；曾荣获"雅安地震灾区捐款全市先进集体"；市院机关公诉二处等 6 个党支部、共产党员、青年检察骨干关伟等 3 名同志荣获市级表彰。对上一届机关党委取得的显著成效，市院党组是充分肯定的、是满意的；对机关党委书记、专职副书记主持和协助主持机关党委工作取得的突出业绩和显著实效，市院党组和我本人是充分肯定、十分满意的。在此，我代表市院党组和市院全体共产党员、检察人员，向市院上一届机关党委书记、专职副书记和其他机关党委委员、向市院机关上一届各党支部及其成员所取得的优异成绩表示热烈的祝贺！向上一届机关党委及其成员、向上一届各党支部及其成员、向市院机关全体共产党员表示亲切的慰问和衷心的感谢！

刚才，经过各位共产党员的无记名投票，产生了由 7 位同志组成的市检察院新一届机关党委。上一届机关党委书记思想政治素质好，政治、大局、全局意识和党性观念强，曾在部队担任正团职领导干部，领导工作经历和从事党务工作的经历比较丰富，领导党务工作的能力强、水平高，工作扎实，要求自己严格，关心、团结同志，仍然是主持机关党委工作的合适人选。这次经过各位党员的直接选举，他再次高票当选为机关党委委员，这是市委、市直机关工委和党组对他的信任，是机关全体党员对他的信任。新当选的机关党委委员、办公室党支部书记思想健康，政治坚定，忠诚可靠，综合素质、综合素养好，党性观念和事业心、责任感很强，工作思路清晰、工作务实，开拓奋进，群众观念强，从事党务工作成绩突出，要求自己严格，关心、团结同志，党员干部反映好，是协助主持机关党务工作的合格人选。新当选的其他机关党委委员都是政治坚定、党性观念强、工作负责、表现积极、成绩优良、律己严格、群众公认、适合从事机关党务工作的优秀党员骨干或优秀党员干部。刚才，新当选的机关党委委员、办公室党支部书记代表新一届机关党委作了热情洋溢的讲话。新一届机关党委及其成员对做好本届机关党委工作、对加强市院机关党支部建设充满热情、充满活力、充满信心！希望新一届机关党委及其成员牢记职责、积极工作、兑现承诺，创造优良业绩、出色完成任务。借此机会，我提几点要求和希望。

第一，希望市检察院新一届机关党委牢记使命、勇于担当，切实把机关党建工作抓实抓好。党的十八大以来，以习近平同志为总书记的党中央从战略高度对党的建设进行了新谋划、新布局，鲜明提出全面从严治党思想，特别是在党的十八届五中全会上，习近平总书记再次突出强调必须贯彻全面从严治党要求，不断增强党的创造力、凝聚力、战斗力。这些重要论述，深刻指出了全面从严治党的极端重要性。落实从严治党要求，全面加强检察机关党的建设，是检察队伍建设的灵魂工程，也是检察事业发展的根本保证。机关党委是机关党建的具体组织者和实施者，抓好机关党委工作意义重要、义不容辞。一要从严从实抓好机关党的思想建设。重视思想建党是马克思主义政党建设的基本原则，是我们党的优良传统和政治优势，希望新一届机关党委用好思想建党这个传家宝。要切实加强党性教育和忠诚教育，引导每个党员干部认真学习党章，严格遵守党章，坚定理想信念，始终保持对马克思主义的坚定信仰、对共产主义和中国特色社会主义的坚定信念，在事关政治方向、根本原则等重大问题上始终头脑清醒、立场坚定。要认真抓好意识形态工作责任制的落实，教育和引导党员干部坚守党性原则和社会责任，加强管理和约束，绝不给错误思潮和主张提供传播渠道，特别是对一些社会上影响大、危害大的错误思潮和主张，必须旗帜鲜明、主动及时有针对性地进行分析批驳，引导广大检察人员明辨理论是非，自觉抵制各种错误思潮的影响，树立正确的精神信仰和价值追求。要深入了解机关党员干部所思所想，准确把握机关干部的思想脉搏，充分运用丰富的理论和实践素材及现代传媒新手段，完善思想教育内容，改进思想教育方式方法，及时回答他们的思想困惑，把凝聚人心的工作真正做实做好。二要从严从实抓好机关党的组织建设。党的组织建设是党的建设的一个重要方面，只有抓好党的组织建设才能更好地发挥基层党组织的战斗堡垒作用。机关党委要加强对党支部的领导，选强党支部书记，配好党支部委员；要协助党组加强对机关工会、青年工作委员会、妇女工作委员会等团体和组织的领导，充分发挥各方面的积极性、主动性和创造性，增强机关的生机与活力；要加强对机关党员的教育监督管理，认真做好发展新党员等日常党建工作；要健全机关党的组织生活，以不断增强机关党组织和党员干警在组织上的纯洁性。三要从严从实抓好机关党的作风建设。习近平总书记反复告诫我们，作风建设永远在路上，永远没有休止符，要坚持抓常、抓细、抓长，持续发力，久久为功。检察机关的作风是党的作风在司法领域的重要体现，必须始终坚持更高标准、更严要求。要紧密结合"三严三实"专题教育和规范司法行为专项整治活动，继续聚焦机关"四风"和司法突出问题，发现一起，查处一起，坚决防止不良作风反弹。要密切关注机关作风建设出现的新变化新问题，尤其是紧紧盯住、坚决防止、及时制止"四风"种种隐形问题、变种问题，让各种歪风无所遁形。要严格按照中央八项规定和最高人民检察院有关实施办法，注重抓早、抓小、抓苗头、抓细节，坚决守住节点、寸土不让，决不搞法不责众，不搞下不为例，不搞情有可原，使高压态势成为工作常态。四要从严从实抓好机关党的纪律建设。纪律是党的生命，是管党治党的重器。习近平总书记强调，纪律不严，从严治党就无从谈起。这一重要论述，深刻指出了机关党委在加强党建工作方面必须把纪律挺在前面，切实把机关纪律建设抓紧抓好。要积极探索纪律教育经常化、制度化的途径，认真贯彻《中国共产党廉洁自律准则》和《中国共产党纪律处分条例》，引导广大检察人员切实增强纪律意识，把党的政治纪律、组织纪律及检察工作各项纪律作为行为准则。要坚持关口前移，运用好监督执纪的"四种形态"：即党内关系要正常化，批评和自我批评要经常开展，让咬耳扯袖、红脸出汗成为常态；党纪轻处分和组织处理要成为大多数；对严重违纪的重处分、作出重大职务调整应当是少数；而严重违纪涉嫌违法立案审查的只能是极少数。机关党委要充分发挥表率作用，带头维护党规党纪的严肃性和权威性，又要切实做到严字当头、敢抓敢管，不做"老好人"，引领全体检察人员和党员干部筑牢拒腐防变的纪律防线。

第二，希望市检察院机关新一届各党支部求真务实、真抓实干，切实发挥好基层党组织的战斗堡垒作用。习近平总书记强调，贯彻党要管党、从严治党方针，必须扎实做好抓基层打基础的工作，使每个基层党组织都成为坚强战斗堡垒。检察机关基层党组织是党的基层组织的重要组成部分，绝不是可有可无，也绝不能异化为一般的群团组织，它是检察机关党的建设的具体落实者。可以说，机关基层党组织的活力，决定了机关党建工作的活力；基层党组织的战斗力，决定了整个机关的战斗力。希望市院机关新一届各党支部切实担负起这一历史使命，充分发挥好基层党组织的战斗堡垒作用。一要切实发挥好各党支部的政治功能。发挥好基层党组织的政治功能，是习近平总书记提出的重大战略思想和重大科学命题，切中了加强基层党组织建设的要害，抓住了发挥基层党组织战斗堡垒作用的命门。市院机关各党支部要坚决执行党中央、省委、市委的重大决策和部署，始终做党的路线、方针、政策的忠实拥护者、宣传者、实践者、执行者。要认真贯彻执行最高人民检察院、省检察院的重要部署和安排，着力有效推进机关党委工作和各项检察工作全面实现新发展。要认真贯彻落实市检察院党组决定决议和意见、要求，确保党组决定决议落到实处、取得实效。二要切实发挥好各党支部的服务功能。在强化基层党组织政治功能的同时，还要落实服务功能。基层党组织的政治功能和服务功能是内在联系、有机统一的。市院机关各党支部要在服务中体现党的政治优势，增强凝聚力和战斗力。要坚持以人为本，健全党内关心关爱、帮扶激励的常态化机制，切实关注党员干部的切身利益、实际困难和身心健康，认真考虑党员干部的合理需求，注重把解决思想问题与解决实际困难结合起来，使广大党员干部真正感受到党组织的关怀和温暖。要紧密结合各部门工作的职能和特点，开展形式多样、内容丰富的组织活动，增强党员的组织观念，提高党组织的凝聚力。要健全党员思想状况定期分析和交心谈心制度，及时做好消除困惑、理顺情绪、解决实际问题和困难等工作。要做好入党积极分子的培养发展和非党员的团结协作工作，增强党组织的向心力。三要切实发挥好各党支部的"桥梁"作用。党的根基在人民、血脉在人民、力量在人民。基层党组织是整个党组织的神经末梢，与群众联系最直接、最经常、最密切，是党与人民群众紧密联系的桥梁与纽带。基层党组织与人民群众的关系如何，直接关系到党在人民群众心目中的地位和威信，关系到党能否赢得人民群众依赖与支持。正因为这样，希望市院机关各党支部要在思想上重视群众，在感情上亲近群众，始终把人民群众放在心中最高位置；始终根植人民、服务人民、造福人民；始终与人民心连心、同呼吸、共命运。要在工作上深入群众，扎实做好"一进二访""三联三访""联系群众、执法为民"等活动，保障好人民群众对美好生活的向往。要深入做好党支部联社区、党员干警联群众工作，密切检察机关与人民群众的联系，以不断提升人民群众对检察机关、检察工作和检察人员的满意度。

第三，希望市检察院全体党员同志率先垂范，奋力前行，切实担当起共产党员的先锋模范作用。党员的先进性关乎着党的生命。检察机关的党员同志要充分发挥党员的先进性，就应当承担起先导、先锋、模范和榜样作用。一要带头加强学习，提升工作能力。学习是文明传承之途、人生成长之梯、政党巩固之基、国家兴盛之要。党员干部如果不加强读书学习，知识就会老化，思想就会僵化，能力就会退化，就难以做好本职工作，就会贻误党和人民的事业。作为政法机关的党员同志，在带头加强政治理论学习的同时，还应注重加强专业知识的学习积累。要适应中国特色社会主义法律体系的完善，自觉加强对法律规范特别是修改后刑事诉讼法、民事诉讼法、行政诉讼法和司法工作基本规范的学习，注重社会主义法治精神、法治理念的养成，带头牢固树立人权意识、程序意识、证据意识、实效意识、监督意识。要适应法律监督业务的拓展，自觉加强对法律监督基本理论、各项检察专业技能的学习，全面深入掌握履行岗位职责所必备的专业知识，真正使自己成为检察工作的行家里手。要适应时代和社会的发展进步，自觉加强对金融、财经、科技、社会等相关知识的学习，不断优化知识结构，提高综合能力，努力成为专家型、复合型人才，带动和激发全体检察人员提升整体素质能力。二要带头立足本职，积极争先创优。争先创优是各项事业兴旺发达的不竭动力，是永不懈怠的精神，也是共产党人勇往直前优良传统的具体表现。希望市院机关党员同志在机关党委和各党支部的带领下，不断增强创新意识，挖掘创新潜能，发挥创新才干，改善服务手段，改进工作方式，用新思路、新举措开辟新道路，争创一流业绩。业务部门的党员同志要坚持以司法办案为中心，自觉服务、服从于司法办案，积极参加一线司法办案活动，特别是要主动承办大要案和重大复杂疑难案件，带动其他检察人员攻坚克难、一往无前。综合部门的党员同志要坚持以服务保障工作为重点，立足本部门工作职责实际，突出工作重点，突破工作难点，打造工作亮点，努力营造争先创优的良好氛围。检察机关的共产党员要带头弘扬社会主义核心价值观，充分发挥共产党员在促进社会稳定、保障经济发展、维护社会和谐中的先锋模范作用。

同志们，加强检察机关党的建设，事关全局、事关长远、事关根本，责任重大、使命光荣。希望市院机关全体党员干部牢记使命，团结一心、振奋精神、锐意进取、扎实工作，为进一步全面实现市院机关党建工作新发展，为全面推进和努力实现长沙检察工作的新发展，为服务长沙率先建成全面小康加快实现基本现代化做出新的更大的贡献！

二、永葆政治本色，永做合格共产党员 ①

今年是中国共产党成立 95 周年。我们在这里隆重举行长沙市人民检察院庆祝中国共产党成立 95 周年暨"七一"表彰大会。刚才，宣读了长沙市人民检察院机关先进党支部、优秀党务工作者、优秀共产党员的表彰决定，院领导分别给先进党支部、优秀党务工作者和优秀共产党员的代表颁发了奖牌、荣誉证书和奖章。这次表彰的共有 5 个先进党支部、13 名优秀党务工作者、50 名优秀共产党员。先进党支部是从全院 26 个党支部中评选出来的领导班子好、党员队伍好、工作机制好、工作业绩好、群众反映好的"五好"党支部代表，其党支部管理措施有力，党员教育扎实有效，先锋模范作用发挥好。优秀党务工作者是从市检察院机关 89 位党委委员、党支部书记及各党支部委员中评选出来的党建工作成绩突出的创新型、学习型、服务型、清廉型、和谐型的"五型"党务干部代表，他们勤于思考、勤奋工作、热情周到、求真务实、甘于奉献，为党员、为群众排忧解难，出色完成了各级党组织布置的各项任务。优秀共产党员是从市检察院机关各业务、综合部门的 219 位共产党员中评选出来的优秀共产党员代表，其中既有从检几十年的"老检察"，又有参加工作时间不长的新同志；既有在反贪污贿赂、反渎职侵权、侦查监督、公诉、民事行政检察、控告申诉检察、刑事执行检察等业务部门直接办案、参与办案的检察官，又有在办公室、政治部、行政财务装备处、后勤事务管理处等综合部门服务办案、服务检察业务工作的检察人员；既有在各部门一线指挥、督查、指导、奋战的部门负责人，又有在本部门、本岗位脚踏实地、埋头苦干、攻坚克难、勇于开拓或常年默默无闻、甘于寂寞、乐于奉献的普通检察人员。他们用自己的实际行动，自觉践行讲政治、有信念，

---

① 本部分系作者 2016 年 7 月 1 日在长沙市检察院机关庆祝中国共产党成立 95 周年暨"七一"表彰大会上的讲话摘录，收入本书时略作删改。

讲规矩、有纪律，讲道德、有品行，讲奉献、有作为，用自己的言行，坚持做一名新时期的合格共产党员，生动诠释了长沙检察机关共产党员、检察人员高度的政治意识、大局意识、核心意识和看齐意识，充分展示了信念坚定、忠诚履职、锐意进取、真抓实干、争先创优的良好精神风貌，充分展示了"公、诚、精、廉、新"的长沙检察精神，充分展示了长沙检察队伍信念坚定、司法为民、敢于担当、清正廉洁的优良检察形象，充分展示了市检察院机关在全面推进并努力实现全市检察工作新发展特别是党建工作所取得的新成果、新成效、新进步。还有不少在本职岗位、在本职工作、在从事党建工作上成绩突出、表现出色的同志，因名额有限或者本人谦让，没有评为优秀共产党员、优秀党务工作者，但他们同样值得表彰、值得学习。现在，我提议，让我们再一次用热烈的掌声向先进党支部和优秀党务工作者、优秀共产党员表示热烈的祝贺！向所有在检察机关忠诚党的事业和检察事业、热爱安心检察工作、认真履行检察职责、奋力做好本职工作、出色完成党组织交给的各项任务的共产党员、检察人员们表示衷心的感谢！

1921年7月，在中华民族生死存亡的危难时刻，中国共产党肩负着国家和人民的希望而诞生。从此，中国革命有了赢得胜利的先锋队，民族复兴有了走向光明的引路人。95年来，我们党从小到大，从弱到强，在风雨兼程、砥砺奋进中发展壮大，成为革命28年、执政67年、领导改革开放38年，拥有8700多万名党员的世界第一大党。95年来，我们党领导和团结全国各族人民建立了人民当家作主的新中国，确立了社会主义基本制度，开创了中国特色社会主义道路，这三件大事，从根本上改变了中国人民的前途命运，让中华民族的伟大复兴展示出无限光明的前景。95年来，我们党始终牢记宗旨、不忘使命，带领全国各族人民走过硝烟弥漫的革命战争年代、激情燃烧的社会主义建设岁月和春潮涌动的改革开放时代，取得了举世瞩目的辉煌成就，创造了彪炳千秋的历史功勋。在95年的光辉历程中，一代代共产党人以无畏的奋斗、无私的奉献、无悔的牺牲，铸就了壮丽的精神史诗。这是一部为民族争独立的奋斗史，一部为国家求富强的探索史，一部为人民谋幸福的发展史，五彩斑斓、厚重辉煌、艰苦卓绝、波澜壮阔，将永远激励着我们奋勇前行。

六位优秀共产党员代表是我们检察机关涌现出来的先进典型，是我们学习的榜样。他们在一次次法与情的交织中，以公正点燃检察岁月；在一次次善与恶的交锋中，以忠诚守护公平正义，始终保持着共产党员的优秀品质和人民检察官的高尚情操。全市检察机关要认真学习他们矢志向学、汲汲以求的谦逊态度，学习他们精益求精、争创佳绩的进取意识，学习他们勇于开拓、务实求真的探索精神，学习他们无悔付出、无私奉献的大爱情怀，学习他们忠诚履职、严于律己的职业操守，学习他们宁静致远、淡泊名利的崇高品质，大力加强思想政治、业务能力、纪律作风建设，切实肩负起维护社会大局稳定、促进社会公平正义、保障人民安居乐业的职责使命。

今年是中国共产党成立 95 周年、人民检察创建 85 周年，是实施"十三五"规划的开局之年和司法体制改革试点的攻坚年。当前我国已进入全面建成小康社会决胜阶段，经济社会格局深刻变化，社会利益分配重新调整，供给侧改革新探索方兴未艾。在国家进入新的关键时期、站到新的历史起点之际，与党和人民期待相比，与新形势新任务新要求相比，检察机关党的建设和检察队伍建设仍然存在一些差距，迫切需要我们进一步加强检察机关党的建设特别是基层党组织建设，迫切需要我们大力提高机关党的建设水平，充分发挥先进党支部和优秀党务工作者、优秀共产党员等先进典型的示范引领作用，进一步形成崇尚先进、学习先进、赶超先进的良好氛围和环境，以此进一步带动和促进机关党的建设，进一步带动和加强机关基层党组织建设，进一步带动和促进机关全体共产党员永葆政治本色、永做合格共产党员，进一步激励广大共产党员发挥先锋模范作用，依法忠诚履职，奋发努力工作，争创一流实绩，全面推进和努力实现长沙检察工作新发展。为此，市检察院党组提出以下几点要求：

一是要做到思想纯洁。思想纯不纯，关键看忠诚。要始终忠于党、忠于国家、忠于人民、忠于法律。忠于党，就要始终旗帜鲜明地信仰共产主义，始终坚定道路自信、理论自信、制度自信，始终在思想上和行动上与党中央保持高度一致，始终拥护党、跟党走；忠于国家，就要维护党和政府的形象和权威，维护国家统一和民族团结，积极维护国家的荣誉、安全和利益；忠于人民，就要始终把人民的利益摆在最高位置，牢记党的宗旨，践行司法为民；忠于法律，就要模范遵守宪法法律，按照法定权限、程序和方式履行职责，知法守法，依法办事，切实维护宪法和法律权威。

二是要做到政治坚定。政治坚定，就要坚定不移地拥护和服从中国共产党的领导，毫不动摇地执行党的纲领和路线、方针、政策，全心全力地贯彻落实党组织的各项决策部署。政治坚定，就要坚定不移地坚信和坚持中国特色社会主义制度，坚信和坚持人民代表大会制度，中国共产党领导的多党合作和协商制度，民族区域自治制度和基层群众自治制度的基本政治制度，以公有制为主体、多种所有制经济共同发展的基本经济制度，以及建立在基本政治经济制度上的其他政治、经济、文化和社会制度。政治坚定，就要坚定不移地发展和完善中国特色社会主义检察事业，坚定不移地走中国特色社会主义政治发展和法治建设道路，坚决反对西方资本主义国家鼓吹的"三权分立"，忠实履行法律监督职责，坚持严格公正司法，不断发展完善中国特色社会主义检察制度。

三是要做到作风优良。要始终坚持和不断弘扬党的三大作风，即理论联系实际、密切联系群众、批评与自我批评的优良作风。同时，作风优良，就要在工作作风上，脚踏实地、求真务实，了解工作情况要深入基层、深入群众、深入一线；制定工作措施要深思熟虑，力求有针对性、指导性和可操作性；落实工作举措要紧抓不懈，做到真抓、真干、真出力；检验工作优劣要注重实效。作风优良，就要在办案作风上，公正办案、一尘不染，心要正、身要硬，规范执法行为，提升办案质量，坚决纠"四风"、治陋习；杜绝因情偏法、徇私枉法，坚持工作原则，坚决把好友情关、亲情关。作风优良，就要在生活作风上，艰苦朴素、严格自律，树立高尚的道德情操，培养良好的生活习惯；心有所畏、言有所戒、行有所止，始终筑牢拒腐防变的思想防线；坚持廉以修身、廉以立德、廉以持家，做到廉洁从检。

四是要做到纪律严守。严守纪律，首先要严格遵守党章，牢固树立党章意识，做认真学习党章、严格遵守党章的模范，自觉用党章规范自己的一言一行，做到政治信仰不变、政治立场不移、政治方向不偏。严守纪律，就要严守政治纪律，坚持党的基本理论、基本路线、基本纲领、基本经验、基本要求，在政治主张、政策主张上一以贯之、同心同德，有令必行、有禁必止，自觉维护中央权威。严守纪律，就要严守组织纪律，强化组织意识，相信组织、依靠组织、服从组织，严格执行民主集中制、党内组织生活制度等党的组织制度，严格贯彻执行党的干部选拔运用方针，始终坚持原则，增强党内生活组织纪律性。严守纪律，就要严守党的群众纪律、工作纪律、廉洁纪律、生活纪律，增强规矩意识，把纪律建设摆在更加突出的位置，自觉担负起执行和维护党的纪律的责任。

五是要做到敢于担当。敢于担当，要有正确的政绩观作指引。要真正践行立检为公、司法为民，真抓实干，以经得起实践、群众和历史检验的业绩、政绩作为抓好工作、干好事业的试金石。敢于担当，要有强烈的事业心作支撑，要热爱检察工作，以深挚的爱岗爱业之情，激发自己的工作热情、工作活力和工作潜力；要珍惜检察荣誉，牢记光辉历程，传递精神薪火，在历代检察先辈的探索历程和实践中吸取使命力量和战斗豪情；要勇于面对检察工作挑战，面对新问题、新形势要有迎难而上的勇气、啃硬骨头的锐气和不达目的不罢休的韧劲。敢于担当，要有持久的责任感作动力。要在司法体制改革试点中，带着机遇意识深度融入改革洪流，平和对待调整转型、正确面对改革探索、积极投身创新攻坚，始终如一地认真负责、踏实工作，始终如一地心无旁骛、干事创业，全面推进并努力实现检察工作的新发展、新进步。

六是要做到司法为民。司法为民，就必须以民为本。把人民群众的根本利益作为想问题、办事情、作决策的出发点和落脚点，坚持以人民满意为标准，特别是在执法司法办案中，做到当事人满意、律师满意、发案单位满意，让群众在检察机关办理的每一个案件中都感受到公平正义。司法为民，就必须顺应民意。不断创新联系服务群众工作机制，提高接待群众来信来访工作水平，依法公正高效办理群众诉求，了解群众对检察机关的新期待、新要求，在执法司法办案过程中，注重与当事人多沟通交流，多了解当事人的意见、困难，使执法司法办案更具司法人文关怀。司法为民，就必须集中民智。要从群众中汲取智慧，用群众的智慧来解决群众反映的问题。尤其是在制定规划、谋划工作和执法司法办案时，要尽可能多地发动群众，尽可能多地听取群众意见，紧紧依靠群众完善和改进司法办案工作乃至全部检察工作，使检察工作、检察事业深深根植于群众实践的土壤之中。

七是要做到履职出色。履职出色，就要依法履职。要增强宪法法律至上的法治观念，大力弘扬精研业务、精益求精的工匠精神，坚守防止冤假错案的底线，把每一个案件都办成铁案乃至精品案。履职出色，就要务实履职。要立足业务、综合岗位实际，不好高骛远，不急功近利；既着眼长远，又立足当前，把步子迈稳、把脚印踩实，履行好党和人民赋予的职责。履职出色，就要创新履职，把与时俱进融入到事业、工作和学习之中，重视学习、坚持学习、勤于学习、善于学习，不断提高正确认识和把握大局能力、运用法治思维和法治方式开展工作能力、群众工作能力、科技应用能力、社会沟通能力、服务经济发展新常态的能力、应对和驾驭当代检察工作新问题与司法改革面临的新形势新挑战的能力，并知行合一、学以致用，取得优异成绩，创造一流实绩，出色履行法律监督职责，出色履行本部门、本岗位职责，出色完成党组织交给的各项任务。

检察机关的机关党委受上级党组织和院党组的领导负责全院机关的党组织工作，下设 26 个党支部，对党员、干部进行管理和监督。机关党委要更好地协助院党组，进一步加强对各党支部建设的领导和指导，加强党务工作者队伍建设，加强检察机关党建工作，不断创新检察机关党建工作模式，提升检察机关党建工作科学化水平。检察机关的党支部是党组、机关党委开展党建工作的基础单元。各党支部要进一步加强党支部的组织、思想、政治、作风、纪律建设，更加关心、锻炼、培养党务工作者队伍。要以纪念建党 95 周年为契机，坚持把创先争优与认真开展"两学一做"学习教育紧密结合起来、与深入开展"五好党支部"创建活动紧密结合起来，与广泛开展内容丰富、形式多样的主题实践活动结合起来，真正在党支部内部形成信先进、学先进、赶先进、创先进的良好氛围，真正把每一个党支部都建设成为思想坚定、作风过硬、奋发有为的战斗堡垒。检察机关的党务工作者是在机关党委领导下具体负责党委内部和各党支部内各项事务性工作的骨干力量。要进一步提高党务工作水平，继承和发扬党的优良作风和优良传统，认真履行工作职责，积极探索新形势下党务工作的方法途径，带头践行"三严三实"要求，以更高标准、更严要求、更实行动完善自我、提升自我，在本职岗位上作出显著成绩，真正把自己锻炼成为党性强、品行好、服务优、纪律严的优秀党务工作者。市检察院党组要进一步加强对机关党建工作的领导，认真贯彻落实"抓党建、带队建、促工作"的工作要求，严格落实党风廉政建设主体责任，探索检察机关党建工作模式与活动内容及方式，围绕中心抓党建，抓好党建促工作，不断提升检察机关党建工作的科学化水平；要切实加强机关党委及各党支部建设，大力支持机关党委及各党支部工作。对各党支部开展党员学习、党性锻炼、举办党性教育培训等活动的，要予以支持；对领导班子好、党员队伍好、工作机制好、工作业绩好、群众反映好的党支部要予以表彰；对忠于党组织、热爱党务工作、认真负责、扎实肯干、乐于吃苦、敢于担当、甘于奉献、有发展潜质的青年共产党员要加强锻炼、培养，并充实到党务工作者队伍中来，为他们进步、成长提供好的平台，为全面推进和努力实现长沙检察机关党建工作新发展提供必要的组织保障。

奋斗没有止境，征程伸向远方。市检察院机关和全体共产党员、检察人员要以这次会议为契机，对照先进党支部，对照优秀典型，寻找差距，真正形成一个比先进、学先进、赶先进、当先进的奋发向上的良好氛围，真正把思想和行动统一到省检察院和市委的重大决策上来，统一到市检察院党组的部署、安排和要求上来，团结一心，振奋精神，真抓实干，开拓进取，争先创优，全面实现全市检察工作新发展，为服务建设能量更大、实力更强、城乡更美、民生更爽的长沙，为服务率先建成全面小康加快实现基本现代化，做出新的更大的贡献！

三、把院工会建设成为模范"职工之家"①

经过工会换届筹备小组前段的准备，市检察院机关工会换届选举大会今天隆重召开了。这是全市检察机关干部职工政治生活中的一件大事。近几年来，院工会委员会在市总工会和院党组的领导下，紧紧围绕全市检察工作大局，充分发挥桥梁和纽带作用，自觉为检察业务服务、为全院干警服务，积极开展工作，取得了显著的成绩，为全市检察工作新发展做出了积极贡献。刚才，市院机关上一届工会兼职副主席受上届工会委员会委托作了工作报告；机关工会按照有关章程和规定，选举产生了11位同志为新一届工会委员会委员。在此，我代表院党组向上一届工会及全体委员所取得的优良成绩表示祝贺！对上一届工会及全体委员为机关工会所付出的辛劳和心血表示亲切慰问和衷心的感谢！向刚刚当选的新一届工会主席等工会班子成员表示热烈祝贺！下面，我就进一步加强和改进市院机关工会工作讲三点意见：

---

① 本部分系作者2010年4月15日在长沙市检察院机关工会换届选举大会上的讲话摘录，收入本书时略作删改。

（一）充分认识加强和改进市检察院机关工会工作的重要意义

工会是我们党联系工人阶级的纽带和桥梁，工会工作是党的全局工作的重要组成部分，市院机关工会工作也是市院机关工作的重要组成部分。我们要从全局和战略的高度，切实增强做好工会工作的责任感和紧迫感。

第一，抓好三项重点工作，需要工会组织来参与。深入推进社会矛盾化解、社会管理创新和公正廉洁执法等三项重点工作是中央、中政委和最高人民检察院为维护重要战略机遇期社会和谐稳定作出的重大部署。检察机关完成这一重大任务，需要工会组织充分发挥桥梁和纽带作用，在工会活动中教育、引导、督促全体检察人员进一步转变执法理念、改进执法方式、创新执法机制，全面履行好法律监督职能，切实做好三项重点工作。

第二，全面促进全市检察工作新发展，需要工会组织来推动。实施全市检察工作新发展总体思路的两年多来，市院机关工作取得了新进步，实现了新发展。今年初，市院党组提出了"全面促进检察工作新发展"的更高目标。实现这一目标，需要工会团结动员全体检察人员充分发挥检察队伍主力军作用。只有重视并做好工会工作，才能引导检察人员争当主力军、建功促发展；才能弘扬劳模精神，激发检察人员的劳动热情，把强大的精神动力转化为干事创业、科学发展的实际行动；才能发挥全体检察人员的聪明才智，大力推进各项检察工作新发展。院工会要紧密结合全面促进检察工作新发展的要求，完善工作思路，丰富工作内涵，拓宽工作渠道，创新工作举措，增强工作活力，推进工作发展，动员全体工会会员、检察人员多出主意、多想办法、多做贡献。

第三，建设和谐文明机关，需要工会组织来聚力。建设和谐文明机关是我们共同的目标。今年是院工会创建省级模范职工之家、市院机关创建省级文明单位的决战之年。文明创建离不开干警的积极参与，更离不开工会作用的充分发挥。工会组织要自觉承担起时代赋予的使命，充分发挥"职工之家"的聚力作用，在全体干警中倡导团结一心、努力工作、奋力拼搏、勇创一流的争先创优精神，组织、引导检察人员投身文明创建的热潮之中，促进市院机关创建省级文明单位工作目标的实现。

第四，建设高素质检察队伍，需要工会组织来协助。"信念坚定、立场鲜明，艰苦奋斗、勇于奉献，胸怀大局、纪律严明，开拓创新、自强不息"，这是中华全国总工会对"中国工人伟大品格"内涵作出的概括与阐述。当前全国检察机关正在开展"恪守检察职业道德，促进公正廉洁执法"主题实践活动，加强检察队伍建设是我们长期、艰巨的一项根基性工程。我们不仅要着力提升检察人员的业务素质，更要在队伍建设中大力开展弘扬"中国工人的伟大品格"和"恪守检察职业道德"教育。建设高素质检察队伍进程中，工会组织具有不可替代的重要作用。

（二）大力发挥市检察院机关工会组织的优势和职能作用

可以说，工会组织在团结动员职工为履行职责、开展工作、服务经济发展、维护群众合法权益、促进职工队伍和谐共进等方面大有可为、大有作为。市院党组希望新一届院工会委员会以新的精神面貌、新的工作目标、新的工作水平、新的工作作风、新的工作成效，全面实现市院机关工会工作的新发展。

一是充分发挥机关工会参与管理、民主监督的职能。依照《工会法》和市院《检务公开办法》的有关规定，探索实行干警代表大会制度，由各部门、各年龄段、各职务层次的干警按比例推选代表参加会议，就院里关乎干警利益的重大决策部署展开积极讨论，畅通民意表达渠道。建立工会委员和工会小组长例会制度，定期召开会议，听取情况反映，对干警关心的热点问题、难点问题和重大问题，及时向院党组和有关部门反馈，作为领导决策的参考依据。广泛开展交心谈心活动，密切关注干警所思所想所言，关注干警的思想、工作、生活状况，主动当好干警的代言人和传声筒，反映他们的合理需求，使机关的各项决策最大限度地符合民心、顺从民意。

二是充分发挥机关工会教育和互助的职能。始终把争取和维护职工权益作为工会工作的出发点和落脚点，满怀真诚地为干警排忧解难，切实关心干警困难和疾苦，多做得人心、暖人心、稳人心的工作。如利用节假日深入办案点慰问办案一线干警、定期组织干警体检、对干警遇到的家庭困难、患病医治、子女就学就业等给予关心帮助，继续开展为干警购买补充医疗保险工作，满足干部职工不同层次的医疗保障要求。把好事做好，把实事做实，把工会的温暖送到每一位干警的心坎上，使工会真正成为值得大家信赖和依靠的"干警之家"。在关心、帮助干警解决实际困难的同时，注重加强对干警的教育和引导，积极协助院党组，配合政治部、机关党委做好干警的思想政治工作，组织和发动全院干警积极参加市院各项重大活动，以春风化雨的方式推动机关上下团结一心、和谐干事。

三是充分发挥机关工会建设精神文明的职能。以争创省级文明单位和省级模范职工之家为目标，紧紧围绕中心工作开展健康有益、积极向上的文娱活动，满足大家的精神文化需求，努力营造拼搏奋进、团结和谐的机关氛围，增加干警的团队精神和协作精神。如围绕市院党组提出的"争创学习型党组织、学习型检察院，争当学习型检察人员"活动，组织引导干警认真开展读书写作、理论研究等活动，利用重大节日和大型纪念日组织歌咏比赛、篮球比赛、乒乓球比赛、书画比赛、才艺展示、出外考察等，丰富和活跃干警的文化生活，促进友谊、增进团结，为机关工作注入活力。

（三）切实加强和改善党组对市检察院机关工会工作的领导

中央和省委一再要求，各级党委、政府要把更多资源和手段赋予工会组织，把党政所需、职工所急、工会所能的事更多地交给工会组织去办，为工会工作提供更好的环境和条件。新形势下，加强和改善党对工会工作的领导，必须切实按照"两个更多"的要求，做到在位置上摆重、制度上落实、工作上支持。

第一，加强领导，在位置上突出摆重。要提高政治意识，深刻理解、准确把握新时期党中央对工人阶级和工会工作的一系列重要论述，认真研究、及时解决工会工作中带有方向性、原则性和全局性的重大问题，把工会工作摆上党组工作重要议程。要坚持"四化"方针和德才兼备原则，把政治上靠得住、工作上有本事、作风上过得硬和群众公认的优秀干部充实到工会领导岗位上来。这次市院党组成员、机关党委书记当选为工会主席，也是院党组加强和改进工会工作的一项重要措施。他是长期在部队工作、锻炼、成长起来的优秀正团职领导干部，综合素质好，政治意识、大局意识、组织协调能力强，领导工作经历比较丰富，工作扎实、作风严谨，要求自己严格、待人诚恳。相信在他的领导下，院工会工作将抓得更主动、更活跃、更有起色。市院党组对工会干部政治上要信任、要爱护，工作上要多压担子，生活上要多关心。要把工会干部的培养、任用、管理、交流纳入市院机关组织人事工作总体规划，积极协调，统筹安排。要加大对工会干部的培养、选拔、任用力度，使想干事的有机会、能干事的有平台、干成事的有发展。

第二，完善机制，在制度上主动落实。坚持"原则问题把关，具体工作放手，加强不包办，支持不干预"的原则，为工会工作营造良好的制度环境。要建立健全党组定期研究工会工作的制度、及时研究解决实际问题。要支持工会着手建立健全干警诉求表达机制、干警权益保障机制、文体活动长效机制，努力形成有利于工会开展工作、发挥作用的体制机制。

第三，优化环境，在工作上大力支持。机关党委及各党支部、市院及各内设机构要从工作条件、舆论宣传、参与渠道等方面，关心、支持工会工作，为工会开展工作提供必要的财力、物力和人力支持。要加大对工会工作和劳动模范、先进人物的宣传力度，树立新时期检察官时代形象的社会氛围。

做好新时期市院机关的工会工作，意义重要。让我们在市总工会和院党组的正确领导下，团结和带领检察机关干部职工振奋精神、团结一心、开拓进取、真抓实干，把市院机关工会工作做得更实、做得更好，力求让市院机关全体检察人员、工作人员满意，让院党组满意，让上级工会组织满意。

四、对新招录检察人员的要求与希望 [①]

这次新进检察人员座谈会开得很有必要、开得很好！刚才每位新招录检察人员都发了言，大家的发言充满了激情、朝气和活力，有感情、有抱负、有主见。下面，我向大家讲几点要求与希望：

第一，要有坚定正确的奋斗目标。大家一定要崇尚事业、看重事业、热爱事业，尽心尽力干事业，为事业而奋斗，成就一番事业。要立志于干实事、干大事；要立志于在本职岗位上做出令人满意的显著成绩；要立志于在本单位、本系统创造一流的事迹和业绩；要立志成为检察事业的中坚力量、行家里手、一流人才；要立志成为检察事业的优秀中层骨干，乃至优秀领导人才。每一个人都要有一个目标，没有目标就没有方向、没有动力，就没有用之不竭的精神和劲头。立下一个目标就要坚定不移地为之奋斗，咬定目标不放松，持之以恒，奋斗不止！

第二，要有过硬的本领。事业的成功，目标的实现，最重要的支撑是什么？就是要有过硬的本领、能力和水平，要成为无论放在哪里都能闪光的金子。作为检察机关的优秀干警，首先，要有办案或服务办案的能力和水平。检察机关职能的履行靠什么？靠检察业务。检察业务出成绩靠什么？靠办案。通过办案，检察业务才能发展，检察业务发展了，各项检察职能才能履行。要有办案或服务办案的能力和水平至少要做到以下几点：一要熟悉、精通法律及司法解释；二要有记录、初查、侦查、审查案件的能力和水平；三要有正确分析和处理案件的能力和水平；四要有依法公正有效处理案件的能力和水平。其次，

---

① 本部分系作者 2007 年 11 月 26 日在岳阳市检察院机关新招录检察人员座谈会上的讲话摘录，收入本书时略作删改。

要有文字表达能力和水平。写的能力是一个人综合能力的体现，从某种程度上说，这是对一个人进步和成长很重要的因素。对在检察机关工作的检察人员来说，要会写的材料包括：计划、规划、打算；情况汇报；经验总结；调查报告；领导讲话；工作报告；论文；法律文书；案例分析等。这些东西如果都能写得很好，那你的文字表达能力就不一般。再次，要有口头表达能力和水平。说的能力是锻炼出来的，要尽可能抓住每一次说的机会，精心参与、锻炼，口头表述能力和水平就会一次比一次有进步。在检察机关，要会谈学习体会、谈工作打算、谈案件处理意见、谈工作安排、谈经验教训等。说的内容既要有思想性、理论性，又要有科学性、针对性、指导性。此外，要有协调的工作能力和水平。要学会与同事之间的协调、与各部门之间的协调、与外单位的协调等。最后，要有办事的能力和水平。这里的办事指的是办案之外的事。关键是要做到讲质量、讲效率、讲效果，做到了这"三讲"，事情肯定就会做得出色。有了这几样本领，在检察工作中就能做到出色履职、有所作为、有所成就、有所贡献。

第三，要有持之以恒的学习精神。学习要持之以恒，永不松懈；要突出重点，兼顾其他；要注重向书本学习、向他人学习、在实践中学习；要勤动笔、勤记录、勤写作；要学以致用。

第四，要有务实、扎实、踏实的工作作风。能力通过学习获得了，但是工作作风不行也不行。事业是干出来的，大家一定要崇尚实干，注重实干，尽心尽力实干，坚持实干。不仅要敬业，还要乐业，要乐在其中。要有正确的业绩观，认认真真、扎扎实实做好每一件事、每一项工作。要有始终如一的良好工作作风，其中最核心的就是要实干。实干就是要认真，不能马虎了事；要深入，不能浮在表面；要细致，不能粗枝大叶；要严谨，不能随心所欲。

第五，要有健康的思想、良好的心态和正常的人际关系。健康的思想，就是要拥护组织的决策、要维护组织的权威、要执行组织的决定、要服从组织的安排、要遵守组织的纪律。良好的心态，就是要做到：

同事的进步不要嫉妒；本人的进步不要自傲；受到打击、排挤、责难的时候，不要以眼还眼、以牙还牙，也不要悲观压头，要保持理性，冷静、沉着、有效应对，要经得起责难和考验；遇到困难挫折要迎难而战，坚韧不拔。正常的人际关系很重要。正常的人际关系不是靠拉拉扯扯，不是靠一团和气，不是靠做老好人而形成的人际关系，这样的人际关系对你们的成长肯定没有好处，只会让你限于小圈子。正常的人际关系应该是求大同而存小异的，要正确对待他人的长处和短处，要学人之长、容人之短，不要在背后说人之短；要真诚待人，乐于帮人，绝不能害人。

最后，祝大家思想学习进步，工作成绩优异；祝大家在检察机关心存志远，爱岗敬业，事业有成，茁壮成长！

五、新进检察人员要心存高远，扬长补短，不断奋进 ①

我代表市院党组讲几点意见：

（一）新招录的同志具有很多优势

根据我们现在所了解的情况，新招录的同志具有以下几个方面的优势：一是专业理论知识的功底较深。大家都是高等学校全日制本科生，多数还是硕士研究生（21 位硕士，19 位本科生，还有几位是在读硕士研究生），有法理、刑法、民法、经济法学、民商法、会计学、计算机、法医、财经、统计、新闻、中文、英语、中国当代文学、管理学等专业，受过系统的专业理论教育，你们都是检察工作当前和今后所需要的检察人员，是检察事业长远发展、可持续发展的后劲之所在、希望之所在。二是文化科技知识面较广。无论是你们所读的专业课程、选学课程，还是在大学里涉猎的大量文化科技知识，乃至你们在学校里通过各种途径所掌握的信息，对于检察人员综合素质的提升，对胜

---

① 本部分系作者 2009 年 10 月 12 日在长沙市检察机关新进检察人员座谈会上的讲话摘录，收入本书时略作删改。

任当代检察工作都是很重要的。专业人员、人才也要有广博的知识面，知识积累得越多越好，我们不但需要专业型人才，同样也需要复合型人才，复合型人才也是我们培养的重点之一。新招录的同志文化知识、科技知识比较广。三是思想纯洁健康、开放活跃。刚才你们说的一些话都很好，这反映了你们有创新思维，思想解放，不因循守旧，充满了活力。你们的一些想法在某种程度上具有前瞻性。四是事业心、进取心较强。你们大多数都是二十世纪八十年代后出生的年轻人，有一股冲劲，有一股青春的活力。这对一个人素质和能力水平的提升有密切的关系，对一个人的成长进步乃至成才都是很重要的。一个人在学校里学到的知识再多，但走向社会、走上工作岗位以后，光有理论知识还不行，还有一个怎样用的问题。在怎样用的问题上，事业心和责任心是非常重要的，如果没有这个前提，那你就达不到想事干事、干成事、干好事的目标，甚至一事难成。五是工作的激情、热情和工作的效率较高。你们马上就将分配到不同的工作岗位，这些优势都会在工作中显示出来。六是创新意识、创新精神、创新能力较强。任何事物都是变化发展的，要变化、要发展、要飞跃，没有创新不行。有些同志在刚才的座谈发言中，就有闪光的语言、有新意、有新的见解。可以看出，通过你们的思考、研究和实践，一定能够出来新的意见乃至新的真知灼见。

（二）新招录的干部是长沙检察事业发展活力的所在

新招录的 40 位同志是市院机关一支不小的队伍，是检察机关一支充满朝气、充满活力的队伍，是一支日益成熟、能挑重担的队伍，是承上启下、继往开来的队伍。你们都是出生于二十世纪七十年代末八十年代初的年轻人，是我们长沙市检察机关发展活力之所在、潜力之所在、希望之所在，将来是挑重担和可望接班的队伍。去年年初，市院党组制定了新发展的总体思路，包括新发展的目标、发展的理念、发展的战略、发展的重点、发展的关键、发展的路径、发展的保障等，这是长沙检察工作新发展总体思路的框架。发展的战略是什么？院党组定的是五大战略，即"公正立检、业务建检、人才强检、科技兴检、机制活检"。今后，你们这些同志都将一批一批地成为检察业务骨干、工作骨干，成为检察人才，成为专业型、专家型、复合型人才。"人才强检"，长沙检察要强，必须要有人才。人才在哪里？有一些人才可能将在你们中间脱颖而出。你们是最有实力的后备力量。院党组对你们寄予了很高的期望。相信你们在今后的几年、十几年、二十几年乃至三十几年的实践奋斗中，不辜负党组对你们的殷切希望。

（三）新招录的干部存在的不足

新招录的检察人员虽然有这么多优势，但和其他同志一样，也都有自己的劣势或不足。新同志的不足主要体现在以下几个方面：一是缺乏实践经验。我们平常说经验主义害死人，经验主义是要不得的，但经验很重要，经验与经验主义有着质的区别。要注意积累经验，但经验不是凭空而来，经验只能在实践中摸索、领悟、积累、形成。二是缺乏实践工作的能力。实践是一个不断摸索、奋斗的过程。在座的同志中有些已经参加工作几年了，这些同志在工作实践中经受了一些锻炼，增长了一些本领，提高了一些能力与水平，但从总体上来讲，其实际工作的能力与水平相对而言比机关的许多在岗的同志，特别是与业务骨干、工作骨干相比差距还较大；其他新参加工作的同志都将在检察工作的实践中从零开始、从头学起、从头做起。理论很重要，你们中有不少的硕士研究生，理论功底扎实、全面，但这些理论是书本上的，必须在实践中运用才能转化成自己的能力，转化为实践的成效，否则能力就难以形成，工作就难以做好做优。实践工作的能力要在实践锻炼中不断提升。越艰苦的环境越能锻炼人。你们刚从学校走向社会，要舍得付出、不怕吃苦。三是缺乏思想的稳定性、工作的一贯性、作风的严谨性。这些并不一定符合每一位同志的情况，但总体上，你们的思想一方面很活跃，另一方面也不太稳定，容易受周边和外界环境的影响。思想情绪的波动往往会影响到工作的态度。刚才，有的同志谈到态度决定一切，这说得很好。工作态度不行，工作的效率和质量就不行，有的同志一受到表扬就精神振奋，遇到领导严厉批评就灰心丧气，甚至一蹶不振。当你们在工作、生活中遇到挫折的时候，千万要理性，要正确对待。在工作作风方面，对于刚参加工作的青年人来讲，不可能很严谨，浮躁马虎的情绪稍不注意就有可能出现。讲这些现象和问题主要是希望大家能正确对待自身的不足，下决心逐步克服，虽然这不是一年、两年就一定能完全克服的，但这些毛病如果不痛下决心克服，就可能一辈子也解决不了，这是一个需要时常提醒、注意整改的过程，但只要大家看到了不足、用心克服不足，就有可能尽早把劣势转化成优势。

（四）对新招录同志的几点希望

第一，要有坚定正确的奋斗目标。没有目标就没有方向、没有动力、没有劲头。在座的新同志刚参加工作，走上岗位后，首先要有一个坚定正确的奋斗目标。刚才大家的发言，有的同志讲要努力做一名合格的检察人员，有的要早日成为检察官，有的要做合格的检察官，有的要成为优秀检察官，还有的要做领导信任、同事欢迎、人民满意的检察官，有的要做一名优秀的人民检察官。这些都很好！没有一个明确的目标，干到哪里算哪里是不行的，是没有什么大的进步的。大家一定要崇尚事业、看重事业、热爱事业，尽心尽力干事业、成就一番事业，努力干实事、干好事、干成事。要实现奋斗目标，就要立足本职岗位做出令人满意的显著成绩，就要立志于在本单位、本系统创造一流的事迹和业绩，就要立志成为优秀中层骨干乃至优秀的领导干部。我们的班子成员都是从普通的工作岗位一步一步干上来的。你们要有信心、有决心、有毅力，几十年如一日，一年接着一年干，一年比一年干得好、干得出色。希望你们今后在长沙市院一步一步成长起来，乃至成为优秀的检察人才。确立了目标，就要坚定不移、持之以恒地为之奋斗。

第二，要有过硬的本领。事业的成功、目标的实现，最重要的支撑是什么？就是要有过硬的本领、能力和水平，要成为无论放到哪里都闪光的"金子"。我希望在座的 40 位同志无论放到哪个岗位都能够有出色的表现。一是要有办案执法和服务办案执法的能力与水平。检察机关的性质是国家专门的法律监督机关，其职能是进行法律监督。而检察业务的开展是履行检察职能的基本途径，检察业务要出成绩、出成效，靠的是办案、靠的是执法。只有抓好办案、抓好执法，我们的检察业务工作才能发展，各项检察职能才能很好地履行。作为检察机关综合部门的同志，就要有服务办案和执法的能力与水平。怎样才能具有执法办案的能力与水平？从检察业务来讲，一要熟悉乃至精通法律及其司法解释。二要有审查案件事实、证据的能力与水平。比如说刑检部门的同志，案件交给你后，事实清不清楚，你能否一目了然，能否把住事实关；向法院提起公诉的案件，开庭时，证据在法庭上怎么出示、如何认定、法庭能否采信，能否达到证据确凿、充分、事实清楚，这就要有审查、甄别、固定和运用证据的能力与水平。三要有正确分析和研究案件的能力与水平，包括准确运用法律的能力与水平。比如案件性质上此罪与彼罪的区分，从轻、从重情节的把握都应准确。四要有依法公正有效处理案件的能力与水平，即要做到执法办案的法律效果、社会效果、政治效果的有机统一。有的案件并没有办错，但处理的不一定是适宜的、恰当的、科学的。所办案件如果社会效果、政治效果不好，不但没有积极的作用和影响，反而可能造成负面影响和不良后果。要有制作法律文书的能力与水平。每一份法律文书都应该是精品，不能有任何的瑕疵与疏漏。五要有引导侦查取证的能力与水平。及时引导公安机关侦查取证很有益处、很有必要，而要做好这方面的工作，没有相应的能力与水平是不行的。六要有汇报案件的能力与水平。有些同志汇报案件提纲挈领，几分钟、十几分钟汇报得清清楚楚，而有的同志汇报了个把小时，听者却还摸不着头脑，听起来头痛，这就是汇报没有把握本案的犯罪构成要件，没有吃透案情，没有精准汇报。七要有正确运用刑事政策的能力与水平。打击刑事犯罪许多方面都与刑事政策有关，特别是当前宽严相济刑事政策的提出，我们所办理的许多案件都应当积极贯彻。八要有出庭支持公诉的能力与水平。一名优秀的公诉人不是凭空体现公诉水平与公诉风采的，而应有实力，特别是公诉人的应变能力，每一句话都应准确乃至精准无误。九要有善于开展刑事诉讼监督的能力与水平。要提出有关诉讼监督的精准意见，就必须具有相应的、较高的能力与水平，这就要求首先要有发现刑事诉讼活动中所存在的执法、司法不公、不严、不廉问题的能力与水平；同时提出的依法纠正意见还要被院领导、检察长、检察委员会所采纳。十要有协调化解矛盾纠纷的能力与水平。处理各类案件时，若不能较好地协调化解双方当事人之间的矛盾，还可能引发涉法上访特别是涉检上访。承办人不但要办准案，同时还应善于及时、有效协调化解有关矛盾、纠纷，力求取得最佳的办案效果，把案件办好、办优！十一要有做好群众工作的能力与水平。以上这些是办案同志应具有的主要能力与水平，特别是刑事检察部门从事审查批捕和审查起诉工作的同志，更应具有以上这些能力与水平。侦查部门的同志还应当具备全面、周密、精细获取案件线索的能力与水平，这样才会捕捉线索；要有全面、周密、精细、秘密初查的能力与水平，这样成案率才会高；要有讯问犯罪嫌疑人的能力与水平；要有询问证人的能力与水平；要有全面收集、固定、运用证据的能力与水平；要有制服翻供、翻证的能力与水平；要有追逃、追赃的能力与水平；要有抗干扰的能力与水平。具备了这些能力与水平，你就可能胜任侦查工作，就可能成为一名优秀的侦查员，甚至成为优秀的侦查骨干、成为侦查专家。分配到刑检部门的同志，同样有必要具备这些能力与水平。把这些要求提出来，主要是想给你们今后尽快做好检察工作、履行好检察职责厘清一个思路、明确一个努力方向。二是要有处理复杂问题的能力与水平。一要有文字表达的能力与水平。写作的能力是一个人综合能力的重要体现，从某种意义上来说，写的能力是一个人进步和成长很重要的因素。无论是从事业务工作还是综合工作都离不开写，现在各个部门都要增加人，许多部门都急需"笔杆子"，这一点一定要引起重视。如起草、撰写检察机关的案件侦结报告、案件审结报告、法律文书和工作规划、意见、情况汇报、经验总结、调研报告、论文、领导讲话等都离不开动笔。如果写得好，对工作是很有益的。希望大家都能成为各个部门的"笔杆子"。二要有口头表达的能力与水平。所说的东西既要有思想性、理论性，又要有科学性、针对性、指导性、逻辑性。希望大家在这方面也要多努力、多锻炼、多加强。三要有协调工作的能力与水平。与同事、各部门及外单位之间的协调很重要。协调也是一种能力。有的工作领导交代以后，在有些人那里总是落实不了，其中就有协调不到位的因素。协调要有水平、有方法、有艺术。大家要在一件一件事的办理和落实中去感悟。中层骨干也好、领导也好，没有一定的协调能力是不行的。四要有办事的能力与水平。办事的关键是要做到讲质量、讲效率、讲效果。具备了这些本领，大家做事情、干工作就会出色；对检察工作就能及时熟悉、尽快适应、尽快胜任，就能够有成效、有作为。

第三，要有持之以恒的学习精神。学习非常重要，党的十七届四中全会提出要建立学习型政党，并要求把建设学习型政党放在首位。学习的重要性是不言而喻的。要在学习上见成效，就必须持之以恒，永不松懈；突出重点，兼顾其他；注重向书本学习，注意向他人学习，注重在实践中学习。要勤动脑、勤记录，勤写作，多思考、多归纳、多总结。我建议大家不管参加什么工作、什么活动、办理什么事情一定要勤于记录，通过记录多积累信息。同时，一定要勤动笔，勤于写，并能够学以致用，在不断的、循环往复的学用结合上获得新感受、产生新观点、形成新经验、取得新进步。做到了这些，你们在各个方面就会有成绩、有提升、有进步。

第四，要有务实、扎实、踏实的作风。仅有一定的能力与水平还不行，还必须有好的作风、优良的作风。事业是干出来的，而不是说出来的。要踏实，要一月接着一月干，一年接着一年干，几十年如一日地干。所以，大家在各自的岗位上切不可华而不实、懒字当头、漂浮马虎，一定要崇尚实干、注重实干、坚持实干。不仅要敬业，而且要乐业。要乐于吃苦、乐于打拼、乐于奋斗、乐于奉献。要有正确的人生观、价值观和业绩观。要认认真真、扎扎实实做好眼前的每一件事情，并始终如一。良好的工作作风，最重要、最核心的就是实干。实干就要认真，不能马虎；实干就要深入，不能浮于表面；实干就要细致，不能粗枝大叶；实干就要严谨，不能随心所欲。

第五，要有健康的思想、良好的心态和正常的人际关系。所谓健康的思想就是要注重做到忠诚于党、忠诚于党组织、忠诚于检察事业；要拥护组织的决策，维护组织的权威，执行组织的决定，服从组织的安排。所谓良好的心态，就是要做到对于自己的进步千万不能骄傲自满，对于别人的进步，千万不能忌妒。只有尊重人、关心人、支持他人，才能获得别人对你的尊重、关心和支持。从某种意义上讲，别人的进步往往是自己进步的基础和前提，千万不能看到别人进步了、自己没进步就有想法甚至泄气、忌妒他人。对于他人的批评甚至是委屈、打击，大家一定要理性、冷静地对待，千万不要以眼还眼、以牙还牙。要宽以待人，要经得起误解、经得起委屈、经得起责难、经得起考验。遇到困难和挫折要勇于迎难而上，要有坚韧不拔的意志，切不可知难而退甚至悲观压头。要坚持事事处处都做到这一点是很不容易的，但这是很重要的。正常的人际关系也很重要。正常的人际关系并不是搞关系，不是拉拉扯扯、吃吃喝喝、搞"小圈子"，也不是搞一团和气和做"老好人"而形成的庸俗的人际关系，这样的人际关系是不可取的。所以你们一定要注意有正常的人际关系，这有利于自己的健康成长。正常的人际关系应该是求大同而存小异的，要正确对待他人的长处和短处。要学人之长、补己之短，容人之短、帮人补短。人家的缺点要真诚相帮、面对面交谈交心，切记不要在背后议论、指责他人的短处。要真诚待人、乐于帮人，绝不能有害人之心。这些，对于大家在今后的工作、生活当中同样是很重要的。

最后，祝大家思想、学习进步，工作成绩优异；祝大家在检察机关心存志远，爱岗敬业，事业有成，茁壮成长！

六、青年检察干警要奋发有为 ①

今天的座谈会 31 位青年干警的发言都做了认真的准备，发言质量较高。特别是来我院进行岗位实践锻炼的西藏山南地区检察机关的邹慧娟、桑珠次仁、普布吉宗三位同志的发言非常感人。大家谈了这些年来特别是近三年多或近年工作的成绩，谈了体会，谈了理想，谈了目标与打算，还谈了一些建议。谈得都很好。下面，我讲两个方面的意见：

（一）召开这次青年检察干警座谈会的意义

第一，青年是人生之春，是生命之晨。关注青年就是关注未来，拥有青年也就拥有未来。我们作了一个统计，目前市检察院机关 40 岁以下青年干警已达 143 人，占全院干警人数的一半以上。包括在座的各位青年干警，你们是市院最年轻、接受高等学校教育最系统、最全面的检察人员。你们最少有保守思想、最有工作激情、最有活力、最具有创新力、创造力、最具有发展潜力。可以说，你们是当前检察工作、检察事业的生力军，是今后一个时期检察工作、检察事业的主力军，是未来检察事业的希望。

第二，我们的青年干警这些年来在长沙检察工作和检察事业的发展中有进步、有作为、有贡献，功不可没。在来长沙市院任职的三年中，我深切地体会到，市院机关每年所取得的新成绩、新发展，都离不开在座各位所发挥的生力军作用。在你们中，有率先垂范、以身作则的中层干部，也有勤勤恳恳、兢兢业业的普通检察人员；有业务精通、业绩突出的工作骨干，也有初出茅庐、虚心好学的检察新秀。你们扎实办案，在业务工作中明察秋毫、秉公执法、攻坚克难、守护正义；

---

① 本部分系作者 2011 年 5 月 4 日在长沙市检察院机关纪念"五·四"运动九十二周年暨青年检察人员座谈会上的讲话摘录，收入本书时略作删改。

你们积极服务，在综合岗位上出谋划策、辛劳清苦、默默无闻、甘于奉献；你们热心民生，在"两帮两促""两保两促"等工作及各项社会公益活动中四处奔波、不辞劳苦、任劳任怨；你们多才多艺，在篮球赛、团拜会等各种文体活动中崭露头角、大显身手、绽放光彩。你们为全院、全市检察工作的不断进步、为全市检察事业的不断发展付出了青春和热血、做出了不懈努力和积极贡献。有为才有位，你们的作为，党组看到了，全体干警看到了！召开这次座谈会，有利于大家相互总结，相互交流，扬长避短，取长补短，进一步推动工作取得新的发展。

第三，在未来检察工作、检察事业的新发展中，我们对青年干警充满期待与希望。当前，我们将着力推进长沙检察工作全面实现新发展。我们深切感受到，新发展越逐步深入，难度越大。面临这种形势，工作不进则退，小进也是退。作为省会城市，长沙经济社会又好又快发展，综合竞争力在全国省会城市排名前列。作为上层建筑，检察工作是为经济基础服务的。因此，我们要认识大局、把握大局、跟上大局。过去已取得的工作成效要巩固，并且要有新的发展。没有新发展，党委不会满意、上级检察机关不会满意、人民群众不会满意。所以，我们工作每年都要有新的要求、新的发展，决不能安于现状，甚至消极应付，无所作为。我们要实现新发展、全面实现新发展，靠什么？靠的是全体检察人员，靠的是全体青年干警，靠大家发挥聪明才智、靠大家发挥生力军作用。

（二）对全体青年检察干警的要求和希望

第一，要坚定理想。这是最重要的一个问题。今天发言的31位同志，有7位同志重点谈了理想，认为理想就是奉献，人生的真正价值在于奉献；有的同志认为理想就是到祖国最需要的地方，到祖国最艰苦的地方去；有的同志认为理想就是要把本职工作做好，把每件事情做好，在平凡的岗位上发挥自己的光和热，努力做到平凡而不平庸。这些同志谈得都很好。我认为，要坚定理想，就要志存高远。所谓志存高远，我的理解是"两个坚信"：一是坚信共产主义，我们的入党誓词就是"为共产主义奋斗终身"，这是我们共产党人、检察官应当毫不动摇、始终追求并为之不懈奋斗的远大理想。二是坚信中国特色社会主义，坚持走中国特色社会主义道路，这是我们的信念。有些同志主张，还要做到爱党、爱祖国、爱人民。这些都非常好。要立足现实。怎样立足现实？就是要争创实绩，在本职岗位上作出出色的成绩，在本部门作出突出的成绩，在系统同部门作出一流的成绩；要争当骨干，在本部门、本单位胜任工作，成为业务骨干或工作骨干；要争当能手或"尖子"，在全市本系统乃至全省、全国检察系统崭露头角，成为业务或工作能手、"尖子"；要争取成为本部门的中层骨干，乃至取得更大的进步；要成为政治可靠、业务精通、实绩突出、作风优良、德才兼备的优秀检察官或检察人员，让党放心、让领导放心、让人民满意。

第二，要锤炼能力。能力就是本事，是干好工作的重要条件。理想再正确、再坚定，没有能力和本领也不行。作为青年检察干警，要具备以下能力：一是要提高学习、钻研、把握和运用政治理论的能力与水平。这是带方向性、根本性的能力，如果不提高这种能力与水平，那么其他能力与水平的提升就会有局限性，甚至在前进的征途中有可能出偏差、出问题，甚至犯错误。只有提高学习、钻研、把握和运用政治理论的能力与水平，才能站得高、看得远。这一点，无论是为官、做事、做人，都非常重要。我特别要讲的是，要注意多学习马克思主义哲学等科学理论。哲学很重要，对事业、对工作、对生活都很有用。掌握了哲学，明白了事物发展、变化的规律，把握和运用事物发展、变化规律，无论遇到什么复杂的形势、情况都不会心慌、不会束手无策，都能坦然面对。比如说"事物都是发展的、联系的"这个哲学观点。因为事物都是发展、变化的，所以我们取得的成功也好，遇到的困难也好、挫折也好，顺境也好、逆境也好，都不是一成不变的，在一定条件下，都是可以相互转化的。因此，我们在取得成绩、获得成功的时候，不要骄傲自满、夜郎自大；在遇到失败和困难、挫折的时候，也不要心灰意冷、悲观压头。事物都是联系着的，所以不要以为这项工作看起来似乎与检察机关无关、与本部门无关、与自己无关，就漠不关心、就不理不睬、就不主动协作配合。其实，各系统、各部门、各岗位的工作从总体上讲都是有关联的，都是可以相互影响、相互促进的。二是要提高检察业务的能力与水平。包括提高审查批捕、审查起诉案件的能力与水平，提高查办和预防职务犯罪案件的能力与水平，提高办理诉讼监督案件的能力与水平，提高处理涉检信访案件的能力与水平，等等。三是要提高攻坚克难的能力与水平。事物要有新的变化、新的突破、新的发展，就要攻坚克难。青年干警最有魄力、最有干劲，大家要勇于攻坚克难，善于攻坚克难。四是要提高探索改革创新的能力与水平。青年干警是最有活力、最有创新力和创造力的，大家的思维活跃、敏捷，思想解放，处于最容易出创新成果的时期。所以大家要发挥青年干警的独有优势，抓住改革创新的黄金年华，多创新、多出创新成果。五是要提高办事、办文、办会和网上办案、办公的能力与水平。无论是业务部门还是综合部门的同志，都要注意提高办事、办文、办会的能力与水平，都要注意多学习、运用新技术，提高网上办案、办公的能力与水平。六是要提高配合、协作、沟通、协调和组织、指导的能力与水平。配合、协作，主要是指在本部门、本系统内部的配合、协作；沟通、协调，主要是指与检察机关外部的有关部门、系统进行沟通、协调；组织、指导，主要是指对基层检察院业务工作的组织、指导。七是要提高做好群众工作的能力与水平。这个现在越来越重要，我在院党组理论学习中心组今年第一次集体学习会议上就强调了这个问题。八是要提高服务大局的能力与水平。要重视大局、认识大局、把握大局、服从大局、服务大局。要学会和掌握服务大局的本领，改进服务大局的方式方法，增强服务大局的实效。

第三，要注重学习。学习的问题，刚才有十位同志谈到了这一点，谈得都很好。尽管青年干警在学习上做得很不错，但我仍然要多讲几句。一是要想学。学习是我们生存的基础、服务的前提、进步的阶梯、成长的途径。要看重学习，尤其是负有领导职责的青年同志，更要注重学习，把学习视为一项十分紧迫而重要的任务。大家肩负着党的重托、人民的期待、组织和领导的厚望，通过学习不断地充实自己，这是我们完成检察工作重要使命的必要条件。我们只有掌握了科学的理论，思想才会更先进，政治上才会更强；只有不断优化自己的知识结构，才会更加精通业务，成为行家里手。所以我们要想学，不要骄傲自满、故步自封，或者是对学习不屑一顾，甚至厌烦学习。二是要舍得下苦功夫学。学习是要下苦功夫的。我们工作任务不轻，还有家庭负担，要在有限的时间里，用有限的精力不断掌握丰富的知识，不吃苦是不行的，只有在学习上不畏劳苦、勤奋钻研的人，才有可能学有所获、学有所成，才能达到成功的彼岸。三是要勤于向书本学。书籍是人类智慧的结晶，可以决定一个人的修养和品格，关系一个民族的素质和能力，影响一个国家的前途和命运。读书不仅给人力量，而且给人安全感和幸福感。四是要扎实、有效地学。要本着干什么学什么、缺什么补什么的原则，多读书、勤读书、读好书，不断学习新知识，不断完善自己的知识体系。五是要勤于在实践中学习。毛泽东曾把实践比作"无字天书"。实践十分重要。比如办案，我们只有通过办理审查批捕、审查起诉案件的实践，才能了解、把握案情，才知道怎样审查案件的事实与证据，发现案件事实证据方面存在的问题，才知道怎样运用法律、怎样定性和处理，从而把好批捕关、起诉关；只有通过查办涉嫌职务犯罪案件的实践，才能提高开展自侦工作的能力与水平，包括初查的水平、侦查的水平、追逃追赃的水平，等等；只有通过办理刑事抗诉案件和民事行政诉讼监督案件的实践，才能发现法院刑事、民事案件的判决与裁定是不是有错误，是否应当提出抗诉或提请抗诉，等等。再如写材料，如果不通过一项项工作、一个个案件、一件件典型事例来了解情况，你就无法全面、客观、真实地掌握第一手资料；如果不通过写材料，就不知道把大量零散的原始资料进行分析综合，就不能形成主题突出、观点准确、内容翔实、逻辑性强、有价值、有份量的高质量的综合材料。又如办事情，如果不通过一件件平常、琐碎事务的办理，就不知道怎样去办事，怎样才能把事情办好，怎样才能把事情办得让部门负责人满意、院领导满意、检察长满意。还有办会，通知的发出、会场的组织、会务的安排等，都要精细到位，万无一失。实践出真知，实践长才干，只有通过实践，才能掌握本领、才能有本事。六是要勤于向群众学。学习群众的智慧，在群众中汲取鲜活的养分，以促进自身素质的增强、能力与水平的提升。同时，把群众的意见、主张、智慧转化为工作的思路、解决问题的措施，并通过实践的检验，指导和推进工作。七是要善于从错误中学。青年干警的优势前面已经说了，有好几个"最"。其实还有一个"最"，就是——最具有可塑性。有些时候，弄得不好，就最容易动摇、最容易反复。这也是青年干警的一个主要弱点。青年干警有时言行容易变，心思不坚定，因为自己对事物认识不深、把握不是很足，加之又缺乏经验，容易犯"冷热病"、容易起变化、容易出偏差。从某种意义上来讲，这也是正常的，因此大家要善于针对自己存在的毛病、所犯的错误，加强学习，加强反思，从中吸取教训，完善自我。如果对错误、缺点隐瞒，或者有意无意地回避、掩盖，这都是不好的。现实生活中，有的干警虽然认识到了错误，口里说准备改正，但实际上没有改正，容易形成固执的毛病。这样，本来很容易改掉的小问题，就可能演变成大问题；本来可以迅速改正的小积习，可能会发展成很难纠正的大毛病。我们要拿出正确对待错误的睿智与胸襟，从错误中学习，从中汲取有益的营养。要把发现错误、整改错误、纠正错误当作自己进步的新起点，有意识地经常查找自己的问题，并自觉地整改和纠正自己身上的一切毛病和不足。这样，才能不断加强修养，完善人格，提高自身能力和素质。

第四，要注重实干。刚才也有不少同志谈到了实干。党中央主要领导不久前在庆祝清华大学建校 100 周年时，鲜明地提出了要志存高远，脚踏实地；提出了要奋斗、奋斗、再奋斗。在今年初召开的全市检察工作会议上，我在工作报告中讲了实干的问题。这里，我想特别对青年干警强调以下几点：首先，要实干，就要安心检察工作，力戒眼高手低、好高骛远。现在青年人大都是"科班"出身，虽然理论知识学得多一些，专业理论水平高一些，但往往容易形成理论与实际"两张皮"，有的甚至高谈阔论、想入非非，干起工作来却能力不行或成绩平平。我们最担心的就是大家理论不错、能力不行、实践不行。要解决这个问题，首先要安心本职、安心检察工作，要有在检察机关干好工作、干成一番事业的雄心壮志、实际行动与具体实践。否则，朝三暮四，"这山望着那山高"，什么工作也不安心干，就会什么工作都做不好。其次，要实干，就要用心工作，力戒心浮气躁、华而不实。大家一定要看重工作。工作是我们成就事业的基石，是我们发光发热的基础，是我们为人民服务的基点，也是我们健康生活的平台。要以工作为乐。要真正干好工作，肯定要付出。如果你觉得工作不快乐，工作总是压力重重，感受不到工作的开心与快乐，那证明你工作还不投入，还没有钻进去，还不内行；只有觉得工作越干越有味、越干越有劲、越干越想干，那你才进入了工作的正常状态乃至良好状态。工作不能心浮气躁。用心工作就要做有心人，对自己从事的事业和工作全身心投入，绝不可半心半意，更不可假心假意。脱离了实际工作高谈阔论，那将是无源之水、无本之木、无渊之鱼。我们说的爱岗敬业，实际上是指对职业责任的忠诚和坚守，对党组织和人民的真心回报。唯有上了心、认了真、劳了神、尽了力，才能在工作上得心应手，自得其乐。要把心思用在办案上、工作上，把干劲用在检察工作上，把智慧用在检察事业新发展上。要以良好的精神状态，在本职工作岗位上有所作为、有所建树。工作不能华而不实。华而不实是指言论不实、行为不实、工作不实。有句话叫"不怕有想法，就怕有看法"。如果青年干警华而不实、不用心工作，说起来夸夸其谈，干起来无精打采，那客观上就如同无用之才，那就会给人们形成极不好的"看法"，就会失去公众对你的信任。再次，要实干，就要舍得吃苦，力戒拈轻怕重、见难而退。想干出成绩、想进步，但不愿吃苦，那是成不了事的。"艰难困苦，玉汝于成""无限风光在险峰"。凡事只有付出艰辛，才能获得回报。所以，大家在工作中，一定要勇挑重担，敢闯难关，迎难而战、迎难而上，直至攻坚克难，取得成功。复次，要实干，就要甘于奉献，力戒唯利是图、贪图享受。复次，要实干，没有奉献精神不行。在座的有些青年干警，几十年如一日，在平凡的工作岗位上不求名、不逐利、不唯官，尽职尽责，踏实奋斗，默默奉献。青年干警要多向这些同志学习。最后，要实干，就要孜孜以恒，力戒虎头蛇尾、变化无常。青年人往往有个毛病，刚走上工作岗位、刚开始工作时一股劲，工作热情很高，工作很努力、很认真，但工作一段时间后，思想就开始松懈，工作就开始松劲。这个"冷热病"，青年干警一定要痛加克服。大家要向优秀的青年干警看齐，向先进的青年干警看齐，始终如一地努力工作、努力奋斗。

第五，要敢于创新。前面讲到青年干警最具有活力、最具有创新力。检察工作创新的希望寄托在你们身上。首先，要在创新检察理论上下功夫、求实效。创新首先要在理论上创新，没有理论，就没有实践。每年长沙市检察学会都会征集不少检察理论文章，我们在座的青年干警中有几位很不错，有的获得了市里的二等奖，有的获得了省院的三等奖，有的在省、市有关会议上发了言。大家要进一步加强检察理论创新研究工作，力求取得更好的成绩。其次，要在创新检察工作上下功夫、求实效。我们每年的检察工作都应有所创新、有一些亮点。希望大家在这方面多动脑筋、多出成果。最后，要在创新检察工作机制上下功夫、求实效。机制是带根本性的，是最管用的。我在今年初召开的全市检察工作会议上所作的工作报告中提出在"四个方面"创新检察工作机制的任务。希望青年干警要紧紧围绕检察职能，紧紧围绕当前和今后一个时期检察工作面临的新形势、新任务、新要求，紧密结合长沙检察实际，带头思考、勇于探索，早出成果、早见成效。

第六，要完善自我。自我的完善是一个渐进的过程。客观上讲，青年干警是逐步成长、成熟起来的。但从主观上讲，大家要有不断完善自我的意识和决心，要在实践中不断地走向成熟，不断健康地成长。自我完善的标准是什么？我认为最高标准就是毛泽东所讲的要做几种人，就是要做"一个高尚的人，一个纯粹的人，一个有道德的人，一个脱离了低级趣味的人，一个有益于人民的人"。有的同志讲要常怀感恩之心，感激党和人民的帮助和培养；常怀赤诚之心，对祖国、对人民、对事业无限忠诚；常怀敬畏之心，牢记手中的权力，手莫伸、莫伸手；常怀平和之心，不断加强自身的政治修养，做到无愧于心、无愧于党、无愧于人民。我认为这些都很好，大家应努力做到。这里，我想对青年干警还强调以下几点：一是要正确对待权力。权力能够让人受到别人的尊重，能够证明自己存在的价值。但是，权力也是一把"双刃剑"。拥有了权力，也容易使人滥用权力、违法乱纪、陷入腐败。所以，我们要正确对待权力，不能唯权是图、以权谋私。二是要正确对待个人利益。不能把个人的私利看得太重。无数事实证明，一旦把个人利益放在党的利益和人民的利益之上，心里阴暗的角落就会越来越多，这样，一旦触及本部门或本人的私利，就会有所顾及，就会消极保守，乃至有意见、闹情绪，工作不但不积极，反而消极应付，甚至明顶暗抗。如何对待个人私利，是拷问青年干警灵魂的"分水岭"，是检验青年干警党性的"试金石"，是折射青年干警思想的"多棱镜"。可以说，在人生的征途中、在工作的进程中，青年干警只有时刻铭记自己岗位的职责，履职尽责，孜孜于事业，聚焦于使命，才能正确对待平凡，正确对待清苦，正确对待得失，淡泊个人的升降与进退，坚持理想不动摇、坚持真理不退步，把握原则不让步。三是要正确对待金钱。收入的问题是个很现实的问题。如何对待收入？如果一个人过于看重金钱和收入，就容易迷失方向，就会在追逐金钱、收入的同时，失去健康、失去很多生命中更宝贵的东西。有些同志说得很好：用诚实的劳动换来的钱，得到的是幸福和安宁；用非法的手段聚敛的钱，到头来是落泪和悲剧。四是要正确对待舒适的生活。现在办公条件好了，青年干警要珍惜舒适的办公环境与生活，绝不能追求舒适环境，绝不能丢掉艰苦奋斗。要乐于吃苦耐劳、乐于默默工作，在平凡的岗位上作出不平凡的成绩和贡献。五是要正确面对和抵御各种诱惑。现在最高人民检察院、省检察院、市委对检察官、检察人员的要求越来越严，特别是在执法办案过程中，怎样与案件当事人，包括律师打交道，现在都有严格的规定。面对各种诱惑，大家一定要顶得住、抵御得了。要想想个人的成长依靠的是什么、为人处世应当坚信什么、立于不败之地需要拒绝什么？面对各种诱惑和考验，大家要想想组织的信任，想想检察官的使命，想想群众的期待，想想做人的底线，想想办案、办事的原则。要以远大的理想信念、坚定的党性原则、严明的检察官纪律、高尚的职业道德，确保自己的思想健康、公正清廉、品德高尚。

最后，祝全体青年干警身体健康，学习进步，工作出色，事业有成，家庭幸福！

七、新进检察人员要安心、致力、奉献检察 [①]

市院党组对新进检察人员很重视、很关心，全院检察人员也很关注。这次新招录的 9 名检察人员，都很年轻，几乎都是"90 后"；学历很高，都是全日制研究生；所学专业很好，刑法学专业 5 人，诉讼法学专业 2 人，民商法学专业、会计专业各 1 人。军转干部有 1 人，综合素质较好，且具有法学博士学历。在此，我代表市检察院党组和全体检察人员向你们表示祝贺！欢迎大家进入长沙市检察院机关工作、成为长检大家庭的一员。对新进检察人员，这里，我提几点希望和要求：

---

　　① 本部分系作者 2015 年 10 月 12 日在长沙市检察院机关 2015 年新进检察人员见面座谈会上的讲话摘录，收入本书时略作删改。

第一，要安心检察。这是工作能否出色、事业是否成功的重要前提和基础。检察事业是党和国家事业的重要组成部分，是十分光荣的事业，是非常重要的事业，也是很有前途的事业。要做好检察工作，"安心"二字十分重要。只有做到"安心"，才可能做到"静心""热心""细心""专心"。无论什么事、什么工作，只要做到、只要持之以恒地做到"静心""热心""细心""专心"，就没有做不好的事，就没有做不好的工作。

第二，要致力检察。要有实实在在的行为、扎扎实实的行动。一要勤奋。一天、两天的勤奋不行，一年、两年的勤奋也不行，要持之以恒地勤奋。"90后"出生的年轻一代，充满青春的气息，充满激情与活力，是非常可爱、有潜质、有作为的一代，但因没有经历生活艰苦、工作艰难、环境异常复杂的生活、工作等环境的锻炼、考验，一些人往往不那么勤奋、不那么吃苦、不那么耐劳，更缺乏坚韧不拔的斗志。希望大家一定要注重自觉培养吃苦耐劳的精神，培养坚韧不拔的斗志。要尽量把时间用在学习、工作上。二要实干。实干特别重要。做好检察工作、做好任何工作没有什么秘诀，就是要实干。工作要实干，就要做到周全、细致、深入、严谨、规范等。三要攻坚克难。在今后的工作中，大家总会遇到这样那样的重点、热点和难点，难度也必将随着工作的推进而增加。因此，干工作、干事业，没有攻坚克难的精神是不行的。

第三，要精于检察。这应成为你们今后的发展方向。一要精通法学专业及检察理论知识。这是你们的优势，要进一步深入发挥好。二要精于检察业务和检察实务。善于把所学法学及检察专业理论用于检察实践，善于把理论研究成果转化为检察工作的能力和实绩。三要精益求精干工作。特别是要立足本部门、本岗位，精益求精做好每一件事、参与办好每一起案件、写好每一篇材料。

第四，要奉献检察。全身心地投入到检察工作中，不追求名和利，不在意得与失。哲学中的唯物辩证法，不仅要学准学深学透，更要注重运用，注重用以改造自己的主观世界，用以指导自己牢固树立和自觉践行正确的世界观、人生观、价值观，用以指导自己不断健康成长。奉献检察，我想有三个层次的要求：一要出色完成任务。这是对你们进入检察机关工作后的高要求，也是对你们的检验、考验。奉献检察，就一定要立足本职、不断地勤于工作、发奋工作、适应工作、胜任工作、出色地完成任务。这样才能赢得大家的尊重和组织的信任。二要多出精品力作。这是更高的要求。做事情、办案子、写文章都要有精品意识，都要力求把事做"精"，把案子办"精"，把文章写"精"。切忌想到哪里算哪里，干到哪里算哪里；切忌马虎了事、粗糙办事、低质干事。三要争创一流实绩。这是定量和定性的综合要求，也是干工作、干事业的高要求。

最后，希望新进检察人员通过自己的不懈努力、大家的帮助与指导、组织的锻炼和培养，不断地进步成长，成为合格的检察人员，力求成为业务部门的骨干，成为长沙市检察院的中坚力量，成为长沙检察事业的接班人。

八、继续重视和加强青年检察人员工作 ①

今天的座谈会开得很好。大家的发言都很有感情、很有激情、也颇有水平，有清新活泼的语言，有蓬勃向上的朝气，有鲜明正确的主张，有富有哲理的见地，也有一些闪光的思想，充满着活力，给人印象很深，让人深受启发。大家的发言也很有代表性，刚才发言的 19 名同志中，既有在市检察院机关、星城地区检察院工作几年、十几年的青年检察人员，也有不久前来机关工作的新招录检察人员；既有部门负责同志，又有各部门的普通检察人员；既有党内的检察人员，又有党外的检察人员。希望大家通过这次会议，受到启示和激励，发扬成绩，

---

① 本部分系作者 2013 年 5 月 8 日在长沙市检察院 2013 年青年检察人员座谈会上的讲话摘录，收入本书时略作删改。

正视不足，学人之长，补己之短，再接再厉、再创佳绩。长沙检察事业的美好未来属于广大青年检察人员，长沙检察事业的美好未来需要一代又一代青年检察人员去不懈奋斗。下面，我讲讲全市两级检察院党组怎样继续重视和加强青年检察人员工作。

（一）要十分重视青年检察人员工作

青年检察人员是全市检察系统最有朝气、最有生气、最有活力、最有创新力乃至创造力的生力军、攻坚队。刚才有同志发言引用李大钊同志的话"青年，国家之魂；一切新创新、新机运乃青年独有之特权；人失其青春，则人无元气；国家丧其青年，则国家无生气"。2008年以来，市院新一届党组经过多次研究，旗帜鲜明地提出"三个特别重视"：特别重视老干部工作，特别重视青年检察人员工作，特别重视女干部工作。青年检察人员可以说是检察事业的接班人，市院和星城地区检察院的青年检察人员也可以说是市院和星城院检察事业、检察工作的接班人。市院党组对青年检察人员工作应当十分重视并将越来越重视。今后，这项工作只会加强，不会削弱。

（二）要继续重视和加强青工委工作

继续重视和加强青年检察人员的工作，要靠青工委来具体落实、抓好。要配齐配好班子。院党组对青工委的工作是很重视的，专门向市委编办汇报申请定编定岗，青工委是专门设立的机构，青工委主任是市编办批准同意设置的正科实职岗位。文件批下来之后，青工委主任和成员都经过各个党支部负责人推荐、机关党委审查决定并报院党组同意确定了提名候选人正式选举，经过换届选举，产生了青工委主任。班子已经配起来了，今后还应根据工作需要不断充实。要重视定好、落实好思路。青工委的工作规划已经讨论研究制定出来了，现在关键是要落实好。青工委定好、落实好了思路，才能抓好青年检察人员工作。要重点抓出实效。院党组将继续支持青工委抓好工作、力求取得新的成效。院党组将及时了解情况，定期听取汇报，及时解决工作中存在的具体困难与问题，保障青工委工作全面、深入、健康发展。

（三）要全面关心青年检察人员的成长

重点在以下几个方面关心青年检察人员：一是要在全面提升青年检察人员素质上动脑筋、出实招、见实效。要在全面加强青年检察人员的思想、政治、业务、作风、文明素质上下功夫。真正做到纯思想、正方向、熟业务、优作风、美心灵。二是要在全面提升青年检察人员的能力与水平上动脑筋、出实招、求实效。青年检察人员提高自身的能力与水平是非常重要的。一个人一辈子的进步与成长，很重要的就是做事与做人，而把事做好、把人做好，就必须具备相应的能力与水平。其一，要敢想、善思，这有利于青年检察人员提升探索、改革、创新的能力与水平。敢想、善思，这是我们青年检察人员最独有的特点。青年人最有朝气、最有生机、最有活力，所以要敢想，不敢想就没有新的东西。但光敢想还不够，还要善于思考，即反思自己的想法是否正确，是否符合规律。其二，要懂办案、会办案。这有利于青年检察人员提升执法办案乃至各项检察业务的能力与水平。在检察机关工作主要是履行检察职能，履行检察职能最主要的途径就是执法办案，保障宪法和法律的统一正确实施。其三，要想写、会写。首先要想写，现在有很多同志不愿写、不愿提笔，这不好。青年检察人员没有理由懒笔，要真正钻研、熟悉乃至精通业务就不能懒笔。学习一旦真正钻进去，就不会懒笔，不但业务上、工作上的事情想写，学习、生活上的感悟也会想写，甚至还会养成随时做笔记的好习惯。只有勤动笔、做笔记，才能及时收集有用资料以便阅看、吸收，也有利于积累有用资料。其次要会写，这个要求比较高。写好一篇文章并不容易，它是综合素质与能力、水平的体现。其四，要会说、会讲。这有利于青年检察人员提升口头表达能力与水平，特别是提升汇报讨论研究重要案件、重要案件出庭支持公诉的论辩和重大事件处置、沟通、引导、宣传乃至做群众工作的能力与水平。会说、会讲是现代青年不可缺少的能力与水平。一个人光会写，话说不好甚至说不出来，其能力与水平就难以全面体现出来。当然，会说、会讲不是光练嘴皮子功夫。青年检察人员应该逐步提升会说、会讲的能力与水平，特别是要提升案件汇报、重大事件协调沟通、重要活动与重要会议即席发言的能力与水平。要一专多能，这有利于青年检察人员提升造就复合型人才的能力与水平。年轻人接受新事物快，这要继续发扬，比如熟悉网上办案办公、普通话标准流畅、会英语、会开车、还会擒拿格斗等。一个人一专多能很好，对工作、对事业、对己、对他人都有益处。要重视与他人的合作沟通与协调，这有利于青年检察人员提升做人处事的综合协调能力与水平。有的同志很不错，年纪很轻，但是处事比较理性、冷静，比较成熟，工作中与他人、与有关部门合作、沟通、协调得不错，处事效果很好。这个大家一定要重视，要多向他人学习，不断提升自己与他人、与有关单位及部门的合作、沟通、协调的能力与水平。三是要在全面落实锻炼培养青年检察人员实施方案上动脑筋、出实招、求实效。青年检察人员能不能成为检察系统的希望之星，关键还是要锻炼、要培养。要进一步落实《长沙市人民检察院关于加强对青年检察人员教育培养使用管理的实施方案》，抓紧锻炼与培养青年检察人员，努力实现培养目标。要进一步落实好方案。方案是经过多次研究、讨论最后确定下来的，里面有很多具体的东西，实施好方案，青年检察人员就会进一步锻炼好、培养好。要抓紧有效的锻炼与培养。培养青年检察人员，要有平台、要有途径、要有手段，这样才会更有效果。比如说选派优秀青年检察人员列席党组会、党组中心组理论学习会、检察委员会，参与研究重大决策、重大案件讨论研究等；选派青年检察人员外出培训；安排青年检察人员到基层挂职锻炼；选派青年检察人员出国考察学习。另外，还要鼓励自学硕士研究生、特别是大力倡导和奖励自学博士生。要努力实现培养目标。该晋升法律职称的要及时晋升法律职称，该解决职级待遇的要尽快解决职级待遇，该任用中层干部的要通过竞争上岗等方式及时任用，该提拔为班子成员的包括基层检察院班子成员的要主动向当地党委汇报、与组织部门衔接，依照有关程序予以任用。在同等条件下青年检察人员、女检察人员、党外干部一般可优先任用。四是要在关心青年检察人员生活、家庭等困难问题上动脑筋、出实招、求实效。要在解决青年检察人员个人具体困难等问题上给予关心，这几年这方面的工作应该说效果是比较明显的，如开展有利于青年检察人员身心健康的文体、文娱活动等，以后此类活动要在保障安全的前提下更好更多地开展。

九、全面加强青年工作，促进青年检察人员不断健康成长 ①

长沙市检察机关共有青年检察人员（40岁以下）736人，占检察人员总数的56.6%；其中在编干警467人，占在编干警总数的45.3%，研究生以上学历178人。市检察院机关（含星城检察院）共有青年检察人员162人，占检察人员总数的53.8%；其中在编干警133人，占在编干警总数的48.9%，聘用制书记员29人，研究生以上学历64人。青年检察人员日益成为检察事业的中坚和骨干力量。

近几年来，长沙市检察机关认真贯彻落实省检察院和市委的有关部署，确定工作思路，制定工作目标，明确工作任务，采取有效举措，不断加强青年工作，取得了好的效果。

（一）夯实青年工作根基

一是加强对青年工作的领导。市检察院党组高度重视青年工作，2008年在制定长沙检察工作新发展的总体思路时，明确提出把"领导班子和检察队伍建设"作为发展的关键，大力实施人才强检、文化育检战略，召开专门会议部署，层层统一思想，要求从检察事业发展后继有人的战略高度，充分认识青年工作的战略性、基础性、长远性地位作用，把青年队伍建设和团组织建设纳入党建工作总体格局。两级院均明确了一名党组成员分管青年工作，全部成立了青年组织或团组

---

① 本部分系作者2016年5月4日在全省市州检察院检察长座谈会暨全省检察机关青年工作会议上的发言摘录，收入本书时略作删改。

织，其中市检察院于 2011 年经长沙市编制委员会批复成立了青年工作委员会（以下简称"青工委"），青工委主任设置为正科实职，委员均由服务意识强、业务精、作风正、能干事、肯干事、熟悉群众工作的青年干警担任。认真落实省、市《关于进一步加强和改进党的群团工作的意见》，切实加强党组对青年工作的领导。自 2008 年以来，市院每年"五四"均召开座谈会或举行有关活动。市院党组书记、检察长和院领导都出席座谈会，面对面听取青年干警谈成绩、谈不足、谈打算、谈建议，对青年干警提出要求和希望。日常工作中，院党组和检察长、院领导注意听取青年工作汇报，讨论研究青年工作，及时解决青年工作困难，大力支持青年工作。

二是加强对青年工作的指导。2011 年，市检察院制定《关于加强对青年检察人员教育培养使用管理的实施方案》等规范性文件，成立青年工作领导小组，从教育培训、实践锻炼、干部选拔等方面明确青年干部培养的具体路径。2015 年、2016 年，市检察院党组连续将"从优待检"特别是"加强青年检察队伍建设"确定为"年度应注重抓好的工作"之一，下发专门文件指导，创造条件让青年检察人员在学习中充电、修身，加强对青年人才的培养、选拔和任用，特别是在竞争上岗中，规定青年检察人员要占有一定比例。两级院通过邀请专家上门授课、选送青年干警外出培训、开辟内、外网青年工作专栏、建设"两微一端"宣传主阵地、定期召开青年干警座谈会等形式，提升青年干警素质能力，听取青年干警意见建议，了解青年干警思想动态，切实加强对青年工作的指导。

三是加强对青年工作的保障。加强对青年工作人、财、物的保障。在青年团干选任上，既严格执行公推直选、充分发挥民主，又注重坚持党对群团工作的领导，把好"入口关"，如市院在 2015 年 12 月第三届青工委委员换届选举中，充分考虑年龄、性别、学历、性格、能力、岗位等因素，召开党组会议研究，反复酝酿人选，提名的 11 名青年委员候选人均为不同部门优秀业务骨干，最后经全体青年检察人员民主投票差额选举出 9 名委员，人员素质过硬，干警心悦诚服。在经费保障上，开辟"绿色通道"，对有关青年培训和有关活动经费予以保证。市检察院用于青年工作的经费 2013 年达到 19 万元，2014 年达到 25 万元，2015 年达到 65 万元，投入逐年大幅增长，较好地保障了青年工作的开展。在硬件设施上，精心建设了室外篮球场、网球场、室内健身房、图书室、工会活动室等青年活动场所，致力为干警创造舒适的工作生活环境。

（二）搭建青年工作平台

一是搭建好实践平台。建立优秀青年干部上下交流机制，2015 年市检察院选派 9 名优秀青年部门正、副职到 9 个基层检察院挂职担任党组副书记及党组成员、副检察长，4 名优秀青年基层科（局）长到市院挂职任中层干部，实现多岗位锻炼的良性循环。建立青年检察人员轮岗交流实践锻炼机制，明确要求青年检察人员在一个部门工作满 10 年的可以换岗；具备检察官资格的青年检察人员在 40 周岁以前，男性应当分别具有 3 年左右的刑事检察、职务犯罪侦查工作经历；女性应当分别具有 3 年左右刑事检察以外的执法岗位工作经历，并都要具有一定年限的综合工作经历（含业务部门内勤等综合岗位）。在综合部门（含业务部门内勤等综合岗位）工作满 5 年的具有检察官资格的检察人员，可以择优轮岗交流到司法办案岗位工作，启动轮岗 11 人，促进培养复合型检察人才。建立青年检察人员挂职锻炼机制，2012 年以来，全市检察机关积极选送 31 名优秀青年检察人员到上级领导机关、乡镇、街道、村和新疆、西藏等对口援助地区及贫困地区挂职锻炼，以开阔青年检察人员的视野，丰富工作经历，提升工作能力与水平。

二是搭建好教育平台。加强思想政治建设，深入开展党的群众路线教育实践活动、"三严三实"专题教育等有关系列活动，以举办"长沙检察大讲堂"、专题征文、演讲比赛、集中学习和自学等方式，拧紧"总开关"，补精神之"钙"，不断增强青年检察人员的政治自觉。加强专业能力建设，有计划地选送青年检察人员参加国家、省、市各类司法能力培训，选拔青年检察人员参加各类侦查技能比武、公诉案件听庭评议、案件评查等活动，联合中南大学举办"全体检察人员综合素能培训"，提升干警综合素质。加强检察职业道德建设，组织开展"深入学习全国检察模范陈运周同志先进事迹""雷锋主题日教育""我的青春我的团""检察人员先进事迹报告会""最美女检察官"演讲比赛等活动，充分发挥先进典型的示范引领作用。加强检察文化建设，创建检察文化长廊和长沙检察陈列室，在市院机关摆放廉政字画200余幅；组织文艺人才参加书法、摄影展览，开展检察文化下基层活动；在检察内网创办"文化休闲"栏目，打造青年干警交流思想、传播知识、展示才华、休闲交流的平台。

三是搭建好服务平台。广泛开展"传、帮、带、教"活动，每个新招录的检察人员工作的头三年，都安排一名工作经历丰富、责任感强、办案办公能力强的同一部门的同志"一对一"地开展"传、帮、带、教"活动，"面对面"地指导青年检察人员开展工作。建立青年检察人员列席院务会、检察委员会工作机制，促进提高青年检察人员观察、分析、判断、处理重大复杂疑难问题的能力与水平。创新青年工作载体，依托"互联网＋检察"运用平台，建立青年干警微信群、QQ群、微信公众号、微博、网络文明宣传队和"新融合·新检察·新青年"新媒体平台，实现青年工作传统领域有提质，新型领域有增量。积极开展文体活动，组建羽毛球、篮球、乒乓球、网球、足球协会和兴趣小组，连续11年组织举办"长检杯"男子篮球赛，连续5年举行登山比赛，适时组织开展青年干警集体户外拓展、羽毛球、乒乓球等竞技活动，促使青年检察人员放松身心，增强体质，提高青年队伍的凝聚力。

四是搭建好保护平台。坚持院领导、中层骨干与青年检察人员谈心制度，在感情上亲近青年，与青年打成一片，倾听呼声，了解意愿，及时掌握和反映青年关注的问题、诉求及发展状况。大力支持青年检察人员依法履职，对因履职受到威胁、报复及造成不良影响的，组织第一时间予以出面解决或澄清，消除思想包袱，切实保护青年检察人员合法权益。对青年干警面临的两地分居、子女就学、家属就医等实际困难，尽最大能力予以支持和帮助。

（三）"四结合"确保青年工作实效

一是坚持把青年工作与全面正确履行检察职能、全面实现全市检察工作新发展相结合。引导全市青年检察人员确立并大力践行"公、诚、精、廉、新"的长沙检察精神，爱岗敬业，无私奉献，顽强拼搏，积极进取，立足岗位实际多办案、办好案、办优案、服务好办案，有效促进全面正确履行检察职能，促进全面实现全市检察工作新发展。如全市反贪、反渎、公诉、批捕等主要业务部门，40 岁以下青年干警分别占部门总人数的 59%、51.8%、77.4%、52.1%，在查办有影响有震动的职务犯罪大要案件中、在办理重大诉讼监督案件中、在深入推进其他各项检察业务工作中、在检察改革创新中，青年检察人员都发挥了生力军的作用。

二是坚持把青年工作与加强领导班子和检察队伍建设相结合。通过学习教育、司法实践、培训锻炼等方式的磨砺，青年干警迅速成长，理论专业水平、司法工作能力、综合素养都得到了较大提升，部分青年干警逐渐成长为单位业务骨干。两级检察院目前共有 40 岁以下的班子成员 4 名，中层正副职 175 名，占中层骨干总数的 45.9%；其中市检察院有部门正职 4 人，占总数的 8.7%；部门副职 30 人，占总数的 71.4%；正科级 2 人，占总数的 5.7%；副科级 15 人，占总数的 53.6%。

三是坚持把青年工作与文明创建相结合。开展"五好家庭""文明家庭"评选，深化"青年文明号"创建，立足检察职能和自身岗位实际，积极发挥法律专业优势，创新服务方式，组织青年干警开展政策宣传、法律咨询、结对帮扶、爱心助学等活动；组织在学校、社会、街道等地开展法制宣传；组织开展"关爱失足未成年人"等主题活动。全市两级院有 1 个被评为省级文明标兵单位，5 个被评为省级文明单位；

有 7 个部门被团委授予"青年文明号"称号；浏阳市检察院开通"反家庭暴力"热线电话，积极处理侵犯未成年人合法权益案件，被共青团中央、最高人民检察院授予全国优秀"青少年维权岗"称号。

四是坚持把青年工作与群众工作相结合。有意识地让青年检察人员到矛盾较为集中、群众来访较多的一线岗位锻炼，深入基层一线直面群众诉求。组织开展"一进二访""两帮两促""三联三访""强督查、强双责、抓三访、解四难"等义务帮扶、义工服务和社会公益活动；打造"青年志愿者服务"重点品牌，大力弘扬"奉献、友爱、互助、进步"的志愿精神，开展慰问孤寡老人、文明劝导、保护湘江"母亲河"、义务植树、无偿献血等志愿者服务，使青年干警在社会实践中深入了解社会、认识社会，牢固宗旨意识，践行群众路线，不断加强修养，砥砺品质。

检察机关青年工作是加强检察机关干部队伍建设的生动实践，也是一项长期而艰巨的任务。我们工作中还存在许多不足，离省检察院的要求还有不小的差距，我们深感任重道远。今后，我们将在省检察院和市委的领导下，以此次会议为契机，认真贯彻落实此次会议的重要精神，发扬成绩，克服不足，更加重视加强青年工作，为全面实现长沙检察工作新发展提供强有力的队伍保障。

十、切实加强检察机关的妇女工作 [①]

今天，省女检察官协会长沙分会正式成立，这是我市检察机关女干警政治生活中的一件喜事。在此，我代表市检察院党组，向大会的胜利召开和当选的第一届女检察官协会理事表示热烈祝贺！向莅临大会指导的省检察院、市委政法委、市妇联、市直机关妇工委的各位领导及市中级人民法院、司法局、公安局等兄弟单位领导表示衷心感谢！

---

① 本部分系作者 2008 年 10 月 29 日在湖南省女检察官协会长沙分会成立大会上的讲话摘录，收入本书时略作删改。

女检察官协会是检察系统内部的一个社团组织，是活跃女检察官工作、生活，增进相互了解和交流，促进工作的新的桥梁。"女检协"长沙分会的成立，既是推动我市检察系统妇女工作和妇女事业蓬勃发展的一个新的起点，更是进一步凝聚人心、充分发挥我市女检察干警聪明才智，推进长沙检察工作新发展的重要举措。找准协会工作与检察工作的结合点，开展丰富多彩的活动，推进工作开展，促进全面正确履行检察职能，女检察官协会将大有作为、大有可为。下面，我就如何做好女检察官协会工作、做好检察机关妇女工作，充分发挥女干警的作用，促进实现我市检察工作的新发展提几点要求。

（一）十分重视妇女工作

随着我国国民经济的不断发展，妇女的作用越来越大、妇女的地位越来越高、妇女工作越来越重要。无论在单位、在社会、在家庭，妇女都起着特殊的重要作用。妇女已经成为促进经济社会发展的一支重要力量。同样，检察机关的妇女工作十分重要。因为，检察工作、检察事业的发展需要女干警；检察机关法律监督职能的全面、正确履行需要女干警；检察机关建设的推进和加强需要女干警。熟悉检察机关和检察事业发展的同志们都知道，女干警和男干警一样，在检察机关的建立和恢复重建的过程中，在检察工作、检察事业不断发展的进程中，女干警、妇女同志们付出了辛勤的劳动，付出了大量的心血，作出了显著成绩和重要贡献！

这些年来，市院及全市检察机关女干警、女同志在单位、在各自的工作岗位上忠实履职，勤奋踏实工作，开拓进取，展示了女干警的才华与水平，出色地完成了任务，取得了可喜的成绩。得到了党组织的充分肯定，得到了全体干警的好评，也得到了社会各界较高评价。特别是其中涌现出了许多优秀的代表和典型，她们有的走上了领导岗位、有的担任了各内设机构的主要负责人、有的被评为省、市级劳模和"三八红旗手"，有的成为业务骨干、行家里手，有的成为全市乃至全省很有影响的优秀公诉人、优秀侦查员、优秀办案能手、优秀"笔杆子"、优秀内勤、优秀书记员、优秀法警，等等。可以说，全市检察工作的不断进步，检察事业的不断发展，女干警、妇女同志发挥了十分重要的作用。全市检察机关所取得的丰硕成果，获得的名誉和光荣称号都凝聚着全体女干警的心血、汗水和智慧；全市检察机关的发展变化，包括业务建设、班子建设、队伍建设、基础设施建设、党组织建设，都凝聚着女干警的辛勤劳动。总之，女干警功不可没！对此，两级院党组是充分肯定的、是满意的。全体干警是有目共睹、由衷地认同、铭记在心的。

实践证明，检察机关不能没有女同志。女干警是我们各项工作、检察事业向前推进、深入发展的一支重要力量。当前和未来，全市检察工作要实现新发展就应当更加重视妇女工作、更加关心和支持妇女工作，应当更好地抓好妇女工作。要最大限度地调动女干警、妇女同志的工作积极、创造性，发挥女干警的聪明才智，发挥女干警在检察工作、检察事业中的重要而特殊的作用，推进和实现全市检察工作的新发展。

女检察官协会的工作主要是针对女干警、女检察官们来开展的，但充分履行她的职能、发挥她的作用，加强和完善女检协的工作，能影响和带动全体女检察人员乃至影响和带动包括男同志在内的全体检察干警。这也充分体现了院党组对"女检协"工作是高度重视的，对女干警、妇女同志是十分关心和爱护的。

（二）切实加强检察机关的妇女工作

第一，要建立建全组织。今天，大会选出了第一届女检察官协会的理事会，这是做好女检察官协会工作的组织机构。选举出的理事会组成人员是大家举手表决，一致同意的。这些同志都是很优秀的，是完全有能力把女检协工作抓好的。组织建立以后，检察机关的妇女工作要有热心的人来管，要有专门的人来抓，要有得力的人来落实，来推进女检协工作全面、深入、健康发展。今后，我们还可以根据有关情况，及时调整充实理事、常务理事、秘书长、副秘书长等职务，使女检协的工作不断加强。

第二，要积极开展活动。要积极开展以实施人才强检、科技兴检为主要内容的、丰富多彩的、符合女干警、女同志特点的、有益于女同志身心健康的政治、业务、文化、体育、娱乐等活动。例如，可以在女干警中全面开展"爱检、护检、为检"的活动。爱检就是热爱检察事业，护检就是维护检察机关的权威和形象，为检就是为检察事业的新发展建功立业。要认真开展争创学习标兵、业务标兵、工作标兵、文明标兵的活动，激发大家的学习热情、工作热情。每年可定期不定期召开女干警座谈会，围绕主题，大家来谈认识、谈成绩、谈不足、谈打算、谈建议，引导人人发言、积极献策，展示每一位女干警的理论水平、逻辑思维与语言表达水平、思想政治水平、法律水平、检察业务水平。可组织女干警开展走出机关，深入社会，到市外、省外虚心学习交流的活动，这也是很有必要的。我们要重点学习百姓、学习群众、学习农村、学习企业，学习社区；重点学习省会城市检察院的先进经验，了解世情、国情、省情、市情，了解实情，开扩视野，启迪思维，解放思想，学习先进，提升素质和形象，尽心工作，出色履职，促进检察工作新发展。可以举办女干警学习成果展览会，把大家学习的理论、体会文章、论文、书法摄影等作品公示展出。可以与有关单位、有关部门开展以业务工作交流为内容的联谊会。要认真积极投入市委、政府部署的服务大局、服务改善民生等中心活动，创造女干警热心公益、服务和谐的良好氛围，展现女干警博大无私的胸怀。可以根据情况，定期或不定期的组织文体活动，如女子篮球赛、乒乓球、拔河、登山比赛等活动。在女干警中大力开展学、帮、带活动，等等。

第三，要加强对女干警的培养。要注重培养女干警特别是有发展潜力和培养前途的女干警。要多交任务、压担子，有计划地进行培养，为她们搭建提供好的成长平台。院党组、院领导一定要注意多给女干警在实践中锻炼、磨炼与经受考验的机会，特别是在遇到急难险重等工作的关键时刻，要安排她们干、交给她们干、"逼"着她们干，这样才能提升能力与水平。如果天天都是按部就班，能力与水平是上不来的。领导给你交任务、压担子，说明领导信任你。要正确对待领导交给的艰巨任务，要心甘情愿地为完成艰巨任务而尽心尽力去奋斗。在这个问题上，两级院党组、院领导特别是检察长不能以性别论高低，不以男女定职位；要以才干服人，凭实绩说话，对优秀的有德才、有潜力的女干部要大胆培养、任用。

第四，要加强科学管理。要实现科学管理，就要实行分类管理，即根据女性的特点和女干警年龄、知识文化的结构及职业等特点进行管理；要实行目标管理，包括工作的目标、成长的目标等，都应有明确的方案；要实行制度管理，包括女协工作、妇女工作应制定哪些必要的科学制度等。有了好的制度，执行了制度，就会收到实效。

（三）女干警要注重提升素质、提升水平、提升形象

一要爱学习，做有知识的女性、有知识的女干警。当今世界，是知识密集型的社会，要适应新形势、新发展的要求，要有所进步、有所作为，就离不开知识。首先要注重学科学理论。大的方面就是马克思列宁主义包括马克思主义哲学、科学社会主义、政治经济学；毛泽东思想、邓小平理论、三个代表重要思想、科学发展观。理论都是科学的理论，都是管用的理论，都是我们正确履行检察职能、做好检察工作必须学以致用的理论，都是指导、指引我们干警包括女干警干事、为官、做人的必修课和有用的理论，必将有利于提高我们的理论素养和水平，有利于我们从全局的高度、政治的高度、宏观的高度观察事物、分析事物、把握问题、处理好问题，有利于我们树立正确的世界观、人生观、价值观和权力观、司法观、利益观，有利于我们较好地掌握方法论等。其次要深入钻研法律及司法解释。要力求成为熟悉和精通法律、精通检察业务的人才，成为行家里手，成为专家型、专门型人才。大家要在这方面多下功夫。最后要注重学习其他理论知识。扩大知识面，有益于提升自己的内涵、提高自己的综合素养、提高科

学知识水平。要大力倡导学习之风，逐步消除学风不浓、玩风过盛的状态；要把学习真正当作一种境界、一种追求、一种品质，一种享受；要向学得好的同志学习，乐于学习、勤于学习、深入学习、持之以恒学习，真正做到终生学习，这样必将学有所获、学有所成，把学习成果转化为素质，转化为能力与水平，转化为显著的工作成果与业绩。这就要求我们多看书、多看资料、多思考、多动笔、多写体会文章。要争当学习标兵。学习不是图任务、装样子、走过场，而是要真学、学进去、钻进去，做到多学一点、弄懂一点、用好一点。今年，院党组采取了一些措施，学习风气与效果开始显现。我们注重抓学习的落实，机关党委组织检查，同志们自学抓得很紧并作了不少学习笔记、写了不少心得体会，这就是一种好的学习风气。只要这样坚持抓下去，我想热爱学习的人会越越来越多，希望女干警争取在学习上也带个头，争做学习型女检察官、女干警。

二要爱本职，做有作为的女干警。要干好事业、有作为，就要立足本职、热爱本职。这就要求大家真诚做到组织上安排到哪个部门工作，就热爱哪个部门的工作，就在哪个部门专心致志地工作，就在哪个部门不懈地奋斗，争创最佳的业绩；这就要求大家要具备这样的素质、具备这样的条件，就要做好本职工作、抓好本部门的工作、抓好分管工作；就要在全市乃至全省、全国争创一流成果、一流业绩，努力达到在全省率先、全国争先；就要通过不懈奋斗使自己成为本部门的行家里手、业务尖子、工作标兵、先进个人，成为中层骨干乃至成为班子成员。

三要爱组织，做讲政治的女性、女干警。要忠诚于党、忠诚于市委、忠诚于党组。要真心实意、坚定不移地维护党组的决策和部署，要忠心耿耿地维护党组的权威和形象，要自觉执行党组的决定、自觉服从党组的安排、听从党组的指挥，与党组同心同德。

四要爱同志，做讲友谊的女性、女干警。要建立和保持稳定健康的人际关系，正确对待同志，正确对待他人，正确对待对自己有看法的人，甚至是反对过自己的人。要宽以待人、诚恳待人。要胸怀宽广，千万不要瞧不起他人，甚至贬低他人、嫉妒他人。要多看到、多学习别人的长处。多关心他人，关心他人的工作，关心他人的身体、家庭、成长。要正确处理好他人的进步成长与自己进步成长的关系。他人的进步往往是自己进步的前提和基础，要正确对待得与失，有的时候甚至要舍得放弃。做到了这些，同志们就一定会越来越多、越来越好地得到大家的认可、信任、敬佩和赞赏。要讲友谊，要珍惜友谊。

五要爱家庭，做有责任的女性、女干警。家庭是事业的基础，事业是家庭的保障。女同志在社会、单位、家庭和谐中有着特殊的作用，既要做好工作、干好事业，又要孝敬父母、教育子女等。在这方面，我们女干警做得很好，希望继续保持，发扬光大。

（四）院党组要更加重视和加强对妇女工作的领导

一是院党组要把女协工作、妇女工作纳入议事日程。每年至少要听一次汇报，要研究一次。今天是成立大会，以后可组织举行学习成果展示会、工作业绩报告会、思想交流联谊会等形式多样的活动，这样有利于大家互相交流、相互学习，有利于大家传、帮、带，促进共同提高、共同进步。二是检察长和分管副检察长要带头重视、带头关心、带头关注。要重视女检协工作、妇女工作，关心女干警的工作，关注女干警的成长。三是要更加支持妇女工作。该抓的工作要支持抓，该开展的活动要支持开展，该解决的具体问题要及时解决。对女检察官个人而言，该关心的关心、该培养培养、该肯定的肯定、该记功的记功、该宣传的宣传、该晋升的晋升、该任用的任用。我希望在我们女干警、女同胞们中，要发现一批、培养一批、树立一批优秀的典型。最近，经市院党组研究决定，对我院在全省检察官故事会获得了组织奖第一名和全省公诉人与律师论辩赛获得控方团体第一名最佳成绩的有关个人记予三等功，对有关处室及服务人员予以通报表彰。这是一种肯定，也是一种引导，旨在倡导全体检察人员包括女检察官、女干警在各自的工作岗位上忠诚履职、出色履职、争先创优、争创最佳成绩！

我相信，在市委和省检察院的领导下，在院党组的高度重视和大力支持下，长沙女检协工作一定会有新的加强，女干警的作用一定会有新的发挥，女干警的地位一定会有新的提高，女干警的成长一定会有新的成效，女干警的素质和形象一定会有新的提升！

十一、女检察人员要为检察事业绽放美丽，做最好的自己 ①

今天市检察院机关隆重召开庆祝"三·八"国际劳动妇女节暨女干警座谈会，这是很有意义的。

召开这次座谈会主要基于以下考虑：第一，目前市院机关女干警人数已有82名，超过了全院干警总人数的1/3，女干警的队伍越来越壮大。我们应该更加重视女干警工作。第二，这些年来特别是近几年来，女干警为市院检察工作、为全市检察工作付出了辛劳，取得了优良成绩，做出了积极贡献，功不可没。第三，今年和今后一个时期，检察工作的责任越来越重，任务越来越艰巨，要求越来越高。不仅要办准案、办好案、办优案，而且要理性、平和、文明、规范办案；不仅要案件实体公正，而且要案件程序公正；不仅办案结果要公开，而且办案过程要公开。要更好地履行检察职能，进一步做好检察工作，就离不开全体女干警的辛勤劳动与智慧，就要靠全体女干警的忠诚履职、齐心奋战！同时，召开这次座谈会，也有利于增进大家的相互了解、相互交流、相互学习、相互提高。

今天的座谈会开得很好。大家的发言，谈得很朴实、很真切、很中肯、很感人，也很有水平；充满了对检察机关、对检察事业的深情，充满了对检察机关、对检察事业的热爱，充满了对检察事业的执着追求；体现了大家一年来在本职岗位上所做的工作、所取得的成绩，体现了大家德、能、勤、绩、廉等方面的进步，体现了大家优良的综合

---

① 本部分系作者2011年3月7日在长沙市检察院机关庆祝"三·八"国际劳动妇女节暨女干警座谈会上的讲话摘录，收入本书时略作删改。

素质；表达了今年和今后一个时期，大家坚定的理想与信念、孜孜以恒的人生追求与工作目标，以及立足本职爱岗敬业、忠于职守、真抓实干、再接再厉、再创佳绩的决心和打算。大家无愧于是有理想、有思想、有主见、有追求、有付出、有成绩、有进步、有作为的新时期的女检察人员。在此，我代表市院党组向全院女检察官、女检察人员致以衷心的感谢！代表市院党组和市院机关全体男同胞，向全院女同胞致以节日的祝贺并表示亲切的慰问！

下面，我结合大家今天所谈到的，提几点要求与希望：

第一，要常怀自豪感。女性首先要自信、要自豪。有人说，"自信是女人最好的化妆品""自信的女人最漂亮"。确实，信心比什么都重要。一个具有自信心、自豪感的女人，才能心中常驻芳华、永葆青春、始终做到自立、自强，才能不断进步、有所前进、有所作为，才能永远立于不败之地。女性值得自豪。作为女性，你们有着温柔的性格、优雅的举止，有着善良仁爱的心灵、勤劳俭朴的品行，你们是生命的孕育者、家庭的重要维系者、事业的创造者、社会的"半边天"。女检察人员应当自豪。与男检察人员相比，你们有着遇事冷静、思考周密、直觉敏锐、情感真挚、富有爱心、宽容忍耐、善于倾听、形象思维强、表达能力占先等职业优势。在办理案件特别是办理未成年人刑事犯罪、女性犯罪、家庭暴力等案件时，你们在化解社会矛盾、开展法制教育、做好思想政治工作等方面，彰显了独特的执法魅力，发挥着不可替代的作用，成为推动检察事业发展、维护社会公平正义的骨干力量。希望同志们真心以自己是女性而自豪，以自己是女检察人员而倍加自豪，充分发挥女性的优势，张扬女性的风采，做最好的自己，为检察事业绽放美丽，为全市检察工作的新发展献出更多的爱、承担更大的责任、作出更好的努力、创造更新的业绩。

第二，要增强事业心。要转变注重家庭、看轻事业的传统意识。热爱家庭固然重要，但是既热爱家庭又热爱事业的女性更具有魅力，事业与家庭双馨才是精彩人生。女干警们要敢于从幕后走到台前、由配角走向主角，发挥聪明才智，实现人生价值，赢得社会的尊重和承认。要不辜负组织的培养与重托。我们的女干警们都是经过招录、遴选或调任等规定程序来到检察机关工作的，责任重大、使命光荣，组织上把大家安排到市检察院来工作，那就要忠诚履职，努力工作，出色完成任务。只有这样，才是真正感恩组织、感恩人民。要珍惜成长、进步和发展的机遇。年轻的同志最具活力、最有发展潜质、最充满希望，要抓住这个美好的年华干事业；中年的同志正是年富力强的时候，要充分发挥中流砥柱的作用，攻坚克难，乘胜前进；年龄较大的同志则要珍惜时间，发挥自己的才能和工作经验丰富的优势，做好"传、帮、带"。要积极倡导干事、倡导进步、倡导有所为，要营造真抓实干、你追我赶、争先创优的良好工作氛围，力求在自己的工作岗位上脚踏实地、勤奋工作，做出优异成绩。

第三，要具备学习力。学历代表过去，学习力决定未来。今天发言的39位同志中有25位同志谈到了学习的问题，而且谈得很实在，非常好。学习是提素质、强本领、谋进步、建功业的前提条件，我们必须不断学习新知识、增强新本领、提高自身素质。要保持旺盛的求知渴望和学习的激情。要不断地用新的观念、新的知识、新的技能充实自己、提高自己、完善自己、超越自己。要不断提升素质。要提高思想政治素质，提升理性思维能力，增强工作的系统性、全面性、针对性、预见性、实效性；要提高道德品质素质，具有公而忘私的高尚情操、严于律己的自觉精神、谦让容人的宽广胸襟；要提高专业文化素质，具备良好的理论素养、科学文化素养，提升法学理论、检察业务水平；要提高身体、心理素质，拥有良好的体魄、健康的心理。要注重实践运用。实践是学习的延伸，是学习的升华。学习的目的不仅仅在于掌握知识，更重要的是应用于实践，只有不断地实践，才能真正掌握知识、提升素质。

第四，要提升"软实力"。这里讲的"软实力"主要指能力。今天有11位同志谈到了能力的问题，谈得很好。首先，我们要有较强的甚至是一流的业务能力或工作能力。我们常说检察人员要有"几会"：会干事、会办案、会说、会写、会电脑、会英语，还要加一个会协调。协调也是一种能力。这"几会"都是能力，要都达到是很不容易的。我们有相当一部分女干警是非常优秀的，有的成为市院领导班子成员，有些成为部门正、副职，有些虽然是普通干警，但很不错、很优秀。大家一定要向她们多学习，不断提升自己的业务能力和工作能力。其次，要有攻坚克难的能力。我们在自己的工作岗位上都会遇到困难与挫折，只要能够攻坚克难，就是一种能力。我们要辩证、客观地看待自己的优势、劣势，长处、短处，在面对来自工作、社会、家庭等方面的困难与压力时，一定要自觉克服"女同志比男同志弱一些"等不良心理，增强自信心，以良好的精神状态、以过硬的工作本领、以扎实的工作作风、以实实在在的工作成效赢得大家的尊重、取得组织和领导的信任与重用。最后，要有创新的能力。要善于用创新的思维努力解决各种难题与困难。坚决克服一切制约自身发展的陈旧观念，坚决改变一切妨碍自身发展的惯性思维，把思想认识从不合时宜的观念、做法和体制的束缚中解放出来，更加自觉地用新视角认清新形势，用新理念研究新情况，用新思路落实新任务，用新办法解决新问题，用新举措推进新发展。在认清目标、明确任务中改革创新，在对比先进、查找差距中改革创新，通过真抓实干、破解难题，真正把改革创新体现在具体工作中、落实到解决问题上。

第五，要具有进取心。首先，要讲理想信念。理想信念是催人奋进的不竭动力。没有信念或者信念不坚定，没有理想或者理想不远大，思想必将退化，精神必将萎靡，工作必将消极，事业必将无成。所以，我们女干警一定要树立正确的世界观、人生观和价值观，树立正确的苦乐观、荣辱观、名利观、权力观。用坚定的理想信念振奋我们的精神，促进我们的成长、成才和成功。其次，要讲团结。团结很重要，团结出凝聚力，团结出战斗力。女同志有团结人的独特优势，是团结的润滑剂，我们的女干警一定要具有"海纳百川，有容乃大"的胸襟，要能容人、容言、容事，不说无原则的话，不闹无原则的纠纷，大事讲原则、小事讲风格，相互信任、相互尊重、相互关心、相互支持。在团结问题上，大家要把握好三条原则：一是组织原则，要下级服从上级，个人服从组织；二是工作原则，要听从指挥、服从安排；三是为人处事的原则，要真诚待人、真诚帮人、真诚做人，要珍惜友谊、珍视团结、维护团结。别人的进步往往是自己进步的前提和基础。要多看到别人的长处，多学别人的长处，多肯定别人的进步，多鼓励别人的进步。最后，要讲奉献。要加强修养，淡泊名利，把岗位看成是发挥自己能力、展现自己才华的舞台，勤勤恳恳做事，干干净净做人，既能吃苦，又能吃亏，克服虚荣心，去掉浮躁气，在无私奉献中升华自己的思想境界。

第六，要正确处理事业与婚姻、家庭及社会活动的关系。要处理好事业与婚姻的关系。优秀的女同志确实很不容易，付出的往往比男同志要多得多。女同志们要看重事业，同时也要看重婚姻。要处理好事业与家庭的关系。事业与家庭都很重要，两者要相互促进、和谐发展。家庭不和谐，会影响心情，影响思想情绪、工作情绪。要厚爱丈夫、孝敬父母，关爱孩子，多与家人交流沟通，争取家人的理解与支持，促进家庭与事业的和谐。要处理好事业与社会活动等方面的关系。发挥自己的长处，培养自己的兴趣爱好，积极参加一些必要的社会活动，丰富自己的业余生活，享受缤纷多彩的社会生活。

最后，祝愿市院全体女同胞节日快乐，身体更健康，形象更靓丽，工作更给力，事业更进步，爱情更美满，家庭更幸福！

十二、争当最美女检察官 ①

长沙市人民检察院、市女检察官协会今天在市检察院机关举行的长

---

① 本部分系作者 2014 年 3 月 5 日在长沙市检察机关纪念"三·八"国际劳动妇女节座谈会暨"争当最美女检察官"演讲比赛颁奖仪式上的讲话摘录，收入本书时略作删改。

沙市检察机关纪念"三八"国际劳动妇女节 104 周年座谈会暨"争当最美女检察官"演讲比赛，旨在展示女检察官优美形象，弘扬女检察官精神，传承女检察官美德，增强女检察官自豪感，凝聚女检察官向心力，发挥女检察官聪明才智，汇聚推动全市检察工作新发展的强大合力。

冰心说过，世界上若没有女人，这世界至少要失去十分之五的"真"、十分之六的"善"、十分之七的"美"。检察事业也因为有了你们而更精彩，因为有了你们而更美丽。"最美女检察官"，"美"不仅仅在于容颜，更在于你们在践行社会主义核心价值体系中呈现出的"爱国、敬业、诚信、友善"之美，在强化法律监督、维护公平正义中呈现出的"忠诚、公正、廉洁"之美；在家庭生活、社会生活中呈现出的"尊老爱幼、夫妻和睦、勤俭持家、邻里团结"之美。

你们伴随着时代的旋律，在平凡而又多彩的岗位上，以振奋的精神、坚忍的毅力、精湛的专业素养和强烈的事业心、责任感，为维护长沙社会大局稳定，促进社会公平正义，保障人民安居乐业做出了显赫业绩和积极贡献。我们期待，女检察官们的这些先进事迹和典型，能成为全市检察系统身边同事竞相学习的"美丽榜样"，成为全市检察系统争相传颂的"美丽佳话"，成为展示全市检察形象有口皆夸的"美丽窗口"；我们期待，女检察官们能紧跟形势，胸怀大志，肩负重任，应对挑战，再接再厉，再创佳绩，用优异的检察实绩、精彩感人的检察故事继续谱写长沙检察工作新发展、长沙检察事业科学发展新篇章。

在人类发展的历史长河中，妇女始终是推动文明进步的伟大力量。党和政府高度重视妇女事业的发展，男女平等基本国策全面实现，女性人才队伍不断壮大，妇女成为中国特色社会主义事业建设的"半边天"。全市两级检察院党组这些年来，在市委和省检察院的领导和重视、支持下，进一步重视女检察官队伍建设，关心女检察人员的教育、引导、培养和任用，关心女检察人员的学习、工作和生活。目前，全市共有女性检察人员 321 名，占全市检察人员总数的 31.3%，其中担任两级检察机关领导班子成员的 15 名，占领导班子成员总数的 14.2%，担任两级检察机关中层骨干的 115 名，占中层骨干总数的 32.7%。同时，涌现了一批又一批优秀的业务尖子、工作尖子和业务骨干、工作骨干。女检察官队伍日益成为全市检察战线中的生力军，成为一支政治坚定、业务精通、作风过硬、廉洁自律、业绩突出、人民信赖的队伍，成为一支朝气蓬勃、富有活力、充满希望的队伍。

前不久召开的全市检察工作会议，对 2013 年全市检察工作进行了回顾总结，对 2014 年检察工作作了部署。市院明确要求全市检察机关和全体检察人员要科学把握"六个方面的原则"（即把握坚持党的领导的原则，稳中求进、稳中求新、稳中求好、稳中求优的原则，服从、服务于党委、政府工作大局的原则，以执法办案为中心的原则，以人为本的原则，抓好重点、热点、亮点工作的原则）；切实做到"五个紧紧围绕""五个更加有效"（即紧紧围绕习近平总书记重要讲话精神，更加有效把握检察工作正确的政治方向；紧紧围绕率先建成"三市"，更加有效服务党委、政府工作大局；紧紧围绕全面正确履行检察职责，更加有效推进执法办案工作；紧紧围绕提升队伍整体素质，更加有效加强检察队伍建设；紧紧围绕改进检察工作短板，更加有效推动检察工作平衡发展）；注重正确处理"两个关系"（即正确处理党的政策与国家法律的关系；正确处理坚持党的领导与依法独立公正行使检察权的关系）。2014 年检察工作责任重大，使命光荣。这既是对全市女检察官工作的希望与考验，也为广大女检察官提供了展示智慧、才能的舞台和机遇。

我殷切希望，全市检察机关全体女检察官能够志存高远，坚定"甘将热血沃中华"的伟大信念，争做推动检察工作新发展的奠基者。要坚定信念，永葆忠诚本色，勇于肩负时代赋予的神圣使命，以实际行动回报党和人民的重托。要树立远大理想，把个人追求与党的远大理想、检察事业发展、人民根本利益紧密相连，时刻鞭策自己不断向上，朝着未来的目标一步一个脚印地前进。要奋发进取，发扬"巾帼不让须眉"的精神，立志在本职岗位上创造骄人业绩，争创一流。要锐意创新，以创新的精神谋划发展、破解难题，大胆探索、努力开拓、锐意改革、推陈出新，致力为检察事业开辟新路子、干出新成效。

我殷切希望，全市检察机关全体女检察官能够自强不息，展现"英姿飒爽气凛然"的巾帼风采，争做维护社会公平正义的守护者。要满怀激情，拥有一种不怕困难、不怕挫折的勇气，一种敢闯敢干、敢为人先的锐气，一种不达目标誓不罢休的豪气，始终保持良好的精神状态。要竭尽忠诚，始终对党忠诚，对人民忠诚，对国家忠诚，对检察事业忠诚，尽职尽责、尽心尽力、尽善尽美地干好本职工作。要廉洁自律，从高、从严要求自己，坚守党风廉政建设各项规定，坚决反对"四风"，切实做到自身正、自身硬、自身净。

我殷切希望，全市检察机关全体女检察官能够传承美德，弘扬"俯首甘为孺子牛"的奉献精神，争做促进社会和谐进步的创建者。要奉献家庭，做好家庭清正、和谐的"廉内助""贤内助"，在老人眼里，做一个嘘寒问暖、知礼孝顺的好女儿、好儿媳；在丈夫身边，做一个志同道合、温柔体贴的好妻子；在孩子面前，做一个倾心抚育、无私奉献的好母亲，努力追求幸福、创造幸福、享受幸福。要奉献事业，倍加珍惜自己的成长、进步，倍加珍惜自己的发展机遇，立志在本职岗位上干出一番事业、成就一番事业，做想干事、能干事、干成事、好共事、不出事的"女汉子"。要奉献社会，做好社会和谐的"减震器"，主动履行社会责任，促进社会和谐，推动社会形成相互关爱、幸福安康、安定和谐的良好风尚。

我殷切希望，全市检察机关全体女检察官能够勤奋学习，锻造"腹有诗书气自华"的知性魅力，争做推动检察文化发展的引导者。要静心修学，宁静方能致远，心不外驰，凝神致一，摒弃杂念，排除干扰，一心一意静读求知，才会大有收获，真有收益。要学思融合，"学而不思则罔，思而不学则殆"，要深思熟虑，读书只有从"为学"转化为"为道"，才能使自己所学的知识、理论得到升华和飞跃，真正达到学有所成、学有所获之效。要学以致用，用绩效检验学习，抓住学习检察文化与检察工作实践的最佳结合点，培养理论素养、专业素养和人文素养，强化自身素质，塑造女检察官、女检察人员更美心灵和形象，更好地发挥女检察官、女检察人员在检察工作、检察事业乃至党的事业中的聪明才智和不可替代的重要作用，为全面推进并努力实现长沙检察工作的新发展、长沙检察事业的科学发展做出积极的努力和新的更大的贡献。

　　总之，我衷心希望全市检察系统全体女检察官、女检察人员通过不懈努力和奋斗，能够成为一名"最美女检察官""最美女检察人员"，能够成为一名平凡而伟大的女人、光荣而幸福的女人。最后，在"三八"国际劳动妇女节即将来临之际，衷心祝愿全市检察机关全体女检察人员节日快乐！祝愿你们身体健康，工作努力，事业进步，形象美好，家庭幸福！

十三、女检察官要树立正确的幸福观 ①

　　在人类社会发展的历史长河中，妇女始终是推动文明进步的伟大力量。长期以来，广大妇女勇立时代潮头、展现巾帼风采，成为实现民族独立和人民解放、国家富强和人民幸福的重要力量。占我国人口一半的广大妇女矢志不渝追求自身解放和男女平等，意气风发投身我国革命、建设、改革的伟大事业。广大妇女豪情满怀、英姿飒爽，在国家建设、民族发展、改革开放和社会主义现代化建设中发挥了不可替代的作用，涌现出一批又一批巾帼英雄。女检察官就是其中的一支强大的生力军。这是一支思想健康、政治坚定、业务水平高、年龄结构合理、朝气蓬勃、令人振奋、引以为豪的特殊团队。女检察官们以坚忍的毅力、顽强的精神、突出的智慧和强烈的事业心、责任感，为检

---

　　① 本部分系作者 2016 年 6 月 16 日在湖南省女检察官协会长沙分会第二次会员代表大会上的讲话摘录，收入本书时略作删改。

察工作、检察事业不断取得新成效、实现新发展，为维护社会和谐稳定和公平正义，为促进经济社会不断向前发展做出了突出贡献。

妇女工作是党的群众工作的重要组成部分，妇女事业是中国特色社会主义事业的重要组成部分，妇女发展是人的全面发展的题中应有之义。这些年来，特别是 2008 年以来，长沙市检察院党组越来越重视和加强女检察官协会工作、女检察官工作、女检察人员工作，并取得了显著而令人满意的成效。

全市两级检察机关全体女检察官为全市检察工作不断取得新进展、实现新发展付出了辛劳、挥洒了汗水、作出了不懈努力和重要贡献。女检察官用"自尊、自爱、自强、自立"的精神，用饱满的工作热情和突出的工作业绩，展示了新时代、新女性的女检察官风采，体现了"巾帼不让须眉"的豪迈气概，实现着自己的人生价值，赢得了社会的尊重和赞誉。实践证明，我们的女检察官不愧是全面推进并实现长沙检察工作、检察事业新发展的中坚力量。

党的十八大以来，习近平总书记提出了实现中华民族伟大复兴的中国梦，并深情阐述了"实现中国梦就是要实现国家富强、民族振兴、人民幸福"的本质内涵，其中，实现人民幸福是根本落脚点。湖南省委十届十五次全体（扩大）会议明确提出"要以人民幸福为最高追求"。市委多次阐释"民之所向，政之所为，一切都是为了让民生更爽！""以一个'爽'字体现人民群众的幸福感"。妇女既同家庭有机相连，又与社会密不可分。妇女的幸福，不仅关乎家庭的幸福，同样关乎全社会的幸福。全体女检察官要以党的十八大精神和习近平总书记的一系列重要讲话精神为指引，树立正确的幸福观，用理想守望幸福、用劳动创造幸福、用美德传递幸福、用智慧提升幸福，激扬巾帼风采，争创美好幸福。

幸福来自于信仰，全体女检察官要信念坚定、忠诚事业。习近平总书记强调指出，中国特色社会主义妇女发展道路是"实现妇女平等行使民主权利、平等参与经济社会发展、平等享有改革发展成果的正确道路"。全体女检察官要坚定共同理想追求，锤炼忠诚政治品质，不断增强道路自信、理论自信、制度自信，做共产主义远大理想和中国特色社会主义共同理想的坚定信仰者、积极实践者。全体女检察官要在履行职责的过程中，自觉加强职业修养，使"忠诚、公正、清廉、严明"的检察职业道德内化于心，外践于行。理想信念不是空洞的、遥远的，而是具体的、现实的。坚定理想信念不能高谈阔论，不见行动。作为包括全体女检察官在内的检察官、检察人员来说，坚定理想信念，就要忠诚并做好党和国家的事业，就要忠诚并做好检察事业、检察工作，就要热爱、安心并做好本单位、本系统、本部门及本岗位的工作，真正以自己的言和行，以自己的实绩和实效维护和保障宪法和法律的统一正确实施，为实现"两个一百年"的奋斗目标，为中华民族的伟大复兴作出应有的贡献。

幸福来自于廉洁，全体女检察官要治家有道、门风清廉。家庭是社会的细胞。"妻贤夫祸少，妻廉夫得益""家门兴不兴，关键看门风""忠厚传家久，诗书继世长"。中国人一贯重视树立严格家规、传承良好家风。全体女检察官要牢记习近平总书记的告诫，"恋亲不为亲徇私，念旧不为旧牟利"，廉洁修身、廉洁齐家，做到自身正、自身硬、自身净；要认真学习和弘扬老一辈革命家清廉治家的高尚风范，自觉做廉洁家庭建设的践行者、带头人；要及时提醒督促家人自重、自省、自警、自励，做到"一身正气上班去，两袖清风回家来"；要当好"贤内助""廉内助"，常吹廉政风，念好廉政经，管好廉政账，做到警钟长鸣，防微杜渐，使自己真正成为丈夫志同道合的密友、肝胆相照的净友、互勉互励的连理枝、携手共进的比翼鸟。

幸福来自于和谐，全体女检察官要善良质朴、以德立身。和谐是幸福的根本保障，也是幸福的本质内容。三湘四水哺育的湖湘女性，素有善良质朴、宽容大度、勤劳节俭、聪慧细致的美德和特质，无论是在家庭还是在社会上都发挥着引领新风、增进和谐的独特作用。可以说，长沙女检察官也是湖湘女性优秀代表的组成部分。全体女检察官要发挥女性亲和力强、温柔细腻的优势，带头引导家庭成员树立平安、健康、文明、互助的家庭氛围，不断增进家庭和睦、邻里团结；要发挥女性注重感情、易与人沟通的特点，踊跃参加社会公益事业、精神文明创建和巾帼志愿行动，为形成男女平等、尊老爱幼、扶贫济困、互爱互助的社会和谐风尚贡献力量；要发挥女检察官理性平和、讷言敏行的特点，主动在审查起诉、出庭公诉、诉讼监督等方面施展才华，投身和服务法治长沙、和谐长沙、品质长沙、幸福长沙建设，为促进社会平安和谐做出积极贡献。

幸福来自于母爱，全体女检察官要科学教子、健康育人。中国人历来重视子女教育，古代家训很多是教育子女的经典。朱子家训讲"黎明即起，洒扫庭除"，颜氏家训要求子孙"少欲而足"，钱氏家训勉励后人"利在一身勿谋也，利在天下者必谋之"。要重视培养子女，家庭是子女第一所学校，母亲对子女的影响相对更大，母亲是人生的第一任老师。要"用正确行动、正确思想、正确方法"教育引导子女。孩子是父母的接班人，也是国家和民族的接班人，每个家长特别是母亲要争做优秀家长、培养合格乃至优秀人才。女检察官在家庭生活中要带头保持高尚追求，严格教育子女勤俭节约、吃苦耐劳、忠厚诚恳，坚决抵制拜金主义、享乐主义和奢靡之风；带头倡导文明新风，严格教育子女从小不说谎、不贪玩、不浮躁、不任性，不爱虚荣、不图私利、不占便宜、不慕奢华；带头践行家庭美德，严格教育子女从小讲规矩、守诚信、爱劳动、求上进、有操守、重品行。要理智施爱，因材施教，重视爱的交流，让子女在爱的温暖中自觉接受教育，树立科学、文明、健康的家庭生活方式，建设积极、乐观、向上的家庭文化。

幸福来自于尊严，全体女检察官要奋发进取、自强不息。尊严是幸福的基本前提。没有尊严，就没有幸福感。个人的前途命运历来与国家和民族的前途命运息息相关。同样，我们每个人、每位检察官的尊严和幸福都与国家、民族的尊严和幸福密切相连。全体女检察官要从内心深处将个人、家庭和国家命运紧密联系在一起，力求在为国家、为人民、为社会做贡献中实现自身价值、赢得社会尊重、收获人生幸福。要做有自尊的人，相信自己，不甘人后、奋发向上，以自尊赢得尊重，以自信展现美丽，以自强活出精彩；要做有境界的人，始终心怀梦想、胸怀大爱，爱生活、爱事业，爱家庭、爱社会，爱人民、爱祖国，以大爱之心纯粹人生梦想，以大爱之行提升人生高度；要做有恒心的人，瞄准人生目标，一步一个脚印，孜孜以求、自强不息、坚韧不拔、永不言弃，始终坚守自己的理想追求和精神家园。

幸福来自于成功，全体女检察官要开拓创新、建功立业。事业成功是决定女性生活幸福的重要因素，是真正实现男女平等的基石。习近平总书记强调，幸福不会从天而降，梦想不会自动成真，人世间的一切幸福都是靠辛勤的劳动来创造的。全体女检察官要进一步解放思想，树立"有为才有位"的意识，奋斗求发展，实干创平等，贡献立地位，以更加靓丽的风姿、积极的行动、争先恐后的激情、人无我有的创造、显赫的成绩和贡献撑起长沙检察新发展的"半边天"。要激扬巾帼之志，确立与当今时代发展相契合、与现代检察事业相结合、与新时期本职岗位相融合的远大志向和人生格局，始终把个人奋斗融入党和国家发展大局和检察事业发展全局当中；要奉献巾帼之力，紧紧围绕全面正确履行检察职能、围绕司法办案工作、围绕检察工作的重点，以更加振奋的精神、务实的作风、有效的工作，争创一流业绩；要彰显巾帼之美，创新工作思路、创新工作机制、创新方式方法，用自己的辛勤劳动、诚实劳动和创造性劳动创造新成果、新品牌、新成就，展示新风貌；要锤炼巾帼之度，努力弘扬自尊、自信、自立、自强的时代精神，始终以乐观向上的态度、坚忍的毅力、饱满的精神，投入到党和国家事业中去，投入到检察事业、检察工作中去，投入到生活中去。

幸福来自于好学，全体女检察官要乐于求知、提升素质。妇女的社会地位和作用很大程度上取决于妇女的自身素质。全面提高妇女素质既是经济社会发展的必然要求，也是妇女自身在社会竞争中赢得机会、在家庭生活中获得幸福的重要支撑。全体女检察官要不断砥砺自己的精神世界，牢固树立并践行正确的世界观、价值观、人生观和权力观，坚信自己、依靠自己、展现自己、塑造自己，努力锤炼健康的思想政治素质和心理品质、突出的业务和工作能力，较优良的综合素养、高尚的行为操守，争做"知识型""内涵型""有为型"女性，而不做"享乐型""是非型""无为型"女性。要不断更新知识、改善和丰富知识结构，把学习作为一种追求和习惯，始终保持旺盛的学习热情和强烈的求知欲望，勤于学政治、学法律、学经济、学科技、学文化、学其他知识，广泛涉猎、刻苦钻研、勤于思考，在学习中不断开启心智、开阔眼界、提升素质。要不断提高实践能力、水平和效能，有效提升综合素养和综合素能，提升和创新学做结合、学用结合、学以致用的能力与水平，以自身的全面发展，不断完善自我，靓丽自我，努力成为适应新时期检察事业不断向前发展需要的优秀女检察官。

巾帼不让须眉，时代成就梦想。市检察院党组希望长沙女检察官协会和全体女检察官要以这次会议为新起点、新契机，与时俱进，求真务实，锐意进取，全面加强女检察官协会工作，力求取得新成效，全面实现新发展；力求在服务全面推进并实现全市检察工作新发展中，在服务建设能量更大、实力更强、城乡更美、民生更爽的长沙伟大事业中，奉献巾帼之力、唱响巾帼之歌、彰显巾帼之美，再创新业绩，书写精彩人生，尽展"半边天"风采，谱写长沙女检察官事业发展的新篇章！

最后，祝全体女检察官、女检察人员学习进步、工作顺利、事业有成，永远亮丽健康、快乐幸福！

十四、要真正重视和做好老干部工作 ①

今天的座谈会开得很好。刚才，三位老检察长等一些老干部、老

---

① 本部分系作者 2008 年 3 月 26 日在长沙市检察院机关离退休老干部座谈会上的讲话摘录，收入本书时略作删改。

同志就如何进一步抓好市检察院机关建设、进一步抓好全市检察工作、进一步抓好领导班子和队伍建设，以及加强老干部工作讲了很好的意见和建议。这充分说明，我们的老干部、老同志对检察事业充满了深厚感情，对市院领导班子和各个部门的同志充满信任，对院党组提出的实现全市检察工作新发展的总体思路和目标充满信心，对未来五年全市检察工作的新发展充满希望。他们的发言，我听后很受感动、很受鼓舞、很受启迪。

由于时间有限，今天还有一些老干部、老同志没有发表意见。今后，我们还将采取意见调查表、电话咨询、院领导上门征求意见、部门听取和收集意见等多种形式和途径来征求和听取院老领导、老同志的意见和建议。对老干部、老同志的意见和建议，党组将高度重视、真诚理解、认真研究和正确对待，做到能整改的尽快整改，能解决的积极解决，暂时不能解决的努力创造条件逐步尽早解决，实在不能解决的也要及时解释和说明原因。希望老同志对市院的工作多提意见和建议，一如既往地关心和支持检察工作，关心和支持队伍建设，维护院党组的决策和部署，维护检察机关和检察队伍的良好形象。下面，根据大家刚才讲的意见和建议，我代表院党组讲几点意见，也是向各位老领导、老干部、老同志表态。

第一，要从思想上重视老干部工作。关心、支持和加强老干部工作，首先必须做到思想上真正重视。我们不能认为，老干部都是离退休的人了，单位的事业和工作的发展可以不靠他们了，个人的进步、成长也可以不靠他们了。甚至错误地认为他们跟不上形势，说话赶不上时代，没有什么作用了，老干部工作可以淡化了，过得去就行了。我们绝对不能有这样的思想，特别是院班子成员不能有这样的思想。院班子成员既要从思想上真正重视老干部工作，看重老干部工作，同时还要引导和教育我们的中层骨干和全体检察干警看到老干部的作用，重视老干部工作。要真正认识到老干部是在我们检察事业发展历程中形成的一个十分重要的特殊群体，是检察机关的宝贵财富，是检察工作健康发展的重要力量，是我们个人进步、成长过程中的良师益友。可以说，我们检察机关如果没有广大老干部包括在座的老干部、老同志过去的正确领导、恪尽职守、艰苦奋斗，也就没有今天长沙检察事业的良好局面和优良基础。长沙检察事业今天的良好局面，特别是软实力的发展，不是一年、几年就能做到的，这是几十年来一年一年积累至今的结果。就个人而言，包括我们的院领导和中层骨干，如果没有老干部、老同志多年来的教育、培养、指导，也就没有今天的成长进步，这是历史的事实，客观的事实，是任何人都不能否定的。所以，我们一定要尊重老干部，看重老干部，重视老干部工作。对老干部一定要有深厚、真诚的感情。这种感情是实实在在的感情，是发自内心深处的真感情。只有这样，我们才能从思想上真正重视老干部工作，从行动上支持老干部工作。在这里，我代表院班子成员和院党组表态，不仅要自己带头尊重老干部，带头重视和支持老干部工作，还要教育和引导全体中层骨干和所有检察干警更加关心和支持老干部工作，请各位老领导、老同志予以监督。

第二，要从行动上真正做好老干部工作。怎样做好老干部工作？我想总的要求是政治上多关心，思想上多沟通，生活上多照顾，真正使我们的老干部老有所养、老有所医、老有所乐、老有所学、老有所为，同时还要做到老有其位。老干部应受到全院干警的尊重和尊敬，这是一种政治上、精神上的关心，这种关心不是通过物质给予就能够替代的。做好老干部工作，我们认为要做好以下几个方面的工作：

一要加强老干部党支部建设。老干部党支部和其他党支部一样重要，我们要进一步重视和支持老干部党支部工作，并为其组织开展必要的活动创造条件。二要定期或不定期走访和联系老同志。通过走访联系来了解老同志的身体状况、思想情绪、具体困难等后顾之忧。三要及时安排组织老干部集体学习或个别向老干部送阅上级有关重要文件，及时知晓、了解上级有关重要文件精神。要约好时间定期给几位老检察长送阅重要文件，也欢迎身体好的老干部、老同志来院里阅看文件。对其他老同志，也要采取一定的形式尽可能及时传达有关文件精神。四要邀请老干部参加市院召开的有关重要会议。要根据老干部的身体状况和天气等实际情况，尊重老干部的意愿，邀请他们参加市院机关召开的有关重要会议，让他们尽可能及时了解有关精神和情况。五要定期召开老干部座谈会。通报全市检察工作的重要部署和机关重大事项及有影响案件的办理情况。同时征求老干部对检察机关和检察工作意见。老干部座谈会每年不少于两次。六要精心组织老干部外出学习考察。争取做到每年组织老干部到省内或省外考察学习一次，开拓老干部的视野，了解外地经济社会发展情况、检察工作开展情况包括老干部工作情况。七要关心老干部家属及其子女的就业、学习和生活等实际困难。在政策、法律允许的范围内，院党组、院领导要主动关心、指导、帮助、协调、支持他们解决有关实际困难和问题。八要积极组织开展适宜老同志特点的文化、体育、娱乐等活动。如举行钓鱼、书画、象棋等比赛活动，激发老同志向上的生活热情，培养学习、生活等兴趣，增进老同志的身心健康。九要定期或不定期地举行老干部学习座谈会。市院机关每年至少召开一次老干部学习座谈会，畅谈学习体会，交流学习经验，展示学习成果，在老同志中倡导和营造一种既热爱学习，又不被学习所困的宽松、舒畅的有益身心健康的良好学习氛围和环境。十要定期组织老干部进行身体健康检查。每年至少为老同志进行一次体检。十一要关心重视老干部的其他重要事项。十二要进一步重视和支持"关协"工作。今年的重点是支持"关协"开展好"迎奥运、颂改革、爱中华"的活动。

　　第三，要重视和发挥老干部在贯彻实施我市检察工作新发展的总体思路和实现全市检察工作新发展中的重要作用。要积极在老干部、女干警和青年干警中开展"爱检、护检、为检"活动和争创"学习标兵""业务标兵""工作标兵""文明标兵"活动。"爱检"就是要热爱检察机关和检察事业；"护检"就是要维护检察机关的权威，维护检察机关和检察队伍的形象；"为检"就是要为检察工作的新发展建功立业或谏言献策，就老同志而言，就是要为检察工作的新发展献计献策。对老同志的合理意见和建议，市院党组和院领导要认真采纳和落实；对不妥当的意见，要耐心解释、说明，即使是老同志有说错的地方，我们在职干警应该加以理解，不要态度生硬。年轻干警要像对待自己的长辈一样尊重和理解老同志。同时，也希望老同志积极维护院党组的决策、部署和决定，即使有的事情影响到个人的一些利益也要以大局为重，以检察工作为重，以检察事业为重，坚决维护院党组的权威，维护院班子成员的团结，维护检察机关和老干部的良好形象。老干部要尽量做到该理解的理解，该支持的支持，该说话的说话，多宣传检察机关取得的良好成绩，多宣传队伍建设的先进典型，同时向院党组、院领导、中层骨干乃至每一位检察干警及时提出意见建议，及时提醒不足。老同志做到了这些，就是对我们院党组、对我们班子成员和全体检察干警最好的关心和支持，就是对我们检察工作最好的关心和支持。

第四，要进一步加强对老干部工作的领导。老干部工作"无小事"。院党组将更加重视、关心和支持老干部工作。市院要尽早制定重视和加强老干部工作的意见，以便更好地指导老干部工作的开展。

最后，祝全体老干部、老同志身体健康、生活愉快、家庭幸福、天天开心！

第四节　自身反腐败

一、高度重视和大力支持纪检监察工作 ①

这次全市检察机关纪检监察工作会议，是一次重要的会议。下面我

---

① 本部分系作者 2006 年 4 月 4 日在岳阳市检察机关纪检监察工作会议上的讲话摘录，收入本书时略作删改。

就如何抓好全市检察机关纪检监察工作，提出三点意见：

（一）纪检监察工作是检察机关的一项很重要的工作

说这项工作很重要，因为纪检监察工作关系到检察机关的党风廉政建设责任制能否落实。党风廉政建设责任制，不是一项可有可无的工作，它是深入开展反腐败工作的制度保障。从目前来讲，这项工作还显得比较薄弱，"责任制"难以落实、"责任追究"难以到位。要切实解决这个问题，就要靠纪检监察部门切实履行职责，就要充分发挥纪检监察部门在这方面的监督、检查和促进落实的重要作用。因为纪检监察工作关系到检察机关的反腐倡廉工作的好坏。检察机关的某些不正之风、不廉之风，某些检察人员的违法违纪问题，一个重要原因就是缺乏有效的监督和制约。搞好检察机关的反腐倡廉工作，就要切实加强对检察机关及检察人员的监督和制约，特别是加强对执法办案部门和执法办案活动的全程监督和制约，而纪检监察部门在这个方面负有重要的责任。因为纪检监察工作关系到对检察机关违法违纪问题和人员的查处，关系党纪、政纪和检察纪律的严格实施。目前，从总体上讲，全市检察人员违法违纪问题和案件不是没有，没有发现不等于没有发生。有案就查，有案就办，就是从严治检的具体体现，就是严肃党纪、政纪和检纪的具体表现。办案是纪检监察部门的主要工作。检察人员出现了违法违纪案件和问题，纪检监察部门如果依法依规查了，严肃处理了，就能伸张法纪，就能警醒一批人，就能最大限度地预防和减少检察人员违法违纪问题的发生。总之，纪检监察部门是检察机关的一个重要部门，纪检监察工作是检察机关的一项很重要的工作。它为检察机关和检察工作提供有力的政治保障和纪律保证，是其他部门所不能替代的。所以，我希望全市检察系统纪检监察部门的同志，特别是领导同志，要增强事业的光荣感、责任感，安心本职、热爱本职，尽心尽力、尽职尽责抓好工作，把本地区、本单位的纪检监察工作抓得更好、更有起色、更有成效。

（二）纪检监察工作要取得新进展

纪检监察工作要取得新进展，我认为主要应达到以下几点：

第一，执法执纪监督工作要有新成效。检察机关及检察人员出问题，其中一个很重要的原因就是缺乏有效的监督和制约。"权力失去了监督，必然导致腐败！"检察权既神圣又重大。检察人员如果失去了制约监督，肯定会出问题，这是从严治检的经验之谈，也是检察干警出现违法违纪问题的教训所在。

首先，要加强执法执纪的监督，就要加强党内的监督，加强对班子及成员特别是"一把手"的监督。这里讲的"班子"既包括两级检察院领导班子，也包括院各内设机构的班子。这里讲的"一把手"，既包括检察长，也包括院各内设机构的主要负责人。这些同志是检察事业发展的核心和中坚力量。这些同志如果自身过得硬，没有问题，不出问题，就能严格地领导下属，要求下属；就是干警心目中的标杆；就能影响和带动下属严于律己。如果这些同志有这样或那样的问题，甚至时常出一些问题，就不可能严格地领导下属，要求下属；就会姑息迁就甚至纵容下属的违法违纪问题；就会成为群众的"尾巴"，甚至成为检风不正的典型或者干警非议的重点对象，影响院风，影响检风，这是绝对不允许的！因此，纪检监察部门首先要加强对全市两级"班子"及其成员特别是"一把手"的监督。在年初的人代会上，我代表全市两级院领导班子向全体人大代表作出承诺：从领导班子严起，从"一把手"严起。全市两级院领导班子成员，特别是"一把手"将作出表率，"从我做起""从我做到""首先对我监督"。作出这样的承诺并不是说我们的领导成员就能确保不出问题，但至少有一个重要的作用，那就是警醒、督促、鞭策作用。这样的承诺一经作出，全市几百名市人大代表将会把眼睛盯着我们市县两级院的检察长和其他班子成员，时刻监督我们是否做到了这一点。市院还将每年发两次征求意见函，向市人大代表征求意见。我们不能确保全市两级院领导班子都能做到，但作出这个承诺有好处，会促使我们朝着这个要求努力去做。为了加强监督，市院将推行和落实巡视工作制度、检务督察制度、述职述廉制度、重大事项报告制度、民主评议制度、诫勉谈话制度、函询制度。这些制度都是通过调研总结形成的有效的好制度。纪检监察部门要把功夫花在严格执行和落实这些制度上。只有认真执行、认真落实了这些制度，监督才会有效果，才会见成效，否则，制度再好，也没有什么作用。最近，市院已经启动了有关制度的执行，今后还要坚持不懈地抓下去，任何时候都不能放松。

其次，要加强执法执纪的监督，就要加强对执法办案活动的监督。可以说，检察人员违法违纪的行为大多发生在执法办案的环节或与执法办案有直接关系。全省检察机关去年处分了 23 人，其中判刑的有 1 人。违法违纪案件呈现出几个特点：一是领导干部和中层骨干违法违纪案件比较多，违法违纪的有副检察长，也有科局长；二是业务部门违法违纪的比较多，除了预防部门只有 1 起举报违纪的线索外，其他业务部门均有多起；三是从举报线索和查处的问题来看，主要有违反法定程序办案、不及时送达法律文书、违法扣押、冻结款物、收取保证金不退还、徇私枉法、刑讯逼供、接受案件当事人吃请娱乐、在发案单位报销费用、向案件当事人借款、乱收费、违反财政纪律、受贿等，还有交通肇事、私藏枪支、赌博等。这些违法违纪问题，几乎都与检察机关执法办案活动有直接联系。如果我们把执法办案部门和执法办案环节这一块管好了、管住了，就可以最大限度地预防和减少检察机关违法违纪问题的发生。因此，纪检监察部门要把监督重点放在业务部门执法办案这一块，具体来讲，要把重点放在监督反贪、反渎、公诉等业务部门的执法办案环节上。因为这些部门的干警处在执法办案的第一线，掌握着重要权力，受到各种诱惑和腐化的考验相对较多。具体怎么监督，这里我强调两点：一是要真正落实"六个严禁"。在全市人代会上，我们向全体人大代表做出了落实"六个严禁"的承诺。做出了承诺，就要做到。"六个严禁"是根据市人大代表对检察机关及检察人员的某些反映而提出来的。今年，我们要专门就"六个严禁"

的落实情况向全体市人大代表发出反映问题和征求意见函，让代表监督我们是否做到了"六个严禁"。市院纪检组监察室已安排在全市检察系统专门开展"六个严禁"落实情况的专项检查。二是要严格执行"一案三卡"制度。最高人民检察院、省检察院提出的"一案三卡"制度非常好。"办案告知卡""廉洁自律卡""回访监督卡"，对监督执法很有作用。这是纪检监察工作制度创新的重点。纪检监察部门要加强对执法办案的监督，就要抓好"一案三卡"制度的落实，落实了这项制度，就能督促我们的干警在执法过程中严格遵纪守法。否则，你说你的，他做他的，制度再好不执行，也没有什么作用，监督就是一句空话，不能落实。

再次，要加强执法执纪的监督，就要加强对干部选拔任用工作的监督。一个单位要发展、干警要满意，作为院领导班子，最重要的事情就是用人，就是决策。用人要准，要公正；决策要科学，要落实。其中，用人是第一位的。再科学的决策、思路，没有优秀的领导、没有优秀的骨干去抓落实，没有优秀的干部去引领干警付诸实施，只能是纸上谈兵。所以，纪检监察部门在选拔任用干部工作上要加强监督。现在总的情况是好的，但也存在着某些不足。这就需要纪检监察部门严格地加强对这方面的监督，该弄清的情况要弄清，该纠正的问题要纠正、该整改的问题要整改。争取把干部选拔任用工作做得更公正、更有利于事业，让检察干警更满意。在干部的任用上，程序就是原则。不允许出现违反程序、违反任用条件的选拔任用。出现问题要坚决纠正。市院一定支持纪检监察部门的严格监督。

最后，要加强执法执纪的监督，还要加强对重大经费开支、重大工程决策和收支两条线的监督和管理。一个单位出问题，一个人出问题，大都出在钱物上、出在款物上。这里再次重申，检察机关办案不得搞利益驱动，不允许违法违纪违规收缴财物，该收缴的，一分也要收缴，不得徇情不收；不该收的钱，一分也不能收缴，不能以任何理由和名义违规收缴，违者要严肃处理。特别是检察长和分管副检察长更要从严要求、从严监督、从严管理。为什么有些基层检察院一年办了那么多的案件，而且质量较高，也依法追缴了一批赃款赃物，法律效果、经济效果和社会效果都很好，检察机关的经费也得到了保证，检察院的建设也搞得不错，经验在哪里？就在于他们依法办案，办准了案，办好了案；在于他们没有搞利益驱动，没有乱收钱，而是通过依法办案追缴赃款赃物，这就是办案、执法水平，就是办案执法的"三个效果"，就能体现检察机关的形象，也是党委、人大、政府及各个部门所希望、所要求的。

第二，办案工作要有新起色。我们认为，查办检察人员违法违纪案件是纪检监察部门的主要工作，是纪检监察工作的重中之重。纪检监察不办案，其主要职能就没有体现。同时，纪检监察的某些重要职责，如执法执纪监督、党风廉政建设责任制的落实、不正之风的专项治理等，从某种意义上讲，离开了办案就难以落实，办案是有力的保障。在这点上，我们要澄清几种错误的认识和思想：一是担心办了案子会影响本单位的声誉和形象。一个单位干警执法怎么样，遵纪守法怎么样，声誉和形象怎么样，要靠实实在在的言行。出了问题，有违法违纪的问题和案件，严肃查办了、处理了，只会提高我们的声誉和形象，人民群众只会称赞，不会因此而非议我们。二是担心办了案子会影响单位的工作业绩、影响评先评优。这也带有片面性。是不是某个单位查了检察干警违法违纪案件就不能评先进单位了，就实行"一票否决"？省院没有这个规定，只有一条，就是院领导班子成员有受到党纪政纪处分的，会影响评先。我们也不能因为这一点，就有案不查、有案不办，就掩盖问题，这样做只会适得其反。三是担心查办案件得罪人。纪检监察部门查办案件，肯定要得罪那些违法违纪的人，但是，我们同时也要看到，如果有案不办，那么干警就会对我们有看法、有意见，对我们不满意。而且任其发展，必将导致院风不正、检风不正。因此纪检监察部门的同志一定要增强办案的责任感、光荣感，按照省院的要求，"认清形势，加大力度，毫不动摇地抓好违法违纪案件的查处"；按照省院纪检组、监察处的要求，"始终把查处违法违纪案件摆在突出位置""坚决查办检察人员在执法办案中发生的违反党纪检纪的案件"。要努力做到从严治检，有案就办，坚决查办检察人员违纪违法案件。这次会议在临湘召开，实际上是推介他们的做法。临湘市院在从严治检上给全市检察机关带了个头，做得不错，效果也很好。他们这样做，不但没有影响工作业绩，而且促进了检察工作；不但没有降低班子威信，而且使班子威信不断提高；不但没有因查案而影响干警的思想情绪，而且使院风、检风变得更好。临湘市院纪检监察部门查办案件，也会得罪人，被查处的干警一开始可能也会有想法，但是，过后他会想通，会知道这其实是真正关心他，如果不是这样，他将来可能还会出更大的问题。要加强办案工作，检察长和纪检组长就要重视和大力支持。查办检察人员违纪违法问题，检察长不重视、不支持，是搞不成的，就是空谈。光有检察长的重视和支持，纪检组长、监察室主任领导不力、工作不实也不行。因此，检察长和纪检组长要重视办案工作，支持办案工作。要加强办案工作，就要突出办案重点。要加强查办案件工作就要建立激励机制。要把是否查办检察人员违法违纪案件当作评选先进纪检组和监察室的重要条件乃至主要条件。对有案不查、有案不报、有案不办的单位要严肃处理，一律不得评为先进；对办案成绩突出，成效显著的，要大力总结表彰宣传。要在纪检监察部门营造一种办案为荣、办案有功、办案有奖的氛围。要加强办案工作，就要建立领导责任制和责任追究制。一个单位有线索不查、有案不立，市院将追查原因、追究责任直至领导责任。查办一个案件可以教育警醒一批人，这比掩盖小问题而最终酿成大问题要好得多。

第三，预防工作要有新成绩。过去几年，我市纪检监察部门的"三大预防"做得不错，好的经验要坚持，力争取得新的成效。

第四，自身建设要有新形象。检察机关的纪检监察部门是行使内部监督的重要部门，抓好自身建设至关重要。关于纪检监察部门的自身建设，我提几点要求：一要过得硬。要监督别人，首先自己要经得住监督。自己不过硬，就没有资格监督别人，即使监督，也是软弱无力的监督，搞形式的监督。二要靠得住。政治上要可靠，要信得过，这一点很重要。纪检监察政治上靠得住，主要是要有政治意识和大局意识；要讲原则、讲党性、讲正气。三要敢碰硬。要有不怕得罪人的思想，要有刚正不阿的精神，要不怕得罪下级，不怕得罪同级，有时还要不怕得罪领导。四要会办案。纪检监察工作的业务要熟，查办检察人员违纪违法案件的能力要强、水平要高、方法要好、质量要高。所办案件要经得起时间的检验和各方面的监督。我相信，全市纪检监察这支队伍的总体素质会越来越高，战斗力会越来越强，工作会抓得越来越有成效，自身形象也会越来越好。

（三）加强对纪检监察工作的领导

昨天上午市院领导班子在研究纪检监察工作时，我对纪检监察工作提出了三个支持：支持工作、支持办案、支持解决具体问题。两级院党组要进一步重视纪检监察工作，要重视党风廉政建设和反腐败工作。要把这项工作摆上重要的议事日程，真正做到有研究、有部署、有检查、有督促、有总结、有表彰。要进一步加强纪检监察队伍建设，要配备与工作任务相适应的干部力量，要尽量不给纪检干部安排职责以外的其他工作。纪检监察工作是得罪人的工作，正因为这样，检察长和院领导更要在政治上信任、重用他们，在工作上支持、帮助他们，在生活上关心、爱护他们。

二、更加重视和切实加强自身反腐败工作和党风廉政建设 ①

我认真阅看了今年全省检察机关纪检监察工作会议的材料，特别是省检察院检察长的重要讲话和纪检组长的重要报告。看了以后深受启

---

① 本部分系作者 2007 年 4 月 10 日在岳阳市检察机关纪检监察工作会议上的讲话摘录，收入本书时略作删改。

发，深感纪检监察工作越来越重要，要下决心进一步加强。

对纪检监察工作的意见，去年我在临湘市检察院召开的全市检察机关纪检监察工作会议上已经讲了，今年还要进一步抓落实。今年3月省院专门开了纪检监察工作会议，提出了新的任务和要求。这里我着重谈谈如何贯彻落实省院新的任务和要求的一些意见。总的来讲，就是要高度重视和切实加强检察机关自身反腐败工作和党风廉政建设。为什么把高度重视和切实加强检察机关自身反腐败工作和党风廉政建设摆在这么重要的位置，说明我们对克服和防止自身的腐败问题要引起高度警觉、高度重视，要敢于正视这个问题。检察机关自身反腐败问题是最高检、省院提出来的，我认为这也是符合岳阳实际的。党风廉政建设是遏制乃至根治腐败的重要措施，党风廉政建设抓好了，事实上就是一种预防，自身腐败问题就可以避免。我今天要讲的观点，就是高度重视和切实加强检察机关自身反腐败工作和党风廉政建设。

省院检察长在全省检察机关纪检监察工作会议上强调："纪检监察工作是一项极为重要而又艰难的工作，检察机关"一把手"要将纪检监察工作摆上重要日程，及时研究纪检监察工作中存在的困难和问题，积极支持纪检监察部门加强自身建设，在政治上信任他们，在工作上支持他们，在生活上关心他们。"市委召开的全市反腐败工作会议上也明确要求："各级党委要切实加强对纪检监察工作的领导，大力支持纪检监察机关依照党章开展工作、履行职责，始终做他们的坚强后盾。"我在这里重申，市院党组将更加重视和切实加强纪检监察工作，支持纪检监察部门的工作，特别是要更加重视和切实加强全市检察机关自身反腐败工作和党风廉政建设，确保自身反腐败工作和党风廉政建设落到实处，取得实效。

第一，全市两级院党组和检察长要做到"三个大力"。即：大力支持纪检监察部门履行职责、开展工作；大力支持纪检监察部门积极深入开展自身反腐败和党风廉政建设；大力表彰宣传和奖励纪检监察部门成果突出、事迹突出和业绩突出的典型，始终做纪检监察部门的坚强后盾。要注意抓办案，不办案子就没有威信，不办案子就不可能履行职责。纪检组长在这个方面一定要有不怕得罪人的思想。当然，也要积极抓好预防，预防抓好了，检察人员违法违纪的问题和案件也会少。

第二，全市纪检监察部门要忠于职守、求真务实、开拓进取、不懈努力，下决心抓紧抓实抓好全市纪检监察工作。这是市院党组对大家的要求。这次表彰的四个先进单位工作都很不错。特别是岳阳县检察院去年查办了一名检察人员挪用公款案件。这个案件，办得很好，在检察系统内部震动很大，既惩治了犯罪，又警醒了干警；在社会各界反响良好，称赞检察院执法如山，敢于查办和惩治检察人员的职务犯罪。今年全市检察机关的纪检监察工作要发扬成绩，再接再厉，取得更好的成效。

第三，全市纪检监察部门要扎扎实实、坚持不懈地抓好检察机关违法违纪案件的预防和查处工作。一手抓预防，一手抓办案，这是重中之重。首先是预防，扎扎实实、坚持不懈地抓好预防工作，即：一要抓好教育预防。教育预防中有八个方面的教育，希望大家扎扎实实抓好这个教育预防。教育经常化，常敲警钟，是大有好处的。二要抓好监督预防。要加强对领导班子和领导干部的监督；要加强对执法关键岗位、关键环节的监督；要加强对干部任用、重大经费开支、招投标、政府采购等方面的监督。三要抓好制度预防。要建立制度，然后按制度严格执行，这样才能达到效果。根据当前检察机关和检察工作实际，我认为有必要从以下几个方面进一步建立和完善有关制度：一是涉案款物方面的制度。今年市院将在这个方面进一步采取措施，坚决做到不该收的钱一分钱都不能收。去年在全省审计活动中，不少基层院或多或少都存在这样的情况，有的地方还比较突出。从现在起，任何单位和部门都不能违反规定和纪律乱收钱，更不能以办案经费不足为由乱收钱。二是经费、物资、项目方面的制度。重大经费、物资采购及项目，包括办案工作区等，这些都必须要有严格的程序和制度，都要按制度办事、按章办事，不能由一个人说了算。三是经济责任方面的制度。经济责任就是任期内的经济责任审计。去年通过审计暴露的问题，特别是审计部门在报告中点了的问题，有关基层院一定要有回音，要有整改方案和结果。要给市院写出专题报告，是怎么查处的、怎么整改的，要认真进行回头看，并建立和落实相应的制度。四是干部人事方面的制度。干部人事制度方面，今年市院抓的重点是中层骨干岗位轮换和检察人员岗位交流、双向选择，这也是预防检察人员违法违纪问题的有效方法。实践证明，热点部门千万不能不搞岗位轮换和岗位交流，即侦查部门，人、财、物管理的部门，还有其他有关部门，中层骨干的轮岗势在必行、有关部门的检察人员岗位交流势在必行。省院、市委及市委组织部对市院的轮岗、交流很重视、很支持。各基层院也要依照有关规定，结合本单位实际，进行中层骨干轮岗和检察人员轮岗、交流。这也是预防检察人员违法违纪问题的一个有效制度。五是办案纪律方面的制度。办案也好，其他执法活动也好，都是有纪律规定的。如不准私自会见案件当事人，不准接受案件当事人的钱物、宴请和娱乐活动，不准泄密案情，等等。一定要建立、完善和严格执行有关办案纪律制度，最大限度地预防和减少检察人员违反办案纪律问题的发生。六是用车方面的制度。不能驾驶公车，不能酒后驾车，不能公车私用，赃车不能擅自随意使用。这既是对检察机关、检察工作负责，也是对检察人员的关心、爱护，对检察人员的负责。七是八小时外管理方面的制度。省里有个制度，比如说夜不归宿或节假日去向不明的，妻子可以向政治部门或纪检部门询问。这是个好办法。这个方面的问题管好了，今后就会防止出有关问题。八是建立勤政廉政方面的制度。领导干部述职述廉、个人事项重大报告，这些纪委是有明确规定的。九是党风廉政建设责任制方面的制度。党风廉政建设责任制是很重要、很具体的。班子成员一定要各司其职，各负其责，切实做好有关工作。否则，哪个方面出了问题，都会影响党风廉政建设，都将追究责任。十是巡视制度。市院去年还没有开始执行巡视制度，今年要认真执行这项制度。

在积极抓好预防的同时一定要抓好办案。纪检监察工作我最重视的、最关注的就是办案。我在这里向大家提出一个任务：市院和各基层院都必须做到有案必办。关于办案我强调几点：一要认识到形势的严峻性。从前面讲的四个方面的问题，我们应当意识到问题的严重性。二要增强办案的主动性。不要怕得罪人，不要怕"亮家丑"，不要以为毁了检察人员的前程。严是爱，松是害。今年市院将采取一些措施，加大办案的力度。三要确保办案的准确性。办的每一件案子都要办准、办好、办优，都要经得起历史的检验和各方面的监督。四要推行业务一体化。业务一体化在纪检监察工作中最重要的作用有两个：一是办案一体化。办案一体化就是纪检监察部门可以集中全市纪检监察部门办案力量来办。二是综合信息工作一体化。纪检组长可以选定一些题目，组织全市纪检监察部门的"笔杆子"，专攻几个"拳头产品""精品力作"和重大课题，力争出一批高质量的综合调研材料和论文。

第四，全市两级纪检监察部门要切实加强自身建设。一要践行"两个忠诚"。"两个忠诚"是市委提出来的，大家要认真学习和践行。最近市委要求广大党员干部做忠诚于党和人民、忠诚于事业的模范，并提出"六个更加"的要求，即要更加注重学习，进一步增强理解力；要更加注重务实，进一步提高推动力；要更加注重创新，进一步发挥创造力；要更加注重团结，进一步形成凝聚力；要更加注重廉洁，进一步强化威严力。市院对认真开展"两个忠诚"学习教育活动做了部署，提出了明确要求。希望大家认真予以落实。二要倡导良好风气。良好风气就是党中央提出的八个方面的良好风气。勤奋好学、学以致用；心系群众，服务人民；真抓实干，务求实效；艰苦奋斗，勤俭节约；顾全大局，令行禁止；发扬民主，团结共事；秉公用权，廉洁从政；生活正派，情趣健康。良好风气不仅要求在党员干部中加以倡导，而且要求在各级领导干部中建立起来，检察人员也不能例外。三要提升办案能力。纪检组长、监察室主任和纪检监察干部要不断提升办案能力和办案水平。监察室上下是领导关系，市院监察室的部署安排，下级监察室必须自觉贯彻执行。四要率先勤政廉政。纪检组长、监察室主任要率先勤政廉政。光有廉政，工作不勤奋、不努力，能力水平差、没有实绩不行；光有勤政和能力，一心扑在工作上，但问题成堆，违法违纪现象时有发生，自身不硬也不行。所以，既要勤政，又要廉政。

纪检监察工作是一项事关检察工作全局的重要工作，责任重大，使命光荣。希望大家进一步振奋精神，明确目标，求真务实，开拓创新，努力实现我市检察机关纪检监察工作取得更大的进展、更好的成效！

三、积极推进廉政风险防控机制建设 ①

今年以来，长沙市人民检察院认真贯彻落实最高人民检察院、省检察院的部署，紧紧围绕"强化法律监督，维护公平正义"检察工作主题，学习、借鉴北京市崇文区检察院的有关经验，结合我市检察工作实际，积极探索并逐步推行实施廉政风险防控机制建设，取得了一些效果。

第一，广大检察人员廉政风险防范意识大为增强。理性、平和、文明、规范办案执法的意识和廉政风险意识、责任意识、遵章守纪意识明显增强；预测风险、识别风险的水平有所提高；抵御风险、防范风险的自觉性开始形成。

第二，廉政风险防控机制正在建立或完善。扎实开展"深入查找发展差距，全面实现新发展"活动，查找出检察工作、班子队伍、机制建设方面的差距22条，其中涉及廉政风险方面的9条。以机制建设为重点，明确或突出有关廉政风险防控内容，力求用制度管权，靠制度管人、管案、管钱、管事，制定或草拟有关工作意见、方案、规定26个。

第三，公正廉洁执法深入推进。未因执法办案不当引发涉检信访和新的社会矛盾；未发生办案安全事故；未发现检察人员以权谋私、收

---

① 本部分系作者2010年12月15日在最高人民检察院在山东省即墨市召开的全国检察机关廉政风险防控机制建设座谈会上的发言摘录，收入本书时略作删改。

受案件当事人或发案单位钱物、到发案单位报销办案费用等违法违纪问题。在最近省检察院组织的对全省各市州检察院年度业务工作考核、执法状况考评中，我院得分均位居前列。

第四，领导班子和队伍建设进一步加强。领导班子成员率先垂范、真抓实干的模范、带头、引领作用有了更好的发挥，气顺、心齐、劲足和想事、干事、成事的团结奋进局面进一步形成。检察人员爱岗敬业、执法为民、廉洁自律的自觉性进一步提高，忠诚履职、争先创优的良好氛围进一步形成。

第五，检察工作满意度有了提升。今年以来我市检察工作被省级以上领导批示肯定18次，在省级以上会议作典型经验介绍6次。在长沙市人大组织的问卷调查中，人大代表对我市检察工作的满意率为89%，名列市直政法机关第一；在湖南省综治委组织的政法干警公正执法等整体形象年度民意测评中，我院全年综合得分为73.98分，比上年提高1.88分，继续位居全省各市州检察院前列。

我院党组在认真思考、全面分析、专题研究的基础上，在省检察院纪检组、监察室的具体指导下，确立了"抓基础、把重点、求实效"的推行实施廉政风险防控机制建设总体思路，积极、扎实开展了以下工作：

（一）注重"三抓"，奠定防控工作基础

第一，抓组织领导。全国检察机关廉政风险防控机制建设现场会召开后，我院即召开党组会、院务会进行研究，成立工作领导小组和工作机构，明确由检察长亲自抓，纪检组长具体抓，其他院领导主动配合抓；纪检监察部门承担日常工作，并抽调人员负责工作的组织协调和督促检查。同时，结合长沙实际，制定工作方案及其实施细则，明确指导思想、工作重点、实施步骤和目标要求；专门召开全市检察机关廉政风险防控机制建设工作会议，作出安排部署。

第二，抓责任落实。明确检察长为推进廉政风险防控管理工作第一责任人，要求做到认识到位、组织到位、措施到位、工作到位；明确领导班子成员为主管工作的直接责任人，要求做到带头学习廉政风险防控管理工作内容，带头分析查找班子和个人存在的廉政风险及原因，带头制定和落实防控措施；明确各内设机构负责人为本部门的直接责任人，要求在规定时间内，查找本部门及检察人员廉政风险点，制定防控措施，开展监督检查，以有效推动工作开展，确保取得实效。

第三，抓教育引导。针对一些检察人员中存在的推行廉政风险防控机制建设"束缚办案工作手脚""搞形式""难以下真功、见实效"等模糊认识、消极情绪和畏难思想，我们采取集中学习、专题讨论、印发文件、开辟宣传专栏等多种形式，组织和引导全市检察人员认真学习领会最高检关于"推进检察机关反腐倡廉制度创新工作"的指示和关于"建立健全融教育、制度、监督于一体的有效防控廉政风险新机制"的意见，从而端正了认识，统一了思想，较好地增强了对廉政风险防控管理工作的认同感、参与意识和责任意识。同时，积极推进廉政文化建设，邀请学者、教授作"党员领导干部廉洁从政若干准则"专题讲座，组织干警撰写心得体会；通过短信平台、内网、内刊等载体传播格言警句、党纪检纪条规、播映警示教育专题片；组织观看廉政电影；按照省院纪检组的要求，认真协办全省检察机关自身反腐倡廉教育展，开展全员警示教育，把全体检察人员的思想统一到最高检、省院的有关工作部署上来，为推动工作开展奠定了良好基础。

（二）把住"三个方面"，找准防控风险点

第一，把住查找重点。以检察权、人财物管理权相对集中的岗位和部门为重点。一是查领导岗位风险。通过认真开展"恪守检察职业道德，促进公正廉洁执法"主题实践活动和"反特权思想、反霸道作风"专项教育活动，召开党组民主生活会、党支部组织生活会，开展自查和互查；认真开展对长沙市委、市政府制定的干部任免、公务用车、政府采购、资金使用等8项规章制度落实情况的检查，查找检察长、院领导及部门负责人在重大事项决策、人事任免等方面的风险点。二是查执法办案岗位风险。通过认真开展"百万案件评查"及执法状况检查；对全市 2009 年 10 月以来办结作出的不捕、不诉刑事案件和作出撤案、不诉决定的职务案件的全面检查；对轻微刑事犯罪实行刑事和解作相对不起诉案件的专项检查；对已办结的职务犯罪案件的回访考察；对涉及检察人员的信访举报的调查，查找各业务部门在履行法律监督职能中的风险点。三是查人事、财务权管理岗位风险。通过认真开展对检察人员职务任免和职级晋升制度执行情况的检查；对涉案款物扣押、冻结、处理情况的检查等活动，查找政工、行装部门在人事、财物管理中的风险点。

第二，把住查找方法。以自己找、互相查、群众提、领导点、组织审查为主要方法。一是分级查。自上而下，从检察长、院领导班子成员到内设各部门负责人再到全院检察人员，逐个查找风险点。二是分类查。业务部门按照处长、副处长、办案检察官、内勤四类岗位职责，查找各自风险点，综合部门按照具体岗位，查找各自风险点。三是逐级查。对于自查出的风险点及制定的相应防控措施，分普通干警、部门负责人、院领导班子成员三个层次，分别由部门负责人、主管院领导、检察长进行审核。同时，认真收集社会各界对检察机关的批评、意见和建议，市院邀请市人大代表、政协委员视察 3 次，主动走访人大代表、政协委员 72 人次；先后召开检风检纪监督员座谈会、人民监督员座谈会 4 次；向人大代表、政协委员、人民监督员、检风检纪监督员发出征求意见函 853 份，收集意见、建议 36 条。推出密切联系群众、服务基层、服务群众、服务发展的新举措，在全市所有乡镇、街道设置检察联络室 171 个，从检察院择优选派专职检察联络员 215 名，在乡镇及村和街道及社区聘任兼职检察联络员 1080 名。通过以上方法，畅通查找渠道，全面深入查找、发现风险点，尽可能保证了查找风险点的准确性。

第三，把住防控措施。侧重于对违反法律法规、党纪党规和检察官纪律行为的责任追究，对查找的风险点实行有效控制，对症下药，制定针对性较强的防控措施 821 条。如今年以来，通过加强对办理不捕、不诉案件的防控，经过自查、抽查、交叉检查，尚未发现违法违纪情形；通过加强对经费使用的防控，经过长沙市委、市纪委组织对我院会议费、接待费、差旅费、出国考察费等"四费"开支情况进行检查，未发现违纪违规问题；通过加强对涉案款物的防控，经过自查和接受检查，未发生违法违规问题；通过加强对公车特别是警车的管理，经过每周一督查、每月一点评，未发现违规驾驶公车、警车的行为。

（三）做好"五个结合"，确保防控工作实效

第一，廉政风险防控机制建设与领导班子"六力"建设相结合。完善和落实领导班子建设管理制度、监督制度和考核考评奖惩制度，不断提高领导班子的凝聚力、战斗力、创新力、执行力、公信力和"免疫力"。派员参加基层院党组民主生活会10次，对4个基层院领导班子进行巡视，配合当地党委对5个基层院的领导班子进行调整充实。全面推行中层骨干缺位竞争上岗制度，市院采取全院检察人员大会无记名投票推荐、中层骨干谈话推荐、院党组成员酝酿后无记名投票的方式，择优产生了34名中层骨干，做到科学、公正、合理用人，赢得了干警的普遍好评，得到了上级的肯定。

第二，廉政风险防控机制建设与党风廉政建设相结合。深入贯彻《建立健全惩治和预防腐败体系2008—2012年工作规划》。认真落实党风廉政建设责任制。每名院领导班子成员签订了抓业务、带队伍的"一岗双责"和廉洁自律责任状；内设部门负责人在干警大会上宣读并向检察长递交工作和党风廉政建设责任状。认真落实述职述廉、个人重大事项报告制度。院领导班子成员、内设部门主要负责人分别在院务会议、干警大会上述职述廉并接受测评。全面启动电子廉政档案建设，副科职以上干部电子廉政档案已经建立。

第三，廉政风险防控机制建设与执法规范化建设相结合。建立执法状况（质量）流程管理、督察考评、责任追究等"五项机制"。认真推行"两录"制度。规范和完善扣押冻结处理涉案款物工作，明确提出涉案款物处理的"五个确保"标准，市院对法院生效判决的621万

余元赃款全部上缴国库；对已扣押但依法应当返还当事人的 2.78 万元涉案款及时予以返还。坚持"一案三卡"制度，全市回访考察已办结的职务犯罪案件 144 件，回访案件当事人及其亲属、律师 458 人。深化人民监督员制度试点工作，人民监督员监督办理刑事和解案件 85 件、"三类"职务犯罪案件 18 件。推行刑事和解与侦查机关侦查工作、人民调解、量刑建议、社会矫正、纪检监察、人民监督员等相对接的"六个对接"机制，增强了刑事和解的透明度，提升了群众满意度。

第四，廉政风险防控机制建设与科学化管理考核相结合。将廉政风险防控机制建设作为科学化管理与考核的重要内容，采取单位自查与检查相结合、动态考核与综合评估相结合的方式，以年度为周期，严格对各个部门和每名干警的防控措施落实情况进行全面考核，使廉政风险防控得到量化、细化、具体化，对在廉政风险防控上发生重大问题的单位和部门实行"一票否决"，增强防控的实效性。

第五，廉政风险防控机制建设与检务督察工作相结合。围绕端正执法理念、规范执法行为、改进执法作风，加强对重点部门执法办案质量、办案纪律作风、办案安全等方面的日常督察，及时发现和防控了一些廉政风险。组织 9 个督察组，先后开展对"反特权思想、反霸道作风"专项教育、"六个严禁"专项治理活动的专项督察，发现问题 13 个，目前已全部督促整改到位。

四、试论检察机关岗位廉政风险防控管理 ①

检察机关作为国家的法律监督机关和反腐败的重要职能部门，强化对检察权运行的监督制约更具有特殊意义，必须坚持有权必有责、用权受监督的原则。只有加强对检察机关自身执法办案活动的监督，提高执法公信力，提高履行法律监督职责的能力和水平，做到自身正、

---

① 本部分系作者 2011 年 12 月 13 日撰写的论文摘录，刊载于中国检察出版社出版发行的《检察机关廉政风险防控理论与实践》一书，收入本书时略作删改。

自身硬、自身净，才能理直气壮地监督别人，树立法律监督权威。只有建立严密的监督机制，要求检察人员用比监督别人更严的要求来监督自己，才能抵制各种诱惑和腐蚀，防止检察权滥用，更好地履行法律监督职责。笔者认为，如何规范检察机关自身的执法行为，确保检察人员自身的廉洁性，除了政治体制的权力分治设计，检察机关更应注重内部防治腐败机制的构建与完善，在此就加强检察机关岗位廉政风险防控管理作粗浅探讨。

（一）岗位廉政风险防控管理的意义

加强廉政风险防控、规范权力运行，是党中央明确提出的一项重要政治任务。加强对检察工作岗位的廉政风险防控管理，能够更加精准地进行查找廉政风险、核定权力清单、合理配置权力、推进阳光检务、加强风险预警、开展风险教育等各项工作，是对廉政风险防控的深化、细化和实化。检察机关应充分认识开展岗位廉政风险防控管理工作的重要意义，把思想和行动统一到党中央的决策部署上来，自觉肩负起加强岗位廉政风险防控管理的责任，不断推动检察机关惩治和预防腐败体系建设向更高层次迈进。

第一，加强岗位廉政风险防控管理工作，是推进新形势下惩治和预防腐败体系建设的重要内容。党的十七大提出以完善惩治和预防腐败体系为重点加强反腐倡廉建设，是我党深刻总结反腐倡廉实践经验、准确把握我国现阶段反腐倡廉形势得出的科学结论，是从提高党的执政能力、保持和发展党的先进性的全局高度作出的重大决策。惩治和预防腐败体系涵盖了党风廉政建设和反腐败斗争的主要任务，在反腐倡廉建设中居于全局性、战略性地位。党中央对反腐倡廉提出了"更加注重治本、更加注重预防、更加注重制度建设"的要求；出台了《建立健全惩治和预防腐败体系 2008—2012 年工作规划》；确定了"标本兼治、综合治理、惩防并举、注重预防"的方针，为进一步加强和改进惩治和预防腐败工作指明了方向。加强岗位廉政风险防控管理，能够通过查找廉政风险，准确评估风险；通过核定权力清单，规范工作流程；通过合理配置权力，加强有效制衡；通过推进阳光检务，强化监督制约；通过加强风险预警，落实防控责任；通过开展风险教育，筑牢思想防线，从本质上超前化解权力运行中各种容易诱发腐败的风险，使腐败行为不发生或少发生，从而推进惩治和预防腐败体系的构建与完善，促进惩防腐败工作目标任务的落实。

第二，加强岗位廉政风险防控管理工作，是推动党风廉政建设工作创新的重要实践。党中央历来高度重视党风廉政建设，坚决反对腐败，针对不同时期的形势和特点，不断加强党风廉政建设，取得了显著的成效，积累了丰富的经验。特别是改革开放以来，党逐步认识到不搞政治运动而依靠法制和制度建设解决腐败问题新路子的必要性，积极推进党风廉政体制机制创新，坚持把从严治党方针贯彻始终，按照建立健全教育、制度、监督并重的惩防腐败体系要求，着眼于对权力的规范与监督，全方位、多层次完善各项廉政制度，逐步形成一套宏观制度与微观制度相配套、党内规章与国内法规相衔接、各项制度相协调的党风廉政制度体系。十七届中央纪委第五次全会以来，党中央面对新时期党风廉政建设工作提出"推进廉政风险防控机制建设，从重点领域、重点部门、重点环节入手，排查廉政风险，健全内控机制，构筑制度防线，形成以积极防范为核心、以强化管理为手段的科学防控机制"的明确要求。加强廉政风险防控，将"风险管理""质量管理""情景管理"等现代理念和科学方法引入反腐倡廉实践，将预防腐败工作落实到权力运行的全过程，具有很强的创新性、科学性和操作性，清晰体现了党风廉政建设和反腐败斗争向科学化、制度化、规划化推进的脉络，是用发展的思路和改革的方法推进党风廉政建设工作的积极探索，为有效预防腐败开辟出一条新路。

第三，加强岗位廉政风险防控管理工作，是促进长沙检察工作全面实现新发展的重要举措。2008年，市检察院新一届院党组认真贯彻落实党中央重大决策部署和最高人民检察院、省检察院的重要工作部署，结合长沙检察工作实际，确立了未来五年长沙检察工作新发展的总体思路。包括新发展的总体目标，即把长沙市两级检察机关建设成为忠诚、公正、高效、廉洁、文明、人民满意的检察机关。新发展的具体目标，即工作比上年有新进展；在省院和最高检有位置，在省内率先、全国争先；在中部地区乃至全国省会城市检察院有一定影响。新发展的理念，即牢固树立服务大局的理念；立检为公、执法为民的理念；司法公正、司法效率、司法文明的理念；以人为本，统筹兼顾，全面协调，可持续发展的理念。新发展的战略，即大力实施公正立检战略、业务建检战略、人才强检战略、科技兴检战略、机制活检战略。新发展的重点，即突出查办和预防职务犯罪、突出加强审查批捕和审查起诉、突出强化诉讼监督。新发展的关键，即切实抓好领导班子建设和队伍建设。新发展的路径，即大力推进业务一体化、执法规范化、检务信息化、管理科学化、保障现代化、机关文明化进程。新发展的保障，即始终坚持党的领导，自觉服从和接受上级检察机关的领导，自觉接受人大及其常委会的监督。加强岗位廉政风险防控管理，依据岗位的职责职权行使流程去查找、防范、控制廉政风险，有利于明晰岗位权责，提高工作效能；有利于规范业务流程，促进公正廉洁执法；有利于创新体制机制，推进检察各项改革；有利于约束检察人员行为，树立良好检察形象；有利于畅通接受监督渠道，密切检群关系，与"新发展总体思路"的内涵是高度一致的，必将为全面实现全市检察工作新发展起到积极作用。

第四，加强岗位廉政风险防控管理工作，是提高检察人员拒腐防变能力的重要手段。近年来，全市检察机关高度重视党风廉政建设和反腐败工作，积极探索和采取从源头上预防和治理腐败的有效措施，取得了明显成效，反腐倡廉总的形势是好的。但也应该看到，检察机关自身反腐倡廉工作仍然存在不少薄弱环节，仍然存在一些不容忽视的突出问题，如少数检察人员理想信念动摇，价值取向扭曲，贪图安逸享受，甚至利用检察权谋取私利等。这些现象的产生，主观上是由于检察人员自律意识不强，经受不住各种考验和诱惑，客观上是由于现行的体制、机制、制度、管理方面存在薄弱环节，给腐败以可乘之机。加强岗位廉政风险防控管理，就是要紧紧抓住容易滋生腐败的重点领域、关键环节、关键岗位，以规范和制约权力运行为核心，从岗位职责、业务流程、制度机制、管理环节和外部环境等方面，全面查找存在或潜在的廉政风险，从苗头抓起，从源头治理，发挥引导、防控、纠偏作用，使检察人员不犯错误或少犯错误，最大限度地减少腐败现象的发生。同时，开展廉政风险查找和等级评估，制定防控风险措施的过程，本身就是检察人员自我教育、自我提高的过程，对筑牢廉洁自律的思想防线具有重要意义。

（二）检察机关岗位廉政风险分析

通过对检察人员岗位廉政风险的系统梳理，我们认为主要存在以下四个方面的风险：

第一，执法办案方面的风险。突出表现在：检察人员利用掌管有关线索、材料的职务便利，帮助被举报人、被控告人隐匿或销毁有关线索、材料，从中谋取利益的行为；检察人员利用身份便利，为他人打探案情、通风报信，从中谋取利益的行为；检察人员利用掌握追诉权的职务便利，对有罪的人故意包庇使其免受追诉，从中谋取利益的行为；检察人员利用掌握司法鉴定权的职务便利，故意作出违背案件事实的勘验、检查、鉴定结论，从中谋取利益的行为；检察人员违反有关规定，非法扣押、冻结、处理公私财产，从中谋取利益的行为；检察人员违反有关规定，私自办案或干预办案，从中谋取利益的行为；检察人员违反有关规定，插手经济纠纷，把民事案件作刑事案件办理，从中谋取利益的行为；检察人员利用办案中知悉或者掌握的内幕信息，从中谋取利益的行为；检察人员以办案为要挟，索取他人财物，或为第三人谋取不正当利益的行为；检察人员以办案的名义，索取、接受、占用发案单位或个人财物的行为；检察人员利用督察、检查、考评的职务便利，索取或接受有关单位财物及消费的行为等。

第二，组织人事方面的风险。突出表现在：检察人员利用掌握选人、进人的职务便利，违反有关程序、泄露有关秘密，从中谋取利益的行为；检察人员利用掌握考核、考评的职务便利，违反有关程序、隐瞒有关真相，从中谋取利益的行为；检察人员在本人竞职、晋级、考评中，为实现个人目的，违反有关规定、采取不正当竞争方式的行为；检察人员在干部选拔任用工作中，私自泄露民主推荐、民主测评、考察、酝酿、讨论决定干部等有关情况的行为；检察人员在干部选拔任用中搞非组织活动的行为；检察领导干部不按照规定程序推荐、考察、酝酿、讨论决定任免干部的行为；检察领导干部在干部选拔任用中封官许愿，任人唯亲，营私舞弊的行为；检察领导干部在工作调动前，违反有关规定，突击提拔干部、调整干部的行为等。

第三，财经纪律方面的风险。突出表现在：检察内设机构私设"小金库"，乱收费，乱罚款，拉赞助的行为；检察人员利用掌握赃款赃物的职务便利，乱开支、乱使用的行为；检察人员利用掌管公款公物的职务之便，个人挪用或者挪作他人使用的行为；检察人员占用公共财物拒不归还的行为；检察人员在财务报账中虚报冒领的行为；检察人员在公务活动中提供或接受超过规定标准接待的行为；检察人员挥霍浪费公共财产，用公款旅游或违规进行高消费的行为；检察财务人员违反有关规定，擅自开设银行账户的行为；检察财务人员伪造、变造或者隐匿、销毁财务凭证、账簿、报告的行为；检察财务人员违反有关规定，故意帮助或把关不严造成他人虚报冒领的行为；检察后勤管理人员违反有关规定，造成国有资产管理失控、流失的行为；检察后勤管理人员违反有关规定采购、招标或投标的行为；检察领导干部违反规定，决定或批准建设、装修办公楼、培训中心的行为；检察领导干部违反规定，超标准配备、使用办公用房、办公用车、办公用品的行为等。

第四，职权影响方面的风险。突出表现在：检察人员利用职权影响插手工程建设或个人经商办企、入股经营的行为；检察人员利用职权影响为他人谋取利益，由自己的亲属或特定关系人直接或变相收取财物的行为；检察领导干部利用职权影响要求他人为自己的亲属或者特定关系人提拔、经商、办企提供便利的行为；检察领导干部利用职权影响为自己的亲属或特定关系人索取相关资助、费用的行为；检察领导干部默许、纵容、授意自己的亲属或特定关系人以本人名义谋取私利的行为；检察领导干部允许、纵容自己的亲属或特定关系人，在本人职权影响范围内从事与公共利益相冲突的生产经营活动、社会中介服务的行为等。

（三）检察机关岗位廉政风险防控管理

针对以上风险进行有效防控，关键在于规范检察权的运行，必须抓好教育、制度、监督三个环节。

第一，必须注重教育的针对性。武装一个人头脑的是思想，思想是行动的先导。检察人员如果不能从思想上筑牢拒腐防变防线，即使再健全、严密的防控机制和措施，也有规避之法、可乘之机。因此，必须注重有针对性地对检察人员进行教育引导。一是加强理想信念教育。理想信念是最高的人生价值追求，对人的思想言行具有决定性的影响，是主宰人各项行动的精神支柱。加强理想信念教育，关键在于加强共产主义理想信念教育。检察人员只有牢固树立和坚定共产主义理想信念，才能有坚强牢靠的精神支柱，才能有抵御腐朽没落思想的侵蚀和诱惑、拒腐防变的思想武器。马克思主义的世界观、人生观、价值观和权力观、地位观、利益观的核心和本质，就是要求"天下为公"，全心全意地为人民服务。一个以共产主义理想信念作为自己的精神支柱的检察人员，就能够比较好地在思想上树立这"六观"，就能具有使各种腐朽思想难以浸润、腐蚀和攻破的思想堡垒和精神防线，就能够在关键的时刻经受住考验，就能够具有"富贵不能淫，贫贱不能移，威武不能屈"的气节和情操。二是加强职业道德教育。检察职业道德既是对检察官职业活动的行为要求，又是检察职业对社会所担负的道德责任与义务。"忠诚"是检察职业道德的本质要求。检察人员如果没有坚定的理想信念，没有忠诚的政治品格，就不可能有正确的政治方向、政治立场和政治观点，就不可能正确执行党的路线方针政策，就不可能正确地执行法律。"公正"是检察职业道德的核心内容。随着经济社会的深刻变化，检察人员构成、思想观念、道德取向、利益需求、能力素质等也发生了深刻变化，公正要求的放松必将导致检察人员执法不公正、不严格、不文明、不廉洁，严重影响检察机关的形象和执法公信力。"清廉"是检察职业道德的职业本色。强调检察人员要模范遵纪守法、淡泊名利、不徇私情、克己奉公、自尊自重、清正廉洁。三是加强党风廉政教育。党风廉政教育是为促进廉洁从检为目的的多形式的感化、教化活动。加强党风廉政教育，关键在于灵活运用教育的内容和方式，切实增强教育实效。要加强检察人员任前教育。综合运用廉政培训、廉政谈话、廉政知识测试、廉政宣誓等形式，使检察人员熟知岗位职责和廉政风险点。要加强检察人员履职教育。紧密结合示范教育、警示教育、主题教育活动，强化事前预防、事中提醒、事后回顾等教育。特别要注重发挥好典型的教育作用，不仅要深刻剖析反面典型，使检察人员引以为戒，更要大力宣传勤廉兼优的先进典型，使检察人员学有榜样，真正做到自重、自省、自警、自励。要加强检察人员日常教育。通过发学习资料、网络教育、手机短信等，进行有针对性、个性化的风险防范教育，同时加强对检察干警八小时以外的监督。

第二，必须注重制度的科学性。岗位廉政风险防控管理的核心，就是要通过加强制度机制的约束和制衡来化解、转移和降低风险。一是建立科学的工作领导机制。把岗位廉政风险防控机制管理与落实党风廉政建设责任制有机结合起来。成立检察长为组长，副检察长和纪检组长为副组长，中层主要负责人为成员的岗位廉政风险防控工作领导小组，设立领导小组办公室为常设机构，负责对全院开展岗位廉政风险防控管理工作进行组织协调，及时修订完善风险内容和防控措施，加强日常廉政风险管理，完成检察长交办的风险防控督办事项。形成上下联动，一级抓一级，一级对一级负责的责任网络。二是建立科学的风险查找机制。在采取自己找、相互查、领导点、组织审等方式广泛查找风险的同时，更加注重听取和吸纳人大代表、政协委员、人民监督员、民主监督员、检风检纪监督员及社会各界对检察工作的意见建议，通过邀请视察、主动走访、发放征求意见函、召开座谈会及乡镇（街道）检察联络室等平台或方式，畅通查找渠道，确保查找风险点的准确性。三是建立科学的风险评估机制。对排查出的廉政风险点进行逐一分析、确认、汇总，然后根据风险发生概率、危害程度、形成原因等因素确定风险等级，一级表示廉政风险较大，二级次之，三级较小，根据廉政风险不同等级，按照管理权限实行分级管理、分级负责。四是建立科学的风险预防机制。针对岗位风险，由本人对照与业务工作相关的各项法规制度，提出防范控制风险的具体措施和办法。针对部门风险，由部门全体人员围绕人、财、物管理和案件专题研讨会、检委会会议等过程中的薄弱环节和风险隐患，研究制定具体防控措施和相关工作程序。针对单位风险，由院党组围绕决策、执行过程和监督、检查、考核等关键环节，研究制定具体防控措施和相关工作程序。通过查找共性，归纳总结，形成系列程序严密、配套完善的规章制度，狠抓规章制度的落实执行。五是建立科学的动态监控机制。坚持"人防"和"技防"相结合，针对网上办公办案特点，开发内部监督管理软件，依托检察内网开展内部监督管理系统的应用。一旦出现风险问题，系统自动发出预警，提醒检察人员依法依规办理各项检察业务工作，否则自动中断程序运行。院领导和廉政风险防控管理人员随时在线监督全院工作运转情况，同时根据相关部门特点赋予相应的监督权力，实现内部权力运行的监督与制衡。六是建立科学的修正优化机制。在岗位廉政风险防控实践过程中，不断总结经验，推进防控管理的科学化和规范化。结合新形势新任务新要求，对新出现的廉政风险及时制定和优化防控措施，形成廉政风险防控动态修正优化，推进源头治腐工作向纵深发展。七是建立科学的检查考核机制。通过信息监测、定期自查、上级检查、社会评议等方式，对岗位廉政风险防控情况进行检查考核。考核工作与领导班子和检察人员科学化管理与考核目标任务结合进行，考核结果纳入党风廉政建设责任制考核评价系统。八是建立科学的责任追究机制。对制度不落实、防范措施不到位的，及时指出，责成整改，确保岗位廉政风险防控管理工作的有效运行；对检查监督流于形式的，应发现未发现，或发现问题后隐瞒不报的，严厉追究检查人员的责任；对查后纠改措施落实不力或屡查屡犯的，要加重相关责任人员的责任；对不认真开展工作，不积极防控廉政风险，导致部门和岗位人员发生违纪违法案件的，按照党风廉政建设责任制有关规定追究相关责任人的责任。

第三，必须注重监督的有效性。围绕确保检察权的正确行使，一方面，切实加强内部监督。在坚持原有一些行之有效做法的基础上，进一步突出监督的重点。即以查找出的执法办案方面的风险、组织人事方面的风险、财经纪律方面的风险、职权影响方面的风险为监督的重点。进一步加强内设部门的相互监督。如刑检部门对自侦部门立案活动的监督、侦查活动的监督；自侦部门对刑检部门不立案、撤案建议的复议监督；控申部门对自侦部门线索的监督；行财部门对自侦部门赃款赃物管理的监督；办公室对来信来访反映部门和个人问题的监督；法律政策研究室对法律法规政策调研中了解的部门和个人问题的监督等。通过内设部门的相互监督，形成防控廉政风险的强大合力。进一步加强纪检监察、检务督察的专门监督。大力支持其依法履职，同时高度重视督察、检查结果的处理和运用，对于违法、违纪、违规的人和事，坚决依法依规处理，维护纪检监察、检务督察依法履职的权威性和严肃性。另一方面，自觉接受外部监督。主动接受党内监督，自觉接受人大及其常委会的监督，接受政协民主监督，接受人民监督员、民主监督员、检风检纪监督员、人民群众监督和新闻舆论监督。要认真落实市检察院不久前研究制定的《关于依法自觉接受市人民代表大会及其常务委员会监督的规定》

等相关规定，增强接受外部监督意识，加强接受外部监督工作，增强接受外部监督实效，不断推进检察机关岗位廉政风险防控管理工作向更高层次、更高水平迈进。

五、加强廉政风险防控机制建设 深入推进公正廉洁执法 ①

近年来，我院认真贯彻落实最高人民检察院、省检察院的部署，学习、借鉴兄弟检察院的好经验，在认真思考、全面分析基础上，在省检察院纪检组、监察处的具体指导下，确立了"抓基础、把重点、求实效"的廉政风险防控机制建设总体思路，扎实开展了以下工作：

（一）夯实防控工作基础

第一，抓组织领导。成立岗位廉政风险防控工作领导小组，设立领导小组办公室为常设机构，抽调人员负责工作的组织协调和督促检查，形成严密的责任网络。同时，结合长沙实际，制定工作方案及其实施细则，明确指导思想、工作重点、实施步骤和目标要求；专门召开全市检察机关廉政风险防控机制建设工作会议，作出安排部署。为加强组织领导，今年初，市院党组决定将"认真开展检察机关廉政风险防控管理工作"确定为年内注重抓好的十二项工作之一，以文件的形式要求全市检察机关切实加以贯彻落实。

第二，抓责任落实。明确检察长为第一责任人，要求做到认识到位、组织到位、措施到位、工作到位；明确领导班子成员为主管工作的直接责任人，要求做到带头学习廉政风险防控管理工作内容，带头分析查找班子和个人存在的廉政风险及原因，带头制定和落实防控措施；明确各内设机构负责人为本部门的直接责任人，要求在规定时间内，查找本部门及检察人员廉政风险点，制定防控措施，开展监督检查，推动工作开展，确保取得实效。

---

① 本部分系作者 2011 年 12 月 15 日在最高人民检察院召开的全国检察机关惩治和预防腐败体系暨廉政风险防控机制建设座谈会、长沙市检察院现场会上的发言摘录，收入本书时略作删改。

第三，抓教育引导。采取集中学习、专题讨论、印发文件、开辟宣传专栏等多种形式，组织和引导检察人员认真学习领会最高检关于"更加注重预防违纪违法行为，切实强化事前教育、事中监督和制度建设"的指示；关于"紧紧围绕教育、制度、监督、改革、纠风、惩治六个方面，积极构建惩防体系建设基本框架，扎实推进检察机关惩治和预防腐败体系建设"的要求；关于"通过查找风险部位、评估风险系数、界定风险等级、建立预警系统、完善相关制度、反馈实施结果等，建立健全融教育、制度、监督于一体的有效防控廉政风险新机制"的意见，切实增强对廉政风险防控管理工作的认同感、参与意识和责任意识。同时，积极推进廉政文化建设，邀请学者、教授作专题讲座，组织干警撰写心得体会、理论调研文章；通过检察文化长廊、短信平台、内网、内刊等载体传播格言警句、党纪检纪条规、播映警示教育专题片；组织观看廉政电影；举办自身反腐倡廉教育展，开展全员警示教育，把检察人员的思想统一到最高检、省院的有关工作部署上来，为推动工作开展奠定良好基础。

（二）找准防控风险点

第一，把住查找重点。以检察权、人财物管理权相对集中的岗位和部门为重点。一是查领导岗位风险。通过认真开展系列主题教育活动、专项检查活动，召开党组民主生活会、党支部组织生活会，开展自查和互查；认真开展对市委、市政府制定的干部任免、资金使用等8项规章制度落实情况的检查，查找检察长、院领导及部门负责人在重大事项决策、人事任免等方面的风险点。二是查执法办案岗位风险。通过认真开展各类执法活动检查、执法状况评查、专项检查、回访考察，查找各业务部门在履行法律监督职能中的风险点。三是查人事、财务权管理岗位风险。通过认真开展对检察人员职务任免和职级晋升制度执行情况的检查；对涉案款物扣押、冻结、处理情况的检查等活动，查找政工、行装部门在人事、财物管理中的风险点。

第二，把住查找方法。以自己找、互相查、群众提、领导点、组织审查为主要方法，自上而下分级查，立足岗位分类查，由下至上逐级查。同时，认真收集社会各界对检察机关的批评、意见和建议，市院邀请市人大代表、政协委员视察5次，主动走访人大代表、政协委员189人次；先后召开检风检纪监督员座谈会、人民监督员座谈会7次；向人大代表、政协委员、人民监督员、检风检纪监督员、民主监督员发出征求意见函1324份，收集意见、建议71条。在全市所有乡镇、街道设置检察联络室171个，从检察院择优选派专职检察联络员215名，在乡镇及村和街道及社区聘任兼职检察联络员1080名，畅通联络渠道。通过以上方法，全面深入查找、发现风险点，尽可能保证查找风险点的准确性。

第三，把住防控措施。根据岗位、职责、风险的不同，建立《岗位廉政风险等级目录》，对全院工作流程进行优化再造，组织各部门按照各自的业务流程，制定清晰的风险防控图。对涉及风险点的案件和工作事项，实行上提一级、重点监控、分类办理，制定相对应的防控措施。同时，每名干警对确定的风险点和制定的防控措施实行书面承诺，强化监督和考评。

（三）"六结合"确保防控实效

第一，廉政风险防控机制建设与领导班子"六力"建设相结合。完善和落实领导班子建设管理、监督和考核考评奖惩制度，不断提高领导班子的凝聚力、战斗力、创新力、执行力、公信力和"免疫力"。派员参加基层院党组民主生活会13次，对7个基层院领导班子进行巡视，配合当地党委对6个基层院的领导班子进行调整充实，全面推行中层骨干缺位竞争上岗制度，择优产生任用了41名中层骨干，做到科学、公正、合理用人。

第二，廉政风险防控机制建设与党风廉政建设相结合。深入贯彻《建立健全惩治和预防腐败体系2008—2012年工作规划》。认真落实党风廉政建设责任制。每名院领导签订"一岗双责"和廉洁自律责任状。认真落实述职述廉、个人重大事项报告制度。院领导班子成员、内设部门主要负责人分别在院务会议、全院干警大会上述职述廉并接受测评。全面启动电子廉政档案建设，副科职以上干部电子廉政档案已经建立。

第三，廉政风险防控机制建设与执法规范化建设相结合。建立执法状况（质量）"五项机制"。规范和完善扣押冻结处理涉案款物工作，明确提出涉案款物处理的"五个确保"标准，市院对法院生效判决的赃款全部上缴国库，对已扣押但依法应当返还的 264.78 万元涉案款及时予以返还。坚持"一案三卡"制度，回访考察已办结的职务犯罪案件 258 件，回访案件当事人及其亲属、律师 741 人。深化人民监督员制度试点工作，人民监督员监督办理刑事和解案件 201 件、"三类"职务犯罪案件 47 件。推行刑事和解与侦查机关侦查工作、人民调解、量刑建议、社会矫正、纪检监察、人民监督员等相对接的"六个对接"机制，增强刑事和解的透明度。

第四，廉政风险防控机制建设与科学化管理考核相结合。实行防控个人承诺、领导点评制度，规定廉政风险考核分值在绩效考核总成绩中的比例，采取单位自查与检查相结合、动态考核与综合评估相结合的方式，以年度为周期，严格对各个部门和每名干警的防控措施落实情况进行全面考核，使廉政风险防控得到量化、细化、具体化，对在廉政风险防控上发生重大问题的单位和部门实行"一票否决"，增强防控实效。

第五，廉政风险防控机制建设与网上办案工作相结合。组织研发内部监督管理系统软件，加强对网上办案的监控。各部门、各岗位都设置风险防控栏目，用标示灯分别显示三级风险点，将监督工作置于事前、事中和事后各个环节。院领导和廉政风险防控办公室工作人员可随时在线监督，使网上办案工作处于全面掌控之中。同时，该系统根据各部门业务特点，赋予各部门之间相互监督的权力，形成部门权力间的相互监督与制衡，确保规范执法。

第六，廉政风险防控机制建设与检务督察工作相结合。加强对重点部门执法办案质量、办案纪律作风、办案安全等方面的日常督察，及时发现和防控了一些廉政风险。先后开展对"反特权思想、反霸道作风"专项教育、"六个严禁"和"维护人民群众合法权益、解决反映强烈突出问题"专项检查活动的专项督察，发现苗头性问题 31 个，已全部督促整改到位。

通过加强廉政风险防控机制建设，深入推进公正廉洁执法，取得了一些成效：一是检察人员廉政风险防范意识有效增强。理性、平和、文明、规范执法的意识和廉政风险意识、责任意识、遵章守纪意识明显增强；预测风险、识别风险的水平有所提高；抵御风险、防范风险的自觉性开始形成。二是办案安全得以确保。没有发生办案安全事故，没有因办案不当引发新的社会矛盾和群体性事件，没有发生干警在执法办案中违法违纪的问题，连续四年实现"执法零过错、安全零事故、干警零违纪"的"三零"管理目标。三是领导班子的能力和水平进一步提高。在市委、市政府组织的领导班子绩效考核中，我院连续三年在市直 16 个执法部门、单位中被评为一等单位（即优秀领导班子），是市直 94 个单位中唯一连续三年获此殊荣的单位；在市委组织的对市检察院领导班子及其成员的民主测评中，我院领导班子及其成员的优秀率达 95% 以上；2010 年省检察院对市院领导班子进行巡视后，评价我院领导班子是一个"团结、务实、创新、廉洁的班子"。班子成员中有 1 人被评为全国政法系统优秀党员干警；有 1 人被评为全省"职业道德建设'十佳'标兵"；有 1 人被评为"全省检察业务专家"。四是检察队伍整体形象进一步提升。在省综治委组织的政法干警整体形象年度民意测评中，我院连续三年位列全省检察机关和市直政法部门前列；在市委、市政府组织的社会公众形象满意度测评中，我院连续三年名列市直政法机关第一；2010 年，我院首次被省委、省政府评为"湖南省文明单位"；今年，市政协向 25 家司法、行政执法单位派出政协委员担任民主监督员，在最近组织的年度工作测评中，我院被评为接受民主监督工作先进单位并名列第一；全市检察机关涌现出欧阳海军等一批秉公执法、忘我奉献的先进典型人物。2011 年 8 月 15 日，最高人民检察院检察长视察我院后对长沙检察工作给予了充分肯定和好评。

廉政风险防控工作是加强党风廉政建设的生动实践，也是一项长期而艰巨的任务。作为湖南省检察机关的试点单位，我们工作中还存在许多不足，离最高检、省检察院的要求还有不小的差距，我们深感任重道远。今后，我们将在省检察院和市委的领导下，坚决按照最高人民检察院的部署和要求，以此次会议为契机，认真贯彻落实此次会议的重要精神，学习借鉴兄弟单位的好经验，发扬成绩，克服不足，切实加强廉政风险防控机制建设，更有效地推进我市检察机关的反腐倡廉建设。

六、落实"两个责任"有效推进党风廉政建设 ①

按照会议的安排，我就长沙市检察院坚持从严治检，落实"两个责任"的情况作简要汇报。

（一）在全面落实党风廉政建设党组主体责任上下功夫

在统一思想方面：党组先后 4 次召开有关会议、7 次开展中心组理论学习，班子成员不断深化对落实"两个责任"的认识，克服"搞一阵风""怕得罪人"等错误思想，切实履行应尽之责。党组书记作为"第一责任人"注意抓细抓小，带头抓落实；党组其他同志同心协力，齐抓共管。

在强化举措方面：一是把主体责任落实到工作全局上。紧紧围绕全面正确履行检察职能，全面加强和改进司法办案工作，全面加强班子、队伍和基层院建设，全面落实主体责任，做到在重大决策上民主集中，在司法办案上严格公正廉洁规范，在选人用人上公开公正，在财务管理上规范透明，最大限度地预防和减少违法违纪违规问题的发生。二是把主体责任落实到"一岗双责"上。党组制定专门文件将党

---

① 本部分系作者 2016 年 2 月 25 日在全省检察长会议上的发言摘录，收入本书时略作删改。

风廉政建设党组主体责任目标与任务细化分解，召开有关会议进行部署，动员全体检察人员积极参与、予以监督。坚持实行基层院检察长、市院内设机构主要负责人每年初向市院检察长递交党风廉政建设责任状，年底进行述职述廉暨民主测评与集中考评；全体检察人员年初向院里签订并递交《廉洁从检承诺书》，年中进行督查、点评，年底进行总结考核；市院党组每季度对落实"两个责任"的成效、问题和下季度工作进行回顾、讲评和布置；市院党组书记每季度对基层院党组书记、检察长履行"两个责任"等工作进行讲评，对后段有关工作提出要求；对部分基层院检察长和部分市院内设机构主要负责人进行约谈；听取并评议基层院检察长述职述廉，抓好问题的督办、整改与纠正；对于4个基层院领导班子开展巡视，查找问题，促其整改，推进班子建设。通过层层明确、传递责任，抓好党组主体责任的落实。三是把主体责任落实到加强思想、政治、业务和纪律作风建设上。确立并大力践行"公、诚、精、廉、新"的长沙检察精神，以"廉"守底线，以"廉"保公正，以"廉"促进党组主体责任的落实。班子成员坚持提升"六力"，广大检察人员坚持弘扬"六种作风"。巩固群众路线教育实践活动成果，不断整改存在的问题。扎实开展规范司法行为专项整治，按照省检察院提出的"七见"标准，对查摆的6类36个司法不规范问题和重点发现的21个典型案（事）例予以深入剖析、认真整改和查责问责；对"五类重点案件"开展专门调查，对因办案不够严谨、细致，导致办案程序、实体处理存在瑕疵或明显问题的12件案件的责任人予以严肃追责问责；组织开展全面、深入接受代表、委员监督的"四个主题"活动，共举办7个座谈会，邀请企业界、金融界、党政机关、律师行业和社会各界等方面的市人大代表、市政协委员出席并进行询问或提出意见，共有43名市院班子成员、中层骨干面对面回答了73位代表、委员就检察机关、检察工作和队伍建设所提出的询问，以全面、深入接受代表、委员监督，倒逼检察人员转变司法理念和司法作风，促进严格、公正、廉洁、文明、规范司法。

在健全机制方面：制定并认真执行落实"两个责任"的实施意见、巡视工作方案、督查督办工作等制度，以不断推进党组主体责任落实到位。

（二）在全力支持保障、落实党风廉政建设纪检组监督责任上下功夫

一是为纪检监察部门配备好班子及力量。全市共配有纪检监察人员34人，其中市院纪检监察人员5名，为纪检监察部门履行职责、提供必要组织保障。

二是引导和鼓励纪检监察部门协助党组抓好主体责任的落实。明确纪检组长不分管纪检监察以外的工作，让其集中时间和精力协助院党组抓主体责任的落实，集中全力抓好党风廉政建设纪检组监督责任的落实、抓好纪检监察工作。

三是大力支持纪检监察部门开展监督。加强对领导班子和中层骨干的监督，了解、掌握班子成员特别是"一把手"的思想、纪律、作风、廉洁自律等方面的情况；认真开展系列清理登记活动；严格执行个人重大事项报告制度；纪检组长共约谈市院内设机构负责人3人、基层检察院检察长2人，及时了解各单位、各部门党风廉政建设动态，发现苗头性、倾向性问题，及时核实有关问题，及时提醒有关班子成员和中层骨干。加强对重点工作和重大事项的监督，注意督促抓省院、市委、市院党组部署的有关重大工作的落实；对本院基础设施建设、物资装备采购等重大事项监督15次，对两级院招录检察人员、遴选业务骨干监督8次。加强对司法办案的监督，对全市两级院查办职务犯罪案件和办理重大刑事案件全面开展"三走访、两查找、一确保、一促进"专项活动，走访发案单位、案件当事人和律师共361人次，收集意见建议98条，整改存在的问题。通过开展联合检查、集中督察等方式，发现、整改和纠正司法不严、不公、不廉、不规范问题。对办案有过错的3件案件进行责任追究。加强对作风建设的检查监督，通过严格执行有关制度、强化日常监督，开展定期不定期的抽查，发现

整改纠正违规处理扣押款物、上班迟到早退、上班上网浏览与工作无关内容等问题，促进机关纪律作风好转。

四是严肃查处违纪违法案件。市院共受理检察人员违纪违法信访举报 12 件，纪检监察部门全部初核，立案 2 件 3 人，结案 2 件 3 人（含积案 1 件），其中作出党纪处分 2 人、检纪处分 1 人；市检察院立案侦查涉嫌职务犯罪案件 1 案 1 人。

五是加强廉洁教育。及时传达学习上级有关党风廉政建设的精神、指示和要求，认真开展"三严三实"专题教育，高标准召开民主生活会，坚持党组书记、党支部书记讲党课制度，党组书记、检察长和其他院领导在重大会议或有关会议和节假日时段必讲"从严治检"与"廉洁从检"、必讲全市两级检察院违法违纪典型案例、必讲廉洁自律要求，组织全员认真开展党风廉政建设大学习、大讨论，严明政治纪律和政治规矩。将省院纪检检察、监察处印发的 500 多条廉政格言，每天上班时间在市院机关办公楼电子屏幕上持续滚动播放，让人一目了然、警示警醒，营造文化育检、廉洁从检的良好氛围。

（三）在全面落实党风廉政建设"两个责任"上见实效

在省检察院的领导和省院纪检组、监察处的精心指导下，我们通过落实党风廉政建设的"两个责任"，取得了较好成效。

一是检察机关和检察人员加强党风廉政建设的意识有了增强，能力和水平有了提高。政治意识、廉政意识、责任意识、严格、公正、文明、规范司法意识和守纪遵章意识明显增强；预测、识别党风廉政建设风险的水平和抵御风险、防范风险的能力与自觉性有了提高。

二是从严治检、廉洁从检、严格公正廉洁规范司法办案成效显著。市院各项检察业务工作在上年取得良好成绩的基础上，实现了稳中有进，走在前列。在省院的统一领导、指挥和支持下，我市检察机关比较成功地办理了葛兰素史克系列专案，市检察院被最高人民检察院荣记集体一等功。全市检察机关有 4 人被最高人民检察院荣记一等功，14 人被省检院荣记二等功；12 人获全国、全省检察机关"业务竞赛能手""优秀案件承办人"和"十佳公诉人""业务标兵""优秀办案能手"等称号。

三是领导班子、队伍建设的满意度有提升。2015 年市检察院首次被评为"湖南省文明标兵单位";最近,市院领导班子在市委 2015 年度领导班子绩效考核中被评为一等班子(即优秀领导班子)。

四是人民满意度有提升。在今年 1 月召开的长沙市第十四届人民代表大会第四次会议上,《长沙市人民检察院工作报告》通过市人大代表无记名电子表决,其赞成率创历年新高。

第五节　深化检察理论研究 [①]

今天,我们在这里召开 2016 年长沙市检察理论研究年会,回顾总结 2015 年检察学会工作,安排部署有关工作。会议开得很好,达到了预期效果。

长沙市检察学会自 1995 年 9 月成立以来,特别是近几年来,在市检察院党组的正确领导下,在湖南省检察学研究会和长沙市社科联的具体指导下,以邓小平理论、"三个代表"重要思想、科学发展观为指导,深入学习贯彻习近平总书记系列重要讲话精神,紧紧围绕市委、市政府的工作大局,围绕长沙经济社会发展,积极组织全体会员和全市检察人员开展检察理论与实证研究,扎实推进对内对外学术交流,大力宣传和深入研究中国特色社会主义检察制度,全面加强学会自身建设,检察理论研究成果不断涌现,为全面正确履行检察职能,有效推进全面实现长沙检察工作新发展作出了积极贡献。

---

① 本节系作者 2016 年 12 月 15 日在 2016 年长沙市检察理论研究年会上所作的题为《立足检察实践,巩固新发展成效,奋力谱写长沙检察理论研究新篇章》报告的摘录,收入本书时略作删改。

　　今年是我担任长沙市检察学会会长的第九年。这些年来，长沙检察工作新发展的总体思路从精心确立、逐步完善到大力实施并取得实效，长沙检察理论研究工作不断重视、加强、深化、发展，其成果突出、作用明显、成效显著。九年来，长沙市检察学会立足服务大局、服务领导决策、服务司法办案、服务改革创新，扎实开展检察理论和实证研究，检察学会各项工作全面深入推进，检察学会建设不断改进加强，取得了优异成绩。

　　检察学会建设成效显著，各级组织对检察学会评价很高。2008 年以来，长沙市检察学会 7 次被全国大中城市社科联评为"全国先进社科组织"，学会负责人 3 人次被评为"全国先进社科个人"。2008 年 4 月，由我院和学会承办的第九届全国检察理论研究年会受到了最高人民检察院、省检察院领导和与会代表的高度评价。最高人民检察院分管副检察长对此充分肯定："在这九届全国检察理论研究年会中，本次会议是接待档次最高，服务最热情最周到，资料准备最齐全，活动安排最充实的一届年会。"2014 年 9 月 3 日，长沙市检察院被中国法学会评为"第九届中国法学家论坛征文优秀组织单位"。市检察院和检察学会多次被省检察院评为"论文征集活动组织奖"。检察学会连续两次被长沙市社科联评为"全市示范性学会"；多次被评为"全市先进学会"。我院 2016 年被最高人民检察院确定为第三批检察理论实证研究联系点。

　　检察理论研究成果丰硕，为长沙检察实践提供了有效的理论支持。2008 年以来，长沙市检察学会围绕检察工作重点，每年确定理论研究主题，产生了一大批理论研究成果，其中在国家级刊物发表 200 余篇，省级刊物发表 1100 余篇；被省检察院评为优秀调研文稿 2 篇，被省检察院检察理论研究年会评为一等奖 3 篇、二等奖 7 篇、三等奖 12 篇；被长沙市评为全市社科一等奖 3 篇、二等奖 7 篇、三等奖 13 篇。学会会员撰写的一些稿件被最高人民检察院、省检察院、长沙市委等主要领导和有关领导批示肯定。如《构筑防止冤假错案的坚固防线——长沙市岳麓区院十年无罪案件零记录调查》被最高人民检察院《检察工作简报》采用并得到了最高人民检察院检察长、分管副检察长等领导批示肯定；2011 年，由检察长、会长主编、长沙市检察学会组稿的《检察机关廉政风险防控理论与实践》一书由中国检察出版社公开出版发行，该书将检察理论与检察实务有机结合，将廉政风险防控与廉政反腐文化紧密结合，全面展示了长沙市两级检察机关探索岗位廉政风险防控机制建设的理论成果与经验，得到最高人民检察院领导和有关与会人员的好评。

检察学会运行机制不断完善，打造和夯实了检察理论研究阵地。检察学会紧密结合长沙检察工作实际，制定、完善和执行了检察理论研究课题制、年会制、优秀论文奖励制等制度，坚持高质量编辑《长沙检察论坛》刊物，选派或推荐参加国家、省、市有关组织的论文评选，培养和锻炼了一支检察理论研究骨干队伍，为检察人员提高检察理论研究水平、提高检察理论研究质量、推出优秀检察理论研究成果创造了良好的条件和氛围。据不完全统计，2008 年以来，长沙市检察学会共成功申报和完成省、市级课题 48 个，申报的 120 余篇论文被国家、省、市有关组织予以授奖；市检察院召开检察理论研究年会 9 次，评比一、二、三等次论文 135 篇；编发《长沙检察论坛》30 期，采用理论探讨、检察实务、实证调研和疑案析理等稿件 480 余篇，共计发放 5 万余本。

以上这些成绩的取得，得益于省检察院和市委的正确领导，得益于省检察学研究会、省检察院法律政策研究室和市社科联的高度重视和精心指导，得益于全市检察机关、全体检察人员的积极参与和共同支持，得益于市检察学会的团结奋进、务实创新、甘于奉献。在此，我代表市检察院和市检察学会，向高度重视、精心指导和大力支持长沙市检察学会工作的各位领导表示衷心的感谢，向这些年来积极、认真从事检察理论研究、为全面深入推进和发展我市检察理论研究工作的同志们表示诚挚的慰问！

下面，我就市检察学会如何立足长沙检察实践，深化理论研究，多出精品力作，巩固长沙检察新发展成效，在更高起点上奋力谱写长沙检察理论研究乃至长沙检察事业新篇章，讲三点意见。

一、认清当前检察理论研究工作的新形势

当前，长沙经济社会发展正处于一个新的发展时期，司法体制改革已全面推开，检察工作将面临一些新的情况、新的挑战。长沙检察理论研究工作应把握好以下几点：

第一，把贯彻落实党的十八届六中全会精神、市委第十三次党代会精神与检察理论研究有机地结合起来。党的十八届六中全会强调全面从严治党，提出全体党员要增强"四个意识"特别是核心意识、看齐意识。要自觉向以习近平同志为核心的党中央看齐。会议还审议通过了《关于新形势下党内政治生活的若干准则》和《中国共产党党内监督条例》，坚持思想建党和制度治党紧密结合，集中整饬党风，严厉惩治腐败，净化党内政治生态。长沙市委第十三次代表大会提出在未来五年，长沙将全力打造"三个中心"、建设"四更"长沙，构建国家中心城市新格局，实现基本现代化阶段性目标。对此，市检察学会要全面深入研读、吃透精神实质，并紧紧围绕党中央的大政方针和市委的重大战略部署，紧扣全面正确履行检察职能，紧扣强化法律监督、维护公平正义主题，深入开展检察理论研究，力求撰写一批检察机关坚持党的领导，坚决贯彻落实党的路线、方针、政策，主动服务党和国家工作大局的有份量、有指导意义的检察理论成果，并应用于检察实践，取得实实在在的成效。

第二，把贯彻落实司法体制改革的要求与检察理论研究有机地结合起来。按照省检察院统一部署，全省检察机关即将完成员额检察官选任工作，后续的司法责任制、内设机构改革、省以下检察院人财物统一管理等将逐步推进。同时，国家监察体制改革试点已在北京、山西、浙江三省市全面铺开，检察机关的反贪等部门将实行转隶。全市检察机关和全体检察人员，要从坚决维护和执行党中央决定的战略高度出

发，从坚决服从、服务于党和国家工作全局出发，深刻认识深化国家监察体制改革的重大意义，坚决把思想和行动统一到中央的决策部署上来。为此，市检察学会要紧紧围绕以上司法体制改革和有关国家监察体制精神深入开展检察理论研究，并把检察理论研究成果应用于检察司法改革实践，以拨开思想迷雾，端正思想认识，明确方向任务，正视存在的问题，找准应对措施，全面有效推进司法体制改革。

第三，把奋力谱写长沙检察事业新篇章与检察理论研究有机地结合起来。2008 年以来，长沙检察理论研究紧紧围绕市检察院新一届院党组、领导班子确立和完善的长沙检察工作新发展的总体思路开展研究工作，检察理论成果明显，为全面实现长沙检察工作新发展提供了良好的智力和理论支持。在新的形势下，如何立足检察实践，巩固以往成效，谱写长沙检察理论研究工作新篇章并优质、有效服务谱写长沙检察事业新篇章，是全市检察理论研究面临的新的任务。市检察学会要认清形势，明确责任，突出重点，大胆深入研究，不断探索，力求取得更多、更好、更优的检察理论研究成果，并用以指导和推进相关检察工作、班子队伍建设和基层检察院建设，取得新的成效，谱写长沙检察事业新篇章。

二、注意把握检察理论研究工作的重点

面对新的形势，长沙检察理论研究工作要注意在以下三个方面下功夫：

第一，注重对检察工作服务经济社会发展大局深入开展理论研究。坚持当地党委的领导，把检察工作放在当地党委和政府工作大局中去谋划和推进，主动、扎实、有效服务党委、政府工作大局，是开展检察工作应把握的政治方向，是检察机关的政治责任和首要任务。长沙市委第十三次代表大会提出了未来五年的战略目标和任务，市检察学会要紧扣服务大局，全面深入开展检察理论研究，包括对检察机关服务大局的思路、重点、举措、方式方法、机制等方面全面调研，综合

分析，力求撰写一批对检察机关及各部门服务大局有价值、有指导作用的精品力作，为全市两级检察机关服务党委、政府工作大局提供良好的检察理论支持。

第二，注重对司法体制改革相关问题深入开展理论研究。当前司法检察改革已进入攻坚期。检察改革包括如何强化检察机关法律监督职能、如何开展检察机关内设机构改革、司法责任制改革、检察人员分类管理等改革同样需要检察理论的指导、支持。市检察学会要紧扣司法检察改革，深入开展检察理论研究，包括对全省检察、司法机关正在开展的上述司法体制改革全面深入调研，力求撰写一批对检察机关及有关部门落实中央有关司法体制改革精神、要求的有价值、能指导、可操作的精品力作，为全市两级检察机关全面推进、落实司法体制相关改革提供良好的检察理论支持。

第三，注重对提高执法、司法案件质量和司法公信力深入开展理论研究。司法公正是检察工作的生命线，司法公信力最直观的评价就是所办理的案件质量高不高、人民满意不满意。司法体制改革明确提出的实行办案质量终身负责制、错案责任倒查问责制和领导干部干预司法活动记录、通报和责任追究制度，旨在从检察机关内外加强对案件质量的监督，最大限度防范、遏制权力部门和领导干部对司法活动的干预干扰，保证公正办案、公正司法。市检察学会要紧紧围绕上述目标、要求，紧密结合长沙检察司法办案实际，总结优案的成功经验，剖析错案的原因，查找办案中的诸种瑕疵，由表及里、由此及彼、综合分析，力求写出一批有的放矢、"对症下药"、保证司法办案质量，防范冤假错案的精品杰作，并应用于检察办案实践，取得实实在在的效果，为全市检察机关不断提高司法办案质量，不断提升检察公信力、司法公信力提供有效的检察理论支持。

三、加强对全市检察理论研究工作的领导和指导

随着检察事业的不断向前发展，长沙检察理论研究工作只能加强，

不能削弱；同样，长沙市检察学会的工作只能加强，不能削弱。

第一，把检察学会建设成为检察机关的"智库"。真正让检察理论研究工作成为检察工作的智库工程。两级检察院领导班子特别是检察长要高度重视检察理论研究工作，务必坚持做到"四个带头"，即带头抓检察理论调研，带头写理论调研文章，带头出高质量的理论调研成果，带头用检察理论研究成果指导检察工作。同时，要不断加强检察理论研究队伍建设，带领全体检察人员开展检察理论调研，用检察调研成果指导、服务检察业务工作，为全面正确履行检察职能，全面加强和改进各项检察工作提供理论和智力支持。

第二，进一步加强检察学会的运行机制建设。要强化课题负责制，要有目标、有计划、有措施，对成熟的课题，院领导、内设机构负责人特别是主要负责人要带头开展课题申报。要强化研究成果转化机制。不仅要将我们好的经验、有效做法转化为领导决策乃至规范性文件，还要及时总结、汇编，争取公开出版，增强检察理论研究成果对检察工作的推进、指导乃至引领作用，扩大检察理论研究成果的影响和应用于检察实践的成效。要强化考评和奖励机制。在检察业务考评中加大检察理论研究的比重，考评结果要与单位或个人争先创优、人才选拔和优稿奖金挂钩，在全市检察机关进一步形成以热爱钻研检察理论研究为荣、以多写检察理论研究文章为荣、以多出检察理论研究成果特别是精品力作为荣的良好风气。

第三，切实加强检察学会的规范化管理。长沙市检察学会日常工作一直以来由检察学会秘书处负责，学会秘书处设在法律政策研究室。法律政策研究室是检察机关的综合性业务部门，其工作既十分重要，又十分清苦。检察学会秘书处要进一步发扬勤于思考、善于研究、甘于清苦、乐于奉献的精神，做好学会的日常管理和服务性的工作，加强上下联系，争取省检察院检察学研究会和市社科联的领导和支持，不断加强对检察理论研究工作的组织、指导、督促、检查和管理，为检察学会和检察理论研究工作的全面、深入、健康发展提供优质高效服务。要敢于和善于组织、发动两级检察机关全体检察人员有重点、有针对性地开展实证调研和检察理论研究，提高长沙检察理论研究的整体水平。要按照市民政局、市社科联的要求，及时搞好学会的年检、年审工作，使长沙检察学会成为一个管理规范、服务高效的社会团体。

检察工作使命神圣，责任重大，检察事业催人奋进，检察理论研究大有可为！站在新的起点，大家要不忘初心、继续前进，振奋精神，扎实工作，在市检察院党组、省检察学研究会和市社科联的领导和高度重视、大力支持下，进一步重视和加强检察理论研究工作，全面加强和改进检察学会工作，为长沙检察理论工作的深化发展、再创一流佳绩，为奋力谱写长沙检察事业新篇章，为服务长沙全力打造"三个中心"、建设"四更"长沙、构建国家中心城市新格局、实现基本现代化而做出不懈努力和新的更大的贡献！

第七章

基层检察工作发展保障

第一节　始终坚持党的绝对领导

一、坚持党对检察工作的绝对领导 [①]

检察机关恢复重建三十年来，全市检察工作在服务大局中加强，在探索实践中发展，在锐意改革中完善，在破解难题中前进。三十年的发展历程，全市检察机关既取得了成绩和荣誉，也积累了宝贵的经验和体会。其中，最根本、最重要的就是必须始终坚持党对检察工作的绝对领导。只有这样，才能确保检察工作正确的政治方向。只有不断增强党的观念，毫不动摇地坚持党对检察工作的绝对领导，把检察工作同党在各阶段的历史任务、党和国家的中心工作联系起来，才能确保党的路线、方针、政策和决策部署在检察工作中得到不折不扣地贯彻执行，检察工作发展中遇到的困难和障碍才能得以有效解决和排除，检察工作的发展才有足够的支持和保障。

[①] 本部分系作者 2008 年 10 月 28 日在长沙市检察机关恢复重建三十周年纪念大会上的讲话摘录，收入本书时略作删改。

二、始终坚持党的领导不动摇 ①

2014年是全面贯彻落实党的十八大和十八届三中全会精神、全面深化改革的第一年，也是完成"十二五"规划目标任务的关键一年。在年初召开的中央政法工作会议上，习近平总书记发表了重要讲话，对政法工作提出了明确要求。当前和今后一个时期，全市检察机关最重要的政治任务就是全面学习、深刻领会、深入贯彻落实习近平总书记的重要讲话精神。

要深刻认识习近平总书记重要讲话精神的重要意义。习近平总书记的重要讲话，深刻阐述了关于政法工作、检察工作长远性、根本性、全局性的一系列重大问题，提出了一系列具有前瞻性、针对性的新思想、新观点、新要求，内涵丰富宽广，思想深邃高远，观点旗帜鲜明，阐述精辟深透，充分体现了我们党的执政理念和执政方略，充分体现了党中央全面推进依法治国的坚定决心和清晰思路，充分体现了党对政法工作、检察工作全局和长远发展的指导思想、大政方针和根本要求，充分体现了对世情、国情、党情和我国法治建设进程的深刻把握，是指导当前和今后一个时期政法工作、检察工作的纲领性文献，为新形势下坚持党对政法工作、检察工作的领导，完成维护社会大局稳定、促进社会公平正义、保障人民安居乐业的政法工作、检察工作主要任务，坚持严格执法、公正司法，加强检察队伍建设，深化司法体制改革指明了方向。

要深刻领会习近平总书记重要讲话精神的深刻内涵。要深入学习贯彻习近平总书记关于政法工作政治方向的重要论述，始终坚持党的领导不动摇；要深入学习贯彻习近平总书记关于政法机关职责使命的重要论述，牢牢把握检察工作的主要任务；要深入学习贯彻习近平总书记关于执法司法公信力的基本要求，始终坚持严格执法、公正司法；要深入学习贯彻习近平总书记关于政法工作检验标准的重要论述，不

---

① 本部分系作者2014年2月28日在长沙市检察工作会议上的讲话摘录，收入本书时略作删改。

断提升人民群众满意度；要深入学习贯彻习近平总书记关于深化司法体制改革的重要论述，发展和完善中国特色社会主义检察制度；要深入学习贯彻习近平总书记关于政法队伍建设的重要论述，努力建设一支党和人民满意的过硬检察队伍。习近平总书记的重要讲话精神贯穿了坚定的信仰追求、历史的担当精神、真挚的为民情怀、务实的思想作风、科学的思想方法，这些都是讲话的核心要义、思想精髓。

要确保学习贯彻习近平总书记重要讲话精神取得实效。要领导示范，带头学习。两级检察机关领导干部要带头学习、带头思考、带头动笔、带头出成果，带头做到真学、真懂、真信、真用。要形式多样，促进学习。制定系统方案，把讲话列入院党组理论学习中心组、中层骨干和检察人员教育培训的重要内容，采取举办辅导报告会、知识竞赛、学习论坛、专题研讨、督促检查、讲评通报等多种形式，推进学习到位。要融会贯通、深入学习。在研读原著原文上下功夫；在全面、深入和理性、系统把握精神实质上下功夫；在融会贯通上下功夫。要学以致用，取得实效。自觉用讲话精神武装头脑、统一思想、指导实践、推动工作。

三、自觉坚持和服从党委领导 ①

基层人民检察院当前面临新形势、新任务、新要求、新挑战和新考验。加强基层院建设，首先要高度重视并处理好坚持党委领导与依法独立公正行使检察权的关系。坚持党委领导主要是党委从政治、思想、组织和政策方针上加强对检察机关的领导。依法独立公正行使检察权是指检察机关依照法律独立行使法律监督，开展检察业务工作。基层检察院必须坚定不移地坚持和服从党委领导，不折不扣地执行党委的决定、决议、指示和交办事项。基层检察院在依法开展检察业务工作

---

① 本部分系作者 2015 年 12 月 31 日向省人民检察院呈报的《关于对长沙县人民检察院开展联点指导工作的有关情况汇报》的摘录，收入本书时略作删改。

时，对重大工作部署、班子建设、队伍建设等工作要及时向党委汇报，重大案件查办应及时向党委主要领导或分管领导汇报，争取党委的支持。对一些复杂的涉法上访案件要及时提请党委政法委协调处理，力争把矛盾纠纷化解在基层。检察工作一旦离开了党委的坚强领导，检察职能作用不可能得到有效发挥，检察工作发展就会受到影响甚至损害，检察机关和检察工作就会发生偏差，甚至迷失方向、犯错误。

四、检察工作要正确处理两个关系 ①

2014 年的检察工作任务重大而光荣。要圆满完成任务、实现工作目标，关键在于人。市检察院要求，全市检察人员特别是各位检察长、班子成员、部门主要负责人一定要认清形势，振奋精神，团结一心，开拓进取，真抓实干。同时要注重提高素养、提高能力、提升水平。为此，我们应注重正确处理好两个关系。

（一）正确处理党的政策与国家法律的关系

中国共产党是中国特色社会主义事业的领导核心，党的政策是国家法律的"灵魂"，是国家法律制定的依据，这决定了党的政策对法律的指导地位。国家法律是规范化、法律化了的党的政策，保障党的政策的实现。

一要防止和克服将党的政策与国家法律简单等同。要正确认识两者在本质上的一致性，即都代表了最广大人民群众的根本利益，是人民根本意志的反映。要正确认识两者非本质上的差异性，防止将两者简单等同甚至予以混淆，否则将会造成模糊甚至错误认识，影响党的政策的顺利、有效贯彻，影响宪法和国家法律的统一正确实施。

二要防止和克服将党的政策与国家法律割裂对立。要反对忽视党的政策对国家法律的指导作用，禁止借口执行国家法律而忽略党的政策对国家法律的指导，使党的政策难以贯彻甚至无法正常执行。同时要

---

① 本部分系作者2014年2月28日在长沙市检察工作会议上的讲话摘录，收入本书时略作删改。

防止忽视国家法律对党的政策的制约作用，禁止借口贯彻党的政策而违背宪法、法律的规定，使国家法律不能严格执行甚至形同虚设，影响和损害法治建设。

三要做到贯彻党的政策与执行国家法律的有机统一。要严格执行国家法律。检察机关在执法办案中必须严格以事实为依据、以法律为准绳，切实做到有法必依、执法必严、违法必究，以维护法律尊严，保证法律的统一正确实施。要认真落实党的政策。要正确、妥善处理在贯彻党的政策与执行国家法律中可能出现的矛盾。政策往往具有时代性、实效性，法律则具有稳定性、滞后性。当党的政策和国家法律因种种原因可能出现矛盾时，要具体分析、分情况进行处理：在没有法律或现行法律没有明确规定的情况下，应根据本地实际，认真贯彻落实党的政策；在现行法律已经颁布实施或法律有明确规定的情况下，则要注意用现行的党的政策指导法律的实施，在法律许可的范围内该打击的打击，可从轻的从轻，该支持的支持，该保护的保护；在党的政策与现行法律规定不尽相符的情况下，则要依法慎重妥善处理，取得最好的法律效果、社会效果和政治效果。

（二）正确处理坚持党的领导与依法独立公正行使检察权的关系

坚持中国共产党的领导与坚持社会主义法治在本质上是一致的。没有党的领导，就没有人民当家作主，就没有社会主义的依法治国。依法独立公正行使检察权，是实现司法公正、建设法治国家的必然要求；坚持党的领导，是正确行使检察权、保证法律沿着法治轨道正确实施的根本保证。

一要坚定不移、毫不动摇地坚持党的领导。政法机关作为人民民主专政的国家政权机关，是党和人民掌握的"刀把子"，必须置于党的绝对领导之下。要始终坚持党对检察工作的领导。要坚决贯彻党委的部署、执行党委的决定，自觉服从、服务于党委、政府的工作大局；坚决落实党委的意见，充分运用检察职能，尽心尽力、尽职尽责做好党委布置的有关重要工作；坚决落实党委领导特别是党委主要领导的批示、指示，依法、公正、妥善处理党委领导关心、关注的重大案件和有关问题。要主动向党委请示、汇报和报告。坚持重大部署、重点工作、重要事项和重大法律监督情况及时向党委报告；坚持有关事项、有关案件及时向党委请示；坚持上级检察机关的有关部署要求、自身工作的重要情况、问题及时向党委汇报，主动接受党委领导，让党委满意、放心。

二要依法独立公正行使检察权。要注重合法性。要忠实履行宪法和法律赋予的职责，维护宪法和法律尊严；要树立正确的执法理念，理性平和文明规范执法，严防冤假错案。要正确把握独立性。中国共产党对检察工作的领导，是贯穿于中国检察制度的不能动摇的政治原则，必须始终如一地坚持；要坚持依法独立公正行使检察权，不受任何行政机关、社会团体和个人的干涉。要注重公正性。要牢牢把握"强化法律监督，维护公平正义"的检察工作主题，通过全面加强和改进法律监督工作，致力维护和促进执法公正、司法公正，真正做到让人民群众在每一起案件中都能感受到公平正义。

三要正确对待、妥善处理党委关心、过问案件等问题。党委对检察机关办理的案件进行必要的过问，这是对检察工作的关心和重视，检察机关应如实汇报。有些案件，即使党委暂时没有过问，根据具体情况和有关案件实行党内报告制度的规定，也要及时主动报告，引起党委重视，争取党委支持。要认真听取党委领导的意见，正确领会意图。特别是一些事关稳定、发展大局的案件，更要在法律许可的范围内落实党委意见，以维护党的威信，维护法律尊严，维护人民群众的根本利益。

五、强化党对检察事业的领导 ①

党的十八届四中全会研究部署全面推进依法治国，不仅对党和国

---

① 本部分系作者 2014 年 12 月 26 日在长沙市人民检察院 2014 年党组理论学习中心组第六次集体学习会议上的讲话摘录，收入本书时略作删改。

家具有重大深远意义，对检察机关也具有里程碑意义。这次全会《决定》，检察机关参与度之深入、与检察工作关联度之紧密、对于推动检察事业创新发展之重要，都是前所未有的。

改革是四中全会的核心内容之一，全会《决定》在三中全会的基础上，从全面推进依法治国的战略高度部署了许多重要改革措施，涵盖了依法治国各个方面，其中不少改革措施与检察机关密切相关。《决定》涉及检察改革的主要有以下几个方面：

（一）强化党对检察事业的领导

"党的领导"是社会主义法治的根本保证，十八届四中全会在公报中对党的领导也是反复强调。据统计，整个公报内容中提到"党的领导"有 13 次。从我国实际看，党对国家的领导有多种渠道和形式，但是党组织是党对国家领导的非常重要的渠道。对检察机关而言，强调党的领导就是要不断强化检察机关中党组织的责任。党的十八届四中全会指出，"各级人大、政府、政协、审判机关、检察机关的党组织要领导和监督本单位模范遵守宪法法律，坚决查处执法犯法、违法用权等行为。"四中全会把遵守宪法法律具体的任务和责任落到党组织，抓住了要害。加强法治中国建设，具体在贯彻执行中涉及"执法公信力"等方面，检察机关要围绕四中全会的要求作出具体部署，以党组织为第一责任人，把依法治国的方略转化为检察机关的具体工作。"政法委"也是党对政法领导的重要渠道和形式，通过四中全会《决定》关于我国法治建设总的趋势上看，今后发展的总体方向是不介入具体个案，主要是组织人事上的领导和大政方针的领导。

（二）建立符合职业特点的检察人员管理制度

建立从符合条件的律师、法学专家中招录检察官的制度；加快建立符合职业特点的法治工作人员管理制度、职业保障体系、检察官专业职业序列及工资制度、检察官初级遴选制度、政法部门和法律院校、法律工作人员双向交流机制。

（三）建立完善确保依法独立公正行使检察权的制度

为了保证检察院依法独立行使职权，确保司法公正，排除干扰，《决定》在维护检察机关依法独立行使职权方面采取了几项举措：一是建立各级党政机关和领导干部要支持检察院依法独立公正行使职权的制度机制。这个比我们国家的宪法规定要进了一步。我国宪法规定，人民检察院依法独立行使检察权，不受行政机关、社会团体和个人的干涉，对党的机关和领导干部没有提出特别的要求。实践中，一些党政机关，特别是领导干部，违法干预司法，影响司法公正，甚至造成司法腐败、冤假错案，严重影响了司法的权威。所以《决定》提出，要建立领导干部干预司法活动、插手具体案件处理的记录、通报和责任追究制度。强调任何党政机关和领导干部都不得让司法机关做违反法定职责，对违法干预司法机关办案的给予党纪政纪处分，造成冤假错案或其他严重后果的依法追究刑事责任。这些规定为防止党政机关和领导干部干预案件划定了红线。现在建立这样一个制度，登记、记录、责任追究，最重要的是制定有可操作性的规定，什么情况下怎么记录、怎么通报、怎么追究责任。随着社会主义法治新制度的建立，在法律的约束下，任何人都是平等的，没有特殊，更没有例外。过去，那些习惯用打电话、写条子干预案件的官员，今后将不得不去考量"权大于法"的做法，将会让无视司法公正的官员付出代价。从前，依法治国更多强调的是老百姓要遵纪守法，重点是治民；而今天提的依法治国，可以说更重要是要管住各级官员，用法律的笼子来关住权力，这一转变也体现了我们党对法治的一个认识过程。二是健全维护司法权威的法律制度。《决定》提出，"健全行政机关依法出庭应诉、支持法院受理行政案件、尊重并执行法院生效裁判的制度。完善惩戒妨碍司法机关依法行使职权、拒不执行生效裁判和决定、藐视法庭权威等违法犯罪行为的法律规定"。这有利于在全社会形成维护司法权威的良好氛围。三是建立司法人员履行法定职责保护机制。《决定》专门规定了司法人员履行法定职责的保护机制，非因法定事由、非经法定程序，不得将检察官调离、辞职或作出免职、降级等处分。这个规定在《检察官法》中已经有了，但是没有落实。所以《决定》这次一方面要求检察官要严格执法；另一方面给予保护。将来我们全面实施司法改革以后，检察院要成立一个检察官的惩戒委员会，这个惩戒委员会由党政机关、检察机关及社会人士组成。将来要实行检察官员额制，检察官的独立性要增强，保障机制就会加强，无法定事由，无故免职就很困难，这样检察官可以没有后顾之忧地公正司法。四是完善主任检察官办案责任制，落实"谁办案，谁负责"；实行办案质量终身负责制和错案责任倒查问责制，确保案件处理经得起法律和历史检验。

（四）探索实行检察院司法行政事务管理权和检察权相分离，探索建立跨区域的人民检察院

四中全会《决定》指出，要探索实行检察院司法行政事务管理权和检察权相分离，探索设立跨行政区划的人民检察院。这是触及司法体制的一个核心内容，是解决司法地方化的治本做法。当前，司法地方化的根源是法院、检察院的人、财、物都主要由地方党委政府决定。现行体制下，法院、检察院很难摆脱地方的管控，与地方也有各种利益上的勾连。设立跨行政区划的法院和检察院实际上就是法院和检察院脱离地方，按照司法规律进行重组，检察权和审判权将变得更为独立，极大地促进司法的公正。当然，四中全会中确定的这一路径，在现有情况下，全面实施还有非常大的难度，需要一步一步试点，扎实稳妥地推进。具体的细化举措还需要逐步在司法实践中汲取经验，推进这项改革获得预期效果。

（五）探索建立检察机关提起公益诉讼制度

党的十八届四中全会明确提出：探索建立检察机关提起公益诉讼制度。四中全会的这项内容赋予检察机关一项新的法律职能，为长期存有争论的检察机关应否提起公益诉讼的问题，给出了明确答案。检察机关作为发动公益诉讼的"火车头"，沉睡在民事诉讼法条上的公益诉讼制度便有望被激活，相信社会公益的保障将会有明显起色。近

年来，公益正成为人们日益关注的热门话题之一。在此背景下，公益诉讼作为解决公益纠纷最具效力的方式，却因各种制度性缺陷倍受羁绊。针对这个问题，本次四中全会提出了探索建立检察机关提起公益诉讼制度，尝试在制度上为公益诉讼扫清障碍。从现实情况来看，当前有些单位和个人为了追求本部门或个人的利益，不惜采取违法手段损害国家利益或社会公共利益。对这些侵犯国家利益和社会公共利益的民事和行政违法行为，如果法律仅仅允许直接利害关系人起诉，有可能造成无人起诉的局面，其主要原因在于可能没有资格起诉主体，或者直接利害关系人不敢提起诉讼，或者没有能力提起诉讼，因而客观上需要一个作为社会公益的维护者的角色提起诉讼。赋予检察机关在公益诉讼中提起诉讼的权力，符合检察机关作为国家法律监督机关的职能特点，也是公益诉讼国家干预原则的体现。从世界范围来看，检察机关作为公益诉讼的代表是各国的普遍做法。检察机关自产生以来，就被定位为国家利益和公共利益的代表，并为人们所普遍接受。美国、德国、日本、英国、法国等国的法律明确规定，为维护国家利益或社会公共利益，检察官可以作为公益诉讼的当事人。我国在这方面的法律规定还不够完善，现行《民事诉讼法》虽然规定了民事公益诉讼制度，但只是笼统规定"法律规定的机关和有关组织可以向人民法院提起诉讼"，并未明确检察机关的民事公益诉讼主体地位。2014年10月全国人大常委会第十二届第十一次会议通过的《行政诉讼法》修正案也未涉及行政公益诉讼。我国检察机关是宪法规定的国家法律监督机关，当然是国家利益和公共利益的代表，全会以文件的形式明确将检察机关列为公益诉讼的主体，丰富了检察机关法律角色的内涵，进一步凸显了检察机关在国家机构中的重要地位和独立性。符合我国检察机关的性质、定位，符合司法规律，符合法治要求。

（六）探索建立与以审判为中心的诉讼制度相适应的诉讼监督制度

四中全会决定提出推进以审判为中心的诉讼制度改革，目的在于确保侦查、审查起诉的案件事实证据经得起法律检验。以审判为中心的诉讼制度改革，相对于卷宗中心主义，主张审判特别是庭审活动的实质性，参加诉讼的各方更集中注意在法庭上发挥作用，意味着整个诉讼制度和活动围绕审判而建构和展开，审判阶段对案件的调查更具有实质化的特征。检察机关要主动适应这一制度改革的新形势新要求，有针对性地对检察机关诉讼监督工作进行必要的调整：一要明确这一制度改革是以审判为中心，不是以法院为中心，公、检、法三机关在刑事诉讼活动中各司其职、互相配合、互相制约的原则不能变、不能丢。二要明确这一制度改革是以审判活动为中心，不是以审判职能为中心，注意把握审判职能与监督职能、诉讼活动的联系和差异，不能将相互间的定位和职能混为一谈。三要明确这一制度改革所带来的新变化新要求，对诉讼监督要有所侧重、有所调整，在坚持多元化监督工作格局的基础上，逐步将诉讼监督的重心转移到审判活动上来，着力在审判活动中发现、核实和纠正有关司法机关和司法工作人员的诉讼违法行为，确保诉讼活动公正高效。

（七）强化对行政机关的法律监督

党的十八届四中全会明确提出，检察机关在履行职责中发现行政机关违法行使职权或不行使职权的行为，应该督促其纠正。行政权作为公权力的重要组成部分，本身具有扩张性、侵犯性、任意性的内在基因，因此必须加强对他们的监督。落实四中全会要求，全面推进依法治国，必须以规范和约束公权力为重点，加大监督力度，把公权力关进制度的笼子。现实中，检察机关对行政违法行为的监督，主要是依法查办行政机关工作人员涉嫌贪污贿赂、渎职侵权等职务犯罪案件，范围相对比较窄。过去，对行政乱作为、不作为的监督仅限于三种情形，即在行政执法与刑事司法衔接机制中，对行政机关移送涉嫌犯罪案件进行监督；对法院行政判决裁定提出抗诉，间接对行政机关行政行为进行监督；实践中各地也探索了在履职中对发现的行政机关违法行使职权或不行使职权的行为督促其纠正的监督方式。还有大量的行政乱作为、不作为等违法行为没有纳入监督范围，存在监督不够的问题。这次四中全会明确规定：检察机关在履行职责中发现行政机关违法行使职权或不行使职权的行为，应该督促其纠正，可以确保将重大行政乱作为、不作为等违法行为直接纳入监督范围，这一规定符合我国检察机关的性质和定位，有利于加强检察权对行政权的监督。

（八）强化其他法律监督和自身制约监督

建立惩治和预防腐败的体系；惩治贪贿的制度，把贿赂犯罪对象扩大为财务和其他财产性利益；完善对限制人身自由司法措施和侦查手段的司法监督，加强对刑讯逼供和非法取证的源头预防，健全冤假错案有效防范、及时纠正机制。明确司法机关内部各层级权限，健全内部监督制约机制；司法机关内部人员不得违反规定干预其他人员正在办理的案件，建立司法机关内部人员过问案件的记录制度和责任追究制度；职务犯罪线索管理，健全受理、分流、查办、信息反馈制度；规范查封、扣押、冻结、处理涉案财物的司法程序；依法规范司法人员与当事人、律师、特殊关系人、中介组织的接触、交往行为；构建开放、动态、透明、便民的阳光司法机制，加强法律文书释法说理，建立生效法律文书统一上网和公开查询制度。

六、牢牢把握检察机关意识形态工作主导权 ①

坚持中国道路、弘扬中国精神、凝聚中国力量，意识形态工作发挥着思想引领、舆论推动、精神激励的重要作用。检察机关作为国家的法律监督机关，肩负着巩固党的执政地位、捍卫社会主义法治制度的重任，必须牢牢把握意识形态工作主导权，坚决做到因势而谋、应势而动、顺势而为。

---

① 本部分系作者 2015 年 9 月 29 日在长沙市政法系统党员领导干部研讨班上撰写论文内容摘录，收入本书时略作删改。

（一）深化认识，切实增强抓好检察机关意识形态工作的自觉性和坚定性

意识形态工作具有根本性、战略性、全局性意义。尤其是当前，面对各种思想文化的交流交融与交锋，面对十分繁重的司法体制改革和检察改革的艰巨任务，必须对抓好意识形态工作的重要性有一个更加清醒的认识和理解。

抓好意识形态工作是捍卫中国特色社会主义检察制度，增强检察机关道路自信、理论自信、制度自信的必然要求。中国特色社会主义检察制度是以马克思主义法律观为指导，在紧密结合我国国情，总结我国社会主义检察实践成功经验，借鉴其他国家有益做法的基础上建立起来的，是我们党领导人民在建设中国特色社会主义事业中的伟大创造，具有历史必然性、内在合理性和明显优越性。然而，一些宣扬西方宪政思潮的人，打着法治的幌子，公然抨击我国社会主义检察制度，宣扬推销"宪政民主""普世价值""司法独立"等，其目的就是要同我们争夺阵地、争夺人心、争夺群众，是针对中国共产党领导和中国社会主义制度的。在这一新的历史条件下，我们唯有高度重视意识形态工作，继续巩固马克思主义在意识形态领域的指导地位，巩固全体检察人员的共同思想基础，才能确保政治信仰不变、政治立场不移、政治方向不偏，坚决捍卫中国特色社会主义检察制度，增强检察机关的道路自信、理论自信、制度自信。

抓好意识形态工作是进一步加强和改进检察工作，全面正确履行检察职能的客观需要。检察机关是人民民主专政国家的法律监督机关，是保障在全社会实现公平和正义的司法机关。加强和改进检察工作，全面正确履行检察职能是检察机关主动认识新常态、适应新常态、引领新常态，准确把握司法规律和检察工作特点，努力捍卫法律尊严和公平正义，维护社会和谐稳定的根本途径。当前检察机关在加强和改进检察工作、全面正确履行检察职能方面还存在一些不足和问题，比如司法理念和思想观念与当前形势发展还不相适应；发挥检察职能作

用与保障长沙经济社会发展要求还存在差距；创新监督机制，改进监督方法，提高监督水平与全面加强法律监督能力建设要求还不相吻合；检务公开程度尚不能满足人民群众的新期待等问题。有效解决以上问题，就必然要求我们高度重视意识形态工作，充分发挥意识形态工作在把握大势、着眼大事，对重大问题的分析研判和重大战略性任务的统筹指导作用，为加强和改进检察工作，全面正确履行检察职能提供基本遵循。

抓好意识形态工作是突出加强高素质检察队伍建设，打造一支忠于党、忠于人民、忠于国家、忠于法律检察队伍的重要保证。检察机关是国家免疫系统的重要组成部分，是营血卫气、祛邪扶正、保证社会肌体健康的重要力量。检察队伍是检察工作的软实力，培养一支政治坚定、业务精通、作风优良、司法公正的检察队伍，是促进检察事业科学发展的重要保障。当前我国主流意识形态安全受到主导信仰日渐淡化、拜物崇权倾向日益严重、非马克思主义的思潮时有出现等冲击，有的检察人员理想信念发生了动摇，不信马列信鬼神，个人主义突出，形式主义、官僚主义严重，不同程度存在着价值取向模糊，用权任性、法外用权、以权谋私、以案谋私等问题。这些现象和问题，虽然发生在个别检察人员身上，但其负面影响大、破坏性强，如果不引起高度警醒和重视，将会严重侵蚀检察队伍的健康肌体，甚至会损害检察事业的健康发展和检察司法公信力。这就要求我们高度重视意识形态工作，充分发挥意识形态工作引领人、教育人、激励人、鼓舞人的特殊功能，进一步筑牢职业信仰、规范职业操守、提升职业能力、增强职业保障、塑造职业形象，打造一支忠于党、忠于人民、忠于国家、忠于法律检察职业队伍，为检察事业科学发展提供强有力的人才保障。

（二）突出重点，着力解决检察机关意识形态工作面临的关键问题

意识形态工作关乎旗帜、道路和国家政治安全，必须抓住关键。当前，意识形态工作的关键就是政治原则问题，就是要坚持党的领导和

中国特色社会主义政治制度，检察机关应突出抓好以下几个方面：

一是要正确处理坚持党的领导与依法独立公正行使检察权的关系。依法独立公正行使检察权，是建设法治国家、实现依法治国方略的必然要求。坚持党的领导是正确行使检察权，保证法律统一、正确实施的基本条件。正确处理二者之间的关系，是保障检察事业健康发展的前提和关键。深刻认识这一本质特征，全市两级检察机关要坚定不移、毫不动摇地坚持党的领导，认真贯彻党委部署，坚决执行党委决定；严格执行重大部署、重点工作、重要事项、重要案件向党委报告、请示等制度；积极地主动服务党委、政府的工作大局，主动、扎实有效服务长沙"六个走在前列"、率先建成"三市"、强力实施"三倍"和率先建成全面小康加快实现基本现代化。要依法独立公正行使检察权，忠实履行宪法和法律赋予的职责，维护宪法和法律尊严；坚持依法独立公正行使检察权，不受任何行政机关、社会团体和个人的干涉；牢牢把握"强化法律监督，维护公平正义"的检察工作主题，致力维护和促进公正司法，让人民群众在每一起案件中都能感受到公平正义。真正把坚持党的领导与依法独立公正行使检察权统一起来，把执行党的政策与执行法律统一起来，把司法办案的政治效果、社会效果和法律效果统一起来。

二是要正确处理坚持人大监督与依法独立公正行使检察权的关系。人大的监督权和检察权，都是宪法和法律赋予的。正确处理坚持人大监督与依法独立公正行使检察权的关系，不仅是一个理顺国家权力机关与专门法律监督机关之间权力配置的重大理论问题，更是事关当前我国检察制度长远发展的迫切现实问题。全市两级检察机关要始终坚持宪法意识、人大意识和接受监督意识，主动向人大及其常委会报告工作，认真执行决定决议，真诚接受监督，防止和纠正把人大及其常委会督促检察机关依法公正处理案件等同于"干涉司法活动"的错误认识；防止和克服借口依法独立公正行使职权抵制和否定人大监督的错误倾向。

三是要正确处理坚持司法民主与依法独立公正行使检察权的关系。

司法民主是新形势下扩大人民民主范围、丰富人民民主形式、增加人民民主渠道的重要方面，是人民群众对司法机关及其活动享有和行使知情权、参与权和监督权的重要途径，是对人民检察院依法独立公正行使检察权的一种制度保障和合法性支持。基于此，全市两级检察机关要高度重视司法公开民主，全面推行和落实新闻发言人、终结性法律文书上网和诉讼案卷查阅等制度，充分尊重当事人和社会公众的知情权。积极探索司法专业化和民主化相结合的新途径，充分发挥人民监督员、民主监督员参与和监督检察工作的作用，通过推进司法公开民主不断促进司法公正。建立健全检务公开渠道，积极主动地搭建与社会公众"面对面""点对点"交流平台，通过检务查询、检务告知、检务发布、检务听证、检务见证、检务参与、检务通报、检务咨询、检察开放日等方式，客观、及时、全方位、多渠道推进检务公开。

四是要正确处理检察机关如何牢固树立、自觉践行正确的发展理念和司法理念的问题。第十三次全国检察工作会议上鲜明提出并全面深刻阐述了"六观""六个有机统一"和"四个必须"。这是科学发展观和社会主义法治理念在检察工作中的必然要求，是检察工作经验的总结升华和创新发展，是对检察工作规律性认识的系统化成果。以"六观""六个有机统一"和"四个必须"为基本内涵的发展理念和司法理念，对中国特色社会主义检察事业实现什么样的发展、怎样发展及检察人员为谁执法、怎样执法等一系列重大理论和实际问题作出了明确回答。为此，全市两级检察机关要把思想和行动统一到习近平总书记有关重要讲话、重要批示精神和最高人民检察院有关检察工作的总体思路和发展目标的科学论述上来。以"六观""六个有机统一"和"四个必须"为标准，紧密联系本系统、本单位、本部门和全体检察人员的思想工作实际进行认真的对照检查，查找问题，剖析原因，尽快整改，解决问题，使"六观""六个有机统一"和"四个必须"在每一位检察人员头脑中扎根、在工作中见效。要坚定不移地强化法律监督，维护公平正义，推动科学发展，促进社会和谐，更好地担负起中国特色社会主义事业建设者和捍卫者的职责使命，在新的起点上全面推进中国特色社会主义检察事业。

五是要正确处理长沙检察机关如何构建符合自身实际的发展体系，全面推进并努力实现全市检察工作新发展的问题。2008年以来，长沙市检察机关精心制定、不断完善和大力实施了全市检察工作新发展的总体思路，包括新发展目标（即总体目标、具体目标）、新发展的理念、新发展的战略、新发展的重点、新发展的关键、新发展的路径、新发展的保障等，取得了明显成效，检察工作每年都取得了新进展、新进步，实现了新发展。但我们要清醒地看到，对这些带全局、带根本性的问题，检察人员的认识并不深刻、不统一，还不同程度地存在一些理解片面、认识模糊的问题。如在明确发展的目标上，对人民满意是一切检察工作的出发点和归宿等观念理解不深刻；在树立和践行"六种理念"上，对服务大局的理念、理性、平和、文明、规范执法的理念等没有牢固树立、严格践行；在大力实施"六大战略"上，对实施文化育检战略、机制活检战略等不够重视；在突出"三项重点工作"上，有的业务工作还存在短板；在把握"两个关键"上，还不够重视加强党的建设、思想政治建设；在大力推进"六化"进程上，推进业务一体化、执法规范化、检务信息化等发展不够平衡；在着力夯实"三项保障"上，有时还没有正确处理好坚持党的领导、上级检察机关的领导和自觉、全面接受人大监督、政协民主监督及社会各界监督之间的关系。全市两级检察机关要通过切实加强意识形态方面的工作，澄清模糊认识，引导全体检察人员坚定信念，提振精神，强化责任，改进作风，进一步明确发展目标，进一步树立和践行发展理念，进一步实施发展战略，进一步突出发展重点，进一步把握发展关键，进一步开辟发展路径，进一步依靠发展保障，真正全面推进并努力实现全市检察工作的新发展，从而不断推进和实现长沙检察事业的科学发展。

（三）强化措施，确保牢牢掌握检察机关意识形态工作主导权

检察机关是意识形态工作的重要阵地。意识形态工作贯彻检察机关司法办案、队伍建设、司法保障等各项工作之中，在任何时候都决不

能放松坚守意识形态工作这根弦。全市两级检察机关一定要强化措施、落实责任，牢牢把握住领导权、管理权和话语权。

一是要牢牢把握意识形态领导权。领导权决定着意识形态工作的方向，全市两级检察院党组必须强化政治责任和领导责任，把意识形态工作纳入重要议事日程，经常研究，及时加强指导。党组书记、检察长要主动靠前指挥，履行好第一责任人的职责，带头分析研判意识形态领域的重大问题，带头把好检察宣传阵地导向，带头批评错误观点和错误倾向，带头研究和遵循司法规律，带头弘扬法治精神，带头依法秉公用权，带头做到敢于担当，带头保持清正廉洁的政治本色。要总揽全局、协调各方，既要组织动员各业务部门密切配合、协力推动，又要按照"谁主管，谁负责"的原则，落实责任分工，促进检察意识形态工作落地生根。

二是要科学用好意识形态管理权。一方面，要积极参与全社会的意识形态管理，充分运用检察职能，依法严厉打击攻击党和政府、否定社会主义制度，危害国家安全和公共安全的犯罪，坚决维护国家主流意识形态主权、安全和发展利益。另一方面，要抓好检察机关自身意识形态管理。首先要抓好检察思想宣传队伍管理，实施重点人才工程，突出抓好检察宣传部门重要阵地、关键岗位的人员配备和使用。其次要管好舆论导向，对事关检察制度、检察工作方向等大是大非和政治原则问题，必须理直气壮地进行正面宣传和引导，主动回应社会关切，不断凝聚社会正能量；要管好新媒体宣传平台，大力加强与新闻媒体、公安等部门的协作，强化对网络论坛、博客播客、即时通信、社交网站、手机视频的监控，决不给错误思想言论提供传播渠道。

三是要有效掌控意识形态话语权。话语体系是意识形态传播的基本载体。全市两级检察机关必须紧紧围绕检察中心工作，大力开展对检察职能、检察队伍建设、检察改革和检察业务工作的全方位宣传，为全面推进并努力实现长沙检察工作的新发展营造良好的社会舆论氛围。做大做强正面舆论宣传，大力弘扬"公、诚、精、廉、新"的长沙检察精神，传播长沙检察声音，打造长沙检察名片，形成具有长沙特色的检察文化品牌，向社会集中展示长沙检察机关良好的精神风貌。创新检察宣传载体，依托检察门户网站、长沙检察官方微博、官方微信、检察手机报等平台，积极抢占新兴传播阵地，推进传统媒体和新兴媒体融合发展，切实把握思想舆论主导权。

七、宪法是党和人民意志的集中体现 [①]

习近平总书记指出：宪法是国家的根本法，是治国安邦的总章程。党的十八届四中全会通过的《中共中央关于全面推进依法治国若干重大问题的决定》指出："宪法是党和人民意志的集中体现，是通过科学民主程序形成的根本法。"

首先，宪法是党和人民共同意志的集中体现。我国宪法同党和人民进行的艰苦奋斗和创造的辉煌成就紧密相连，同党和人民开辟的前进道路和积累的宝贵经验紧密相连。早在 1940 年，毛泽东同志就指出，"在革命成功有了民主事实之后，颁布一个根本大法，去承认它，这就是宪法"。新中国成立特别是改革开放以来，党的历次代表大会确定的重大方针政策都在宪法中得到充分体现。现行宪法以国家根本法的形式，确立了中国特色社会主义道路、理论体系和制度的发展成果，反映了我国各族人民的共同意志和根本利益，是党的主张和人民意志的高度统一。维护宪法法律权威就是维护党和人民共同意志的权威，捍卫宪法法律尊严就是捍卫党和人民共同意志的尊严，保证宪法法律实施就是保证党和人民共同意志的实现。要充分认识只有切实尊重和有效实施宪法，党和国家事业发展、人民群众幸福安康才有根本的法律保障。

其次，宪法是人民民主权利和意愿的直接反映。《中共中央关于全

---

① 本部分系作者 2015 年 12 月 16 日在长沙市人民检察院 2015 年党组理论学习中心组第七次集体学习会议上的讲话摘录，收入本书时略作删改。

面推进依法治国若干重大问题的决定》指出，"党中央向全国人大提出宪法修改建议，依照宪法规定的程序进行宪法修改"。这充分体现了党的领导、人民当家作主和依法治国的有机统一，彰显了我国社会主义民主的鲜明特色。我国宪法在制定修改过程中，充分发扬民主，严格遵循程序，确保全党全社会广泛参与和高度认同。1954年制定我国第一部宪法时，组织国家机关、全国政协、各民主党派、人民团体以及社会各界代表共8000多人参加讨论，提出经整理后的意见6000多条。在随后的全民讨论中有1.5亿人参与，共收到来自全国的100多万条修改意见和建议。1982年现行宪法修改草案在全民中进行了长达四个月的充分讨论，此后的四次修正案都广泛征求了党内外各方面的意见建议。可以说，宪法的形成发展过程，就是人民直接行使民主权利、反映民主意愿的过程，就是高度凝聚全党全国人民智慧和共识的过程。要充分认识宪法是通过科学民主程序形成发展的，是我国社会主义民主最广泛、最真实的体现。

最后，宪法是全社会必须严格遵守的最高行为准则。改革开放以来，我国现行宪法以其至上的法制地位和强大的法制力量，保障了人民当家做主，促进了改革开放和社会主义现代化建设，推动了社会主义法治国家进程，维护了国家统一、民族团结、社会稳定。实践证明，这是一部符合国情、符合实际、符合时代发展要求的好宪法。《中共中央关于全面推进依法治国若干重大问题的决定》强调，"任何组织和个人都必须尊重宪法法律权威""全国各族人民、一切国家机关和武装力量、各政党和各社会团体、各企业事业组织，都必须以宪法为根本的活动准则，并且负有维护宪法尊严、保证宪法实施的职责"，进一步彰显了以习近平同志为总书记的党中央坚持依法治国、依宪治国的鲜明态度和坚定决心，确立了宪法在国家治理体系和治理能力法治化中的核心地位。要始终坚持宪法至上，充分认识宪法作为保证党和国家兴旺发达、长治久安的根本法，具有最高权威，必须充分尊重、坚决维护。

第二节　始终坚持接受上级检察机关的领导

一、坚持服从和接受上级检察院的领导 ①

要自觉服从省检察院领导，主动争取省院各部门的指导。根据宪法规定，上下级检察机关之间是领导与被领导的关系。认真落实上级检察机关的工作部署与严格要求、严格执行上级检察机关的决定、意见，既是一个严格执法的问题，也是一个政治态度、党性观念的问题。各县（市）区检察院要在队伍建设、业务建设和后勤保障建设等各个方面、各个环节严格执行上级检察院的各项规定，做到检令畅通，令行禁止。在查办职务犯罪案件方面，要贯彻实行下级检察院检察长向上一级检察院检察长的请示、汇报和报告制度。今年市院还将通过检务督察和对区、县（市）院的巡视制度，加强督促检查，发现问题及时纠正，确保全市检察工作运转有序、上下协调、顺利开展。

二、正确理解和把握检察改革试点工作的几个重要问题 ②

2014 年 6 月，中央确定上海为全国深化司法体制改革先行先试的地区，上海检察机关也成为全国首家检察改革试点单位。之后，中央又相继确定了湖北、青海、广东、贵州、吉林、海南等六个省作为第一批司法体制改革试点省。下面，根据前不久召开的全国司法体制改革试点工作推进会和全省检察改革试点工作现场会议精神，我就大家比较关注的几个重要问题再强调几点。

第一，要正确理解和把握检察官员额制。实行检察官员额制，是探

---

① 本部分系作者 2008 年 6 月 10 日在长沙市检察机关"大学习、大讨论"专题研讨班上的讲话摘录，收入本书时略作删改。

② 本部分系作者 2015 年 8 月 12 日在长沙市基层检察院检察长研讨班暨全市检察改革试点工作会议上的讲话摘录，收入本书时略作删改。

索建立符合司法职业特点的检察官管理制度的核心内容，是司法责任制的基石。一是中央要求检察官员额要控制在中央政法专项编制的 39% 以下。二是检察官员额必须配置在业务部门，做到以案件数量为参照，"以案定员"。如上海市检察院要求各级检察院侦监、公诉、反贪、反渎、民行、监所部门的检察官足额配备；案件管理、控告申诉、预防、法律政策研究部门的检察官从严控制，按照规定岗位和数额配备；业务部门的综合岗位及行政综合部门都不配备检察官。三是创设检察官助理。上海市检察院创设检察官助理，明确由其承担案前调解、证据交换、法律文书起草等辅助性工作，使检察官得以从繁杂的事务中解脱出来，专注于办理核心业务，由此不仅缓解、化解了案多人少矛盾，而且提升了办案质效。四是员额内检察官必须严格标准、择优选任，同时考虑可持续发展问题，在员额使用上留有余地，让年轻人有希望。五是领导干部进入员额要按照遴选标准和程序进行考核，入额后必须在司法一线亲自办案。最高检领导强调，领导干部亲自办案，就是作为案件承办人直接办案，不是作为领导仅仅审核案件或参加检察委员会讨论案件；领导干部究竟承办多少案件合适，各试点地区可以根据不同层级、不同业务、不同类型案件等实际情况科学合理确定一定数量。

第二，要正确理解和把握司法责任制。完善司法责任制是健全检察权运行机制的核心内容，在司法改革中居于基础性地位。一是规定检察机关办案组织形式主要包括独任检察官和检察官办案组。如上海市检察机关在批捕部门，探索实行分片区和专业化相结合的办案组；在公诉部门，基层院设立办理金融（知识产权）、未成年人犯罪、职务犯罪、简易程序案件的专业办案组，检察官人数多的，还可设立毒品、网络等案件办案组；在反贪和法律监督方面，也逐步探索设立专业化的办案组。二是检察机关内部各层级职责权限必须坚持宪法、人民检察院组织法确定的上级领导下级、检察长统一领导检察院工作的基本原则。三是在健全检察管理和监督制约机制中，要注意协调好检察官相对独立行使职权与检察一体化的关系，保证检察长、检察委员会对司法办案工作的管理权和领导权；重视发挥业务部门负责人司法管理和监督制约作用，案管部门流程管理和质量评查作用，以及相关职能之间的相互制约作用。四是司法责任主要分为故意违反法律法规责任、重大过失责任和监督管理责任三种类型，应科学认定、合理区分。

第三，要正确理解和把握检察官单独职务序列和工资制度。建立检察官单独职务序列和工资制度，是推进检察队伍专业化职业化建设、完善检察官职业保障的重要改革措施。一是单独设置检察官职务序列后，检察官保留国家机关工作人员身份，但法律职务与行政职级脱钩。二是检察官等级需要重新配置，实行定期晋升和择优晋升。在现行检察官法确定的四等十二级基础上，改变各级检察院检察官等级与行政职级完全对应并受制于所在检察院行政规格的现状，并注意向基层倾斜。一定等级以下的检察官定期晋升，超过一定等级的可以择优选升；对于长期在边远地区和基层检察院从事司法办案工作，业绩特别突出的检察官，可以选升至高于其所在检察院层级的最高等级配置。三是统筹建立检察官工资制度，工资由基本工资、津贴补贴、绩效奖金组成；检察官、司法辅助人员收入和职业保障整体高于普通公务员。如上海市检察官、司法辅助人员和司法行政人员分别按高于普通公务员43%、20%、10%的比例安排，并向一线办案检察官倾斜。

第四，要正确理解和把握省以下地方检察院人财物统一管理。一是市级、县级检察院检察长由省级党委直接管理，其他领导班子成员可委托当地市级党委管理。二是检察官的法律职务依现行法律程序任免，检察官的日常管理及其他人员管理按照干部权限，由各级检察院党组负责。三是省、市、县三级检察机关均为省级财政部门一级预算单位，向省级财政部门编报预算，预算资金通过国库集中支付系统拨付。

第五，要正确理解和把握检察组织结构。检察组织结构是检察权运行的重要载体，对落实司法责任制、推进司法改革试点工作具有重要作用。一是内设机构改革的重点在基层检察院，主要是稳步推进大部制改革。如上海在闵行区院、静安区院对相应机构进行归并调整，主要整合为刑事检察部、诉讼监督部、职务犯罪侦查部（反贪局）、案件管理部等部门。二是既要促进机构扁平化又要促进办案专业化，内设机构要精简，但检察机关的法律监督职能和检察工作专业化不能受影响。如上海各试点单位在内设机构整合后，在各部（局）下设若干主任检察官办案组，实行专业化分工，负责相关执法办案工作，并直接对检察长负责，实现办案组织的扁平化、专业化。三是既适当去行政化又要强化司法管理，不能因简单去行政化而虚化检察机关党的建设、思想政治教育、党风廉政建设等重要工作。

三、积极、稳妥推进各项改革试点工作 ①

要充分发挥先行先试精神，积极稳妥推进各项改革试点。今年下半年我省将启动四项检察改革试点，全市两级检察机关要严格按照部署和要求，积极探索、稳妥推进，充分发挥先行先试精神，努力在改革试点中走在前列，切实创造出可复制、可推广的经验。

一是要确保已明确的改革任务取得实效。继续抓好全面推进涉法涉诉信访工作机制改革、推进检务公开制度改革、完善轻微刑事案件快速办理机制改革、严格规范减刑、假释、暂予监外执行程序等已出台改革措施的落实和完善，加强跟踪、检查和评估，保持改革的连贯性。

二是要全力做好检察改革试点工作。宁乡县检察院作为全省检察系统改革试点单位要明确好改革路线图、时间表，按要求完成各个节点的工作；要主动向党委请示汇报，及时加强与组织、人事、编制、财政、人社等部门的沟通协调，最大限度地争取理解和支持，形成改革合力；要增强责任意识和大局意识，勇于探索，大胆实践，善于总结，为全市检察机关全面启动相应改革提供有效作法。市院要加强对宁乡县院改革试点的支持和指导，及时解决其在改革中特别是人员分类管

---

① 本部分系作者 2015 年 8 月 12 日在长沙市基层检察院检察长研讨班暨全市检察改革试点工作会议上的讲话摘录，收入本书时略作删改。

理中遇到的难题。帮助协调好与"四大家"及财政、人社等部门的关系，排除改革阻力，推进改革顺利实施。

三是要认真抓好拟出台改革措施的各项准备工作。抓组织领导，全市两级检察院要根据省检察院司法改革领导小组机构及成员的设置、分工对本单位司法改革领导小组进行相应调整；两级院党组要充分发挥核心领导作用，院党组书记、检察长要切实承担起改革第一责任人的职责；要探索建立检察改革有关组织、管理、协调、考核机制。抓宣传学习，广泛采取多种宣传形式和宣传渠道，及时将上级精神、改革动态、工作措施、政策解读等内容传达到干警；通过专家授课、外出考察学习、党组理论学习中心组、内设机构或党支部等多种形式，重点学习习近平总书记关于依法治国和深化司法体制改革的重要讲话精神，学习中央、中央政法委、省委、省检察院有关司法体制改革和检察改革的文件精神，学习上海、湖北、广东等试点地区好的经验作法。抓调查摸底，最重要的是抓好对"人"的摸底调查，摸清全院中央政法专项编制数量与使用、分布情况；摸清现有检察官、助理检察员人数情况；摸清全院检察人员的年龄学历、职级职务、岗位经历、专业特长和岗位分布情况；摸清各业务部门近三年办案量、年均办案量、人均办案量；摸清检察人员的职业发展意向；摸清检察人员办案实绩及是否具有禁止或暂缓进入检察官员额等有关情况。抓谈话谈心，要求在检察长与院领导、中层骨干之间，分管院领导与分管部门中层骨干之间，部门正职与部门人员之间广泛开展谈心交心活动，谈认识、谈顾虑、谈打算、谈建议，通过谈心交心消除干警不信改革、不愿改革、不敢改革的心理障碍。抓汇报协调，主动向党委和上级检察机关请示汇报，在党委和上级检察机关的领导和人大、政府、政协的有力监督、大力支持下依法推进改革，确保改革不偏离正确方向；加强与组织、人事、编制、财政、人社等部门的沟通协调，及时向上级机关及有关部门汇报通报有关改革情况，最大限度地争取理解和支持，形成改革合力。

本次会议后，各基层院要迅速将会议的重要精神形成书面汇报提纲，迅速向"四大家"领导机关及有关部门进行汇报、通报，让本地领导全面深入了解检察改革，争取领导全力支持检察改革。

第三节　始终坚持接受人大监督、政协民主监督和其他监督

一、增强接受人大监督的自觉性、主动性和实效性 [①]

1982 年长沙市人民代表大会常务委员会的设立，标志着我市人大工作和民主法制建设翻开了新的篇章、开启了新的航程。

三十年来，市人大及其常委会高举中国特色社会主义伟大旗帜，忠实履行宪法和法律赋予的职责，大力加强社会主义民主法制建设，取得了丰硕成果：立法工作成效显著，监督工作务实高效，重大决策科学民主，人事任免严格规范，代表作用发挥充分，为全面推进我市政治建设、经济建设、文化建设、社会建设和生态文明建设做出了巨大贡献。

实践证明，市人大常委会设立的三十年，是我市经济社会发展成就辉煌的三十年；是全市社会主义民主法制建设成效显著的三十年；是人民当家做主权利得到有效落实的三十年；是市人大及其常委会工作与时俱进、步履坚实、硕果累累的三十年！

伴随着市人大常委会设立三十周年，我市检察机关恢复重建也走过了三十余年的历程。三十年来，市人大常委会对全市检察工作给予了高度重视、有力监督和大力支持，切实促进了检察机关的发展壮大，促进了检察人员的忠诚履职，促进了检察职能的正确履行，促进了检

---

① 本部分系作者 2012 年 1 月 4 日在纪念长沙市人大常委会设立 30 周年大会上的发言摘录，收入本书时略作删改。

察事业的科学发展。

市人大及其常委会依法行使监督权，听取和审议检察工作报告、视察和评议检察工作，增强了检察人员"监督者更要主动接受监督"的意识，促进了检察权的依法正确行使；市人大及其常委会依法监督检察业务工作的开展，听取、审议专项工作报告、督办相关案件，支持检察机关严格、公正执法，增强了检察人员"为谁执法、为谁掌权"的宗旨观念，促进了检察机关坚定信念、执法为民；市人大及其常委会依法对检察工作提出批评、意见和建议，及时发现和纠正检察机关在执法办案中存在的问题和不足，增强了检察人员理性、平和、文明、规范的执法理念，促进了检察机关执法质量和效果的提升；市人大及其常委会依法行使人事任免权，审查和任命检察官，增强了检察人员忠诚履职的使命感、责任感和自觉性，促进了检察官素质的不断提升；市人大及其常委会关心、支持解决检察机关"两房"建设、信息化建设、装备建设及经费保障等有关实际困难和问题，增强了检察机关发展的动力与活力，促进了检察事业的全面深入健康发展。

三十年来，市检察院在市委和省检察院的领导下，在市人大及其常委会和社会各界的监督支持下，忠实履行法律监督职责，扎实开展检察工作，取得了显著成效。三十年来，检察工作取得的每一步发展、每一点进步和每一分成绩，都得益于、归功于市委的正确领导；得益于、归功于市人大及其常委会领导的关心、监督与支持；得益于、归功于全体市人大代表的关心、监督与支持！在此，我谨代表全市检察机关和全体检察人员，向过去一直重视、关心、监督、支持检察工作和检察事业发展的各位领导、历届市人大及其常委会领导、全体市人大代表和全市人大工作者，表示衷心的感谢和崇高的敬意！

回顾全市检察机关三十年的奋斗历程，我们深切地体会到，检察机关必须始终坚持党的领导，必须始终坚持接受人大及其常委会的监督，必须始终保持检察工作的政治属性、人民属性、法律监督属性的有机统一。只有这样，检察机关才能永远保持正确的前进方向，才能确保检察权的依法正确行使，才能不断推动和实现检察事业的科学发展。在今后的工作中，我们将努力做到以下三点：

（一）深化思想认识，进一步增强接受人大监督的自觉性

第一，人大及其常委会对检察工作实施监督是我国根本政治制度的重要内容。人民代表大会制度是我国的根本政治制度，是人民当家做主的根本途径和最高实现形式。我国由人民代表大会统一行使国家权力，检察机关由人大产生，对人大负责，受人大监督。人大根据党的主张和人民的意愿，通过制定法律、作出决议，决定大政方针和重大事项，并监督和支持检察机关依法、公正司法，保障检察机关依法行使国家法律监督职能，把人民赋予的权力真正用来依法保护人民的合法权益，用来为人民服务，用来为人民谋利益。

第二，接受人大及其常委会监督是对人民负责、受人民监督的具体体现。社会主义制度的本质是人民当家做主，人民是国家的主人，是一切国家权力的来源。人大作为人民群众的代表机构，是人民群众利益的集中体现。作为国家法律监督机关的人民检察院，只有自觉接受人大监督，才能正确把握和行使人民所赋予的检察职能，才能做到严格公正执法，才能真正把对法律负责与对人民负责有机统一起来，真正把群众的愿望和要求作为检察工作决策的基本依据，把检察权作为维护人民群众利益的权力，把执法岗位作为服务人民群众的平台，把维护好、实现好、发展好人民群众的根本利益作为检察工作的归宿，真正使检察工作体现人民愿望、适应人民需要、维护人民利益。

第三，接受人大及其常委会监督是检察机关必须履行的法定职责和义务。我国宪法规定，全国人大及其常委会负有监督宪法实施的重要职责；地方各级人大及其常委会负有在本行政区域内保证宪法、法律、行政法规遵守和执行的重要职责。监督检察机关的工作是人大及其常委会的一项法定职责；人大对检察机关的监督是宪法规定的最高形式的法律监督。对于依照宪法法律规定行使职权的检察机关而言，接受人大监督，是义不容辞的法定职责和义务。

第四，接受人大及其常委会监督是检察机关充分发挥法律监督职能的根本保障。检察机关依法公正行使法律监督职权，离不开国家权力机关和社会各界的有力监督。国家权力机关对检察机关实施监督，既能促使检察机关严格依法办案，按照公平正义的原则行使检察权，规范检察行为，防止检察权的滥用，促进司法公正，维护司法权威，又能有效帮助检察机关排除在执法办案中遇到的干扰和阻力，弥补检察机关法律监督职能在实践中功能不足的缺陷，为检察机关依法公正行使检察权营造良好的司法环境。因此，人大及其常委会对检察工作实施的监督，更多地体现为对检察工作的爱护、支持和帮助，最终实现维护法律的尊严和统一正确实施，维护司法公正和社会公平正义。

（二）采取各种形式，进一步增强接受人大监督的主动性

第一，认真向人民代表大会及其常委会报告工作。以高度负责的精神，在全市两级人民代表大会上，认真报告检察院工作，虚心听取人大代表的审议意见，认真落实人民代表大会作出的决议。在人民代表大会闭会期间，坚决贯彻执行人大常委会作出的决议、决定，自觉维护人大的权威性。坚持定期和不定期向人大常委会报告上级检察机关的重要指示精神、重大工作部署和活动，汇报专项工作开展情况。

第二，主动接受人大常委会开展的检查、视察和评议。积极为人大常委会检查工作提供条件，主动邀请人大常委会领导和人大代表视察检察工作，如实汇报工作取得的成绩及采取的措施、存在的问题及原因和今后努力的方向，认真听取意见和建议。对人大常委会和人大代表在检查、视察、评议中提出的批评、意见和建议，进行研究，采取有效措施，切实予以整改。

第三，主动接受人大常委会和各专门委员会的执法检查。对人大常委会和各专门委员会组织开展的执法检查，认真准备，积极配合。对人大常委会和各专门委员会检查认为工作未落实的问题，进行专题研究，制定整改方案，尽快改进落实；对检查认为处理不当的案件，认真进行复查，该纠正的纠正，该赔偿的依法予以赔偿；对检查中发现的群众反

映强烈的问题和重大违法问题，安排专门力量进行调查核实，该整改的及时整改到位，该处理的严肃处理，并及时报告整改落实情况。

第四，主动加强与人大代表的联系。把加强与人大代表的沟通联系作为接受人大监督工作的重要内容来抓。认真办理人大代表的议案，及时作出书面答复，争取人大代表的理解和支持。采取编发联络专刊、发送手机短信、电话联系、上门走访、发放征求意见函、邀请视察等形式和途径，加强与人大代表的联系沟通，诚恳听取代表的批评、意见和建议，不断改进和加强检察工作。

（三）落实工作措施，进一步增强接受人大监督的实效性

第一，坚持领导带头，真诚接受人大监督。把接受人大监督工作纳入全市检察工作总体布局，摆上重要议事日程。院党组每年年初对接受人大监督工作进行研究部署，明确工作重点，制定工作措施，统筹作出安排；每半年专门听取工作进展情况汇报，及时发现和解决工作中存在的问题和不足，确保接受人大监督工作有序、有效进行。全市两级检察院领导班子成员特别是检察长，将切实做到带头贯彻落实人大及其常委会的决议、决定，带头主动征求人大常委会及人大代表的批评、意见和建议，带头落实整改人大及其常委会、人大代表关心、关注的检察工作中存在的问题，真正在全市检察机关形成高度重视接受人大监督工作、真心实意接受人大监督的良好氛围。

第二，建立和完善接受人大监督的机制。建立和完善报告工作制度。对依法应由人大及其常委会讨论决定的事项，及时主动提请人大及其常委会讨论决定。建立和完善提请人事任免制度。对于提请人大任命的检察人员，严格教育，严格考核，严格把关，尊重人大及其常委会的选举、表决结果，坚决执行人大常委会依法作出的任免等决定。建立和完善人大常委会交办、转办案件、事项及人大代表的批评、意见和建议的办理和反馈机制。对人大常委会交办、转办的案件、事项及人大代表的批评、意见和建议，由检察长、副检察长亲自督办，能迅速办结的，力争在最短时间内办结，并作出书面报告；不能从速办

结的，也说明理由和报告办结期限，集中力量限时办结。建立和完善人民监督员、检风检纪监督员制度。聘请人大代表担任人民监督员、检风检纪监督员，监督检察人员严格执法、秉公办案，提升检察机关的执法公信力。建立和完善配合人大开展监督工作的有关机制。积极配合人大及其常委会做好相关立法工作，认真参加人大及其常委会举行的有关会议和各项活动。

第三，切实尊重和保障人大代表依法履行职务。尊重和维护宪法和法律赋予人大代表的各项权利。建立和完善工作情况通报制度。通过邀请视察、召开座谈会等形式，及时报告检察工作中的重大情况、重大部署和工作进展情况，及时为代表提供必要的信息和有关资料，为代表行使职权提供便利。深化检务公开工作。进一步拓展检务公开内容，丰富检务公开形式，确保人大代表行使对检察工作的知情权、参与权、监督权。

第四，更加扎实有效地推进法律监督工作。全面切实履行检察职能，把工作着力点放在服务长沙经济社会又好又快、率先发展大局上，放在促进解决人民群众最关心、最直接、最现实的利益问题上，放在关注民生、维护民利、保障民权上，强化刑事立案监督、侦查监督、审判监督、刑罚执行监督和民事行政检察监督，切实增强监督实效。特别是要认真贯彻落实市人大常委会作出的关于开展"司法公正长沙行"活动的决议，真正把认真开展"司法公正长沙行"活动作为接受人大监督，改进和加强检察工作的重要途径；作为维护司法公正，维护社会公平正义，促进社会和谐稳定的重要工作；作为促进队伍建设，规范执法行为，提高执法公信力的重要措施，尽心竭力，抓实抓好，努力实现执法办案法律效果、社会效果和政治效果的有机统一，以全面、有效推进法律监督工作。

回顾市人大及其常委会对全市检察工作监督和支持的历程，我们无比振奋；展望建设"法治长沙"的广阔前景，我们充满信心。我们将以这次纪念大会为契机，认真贯彻落实本次会议和即将召开的市十三届人大五次会议精神，在市委和省检察院的领导下，在市人大及其常委会的关心、监督下，在市政府、市政协和各部门、各单位及社会各界的大力支持下，深入贯彻落实科学发展观，全面推进全市检察工作新发展，为服务长沙经济社会又好又快、率先发展，为长沙率先基本建成"两型"城市和实现全面小康，做出新的更大的贡献！

二、真诚接受人民监督员的监督 ①

（一）充分认识实行人民监督员制度的价值意义，进一步增强做好人民监督员工作的责任感和紧迫感

人民监督员制度是中国特色社会主义检察制度的有机组成部分，是检察机关强化自身监督的重要举措，是中国特色社会主义检察制度发展中的一件大事，意义重大，影响深远。

第一，实行人民监督员制度，是推动司法进步、司法文明、社会主义民主法治建设的重要举措。社会主义民主是建设社会主义法治国家的坚实基础，社会主义法治是实现社会主义民主政治的基本保障。司法民主的理念要求司法活动应有民众的参与，司法的运作应接受人民的评价，司法人员应受到人民的监督。人民监督员制度是人民群众监督的制度化，是社会监督的创新化，为社会公众在检察环节提供了有序参与司法的机会和渠道。人民监督员代表一定阶层，通过参与监督工作，能够向检察机关反映较为广泛的社情民意，提供决策参考。同时从检察机关接收相关信息后，向社会及时作出反馈说明，形成双向互动，实现在检察工作具体环节上的司法民主。

第二，实行人民监督员制度，是检察机关深入推进三项重点工作，促进社会和谐稳定的重要途径。人民监督员来自不同行业、不同界别和不同地区，具有广泛的代表性和社会性，既能充分反映社情民意，

---

① 本部分系作者 2012 年 8 月 16 日在长沙市人民检察院第三届人民监督员颁证大会上的讲话摘录，收入本书时略作删改。

帮助检察机关及时发现和解决存在的问题，又能与检察人员形成思维和知识上的互补，将法律规定与社情民意、公序良俗等更好地结合起来，提高检察人员服务群众的本领，使案件的处理兼顾法、理、情，增强处理决定的说理性和说服力，最大限度地实现检察工作追求法律公正与社会公众追求社会公正的相互衔接，最大限度地化解矛盾纠纷、减少社会对抗。

第三，实行人民监督员制度，是检察机关完善自身监督制约机制，保障检察权依法独立公正行使的客观要求。司法实践中，人民群众直接参与和监督检察工作的途径有限，特别是检察机关在自侦案件的立案、侦查、逮捕、起诉、不诉方面缺乏有力的外部监督。人民监督员直接介入检察机关的执法办案活动，有权了解案情和有关法律适用情况，有权阅知案件主要证据，旁听讯问、询问，为人民群众有效监督检察权的行使提供了制度的保障，有利于促进检察机关和检察人员进一步转变执法观念、规范执法行为、改进执法作风，提升办案的质量和效果。

（二）充分肯定人民监督员制度试行阶段的实践价值，切实增强坚持和完善人民监督员制度的信心和决心

最高人民检察院于2003年开始人民监督员制度试点，我市两级检察院于2004年10月起开展制度试点，经过近八年的探索，人民监督员监督程序逐步规范，监督效果逐步显现。

第一，有效提高了查办职务犯罪案件的质量和效果。外部监督的引入，增强了检察机关执法办案的透明度，有助于检察机关发现自身执法办案的不足，进而强化内部监控，促进慎重立案、规范侦查、依法公诉，促进检察人员理性、平和、文明、规范执法的理念形成。近年来，我市检察机关查办职务犯罪案件的质量和效果明显提高，职务犯罪案件撤案率逐年下降，由2005年、2006年的1.9%、2.8%下降到2010年、2011年的0.6%、0.5%，实现了执法办案法律效果、社会效果、政治效果的有机统一。

第二，有效防止了检察机关执法办案中可能出现的差错。试点工

作开展以来，全市两级检察机关人民监督员共监督案件 231 件（拟维持原逮捕决定的 6 件，拟撤销案件的 27 件，拟不起诉的 198 件），人民监督员不同意检察机关承办部门拟处理意见的 5 件，监督违法搜查、查封、冻结情形 3 件，2007 年以来拓展监督范围，参与刑事和解化解社会矛盾，对 325 人作出相对不起诉的监督评议。人民监督员以客观公正的立场监督检察机关执法办案，有效防止和纠正了在逮捕、撤案、不起诉等环节上可能发生的错误和问题。

第三，有效保障了检察机关依法独立行使检察权。人民监督员监督的案件一般是检察机关执法办案中群众反映问题较多的环节，将这些环节交由人民监督员进行监督，实现了专门工作与群众路线相结合的诉讼民主，有效地排除办案中的干扰和阻力，促进检察机关依法独立公正行使检察权。同时，外部监督机制的强化，有效防止和减少了办案中违法违纪问题的发生。全市检察机关连续五年实现单位零事故、执法零过错、干警零违纪的"三零"管理目标。

第四，有效增进了人民群众对检察机关的理解和信任。人民监督员通过参加监督活动、听庭以及相关活动的开展，真正理解执法办案的重要与艰难，认为检察机关在履行检察职能、开展执法办案活动、开展各项检察工作中，主动、真诚接受人民监督，态度主动、真诚，效果良好。近年来的"两会"，人大代表、政协委员们在讨论审议市检察院工作报告时，对全市检察工作、对人民监督员工作给予了肯定和好评，对检察机关的理解和信任进一步加深。

（三）检察机关要切实增强接受人民监督员监督的自觉性，依法支持人民监督员履行职责

全面实行人民监督员制度，是对检察机关自觉接受监督诚意的检验。全市检察机关要牢固树立"监督者更要自觉接受监督"的权力观，真心实意地接受人民监督员监督。

第一，确保人民监督员监督范围内的案件和事项全部进入监督程序。对于"七类案件或事项"，检察机关要依法自觉接受监督。包括：

检察机关应当立案而不立案或不应当立案而立案的；超期羁押或者犯罪嫌疑人不服检察机关延长羁押期限决定的；违法搜查、扣押、冻结或违法处理扣押、冻结款物的；拟不起诉案件的；拟撤销案件的；应当给予刑事赔偿而不依法予以赔偿的；检察人员在办案中有徇私舞弊、贪赃枉法、刑讯逼供、暴力取证等违法违纪情况的。市检察院还结合工作实践，拓展了人民监督员职责范围，将一般刑事案件中已达成刑事和解后拟作相对不起诉处理的案件纳入监督范畴。两级检察机关要严格执行，确保监督范围内案件或事项无一遗漏地进入监督程序。

第二，规范和细化人民监督员监督工作。一是遵守相关规定，基层检察院提交人民监督员监督的案件必须由市检察院统一组织人民监督员监督。二是统一监督程序，纳入监督范围的七类案件或事项及市检察院拓展范围案件，均适用统一的监督程序；对应当接受监督而未履行监督程序直接作出处理决定的，市检察院将予以通报，必要时责令基层院依照规定启动人民监督员监督程序。三是切实保证人民监督员监督评议的独立性，参加案件监督的人民监督员应从人民监督员库中以随机抽选的方式确定，在评议和表决阶段，案件承办人和相关工作人员应当回避，确保人民监督员独立、客观地发表意见。四是不能因为人民监督员的监督而延长法定办案期限，特别是要坚决防止超期羁押。要把监督程序与职务犯罪案件立案报上一级检察院备案和撤案、不起诉报上一级检察院批准等办案程序衔接起来，避免发生冲突。五是实行异地交叉监督。为避免案件监督工作的外来干扰，提高监督质量，对应当启动监督程序的重点案件实行异地交叉监督。有条件的地方可以尝试利用视频系统开展案件监督。

第三，进一步拓展接受监督的有效途径。积极拓展监督渠道。采取定期召开座谈会、走访、函询、网络、短信、邀请参加执法检查、专项活动等多种形式，主动接受人民监督员监督，认真听取意见、批评、建议，充分发挥人民监督员制度在促进检察工作和检察队伍建设方面的重要作用。全市检察机关出台重要工作决策、开展重大活动、组织重要调研活动等，可以邀请人民监督员参加，以便增强决策的科学性。要完善人民监督员联络服务机制，加强与人民监督员的联系与沟通，适时通报重大工作部署、决策和其他检察工作情况，及时通报查办职务犯罪工作情况，组织进行业务培训，增强人民监督员履职能力。

第四，健全人民监督员的意见、建议办理机制。对于人民监督员发表的监督意见，要认真研究、充分考虑，及时采纳合理意见，强化意见执行情况的跟踪监督；检察长不同意人民监督员表决意见，提交检委会讨论时，可以邀请人民监督员列席检委会；检委会未采纳人民监督员意见的，要及时向人民监督员作出说明和解释；对于人民监督员提出有关检察工作和检察队伍建设等方面的意见和建议，要高度重视，及时办理并反馈。

第五，努力为人民监督员履职提供有效的保障。进一步健全完善相关制度和规定，充分保障人民监督员的知情权、参与权、监督权。积极争取上级和财政支持，将人民监督员有关活动经费列入检察机关公用经费预算予以保障。人民监督员因履行职责所支出的交通、住宿、就餐、通信等费用依照有关规定给予适当补助。要统筹协调，健全机构，配强人员，落实经费，及时研究解决遇到的困难和问题，确保工作落实，为人民监督员履职提供平台、创造条件。

（四）希望人民监督员依法履职大胆监督，共同维护社会公平正义

人民监督员制度的成效，取决于人民监督员的依法履职大胆监督。今天在座的 100 名人民监督员的履职成效，将直接影响今后五年全市检察机关检察职能的全面、正确、有效履行，直接影响全市检察工作的进一步加强与改进，直接影响全市检察机关执法水平和办案质量的提升，直接影响广大人民群众对长沙检察机关执法公信力和对检察工作满意度的客观评价。我们真诚希望各位人民监督员做到以下三点：

第一，真诚希望各位人民监督员对"七类案件"大胆监督评议。敢于监督，勇于发表自己真实意见，是人民监督员有效发挥监督作用的

关键。希望大家在独立评议案件时尊重法律、尊重事实、尊重角色、消除顾虑、大胆监督，凭借自己对案件的认知和社会道德价值判断独立作出理性的评议。

第二，真诚希望各位人民监督员不负重托有效开展监督工作。各位人民监督员是选任委员会从社会各界精心选任的代表，承载着群众的信任与期待，希望大家在不影响本职工作的前提下，尽量参加监督活动。同时，检察机关查办职务犯罪法律性、业务性、专业性很强，希望大家尽快进入角色，掌握相关法律知识，了解业务流程，努力提高自身法律实践能力，对检察机关的执法活动、处理意见等作出公正、准确的判断和评价。

第三，真诚希望各位人民监督员为加强和改进检察工作建言献策。希望大家在履行好监督职责的同时，注意了解社会各界对检察机关和检察工作的反映，对于检察机关或检察人员在执法办案中存在的问题和不良倾向，请大家直言不讳，我们将倾心听取，闻过则喜，真诚接受监督，切实整改，以确保执法办案质量，提升检察机关的执法公信力。

全面实行人民监督员制度意义重大、影响深远。担任人民监督员职责神圣，使命光荣。我们相信，有省检察院和市委的正确领导，有市人大、市政府、市政协的重视、监督和支持，有各位人民监督员及社会各界的关心和支持，我们一定能够把这项有重大意义和深远影响的工作不断推向前进，为更好地履行检察职能，加强和改进检察工作，为维护公平正义、维护群众的合法权益、维护人民的根本利益，为推进民主法制建设和法治长沙建设做出新的更大的贡献！

三、诚恳接受检风检纪监督员的监督 [①]

检风检纪监督员工作，是强化外部监督、促进从严治检、公正执

---

① 本部分系作者2008年7月24日在长沙市检察院检风检纪监督员聘任大会上的讲话摘录，收入本书时略作删改。

法、加强检察机关党风廉政建设、加强检察队伍建设，提升检察机关良好形象的一项很重要的工作。为了认真做好这项工作，下面我谈四点意见。

（一）充分认识检风检纪监督员工作的重要性

检察机关是国家的法律监督机关，担负着维护国家法律统一正确实施的神圣使命。权力失去制约必然导致腐败。作为检察机关，在切实抓好内部监督制约的同时，还必须认真接受人大的法律监督，政协的民主监督和社会各界、新闻舆论等监督，认真接受广大人民群众的监督。这次聘任检风检纪监督员就是全市检察机关加强检察队伍建设、积极接受人民群众监督的一项有效举措。通过选聘检风检纪监督员，认真开展检风检纪监督员工作，进一步密切检察机关与社会各界和人民群众的联系，广泛听取各方面的意见和建议，不断改进和加强检察工作，确保严格执法、公正执法、文明执法，确保检察职能的全面切实履行，确保宪法和国家法律的统一正确实施。

近几年来，我市检察机关在市委及市委政法委和省检察院的正确领导下，在市人大及其常委会、市政府、市政协的有效监督、大力支持下，各项检察工作得到了较好的发展。2008 年被省院评为先进市（州）院，被市委、市政府评为全市文明标兵单位。执法工作进一步规范，队伍建设进一步加强，执法环境进一步优化。但我们要清醒的看到，目前在检察队伍中确实还存在一些问题，如有的办案、工作责任心不强，办案、执法水平不高，办案、执法质量较低；有的办案、执法作风不严谨，甚至耍特权、逞威风、态度蛮横、执法作风粗暴；有的执法不严、执法不公、执法不规范等。这些都与检察机关的法律监督性质、与建设民主法治社会的形势、与党和人民的要求不相适应，与"立检为公、执法为民"的要求相违背。从实际情况看，检察队伍中出现的违法违纪违规问题，主要发生在办案、执法活动中。出现问题的原因是多方面的，但大多与执法办案的监督制约机制不健全、不完善、落实不好、监督制约乏力有关。据此情况，市院党组经过认真讨论研究，经市人大、市政协和有关单位推荐，并征求本人意见后，从社会各界人士中选聘16位检风检纪监督员。其目的就是检察机关在抓好内部监督制约的同时，进一步加强外部监督，主动接受外部监督，做到内外共同监督，形成监督合力，取得监督实效，以最大限度地预防和减少检察队伍中违法违纪问题的发生，推进检察机关党风廉政建设和反腐败工作，提升检察队伍的整体素质和良好形象，保障检察工作的全面、科学、深入、健康发展，实现全市检察工作的新发展。

（二）检风检纪监督员要忠实履行职责

检风检纪监督员工作能否落实，能否出成绩、出实效，检风检纪监督员责任重大。希望检风检纪监督员在工作中严格履行职责，既要敢于监督，又要善于监督，增强监督实效。为了搞好检风检纪监督员工作，市院将制定《检风检纪监督员工作实施意见（试行）》，对检风检纪监督员履行监督的方式、监督的内容、监督的职责等方面作出较明确具体的规定。今天在座的各位检风检纪监督员，都是从我市省、市人大代表、政协委员、国有大型企业和非公有制经济企业中挑选出来的突出代表，都有着很强的政治意识、大局意识、责任意识和监督意识，具有广泛的代表性和社会影响力，希望大家能正确履行职责，突出监督重点，运用多种监督形式和方法开展有效监督，力求取得最佳的监督效果。

（三）检察机关要诚恳接受监督

开展检风检纪监督员工作的根本目的，就是要通过建立有效的外部监督机制，促进检察机关和检察人员严格、公正、文明、规范执法，加强检察队伍党风廉政建设和自身反腐败工作，造就一支政治和业务素质高的党和人民满意、放心的检察队伍。检察机关要充分尊重和发挥检风检纪监督员的监督作用，虚心诚恳地接受检风检纪监督员的监督。对全市检察机关和检察干警，无论是执法办案，还是其他工作；无论是执法纪律，还是执法作风；无论是八小时之内，还是八小时之外，检风检纪监督员都有权进行监督。对检风检纪监督员反映和转交的投诉、举报、控告，要及时受理，认真调查，依法依纪依规严肃处理，做到事事、件件有结果；做到有错必纠；做到及时回复。对于检风检纪监督员提出的关于改进检察工作的意见和建议，要认真研究，精心部署，该采纳的要及时采纳，该整改的要及时整改，使检风检纪监督工作落到实处、取得实效。

（四）为检风检纪监督员履行职责提供方便

检察机关要努力创造条件，为检风检纪监督员履行职责提供必要的工作条件。一是要为检风检纪监督员提供检察机关和检察干警必须遵守的各种办案纪律、廉政纪律和规章制度等相关资料。二是要多加强与检风检纪监督员的经常性联系、联络工作，通过不定期的组织检风检纪监督员对检察机关开展视察、座谈和召开联席会议等方式，及时收集意见和建议，更好地改进和加强全市检察工作。三是要切实维护好检风检纪监督员的合法权益。对于打击报复或阻碍检风检纪监督员履行职责的，要会同有关部门依法依纪依规及时严肃查处。检风检纪监督员工作需要社会各界和广大人民群众的理解和支持。在这里，我们也恳请检风检纪监督员所在单位要积极支持监督员的工作，并为检风检纪监督员履行职责提供必要条件。

我们坚信，有市委、市人大、市政府、市政协、市委政法委的坚强领导和大力支持，有各位检风检纪监督员的积极努力，我市检风检纪监督员工作一定会开展得有声有色，一定会取得良好的效果，我市检察工作和检察队伍建设必将出现新的气象，必将实现新的发展。

四、切实增强自觉接受人大监督、政协民主监督的坚定性①

任何权力都必须受到有效的监督和制约，检察权也不例外。党的

---

① 本部分系作者 2015 年 11 月 5 日在长沙市人民检察院邀请市人大代表、市政协委员出席全面、深入接受监督的"四个主题"活动座谈会上的讲话摘录，收入本书时略作删改。

十八届四中全会指出，要强化检察机关的法律监督，同时，要强化检察机关自身的制约。全市检察机关必须深化对自觉接受监督特别是接受人大监督和政协民主监督的重要意义的深刻认识，切实增强自觉接受监督的坚定性。

第一，要深刻认识自觉接受监督是检察机关坚持和完善中国特色社会主义检察制度的内在要求。人民代表大会制度和中国共产党领导的多党合作政治协商制度是中国特色社会主义制度的基石，符合中国国情，顺应时代潮流，具有巨大的优越性和强大的生命力。自觉接受人大监督和政协民主监督，认真听取人大代表、政协委员对检察工作的意见和建议，是坚持党的领导、人民当家作主、依法治国有机统一的必然要求，是贯彻党的群众路线、推进司法民主的迫切需要。加强与人大代表、政协委员的联络，是检察机关自觉接受人大监督和政协民主监督的重要内容，是坚持和完善中国特色社会主义检察制度的应有之义，也是确保法律监督工作与民主法治建设和人民群众需求相适应的内在要求。

第二，要深刻认识自觉接受监督是检察机关规范司法行为、提高司法公信力的重要保证。历史经验证明，不受约束的权力必然失衡，产生腐败，从而导致公信力下降，权威受到质疑。当前，随着司法改革不断深入，检察队伍的素质、能力正在逐步提高，但与所承担的职能要求相比差距依然存在。一些检察人员司法能力不强、专业水平不高，有的群众意识、法律意识和职业道德意识淡薄，司法不公、以权谋私、以案谋私的现象仍然存在，这些都直接影响着检察机关的形象，损害检察司法公信力。这就要求我们必须深化检务公开，把检察工作置于党的领导和人大的监督之下，自觉接受人民群众监督、政协民主监督和新闻舆论监督，更好地保障人民群众对检察工作的知情权、参与权、表达权和监督权，最大限度地防止检察权失控、失误、失范，从源头上预防和遏制腐败，促进公正廉洁司法，提高检察公信力。

第三，要深刻认识自觉接受监督是检察机关加强和改进检察工作，全面推进并努力实现全市检察工作新发展的现实需要。这些年来，通过大力实施全市检察工作新发展的总体思路，长沙检察工作每年都取得了新进步，实现了新发展。但我们要清醒地看到，在思路的实施中有的单位、部门和检察人员的思想并没有完全统一，检察工作还存在诸多的问题和不足。如在明确发展的目标上，对人民满意是一切检察工作的出发点和归宿等理解不深刻；在树立和践行"六种理念"上，对服务大局的理念和理性、平和、文明、规范司法的理念等没有牢固树立、严格践行；在突出"三项重点工作"上，有的业务工作还存在短板；在大力推进"六化"路径进程上，推进业务一体化、司法规范化、检务信息化等发展不够平衡；在着力夯实"三项保障"上，创新监督机制，改进监督方法，提高监督水平与全面加强法律监督能力建设的要求还不相适应等。有效解决这些问题和不足，需要我们更加主动接受监督，特别是充分发挥人大代表、政协委员知民情、察民意、集民智的重要作用，从中汲取更多的智慧和力量，真正全面推进并努力实现全市检察工作的新发展，从而不断推进和实现长沙检察事业的科学发展。

五、《长沙检察·人大代表、政协委员联络专刊》首刊寄语 ①

"权力不受制约和监督，必然导致滥用和腐败。"检察机关作为国家的法律监督机关，代表国家行使检察权，它既是监督的主体，又是被监督的对象。检察机关接受人大的权力监督、政协的民主监督，既是我国重要的宪法原则，也是检察机关全面履行职责、防止司法腐败的根本保证。

近些年来，长沙市检察机关牢固树立"权为民所有、权为民所授、权为民所用、权为民所控"的司法理念，主动接受外界监督，切实履

---

① 本部分系作者 2010 年 11 月在长沙市人民检察院创办的《长沙检察·人大代表、政协委员联络专刊》上撰写、刊载的首刊寄语，收入本书时略作删改。

行法律监督职能，精心制定和认真实施全市检察工作新发展的总体思路，审查批捕和审查起诉、查办和预防职务犯罪、诉讼监督等各项检察工作全面、有序、扎实、深入推进，取得了新的成绩，实现了新的发展。这既得益于党委和上级检察机关的正确领导，也得益于市人大及其常委会、市政协及社会各界的高度重视、有效监督和鼎力相助。在此，向一直关心、监督和支持长沙检察工作的各位人大代表、政协委员表示衷心的感谢和崇高的敬意！

为了进一步扩大检察机关接受外界监督的广度和深度，深入推进社会矛盾化解、社会管理创新、公正廉洁执法三项重点工作，我们将《长沙检察工作·人大代表联络专刊》改版、升级为《长沙检察·人大代表、政协委员联络专刊》，共开设"高层声音""联络动态""检察要闻""司法公正长沙行""工作创新""近期大事""检察官风采""案例报道"等栏目，以期借助此刊，开一扇交流之窗，搭一座联络之桥，通过尽可能及时、全面地反映全市检察工作的新情况、新动态、新举措、新成效和新经验，加强人大代表、政协委员对我们工作的了解，汇纳代表、委员们对我们工作的意见和建议，不断改进和加强全市检察工作。

"公平正义比太阳还要光辉"。确保司法公正，维护公平正义，是全市检察人光荣的职责与不懈的追求。强化法律监督、维护公平正义是一项庞大的系统工程，需要社会各界的大力支持和共同努力。"监督就是支持，监督就是鼓励，监督就是鞭策"，真诚期待各位代表、委员在百忙之余，进一步加强对全市检察工作的支持、鼓励和鞭策，共同有力、有效地维护社会公平公义，促进长沙经济长足进步、社会和谐稳定。

六、自觉接受监督要注意正确处理三个关系 [1]

基层人民检察院要自觉、有效接受监督，还要注意正确处理好以

---

[1] 本部分系作者2015年12月31日向省人民检察院呈报的《关于对长沙县人民检察院开展联点指导工作的有关情况汇报》的摘录，收入本书时略作删改。

下三个关系：

（一）正确处理自觉接受人大监督、政协民主监督与履行法律监督职能的关系

检察机关作为法律监督机关，使命神圣，责任重大。基层检察院必须依法履职、忠诚履职。要牢固树立监督者更要接受监督的观念，自觉接受人大监督和政协民主监督。根据宪法规定，人大依法对检察机关的工作进行监督。检察机关应当依法主动向人大报告工作，听取意见、建议，自觉、真诚地接受人大监督。政协对检察机关的工作实行民主监督。检察机关应当认真虚心接受政协民主监督。要通过走访、座谈等多种形式倾听人大代表、政协委员的批评意见和建议，密切同代表、委员的联系，增进了解，加强沟通、理解，以有效加强和改进各项检察工作，加强和改进检察队伍建设，确保检察权不被滥用，自觉做到理性、平和、文明、规范执法，带头践行和有力促进公正司法、确保公正司法，坚决维护社会公平正义。

（二）正确处理实施法律监督与公检法三家互相制约、配合的关系

根据宪法规定，检察机关对公安、法院执法司法活动实行监督，同时在执法司法中又应做到互相配合和制约。因此，检察机关要进一步摆正位置，依法妥善有效处理好三者的关系。在履行法律监督职能上，既要增强监督意识、保持监督力度、增强监督实效，又要注意监督的方式方法，讲究监督的效果。同时，应自觉地接受法院、公安等司法、执法机关的制约与监督，以形成整体工作合力，确保宪法和国家法律的统一正确实施。

（三）正确处理检察机关内部监督与接受外部舆论监督的关系

提高司法执法公信力最基本的要求就是要把强化自身内部监督放在与法律监督同等重要的位置。当前，要特别重视真诚接受舆论监督。要充分认识到舆论监督作为一种外部监督，既是检察机关密切与人民群众联系、听取群众呼声的重要渠道，更是检察机关正确行使检察权、

加强自身反腐倡廉建设、促进公正廉洁司法的重要手段。因此，基层检察院在强化内部监督的同时，更加重视和加强与媒体的沟通联系，善于借助报纸、电视、网络等媒体广泛宣传检察机关的性质、职能及作用，主动将检察工作动态、重大工作、重大案件、重要事项和涉检案件办理情况等通过媒体及时向社会公开，把检察机关司法办案工作、检察人员履职情况置于新闻媒体和人民群众监督之下。同时，要注意重视和加强对涉检舆情的及时了解和快速有效应对、引导与处置工作。

七、深入推进检务公开 ①

司法民主是新形势下扩大人民民主范围、丰富人民民主形式、增加人民民主渠道的重要方面，是人民群众对司法机关及其活动享有和行使知情权、参与权和监督权的重要途径。深入推进检务公开是顺应司法民主与公开潮流，建设中国特色社会主义检察制度的客观需要。全市两级检察机关自觉接受人大监督和政协民主监督，就要根据人大代表、政协委员的意见、建议，深入推进检务公开，更自觉地把检察工作置于全社会监督之下，进一步消除检察人员思想上存在的"案多人少"怕增加工作负担、外部监督越来越严怕引起负面舆情、办案瑕疵仍然存在怕损害检察权威等错误想法和顾虑，使检务公开实行从"检察事务"公开到"检察业务"公开转变，从"执法结果"向"执法过程"转变，从"要我公开"到"我要公开"的转变；要把顶层设计与分步实施有机结合起来，进一步厘清重点和一般，处理好轻重与缓急，重点抓好当前检务公开的薄弱环节，即说理文书、案件办理过程及结果的公开；重点依法主动公开法院已作出生效刑事裁判案件的起诉书、抗诉书；检察机关所办案件的不立案、不逮捕（存疑不捕除外）、不起诉、撤案决定书等终结性法律文书；要讲究方式，积极创新群众参与检察工作的形式，依托改

---

① 本部分系作者 2015 年 11 月 5 日在长沙市人民检察院邀请市人大代表、市政协委员出席全面、深入接受监督的"四个主题"活动座谈会上的讲话摘录，收入本书时略作删改。

版升级检察门户网站、长沙检察官方微博微信、检察手机报等平台，结合举报宣传周、检察开放日、开放周、新闻发布会等活动，积极主动地搭建与社会公众"面对面""点对点"交流平台，客观、及时、全方位、多渠道推进检务公开，全面向社会公开检察工作信息，不断提高检察机关执法司法公信力、亲和力。

八、依法保障律师执业 ①

党的十八届四中全会公报提出了"规范司法行为"的要求，这是党的文件形式首次提及"司法行为"的概念并提出了"规范"要求。依法保障律师执业权利，是落实党的十八届四中全会《决定》的重要内容，也是一个国家法治文明的重要标志。全市两级检察机关自觉接受人大监督和政协民主监督，就要根据人大代表、政协委员的意见、建议，规范司法行为，依法保障律师执业权利，认真贯彻执行"两院三部"联合印发的《关于依法保障律师执业权利的规定》，结合规范司法行为专项整治活动，在侦查、审查逮捕、审查起诉、诉讼监督等各个检察环节为律师依法行使知情权、会见权、阅卷权、申请收集调取证据权等各项执业权利提供便利，认真听取律师的意见，切实解决律师"会见难""阅卷难""调查取证难"等问题；要畅通律师反映问题和投诉的渠道，完善侵犯律师执业权利的责任追究制度，依法纠正妨碍律师执业的违法行为，坚决打击假冒律师执业和非法从事律师法律服务的行为，努力为律师依法执业提供宽松的环境；要主动加强与司法行政机关、律师协会的工作联系，建立情况通报、会商协商等工作机制，做到"对抗而不对立、交锋而不交恶"，着力构建良性互动的新型检律关系，共同维护司法权威，努力让人民群众在每一个司法案件中都感受到公平正义。

---

① 本部分系作者2015年11月5日在长沙市人民检察院邀请市人大代表、市政协委员出席全面、深入接受监督的"四个主题"活动座谈会上的讲话摘录，收入本书时略作删改。

九、开展"四个主题"活动，深入接受人大代表、政协委员监督 ①

经长沙市人大常委会主任和市政协主席同意，2015 年 11 月 5 日至 20 日，长沙市人民检察院举行了全面、深入接受市人大代表、市政协委员监督的"四个主题"活动暨系列座谈会，即"全面发挥检察职能，有效服务企业发展座谈会""依法查办与有效预防职务犯罪，全面推进反腐倡廉建设座谈会""全面规范司法办案，保障律师依法执业座谈会""全面接受监督，深入推进检务公开座谈会"。邀请部分市人大代表、市政协委员出席，面对面向代表、委员报告有关检察工作情况，接受、回答代表、委员的询问，听取代表、委员的意见、建议，向代表、委员就所提意见、建议的整改和全面、深入接受监督工作进行表态。上述活动已圆满结束，达到了预期的效果。

通过举行"四个主题"活动暨系列座谈会，有利于我们保障市人大代表、市政协委员应有的知情权和监督权。保障人大代表、政协委员对检察机关、检察工作和检察队伍建设的知情权，是检察机关全面、深入接受人大监督和政协民主监督的前提和基础。在上述活动暨系列座谈会上，我们印发、宣读了市检察院党组书记、检察长的书面讲话稿，向各位市人大代表、市政协委员简要介绍了 2008 年以来逐步重视、加强接受人大代表、政协委员监督工作的有关情况；举行此次"四个主题"活动暨系列座谈会的酝酿、决策过程、目的、主要内容及要求；表明了全面、深入接受人大代表、政协委员监督的态度、决心和打算。市检察院五位副检察长分别向代表、委员报告了所分管的检察工作情况，包括全市两级检察机关有效服务企业发展、依法查办与有效预防职务犯罪、保障律师依法执业、深入推进检务公开等工作情况。其内

---

① 本部分系作者 2015 年 12 月 12 日向中共长沙市委、长沙市人大常委会、长沙市政协呈报的《长沙市人民检察院关于举行全面、深入接受市人大代表、市政协委员监督的"四个主题"活动暨系列座谈会的情况报告》的摘录，收入本书时略作删改。

容比较翔实，有成效、有做法，有数据、有案例，有不足，有整改打算。同时，我们对市人大代表、市政协委员所关心关注的问题与事宜在座谈会上所提出的询问现场进行了回答。这样做，市人大代表、市政协委员对我们检察机关、检察工作和检察队伍建设情况有了更多的了解；对我们检察机关、检察工作和检察队伍的监督将更准确、更有力、更有效。

通过举行"四个主题"活动暨系列座谈会，有利于我们对市人大代表、市政协委员所关注关切的与检察机关、检察工作和检察队伍建设有关问题有比较全面、准确的了解。在上述"四个主题"活动暨系列座谈会上，我们共收集到市人大代表、市政协委员所提出的问题119个。在服务企业发展方面，有的代表、委员提出检察机关在服务企业发展上有些什么职能；检察机关优化经济发展环境的重点是什么，怎样在经济下行压力下更好地服务中小微企业、保护中小微企业少受乃至不受不法侵害或损害；民事经济案件当事人如何要求检察机关维护合法权益；司法机关冻结、扣押企业财产时，依法应符合什么条件、履行什么程序；怎样有效推进政府依法行政，履行职责；检察机关如何为企业营造诚信的市场环境；检察机关如何纠正公安机关违法动用刑事侦查手段插手经济纠纷。在规范司法办案方面，有的代表、委员提出检察机关出台、落实了哪些措施保障犯罪嫌疑人、被告人的合法权益；犯罪嫌疑人、被告人或其亲属如何向检察机关申请取保候审；检察人员办错了案件是否影响对其绩效的考核；辩护律师是否可以列席检察委员会；检察机关在防止领导干部干预司法办案方面有哪些举措。在查办和预防职务犯罪方面，有的代表、委员提出检察机关如何为企业营造廉洁的政务环境；检察机关反渎职侵权局有哪些工作职责，主要查办哪些渎职侵权犯罪案件；职务犯罪嫌疑人、被告人如何争取依法宽大处理；检察机关在查办职务犯罪案件中对查封、扣押、冻结的涉案财物如何处理；检察机关如何保障职务犯罪嫌疑人、被告人的合法权益；职务犯罪预防处的工作职责有哪些，与纪检监察机关的预防腐败局职责有什么不同；检察机关怎样加强检企协作，做好预防企业职务犯罪工作，企业如何在这方面获得检察机关更多的指导、帮助和支持；检察机关在国有企业、高等院校、科研机构等单位、部门如何有效开展职务犯罪预防宣传工作。在深入推进检务公开方面，有的代表、委员提出长沙检察工作新发展的总体思路有哪些内容；检察机关是如何开展未成年人检察工作的；职务犯罪预防工作的主要任务有哪些；职务犯罪侦查部门具体查办了哪些类型的案件；检务公开工作怎样更广泛地面向基层、面向社会、面向群众，怎样更接地气；检察机关怎样有效保障律师依法执业；检察机关如何加快推进公益诉讼工作，等等。对代表、委员提出的上述问题，市检察院共有 5 位副检察长、2 位检察委员会专职委员、12 位反贪污贿赂局、反渎职侵权局、公诉等部门的主要负责人及 24 位业务骨干先后面对面进行了即席回答。此外，有三位市人大代表、市政协委员还提出了有关个案问题，会后我们作了专题回复。可以说，人大代表、政协委员提出的这些问题，从某种程度上讲反映了人民群众对检察司法的呼声和需求，加深了我们对人民群众所关注关切问题的了解，为我们履行好检察职责、做好检察工作提供了有益的帮助。

通过举行"四个主题"活动暨系列座谈会，有利于我们更多地听取和收集代表、委员的意见、建议。在上述"四个主题"活动暨系列座谈会上，市人大代表、市政协委员对全市检察机关、检察工作和检察队伍建设共提出了 107 条有指导价值的意见、建议。如在有效服务企业发展方面，有的代表、委员建议检察机关加强对中小微企业的保护力度，特别是要加大对中小企业自主知识产权的保护；加大对蓄意、恶意侵吞国有资产，损害国有企业发展等犯罪行为的打击力度。在查办和预防职务犯罪方面，有的代表、委员建议检察机关提高侦查水平，实现精细化讯问，做好固定证据工作；加强举报宣传，畅通举报渠道，及时发现职务犯罪案件线索；扩大预防职务犯罪宣传范围，比如可在机场、高铁站等人员比较集中、流动性大的区域加强预防宣传，扩大宣传效果；加大检企共建力度，深化企业预防职务犯罪工作，帮助企业建章立制，堵塞漏洞。在保障律师依法执业方面，提出了涉及解决律师会见难、保障律师知情权、加强与律师的沟通、建立律师办案绿色通道、建立律师与检察机关的信息共享平台、构建共同评价系统、开通电话查询业务等方面的 13 条意见、建议。在深入推进检务公开方面，有的代表、委员建议检察机关要进一步加强与代表、委员的联络；进一步加强检察宣传工作；进一步修改、完善接受外部监督的制度，增强接受外部监督的效果；不断拓宽检务公开的范围、创新检务公开的形式，加大检务公开的力度；加强对人民监督员的培训，等等。上述意见、建议，为我们扬长补短，进一步加强和改进检察工作，指明了努力的方向，找准了"短板"和问题，明确了整改重点。

通过举行"四个主题"活动暨系列座谈会，有利于我们增进与市人大代表、市政协委员的感情和友谊。此次"四个主题"活动暨系列座谈会是长沙市检察机关改进联络方式、拓展联络渠道、丰富联络内容、增进联络感情、增强联络效果的一项探索之举。会前，我们高度重视、精心研究、周密部署、用心筹备、诚意邀请、认真举办，使市人大代表、市政协委员深受感动。代表、委员认为长沙市检察机关全面、深入接受代表、委员的监督想得很细、做得很实，不是图完成任务、搞形式。会上，我们播放了形式新颖、内容易懂的《您所不知道的检察院》影视宣传资料；与会院领导就其所分管的工作及分管的部门作了详细的介绍，参加座谈会的有关内设机构主要负责人就本部门的职责作了说明，出席座谈会的市人大代表、市政协委员就其所在的单位、从事的行业、工作作了介绍。会后，我们又与市人大代表、市政协委员就所关心的问题及各自的工作、生活等情况进行了交流与互动。通过这种形式的座谈交流，我们零距离联系了市人大代表、市政协委员，零距离听取了市人大代表、市政协委员的批评、意见和建议，零距离接受了代表、委员的监督，加深了印象和了解，增进了彼此之间的感情，增强了与代表、委员联络的针对性、实效性，为人大代表、政协委员了解检察、监督检察、指导检察、支持检察提供了及时有效的服务。

通过举行"四个主题"活动暨系列座谈会，有利于我们探索、总结一些开展类似活动的好的作法。举行上述"四个主题"活动暨系列座谈会是检察机关全面、深入接受人大代表、政协委员监督的有益探索，也是长沙市检察机关首次举行此类活动。通过自上而下的共同努力，此次"四个主题"活动暨系列座谈会取得了较好的效果，得到了出席此次活动暨系列座谈会的市人大代表、市政协委员的好评，为我们今后开展好类似活动提供了可借鉴的做法。

通过举行"四个主题"活动暨系列座谈会，有利于我们及时、有效整改检察机关、检察工作和检察队伍建设中存在的一些问题和不足。举行上述"四个主题"活动暨系列座谈会，是全面、深入接受市人大代表、市政协委员监督的一种方式，其主要目的则在于找准检察机关、检察工作和检察队伍建设中存在的差距和问题；并将市人大代表、市政协委员提出的意见、建议吸纳、渗透、融合到各项检察工作中去，用以指导和改进检察工作。为此，上述活动暨系列座谈会结束后，我们建立并实施了由"检察长负总责、分管院领导牵头抓、承办部门具体落实、人民监督工作办公室统筹协调"的工作责任制；同时，将在上述"四个主题"活动暨系列座谈会上收集的意见、建议分解到相关责任部门和责任人，规定了整改时间、整改要求及答复的期限。对涉及多部门的重大问题，则由分管副检察长或有关院领导牵头协调解决；经协调解决有难度的，及时提交院党组会或检察长办公会研究着力解决。人民监督工作办公室则按照督办机制跟踪催办，准确掌握落实情况，及时统一反馈，确保市人大代表、市政协委员的意见、建议件件有着落、有回音，以不断加强和改进全市检察工作。

十、注重全面、深入接受人大代表、政协委员的监督 [①]

全面、深入接受人大代表、政协委员的监督势在必行、意义重大。

首先，全面、深入接受人大代表、政协委员的监督，是检察机关坚持和完善中国特色社会主义检察制度的内在要求。人民代表大会制度和中国共产党领导的多党合作政治协商制度是中国特色社会主义制度的基石，符合中国国情，顺应时代潮流，具有巨大的优越性和强大的生命力。自觉接受人大监督和政协民主监督，认真听取人大代表、政协委员对检察工作的意见、建议，是坚持党的领导、人民当家做主、依法治国有机统一的必然要求，是贯彻党的群众路线、推进司法民主的迫切需要。加强与人大代表、政协委员的联络，是检察机关自觉接受人大监督和政协民主监督的重要内容，是坚持和完善中国特色社会主义检察制度的应有之义，也是确保法律监督工作与民主法治建设和人民群众的需求相适应的内在要求。通过举行上述"四个主题"活动暨系列座谈会，全市两级检察机关和广大检察人员深切感受到增强了自觉接受代表、委员监督的认识和使命感、责任感，坚定了坚持走中国特色社会主义检察制度的道路自信和理论自信。

其次，全面、深入接受人大代表、政协委员的监督，是检察机关规范司法行为，提高司法公信力的重要保证。历史经验证明，不受约束的权力必然失衡，产生腐败，从而导致公信力下降，权威受到质疑。当前，随着司法改革不断深入，检察队伍的素质、能力虽然在逐步提高，但与所承担的职能要求相比差距依然存在。在前不久市检察院举行的全面、深入接受市人大代表、市政协委员监督的"四个主题"活动暨系列座谈会上，有些市人大代表、市政协委员反映有些检察人员司法能力不强、专业水平不高；有的群众意识、法律意识和职业道德

---

① 本部分系作者 2015 年 12 月 12 日向中共长沙市委、长沙市人大常委会、长沙市政协呈报的《长沙市人民检察院关于举行全面、深入接受市人大代表、市政协委员监督的"四个主题"活动暨系列座谈会的情况报告》的摘录，收入本书时略作删改。

意识淡薄，司法不公、以权谋私、以案谋私的现象仍然存在，等等。这些都直接影响着检察机关的形象，损害检察司法公信力。这就要求我们把检察工作始终置于党的领导和人大及其常委会的监督之下，自觉接受人大监督、政协民主监督和新闻舆论监督，更好地保障人民群众对检察工作的知情权、参与权、表达权和监督权，最大限度地防止检察权失控、失误、失范，从源头上预防和遏制腐败，促进公正廉洁司法，提高检察公信力。

全面、深入接受人大代表、政协委员的监督贵在真诚、重在实效。一方面，全面、深入接受人大代表、政协委员的监督，就要在接受监督的方式方法上形式多样、可行有效。近几年来，长沙市检察机关在主动、真诚接受人大监督和政协民主监督上进行了一些有益的尝试，方式方法有了一些加强和改进，比如采取定期报告工作、印送有关材料、季度寄送检察联络专刊、每十天发送长沙检察手机报信息等途径与方式，密切与人大代表、政协委员的联系。这些方式方法虽然为人大代表、政协委员履行监督职责创造了一定的条件，但主要还是体现在"文来文往"上，与新时期加强和改进联络工作的要求还存在一定的差距。为全面、深入接受监督，检察机关应创新完善联系方式，拓展联络渠道，既要坚持"文来文往"，又要做到"人来人往"，实行"零距离""面对面"的接触、交流和沟通，密切同人大代表、政协委员的直接联系。前不久，市院举行的有关"四个主题"活动暨系列座谈会，正是实行"人来人往"、密切检察机关、检察人员与人大代表、政协委员直接沟通、联系的有效之举。通过广泛邀请人大代表、政协委员出席座谈充分展现人民性，通过对人民群众所关注关切的问题分类座谈充分展现典型性，通过与人大代表、政协委员"零距离""面对面"座谈交流充分展现创新性，得到了与会市人大代表、市政协委员的肯定和赞扬，取得了良好的效果。另一方面，全面、深入接受人大代表、政协委员的监督，就要全面提升法律监督和接受监督的能力与水平。市院举行的有关"四个主题"活动暨系列座谈会，在某种程度上讲，可以说是人大代表、政协委员对检察机关、检察工作和检察队伍的一次"全面体检"。因为这样的"零距离""面对面"地接受人大代表、政协委员的询问，在我市检察机关尚属首次。市人大代表、市政协委员的素质和水平很高，对检察机关全面正确履行法律监督职能寄予了厚望，期望值很高。如果我们的工作做得不好或回答市人大代表、市政协委员的询问稍有不慎乃至出现差错，就可能给检察机关的司法公信力乃至整体司法形象造成负面影响。在此次举行的"四个主题"活动暨系列座谈会上，对市人大代表、市政协委员的现场询问，市检察院院领导、中层骨干共有 192 人次现场即席进行了回答。这不仅要求回答的问题要准确、全面，还应做到仪表形象好、表达好、效果好。因此，要全面、深入接受人大代表、政协委员的监督，检察机关首先要全面正确履行法律监督职能，不断提高法律监督的能力与水平，采取有力措施，做好检察工作，以更好地维护社会公平正义，满足人民群众的新要求、新期待；同时，还要不断提升全面、深入接受人大代表、政协委员监督的能力与水平，通过多举行上述类似活动，零距离向人大代表、政协委员报告有关检察工作情况，零距离回答人大代表、政协委员的询问，零距离听取人大代表、政协委员提出的意见、建议，从而让人大代表、政协委员更多地了解检察工作、监督检察工作、指导检察工作、支持检察工作。

十一、快速、有效、科学应对涉检网络舆情 ①

我国互联网作为新兴媒体近年发展迅猛。根据中国互联网络信息中心今年 1 月 16 日发布的第 33 次《中国互联网络发展状况统计报告》，截至 2013 年 12 月，中国网民规模达 6.18 亿，手机网民规模达 5 亿。手机用户可以随时随地地现场拍摄上传，广大网民已由信息的被动获取者，转变为信息的主动发布者。网络已经改变了我国社会舆论的生

---

① 本部分系作者 2014 年 4 月 8 日在长沙市检察机关"3·20"舆情处理反思、小结会议暨涉检舆情应对工作检察长研讨班上的讲话摘录，收入本书时略作删改。

态环境。根据人民网舆情监测室分析师撰写的《2013 年中国互联网舆情分析报告》，2013 年的网络舆情热点之一就是司法舆情上扬。如何认识、把握并有效引导网络舆情，维护社会和谐稳定，已经成为司法政法部门面临的一个严峻挑战和新的重大任务。因此，长沙市两级检察机关必须深化对应对处置涉检网络舆情工作思想认识，全面加强快速有效科学应对涉检舆情工作。

（一）在思想上重视，认识到舆情工作的极端重要性

全市两级院检察长一定要更加重视涉检舆情工作，把应对处理涉检舆情工作作为院党组的重要议事日程来抓，作为检察机关的一项新的重要工作来抓，作为"一把手"工作来抓。发生涉检舆情后，检察长要在第一时间内亲自作出批示，亲自研究部署，亲自抓应对、处置、特别是要狠抓推进、抓督办、抓落实。分管副检察长、院领导及有关部门要切实履职，真抓实抓，一抓到底；对涉检舆情特别是敏感、重大涉检舆情要切实做到当天呈报、当天研究、当天处理、快速有力有效应对。要成立舆情应急管理领导小组，明确涉检舆情工作专干。要确保在发生舆情后忠诚履职，思想到位、工作到位、目标到位，确保第一时间发现、第一时间应对处置，确保以最短的时间有效应对处理涉检舆情。

（二）在机制上着力，建立健全快速、有效、科学的舆情应对处理管理制度

最近修订完善了《长沙市检察机关涉检舆情应急管理办法》。今天召开全市检察机关"3·20"舆情处理反思、小结会议暨涉检舆情应对工作检察长研讨班，旨在总结成绩，找出问题，剖析原因，分析形势，统一思想，明确目标与任务，研究应对举措，全面部署、落实和做好涉检舆情应对处置工作。全市检察机关要严格按照《长沙市检察机关涉检舆情应急管理办法》和今天的会议暨研讨班主要精神，全面有序地开展涉检舆情应对处置工作，确保涉检舆情迅速发现、从速应对、有效处置。对应对、处置的每一起重大、敏感涉检舆情要进行

总结，建立资料库，以利借鉴。对于怠于职守、处置不当、处置不力造成涉检舆情扩大、蔓延乃至发酵造成不良后果和不良社会影响的，将严肃问责、追责。

（三）从源头上预防，切实做到理性、平和、文明、规范、公正执法

检察机关执法不严、司法不公、不廉等问题和检察人员违纪行为是重大、敏感涉检舆情生成的源头，也是对检察司法公信力及检察队伍形象造成损害最主要的因素。从严治检、严格、公正、廉洁、规范执法是从源头上防范涉检舆情生成的根本途径。新媒体时代，如果我们不能严格、公正、廉洁执法，不能理性、平和、文明、规范执法，一切涉检舆情应对的举措、方法都将是苍白的、没有价值、没有意义的。只有从源头上防范涉检舆情，才是涉检舆情应对处置的根本之道。

（四）在能力上提升，增强检察机关应对涉检舆情的整体水平

一要提升舆情监测能力。及时监测涉检舆情，能为有效应对舆情赢得先机。但网上信息浩如烟海，如何准确过滤监测到涉检舆情信息，切实提升舆情监测能力迫在眉睫。目前全市两级检察机关宣传部门力量相对有限，要求舆情人员平时天天在网上以手动方式搜索监测舆情可能难以实现，要求其购买高额的监测软件也可能有一定的困难，可考虑由省、市院统一购买舆情监测软件，实现24小时不间断涉检舆情实时监测。一旦发现涉检舆情可以第一时间通知有关单位及部门，然后由有关单位实行跟踪监测。二要提升舆情研判分析能力。网络舆情的特点造成了舆情研判分析具有较大的难度。对于涉检舆情中涉及的敏感案件、特殊案件、特殊当事人的案件等都必须提前做好涉检舆情应对处置预案。如果发生了舆情是否回应？在什么时段回应？回应内容是什么？以什么方式回应？需要调动什么资源参与回应？这些既要遵循网络舆情的传播规律，也要结合检察机关及有关职能部门的实际情况，包括具体的案件具体分析。全市两级检察机关的涉检舆情应急领导小组成员更应率先加强网络舆情学习研究，了解有关理论知识、

把握有关规律，掌握有关方式方法，切实提升舆情研判分析能力。三要提升与媒体打交道的能力。要善待媒体、善待记者。只有与报刊、电视、网络、广播等主流媒体建立了定期联系机制，保持了经常性的沟通与合作，关键时刻我们才能请媒体发声，正面引导舆情。四要加快建设"一网两微"，提升自我发声能力。坚决贯彻落实好上级检察机关的要求，抓紧建设好互联网站、积极探索开通官方微博、官方微信等自己的宣传阵地，将"一网两微"建设成为弘扬检察正能量的平台，传播检察好声音的渠道。我院上半年将完成外网的更新建设，也将督促各基层院抓好外网的升级建设和日常管理工作。鼓励并组织、管理、指导全市两级院检察人员逐步开通自己的微博、加强与意见领袖、"网络大V"的沟通联系，培育自己的网上力量。五要加大检务公开力度。严格依照最高检《关于进一步深化人民检察院"检务公开"的意见》，探索加大检务公开力度，对只要不涉及国家秘密、商业秘密、个人隐私且与检察职权相关的事项都要依法公开。加大对执法办案环节的公开，对于在本地有较大影响的典型案件立案、审查逮捕、审查起诉等可按有关规定、程序和要求，及时对外公布。

网络舆情是信息社会对我们提出的新挑战，是公民监督意识增强对我们提出的新要求。我们必须从建立健全执行制度做起，从严格公正、廉洁执法做起，从理性、平和、文明、规范执法做起，从严于律己、严格自律做起，从提高自我发声能力做起，快速、有效、科学地应对涉检网络舆情给我们带来的新挑战，确保全面正确履行检察职能，依法正确、公正行使检察权，全面加强和改进执法办案工作，全面推进并努力实现全市检察工作新发展。

第四节　检察机关群众工作研究 ①

群众工作是教育实践活动的重要内容，是检察机关的基础性工作。检察机关群众工作做得好不好，直接影响着检察职能的发挥，影响着教育实践活动的成效。检察机关要有效发挥法律监督职能，就必须深入践行"立检为公、执法为民"宗旨，把握新形势下群众工作的新变化，提高群众工作的能力和水平，切实解决群众反映强烈的突出问题和服务群众"最后一公里"问题，紧紧依靠群众把人民检察事业不断推向前进。

一、检察机关群众工作的概念与必要性分析

（一）检察机关群众工作的概念与法理基础

群众工作是宣传群众、组织群众、发挥群众积极性和创造性，推动经济社会不断向前发展的实践活动。其既是社会管理的基础性、经常性、根本性工作，又是检察工作的一个重要组成部分，具有对象广泛性、内容复杂性、时间随机性、方式多样性和结果双向性等特点。检察机关群众工作是检察机关与检察干警的理念、意识、知识、技能、水平在群众中的综合体现，包括服务群众、保护群众、宣传教育群众、组织发动群众、调动群众积极性、依靠群众和接受群众监督等活动，以及与之相关的执法办案、司法民主、化解矛盾、利益协调、依法办事等方面的工作。群众工作是中国共产党对马列主义关于人民群众历史作用的理论进行的创造性的运用和发展。我党从诞生之日起，就反复强调动员和依靠人民群众的重要性，重视人民群众创造历史的作用。

---

① 本节系作者 2014 年 10 月 15 日在长沙市党员领导干部专题调研活动中撰写的论文，刊载于《法学杂志》2014 年第 11 期，收入本书时略作删改。

经过中国革命和长期建设的实践，形成了以人民群众是创造历史主体力量为思想基础，以"权为民所用、情为民所系、利为民所谋"为价值取向，以"一切为了群众，一切依靠群众，从群众中来、到群众中去"为根本路线，以"维护好、实现好、发展好最广大人民的根本利益"为终极目标的群众工作理论体系。我国是人民民主专政的社会主义国家，我国《宪法》明确规定："中华人民共和国的一切权力属于人民""一切国家机关和国家机关工作人员必须努力为人民服务。"司法机关是人民民主专政的重要工具，这一本质属性决定了司法机关必须坚持一切为了人民，一切依靠人民；必须坚持群众路线，把人民群众的需要作为审判、检察工作的根本导向，把维护好、实现好、发展好人民群众权益作为审判、检察工作的根本出发点和落脚点。

（二）检察机关加强群众工作的必要性

一是加强群众工作是实现检察机关司法社会价值的内在要求。检察机关既是司法机关，也是群众工作机关，检察人员既是司法工作者，也是群众工作者，检察机关各项工作特别是执法办案工作与群众息息相关，群众工作做得如何，直接关系到检察工作成效，关系到社会矛盾能否得到有效化解、群众权益能否得到有效维护，关系到社会的和谐稳定。近年来，检察机关秉承"执法为民"的理念，不断加强和改进群众工作，努力提高为群众服务的水平，得到了人民群众的认可。尽管如此，与人民群众的需要相比，与"全心全意为人民服务"的宗旨相比，检察干警群众工作能力仍显不足，检察机关服务群众的水平亟待提高。

二是加强群众工作是强化法律监督维护公平正义的重要方法。检察机关作为国家法律监督机关，担负着打击犯罪、惩治贪渎、诉讼监督，维护人民合法权益，维护社会公平正义等重大职责。这些职责与广大人民群众有着广泛而密切的联系，人民群众对此高度关注、十分敏感，参与热情较高。检察机关应当借用社会对检察工作的关切，积极有效地做好群众工作，广泛发动和组织群众，最大程度地争取和依靠人民群众，获取社会舆论对检察工作的民意支持，获得在案件线索、深挖违法犯罪、开展追逃等工作上的民众支持，让违法犯罪者、贪腐渎职者和徇私枉法者无处遁形，从而大大提高检察机关执法办案的效率和法律监督的效果。

三是加强群众工作是提高检察机关执法公信力的必要途径。民心与公信力是国家机关宝贵的无形资产，是国家机关不可或缺的软权力。在当前的社会转型期和矛盾凸显期，党群、干群关系出现了一些裂缝，党群、干群矛盾成为社会矛盾的组成部分，导致政府和司法决策的执行需要付出比以往更多的精力和时间来赢得民意支持。在一些地方，政府和司法机关公信力由此下降，行政效率和司法既判力由此降低。检察机关要突破这一困境，就要大力加强群众工作，更加注重尊重民意，更加注重依靠民众，更加注重维护民利，在群众参与支持下，依法打击违法犯罪，及时化解社会矛盾，营造诚信有序的市场环境、和谐稳定的社会环境、廉洁高效的政务环境和公平正义的法治环境，从而不断提高检察机关的执法公信力。

四是加强群众工作是全面推进并努力实现全市检察工作新发展的现实需要。2008年以来，长沙市检察院精心制定、不断完善和大力实施全市检察工作新发展的总体思路，取得了明显成效，检察工作取得了新进步、实现了新发展。但也要清醒地看到，在全市检察机关，特别是在一些党员领导干部、党员负责干部身上，还不同程度地存在一些"四风"问题，一些联系群众、服务群众、执法为民不够好的问题，有的甚至还比较突出。通过加强检察机关群众工作，可以有效引导全市检察机关、全体党员干部、全体检察人员特别是党员领导干部、党员负责干部改进作风，提振精神，强化责任，克服短板，进一步明确发展目标，进一步树立和践行发展理念，进一步实施发展战略，进一步突出发展重点，进一步把握发展关键，进一步开辟发展路径，进一步依靠发展保障，全面推进并努力实现全市检察工作新发展，不断推进并实现长沙检察事业科学发展。

二、检察机关群众工作面临的困难与困惑

（一）检察机关群众工作面临的现实困难

一是人民内部矛盾和治安腐败问题交织增加了群众工作的艰巨性。当前我国正处于社会转型的关键时期，社会组织结构日趋复杂，各种利益群体结构重新分化，制度结构的变动全面而深刻。利益调整凸显了新的矛盾，社会矛盾一旦遇到"导火索"，就容易爆发突发事件和群众事件，呈现出突发、对抗激烈、社会破坏力强、处置难度大等特点。从检察机关的角度来看，当前社会也呈现出一系列全新的阶段性特征：刑事发案居高不下，人民群众对社会安定和谐的需求提高，检察机关打击犯罪、化解矛盾、维护稳定的任务十分繁重；体制、机制和制度还不完善，诱发腐败的因素依然存在，人民群众对公职人员贪污腐化、失职渎职现象深恶痛绝，检察机关查办职务犯罪的任务十分繁重；人民群众维权能力增加，对公平正义的要求提高。

二是群众思想观念多样化增加了群众工作的复杂性。阶层的分化和利益关系的调整给人们思想观念带来了深刻的变化，不同群体的思想观念和价值追求也发生了很大变化，社会成员的思想活动呈现出多样化的特征。面对同一项检察工作，有理性客观的支持者，有激进高亢的批判者，有静观其变的围观者，有事不关己的沉默者。不同的群体因文化、职业、环境和素养等因素的不同而有不同立场和观点。特别是互联网的发展，使传统的群众工作产生了颠覆性变化，群众的思想观念表达变得十分容易和便捷，过去沉默的大多数获得了更大的话语权，群众在网络上的表达更加真实、更加直接、更加激进。面对千人千面的立场观点和喧嚣复杂的社会民意，如何做到既能洞察真实的社会民意，顺应民意人性化执法办案，又能排除非理性声音的干扰，依法理性秉公办案，这些给检察机关提出了新的更高的要求。

三是群众利益需求差异化增加了检察机关群众工作的尖锐性。随着多种所有制结构、多种经济成分、多种分配方式的发展，社会成员内

部出现了不同的利益群体，多样化的利益群体产生了差异化的利益需求。比如在打击犯罪上，有的民众强调的是结果的公正性，希望检察机关加大打击违法犯罪的力度；有的民众则强调程序的公正性，认为应当用法治、文明、理性的方式来打击犯罪。不同的利益主体表现出不同的利益需求，这些利益需求各不相同，甚至明显对立。在这种情况下，如何最大程度地平衡和协调各种利益需求，实现不同利益需求之间的和谐共存、协调共生、合作共赢，成为检察机关群众工作必须面临的崭新课题。

（二）检察机关在群众工作理念上存在的偏差

一是重视法律运用，忽视群众工作。由于检察机关在街道乡镇无常设机构，缺乏与群众经常性接触的平台，使得检察干警群众工作意识相对淡薄，忽视群众工作能力的提高。一些检察机关认为，执法办案就是适用法律的过程，只要达到良好的法律效果，社会效果也就实现了，因而很少深入了解群众对检察工作的看法、意见和期盼。有的将对书本上法律规则的学习与结合办案实践向群众学习对立起来，认为群众既不懂法，更不懂法律监督，深入听取群众意见浪费时间，这部分干警书本上的知识虽然在增长，但检察执法能力特别是群众工作能力却没有提高。

二是重视打击犯罪，忽视保护群众。有的检察干警没有完全从过去的"严打"思维中解放出来，不能正确处理法、理、情的关系，没有树立理性、平和、文明、规范执法的理念。办案思路和目的基本局限于打击和惩处犯罪，而忽视了保护犯罪嫌疑人和被害人的合法权益，刚性有余而柔性不足。极少数干警在执法办案中对当事人合理诉求充耳不闻、闻而不理，作风粗暴、言语伤人，甚至存在以权谋私、违法办案等问题。这些现象和问题的出现，严重破坏了执法办案的社会效果，严重伤害了群众对检察机关的感情，严重降低了群众对检察机关的信任度。

三是重视社会精英，忽视普通群众。有的检察干警信奉社会精英论，认为经济社会发展的决定力量在于社会精英，推进检察事业发展只需要精英，因此把群众工作局限在与社会精英打交道上，关注的焦点更多地投向社会精英群体，更注重倾听他们的意见、接受他们的监督，而忽视社会普通大众的呼声，漠视普通大众的诉求，拒绝普通大众的监督。在社会精英利益与普通民众利益出现冲突时，不能有效地协调和平衡，甚至舍弃普通民众利益来保全社会精英利益。这种注重社会精英而相对忽视普通大众的群众工作观念，使得社会上出现了"权钱结合""权贵结合"的质疑和批评，使检察机关公平公正的形象受到影响。

（三）检察机关在群众工作实践中的差距

一是偏颇的看法影响群众工作。有些检察干警有高学历，但社会阅历较浅；法言法语丰富，但群众语言缺乏；学习培训较多，但群众工作锻炼较少，对群众的认识主要来源于信访群众和案件当事人，对群众有着偏颇的看法。他们或者把群众想成刁民，认为群众不懂法、不讲道理，不服从大局，只看个人得失，只求一己私利；或者将群众想成暴民，把群众质疑和批评当成对检察工作的否决和挑衅，把群众的维权行为当成对社会的不满和怨恨，对群众提出的意见和诉求条件反射般地排斥，因此在与群众沟通过程中心里就已经有了成见、有了疙瘩、有了障碍，不敢与群众当面交流，不能与群众用心交流，不愿与群众坦诚交流，不能理性区分群众的合理诉求和非合理诉求，不能敏锐洞察批评背后反映的现实民意，不能真正理解群众面临的困难和疾苦。

二是不当的沟通方式影响群众工作。有的干警不懂群众心理和语言，不懂与群众交流的方式，在与群众交流中，自视高人一等，不能与群众平等交流，特别是在面对案件当事人时，以法律专家自居，鄙视、嘲笑当事人，不能将自己融入群众之中；有的习惯于讲艰深的理论问题、晦涩的法律术语，或者讲官话、空话、套话，与朴素的群众语言凑不到一块，不能走进群众心里；有的把群众工作错误地理解为教育说服群众，把与群众的双向沟通变成单向沟通，只顾自己说教式的"训话"，而没有注意倾听群众的话语；个别干警对群众的诉求无动于衷、敷衍应付、推诿扯皮，缺乏责任心，缺乏同情心。这样的沟通方式，得不到群众的信任，受不到群众的欢迎，赢不得群众的真心，甚至使群众心生反感和厌恶，使群众工作有形式无内容，有行动无结果。

三是错误的工作方法影响群众工作。群众服的是理，但有的干警却喜欢用权，以权办事，以权压人，以权树威，习惯于过去简单粗暴的司法工作方法，喜欢用司法强权来开展群众工作。特别是在化解社会矛盾中，缺乏服务意识和沟通意识，协调利益冲突的能力较弱，常常颐指气使、盛气凌人，不认真听取当事人意见和建议就主观臆断做出决定，对自己做出的决定当事人只能服从，完全不容当事人申辩；有的干警甚至认为这种工作手段省时、省心、省力，高效快捷。有的甚至对群众耍特权、逞威风，冷硬横推、吃拿卡要，"门难进、脸难看、事难办"。这些错误的工作方法不仅不能化解社会矛盾，反而使矛盾激化和扩大，甚至将当事人之间的矛盾转化成当事人与检察机关之间的矛盾，影响检察机关的公信力。

四是较差的工作绩效影响群众工作。有的检察机关、检察人员对新形势下做好群众工作的思路不宽、办法不多、创新不够、效果不好。有的检察人员发现犯罪、证实犯罪、查处犯罪的能力还不够强；有的对"两抢一盗"、涉黄涉赌涉毒及生产销售有毒、有害食品和假劣药品等侵害群众人身财产安全的刑事犯罪打击不够严厉，对发生在群众身边的就业、医疗、教育、环保等领域、与人民群众息息相关的职务犯罪查处力度不够大，对侦查机关有案不立、以罚代刑和审判机关枉法裁判及监管单位违法减刑、假释、保外就医等诉讼监督工作力度不够大。在服务案件相对人方面，有的检察人员的诉讼监督工作质量效果不够好，人权保障意识不强，没有或没有及时依法保障犯罪嫌疑人、被告人的合法权利和律师会见、阅卷、取证等依法执业权利，随意执法，执法简单；有的检察人员执法不规范、不文明甚至违法办案。

三、提高检察机关群众工作能力的路径选择

（一）更新执法理念，夯实检察机关群众工作思想基础

一是要树立执法为民、以民为本理念。充分认识检察权既为民所授、为民所属，也要为民所控、为民所用。检察机关应把人民群众"拥护不拥护、赞成不赞成、高兴不高兴、答应不答应"作为想问题、办事情、作决策的出发点和落脚点。要坚持以人民满意为标准，特别是在执法办案中，要做到当事人满意、律师满意、发案单位满意，让群众在检察机关办理的每一个案件中都感受到公平正义，树立可亲、可敬、可信的良好形象，提高群众对检察工作的满意度。

二是要树立体察民心、顺应民意理念。坚持深入基层、深入实际、深入群众，了解群众的需求、诉求，了解群众对检察机关的新期待、新要求，厘清检察工作应当做什么、怎么做、怎么做得更好。在具体的执法办案过程中，也要注重与当事人多沟通交流，多倾听当事人的意见，多了解当事人的困难，多想想当事人的感受，使执法办案更具人文关怀。

三是要树立以民为师、集中民智的理念。法律监督工作只有赢得了群众的广泛热情参与，才有源头活水和不竭动力。要从群众中汲取智慧，不断开阔工作视野，不断完善工作思路，用群众的智慧来解决群众反映的问题。尤其是在制定规划、谋划工作和执法办案时，决不能"闭门造车""唱独角戏"，要尽可能积极发动群众，尽可能听取群众意见，紧紧依靠群众规划和谋划检察事业，紧紧依靠群众完善和改进工作，紧紧依靠群众查办违法犯罪案件，使检察事业深深根植于群众实践的土壤。

（二）改进方式方法，提高检察机关的群众工作能力

一是开展群工培训，加强实践锻炼。把提高与群众沟通能力纳入检察干警学习和培训内容，邀请优秀基层工作者来检察机关讲课，向检察干警介绍其群众工作经验和方法，通过学、帮、教提高干警的群众

工作能力。组织检察干警深入农村、社区、企业、学校，广泛开展法律宣传和法律咨询，及时排查矛盾隐患，化解社会矛盾纠纷，为群众送法律、送和谐、送服务；定期开展走访调查，走进群众家中，倾听群众心声、回应群众关切、疏导群众情绪，在职责范围之内为群众做力所能及的事，办为民暖民的事，拉近同群众的距离，增进同群众的感情；适当扩大年轻干警到基层挂职锻炼的范围，鼓励和支持年轻干警到基层一线直接面对群众以增长、积蓄群众工作阅历和经验，培养熟悉群众工作和法律知识的综合型人才。加强对检察人员处置执法办案问题、群体性事件、突发性事件和接访群众能力的培训和锻炼，切实提升检察人员实践工作能力。

二是摆正服务关系，实现相互信任。检察干警要有平等服务心态，切忌居高临下，要把自己当成普通民众，把群众当成亲人、朋友，真正融入到群众当中。在与群众交流中要敞开心扉，与群众坦诚相待，相信群众的法制观念，相信群众的理性和理智，相信群众的智慧和情感，相信检察干警可以与群众建立鱼水之情。要以海纳百川的胸怀去面对群众的监督、质疑和批评，不管这些批评是属实还是误解、是合理还是无理，都要理性对待。对于群众的批评要虚心采纳并在工作中加以改进；对于群众的误解要耐心地解释和说明。

三是注重言行举止，讲究沟通方式。首先语言要平实。在与群众沟通时要讲真实、实话、通俗话，把深刻的道理、法律专业术语通俗地表达出来，让群众听得明白，听得自然，尊重人的个性化差异和情感体验。其次要善于倾听。不仅要善于与群众谈形势、谈政策、谈法律、谈实际问题，更要善于听群众拉家常、讲琐事、诉怨气、提要求。不仅要有说服教育群众的能力，也要有乐意被群众说服和教育的胸襟。再次要言行得当。与群众交谈时不讲有违政策法规的话，不讲有悖当地风俗习惯的话，不讲有伤群众感情的话。对于群众反映的问题和提出的要求，属职责范围内能够当场答复的，应当场予以妥善答复；不能当场答复的，也要承诺答复的期限；不属职责范围内或诉求不合法、不合理的，应当耐心做出解释和说明。

四是提升工作绩效，回应群众需求。要主动、积极、有力回应人民群众对改革发展的新期待，在深化改革、调整结构过程中，对混合所有制经济发展、土地经营权流转和国有资产管理制度改革和产权保护制度完善等关系到人民群众切身利益的新情况要深入了解新情况、准确把握新需求、积极解决新问题；要主动、积极、有力回应人民群众对公共安全的新期待，坚决打击敌对势力分裂、渗透、颠覆活动，保持对暴力恐怖犯罪的高压态势、参与维护医疗秩序打击涉医违法犯罪专项活动，参与社会治理、更加主动地做好检察环节维护社会和谐稳定的各项工作；要主动、积极、有力回应人民群众对反腐倡廉的新期待，加大查办和预防职务犯罪工作力度、提升办案效果，坚决遏制职务犯罪轻刑化趋势，杜绝职务犯罪侦查活动中的违法违规现象，创新工作方式加大职务犯罪预防力度；要主动、积极、有力回应人民群众对公平正义的新期待，健全冤假错案发现、纠正、防范和责任追究机制，坚守检察战线冤假错案底线，主动查找、严肃清理久押不决案件，加大民事行政诉讼活动的监督力度，较好地解决检察机关内部重刑事轻民事的问题；要主动、积极、有力回应人民群众对司法公信的新期待，缩小检察机关队伍建设与人民群众期待的差距，提升检察队伍能力素质，抓紧完善司法规范化建设，提升基层检察院建设工作质效。

（三）加强制度建设，完善检察机关群众工作机制

一是健全开放透明的检务公开制度。完善检务查询机制，规范案件信息查询、行贿犯罪档案查询、律师接待工作；完善检务告知机制，规范向诉讼参与人、有关单位和个人公开告诉有关执法信息工作；完善检务发布机制，规范检务发布的形式、程序、步骤；完善检务听证机制，规范对未成年人刑事案件、申诉案件、不起诉案件的听证程序；完善检务见证机制，规范与案件无关的社会人士参与执法监督工作；完善检务参与机制，规范人民群众参与检察决策、案件办理、考核考评工作；完善检务通报机制，规范重大事项定期通报、专项通报、重

点通报程序；完善检务咨询机制，规范法律咨询、检察咨询等工作。

二是建立通畅高效的检民互动机制。其一，健全受理申诉控告举报机制。整合受理、接待举报的各种资源，开通检察机关举报、控告、申诉、投诉"四合一"的统一受理电话和统一受理网址，整合电话受理、网络受理、信函受理、接访受理四种方式，实现受理接待工作的集约化管理。其二，建立、完善乡镇、街道检察联络室。院领导班子成员和干警轮流到检察联络室上班，创造干警与群众联系平台。开展巡回服务活动，根据检察联络室所在地的情况和群众的要求，深入乡镇街道及村组社区等基层一线，巡回开展受理申诉、控告、举报的普法宣传等主题活动。建立工作联动机制，对于检察联络室受理的事项，实行上下联动、部门联合，分工协作，依法妥善处理。对于群众反映的问题及办结的情况，应定期向所在街道办事处或乡镇公开。其三，完善群众诉求表达机制和民意收集、研究和转化机制。积极探索搭建门户网站、检察微博、服务热线等新平台，推动检察机关和群众意见交流和互换，把群众意见和要求作为检察决策的重要依据和改进工作的强大动力。新媒体时代特别要注重建立网上舆情收集和回应机制，保持对网上涉检舆情的敏锐洞察力，及时掌握网络舆情动态和网民心理。发现有影响较大的涉检网络舆情时，即时启动应急预案，采取有效措施，主动妥善回应，有效引导网络舆论，形成规范有序、理性积极的网络舆论氛围。

三是建立健全主动接受群众监督的工作机制。其一，健全人民监督员、民主监督员、检风检纪监督员工作制度。拓展监督范围，听取对检察工作的意见、建议，邀请"三员"参与执法办案等活动。其二，健全人大代表、政协委员监督工作制度。自觉接受人大代表、政协委员评议、质询和批评，虚心听取意见，认真制定整改措施；对人大代表提出的议案、建议和意见虚心接受，及时整改，能办理的应及时办理，不能办理的说明情况和理由。其三，建立健全人民群众对检察工作监督制度。建立群众考核评价机制，让群众为干警考评打分，将群众考评情况作为干警考核、晋职、晋级的重要依据。健全对损害群众权益行为的惩处机制，凡群众的举报投诉，应当即时受理，在规定的期限内调查处理完结，并将处理结果公开通报，以取信于民。其四，建立联系群众专项工作机制。在长沙市检察机关深入开展联系群众"1+2"专项活动，一项教育活动即开展"联系群众、执法为民"教育活动（要求全体检察人员年内对群众进行集中走访，落实有关"三要三不""三送五摸清""五对照五查找"等要求，着力整治、整改"十个方面"的突出问题）；两项专项活动即开展"服务企业、服务经济发展、服务'六个走在前列'"专项活动（致力为企业营造优良的经济发展环境，提供优质的司法咨询服务，保障企业正常生产经营、促进企业健康发展）和全面、深入开展"三走访、两查找、一确保、一促进"专项活动（即对已办结或正在办理的重大、有影响的刑事案件或人民群众反映强烈或案件当事人不服、提出异议、意见的刑事案件以及其他有关重要的刑事案件和全部的涉嫌职务犯罪案件，通过走访发案单位、案件当事人、律师，查找检察机关是否做到了理性、平和、文明、规范执法，查找检察人员特别是办案人员是否做到了理性、平和、文明、规范执法，确保检察机关和检察人员廉洁公正执法，促进检察机关和检察人员理性、平和、文明、规范执法），不断探索、总结服务群众、接受监督工作经验，建立健全长效工作机制。

第八章

基层检察工作发展总结与展望

第一节　着力推进"三化"切实加强
基层检察院建设 ①

基层检察院建设是检察机关全部工作的基础，事关整个检察事业的发展全局。近年来，特别是 2007 年以来，我市检察机关坚持以科学发展观为指导，按照《人民检察院基层建设纲要》的要求，着力推进执法规范化、管理科学化、队伍专业化，提高基层院建设整体水平。雨花区院、天心区院等 4 个基层院获得"全国模范检察院""全国先进基层检察院"称号，芙蓉区院、开福区院等 4 个基层院获得省级文明单位称号，我院荣获"全国基层检察院建设组织奖"。我们的主要做法是：

一、着力推进执法规范化

群众看检察，主要看执法。我们把执法规范化建设作为促进基层院建设的基础工作和主要环节来抓，努力提高执法办案质量和效果。在

---

① 本节系作者 2009 年 1 月 5 日在全省政法工作会议上的发言摘录，收入本书时略作删改。

2008 年的执法状况考评中，我市 9 个基层院得分都在 98.7 分以上，全部为优秀，市院得分 98.2 分，位居全省第一。

（一）实行执法流程管理

针对个别单位和部门工作职责不明晰、效率不高，个别检察人员执法不严格、不规范的问题，按照实体法、程序法和检察业务工作规定，细化工作规则和办案流程，逐步建立起全覆盖的执法流程操作体系，使执法办案各环节紧密结合、环环相扣，真正成为规范检察执法的"指南"和"标尺"。

（二）严格监督制约

解决人民群众反映强烈的执法不严、不公、不廉和利益驱动办案问题，是基层院执法规范化建设的关键。对此，我们一方面继续认真落实执法档案、"一案三卡"、讯问职务犯罪嫌疑人"双录"等制度，深化人民监督员制度试点；另一方面，抓住重点，对症下药，强化监督制约。比如，为从源头上解决"为钱办案"、利益驱动的问题，我们明确提出确保严格执行最高人民检察院、省检察院有关涉案款物管理的规定；确保认真履行公诉部门职责，严格依法审查、研究、处理所有涉案款物；确保向法院提起公诉的案件，认定的违法所得能在法院判决书或裁定书上依法予以认定等"五个确保"的原则，并开展专项督察，严格对涉案款物的扣押、冻结和处理。为顺应群众呼声，杜绝在适用刑事和解中出现"出钱买刑"现象，我们专门出台了适用刑事和解办理轻微刑事案件的五条具体意见，组织对全市检察机关 2007 年以来办理的 906 件不捕、不诉刑事案件开展了专项检查。

（三）以信息化促进规范化

为加强执法信息的共享互通和执法质量的全程监控，我们以网络建设和信息化手段在执法工作中的应用为重点，大力推进执法信息化建设。通过整合全市检察技术力量，自主开发了网上举报、"双录"信息管理和监外执行检察信息系统；基层院全部开通了三级专线网和局域网，开发涉及执法质量档案管理、检务管理等应用程序近 10 种。通过将办案软件使用率作为重要指标纳入对基层院的信息化年度考核，逐步实行网上办案，进行网上案件审批、执法质量评查，公开执法办案各个环节的运行情况，有效预防了执法不作为、乱作为问题的发生。

二、着力推进管理科学化

管理直接影响检察机关法律监督能力的发挥和检察工作效率，管理水平决定检察工作水平。我们着力在检察人员、检察业务和检察行政管理上下功夫，提升了科学化管理水平。

（一）实行科学化管理与考核

为实现对基层院的动态、精细管理，我院对照省检察院制定的基层院建设考核和执法状况考评规则，以管理和考核基层院的履职绩效为核心，制定《科学化管理与考核办法》。在考核对象上，除考核基层院整体工作外，突出对领导班子特别是对"一把手"的考核；在考核内容上，将思想政治建设、业务建设、纪律作风建设、机关管理等分解为小项，进行量化；在考核标准上，以省检察院制定的标准为基础，比照近年各项工作情况，适当提高；在考核方式上，由市院领导带队，基层院派员参加，交叉考核；在考核结果运用上，将其作为重要内容，与政治荣誉、职务调整、职级升降紧密挂钩，严格奖惩兑现。

（二）精心指导，固强补弱

虽然近年来我市基层院建设整体水平不断提升，但各单位发展仍不平衡。对此，我们落实扶强帮弱措施，实行市院领导定点联系、业务部门对口指导基层院制度。如长沙县院发展意识较强、步伐较快，我们因势利导，确定检察长定点联系，推动和促进该院各项工作取得显著成效，该院最近荣获"全国先进基层检察院"称号。为有针对性地指导基层院办案工作开展，我们坚持每季度集中听取基层院检察长汇报，及时发现并消除工作薄弱环节。如我们针对2008年一季度部分基层院主要业务工作开局较慢、成效不大的情况，督促市院对口业务部门帮助分析原因、指导制定改进措施，迅速扭转了被动局面。2008年，我市查办职务犯罪案件 171 件 190 人，其中大案 162 件，比上年均有所上升；县（处）级以上干部犯罪要案 30 人；向法院提起公诉 160 人，法院判决 122 人，比上年分别增加 82% 和 47%，全部为有罪判决；其他各项检察业务工作也取得了较好成绩。在省检察院对全省各基层院进行的 2008 年度综合考核中，我市 9 个基层院均进入前 10 名。

（三）鼓励争创，促进发展

在基层院建设过程中，我市个别基层院缺乏忧患意识，安于现状，"小成即满""小进即安"，不愿争先、不敢争先。为激发基层院最大限度释放自身潜能，不断实现自我超越，我们一方面鼓励基层院立足当前，乘势而上，积极争创全国、全省先进；另一方面，大力开展评先评优活动，引导基层院展开良性竞争，促进基层院建设蓬勃发展。通过组织开展评选查办职务犯罪案件和办理诉讼监督案件等"十类优案"、执法质量精品案和瑕疵案"双十案"等活动，进一步形成了争先办案、办好案、办铁案的良好氛围，涌现出了一大批先进集体和个人。

三、着力推进队伍专业化

打造高素质专业化检察队伍是基层检察院建设的根本和保证。我们坚持狠抓队伍建设，努力提升法律监督能力与水平。

（一）强化思想政治建设

针对少数检察人员执法理念上的误区和偏差，深入开展"大学习、大讨论"、解放思想大讨论活动，重点抓好专题学习、专题培训和以案析理，认真查摆不符合社会主义法治理念要求，不利于经济社会发展大局，影响法律监督职能发挥，损害检察执法公信力的特权思想、霸道作风以及执法不严格、不规范、不文明现象，切实解决"为谁执法，靠谁执法，怎样执法"的问题，全市检察人员"三个至上""三个统一""三个效果"的观念进一步强化，政治意识、大局意识、责任意识和廉洁意识进一步增强。

（二）强化领导班子建设

坚持从严治长，严格落实党风廉政建设责任制、重大事项报告制度，实行对基层院巡视、派员参加基层院党组民主生活会、两级院检察长交流谈心制度，提高领导班子的凝聚力、战斗力、创新力、执行力、公信力和"免疫力"。优化基层院领导班子的年龄、知识和专业结构，选派8名优秀人才担任基层院检察长和领导班子成员，提拔、引进21人充实基层院领导班子。基层院班子成员平均年龄43岁，学历全部为本科以上，生机和活力进一步增强，科学领导检察工作开展和管理检察队伍的能力及水平进一步提高。

（三）强化业务素质建设

顺应经济社会快速发展、法治建设进程加快的新形势，把握检察工作发展的新需求，积极开展"争创学习型检察院"活动，搭建"学、练、赛、研"平台，组织和引导检察人员在执法办案实践中提升水平，增长才干。本着"干什么，专什么"的原则，大力开展岗位练兵和业务竞赛，13人获得最高人民检察院、省检察院授予的"优秀办案能手""优秀公诉人"等称号；着力培养专家型、复合型人才，组织45人参加法律研究生学习、426人次参加各类教育培训。注重防止出现影响和制约基层检察工作持续健康发展的检察官断层问题，着力内部挖潜，组织123人参加国家司法考试，通过率达34%。本着"缺什么人才，补什么人才"的原则，面向社会公开招录优秀人才59名，引进计算机、文秘、司法会计等专业人才23名。

（四）强化纪律作风建设

坚持从严治检，严格教育、管理和监督。成立检务督察委员会，对政令检令的落实、检容风纪及执法办案重点环节、岗位的履职情况进行督察。作出严禁接受案件当事人及其亲友的请吃请玩和钱物，严禁对告诉求助群众采取冷漠、生硬、蛮横、推诿等"官老爷"态度，严禁参与经营娱乐场所或为非法经营活动提供保护等"六个严禁"的硬性规定，并向全市480名市人大代表发函征求意见，对照检查整改。

拓展社会和家庭监督渠道，健全检察人员八小时以外行为监督制度，聘请人大代表、政协委员担任检风检纪监督员，开展争当"廉内助"活动，有效防止了违法违纪，提升了检察机关执法形象。

第二节　长沙检察工作得到肯定 ①

2008 年以来，市检察院按照最高人民检察院的总体部署和要求，在省检察院和市委的正确领导下，坚持以科学发展观为指导，紧密结合长沙实际，切实履行法律监督职能，各项检察工作全面、有序、扎实、深入推进，取得了新进步、实现了新发展。2011 年 8 月 15 日，最高人民检察院检察长亲临我市检察机关视察后，用"一个非常有特点""四个非常重视""一个非常高兴"对长沙检察工作给予了肯定和好评。2008 年以来，最高检检察长先后对市检察院对教育考试系统犯罪案件的分析、对基层检察院公诉案件激增的分析及我市宁乡县检察院的"双查双建"工作、天心区检察院的"四间工作室"工作和宁乡县检察院欧阳海军同志的先进典型事迹、长沙县检察院检察联络室工作和天心区检察院"四四三"执法办案模式作出七次重要批示，肯定了有关工作成绩，肯定了先进典型，作出重要指示，寄予殷切希望。2008 年10 月 27 日，省委常委、长沙市委书记视察市检察院工作后，充分肯定"市检察院新一届党组，承接历届班子打下的良好基础，团结带领一班人，立足新起点，适应新情况，谋划新发展，全市检察工作取得了新成绩、开创了新局面！"2013 年 5 月 28 日，省委常委、长沙市委书记视察市检察院后，充分肯定"长沙市检察机关围绕中心、服务大局很

---

① 本节系作者 2014 年 1 月 17 日向最高人民检察院院领导做工作汇报的摘录，收入本书时略作删改。

有成效；依法履行法律监督职责、执法办案很有成绩；检察文化建设、各项检察工作很有特色。"2009 年 9 月 9 日，省检察院党组书记、检察长视察市检察院后，充分肯定"长沙市检察院党组一班人执法指导思想明确、工作重点十分突出，在改进方式方法上取得了明显进步"；"在努力提高服务水平、执法能力、执法水平上做了许多创造性的工作"；"工作部署措施有力，效果明显"。在省检察院 2010 年上半年组织的对我院领导班子进行一个多月的巡视中，省院党组高度评价我院党组是"团结、务实、创新、廉洁的班子"。2013 年 6 月 28 日，省检察院党组书记、检察长视察市检察院后，对全市两级检察机关的工作予以充分肯定，认为"长沙两级检察工作思路清晰，措施有力，成效明显，做得很好"！

全市检察工作得到了当地党委的肯定。2008 年以来，市检察院首次连续三年被市委、市政府授予全市"社会治安综合治理工作红旗单位"，连续两年评为"社会治安综合治理工作先进单位"；连续四年被评为"全市政法工作先进单位"。在市委、市政府组织的年度领导班子绩效考核中，市检察院领导班子连续四年荣获执法监督类一等（即优秀领导班子）单位，是市直 16 个行政执法单位和司法部门中唯一连续四年获此殊荣的单位；其他年度领导班子绩效考核结果也在市直上述单位、部门中位居领先位置。市检察院和长沙县、开福区、雨花区、天心区、宁乡县检察院被省委、省政府评为"湖南省文明单位"，芙蓉区检察院还被评为"湖南省文明标兵单位"。

全市检察工作得到了上级检察机关的肯定。2008 年，市检察院被最高人民检察院授予"全国基层检察院建设组织奖"；长沙县检察院和星城地区检察院被评为"全国先进基层检察院"。2009 年，长沙县检察院被最高检荣记"集体一等功"。2010 年，望城县检察院被评为"全国先进基层检察院"；市检察院和开福区检察院被评为"全国检察机关司法警察编队管理示范单位"。2011 年，星城地区检察院被最高人民检察院评为"全国监所派出检察工作先进集体"；全市检察机关十个控申举报接待室全部被评为"全国检察机关文明接待室",其中市检察院和天心区、浏阳市检察院的控申举报接待室被授予"全国检察机关文明接待示范窗口";望城县检察院被最高检确定为"全国基层院'四化'建设示范院"。市检察院信息、宣传工作荣膺"全国检察机关信息直报点先进单位""全国检察宣传先进单位"等荣誉称号;市检察学会被评为"全国大中城市先进学会"。2013年,长沙县检察院再次被省检察院呈报最高人民检察院荣记"集体一等功";全市两级检察院十个控告申诉接待室全部被省检察院呈报最高人民检察院授予"全国文明接待室"光荣称号。2008年以来,在全省基层检察院建设年度分类综合考核中,我市9个基层检察院连续五年全部进入全省A类检察院前十二名;市检察院连续两次被省检察院评为两年评比表彰一次的"全省先进市州院";被省检察院评为"全省检察文化建设示范单位";被省检察院授予"理论研究活动组织奖";被评为"全省老干部管理工作先进单位""全省工会系统创先争优先进基层工会组织"。长沙县、芙蓉区、开福区、望城区和星城地区检察院被评为"全省先进基层检察院",芙蓉区检察院被省检察院评为"全省检察文化建设示范单位"。

全市检察工作得到了人民群众的肯定。在党委综治委组织的政法单位民调中,我市检察机关得分逐年提高,位居市直政法各单位前列。2010年,在市人大常委会组织的问卷调查中,市人大代表对我市检察工作的满意率为89%,名列市直政法机关第一;市检察院在近几年市人代会上所作的《长沙市人民检察院工作报告》,通过市人大代表无记名电子表决,其赞成率逐年上升,2008年达到79%、2009年达到82.1%、2010年达到83.3%、2011年达到81%,而2012年达到90.1%,是长沙市人代会实行电子表决七年来赞成率最高的一年。

第三节　长沙检察工作的新发展及不足 ①

　　过去的五年，是长沙检察机关逐步完善、大力实施新发展总体思路、检察工作全面深入推进、进一步实现新发展的五年，是长沙检察事业在科学发展道路上不断探索、砥砺前行、很有成效的五年。五年来，全市检察机关在省检察院和市委的坚强领导下，忠实履行法律监督职责，各项检察工作取得了新进展、新成效、实现了新发展。

一、始终坚持正确政治方向，不断深化对法治建设规律和检察工作规律的认识，逐步完善并大力实施检察工作新发展的总体思路

　　始终坚持党对检察工作的绝对领导，坚持在党的统一领导下谋划和推进各项检察工作，坚持不折不扣地贯彻执行党的路线方针政策和中央、省、市委的决策部署，制定并严格执行市检察院党组对重大工作、事项和问题向市委报告请示制度，确保检察工作正确政治方向。深化对检察工作规律的认识，完善并大力实施2008年新一届院党组、院领导班子和检察委员会确立的长沙检察工作新发展的总体思路，包括完善确立发展的一个总体目标、三个具体目标，完善、践行六大发展理念，完善、实施六大发展战略，突出三个发展重点，把握两个发展关键，开辟、实施六大发展路径，坚持三大发展保障，并紧密切合长沙实际，逐年有针对性地制定和落实"年度工作要点"和"应注重抓好的工作"，确保长沙检察工作在党的领导下不断符合时代要求、遵循检察工作规律、符合长沙检察实际、符合党和国家的利益、符合人民的根本利益。

---

　　① 本节系作者2016年9月1日在长沙市检察工作会议上所作的《全面正确履行法律监督职能　服务长沙经济社会发展大局　在更高起点上奋力谱写长沙检察事业新篇章》工作报告的摘录，收入本书时略作删改。

二、始终坚持围绕大局、服务全局的理念，积极参与、有效服务、着力保障长沙"六个走在前列"，努力服务长沙经济社会更好更快发展

先后制定实施服务"两型社会"建设、服务"六个走在前列"、服务和保障长沙经济社会发展大局等 6 个规范性文件，探索建立服务园区经济发展机制、服务"两型社会"试点建设"四位一体"司法模式和"双查双建"职务犯罪侦查机制，主动服务和保障国家级湘江新区、河东经济走廊、城市轨道等重大项目建设。积极参与市委、市政府部署开展的"两帮两促""一推行四公开""一进二访""三联三访"等活动，有效服务城乡科学发展、服务精准扶贫、精准脱贫。深入开展查办和预防发生在群众身边损害群众利益职务犯罪、扶贫领域职务犯罪、"雁过拔毛"式腐败问题等专项工作及危害食品药品安全、破坏环境资源犯罪、优化经济发展环境等专项监督活动和专项行动，有效服务民生事业和经济发展。着力服务企业生产经营，办理涉企案件坚决做到"三个考虑到""八个不准""四个避免"和"三个严格区别""正确把握五个界限"，共批捕各类破坏企业生产秩序、侵犯企业财产、危害企业发展、阻碍项目建设等犯罪案件 379 件 415 人，起诉 364 件 398 人；依法对 47 名企业管理人员、技术骨干未采取强制措施或变更强制措施，避免因办案对企业造成负面影响。

三、始终坚持突出工作重点、狠抓司法办案，不断加强和改进法律监督工作，主要检察业务工作核心数据数量、质量大幅提升

全面履行检察职能，不断完善办案机制、挖掘办案潜力、补齐工作短板、提升办案效率，主要检察业务工作的核心数据排名均位居全省第一，充分彰显了省会城市检察机关的责任与担当。在办案规模方面：2012 年至 2015 年的四年与 2008 年至 2011 年四年相比，全市检

察机关批准逮捕各类刑事犯罪嫌疑人的人数和提起公诉的人数，分别上升 15.9%、31.8%；立案侦查涉嫌职务犯罪案件件数和人数，办理立案监督案件数、追加逮捕的人数和追加起诉的人数、提出刑事抗诉案件件数、提出民事抗诉案件件数等主要办案数据均位居全省首位或前列，监督收监执行刑罚的罪犯 114 人、居全省之首。在办案效率方面，全市两级检察机关以占全省 1/10 的检力依法办理了全省近 1/5 的各类刑事案件；反贪污贿赂工作多年位居全省首位；反渎职侵权、预防职务犯罪等工作从多年比较被动而一跃走在全省各市州院前列。在办案质量方面：2012 年以来，全市检察机关没有发现依法应捕未捕、应诉未诉的案件；捕后作绝对不诉、存疑不诉的人数比例逐年大幅下降，无罪判决率为 0.16‰，比率为全省最低。2012 年至 2015 年，职务犯罪案件、经济犯罪案件年均相对不起诉率分别下降到 7.9%、5.4%，切实做到了"一个严防""两个最大限度的减少""两个严控"。全市检察机关没有发生办案安全事故，没有因办案不当引发新的社会矛盾和群体性事件。

四、始终坚持维护和促进社会稳定和谐，主动参与、大力推进平安长沙建设，切实维护省会城市安全和社会大局稳定

坚决依法打击危害国家安全、暴力恐怖、多发性侵财等严重影响社会公共安全的刑事犯罪，积极参与开展打黑除恶、缉枪治爆、治赌禁毒扫黄和涉医违法犯罪等专项整治，严厉打击电信诈骗、非法集资、侵犯知识产权等破坏市场经济秩序犯罪，坚持贯彻宽严相济刑事政策，深化刑事和解、检调对接工作，保障人民群众安居乐业。2012 年 1 月至 2016 年 7 月，共批准逮捕各类刑事犯罪嫌疑人 32682 人，提起公诉 45051 人；不批捕 12459 人，不起诉 4055 人，其中运用刑事和解不起诉 494 人。出色办理了在全国乃至国际上颇有影响的葛兰素史克（中国）投资有限公司及高管对非国家工作人员重大

行贿系列案，受到中央政法委、最高人民检察院和省检察院的充分肯定和表彰。深入推进综治联点工作，进一步加强和改进乡镇、街道检察联络室建设，促进提高基层治理法治化水平。结合办案分析研判刑事犯罪的规律、特点和趋势，提出检察建议 277 件。建立完善"信、访、电、网"四位一体工作平台，健全完善涉检信访工作机制，积极运用法治思维和法治方式化解矛盾、解决纠纷、防控风险、维护稳定。

五、始终坚持决心不变、力度不减，依法查办和有效预防职务犯罪，持续保持了惩治腐败的高压态势

坚决落实党中央关于反腐败斗争的决策部署，提出并落实查办职务犯罪案件工作"六个统一""提升三种办案能力与水平""推动办案模式三个转变"等工作要求，坚持"老虎""苍蝇"一起打，惩防并举，充分展现了检察机关法治反腐的坚定决心。2012 年 1 月至 2016 年 7 月，共立案侦查涉嫌贪污贿赂犯罪 583 人、涉嫌渎职侵权犯罪 243 人，其中县处级以上干部 116 人，大案 558 件，为国家挽回经济损失 2.39 亿元。依法查办了 11 名厅级领导干部（系省检察院交办）和一批县级、处级干部重特大贪污、受贿、滥用职权犯罪要案，持续形成反腐高压态势。深入开展专项行动，依法查办工程建设、民生、涉农、土地、环保、商业贿赂等重点行业领域"蝇贪蚁腐"案件 491 人，立案侦查沪昆高速公路"7·19"特大道路交通危化品爆燃事故、岳麓区观沙岭街道"7·7"事件中涉嫌渎职犯罪案件 21 人。对腐蚀"围猎"国家干部、谋取不正当利益的 165 名行贿犯罪嫌疑人予以严肃查处；成功缉捕或劝返涉嫌职务犯罪在逃人员 31 人。着力促进侦查模式转型，健全侦查一体化办案机制，运用一体化机制立案 387 件 445 人。加强检察机关自行初查立案工作，通过自行初查而立案侦查案件数占立案总数的 80.4%，同比增长 13.5 个百分点，长沙市检察机关自行初查而予以立案侦查的"长沙办案模式"被最高人民检察院予以推介。大力推进侦防一体化建设，组织开展行业、系统预

防调查，撰写的《湖南省科技厅中小企业创新基金案预防调查报告》被评为全省检察机关十大优案。

六、始终坚持维护社会公平正义，保障法律全面正确实施，深化诉讼监督，不断促进执法司法公正

严格执行修改后"三法三规则"，健全落实非法证据排除和冤假错案发现报告、督促纠正、依法赔偿等制度，大力开展刑事立案监督、侦查活动监督、刑事审判监督，发现纠正了一批执法不严、司法不公的突出问题。积极开展刑事执行监督，深入推进久押不决案件专项清理、减刑假释暂予监外执行专项检察、社区服刑人员脱管漏管专项检察和判处实刑罪犯未执行刑罚集中清理活动，严肃查办监管场所涉嫌职务犯罪案件，整治了一批超期羁押、脱管漏管、"牢头狱霸"现象。2014年，全市检察机关共对76名不符合暂予监外执行条件或条件已消失的罪犯收监执行刑罚，为历年之最，居全省之首，其中原处级以上领导干部24人。认真贯彻落实民事诉讼监督规则和行政诉讼监督规则，完善民事行政检察工作多元化监督格局，办理督促履职、督促起诉、支持起诉案件911件，浏阳市检察院办理的督促国土局起诉追回金碧置业有限公司拖欠国有土地出让金案，被评为"第二届全国检察机关行政检察优秀案件"。依法保障律师权益，制定落实《关于保障律师依法执业的若干意见》，保障律师依法行使会见、阅卷、调查取证等执业权利，打造法律职业共同体。

七、始终坚持加强机制建设、强化自身监督，牢固树立并自觉践行严格公正文明规范司法的理念，检察机关司法公信力明显提升

巩固落实转变司法理念教育活动成果，举办检察工作研讨班，组织开展"大学习、大讨论"，建立完善"三走访、两查找、一确保、一促进"等司法办案内部监督机制，坚持践行理性平和文明规范的司法理

念。落实案件管理机制改革，全面运行统一业务应用系统，实现办案信息网上录入、办案流程网上管理、办案活动网上监督。坚持"七见"标准深入推进规范司法行为专项整治工作，共查摆、剖析司法不规范问题 8 类 100 个并逐一进行整改。建立健全司法状况"五项机制"，积极参与网上案件评查、随机抽查、不诉不捕案件必查等司法监督活动，有效防止冤假错案发生。

八、始终坚持推进检务公开，主动真诚接受社会各界监督，检察工作透明度不断增强

制定并落实自觉接受人大、政协监督的有关规定，扎实开展市人大常委会部署的"司法公正长沙行活动"，不断完善代表委员联络制度和民主监督员制度，改革人民监督员制度，自觉把检察工作置于人大、政协和社会各界有效监督之下，检察工作更加开放透明。全面推进检务公开工作，重点加强案件信息公开，共发布案件程序性信息 2.87 万条，重要案件信息 1936 条，法律文书 6560 余份，检务公开重要数据均排名全省第一；检察新媒体阵地建设成效显著，全市检察机关实现"一网两微一端"全覆盖，全国首个市级"互联网 +"智慧检察院集群正式上线，检察工作社会影响力不断增强。

九、始终坚持积极、稳妥、认真推进改革，认真开展市检察院和基层检察院司法体制改革试点工作，确保已明确的改革任务取得实效

严格按照上级机关试点工作部署，统筹推进人民监督员制度、检务公开、涉法涉诉信访、刑事执行监督等改革举措落地。大力支持和精心指导宁乡县检察院开展改革试点，指导宁乡县检察院在人员分类管理、检察官入额、司法责任制、检察官权力清单等方面拟制 8 份文件，梳理有关做法 83 条，为司法体制改革试点工作顺利推进做好有关准备。加强政策宣传和思想引导，促进改革贴合实际、贴合干警意愿。全面

做好其他各项改革试点事项，积极稳妥推进各项改革试点工作，努力在改革试点中取得实效、创造经验、走在前列。

十、始终坚持人才强检、文化育检战略，牢牢把握队伍建设关键，检察队伍专业化、职业化水平得到新提升

扎实开展党的群众路线教育实践活动、"三严三实"专题教育和"两学一做"学习教育，精心确立、大力宣传和弘扬"公、诚、精、廉、新"的长沙检察精神，引导检察人员筑牢"忠诚干净担当"的职业本色。切实加强两级检察院党组建设，领导班子的凝聚力、战斗力、创新力、执行力、公信力和"免疫力"明显加强。大力实施检察人才六项重点工程，重视加强对特需人才的遴选、招录和司法办案急需紧缺人才的引进，招录检察人员 92 人、公开遴选检察业务骨干 79 人。健全岗位练兵、全员培训、业务竞赛等教育培训机制，着力培养出一批理论功底深厚、实践经验丰富的业务专家和办案能手。深入开展学习型党组织、学习型检察院、学习型检察官创建活动，在全省率先建成高质量的检察文化长廊，精心建设长沙检察陈列室，全面、深入加强检察文化建设。

十一、始终坚持"从严从实""五个过硬"，全面加强检察队伍的教育、管理和监督，清廉公正的检察形象进一步确立

在全省检察机关率先推行廉政风险防控机制建设，制定落实党风廉政建设党组主体责任和纪检组监督责任的实施意见等五项制度，全面落实党风廉政建设党组主体责任和纪检组监督责任。在 2016 年召开的全省检察长会议上，市检察院以《坚持从严治检，落实"两个责任"，有效推进党风廉政建设》作了典型发言。全面贯彻中国共产党廉洁自律准则和纪律处分条例，严格执行中央八项规定、省委九条规定和市委相关规定，组织开展干部作风集中教育整顿，坚持把纪律和规矩挺

在前面，以"零容忍"的态度正风肃纪。加强检察机关自身反腐败工作，严格落实干预插手过问案件记录报告责任追究实施办法和违法行使职权行为纠正记录通报及责任追究制度，依法立案查处检察人员违纪违法案件6件7人。

十二、始终坚持抓基层、打基础，基层检察院建设成效显著，基层基础工作不断加强

完善基层检察院分类综合考核办法，突出工作重点，形成正确工作导向；每季度召开基层检察长办案工作汇报讲评会，适时召开检察工作形势分析会，强化督查督办，推进决策落实；加强上级检察院领导联系指导基层建设工作，落实领导干部直接联系基层、业务部门对口指导等制度，对重大疑难复杂案件派员指导，对请示案件及时审查批复，对有关报告事项帮助协调解决，促进基层攻坚克难、平衡发展；加强对基层检察院班子的协管工作，利用换届契机选优配强基层院"一把手"，推进上下级检察院互派干部挂职，着力锻炼培养干部，增强班子队伍活力；强化对基层检察院班子的监督，专题听取和评议基层检察院检察长述职述廉12次，对4个基层检察院领导班子开展巡视，确保基层班子干净廉洁。加强侦查信息化、装备现代化建设，科技强检稳步推进。全市9个基层检察院和1个派出基层检察院，有5个被评为"全国先进基层检察院"，1个两次荣记"全国检察机关集体一等功"，1个被评为"全国监所派出检察工作先进集体"；有7个被评为"全省先进基层检察院"。市检察院被最高人民检察院授予"全国检察机关基层检察院建设组织奖"荣誉称号。

五年来，全市检察机关其他各项检察工作及机关党建、行装后勤服务、离退休人员服务管理、关心下一代工作、机要保密、档案管理、综合调研、检察宣传等工作均取得了新的成绩。

五年来，全市检察机关始终在忠实履职中奋进，在攻坚克难中争先，在开拓创新中提升。这五年，是全市检察机关齐心协力、求真务

实、率先发展、走在前列的五年；是服务大局取得新成效的五年；是司法办案取得新进展的五年；是领导班子和队伍建设取得新进步的五年；是检察工作取得新成绩、实现新发展的五年。

五年来，全市检察工作进一步实现了"三个提升"：一是各级党委对全市检察工作的满意度有提升。市检察院、芙蓉区检察院首次被省委、省政府评为"湖南省文明标兵单位"，天心区检察院、开福区检察院、雨花区检察院、长沙县检察院被评为"湖南省文明单位"；在市委、市政府组织的年度领导班子绩效考核中，市检察院领导班子被评为一等班子（优秀领导班子），是市直政法系统自 2008 年以来唯一五年获此殊荣的单位；市检察院还被市委、市政府评为"社会治安综合治理先进单位""全市反腐倡廉建设先进单位"。二是上级检察机关对全市检察工作的满意度有提升。市检察院首次被最高人民检察院荣记集体一等功；星城地区检察院被评为"全国检察机关减刑、假释、暂予监外执行专项检察活动先进集体"，该院驻省女子监狱检察室被评为"全国示范检察室"；长沙县检察院被评为"全国科技强检示范院"。市检察院荣获全省先进市州人民检察院。三是人民群众对全市检察工作的满意度有提升。市检察院在市人代会上所作的《长沙市人民检察院工作报告》，通过市人大代表无记名电子表决，其赞成率 2012 年达到 90.1%、2013 年达到 87.9%、2014 年达到 85.59%；2015 年达到 90.34%，是自 2006 年市人大代表无记名电子表决十一年来赞成率最高的一年。

五年来，全市检察工作虽然取得了一定的进步，但也还存在一些问题和不足，需要我们在下一个五年乃至更长时间持续努力补齐和改进。主要体现在以下六个方面：一是检察职能发挥与人民群众对强化法律监督的期望还有一定差距。有些法律监督职能履行还不到位，特别是对发生在群众身边、侵害群众利益的"雁过拔毛"式腐败问题查处力度不够；对群众反映强烈的"黄赌毒"等治安犯罪案件、多发性侵财犯罪案件、涉众型经济犯罪案件打击力度不够。有的诉讼监督工作进步不快，对群众反映的有案不立、以罚代刑、违法减刑假释等问题，仍存在监督不力、不及时、不到位等现象。二是司法理念转变与新时期社会主义法治的要求还有一定差距。有的不重视人权保障，重打击轻保护，不重视保护犯罪嫌疑人、被告人、律师合法权益，依然存在"会见难、阅卷难、调查取证难"现象；有的程序公正的理念不够强，尚未适应以审判为中心的诉讼制度改革，仍然存在重实体轻程序的现象；有的司法理念偏颇，"以捕代侦""以捕维稳""一捕到底"和"以诉维稳""以诉论业绩"等惯性思维仍然存在。三是司法办案实际与人民群众对理性平和文明规范司法的期待还有一定差距。有的司法行为不够严格，错误逮捕、捕后撤案甚至法院判决无罪等仍有发生。有的司法程序不够规范，不严格执行办案规范、办案标准和纪律规定，讯问程序、强制措施和手段使用不够规范等情况仍有发生；有的司法作风简单，就案办案、机械司法等现象尚未完全杜绝。四是队伍能力水平与专业化、职业化建设目标还有一定差距。有的检察人员服务大局、司法为民意识还不够强，不善于化解社会矛盾、不注重司法办案效果的问题仍然不同程度地存在；办理重大疑难复杂案件，特别是涉及金融证券、知识产权、网络信息等犯罪案件的能力不够强、水平不够高，还难以完全适应新时期、新形势、新任务的要求。五是基层基础建设与"四化"目标还有一定差距。基层检察院之间检察工作发展不平衡，有的司法办案工作水平与当地经济社会发展水平不相适应。部分基层检察院案多人少矛盾突出，人才引进和稳定机制缺乏，成为制约基层检察工作发展的重要因素。有的基层检察院司法保障机制有待完善，普遍在机构编制、职级待遇、干部交流、业务开展等方面仍然存在困难，检察信息化、装备现代化建设与科技强检目标尚有一定差距。六是检察改革推进与中央全面推开司法体制改革的要求还有一定差距。有的检察人员对全面推进依法治国、深入推进司法体制改革认识不够，对检察改革存在畏难、畏惧心理。面对艰巨的改革任务，有的检察人员存在等待观望的消极思想。一些单位和部门对改革创新缺乏研究，改革创新任重道远。

第四节　长沙检察工作坚持做到"三个满意" ①

2016 年是全省市州人大、政府、政协和法院院长、检察长换届之年。一年来，我们市检察院党组一班人，组织和带领全市检察机关和全体检察人员，全面正确履行法律监督职能，全面加强和改进司法办案工作，全市检察工作取得了新成效、实现了新发展，坚持做到了党委、上级检察机关和人民群众满意。2016 年，全市检察工作得到了市委及各级党委的充分肯定。省委常委、市委书记于 2016 年 8 月 24 日对全市检察工作高度评价，并亲笔作出重要指示："近年来，全市检察机关坚决贯彻党中央的路线方针政策和省委、市委决策部署及最高检、省检察院的工作要求，忠诚履职，务实进取，服务大局取得新成效、司法办案取得新进展、班子队伍取得新进步、检察工作有了新发展，为建设最具安全感、公平感、正义感的城市，为全面推进依法治市做出了重要贡献，为全市改革发展稳定大局提供了有力司法保障。"全市检察工作在全省检察系统率先发展、走在前列，在全国创优。市检察院首次被最高人民检察院评为全国检察机关首批"检察委员会规范化建设示范院"，长沙检察学会被评为"全国社科组织先进单位"；在省检察院组织的 2016 年度全省检察机关综合工作评比中，长沙市检察院有办公室、宣传处、教育培训处、检察技术处、后勤事务管理处、人民监督工作办公室、机关党委、老干处等八个综合部门被评为优秀集体（业务工作未进行评比），位居全省首位；全市检察机关有 24 人获全国、全省检察机关"侦查监督能手""优秀反贪局长""反贪侦查业务标兵""电子证据鉴定人才"等称号，5 起案件被评为全国、全省检

---

① 本节系作者 2017 年 2 月 9 日向中共长沙市委和湖南省人民检察院呈报的《2016 年度述职述廉报告》的摘录，收入本书时略作删改。

察机关"优秀案件""精品案件"。2016年12月1日,省检察院政治部特来函,信中称:"……2008年以来,长沙市人民检察院在市委和省院的坚强领导下,坚决贯彻落实中央和上级检察院的各项工作部署,突出抓领导班子建设,突出抓检察队伍建设,突出抓基层检察院建设,有效加强和改进检察业务工作,全市各项检察工作都取得了新进步、迈上了新台阶,在全省市州检察机关中处于领先地位。"人民群众对全市检察工作的满意度有所提升。2017年1月9日,在长沙市第十五届人民代表大会第一次会议上,长沙市人民检察院所作的2016年《长沙市人民检察院工作报告》,通过全体市人大代表无记名电子投票表决,赞成率达94.96%,是自2006年长沙市人代会实行电子表决十二年来赞成率最高的一年。

第五节　回顾过去检察工作的深切体会 ①

回顾四年的工作,我们深深地体会到:一是必须始终坚持正确的政治方向。始终坚持党对检察工作的绝对领导,不折不扣地贯彻执行党的路线方针政策和中央、省委、市委的决策部署,自觉服从、服务于党委政府工作大局。二是必须遵循司法检察规律。正确认清和把握检察事业科学发展的阶段性特征,科学理性谋划、实施符合司法检察规律、符合本地实际的检察工作发展思路,狠抓落实,务求实效。三是必须自觉践行司法为民。紧紧依靠人民,全面正确履行检察职能,以人民满意为标准,依法维护公民的合法权益、维护人民根本利益。四是必须大力推进改革创新。以改革创新增添活力,破解难题,推陈出

---

① 本节系作者2017年1月6日在长沙市第十五届人民代表大会第一次会议上所作的《长沙市人民检察院工作报告》的摘录,收入本书时略作删改。

新，引领检察工作不断科学发展。五是必须全面深入接受监督。全面深入接受人大监督、政协民主监督和社会各界监督，确保检察权依法公正廉洁规范行使。六是必须持之以恒从严治检。严字当头，敢严真严，严格常态化教育，严格履职管理，严格全方位监督，与时俱进强素质，旗帜鲜明地开展自身反腐败，不断形成风清气正、奋发向上、干事创业的良好氛围。

第六节　"十三五"时期检察工作面临的新考验 ①

"十三五"时期既是长沙经济社会转型升级的重要突破期，也是改革发展面临诸多矛盾和风险的时期。检察工作既面临难得的发展机遇，也面临着新挑战、新考验。

一、长沙转型创新发展新要求给检察机关服务党委政府工作带来新考验

"十三五"时期，长沙将深度结合"一带一路"重要节点城市、"一带一部"首位城市和长江中游城市群中心城市的三大战略定位，重点依托全国两型社会建设综合配套改革试验区、国家自主创新示范区、国家级湖南湘江新区三大战略平台，在更大空间、更广范围内集聚各种资源和要素。同时，长沙发展更面临保持经济平稳增长与加快结构调整、推进产业转型升级与创新动力不足、增强整体竞争力与要素成本上升、提升城市化水平与"城市病"亟待治理等矛盾，经济发展环境有待提升。如何适应转型发展新要求对检察工作提出的新挑战，有针对性地采取措施，用法治思维和法治方式保障和推动改革、发展、

---

① 本节系作者 2016 年 9 月 1 日在长沙市检察工作会议上的讲话摘录，收入本书时略作删改。

稳定，是检察机关面临的重大考验。

二、国际国内错综复杂的经济社会局势给检察机关维护国家安全和社会稳定带来新考验

国家安全和社会稳定不确定的挑战干扰因素增多，境内外敌对势力伺机插手社会热点问题、煽动政治敏感活动，实施"西化""分化"图谋，维护国家安全和政治安全压力趋增。社会安全风险错综复杂，危害公共安全、"两抢一盗"、涉毒、危害食品药品安全等影响群众安全感的犯罪居高不下，医患纠纷、劳资纠纷、征地拆迁纠纷等诱发的社会事件多发频发，综治维稳工作压力增大。经济转型升级带来的经济类犯罪和金融纠纷不断积累、集中显现，组织、领导传销、非法吸收公众存款等涉众型经济犯罪层出不穷，房地产、证券、网络信息安全等领域风险显现。如何高度关注社会运行态势，加强对犯罪活动的分析研判，依法保障和维护国家安全和社会稳定，是检察机关面临的重大考验。

三、反腐败斗争的严峻形势给检察机关查办和预防职务犯罪工作带来新考验

尽管这些年来党风廉政建设和反腐败斗争取得了明显成效，但我们应该清楚认识到，目前腐败现象蔓延的势头还没有完全遏制、腐败形式"变种"的现象还没有彻底杜绝、腐败渗透到基层的速度和范围触目惊心，减少腐败存量、遏制腐败增量任重道远。《刑法修正案（九）》修改贪污受贿犯罪的定罪量刑标准，取消量刑的数额标准，加大对行贿犯罪的处罚力度，加之纪检监察机关执纪方式变化，反腐败斗争逐步从侧重遏制转向标本兼治的法治化反腐轨道，对检察机关侦查、预防等环节的工作理念、方式、能力带来了新的挑战。

四、日新月异的网络信息技术给检察机关"电子检务""智慧检务"工作带来新考验

信息化是一场影响深远的技术革命，正在催生一个全新的时代。党的十八届五中全会对建设网络强国、实施"互联网+"行动计划、推动国家大数据战略作出了重要部署；最高人民检察院鲜明地提出了"互联网+检察工作"、建设电子检务工程的发展思路。如何清醒把握检察工作转型升级的大势，加快推进电子检务工程、大力推进检察信息化建设，如何全面推进信息科技与检察工作深度融合，利用大数据信息技术分析犯罪趋势、服务保障司法办案，如何用准、用对新媒体阵地深化检务公开、打造"智慧检务"，是检察机关面对的前所未有的新挑战。

五、民主法治建设的不断推进给检察机关提升司法公信力带来新考验

随着依法治国进程的全面推进，人民群众法治意识、权利意识、法律意识空前增长，参与司法、监督司法的愿望更加迫切，对公正司法的期望值越来越高。自媒体时代社会环境日益开放、高度透明，社会各界和新闻媒体特别是网络媒体对司法行为的关注度不断提高，执法司法瑕疵问题的新闻舆论信息传播速度和规模呈几何倍数增长，增加了检察机关掌握舆情应对话语权和主动权的难度。如何提升检察人员应对新媒体的能力、建立良性互动的检察公共关系，如何加强司法办案规范化水平、不断提升司法公信力，是检察机关面临的重大考验。

六、司法责任制改革的全面推开给检察机关落地改革措施、优化司法职能带来新考验

司法责任制改革是司法领域一场深刻的自我革命，改的是体制机制，动的是利益格局，伤筋动骨在所难免。随着司法体制改革的全面

推开，如何牢牢把握改革方向，坚持从大局出发谋划和推进改革，防止改革变味走样；如何自觉地、积极地履行好检察改革的主体责任，强化组织领导，推动改革取得突破性进展；如何找准抓住关键环节，推进检察官办案责任制、检察人员分类管理、检察官员额制等重大改革，把各项改革措施全面落实到位；如何在组织分类分流中人尽其才、各得其所，充分尊重检察人员职业意愿、充分释放改革的政策红利；如何把思想政治工作做深做细做实，确保工作有条不紊、队伍思想稳定、改革有序推进，仍然有大量细致工作要推进、各种复杂的问题亟待解决。

第七节 "十三五"时期长沙检察工作的基本目标和基本要求 [①]

"十三五"时期，全市检察工作的基本思路是：高举中国特色社会主义伟大旗帜，以邓小平理论、"三个代表"重要思想、科学发展观为指导，深入学习贯彻习近平总书记系列重要讲话精神，紧紧围绕"五位一体"总体布局和"四个全面"战略布局，牢牢把握"三个强化"总体要求，以司法办案为中心，以深化司法改革为动力，坚持检察业务、检察队伍和检察保障同步推进，切实维护社会大局稳定、促进社会公平正义、保障人民安居乐业，奋力谱写长沙检察事业新篇章，为建设忠诚、公正、高效、廉洁、文明、人民满意的检察机关，为率先建成全面小康加快实现基本现代化、建设"四更"长沙提供有力司法保障。

---

① 本节系作者 2016 年 9 月 1 日在长沙市检察工作会议上所作的题为《全面正确履行法律监督职能 服务长沙经济社会发展大局 在更高起点上奋力谱写长沙检察事业新篇章》工作报告的摘录，收入本书时略作删改。

　　为此，我们要努力实现"八个目标"：一是服务和保障全市工作大局取得更好效果。检察工作深度融入党委政府工作大局，惩治预防犯罪、监督纠正违法、维护公平正义的能力与水平得到有效提升。二是检察监督体系更加完善，检察监督能力明显提高，检察职能作用得到更好发挥。符合司法规律和具有长沙特色的检察监督体系基本形成。各项检察职能全面充分有效履行，法律监督工作协调平衡有序发展，相对薄弱环节明显加强。三是检察机关司法责任制改革及相关改革和检察工作、机制改革创新取得明显实效。以司法责任制为核心的司法体制改革各项举措精准落地，检察工作、机制创新不断推进，在破解制约检察工作发展难题方面迈出坚实步伐，取得明显突破。四是惩防职务犯罪工作科学化、法治化、专业化水平显著提升。侦查预防工作多元化使命全面履行，侦查理念更加合理、侦查模式更加科学、办案方式成功转型，现代化科技手段深度应用。五是维护稳定、防控风险、化解矛盾的能力明显提高。打击刑事犯罪精准有力，维护司法公正权威高效，应对社会风险、涉检舆情、处理司法诉求能力增强，人民群众对公平正义有更多获得感。六是检察队伍正规化、专业化、职业化水平不断提升。高素质检察人才引进、培养、储备机制进一步完善，队伍结构进一步优化，领导班子"六力"进一步提升，队伍思想政治素质、业务工作能力、职业道德水准进一步提高。七是检察机关司法公信力得到有效提升。司法办案更加理性、平和、文明、规范，司法管理和监督考核机制更加健全，检察公共关系建设取得显著进步，人民群众满意度有新提升。八是基层基础工作不断夯实。基层检察工作推进有力、均衡发展，检务保障现代化水平不断提升，检察信息化与检察工作深度融合。

　　围绕上述思路，实现上述基本目标，全市两级检察机关必须牢牢把握以下基本要求：一是必须坚持党的领导。旗帜鲜明地同以习近平同志为总书记的党中央保持高度一致，深入贯彻党的理论和路线方针政策，服从、服务党委政府工作大局，自觉把检察工作置身于大局中谋划和推进，确保检察机关正确的政治方向；自觉服从上级检察机关的领导，坚决落实上级检察机关的决策部署和要求，确保依法公正行使检察权。二是必须坚持好的思路。正确认识和把握检察事业科学发展的阶段性特征，以及事关全局乃至长远发展的重大问题，科学谋划和理性设计符合本地实际的检察工作发展思路，推动检察工作不断取得新进展、新成效、实现新发展。三是必须坚持服务大局。自觉把检察工作摆到党和政府的工作大局中谋划和推进，不断增强服务意识，突出服务重点，改进服务方法，提升服务水平，增强服务实效，努力肩负起服务和保障经济社会平稳健康发展的职责使命。四是必须坚持司法为民。深刻把握检察机关、检察工作的人民性，坚决把司法为民作为最重要的职业良知，紧紧依靠人民推进检察工作，最大限度地促进检察工作符合人民的愿望和要求，维护和保障人民的根本利益。五是必须坚持司法办案。坚持把促进社会公平正义作为核心价值追求，以司法办案为中心，不断实现司法办案数量、质量、效率、效果、安全的有机统一，实现司法办案法律效果、社会效果和政治效果的有机统一。六是必须坚持务实创新。用心探索、认识和遵循司法规律、权力运行规律，有的放矢地探索新思路、新路径，寻找新方法，推出新制度，并不断在检察实践中应用、检验、完善，促进各项检察工作创新发展。七是必须坚持规范管理。积极探索符合检察规律及特点的科学化管理思路和措施，切实形成管人、管事、管案、管物的长效机制，努力促进检察机关各项工作规范有序、高效运转。八是必须坚持强化检察队伍建设。牢牢把握"五个过硬"要求和正规化专业化职业化方向，把思想政治建设摆在第一位，把能力建设作为重要任务，与时俱进抓班子带队伍，着力打造信念坚定、司法为民、敢于担当、清正廉洁的检察队伍。九是必须坚持接受监督。牢固树立监督者更要接受监督的权力观，全面、深入接受人大及其常委会和人大代表监督，全面、深入接受政协民主监督，全面、深入接受社会各界监督，确保检察权在阳光下运行，确保检察权在全面接受监督下依法公正廉洁规范行使。

十是必须坚持从严治检。坚决把纪律和规矩挺在前面，严格常态化教育，严格履职管理，严格从严监督，坚决查处违法违纪人员，旗帜鲜明地反对司法腐败，促进形成风清气正、干事创业的良好生态。